2020
北京广播影视年鉴

2020 BEIJING
GUANGBO YINGSHI NIANJIAN

北京广播影视年鉴编辑委员会　编

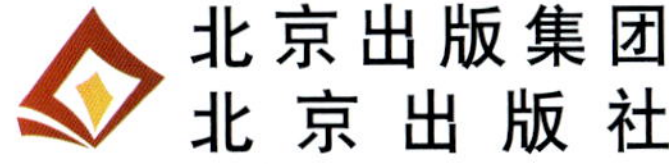

图书在版编目（CIP）数据

2020北京广播影视年鉴 / 北京广播影视年鉴编辑委员会编. — 北京 ：北京出版社，2021.4
ISBN 978-7-200-16403-9

Ⅰ. ①2… Ⅱ. ①北… Ⅲ. ①广播事业—北京—2020—年鉴②电影事业—北京—2020—年鉴③电视事业—北京—2020—年鉴 Ⅳ. ①G229.271-54 ②J992-54

中国版本图书馆CIP数据核字(2021)第061275号

2020北京广播影视年鉴

2020 BEIJING GUANGBO YINGSHI NIANJIAN

北京广播影视年鉴编辑委员会　编

出　版　北京出版集团
　　　　北 京 出 版 社
地　址　北京北三环中路6号
邮　编　100120
网　址　www.bph.com.cn
总发行　北京出版集团
经　销　新华书店
印　刷　廊坊市佳艺印务有限公司
版印次　2021年4月第1版第1次印刷
开　本　787毫米×1092毫米　1/16
印　张　34.5
字　数　883千字
书　号　ISBN 978-7-200-16403-9
定　价　128.00元

如有印装质量问题，由本社负责调换
质量监督电话　010-58572234　010-58572393

编 辑 说 明

一、《北京广播影视年鉴》是一部综合性资料工具书和史料文献，由北京市广播电视局主持编纂，北京广播电视台、歌华传媒集团、北京市各区文化和旅游局及融媒体中心、部分社会影视机构等协助编纂。

二、本年鉴全面反映北京市广播影视的基本情况和发展变化，客观记录2019年全市广播电视业基本情况和发展变化。特殊事项，在前后年份上有所延伸。

三、本年鉴以马克思列宁主义、毛泽东思想、邓小平理论、“三个代表”重要思想、科学发展观和习近平新时代中国特色社会主义思想为指导，牢固树立政治意识、大局意识、核心意识、看齐意识。坚持实事求是的编辑方针，贯彻“贴近实际，贴近生活，贴近群众”的宣传原则，为广播影视从业人员、教学科研人员、决策管理人员以及社会各界了解和研究北京市广播影视提供可靠信息。

四、本年鉴自2005年起，每年编印一卷。2020年版为第十六卷，主要记述2019年的情况，全书共有18个栏目：图片、特载、专项纪事、概况、大事记、频率频道、节目栏目、产业发展、新媒体、技术、影视剧、书报刊出版、受众调查、组织机构、获奖作品、典型经验、交流合作、统计。

五、本年鉴采用规范语体文，行文力求朴实、简洁、通畅，以记述文章体裁为主体。

六、本年鉴计量单位按照1984年2月27日公布的《中华人民共和国法定计量单位》执行。

七、本年鉴统计数字以统计部门公布的为准。统计部门缺遗的数字，以各单位的为准。

八、本年鉴稿件由各单位、各部门确定专人（特约编辑）撰写（特殊约稿除外），经各单位、各部门主要领导审核盖章后提交，最后由年鉴编委会总审。

本年鉴的编辑工作得到各撰稿单位、部门及各方面的热情关怀和大力支持，在此深表感谢。疏漏与不足之处，恳请批评指正。

北京市广播电视局史志办

2020年12月

编 辑 委 员 会

石群峰　北京广播电视台研究室副主任(主持工作)
王　澎　北京新媒体集团董事长
金　川　北京紫禁城影业有限责任公司董事长兼总经理
李　浩　北京广播电视报社社长
郭长征　北京广播电视台服务中心主任
陈　工　北京歌华文化发展集团副总经理
丁颖磊　北京歌华有线电视网络股份有限公司办公室主任
张　平　北京电视艺术中心有限公司董事长兼总经理
颜丙利　北京音像有限公司总经理
何公明　北广传媒数字电视有限公司董事长、总经理
牛振青　北京北广传媒移动电视有限公司副总经理
刘国华　北京北广传媒影视股份有限公司董事长
罗艳红　北京北广传媒城市电视有限公司董事长兼总经理
赵文斌　北京北广传媒地铁电视有限公司党支部书记
何拥军　鼎视传媒股份有限公司党支部书记兼公司负责人
裴成虎　北京北广置业有限公司总经理
丁文辉　北京中广传播有限公司总经理
贾忠华　北京电视艺术家协会驻会副主席、秘书长
王伟东　北京市东城区文化和旅游局局长
孙劲松　北京市西城区文化和旅游局局长
高春利　北京市朝阳区文化和旅游局局长
陈　静　北京市海淀区文化和旅游局局长
史文彬　北京市丰台区文化和旅游局书记
王亚迅　北京市石景山区文化和旅游局局长
刘贵清　北京市门头沟区文化和旅游局局长
冀显江　北京市房山区文化和旅游局局长
潘郁峰　北京市大兴区文化和旅游局局长
王立生　北京市通州区文化和旅游局书记、副局长
申志红　北京市顺义区文化和旅游局书记、局长
崔　苳　北京市平谷区文化和旅游局书记、局长
夏占利　北京市怀柔区文化和旅游局局长
袁丽民　北京市昌平区文化和旅游局书记、局长
赵志政　北京市密云区文化和旅游局书记、局长
叶　东　北京市延庆区文化和旅游局书记、局长
赵雅娟　北京经济技术开发区工委宣传文化部部长
孙　帅　北京市朝阳区融媒体中心书记、主任
王言敏　北京市海淀区融媒体中心书记、主任
乔晓鹏　北京市丰台区融媒体中心书记、主任
王国强　北京市石景山区融媒体中心书记
宋　奇　北京市门头沟区融媒体中心书记、主任
路建华　北京市房山区融媒体中心书记、主任
马宪颖　北京市大兴区融媒体中心书记、主任
焦善鸣　北京市通州区融媒体中心书记
宋　森　北京市顺义区融媒体中心书记、主任
张长志　北京市平谷区融媒体中心书记、主任
刘晓梅　北京市昌平区融媒体中心书记、主任
刘　剑　北京市怀柔区融媒体中心主任
孙明朝　北京市密云区融媒体中心副书记、主任
胡玖梅　北京市延庆区融媒体中心副主任
王长田　北京光线传媒股份有限公司法人代表
王忠磊　北京华谊兄弟娱乐投资有限公司法人代表
刘燕铭　海润影视制作有限公司董事长
尤小刚　北京京都世纪文化发展有限公司董事长
丁　芯　北京鑫宝源影视投资有限公司总经理
王　辉　大唐辉煌传媒有限公司董事长
张晓武　北京东王文化发展有限公司董事长
庞新星　四达时代通讯网络技术有限公司董事长兼总裁
白月飞　北京东方飞云国际影视股份有限公司总经理

主编　副主编

主　　编：董　明　北京市广播电视局二级巡视员

执行主编：段燕燕　北京音像资料馆副馆长、研究中心副主任

副 主 编：石群峰　北京广播电视台研究室副主任（主持工作）

王廷富　北京市广播电视局史志办高级编辑（特聘）

责任编辑与特约编辑

责任编辑：

王志坤　北京音像资料馆（研究中心）史志部主任

闫姝行　北京音像资料馆（研究中心）史志部编辑

姚泰和　北京市广播电视局史志办特约编辑

钟立红　北京市广播电视局史志办特约编辑

刘书峰　北京市广播电视局史志办特约编辑

特约编辑：

赵小娜　北京市广播电视局办公室干部

顾海东　北京市广播电视局政策法规处三级调研员

吴　彤　北京市广播电视局规划发展处三级调研员

赵栖桐　北京市广播电视局宣传管理处

刘嫱吟　北京市广播电视局传媒机构管理处四级调研员

陈胜波　北京市广播电视局网络视听节目管理处干部

张　超　北京市广播电视局科技处（公共服务处）干部

安伟贞　北京市广播电视局综合审批处干部

陈媛媛　北京市广播电视局规划发展处四级调研员

葛军领　北京市广播电视局电视剧管理处三级调研员

郝　阳　北京市广播电视局媒体融合发展处四级调研员

魏　冉　北京市广播电视局财务处干部

郎志伟　北京市广播电视局人事处副处长

马玉梅　北京市广播电视局机关党委四级调研员

张景峰　北京市广播电视局工会四级调研员

陈　涛　北京市纪委监察局驻北京市广播电视局纪检组监察副处级监察员

杨晓亮　北京市广播电视局机关纪委干部

赵　婧　北京市广播电视局离退休人员管理中心干部

石立坤　北京市广播电视局后勤服务中心干部

田杰鹏　北京市广播电视局信息中心干部

马　丽　北京市广播电视监测中心综合科科长

檀鲁敏　北京音像资料馆、研究中心干部

姜　楠　北京市广播影视作品审查中心干部

张　莉　北京市广播影视协会干部

胡　泊　北京广播电视台研究室干部

魏向东　北京广播电视台研究室干部

罗　青　北京广播电视台研究室干部

刘　敏　北京紫禁城影业公司办公室主任

姜　宣　北京电视台北京国际电影节运行中心综合科科长

田　玥　北京时间有限公司内容运营中心副主任

王莹莹　北京歌华传媒集团有限责任公司办公室干部

胡熙铭　北京广播电视报社办公室干部

孙　云　北京广播电视台服务中心办公室干部

孙树公　北京歌华文化发展集团宣传总监

吕　妍　北京电视艺术中心有限公司办公室干部

郝振林　北京音像有限公司办公室主任
李　苗　北京瑞特影音贸易有限公司办公室干部
郑菁菁　北京北广传媒数字电视有限公司干部
岳文娟　北京北广传媒移动电视有限公司办公室干部
杨兴辰　北京北广传媒影视股份有限公司办公室主任
王　雪　北京北广传媒城市电视有限公司办公室干部
杨　磊　北京北广传媒地铁电视公司办公室主任
吕晓丹　鼎视数字电视传媒有限公司办公室干部
张增东　北京北广置业有限公司办公室副主任
佟东旭　北京中广传播有限公司综合部经理
程　程　北京电视艺术家协会驻会副秘书长
向旭东　北京市东城区文化和旅游局干部
赵　臣　北京市西城区文化和旅游局干部
张灿峰　北京市朝阳区文化和旅游局干部
李广敏　北京市海淀区文化和旅游局干部
李建峰　北京市丰台区文化和旅游局干部
刘　平　北京市石景山区文化和旅游局干部
韦平亮　北京市门头沟区文化和旅游局干部
白　杨　北京市房山区文化和旅游局干部
冯丽娟　北京市大兴区文化和旅游局干部
邱　巍　北京市通州区文化和旅游局干部
刘岱松　北京市顺义区文化和旅游局政工科
陈玉玲　北京市平谷区文化和旅游局科员
郭帅言　北京市怀柔区文化和旅游局科员
赵志清　北京市昌平区文化和旅游局干部
高文满　北京市密云区文化和旅游局文化市场科科长
徐柏枝　北京市延庆区文化和旅游局市场科科长
王　娜　北京市经济技术开发区社会发展局干部
邱　阳　北京市朝阳区融媒体中心总编室干部
刘丹丹　北京市海淀区融媒体中心办公室干部
孙敬尧　北京市丰台区融媒体中心办公室干部
孙桂春　北京市石景山区融媒体中心干部
高艳蕊　北京市门头沟区融媒体中心办公室干部
张雨菲　北京市房山区融媒体中心办公室科员
柴　通　北京市大兴区融媒体中心干部
王　娟　北京市通州区融媒体中心办公室主任
叶　平　北京市顺义区融媒体中心干部
贾晓静　北京市平谷区融媒体中心助理编辑
张　俊　北京市昌平区融媒体中心宣传科科长
王少南　北京市怀柔区融媒体中心办公室干部
聂　颖　北京市密云区融媒体中心通联部科员
胡　洋　北京市延庆区融媒体中心党建办公室主任
陈雪飞　北京光线传媒股份有限公司
李树峰　华谊兄弟传媒股份有限公司
宋兆辉　海润影业制作有限公司行政部总监
曹亚婧　海润影业制作有限公司
杨　艳　北京京都世纪文化发展有限公司行政助理
张婷婷　北京鑫宝源影视投资有限公司
史京晶　北京东王文化发展有限公司
刘梦瑶　北京东方飞云国际影视策划有限公司
张　弢　大唐辉煌传媒有限公司宣传总监
孙　敏　四达时代集团

2019北京市广播影视数字

机 构

市级广播电视台1座，市级数字付费电视、公交移动电视、城市电视、地铁电视、手机电视、网络广播电视等新媒体平台各1个；区级广播电台9座，区级广播电视台10座，区广播电视站4个；全市持有广播影视节目制作经营许可证机构11430个；网络视听网站125家。

人 员

全市广播影视从业人员9.42万人。

覆 盖

广播综合人口覆盖率100%，电视综合人口覆盖率100%。

网 络

有线广播电视网络干线总长29万公里，其中光缆5万公里，电缆24万公里；网络传输模拟电视节目58套，数字电视节目202套（其中高清58套）、数字广播节目18套。有线广播电视注册用户598.92万户，其中高清交互数字电视用户550.14万户。

资　产

全市广播影视总资产 4737.16 亿元。

创　收

广播电视创收 2111.39 亿元，其中广告收入 689.3 亿元，网络视听用户付费收入 239.3 亿元。

节　目

全年制作广播节目 11.64 万小时，制作电视节目 18.83 万小时。

电视剧

全年制作电视剧 67 部，2843 集。

动画片

全年制作电视动画片 32 部，7275 分钟。

↑2019年6月1日，北京市委书记蔡奇（右3）等市领导在第14届中国北京国际文化创意产业博览会“北京云·融媒体”展区视察，并听取北京市广播电视局领导汇报

↑2019年6月6日，全国政协副主席刘奇葆（前排右1）率全国政协调研组围绕“培育新型文化业态，推动媒体融合发展”到北京电视台调研

↑2019 年 10 月 17 日，国务院副秘书长丁向阳（前排右 5）一行到北京广播电视台调研

↑2019 年 4 月 28 日，2019 北京世园会开幕当晚，中宣部副部长、国务院新闻办公室主任徐麟（右 3）到延庆区融媒体中心调研，北京市委常委、宣传部部长杜飞进（右 2）等陪同（史金秋 摄）

2019 年 11 月 11 日，国家广播电视总局党组成员、副局长高建民（左 3），北京市委常委、宣传部部长杜飞进（左 4），北京市广播电视局局长杨烁（左 1），国际广告协会主席斯里尼瓦桑·斯瓦米（左 2）等出席北京国际公益广告大会开幕式并致辞

2019 年 7 月 3 日，国家广播电视总局党组成员、副局长范卫平（前排右 3）一行到北京广播电视台调研。北京市广播电视局、北京广播电视台领导陪同

↑2019年11月21日上午，北京市委常委、宣传部部长杜飞进（左2）在第五届“世界电视日”中国电视大会期间巡视主题成果展区

↑2019年8月24日，北京市委常委、宣传部部长杜飞进（右1）在第三届北京纪实影像周上巡展，北京市广播电视局领导陪同

↑2019 年 4 月 14 日，在北京世园会举办地，北京市委常委、教工委书记王宁（右 2）与工作人员就北京世界园艺博览会演出演员服装进行交流

↑2019 年 5 月 14 日，北京市副市长、冬奥组委执行副主席张建东（前右 1）到北京电视台调研，听取冬奥纪实频道开播以来的工作情况汇报

↑2019 年 7 月 10 日，北京市副市长卢彦（前右 1）一行到北京电视台调研

↑2019 年 8 月 9 日，北京市委宣传部副部长赵磊（前右 1）一行到北京歌华有线电视网络股份有限公司调研，听取“北京云·融媒体”建设情况汇报

↑2019 年 11 月 11 日，北京市广播电视局党组书记、局长杨烁主持首届北京国际公益广告大会开幕式

↑2019 年 1 月 18 日，北京市广播电视局党组成员、副局长戴维（左）带队到万达影视传媒公司开展“大走访”调研活动，并送北京市广播电视局重点企业综合服务包

↑2019 年 3 月 21 日，北京市广播电视局副局长杨培丽在第二届“一带一路”科技论坛现场，联合广西、甘肃等地广电局发布共建“一带一路”广播电视科技协作倡议书

↑2019 年 9 月 5 日，北京市广播电视局在门头沟举办“送专家到基层”活动。党组成员、副局长张苏（左）向全市区融媒体中心捐赠 11 部纪录片播出权

↑2019 年 4 月 11 日，北京市广播电视局党组成员、纪检监察组组长邹立华（站立，中）带队赴大兴区融媒体中心调研区级融媒体中心建设情况

↑2019 年 10 月 18 日，北京市广播电视局“送专家到企业”网络视听培训会首站在优酷网举行，党组成员、副局长王志作开班动员

↑2019 年 10 月 28 日，北京市广播电视局党组成员、副局长孔建华（左 3）赴中国传媒大学动画学院参观调研动画片发展情况

↑2019 年 8 月 21 日，北京市广播电视局副局长（挂职）别必亮出席 BIRTV“5G 时代超高清视频产业创新论坛”活动，并主题发言

↑2019 年 1 月 11 日，北京市广播电视局副巡视员董明（右）赴北京三多堂传媒股份有限公司开展“大走访”调研活动，并送上市广电局重点企业综合服务包

↑2019 年 8 月 31 日至 9 月 15 日，由中国主导设计、集成建造的全球首台“5G +8K”转播车对 8 场篮球世界杯比赛进行转播，首次实现“5G +8K”应用于国际性体育赛事全程转播

↑2019 年 10 月，四达时代集团北京总部外景（潘清泉 摄）

↑2019 年 5 月 16 日，北京市广播电视局与中国传媒大学共同主办的“亚洲网络视听传播政策对话与合作成果发布活动”举行

↑2019 年 11 月 21 日，第五届“世界电视日”中国电视大会在北京开幕

↑2019 年 11 月 11 日—13 日，由国家广播电视总局、北京市人民政府指导，北京市委宣传部、北京市广播电视局主办的首届北京国际公益广告大会在国家会议中心举办

↑2019 年 3 月 21 日，北京市广播电视局与国家广电总局广科院联合举办第二届“一带一路”广播电视科技发展论坛

↑2019 年 4 月 29 日，北京市广播电视局召开新中国成立 70 周年北京市公益广告创作播出工作部署会

↑2019 年 3 月 26 日，2019 年北京电视节目交易会（春季）暨京榜剧献发布活动举行

↑2019 年 8 月 23 日，第三届北京纪实影像周在中华世纪坛开幕

↑2019 年 8 月 22 日，由国家广播电视总局主办，北京市广播电视局和北京广播电视台承办的第七届国产纪录片及创作人才推优活动在世园会园区举办

↑2019 年 11 月 12 日，北京市广播电视局领导在 2019 北京电视交易会（秋季）巡展

↑2019 年 9 月 19 日，新中国成立 70 周年献礼网络电影《毛驴上树》首映礼暨北京市广播电视局“讲好中国扶贫故事——北京网络视听节目创作计划”启动仪式举行

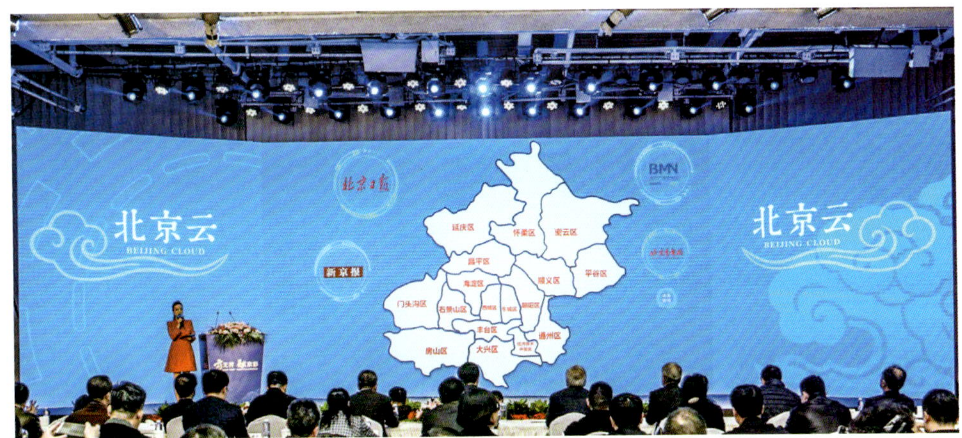

↑2019 年 11 月 23 日，“北京云 · 融媒体”市级技术平台发布仪式在歌华大厦举行。北京市 17 个区融媒体、市级 4 家媒体以及新媒体、自媒体入驻“北京云”融媒体平台

↑2019 年 12 月 5 日，北京网络视听研究院成立仪式暨 2019 年北京优秀网络视听节目发布活动在京举行

↑2019 年 10 月 12 日，北京市广播电视局局领导和相关处室人员赴北京市大兴区星光视界中心《奇葩说》第六季录制现场开展调研

↑2019 年　6 月 4 日，北京市广播电视局到 IPTV 分发传输单位联通北京分公司和电信北京分公司检查安全播出保障情况

↑2019 年，北京市广播电视局媒体融合处和科技处领导到歌华有线电视公司指导“北京云”项目建设

↑2019 年 11 月 15 日，北京市广播电视局媒体融合发展工作部署会召开，北京广播电视台等近 30 家单位参加会议

↑2019 年 12 月 27 日，由北京电视艺术家协会等联合主办的第五届“创意在北京——北京网络视听节目创新与人物推优”活动总结大会召开

↑2019年11月15日，第四届“中国梦·冬奥情·京津冀”微视频（微电影）主题原创作品征集活动推优发布会举办

↑2019年9月20日，北京市广播电视局信息中心组织对北京市广播电视局大数据平台项目进行验收

↑2019年8月20日，北京市广播影视作品审查中心召开审片工作会议

↑2019年3月，2018年度优秀广播电视节目评选会现场

↑2019年8月8日，北京市广播电视局科技处及监测中心十余人到国家广电总局监管中心开展“广播电视监测、网络视听新媒体监管”调研活动

↑2019年10月，北京市广播电视局在“中国广播电视年鉴第35届年会”上，再次荣获先进单位称号，局二级巡视员董明获年鉴优秀组织工作者表彰

第九届北京国际电影节成功举办

本届电影节设“天坛奖”评奖、开幕式、北京展映、北京策划·主题论坛、北京市场、电影嘉年华、闭幕式暨颁奖典礼等七大主体活动。此外，还举办了“注目未来”单元、纪录单元、科技单元、虚拟现实（VR）单元、电影音乐会、经典京剧电影单元、电影沙龙及行业对话、新片发布、电影推介会等300余项专题活动。来自50多个国家和地区的300余家电影机构、1.5万余名嘉宾参加了本届电影节。观影人次达23万。项目签约额再创新高，达309.028亿元，同比增长18.48%。“电影嘉年华”开放时间延长至21天，参观量超10万人次。新闻中心注册媒体591家，注册记者1669人，电影节期间与电影节相关信息的网络总点击量达到133亿，进入微博热搜前三名的相关话题11个，累计177万次讨论。

↑2019年4月13日，第九届北京国际电影节开幕式在国家中影数字制作基地举办

←2019年4月13日，著名法国演员、导演苏菲·玛索出席第九届北京国际电影节

↑2019年4月14日，第九届北京国际电影节“新中国成立70周年电影主题论坛——光影七十年　奋进新时代”在北京国际饭店举办

↑2019年4月14日，第九届北京国际电影节电影嘉年华在国家中影数字制作基地启动

电 影 节

2019年4月15日，第九届北京国际电影节“北京展映”放映黎巴嫩等国合拍影片《何以为家》，影片导演娜丁·拉巴基到中国电影资料馆艺术影院与观众交流

2019年4月15日，第九届北京国际电影节“艺术电影论坛”在北京饭店举办

2019年4月16日，第九届北京国际电影节北京市场举办项目创投路演

2019年4月16日，第九届北京国际电影节“国际电影市场论坛”在北京天幕新彩云影城举办

2019年4月18日，第九届北京国际电影节“印度电影周”之“中印电影合作对话论坛”在北京饭店举办

2019年4月20日，第九届北京国际电影节闭幕式暨颁奖典礼在国家中影数字制作基地举办。丹麦影片《幸运儿彼尔》获得“天坛奖”最佳影片奖

↑2019 年 1 月 12 日—18 日，“市民对话一把手”全媒体直播访谈节目，邀请市区有关部门负责人走进北京广播电视台市两会直播间与市民互动

↑2019 年 4 月 24 日，北京广播电视台深化机构改革动员部署会议召开

↑2019 年 8 月 24 日，北京广播电视台承办的 2019“讲好中国故事”创意传播大赛北京分站赛在北京广播大厦启动

↑2019 年 9 月 10 日，由北京广播电视台、中广联有声阅读委员会打造的书香中国·北京阅读季“岁月流声——听，祖国的变迁”诵读诗会在京举办

↑2019 年 5 月 24 日，北京电台制作的广播剧《中共中央在香山》全媒体上线发布会在北京首农香山会议中心举行

市级广电

2019 年 8 月 14 日，北京冬奥组委专职副主席、秘书长韩子荣（左 2）一行到北京电视台调研

2019 年 8 月 7 日，由北京市委统战部和北京电台等媒体联合制作的特别节目《父辈的 1949》举行开播仪式

2019 年 6 月 18 日，“歌唱北京”原创歌曲征集活动 2018 年获奖作品发布会暨 2019 年启动仪式在北京电视台大剧院举行

2019 年 12 月 30 日，2019 年度北京广播电视台作品创新奖颁奖暨年度优秀节目分享会召开

2019 年 8 月 16 日，由北京市卫生健康委主办、北京电台承办的 2019 年北京“中国医师节”庆祝活动暨健康北京行动启动式在北京广播大厦举行

2019 年 11 月 6 日，由北京广播电视台、河北广播电视台、天津广播电视台共同主办的安馨 2019 京津冀银发达人大型评选活动颁奖典礼在乐成恭和养老公寓举行

↑2019年12月31日，由书香中国·北京阅读季领导小组、北京广播电视台、中广联合会有声阅读委员会、北京图书大厦共同主办的跨年之夜特别活动在北京图书大厦上演。图为演出后与会嘉宾与演职人员合影留念

↑2019年12月10日—13日，由中华全国新闻工作者协会、中国公共外交协会、北京市人民政府新闻办公室、北京广播电视台共同举办的“国际城市媒体北京论坛暨北京行”活动举行。图为12日活动外宾参观北京电视台

↑2019年12月10日—13日，“国际城市媒体北京论坛暨北京行”活动在京开展。图为12日活动外宾参观北京电台直播间

↑2019年8月14日，北京广播电视台参加2019年中俄人文合作委员会媒体合作分委会第十次会议暨2019年中俄电视周会议

↑2019年7月21日—23日，北京紫禁城影业有限责任公司策划组赴湖南汉寿为创作电影《帅孟奇》采风

↑2019年1月17日，北京广播电视报社开展“把文化带进百家养老驿站”活动。图为报社社长李浩（右2）为永内大街社区读者发放福字

2019 年 4 月 25 日，北京新媒体（集团）有限公司所属北京时间与今日头条签约仪式举行

2019 年，北京新媒体集团发展情况：

截至 2019 年年底，北京时间移动端累计下载突破 800 万次，日活跃用户量达 65 万以上。北京时间 App 形成以北京广播电视台优质转化短视频为核心内容，以视频、直播、图文为主要内容形式，兼有 30 多个垂直频道的移动互联网资讯产品。

北京时间在微博、微信及其他自媒体平台上均开设新媒体公众号，共计 78 个。北京电视台微博粉丝数 675 万人；北京电视台微信订阅号、服务号共拥有粉丝数 57 万人。此外，“时间视频”已在微博、头条、企鹅、百家、快手、抖音等主流平台上入驻和运营，其微博 MCN 账号粉丝量已逾 550 万，内容单周播放量超亿次，全网总粉丝超过 1500 万，全网播放量每周可达 2 亿次。“温暖的力量”暖视频征集活动征集作品总数量逾 1.6 万条，阅读观看量近 55 亿次。

2019 年，北京时间网站播放《70 年 70 人——我们的时代》节目截屏

2019 年 10 月 5 日—30 日，由爱上电视（北京）有限公司联合北京新媒体（集团）有限公司主办的“百年回眸中国巨变——跨越时空的对话”主题展在中华世纪坛开展。图为展出海报

2019 年 1 月 4 日，由北京新媒体（集团）有限公司、北京时间主办的 2018“温暖的力量”年度暖视频揭晓活动在北京举行

RBC 北京人民广播电台 RADIO BEIJING CORPORATION

2019年，北京人民广播电台拥有新闻广播、城市广播、故事广播、体育广播、音乐广播、交通广播、文艺广播、外语广播、青年广播、动听调频等10个专业频率；拥有16套有线调频广播、13套数字音频广播、4套多媒体广播、2个数据服务频道，每天播出363.5小时，全年播出13.27万小时。1月1日起，体育广播全新改版为“北京体育广播双奥之声”，并新增《相约冬奥》《烤烤冷知识》栏目和“冬奥V课”等专栏，冬奥相关内容播出时长达到每天100分钟。全年，“听听FM”音频客户端共制作新媒体原创节目13档，近300个专题。加强一网（北京广播网）两微（微信、微博）技术支撑和内容建设，推动北京电台媒体融合发展。

↑2019年1月1日，北京体育广播双奥之声改版播出，这是全国第一个以“双奥”为品牌形象的广播频率

↑2019年9月17日，北京2022年冬奥会和冬残奥会吉祥物发布仪式在北京国家冬季运动训练中心冰球馆举行，北京体育广播双奥之声进行多种形式报道

↑2019年1月21日，“广播过大年，欢乐一家亲”北京电台2019年春节系列活动走进大兴国际机场建设工地进行慰问演出

↑2019年2月2日，北京电台“广播过大年，欢乐一家亲”节目在春节前夕播出

↑2019 年 1 月 24 日—25 日，第十届北京电台青少年英语大赛暨 2018 年度“我的冬奥梦”双语小记者全国总决赛及颁典礼举行

↑2019 年 5 月 10 日，北京新闻广播、体育广播和听听 FM 客户端在北京奥林匹克公园中心现场直播《共赴千日之约——北京冬奥会开幕倒计时 1000 天特别节目》

↑2019 年 12 月 5 日，北京体育广播转播北京 2022 年冬奥会和冬残奥会赛会志愿者全球招募启动仪式

↑2019 年 9 月 25 日，北京交通广播推出“凤凰展翅——北京大兴国际机场正式投运”特别直播

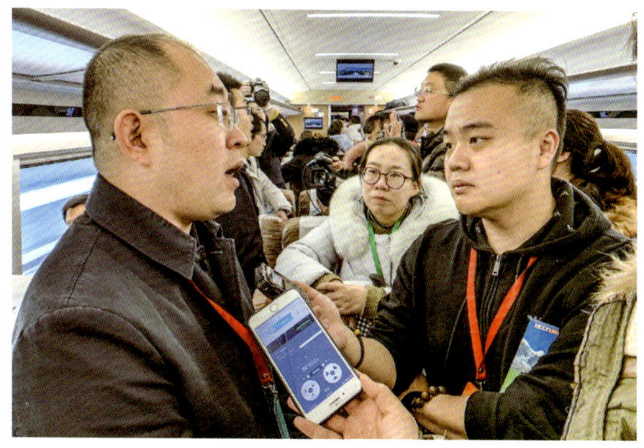

↑2019 年 12 月 30 日，京张高铁开通。北京交通广播派出六路音视频记者进行融合报道

↑2019 年 2 月 26 日，京津冀三地直播特别节目《燕赵博物，再看今朝》，邀请三地特色博物馆馆长参与访谈

2019年9月5日，北京交通广播《行走天下》节目推出《风云70年——外交官眼中的世界》系列访谈。图为采访中国前驻吉尔吉斯斯坦、拉脱维亚、哈萨克斯坦、乌克兰大使姚培生（左）

2019年4月29日，北京青年广播与共青团北京市委员会共同发布第一届“关爱青年计划”年度人物

2019年10月13日，由北京市文学艺术界联合会、中国教育电视台、北京人民广播电台、北京电视艺术家协会、北京高校学生工作学会联合举办的“‘时代新声音’首届北京大学生广播电视主持新人选拔大赛”活动在北京开赛

2019年6月1日，“我的绿色生活 我的美丽家园”2019年“六一”国际儿童论坛在北京世界园艺博览会园区举办，北京外语广播青少英语俱乐部小记者们出席论坛并汇报演讲

2019年12月6日，由北京市教委指导，北京城市广播主办的“2019年第二届北京新高考论坛”在北京广播大厦举办

2019年10月11日，著名作家邹静之（中）、著名作曲家孟卫东（左）、唐建平（右）走进北京音乐广播直播间，畅谈“歌唱北京”原创作品《北京大合唱》创作背后的故事

2019 年 4 月 22 日，由首都文明办联合市生态环境局、市志愿服务联合会、北京电台举办的“迎国庆展形象，做新时代文明北京人——‘V 蓝北京’行动”在通州大运河森林公园启动

2019 年 9 月，“美丽乡村·筑梦有我”活动再次启动。图为记者采访房山区十渡镇马安村——平西红色第一村红色故事讲述人刘文峰

2019 年，北京广播网开展庆祝新中国成立 70 周年专题展播

2019 年 2 月 19 日—20 日，北京故宫元宵灯会举办。图为北京电台“听听 FM”直播截图

↑2019 年 11 月 12 日，南阳市委常委、副市长孙昊哲一行到北京电视台就推进南水北调中线工程通水 5 周年宣传合作进行交流座谈

2019 年，北京电视台开办 11 个频道，播出 16 套节目，其中，5 套节目为高标清同播（北京卫视、文艺频道、影视频道、新闻频道、冬奥纪实频道），1 套国际频道面向亚欧美地区播出。共开办电视栏目 123 个，其中自办栏目 87 个。每天播出 362.5 小时。全年播出 132312.5 小时。创新推出《遇见天坛》（季播）、《老师请回答》栏目。2 月，全新融媒体演播室正式启用，拓展融媒体传播手段，初步建立起两台一网融合报道机制。

↑2019 年全国两会期间，北京电视台记者在部长通道进行报道

↑2019 年 8 月 26 日—29 日，卡酷少儿卫视频道制作的《我同祖国共成长——庆祝新中国成立 70 周年少儿晚会》录制现场

↑2019 年 10 月 27 日，由北京电视台生活频道与北京市建筑设计研究院有限公司联合推出的“国之都·梦之城”晚会在北京电视台大剧院上演

2019 年，北京电视台记者深入阅兵村采访官兵

2019 年 4 月 25 日—27 日，第二届“一带一路”国际合作高峰论坛在北京举行。图为北京电视台记者在拍摄大会现场

2019 年 5 月 5 日，冬奥纪实频道《我与奥运》栏目记者在速滑馆建设工地，采访国家速滑馆设计总负责人

2019 年 4 月 29 日上午 8 点 40 分至 11 点，北京卫视和新闻频道并机直播“美丽北京 缤纷世园”北京世园会开园活动

2019 年 1 月 15 日，北京电视台录制春节联欢晚会，请《我爱我家》剧组主要演员联欢座谈

2019 年 1 月，北京电视台春节联欢晚会总导演秦峥（右）在录制春节联欢晚会第二现场与导播沟通

↑2019年11月，由北京广播电视台、北京市文联、济南广播电视台联手打造的第九届北京喜剧幽默大赛颁奖活动举行

↑2019年12月13日，由北京电视台联合10家北京媒体主办的《少年北京说——第九届北京影响力颁奖晚会》节目录制现场

↑2019年12月，北京电视台财经频道相关人员在机房审看《京津冀大格局》节目

↑2019年12月31日晚，北京电视台举办新年倒计时直播活动

↑2019年2月2日，北京广播电视台600平方米融媒体演播室投入使用

2019 年 8 月 30 日起，北京卫视播出《遇见天坛》。该节目是由北京电视台、北京市天坛公园管理处和大业创智公司联合出品的大型文化体验节目，共 9 期

2019 年，冬奥纪实频道《我与奥运》栏目片头截图

2019 年 9 月底，全网推出北京卫视播出的庆祝新中国成立 70 周年系列视频音乐短片《我爱你中国》和《我和我的祖国》

2019 年 12 月 28 日，由卡酷少儿频道原创出品的《大运河奇缘》动画片在卡酷少儿频道首播

2019 年 10 月 2 日—3 日，冬奥纪实频道首播北京大兴国际机场 2 集纪录片《腾飞》

↑2019年11月23日，"北京云·融媒体"市级技术平台发布仪式在歌华大厦举行

↑2019年6月1日，北京市委书记蔡奇等市领导视察"北京云·融媒体"展区

↑2019年9月5日，2019北京国际设计周开幕暨北京设计奖颁奖仪式举行

↑2019年5月13日，北京市委常委、宣传部部长杜飞进赴北大红楼《觉醒年代》剧组拍摄现场调研

↑2019年5月9日，北京市委常委、教工委书记王宁主持召开2019年中国北京世界园艺博览会开幕式工作总结会，并与开幕式导演组合影

2019年8月，北京北广新新传媒有限公司制作的《怎么看》栏目——党建创新助推国企发展节目截屏

2019年4月14日，由北京歌华有线电视网络股份有限公司联合中国传媒大学、东方嘉影电视院线传媒股份公司共同主办的第九届北京国际电影节“光明影院”公益放映活动在首都电影院（西单店）举行

2019年11月1日，歌华传媒集团、北京电视艺术中心有限公司、北广传媒影视公司领导组团到访加拿大聚焦传媒集团公司，并接受聚焦传媒总裁的电视专访

2019年11月，北京北广传媒影视公司选送的《鼓楼外》获得第十五届中美电视剧“金天使奖”。图为公司总经理领奖

2019年11月，北京歌华传媒集团有限公司代表团赴洛杉矶中美电影节和中美电视节组委会、美国鹰龙传媒集团调研

2019年3月，北京电视艺术中心有限公司的电视剧剧本《不说再见》获2018年度国家广电总局电视剧引导扶持专项资金剧本扶持引导项目一般扶持

2019年8月19日，北京北广传媒数字电视有限公司党支部赴北京市人民检察院第四分院开展“不忘初心、牢记使命”主题教育学习活动

北京北广传媒数字电视有限公司

Beijing All Media and Culture Digital TV Co.,Ltd

北京北广传媒数字电视有限公司成立于2003年7月，播出北京市付费数字电视频道11套，为4个外省付费频道提供代播服务，为2套有直播业务的付费频道提供应急垫播服务。为鼎视平台集成上星传输8套高清卫视，28套付费标清频道，远端加密3套高清卫视频道和2套标清卫视频道提供技术服务。提供数字电视节目信息服务。

2019年10月16日，由“教育·就业”频道变更的中华特产频道正式开播。12月27日，爱家购物高清频道正式入网歌华有线。截至2019年底，公司播出的6个上星付费电视频道覆盖全国有线电视用户1.3亿，5个数字付费电视频道覆盖北京市。

2019年10月16日，中华特产频道（原教育·就业频道）播出。图为该频道《造物志》节目播出的截图

2019年10月22日，环球旅游频道《寰行迹》节目主持人（左）与百家号作家探访古代建筑博物馆

2019年5月29日—6月1日，北京北广传媒数字电视有限公司参展第十四届北京文博会。图为该公司展台

北京北广传媒城市电视有限公司成立于2004年12月16日，是北京市属开发运营电视新媒体的专门机构之一，主要从事楼宇电视和户外大屏电视的经营管理。其中楼宇电视平台终端安装数量约6500屏；大屏联播网有9处10块户外LED大屏。每天播出15小时。

2019年，城市电视公司公益合作宣传项目76个，其中合作栏目13档，播出宣传片及公益广告共计148条，自制公益宣传图片7400余张。10月21日起，城市电视公司楼宇电视联播网调整播出模式。改版为A屏6分钟视频／B屏6分钟图片+4分钟全屏的播出模式，全屏时段占比增至40%，全屏栏目也增至40%，同时将A屏视频播出画面比例调为16∶9。

2019年4月1日，北京城市电视《城市发布》栏目开播

2019年7月1日，北京城市电视《大城小事》栏目开播

2019年9月13日中秋之夜，北京城市电视主办的“第四届超级月亮慢直播”活动再次亮相北京世贸天阶大屏

2019年5月27日，北京城市电视《益起前行》栏目开播

↑2019 年 2 月 1 日，北京地铁电视新开播《地铁文化地图》栏目的截屏

北京北广传媒地铁电视有限公司成立于 2007 年，是由北京北广传媒移动电视有限公司和北京市地铁运营有限公司共同发起并组建的有限责任公司，地铁电视节目播出时间与地铁运营时间同步，每天达到 17 小时，主要是通过在北京市地铁运营有限公司目前具有运营权的地铁线路上的列车车厢、站台和站厅内的电视终端上接收、播放节目和广告。

2019 年全年共计制作播出各类集成节目 341 期，播出总时长 1075 分钟。推出《北京地铁文化地图》《四面谈》等栏目。全年共播出合作类节目 17 档，365 期，播出总时长 1059 分钟。作为北京市应急信息发布平台之一，全年共发布各类应急信息 108 条。全年地铁电视总开机率为 97.94%，为节目和广告播出提供了良好的硬条件。

↑2019 年 3 月 1 日，北京地铁电视新开播《四面谈》栏目的截屏

↑2019 年，北京地铁电视播出《京城美食秀》节目的截屏

↑2019 年 8 月 5 日，北京地铁电视新开播《来画时间》栏目的截屏

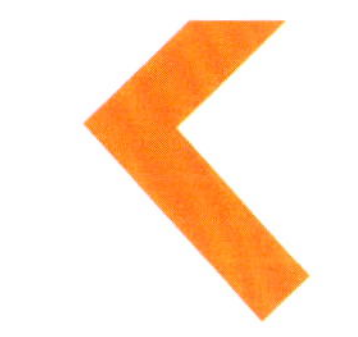

北京移动电视

2003 年 8 月，北京北广传媒移动电视有限公司成立。2004 年 2 月 14 日，经批准，北京北广传媒移动电视有限公司在公交、地铁、轻轨、出租车等交通工具及其他公共场所试行开办移动电视节目，呼号为北京移动电视。

2019 年，北京移动电视频道全年共实现安全播出 6017 小时。其中，公交移动电视媒体平台播出 74 个宣传片，播出总时长 20700 分钟。发布大风蓝色等预警、应急提示信息超过 120 条，播放频次超过 6000 次。安排临时转直播 14 次，总转直播时长 1452 分钟。2019 年，北京移动电视开播十五周年，以“清凉夏日伴我行”为主题，走进社区，向社区居民介绍移动电视的新栏目、新变化，同时也近距离了解观众对移动电视的需求与期望。

↑2019 年 5 月 22 日，北京移动电视开播十五周年特别活动在朝阳区西坝河中里社区举行

↑2019 年，北京移动电视播出《百姓就业》栏目

↑2019 年，北京移动电视播出《我看演出》节目

↑2019 年 3 月，北京移动电视播出的《我在北京挺好的 · 匠心童心》节目获北京市广播影视优秀节目奖

截至2019年9月，公司实现营业收入18.14亿元，净利润4.73亿元。截至9月底，公司总资产161.5亿元，净资产133亿元。截至2019年底，公司传输数字电视频道188套，其中高清数字电视频道54套、超高清数字电视频道1套；提供回看频道128套，其中高清数字电视频道43套；在线视频点播类节目数量超过16万小时，高清节目时长占比超过55%。有线电视注册用户599万户，较2018年底增长4.5万户；高清交互数字电视用户超过550万户，较2018年底增长24万户；家庭宽带用户67万户，较2018年底增长5万户。

↑2019年1月15日，北京歌华有线电视网络股份有限公司召开2019年工作会议

↑2019年8月26日，北京市委常委、宣传部部长杜飞进到北京歌华有线电视网络股份有限公司调研“北京云·融媒体”市级技术平台建设情况

↑2019年4月9日，北京市广播电视局党组书记、局长杨烁一行到北京歌华有线电视网络股份有限公司调研融媒体建设工作情况

↑2019年12月13日，北京市文资中心党委书记、主任刘绍坚到北京歌华有线电视网络股份有限公司调研“北京云·融媒体”市级技术平台

2019 年 4 月 18 日，“歌华有线杯”2019 北京文化创意大赛启动仪式在天坛公园举行

2019 年 11 月 13 日，“北京云·融媒体”市级技术平台建设项目技术验收及鉴定会召开

2019 年 10 月 1 日，北京歌华有线电视网络股份有限公司组织国庆节总前端安全保障

2019 年 7 月 9 日，北京市市委副秘书长、宣传部副部长余俊生一行到北京歌华有线电视网络股份有限公司调研“北京云·融媒体”建设情况并召开座谈会

2019 年 1 月 16 日，中组部机关事务管理局副局长刘文洪一行到北京歌华有线电视网络股份有限公司调研

↑2019年6月18日，国家广播电视总局安全传输保障司副巡视员郝晓斌一行到北京歌华有线电视网络股份有限公司进行安全大检查

↑2019年7月3日，国家广播电视总局规划财务司副司长王高峰到北京歌华有线电视网络股份有限公司调研广播电视统计和网络视听高质量发展工作

↑2019年8月27日，北京青年报社总编辑田科武到北京歌华有线电视网络股份有限公司交流“北京云·融媒体”平台对接合作事宜

↑2019年9月5日，新京报社社长宋甘澍到北京歌华有线电视网络股份有限公司交流“北京云·融媒体”平台对接合作事宜

←2019年9月12日，歌华有线5G试验网第一部天线上塔安装

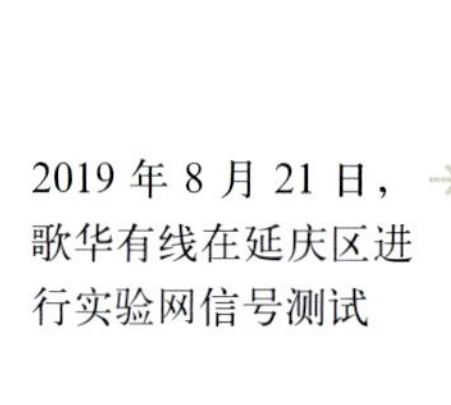

2019年8月21日，歌华有线在延庆区进行实验网信号测试→

网络传输

←歌华有线公司高清交互平台“年华”专区首页

↑2019年12月30日，歌华有线公司与新新传媒共同搭建的《党旗耀京华》栏目在歌华有线高清交互平台首页上线播出

↑“北京云·融媒体”市级技术平台项目一期展示屏

↑歌华有线“党建引领 街乡吹哨 部门报到”卢沟桥街道工作平台

↑通州区“煤改电”项目监测管理平台

北京歌华文化发展集团

2019年2月3日，中华世纪坛举行新春传统文化季活动

2019年，歌华文化集团以习近平新时代中国特色社会主义思想和党的十九大精神为指引，按照文化服务供应商的发展方向，以高质量发展为主线，突出打造“一核两翼”主营业务，较好完成经营收入利润指标，实现“双效”统一。北京国际设计周设10个分会场（含2个专题园区），举办上千项设计活动，展览及活动面积超过100万平方米，其中主题展、专题展面积超过10万平方米，论坛近200场，来自20多个国家和地区的上万名设计师参与。北京国际摄影周举办9天，设11个分会场，18个展览共接待参观人员310万人次。

2019年2月，人民群众积极参与新春传统文化活动

2019年5月17日，歌华文化集团承办的2019年中国北京世界园艺博览会“内蒙古主题活动日”成功开幕

2019年4月28日，歌华文化集团承办的2019年中国北京世界园艺博览会开幕式顺利举行

←2019年10月22日，中华世纪坛承办“不忘初心 信念永恒”洛耐职工怀念习仲勋同志展览的设计制作

↑2019年7月24日，中美创客大赛在中华世纪坛举行，图为选手在比赛中

↑2019年7月26日，中美青年创客大赛总决赛颁奖仪式在中华世纪坛举行

↑2019年9月21日，歌华文化集团组织新中国成立70周年庆祝活动集结服务保障工作

↑2019年9月22日，歌华设计公司完成“中华人民共和国七十年成就展”改革开放部分的设计制作

←2019 年 9 月，北京国际设计周期间举办的“中华人民共和国成立初期国家形象展”

↑2019 年 9 月 9 日，中华世纪坛举办“印记中国——庆祝中华人民共和国成立 70 周年大众篆刻作品展”

↑2019 年 9 月，中华世纪坛展览现场的展品图章

↑2019 年 9 月，歌华文化集团参与新中国成立 70 周年庆祝活动请柬票证制作工作

↑2019 年 9 月，歌华文化集团参与新中国成立 70 周年庆祝活动演出制证工作

↑ 2019 年 9 月 6 日，北京国际设计周特别研讨会召开

↑ 2019 年 9 月 25 日，北京国际设计周举行“城市更新国际高峰论坛”

↑ 2019 年 10 月 19 日，北京国际摄影周 2019 在中华世纪坛开幕

↑ 2019 年 10 月，青少年参与北京国际摄影周

↑ 2019 年 10 月，中华世纪坛北京国际摄影周夜景

↑2019 年 4 月 11 日，朝阳区融媒体中心挂牌成立

↑2019 年 9 月 6 日，朝阳区融媒体中心举行消防演练

↑2019 年 7 月 16 日，朝阳区融媒体中心举办进社区活动

↑2019 年 11 月 9 日，朝阳区融媒体中心召开“朝阳融媒体中心记者节”活动

↑2019 年 6 月 15 日，朝阳区融媒体中心在酒仙桥街道万红路社区举办“朝阳融媒社区行活动”

↑2019 年 12 月 11 日，海淀区融媒体中心记者报道援藏成果

↑2019 年 12 月 4 日，海淀区融媒体中心《创新中关村》栏目照

↑2019 年 12 月 9 日，海淀区融媒体中心记者采访工作照

↑2019 年 12 月 11 日，海淀区融媒体中心记者报道中关村国际前沿科技成果展

↑2019 年 12 月 9 日，海淀区融媒体中心记者采访工作照

↑2019 年 12 月 4 日，海淀区融媒体中心《海淀新闻》栏目照

2019 年 11 月 8 日，“北京丰台”客户端正式上线

2019 年 9 月 11 日，丰台区融媒体中心举办快手短视频拍摄剪辑培训班

2019 年 9 月 18 日，丰台区融媒体中心在永定河畔进行新闻采访

2019 年 10 月 2 日，丰台区融媒体中心现场直播中国戏曲文化周活动

2019 年 2 月 19 日，丰台区融媒体中心参加中央广播电视总台全国县级融媒体智慧平台暨央视网新版全终端全新上线启动仪式

2019 年 9 月 26 日，石景山区融媒体中心首次以小编体验 Vlog 形式报道大兴机场通航

2019 年 10 月 12 日—13 日，石景山区融媒体中心在首钢园开展抖 in 北京嘉年华活动

2019 年 6 月 14 日，石景山区融媒体中心举办探秘北京冬奥组委驻地及首钢园区活动

2019 年 1 月 21 日，石景山区融媒体中心举办 30 万张北京春节庙会门票免费送活动

@所有石景山人 30万张北京春节庙会门票免费送 周五开抢！

北京石景山 2019-01-21

每到春节
庙会都会成为全家出游的好去处
已持续三年的
"文化惠民逛庙会 欢欢喜喜过大年"
春节庙会赠票活动
今年将继续举办
石景山游乐园春节庙会、
迎冬奥新春体育庙会（雕塑公园）
……
届时将隆重登场！

2019 年 12 月 10 日，石景山区融媒体中心发起玩遍石景山打卡新地标抖音话题活动

↑2019 年 3 月 21 日，门头沟区融媒体中心进行 App 操作培训

↑2019 年 8 月 27 日，门头沟区融媒体中心新闻机房重装验收

↑2019 年 7 月 2 日，门头沟区融媒体中心与歌华总公司就媒体融合业务进行座谈

↑2019 年 3 月 21 日，门头沟区融媒体中心组织业务科室人员进行融媒体业务培训

↑2019 年 8 月 28 日，门头沟区融媒体中心组织业务科室人员进行“门头沟融媒体”App 使用培训

↑2019 年 8 月，门头沟区融媒体中心中央厨房指挥大厅投入使用

↑2019 年 3 月，房山电视台《房山新闻》栏目推出“优化营商环境”专题系列报道

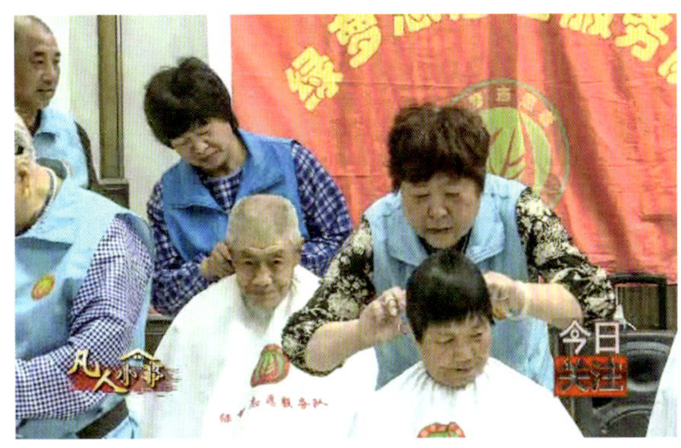

↑2019 年 3 月，房山电视台《今日关注》栏目精心策划推出“凡人小事”专题

↑2019 年 4 月 23 日，房山电视台《房山新闻》栏目推出《凝心聚力谱新篇——深化机构改革》系列报道

↑2019 年 11 月 7 日，房山区庆祝第 20 个记者节大会在区融媒体中心召开

↑2019 年 12 月 31 日，“北京房山”App 正式上线

↑2019 年 11 月 26 日，房山区融媒体中心编辑记者到基层调研走访

↑2019年4月19日，《北京市大兴区融媒体中心职能配置、内设机构和人员编制规定》正式批复下发

↑2019年10月1日，大兴区融媒体中心记者深入全区开展“新中国成立70周年”采访报道

↑2019年11月，大兴区融媒体中心“中央厨房”正式投入运营

↑2019年11月29日，大兴区融媒体中心与光明网合作，举办全国政务新媒体经验交流座谈会

2019年6月，大兴区融媒体中心成立“大兴机场”宣传工作小组，安排骨干记者全面参与“北京大兴国际机场”宣传报道工作→

←2019年9月11日，大兴区融媒体中心，围绕新中国成立70年，推出《北京大兴》微博#大兴70号#话题，累计阅读量突破1亿

↑2019 年 5 月 1 日，通州区融媒体中心记者“京交会”采访商务局局长

↑2019 年 5 月，通州区融媒体中心主持人主持“中国好人榜”

←2019 年 9 月 6 日，通州区融媒体中心主持人在国家大剧院台湖舞美艺术中心主持演艺艺术周开幕式

↓2019 年 6 月 19 日，通州区融媒体中心报道马驹桥镇人民政府主办的庆祝新中国成立 70 周年活动

2019 年 11 月 16 日，通州区融媒体中心记者对“2019 通州运河绿岛骑游周”进行直播报道→

←2019 年 1 月 31 日，顺义区融媒中心承办 2019 年顺义区新春团拜会

↑2019 年 6 月 7 日，顺义区融媒中心现场直播“第十一届北京端午文化节暨 2019 全国龙舟邀请赛”

↑2019 年 9 月 22 日，顺义区融媒中心参与承办 2019 年中国农民丰收节主题活动

↑2019 年 7 月 7 日，顺义区融媒中心报道“花开新时代　逐梦向未来”童心向党主题活动——“传承优良家风，共享快乐阅读”顺义区第三届亲子讲故事活动

↑2019 年 5 月 22 日，顺义区融媒中心承办第十届中国卫星导航年会“北斗之夜”活动

↑2019年1月11日，平谷区融媒体中心记者报道区两会

↑2019年4月9日，平谷区融媒体中心专题新栏目《名医会客厅》首次录制

↑2019年5月16日，平谷区融媒体中心记者对平谷区首届生态节全场录制

↑2019年8月15日，平谷区融媒体中心进行移动采编工具和App客户端培训

↑2019年10月25日，平谷区融媒体中心记者采访报道第三届中国（北京）休闲大会

↑2019年12月10日，平谷区融媒体中心指挥平台验收

2019 年 12 月 30 日，怀柔区融媒体中心举办“守初心、担使命、迎新年”元旦联欢会

2019 年 1 月 26 日，怀柔区融媒体中心举办 2019 年新闻宣传培训会

2019 年 12 月 30 日，怀柔区融媒体中心高清演播编辑在导播机房进行直播

2019 年 3 月 5 日，怀柔广播电台（FM101.3）播音主持人实时播音

2019 年 4 月 2 日，怀柔区融媒体中心编辑记者对清明诗会活动进行现场直播

↑2019 年 1 月 8 日，昌平区融媒体中心记者报道区两会

↑2019 年 3 月 20 日，昌平区融媒体中心报道第七届北京农业嘉年华稻趣空间展馆

↑2019 年 3 月 16 日，昌平区融媒体中心报道第七届北京农业嘉年华开幕式

↑2019 年 1 月 15 日，昌平区融媒体中心报道区 2019 年新春慰问演出相声专场

↑2019 年 4 月 5 日，昌平区融媒体中心报道明十三陵清明文化活动开幕式及出警仪仗表演

↑2019 年 6 月 1 日，昌平区融媒体中心报道昌平区参展文博会情况。图为昌平区展位

↑2019 年 6 月 30 日，FM94.1 密云人民广播电台《音乐随身听》栏目举办六周年生日会进校园活动

↑2019 年 7 月 11 日，密云区融媒体中心组织职工进行指挥调度平台使用方法和流程专题培训

↑2019 年 1 月 8 日，密云区融媒体中心纸媒部、新媒体部、指挥调度中心装修改造工程开工

↑2019 年 5 月 10 日，密云区融媒体中心召开机构改革工作会

↑2019 年 4 月 25 日，宜居密云新媒体相关业务正式由区委宣传部移交密云区融媒体中心

↑2019 年 11 月 14 日，密云区融媒体中心指挥调度系统平台验收

↑2019 年 2 月 19 日，延庆区融媒体中心记者报道“花会展演闹元宵 民俗文化展新颜”活动

↑2019 年 4 月 30 日，延庆区融媒体中心记者报道 2019 北京世园会开园活动

↑2019 年 6 月 7 日，《延庆新闻》报道第十一届北京端午文化节活动

↑2019 年 10 月 1 日，延庆区融媒体中心记者报道延庆区集中收听收看新中国成立 70 周年盛典

↑2019 年 12 月 22 日，《延庆新闻》报道延庆区第二届委员会第十次全体会议

↑光线影业、霍尔果斯彩条屋影业、霍尔果斯可可豆动画影视有限公司、霍尔果斯十月文化传媒有限公司、北京彩条屋科技有限公司联合出品的电影《哪吒之魔童降世》海报

↑中央新闻纪录电影制片厂（集团）、迅光年文化发展（北京）有限公司、光线影业、山南光线影业、深圳市中汇影视文化传播股份有限公司联合出品的电影《保持沉默》海报

←光线影业、鑫影映画（北京）影业、上海乐不思蜀影视、周冬雨影视文化传播新沂工作室、霍尔果斯青春光线影业、霍尔果斯泰洋川禾文化传媒有限公司、名利场影视文化传媒（北京）有限公司、北京耀鸿影视文化传媒有限公司出品的电影《阳台上》海报

7月18日 全国公映

银河补习班

LOOKING UP

↑电影《银河补习班》海报

光线影业、海宁瀚坤影视传媒有限公司、霍尔果斯青春光线影业、上海恒星引力影视、天津猫眼微影文化传媒有限公司、上海千易志诚文化传媒有限公司、杭州新鼎明影视投资管理股份有限公司出品的电影《风中有朵雨做的云》海报

北京真乐道文化传播有限公司、北京海润影业股份有限公司、上海淘票票影视文化有限公司出品的电影《宠爱》海报

北京海润影业股份有限公司、海润电影（香港）有限公司、北京环亚美视传媒有限公司出品的电影《长安道》剧照

光线影业公司投资发行的电影《误杀》海报

浙江东阳阿里巴巴影业、浙江东阳美拉传媒、英皇影业、华谊兄弟、新丽传媒、北京新力量、北京金逸嘉逸电影、大地时代、浙江横店、北京国影纵横联合出品电影《只有芸知道》海报

2019 北京优秀电视剧

2019 年，北京市广播电视局深入贯彻落实习近平新时代中国特色社会主义思想，坚持以人民为中心的创作导向，高度重视首都文艺事业的健康繁荣发展，以弘扬社会主义核心价值观、传承优秀文化为己任，以"培根铸魂"的使命担当推进精品生产，坚持精品创作"北京模式"，聚焦精品电视剧生产创作，着力完善推动精品电视剧生产创作的工作机制，推出了一批深受观众喜爱的优秀电视剧。

北京完美建信影视文化有限公司拍摄的 36 集电视剧《最美的青春》，获第十五届精神文明建设"五个一工程"奖、第 32 届中国电视剧"飞天奖"优秀电视剧奖

北京爱奇艺科技有限公司拍摄的 48 集电视剧《破冰行动》，获第 26 届上海电视节白玉兰奖"最佳中国电视剧"、第 30 届中国电视金鹰奖"优秀电视剧"奖、第九届北京市文学艺术奖"优秀电视剧"奖，入围第 32 届中国电视剧"飞天奖"优秀电视剧奖提名作品

北京天马映像影业有限公司拍摄的 46 集电视剧《光荣时代》，获中国电视剧制作协会 2019 年度"优秀表彰剧目"奖、"庆祝新中国成立 70 周年"北京文化消费特别贡献奖、北京日报·艺绽"影视榜样·2019 年度总评榜"创新剧集

新丽电视传媒（北京）有限公司拍摄的55集电视剧《芝麻胡同》，入围第25届上海电视节白玉兰奖“最佳中国电视剧”

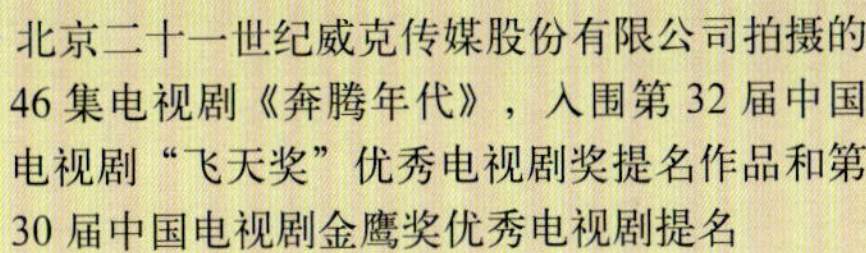
北京二十一世纪威克传媒股份有限公司拍摄的46集电视剧《奔腾年代》，入围第32届中国电视剧“飞天奖”优秀电视剧奖提名作品和第30届中国电视剧金鹰奖优秀电视剧提名

北京奥影影业有限公司拍摄的28集电视剧《启航》，获第九届北京市文学艺术奖“优秀电视剧”奖，入围第32届中国电视剧“飞天奖”优秀电视剧奖提名作品

北京完美影视传媒有限责任公司拍摄的50集电视剧《河山》，获2019年中国电视剧（网络剧）制作业年度表彰之“年度优秀表彰剧目”、影响中国传媒2019—2020年度影响力电视剧，并入围第32届中国电视剧“飞天奖”优秀电视剧奖提名作品和第30届中国电视金鹰奖

海润影视制作有限公司摄制的电视剧《藤科动物也凶猛》海报

中央电视台、海润影视制作有限公司、上海亮眉侠文化传媒有限公司、上海斐儿文化传播有限公司、上海新海润文化发展有限公司联合出品的50集电视剧《有你才有家》剧照

北京电视艺术中心有限公司、鹿鸣影业有限公司等联合出品的48集电视剧《破局1950》海报

北京电视艺术中心有限公司、浙江华力影业有限公司、浙江力辰影业有限公司联合出品的48集电视剧《我爱北京天安门》海报

↑北京北广传媒影视股份有限公司、安徽华星传媒投资有限公司联合出品的43集电视剧《觉醒年代》海报

↑腾讯影业文化传播有限公司、北京日报报业集团、京报长安资产投资管理有限公司、北京北广传媒影视股份有限公司、北京唐德国际文化传媒有限公司、北京岭尚传媒有限公司联合出品的30集电视剧《香山叶正红》海报

↑北京北广传媒影视股份有限公司、北京鼎力嘉诚影业发展有限公司联合出品的37集电视剧《温暖的土地》海报

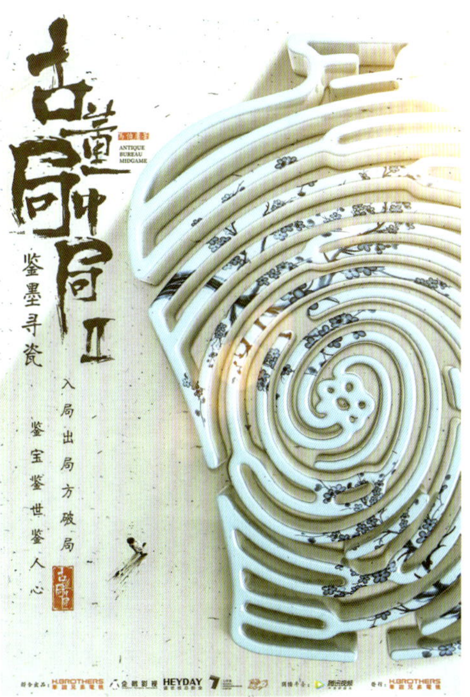

↑华谊兄弟、上海腾讯企鹅影视、上海盛世核芯文化、七印象（佛山）影视出品的36集电视剧《古董局中局Ⅱ鉴墨寻瓷》海报

↑北京京都世纪文化发展有限公司出品的 36 集电视剧《我和我的他们》海报

↑北京京都世纪文化发展有限公司出品的 40 集电视剧《晴朗的天空》剧照

↑北京京都世纪文化发展有限公司出品的 40 集电视连续剧《反恐特战队》海报

↑凤凰传奇影业有限公司、大唐辉煌传媒有限公司、深圳市光合力影视传媒有限公司出品的 44 集电视剧《哥不是传说》海报

←天津金狐文化传播有限公司、大唐辉煌传媒有限公司、北京华谊兄弟聚星文化有限公司、浙江华友文化创意有限公司出品的 30 集电视剧《小医侠》剧照

↑北京东方飞云国际影视股份有限公司出品的网络播出电影《巩仙》海报

←北京东王文化发展有限公司拍摄的 47 集电视剧《血盟千年》剧照

← 2019 年 6 月 25 日（当地时间），北京市广播电视局和中国驻里约热内卢总领馆共同主办的 2019“北京优秀影视剧海外展播季——巴西启动仪式”在巴西里约热内卢举行

↑ 2019 年 6 月 13 日，四达时代公司“万村通”赞比亚项目竣工仪式在赞比亚卢萨卡省琼圭区举行。图为中赞双方签署项目交接文件

↑ 2019 年 9 月 13 日至 17 日（荷兰当地时间），北京市广播电视局组织科技企业参加在荷兰阿姆斯特丹举行的 IBC2019 展览会。图为中国（北京）广播电视科技创新展区

↑ 2019 年 10 月 19 日，四达时代公司在坦桑尼亚承办“视听中国 全球播映”活动

↑ 2019 年 11 月 23 日，“北京优秀影视剧海外展播季·非洲”启动仪式在莫桑比克举行

↑2019 年 6 月 10 日，北京市广播电视局召开“不忘初心、牢记使命”主题教育工作会

↑2019 年 9 月 26 日，北京市广播电视局组织干部职工参观香山革命纪念地

↑2019 年 7 月 5 日，北京市广播电视局在房山区融媒体中心开展“不忘初心 牢记使命”主题教育活动

↑2019 年 6 月 20 日，北京市广播电视局与朝阳门街道工委在史家胡同博物馆联合举办“广播电视零距离·破冰进社区”活动

↑2019 年 3 月 19 日，北京市广播电视局召开党支部书记述职评议暨党的建设工作会

↑2019年5月23日，北京市广播电视局财务处党支部联合工会党支部在延庆融媒体中心开展主题党日活动

↑2019年5月23日，北京市广播电视局组织召开老干部政治理论学习动员部署会

↑2019年10月，北京市广播电视监测中心党支部开展党日活动，参观冀热察挺进军司令部旧址

↑2019年10月18日，北京市广播电视局后勤中心组织党员参观“伟大历程 辉煌成就”展览

↑2019年9月17日，北京音像资料馆党支部参观北京新文化运动纪念馆

↑2019年11月4日，北京音像资料馆党支部赴北京展览馆参观新中国成立70周年成就展

↑2019年3月20日，北京电台召开2018年度基层党组织书记述职评议考核会议

↑2019年4月25日，北京电台团委开展以“百年薪火，五四传承”为主题的团日活动

↑2019年6月6日，北京电视台召开“不忘初心、牢记使命”主题教育动员部署会

↑2019年6月26日，歌华传媒集团及二级单位班子成员实地参观爱国主义教育基地北京新文化运动纪念馆，重温入党誓词，缅怀革命先烈

↑2019年7月15日，北京广播电视报报社全体党员干部重温入党誓词

↑2019年8月19日，北京北广传媒数字电视公司党支部赴北京市人民检察院第四分院开展“不忘初心、牢记使命”主题教育学习活动

↑2019 年 11 月 9 日，朝阳区融媒体中心开展记者节活动

↑2019 年 5 月 9 日，海淀区融媒体中心老干部党支部组织党日活动

↑2019 年 7 月 1 日，丰台区融媒体中心组织全体党员干部到中国人民抗日战争纪念馆开展“不忘初心、牢记使命”主题党日活动

↑2019 年 3 月 28 日，石景山融媒体中心召开 2019 年党风廉政建设工作会

↑2019 年 10 月 15 日，房山区融媒体中心组织全体党员、团员到北京香山革命纪念地开展“不忘初心、牢记使命”革命传统专题教育

↑2019 年 9 月 26 日，大兴区融媒体中心党总支召开全体党员大会，选举产生中心党总支部委员会

↑2019 年 7 月 10 日，门头沟区融媒体中心机关党支部组织党员到门头沟区马栏村冀热察挺进军司令部旧址参观

↑2019 年 12 月 5 日，平谷区融媒体中心开展全员学宪法活动

↑2019 年 10 月 15 日，昌平区传媒中心组织员工参观北大红楼

↑2019 年 11 月 7 日，怀柔区融媒体中心组织召开业务培训会

↑2019 年 9 月 19 日，密云区融媒体中心组织职工到 2019 年中国北京世界园艺博览会参观

↑2019 年 11 月 8 日，延庆区融媒体中心举办以“不忘初心唱响新时代”为主题的记者节活动

文 体 活 动

↑2019 年 1 月，北京市广播电视局工会组织职工开展新春趣味运动活动

↑2019 年 5 月，北京市广播电视局工会组织职工春季踏青活动

↑2019 年 6 月，北京市广播电视局参加第 13 届市直机关乒乓球比赛

↑2019 年 10 月，北京市广播电视局工会组织秋季长走活动

↑2019 年 10 月，北京市广播电视局工会组织职工摄影作品展

↑2019 年 1 月 29 日，北京电台工会组织职工新春欢乐活动

↑2019 年 4 月 19 日，北京电台工会组织职工趣味活动

↑2019 年 3 月 8 日，北京电视台举办 2018 年度北京电视台优秀女职工及优秀集体表彰活动

↑2019 年 6 月 15 日，北京广播电视台第六届职工乒乓球比赛在北京体育馆拉开帷幕

↑2019 年 10 月 19 日，北京广播电视台第四届职工羽毛球比赛在中央电视塔职工健身中心举行

↑2019 年 3 月 8 日，北广传媒数字电视公司组织员工开展插花活动

↑2019 年 5 月 31 日，石景山区融媒体中心举行爱心捐款捐物活动

↑2019 年 4 月 26 日，大兴区融媒体中心组织职工参加 2019 年大兴区“万步有约”健步走大赛

↑2019 年 11 月 26 日，怀柔区融媒体中心妇委会组织女职工参观月亮湾农业观光园

↑2019 年 4 月 18 日，密云区融媒体中心职工到白河公园植树

↑2019 年 12 月 14 日，延庆区融媒体中心组织职工开展趣味运动会

目 录

特 载

中共北京市委办公厅 北京市人民政府办公厅印发《关于推动北京影视业繁荣发展的实施意见》的通知 …… 2
北京市超高清视频产业发展行动计划（2019—2022 年）…… 6
北京市智慧广电发展行动方案（2019 年—2022 年）…… 10

专项纪事

首届北京国际公益广告大会举办…… 18
第五届“世界电视日”中国电视大会在北京召开…… 19
第九届北京国际电影节举办…… 21
第三届北京纪实影像周举办…… 22
2019 年北京电视节目交易会举行 …… 24
北京电视台完成国庆庆典现场大屏幕播放工作…… 25
北京卫视推出“壮丽 70 年 我们都知道”大型全媒体行动 …… 26
北京电视台制播国庆 70 周年北京市筹备和服务保障工作纪实专题片 …… 28
北京广播电视台完成全国两会融媒体报道…… 29
北京电台外语广播报道亚洲文明对话大会…… 30
北京广播电视台完成“一带一路”国际合作高峰论坛报道…… 31
北京广播电视台播出第七届国产纪录片及创作人才推优活动…… 31
北京电台新闻广播推出大兴国际机场开航直播…… 32
北京电视台冬奥纪实频道上星播出…… 33
北京电视台冬奥纪实频道承办 2022 年冬奥会和冬残奥会吉祥物发布仪式 …… 34
北京电视台播出“时代新人说——我和祖国共成长”演讲大赛…… 34
北京电台推出《回归二十年 欢乐一家亲》
——庆祝澳门回归二十周年大型融媒体新闻活动 …… 35
北京电台交通广播推出“2019 上海国际车展特别直播”活动 …… 36
北京电台交通广播在“戈壁天堂”活动中设立“FM103.9 仙人掌电台” …… 38

北京电视台推出专题片《胡同有名气》…… 39
北京电视台“新春走基层”系列报道：讲好新时代奋斗故事 …… 40
北京电台推出“美丽乡村 筑梦有我”大型新闻公益行动报道 …… 41
丰台区融媒体中心推进宣传体系建设…… 41

概 况

北京市广播电视局概况…… 44
北京市广播电视局直属机关工会委员会概况…… 48
北京市广播电影电视局离退休人员管理服务中心概况…… 49
北京市广播电影电视局后勤服务中心概况…… 51
北京市广播电影电视局信息中心概况…… 52
北京市广播电视监测中心概况…… 54
北京音像资料馆概况…… 55
北京市广播影视作品审查中心概况…… 57
北京市广播影视协会概况…… 59
北京电视艺术家协会概况…… 60
北京广播电视台概况…… 61
北京人民广播电台概况…… 64
北京电视台概况…… 67
北京广播电视报社概况…… 70
北京广播电视台服务中心概况…… 72
北京新媒体（集团）有限公司概况…… 73
北京紫禁城影业有限责任公司概况…… 75
北京歌华传媒集团有限责任公司概况…… 77
北京歌华文化发展集团有限公司概况…… 79
北京歌华有线电视网络股份有限公司概况…… 81
北京电视艺术中心有限公司概况…… 83
北京音像有限公司概况…… 84
北京瑞特影音贸易有限公司概况…… 85
北京北广传媒数字电视有限公司概况…… 86
北京北广传媒移动电视有限公司概况…… 87
北京北广传媒影视股份有限公司概况…… 88
北京北广传媒城市电视有限公司概况…… 89
北京北广传媒地铁电视有限公司概况…… 90

鼎视传媒股份有限公司概况…… 93
北京北广置业有限公司概况…… 94
北京中广传播有限公司概况…… 95
朝阳区融媒体中心概况…… 96
海淀区融媒体中心概况…… 98
丰台区融媒体中心概况…… 99
石景山区融媒体中心概况…… 100
门头沟区融媒体中心概况…… 102
房山区融媒体中心概况…… 104
大兴区融媒体中心概况…… 104
通州区融媒体中心概况…… 106
顺义区融媒体中心概况…… 108
平谷区融媒体中心概况…… 109
昌平区融媒体中心概况…… 111
怀柔区融媒体中心概况…… 112
密云区融媒体中心概况…… 114
延庆区融媒体中心概况…… 116

大事记

2019 年北京广播影视大事记 …… 120
市级大事记…… 120
区级大事记…… 137

频率频道

2019 年北京市属广电机构频率频道设置情况 …… 150
北京人民广播电台频率一览表…… 150
北京电视台频道一览表…… 153
北京北广传媒数字电视有限公司频道一览表…… 156
北京北广传媒移动电视有限公司频道一览表…… 157
北京北广传媒城市电视有限公司频道一览表…… 157
北京北广传媒地铁电视有限公司频道一览表…… 158
2019 年北京市各区广电机构频率频道设置情况 …… 158

朝阳区融媒体中心频道一览表……158
海淀区融媒体中心频道一览表……159
丰台区融媒体中心频道一览表……159
石景山区融媒体中心频道一览表……160
门头沟区融媒体中心频道一览表……160
房山区融媒体中心频率频道一览表……160
大兴区融媒体中心频率频道一览表……161
通州区融媒体中心频率频道一览表……161
顺义区融媒体中心频率频道一览表……162
平谷区融媒体中心频率频道一览表……162
怀柔区融媒体中心频率频道一览表……163
昌平区融媒体中心频率频道一览表……163
密云区融媒体中心频率频道一览表……164
延庆区融媒体中心频率频道一览表……164

节目栏目

北京电台……166
北京电视台……173
北京北广传媒数字电视有限公司……183
北京北广传媒移动电视有限公司……183
北京北广传媒城市电视有限公司……184
北京北广传媒地铁电视有限公司……186
海淀区融媒体中心……189
丰台区融媒体中心……190
石景山区融媒体中心……191
大兴区融媒体中心……191
昌平区融媒体中心……192
房山区融媒体中心……194
门头沟区融媒体中心……196
密云区融媒体中心……197
平谷区融媒体中心……198
顺义区融媒体中心……199
通州区融媒体中心……201
怀柔区融媒体中心……202

延庆区融媒体中心……202
亦庄融媒体中心……204

产业发展

北京市广播电视产业发展情况……208
北京市广播电视节目制作经营机构情况……211
表 1 市广播电视节目制作经营持证机构区域分布表……212
表 2 市持证机构构成表（按机构性质划分）……212
表 3 市持证机构注册资金构成表……213
表 4 市持证机构注册资金规模及构成表（按机构性质划分）……213
表 5 市持证机构注册资金区域分布表……213
表 6 注册资金规模全市前 10 位的持证机构……214
表 7 市持证机构从业人员规模构成表……215
表 8 市持证机构从业人员规模及构成表（按机构性质划分）……215
表 9 市持证机构从业人员所在区域分布表……215
表 10 从业人员数量全市前 10 位的持证机构……216

新媒体

北京市网络视听节目服务管理情况综述……218
北京市持信息网络传播视听节目许可证机构（含备案单位）一览表……221
2019 年北京市网络综艺节目发展情况……226
2019 年北京市网络剧发展情况……227
2019 年北京市网络电影发展情况……230
2019 年北京市审核网站引进电视剧和电影情况……232
2019 年北京市审核网站引进境外电视剧情况一览表……232
2019 年北京市审核网站引进境外电影情况一览表……235
北京人民广播电台新媒体发展情况……247
北京电视台国庆宣传新媒体端创佳绩……248
北京新媒体（集团）有限公司新媒体发展情况……249
北京市大兴区融媒体中心改革创新路径……250
“北京昌平”App 应用情况……252
2019 年延庆区融媒体中心发展情况……254

技　术

2019 年北京市广播电视科技工作综述 …… 258
2019 年北京市广播电视局科技委工作情况 …… 260
北京广播电视台融合媒体生产云平台项目（一期）——公共服务平台项目 …… 262
北京广播电视台融合媒体生产云平台项目（一期）——数据治理与应用技术项目 …… 263
北京电视台融合新闻业务系统建设项目 …… 264
“北京云・融媒体”市级技术平台（一期）项目 …… 266
2019 年北京电视台新技术应用情况 …… 268
歌华有线 4K 智能数字有线机顶盒研发完成 …… 269
大兴区融媒体中心技术平台建设情况 …… 270

电视剧

2019 年北京电视剧制作发行情况综述 …… 272
2019 年北京动画片、纪录片制作发行情况综述 …… 275
北京市电视剧和动画片发行许可情况表 …… 277
　2019 年北京市国产电视剧发行许可情况一览表 …… 277
　2019 年北京市国产电视动画片发行许可情况一览表 …… 280
北京市部分电视剧制作机构作品一览表 …… 282
　北京华谊兄弟娱乐投资有限公司 …… 282
　海润影视制作有限公司 …… 282
　北京东王文化发展有限公司 …… 283
　北京电视艺术中心有限公司 …… 283
　北京北广传媒影视股份有限公司 …… 283
　大唐辉煌传媒有限公司 …… 284
　北京京都世纪文化发展有限公司 …… 284
　北京光线传媒股份有限公司 …… 285
　北京东方飞云国际影视股份有限公司 …… 287

书报刊出版

2019 年北京市广播影视书报刊一览表 …… 290
　公开出版物 …… 290

内部出版物……290
2019 年北京市广播影视书报刊简介……291
《北京广播电视报》……291
《北广人物》……291
《北京广播影视》……292
《听众反映专辑》……293
《宣传业务》……293
《电视文摘》……293
《锐》……294
《金色岁月》……294
《北京广播影视年鉴（2019 年）》……295
《北京广播影视决策参考》（月刊）……296
《北京广播影视发展研究文集（2018 年）》……296

受众调查

2019 年北京广播市场竞争态势的调查分析……298
表 1　2019 年、2018 年北京地区广播市场全天收听表现……298
表 2　2019 年、2018 年北京广播市场主要电台收听表现……301
表 3　北京广播市场 22 频率收听率、市场份额同比排名……304
北京电视台 2019 年北京地区品牌研究报告（节选）……307
表 1　BTV 北京卫视频道品牌价值及各指标情况……307
表 2　2017—2019 年 BTV 北京卫视频道品牌价值及各指标变化情况……308
表 3　BTV 影视频道品牌价值及各指标情况……308
表 4　2017—2019 年 BTV 影视频道品牌价值及各指标变化情况……309
表 5　BTV 科教频道品牌价值及各指标情况……309
表 6　2017—2019 年 BTV 科教频道品牌价值及各指标变化情况……310
表 7　BTV 新闻频道品牌价值及各指标情况……310
表 8　2017—2019 年 BTV 新闻频道品牌价值及各指标变化情况……310
表 9　BTV 生活频道品牌价值及各指标情况……311
表 10　2017—2019 年 BTV 生活频道品牌价值及各指标变化情况……311
表 11　BTV 文艺频道品牌价值及各指标情况……312
表 12　2017—2019 年 BTV 文艺频道品牌价值及各指标变化情况……312
表 13　BTV 青年频道品牌价值及各指标情况……313
表 14　2017—2019 年 BTV 青年频道品牌价值及各指标变化情况……313

表 15 BTV 财经频道品牌价值及各指标情况 …… 314
表 16 2017—2019 年 BTV 财经频道品牌价值及各指标变化情况 …… 314
表 17 BTV 卡酷少儿频道品牌价值及各指标情况 …… 315
表 18 2017—2019 年 BTV 卡酷少儿频道品牌价值及各指标变化情况 …… 315
表 19 BTV 卡酷少儿频道品牌价值及各指标情况（4～14 岁少儿观众） …… 315
表 20 BTV 冬奥纪实频道品牌价值及各指标情况 …… 316
表 21 2019 年北京地区各频道的品牌价值指标及排名 …… 316

组织机构

北京市广播电视局 …… 320
北京市广播电视局工会 …… 321
北京市广播电视局离退休人员管理服务中心 …… 321
北京市广播电视局后勤服务中心 …… 321
北京市广播电视局信息中心 …… 322
北京市广播电视监测中心 …… 322
北京音像资料馆（北京广播电影电视研究中心） …… 322
北京市广播影视作品审查中心 …… 322
北京市广播影视协会 …… 323
北京电视艺术家协会 …… 323
北京广播电视台 …… 323
北京广播电视报社 …… 325
北京广播电视台服务中心 …… 325
北京新媒体（集团）有限公司 …… 326
北京紫禁城影业有限责任公司 …… 326
北京歌华传媒集团有限责任公司 …… 326
北京歌华文化发展集团有限公司 …… 327
北京歌华有线电视网络股份有限公司 …… 328
北京电视艺术中心有限公司 …… 333
北京音像有限公司 …… 333
北京瑞特影音贸易有限公司 …… 333
北京北广传媒数字电视有限公司 …… 334
北京北广传媒移动电视有限公司 …… 334
北京北广传媒影视股份有限公司 …… 334
北京北广传媒城市电视有限公司 …… 335

北京北广传媒地铁电视有限公司……335
鼎视传媒股份有限公司……335
北京北广置业有限公司……336
北京中广传播有限公司……336
北京市东城区文化和旅游局……336
北京市西城区文化和旅游局……338
北京市朝阳区文化和旅游局……339
北京市海淀区文化和旅游局……340
北京市丰台区文化和旅游局……340
北京市石景山区文化和旅游局……340
北京市门头沟区文化和旅游局……341
北京市房山区文化和旅游局……341
北京市大兴区文化和旅游局……342
北京市通州区文化和旅游局……342
北京市顺义区文化和旅游局……343
北京市平谷区文化和旅游局……343
北京市怀柔区文化和旅游局……344
北京市昌平区文化和旅游局……344
北京市密云区文化和旅游局……345
北京市延庆区文化和旅游局……345
北京经济技术开发区工委宣传文化部……346
北京市朝阳区融媒体中心……346
北京市海淀区融媒体中心……347
北京市丰台区融媒体中心……347
北京市石景山区融媒体中心……347
北京市门头沟区融媒体中心……348
北京市房山区融媒体中心……348
北京市大兴区融媒体中心……348
北京市通州区融媒体中心……349
北京市顺义区融媒体中心……349
北京市平谷区融媒体中心……349
北京市昌平区融媒体中心……350
北京市怀柔区融媒体中心……350
北京市密云区融媒体中心……351
北京市延庆区融媒体中心……351
北京光线传媒股份有限公司……352

北京华谊兄弟娱乐投资有限公司……352
海润影视制作有限公司……352
北京京都世纪文化发展有限公司……353
北京鑫宝源影视投资有限公司……353
大唐辉煌传媒有限公司……353
北京东王文化发展有限公司……354
四达时代通讯网络技术有限公司……354

获奖作品

北京市广播影视协会 2018 年度优秀广播电视节目评选结果（164 件）……356
一、广播类作品（57 件）……356
二、电视类作品（90 件）……359
三、媒体融合类作品（15 件）……364
四、报刊类作品（2 件）……365
2019 年度北京市广播电视科技企业相关奖项获奖情况……366
一、中国国际广播电视信息网络展览会（CCBN2019）获奖情况……366
二、北京国际广播电影电视展览会（BIRTV2019）获奖情况……366
三、中国新闻技术工作者联合会“王选新闻科学技术奖”获奖情况……367
2019 年度北京市广播电视系统科技类奖项获奖情况……368
2018 年度北京市广播电视公益广告扶持项目结果（电视类）……373
2018 年度北京市广播电视公益广告扶持项目结果（广播类）……374
2018 年度北京市广播电视公益广告扶持项目结果（机构类）……375
2019 年北京市提升广播电视和网络视听业国际传播力奖励扶持专项资金拟奖励扶持企业和项目名单……376
北京广播电视网络视听发展基金 2019 年度拟扶持项目情况汇总表……380
类别（一）：电视纪录片、电视动画片、广播电视节目优秀作品（21 部）……380
类别（二）：优秀电视剧作品（24 部）……381
类别（三）：优秀网络视听节目作品（30 部）……383
2019 年度获得全国、省（市）以上级政府或组织表彰奖励作品情况统计表……384
2019 年北京市法治动漫微视频作品征集展映活动……387
2019 年度北京广播电视台获奖作品一览表……388
2019 年度北京广播电视报社获奖作品一览表……399
2019 年度北京北广传媒数字电视有限公司获奖作品一览表……401
2019 年度北京北广传媒城市电视公司获奖作品一览表……402

2019 年度北京市海淀区融媒体中心获奖作品一览表 …… 403
2019 年度北京市丰台区融媒体中心获奖作品一览表 …… 403
2019 年度北京市石景山区融媒体中心获奖作品一览表 …… 404
2019 年度北京市通州区融媒体中心获奖作品一览表 …… 404
2019 年度北京市平谷区融媒体中心获奖作品一览表 …… 405
2019 年度北京市昌平区融媒体中心获奖作品一览表 …… 405
2019 年度北京市密云区融媒体中心获奖作品一览表 …… 406
2019 年度北京光线传媒股份有限公司获奖作品一览表 …… 406
2019 年度海润影视制作有限公司获奖作品一览表 …… 407
2019 年度北京鑫宝源影视投资有限公司获奖作品一览表 …… 407

典型经验

用心用功用情 打造影视精品创作“北京模式” …… 410
广播剧《中共中央在香山》创作经验 …… 412
北京电视台 2019 年春晚守正创新亮点多 …… 414
文艺创新 文创上新 文化焕新
——北京卫视《上新了·故宫》节目创作经验 …… 417
浓墨重彩庆华诞 唱响时代主旋律
——北京电视台新闻中心国庆 70 周年报道回顾 …… 418
熔铸四种品格 锻造 10 年品牌
——北京电视台《档案》创新创优经验 …… 419
“北京榜样”广播剧，源于平凡生活的艺术升华 …… 422
新媒体环境下儿童广播节目的转型探索
——以北京广播电视台《听听糖耳朵》为例 …… 423
融媒体精品力作《同心圆·中国梦——父辈的 1949》 …… 424
为了自然深情的歌唱
——《我爱你中国》大型群众歌唱活动创作体会 …… 425
北京电视台推出年终专稿——《跨越 2019》 …… 426
有声有情有气势 出新出彩出精品
——北京电视台《行进在春天里》系列报道解析 …… 427
北京卫视《养生堂》开播十周年 …… 428
融媒体时代北京城市广播融合发展经验 …… 429
歌华有线公司积极发展智慧广电集客业务 打造智慧城市服务亮点 …… 432
搭建企业与用户沟通平台，实现自身渠道价值最大化 …… 434

凸显主题主线传播效果明显提升
——北京电视台精心编排元旦期间节目 …………………………………………… 435

交流合作

北京市广播电视与国内外其他台交流合作情况………………………………………… 438

统　计

2019 年广播电视播出机构及节目开办情况 …………………………………………… 446
2019 年广播电视播出情况 ………………………………………………………………… 446
2019 年广播电视节目制作情况 …………………………………………………………… 447
2019 年广播电视播出传输情况 …………………………………………………………… 447
2019 年北京市广播电视主要指标在全国的排位 ………………………………………… 448
2019 年广播电视节目交易情况 …………………………………………………………… 448

索　引

汉语拼音索引……………………………………………………………………………… 449
数字索引…………………………………………………………………………………… 456
字母索引…………………………………………………………………………………… 457

特 载

中共北京市委办公厅 北京市人民政府办公厅印发《关于推动北京影视业繁荣发展的实施意见》的通知

京办发〔2019〕4号

各区委、区政府，市委、市政府各部委办局，各总公司，各人民团体，各高等院校：

经市委、市政府同意，现将《关于推动北京影视业繁荣发展的实施意见》印发给你们，请结合实际认真贯彻落实。

中共北京市委办公厅
北京市人民政府办公厅
2019年2月1日

关于推动北京影视业繁荣发展的实施意见

北京是全国影视创意策划、制作生产、宣推发行、传播交流和装备制造的中心。繁荣发展影视业及相关产业，对于加快建设全国文化中心和中国特色社会主义先进文化之都具有重要意义。为加快推动北京影视业向高精尖转型升级，进一步促进影视业繁荣发展，现制定本意见。

一、总体要求

（一）指导思想

以习近平新时代中国特色社会主义思想为指导，全面贯彻党的十九大精神，深入贯彻落实习近平总书记对北京重要讲话精神，落实首都城市战略定位和北京城市总体规划，按照全国文化中心建设“一核一城三带两区”总体框架，以社会主义核心价值观为引领，以人民为中心，以改革创新为动力，充分发挥全国文化中心凝聚荟萃、辐射带动、创新引领、传播交流和服务保障功能，加强资源整合，完善基础设施，优化营商环境，促进影视业与科技、金融等相关产业融合发展，做好装备制造、内容生产、推广、发行、传播等影视产业链相关环节精准衔接，构建高精尖产业结构，进一步推动北京影视业繁荣发展，为全国文化中心建设提供有力支撑。

（二）基本原则

坚持正确导向。把人民作为影视创作和表现的主体，把满足人民精神文化需求作为影视业发展的出发点和落脚点，始终把社会效益放在首位，实现社会效益与经济效益相统一。

坚持深化改革。深化体制机制改革，完善市场体系建设，加强政策集成，不断释放影视业发展新动能。

坚持提升效能。依托北京影视、科技等资源优势，加大统筹协调力度，做好纵横向资源精准衔接，提升影视业发展公共服务效能。

坚持转型发展。紧盯北京影视业高精尖转型发展关键环节和重点问题，着力发挥重点工程、重要项目带动作用，开展集智攻关，突破关键技术，努力提升北京影视业整体实力。

（三）发展目标

到 2020 年，北京影视业全国领先地位更加巩固，涌现出更多骨干龙头企业和有筋骨、有道德、有温度的影视精品，产业布局更趋合理，市场竞争力、创新驱动力、文化辐射力显著增强，成为支撑北京高质量发展、壮大高精尖产业的重要引擎，推动北京成为具有国际影响力和首都特色的影视之都。

二、重点工作

（一）加强影视业文化科技深度融合

促进影视业与科技产业融合发展，围绕大数据、人工智能、虚拟现实、增强现实、4K/8K 超高清、下一代广播电视网（NGB）等关键技术，建设一批影视科技融合发展重点实验室，培育和发展新兴影视业态，努力构建影视业高精尖产业结构。加强政策宣传、强化配套服务，建立帮扶机制，鼓励条件成熟的影视企业申请认定高新技术企业、技术先进型服务企业，享受相关优惠政策；推动建立影视业高新技术企业培育库，帮助企业熟悉认定标准和条件，逐步将其培养成为高新技术企业；对出库企业给予财政支持，引导企业增加研发投入。落实技术转让所得减免增值税、企业所得税及研发费用加计扣除等优惠政策。鼓励文化科技融合企业利用首都科技创新券开展影视领域科研活动，加大科技成果转化力度。

（二）推动文化领域“投贷奖”投融资全过程联动衔接

进一步加强文化创意产业“投贷奖”联动，发挥财政资金对金融机构、社会投资机构参与北京影视业发展的撬动作用，促进“投贷奖”向影视业源头延伸。围绕影视内容创作、拍摄制作、后期效果、宣传发行、资本运营、版权交易、装备制造等重点环节和中高端价值链，着力优化对骨干影视企业和成长型影视企业全流程的支持与配套服务。

（三）优化做大做强 IP（知识产权）产业链的软环境

发挥宣传文化引导基金、影视出版创作基金等扶持引领作用，坚持思想精深、艺术精湛、制作精良相统一，加强现实题材创作，对本市影视企业推出讴歌党、讴歌祖国、讴歌人民、讴歌英雄的精品力作，给予奖励和扶持。完善 IP 发展生态，推动金融机构面向中小微影视企业和 IP 产业链推出有针对性的金融产品，通过促进 IP 与影视、出版、动漫、游戏、在线教育、体育赛事等领域融合发展，深度挖掘 IP 价值，提高影视精品的转化率和影响力。加大线上、线下影视作品版权的保护和侵权惩戒力度。

（四）打造具有国际影响力的影视园区品牌

加大统筹管理力度，重点引导优质影视资源和高精尖影视项目向园区集聚，推动影视园区专业化、规范化、集约化发展，重点支持中国（怀柔）影视产业示范区、国家文化产业创新实验区等发展。持续改善营商环境，提升审批服务效率，针对园区影视企业的项目备案、审查、审批建立绿色通道。支持园区企业承担市级重点影视项目拍摄制作，鼓励新建 3000 平方米以上的高端专业摄影棚及相关设备的更新改造。规范企业入园标准，逐步完善人才引进、房租减免（补贴）、工作居住证办理、上市奖励等政策配套。鼓励重点影视园区设立人才培育孵化、影视取景拍摄、作品授权交易、影视品牌授权和宣传推广等服务机构，进一步加大园区公共服务力度。

（五）促进影视业与相关产业融合发展

推动影视业与众筹平台、线上售票平台、电影衍生品开发与销售平台合作，打造覆盖影视产业链的“互联网+精品”合作模式。依托影视作品、专业人才等优势资源，加强影视业与数字娱乐、电子商务、互联网金融等深度合作，构建传统媒体、互联网、金融等融合发展的全新互动体系。鼓励电视台、院线与互联网企业进行战略合作，利用各自资源和渠道优势，根据播放平台需要，共同开发制作电商定制影视产品，促进影视业与其他业态的深度融合发展。

（六）加大金融支持影视业发展力度

引导金融机构建立投融资孵化平台，加大对重点影视企业、重大影视项目的金融支持力度，积极培育本市影视企业。推动金融机构开设影视企业融资绿色通道，研究设立面向影视园区和企业的产业引导基金。加大影视企业上市奖励扶持力度，探索建立影视企业上市孵化平台，引导本市影视企业有针对性地在各类资本市场融资，形成影视企业上市的北京板块。

（七）激活北京影视消费市场潜力

积极培育和提升北京影视消费市场，不断扩大市场规模，紧抓城市副中心建设、非首都功能疏解等契机，探索校园院线、文化场馆院线、艺术院线及远郊（农村）院线建设，推进环球影城建设。加大公共服务场所资源统筹利用力度，对公共服务场所、商业设施和腾退老旧厂房改造建设的影院，给予相应政策支持和补贴。继续支持多厅影院建设，对符合条件的企业按照《北京市多厅影院建设补贴管理办法》给予补贴。

（八）推动京津冀影视业协同发展

根据京津冀区域功能定位与各自影视业发展基础，进一步加强统筹、优化布局，形成影视业协同发展新格局。充分发挥北京影视业溢出效应，推动与承德、廊坊等地战略合作，建设环北京影视外景基地，引领带动周边地区影视业发展，形成定位准确、梯次发展、各具特色、优势互补、协同配套的京津冀影视业发展生态体系。

（九）提升北京影视业国际传播力

积极响应国家“一带一路”倡议，提升影视业在“一带一路”沿线国家和地区的传播力和影响力。加大影视译制基地建设力度，开展影视企业“走出去”奖励扶持工作，鼓励影视企业参与国际传播，拓展国际市场，讲好中国故事、北京故事，扩大中华文化国际影响力。持续打造北京优秀影视剧海外展播季等品牌活动，扩大北京影视剧海外影响力。办好北京国际电影节等大型活动，打造国际一流影视盛典。

（十）建立健全重点影视企业动态管理体系

推动税务、市场监管、人力资源社会保障、统计等部门与影视业主管部门数据对接共享。建立重点影视企业数据库，实现全程动态跟踪管理，及时了解掌握、协调解决影视企业发展遇到的困难和问题。建立扶持效果综合评估机制，根据企业实际情况及时调整支持政策。

三、保障措施

（十一）建立健全工作机制

在市推进全国文化中心建设领导小组框架下，建立市级部门联席会议制度，适时召开联席会议，加强规划设计，努力营造良好的影视发展环境。

（十二）加强政策统筹协调

各有关部门要全面梳理影视业扶持政策，精准扶持、综合施策，推动扶持政策向骨干影视企业和成长型、创新性影视企业倾斜。影视业发展基础较好的相关区，要统筹资源、形成合力，加大影视业支持力度。通过政策集成优化影视业营商环境，定期开展影视业营商环境评估。加大协调力度，推动在本市事权范围内依法依规制订针对影视业的优惠政策。

（十三）完善影视业统计工作

完善北京影视业统计指标体系，及时更新纳入统计的影视企业目录，同时根据影视业发展新情况新趋势，加强对网络视频、直播平台、短视频网站等新兴影视业态的统计监测分析，不断增强北京影视业统计数据的及时性、准确性、权威性。

（十四）加强影视人才队伍建设

加强影视人才队伍培养，支持首都高校与国际一流教育机构在影视方向开展深度合作。鼓励国际知名影视人才在京设立工作室、工作站。充分发挥北京影视人才资源密集优势，重点建设若干影视内容创作基地，积极开展“三会三课”（规划会、交易会、交流会、政策课、业务课、实践课），加强青年影视人才培养。

（十五）完善影视作品评价体系

通过政府购买服务、建设智库等方式，开展影视作品综合评价试点，完善影视作品评价方案，综合解决过分强调收视率、上座率、点击率等问题。推动影视企业建立符合北京影视业发展特点的质量评估体系和控制机制。系统梳理传播效果评价数据的调查发布及使用情况，推动形成抽样调查数据和大数据相结合、定性和定量相结合的影视作品评价体系。

北京市超高清视频产业发展行动计划（2019—2022 年）

京经信发〔2019〕37 号

各区人民政府，市政府各委、办、局，各市属机构：

《北京市超高清视频产业发展行动计划（2019—2022 年）》已经市政府同意，现印发你们，请结合实际认真贯彻落实。

北京市经济和信息化局　北京市广播电视局

2019 年 5 月 7 日

北京市超高清视频产业发展行动计划

（2019—2022 年）

2019 年 3 月 1 日，由工业和信息化部、国家广播电视总局、中央广播电视总台联合制定的《超高清视频产业发展行动计划（2019—2022 年）》（工信部联电子〔2019〕56 号）（以下简称《行动计划》）正式发布，对推动超高清视频产业发展做出了整体部署。

随着《行动计划》的发布，5G 通信技术的不断成熟，显示技术由高清向超高清演进，超高清视频产业已进入发展战略窗口期。北京正深入推进全国文化中心、科技创新中心建设，聚集了关键环节诸多优势企业、科研院所，产业基础、创新资源及区位优势明显。为进一步落实《行动计划》，抓住机遇大力推动北京超高清视频产业快速发展，打造全国领先的 4K/8K 超高清视频应用与产业发展基地，加快构建高精尖经济结构，推动电子信息产业消费升级，将北京建设成为超高清产业融合发展新高地，特制定行动计划。

一、原则和目标

坚持国家战略指导，按照“4K 先行，兼顾 8K”的总体技术路线，立足自主创新、开放协作、强化科技与文化融合、示范应用引领的基本原则，推动北京超高清视频关键核心技术取得突破、产品创新自主可控、内容制作国际领先、示范应用国际同步、产业集聚规模效应，实现 2022 年北京冬奥会、冬残奥会 4K 超高清电视全程直播，8K 超高清试验直播。

一是瞄准国家战略急需，自主创新与国际合作相结合，补齐前端设备、核心芯片等技术短板，实现产业链前端产品自主可控，终端产品全球领先；二是打造国家级内容生产基地，提高超高清内容拍摄和制作能力，丰富 4K/8K 超高清视频内容；三是构建创新平台，推动超高清视频采集、制作、传输、呈现、应用等系列标准国产化，加快三网融合协同发展创新应用；四是发挥北京资源优势，紧抓“5G+4K/8K”超高清示范应用，将“5G+4K/8K”打造成为传播北京文化的重要途径和窗口；五是打造产业集聚规模效应，支持核心企业发展，推动重大项目建设，推动4K/8K超高清技术在典型场景示范应用，打造全球领先的超高清视频产业集群。

二、主要任务

（一）突破关键核心技术，带动产品产业化应用

充分发挥北京创新资源优势，融合5G、人工智能、大数据、云计算等新一代信息技术。强化需求牵引，支持超高清视频领域信源编码、显示驱动芯片、高精密光学镜头、8K显示面板、新型显示器件等产品研发和产业化，支持4K/8K超高清视频摄录设备、编辑制作设备、编解码设备技术取得突破。积极研究8K超高清视频前端信号远程化制作技术、8K超高清视频人工智能和边缘计算制作技术，研制8K超高清特种拍摄设备，建立基于互联网应用的超高清视频公共信号制作标准，带动相关产品产业化应用。

（二）支持协同创新平台体系建设

支持超高清视频（北京）制作技术协同中心建设。联合国际、国内“5G+4K/8K”产业链各环节核心企业和创新资源，组建超高清视频制作技术协同中心，共同开展4K/8K超高清视频软、硬件集成创新。自主研制集成国内首辆4K/8K超高清转播车，建立4K/8K超高清电视节目实验性试播和视频节目网络化试播测试环境，实现国内自主产品与国外先进产品融合验证，引导视频采集、转播制作技术研发，开展8K超高清视频内容的标准化批量制作。

支持超高清电视应用创新实验室建设。相关单位与国家广播电视总局广科院、规划院合作建立北京超高清电视应用创新实验室，依托在京科研院所和相关企业成立4K/8K超高清电视应用科技创新联盟，开展4K超高清配套标准制定及8K技术标准研究，支持8K超高清拍摄、制作、存储、编码、播出、传输等环节关键技术研发，形成具有自主知识产权的战略性、引导性前沿技术成果，培育产业发展新动能。

（三）建成国内领先的播出平台和传输网络

打造国内领先的内容集成分发交易平台。推动北京广播电视台、歌华传媒集团、视频网站等开展深入合作，共同打造专业的超高清节目集成分发、内容共享交易平台；引导规范影视作品版权交易平台建设，加强超高清影视作品版权交易信息管理，进一步提高版权保护力度。

打造国内领先的播出平台和传输网络。支持北京电视台2020年申请开播4K超高清电视频道；开展新一代地面无线交互广播电视网4K超高清传输试验；鼓励有线电视高清交互数字平台和新媒体IPTV集成播控平台建设高质量4K超高清内容专区，不断丰富播出机构的4K超高清节目内容；鼓励有线电视和IPTV运营商开展网络基础设施改造并发展4K超高清用户，2020年完成有线电视光纤行政村全覆盖，IPTV光纤用户带宽普遍达到200M。2022年有线电视网络落地至少8套4K超高清频道，北京4K电视用户达到500万。

（四）打造国内领先的超高清视频产业集群

建设国家级超高清内容创作生产基地。对北京地区影视制作机构创作生产的超高清节目进行分类奖励，扶持超高清精品影视作品；以北京市各影视产业基地为依托，打造国内最大的超高清影视拍摄中心、影视后期制作中心、视听节目创作基地和影视制作机构集聚中心。2020年底，影视制作机构创作

生产 4K 超高清节目累计达到 6000 小时，把北京建设成为世界一流的超高清影视制作基地。

建设国内领先的超高清视频产业集群。发挥北京在 4K/8K 超高清显示屏、摄像机、信源编码、编播设备以及内容生产制作、传输网络等优势，鼓励相关企业加大产品升级改造和科技创新投入，推动 4K/8K 超高清设备研发，强化京津冀广电科技装备制造领域协同发展。在超高清文化科技融合示范企业认定、文化领域超高清高新技术企业培育方面，支持超高清电视应用重点企业发展，支持超高清视频技术、装备和内容生产企业参与“走出去”工程，着力打造发展特色鲜明、聚集效应明显、产业链条完备的超高清视频产业园区和数字视听产业园区。创建 8K 超高清视频“制播云”系统，培育超高清视频“云上共享”等产业新业态、新模式，鼓励企事业单位开展跨屏幕、跨网络业务推送服务，推动 4K/8K 超高清技术在智慧广电、智慧城市等领域示范应用，打造全球领先的超高清视频产业集群。

（五）开展典型试点示范

2019 年完成国内首辆 4K/8K 超高清转播车集成工作，在北京世界园艺博览会期间充分开展“5G+4K/8K”技术路线验证实验，完成 50 小时以上超高清视频内容采编，验证不低于 4 小时超高清视频节目的直播技术；围绕重大国事庆典活动，应用最前沿 8K 视频技术，结合 5G 对活动实况进行小范围示范性定向播放。2020 年高山滑雪世界杯，运用无人机、人工智能机器人、自动追踪高速摄像机、5G 高速回传等先进技术解决高山速降运动超高清拍摄和回传技术难点，实现高山速降运动超高清直播。2021 年冬奥系列测试赛，验证、完善 8K 超高清直播技术方案。同时，积极推动 8K 超高清示范应用，选取影院等场所试点 8K 超高清文化演出、体育活动直播等商业应用，选取住宅及特定公共场所试点布局 8K 超高清传输系统、机顶盒及显示终端，开展区域性示范直播、点播实验。

三、保障措施

（一）加强组织领导，建立协同工作机制

市经济和信息化局、市广播电视局要积极与科技部、工业和信息化部、国家广播电视总局、中央广播电视总台等国家部门，以及市发展改革委、市科委、中关村管委会、北京冬奥组委技术部、市文资中心等单位加强协调与联动，发挥行业组织作用，综合采取多种措施，形成工作合力，协调解决超高清视频产业发展重大事项；制定年度重点任务清单，推动重大项目实施，完善上下游产业链。加快构建超高清视频端到端技术标准体系，推动开通超高清电视频道；积极争取国家发展改革委、科技部、财政部等部门对超高清视频产业支持。

（二）加强政策引导，加大资金支持力度

统筹利用现有资金渠道，支持超高清视频技术研发、创新平台和产业化项目建设。采取政府购买服务方式，加大对超高清视频设备首台套采购、内容制作、试点示范、推广应用的支持力度。充分发挥市区财政资金和政府投资基金作用，积极引导社会资本参与，研究设立超高清视频产业发展基金，重点围绕超高清视频关键核心技术、超高清视频内容制作、做大做强产业规模、知识产权保护等方面开展投资合作。

（三）加大行业推广，以应用推动产业发展

实施超高清视频重大场景示范工程，在广播电视、文教娱乐、体育赛事、庆典活动、医疗健康、智能交通、安防监控、视频会议、工业制造、智慧城市等方面提出一批场景应

用项目清单，合理布局规划场景落地路径，创新场景支持政策模式，打造一批可复制、可推广的场景应用典型，加快超高清视频产业迭代创新和融合发展。

（四）深化交流合作，加强产业人才培养

积极跟踪国际标准化组织、行业协会以及日本、美国等先行国家的技术发展趋势，紧跟“一带一路”，坚持“引进来”和“走出去”相结合，实现合作共赢；完善创新人才培养机制，加快超高清产业高层次研发人才、产业技术人才引进和培育，为超高清视频产业发展构筑强大的人才支撑队伍。

北京市智慧广电发展行动方案（2019 年—2022 年）

京广电发〔2019〕92 号

各区人民政府，市政府各委、办、局，各市属机构：

《北京市智慧广电发展行动方案（2019 年—2022 年）》已经市委市政府同意，现印发你们，请结合实际认真贯彻落实。

北京市广播电视局

2019 年 8 月 6 日

北京市智慧广电发展行动方案

（2019 年—2022 年）

为深入学习贯彻习近平新时代中国特色社会主义思想和党的十九大精神，贯彻落实习近平总书记视察北京重要讲话精神，优化提升首都核心功能，深化广播电视供给侧结构性改革，推动广播电视高质量发展，着力提升广播电视新闻宣传、舆论引导、信息服务和功能承载能力，着力提供无所不在、无时不在的高质量广播电视信息服务，依据国家广播电视总局《关于促进智慧广电发展的指导意见》，结合北京实际，制定本行动方案。

一、背景意义

近年来，北京市广播电视行业充分发挥可管可控、绿色安全、权威可信的独特优势，不断加强宣传阵地建设，确保履行好党的新闻舆论工作职责使命；始终坚持“二为”方向和“双百”方针，推出一批凸显古都文化、红色文化、京味文化和创新文化，社会效益显著，思想精深、艺术精湛、制作精良相统一的精品，不断满足人民群众日益增长的精神文化需求；持续推动融合、创新，促进我市广电产业升级发展，产业规模领跑全国，产业质量不断提升。

当前，新一轮信息技术革命推动广播电视业朝着“移动、高清、智能、泛在”方向发展，广播电视业正在不断加快与大数据、5G、4K/8K 超高清、AI、VR 信息技术的融合发展，正逐步超越传统单向内容传播的范畴向全程、全息、全员、全效的融合媒体方向发展，正逐步利用其独特的网络和平台越来越深入地融入于公共服务、超大城市治理体系之中，成为首都社会生活与管理的传感器和神经网络。首都广播电视业虽然在相关领域取得了一定成就，但是与中央和市委对媒体融合发展的要求、智慧广电的部署、首都精细化治理的期待相比，在新一代广电基础设施建设、内容形式创新、平台聚合、管理应用、服务创新和产业发展等方面还存在一定的差距，下一步必须全力提升首都广播电视信息服务能力和功能承载能力，在媒体融合背景下进一步巩固广播电视主流媒体地位，适应新时代首都发展新要求，充分发挥智慧广电在首都公共服务、社会治理、“高精尖”产业发展中的独特作用，更好地服务于北京“四个中心”建设。

二、指导思想

以习近平新时代中国特色社会主义思想为指导，深入学习贯彻党的十九大精神，坚持正确的政治方向、舆论导向、价值取向，牢固树立和贯彻落实新发展理念，坚持守正创新、首善标准，推动广播电视、网络视听与大数据、云计算、物联网、人工智能、4K/8K 超高清、5G 等新一代信息技术融合创新，从功能业务型向创新服务型转变，构建广电 + 生态体系，助力首都经济建设、政治建设、文化建设、社会建设和生态文明建设，为宣传舆论引导、超大城市治理、智慧城市建设、公共服务供给等提供支撑和服务。

三、发展目标

首都智慧广电的总体发展目标是坚持以信息技术为支撑，坚持首善标准，经过三至五年的努力建设成涵盖内容生产、网络传播、功能承载、服务供给以及生态建设等全方位的智慧广电创新体系，初步形成以全程媒体、全息媒体、全员媒体、全效媒体为特征的媒体融合发展格局，升级打造以超高清、云化、IP 化、智能化为特征的广电网络传播体系，建设党建引领“街乡吹哨、部门报到”的广电城市视联神经系统，打造聚合上下游高精尖产业的智慧广电产业体系。

四、重点任务

（一）推动智慧广电媒体融合发展，适应新时代媒体发展新要求

坚持一体化协同发展。加快广播电视媒体与新兴媒体一体化协同发展，通过流程优化、平台再造，有效整合生产要素，打通电视屏、电脑屏和移动终端屏等媒介资源，实现信息内容、技术应用、平台终端、管理手段共融互通，催化融合质变，放大一体效能，打造具有强大影响力、竞争力的新型主流媒体。

突出移动优先策略。主动适应新一代信息技术条件下媒体服务、信息传播泛在化、移动化、交互化、个性化的趋势，贴近受众需求，提升受众体验，把资源、技术、人才向移动端倾斜，补齐广播电视移动短板，把握移动机遇，服务移动受众，牢牢占据舆论引导、思想引领、文化传承、服务人民的传播制高点。

深化“广电 +”服务理念。不断提高对全程媒体、全息媒体、全员媒体、全效媒体发展规律的把握能力，从新闻宣传向信息服务拓展，从单向传播向多元互动延伸，丰富“广电 +”业务形态，提供多样化信息服务，满足多样化受众需求，提高精准性，增强互动性，树立以受众为中心、面向服务的新型“广电 +”服务理念。

推进融媒体中心建设。统筹推进市区两级融媒体中心建设。加快建设融媒体中心市级技术平台，积极为各区融媒体中心提供业务服务和技术支撑。加大区级融媒体中心建设支持力度，深化体制机制改革，推广区级融媒体中心建设管理经验，推动区级融媒体中心实质性融合发展，打造资源通融、内容兼融、宣传互融的新型智慧融合媒体。

（二）创新智慧广电内容生产和节目形态，满足首都人民美好生活新需要

革新内容生产方式。从以节目为中心向以用户为中心转变，强化互联网思维，打造内容选题、素材集成、需求组合、分析预测、创作生产、传播评价、行为分析和用户反馈等全流程智能化闭环生产体系，提高内容创

作生产效率和效益。

智能化内容选题。探索将人工智能运用在信息采集、生产、分发、接收、反馈中，运用大数据、云计算等技术，跟踪社会焦点、网络热点，加强舆情研判、预判能力，主动设置议题话题，正面引导社会舆论，提升舆论引导力。

创新节目内容形态。利用人工智能、虚拟现实、混合增强等新技术创新节目包装渲染手段，丰富节目内容形态，增强现场感和沉浸感，不断满足受众体验需求，提高节目内容传播力和舆论的引导力。

创优升级内容质量。开展超高清内容拍摄、制作，加大高分辨率、宽色域、高动态范围的高质量视听节目供给，推进广播电视节目创新创优和网络视听内容品质升级。发挥超高清内容在大屏显示上的质量优势，推动超高清视频内容跨行业广泛应用。

完善内容精准服务。充分利用人工智能、大数据技术，对用户行为进行深度分析，依据用户收视习惯完成用户画像，精准推送节目内容，满足用户个性化需求，增加用户黏性。

（三）加快智慧广电基础设施建设，建立面向未来的现代传播体系

推动制播平台 IP 化、云化。加快推进广播电视制播向 IP 架构融合演进，着力提高 IP 化制播体系的可靠性、稳定性和兼容性；统筹市、区两级制播云平台规划与部署，推动微服务架构在制播云平台中的创新应用，推动建立“一体化资源配置、多媒体内容汇聚、共平台内容生产、多渠道内容分发、多终端精准服务、全流程智能协同”的智慧广电节目制播体系。

加快超高清制播体系建设。推进超高清内容拍摄、制作、播出、传输和显示全技术链路的贯通，提高超高清内容拍摄和制作能力，加大超高清节目储备，推进超高清电视频道建设和试验播出。推进超高清电视应用创新实验室建设，积极开展超高清技术创新、成果转化和标准编制，抢占超高清视频领域发展制高点。

完善地面无线广播电视覆盖。加快地面无线广播电视数字化建设，推进城乡广播电视公共服务标准化和一体化，消除城乡数字鸿沟。推进地面无线电视数字化改造，增加数字电视节目数量，扩大覆盖范围和人口，促进基本公共服务提质增效。推进数字音频广播规划和试点，开展地面无线超高清电视研究和试验，积极探索新技术条件下地面无线广播电视数字化、智慧化发展路径。

丰富有线网络信息服务。加快全市有线电视网络整合和互联互通建设，推动数字化转型和光纤化、IP 化改造，加快 IPv6 部署和应用。推进光纤宽带接入和超高清交互智能终端配置，提高有线电视网络公共服务水平与信息消费服务能力。进一步完善有线电视网络数据专网覆盖，不断提升有线电视网络对宽带业务、数据业务、信息服务、超高清视频的承载能力。

规范互联网视听服务。依法加强新兴媒体管理，强化正面舆论引导，促进规范有序发展。树立自律意识，增强社会责任，把握网络传播规律，弘扬主旋律，激发正能量。创新完善对互联网视听节目、移动端应用程序、短视频、网络直播等内容监管，强化对移动端、电脑端、有线电视 /IPTV/OTT 电视端的行业监督，形成差异发展、协同高效的传播体系。

创新第五代移动通信（5G）技术应用。紧密跟踪第五代移动通信（5G）技术发展，开展基于 5G 测试网络的 4K/8K 超高清视频应用研究，打造以重大工程、重大活动为重点的 5G 超高清视频应用示范场景，探索基于 5G 技术的广播电视音视频传播体系构建和新兴业态监管。推动基于5G技术的智慧广电创新和应用，推进超高清视频产业和5G产业协同发展，推进万物互联、智能感知的智慧城市建设。

（四）提升智慧广电服务承载能力，全面推进首都城市治理能力和治理体系现代化

加强宣传舆论阵地建设。加强新闻宣传舆论阵地建设，积极跟踪社会焦点、网络热点，研判网络舆情，预测舆论热点，及时为党和政府发声，弘扬社会主义核心价值观，引导舆论，以正视听，增强新闻舆论传播力、引导力、影响力和公信力。

助力首都核心功能优化提升。充分发挥广播电视“可管可控、绿色安全”的优势，依托智慧广电内容和传播体系，开展党建、政务服务，把党和政府的声音及时、准确传送到人民群众身边；开展公共服务和信息服务，满足人民群众日益增长的精神文化新需求，有力推动“四个中心”功能建设。

支撑超大城市精细治理。依托智慧广电云平台和有线电视网络，利用视联网技术，构建党建引领“街乡吹哨，部门报到”政府服务体系，及时有效发现基层治理难题，打通行业管理部门横向壁垒，提高基层综合治理效率。推动城市副中心广播电视基础设施建设，提升网络覆盖和信息承载能力，高标准、高质量推进城市副中心智慧城市建设。广泛开展合作，承担应急响应、雪亮工程、金财工程、智慧医疗、智慧教育、智能交通、智慧旅游、校园安全等社会管理服务，提高首都城市精细化治理能力。

推进公共服务精准供给。加快推进地面无线数字电视覆盖，研究推广基于传统广播电视地面覆盖的融合媒体应用，提升公共服务质量，推进城乡公共服务均等化。开展应急广播平台建设，提高指挥调度、应急响应、管理维护的实时性和安全性。推进有线电视宽带网络提速，发挥高清交互数字电视机顶盒的家庭智能终端作用，建设“智慧家庭”，打造城市“智慧社区”，提升有线电视智慧化管理与服务能力。开展“智慧乡村”信息服务，精准推送农业种植养殖知识和农村美丽乡村建设信息，切实推进乡村振兴战略实施和生态涵养区建设。

承担冬奥会、冬残奥会超高清赛事传输服务。推动超高清电视采集、编辑制作、播出、传输、接收和终端显示等各环节全技术链条的贯通，开展超高清电视转播试验，促进和规范超高清电视节目创作生产，提升有线电视网络和互联网超高清节目传输能力，开展地面无线超高清传输研究和试验，高质量呈现2022年北京冬奥会、冬残奥会精彩赛事。推进冬奥会、冬残奥会赛事场馆有线广播电视机房、管道和网络等基础设施建设，提升有线电视网络功能承载能力和信息服务能力，全力保障赛事场馆信息服务需求。

（五）打造智慧广电产业生态链，培育首都高精尖产业发展新的增长极

加强集智攻关。鼓励和引导企业参与智慧广电科技创新研发体系建设，开展核心技术攻关，关键技术突破，推动技术革新应用，科技成果转化。加快战略性技术超前布局，统筹推进广电大数据中心、云服务中心、超高清视频、IP化制播与传输网络等研发建设，推动建立开放、融合、智慧的新型广播电视技术研发体系，重点建设一批智慧广电重点实验室。

加快标准制定。鼓励和引导企业加快建立系统、完善、开放的智慧广电技术标准体系，积极参与行业技术标准和地方标准编制制定。以标准规范促进健康发展，持续推进基础性标准以及融合服务、互联互通等关键环节标准的研发进度，不断提升智慧广电标准体系的有效性、先进性和适用性。

深化融合应用。加强智慧广电与智慧北京建设、首都城市治理、数字信息消费、乡村振兴等战略统筹规划、有效衔接，积极推动广播电视与政务、商务、教育、医疗、金融、农业、环保等相关行业的业务合作、业态创新和服务升级，加快广播电视与物联网、车联网、移动互联网等新兴网络业态的集成创新、协同服务。

打造标杆园区。鼓励和支持广播电视机构结合自身实际开展智慧广电试点示范，着力打造发展特色鲜明、聚焦效应明显、产业链条完备的智慧广电（网络视听）产业园区，积极争取国家广电总局和市政府支持建立国家级视听产业园区，同时注重研究模式、探索路径、总结经验，为构建布局合理、竞争有序、特色鲜明、形态多样并具有可持续发展能力的首都智慧广电电视发展新格局创造条件。

（六）创新智慧广电监管手段，确保新时代智慧广电“绿色安全、可管可控”

创新智慧广电监管理念。面向全新的广播电视“云、网、端”生产、传播和服务方式与业务流程，以及跨平台、多终端的融媒体信息安全监管，充分利用大数据、云计算、可信计算、人工智能等新技术，创新智慧广电监管手段，完善智慧广电安全管理体制机制，主动适应、积极应对新技术、新应用、新业态、新服务可能带来的安全风险和隐患，确保新时代智慧广电“绿色安全、可管可控”。

加强智慧广电内容安全审查。建立完善比对样本库，通过智慧广电云平台进行抓取、筛查、比对和分析，推动视听节目内容从海量信息监管向精准式、靶向性监管过渡。利用人脸识别技术，提高节目内容审查质量和效率。加强网络内容建设，正面引导网络视听舆论。加强大数据安全监管，规范数据资源利用，防范大数据等新技术带来的风险。

完善智慧广电传播体系监管。建立完善面向地面无线、有线网络、宽带互联网和移动通信网等不同媒介传播方式的监测监管，加强对短视频、网络直播等新兴业态管理。开展智能化安全态势感知、研判分析、风险预警、处置调度，推进监管系统网络化、智能化、协同化，实现跨业务、跨网络、跨平台、跨终端的全方位、全过程、全覆盖、全天候智慧化监管。

开展智慧广电服务质量保证。深化广播电视安全播出质量体系建设，巩固广播电视“绿色安全、可管可控”独特优势，从功能业务型向创新服务型转变，高标准承载社会管理功能，助力首都城市精细治理，同时高质量满足人民群众公共服务、信息消费需求，实现智慧广电政用、民用、商用融合服务。

五、保障措施

（一）加强组织领导

全市各级广播电视部门要加强组织领导，高度重视、积极推进智慧广电建设。结合本地区、本部门实际统筹做好智慧广电的组织、管理和推进工作，主要负责同志要亲自抓、负总责，加强组织协调和部门联动，制定实施方案，明确分工、落实责任，把智慧广电各项工作落到实处。建立智慧广电工作联席会议机制，设立工作专班，负责智慧广电相关日常工作。

（二）加强政策扶持

要积极推动市内智慧广电发展重点项目建设，充分争取和利用中央、市区各类专项资金、财政补贴，开拓投融资渠道，创新投资运营模式，引导社会资金加大对智慧广电建设的投入，健全多元化、多渠道的投融资机制。

（三）加强规划引领

结合实际加快制定本部门智慧广电发展

规划、年度计划和工作方案，做好相互衔接、相互配合、相互补充，做好与相关行业服务、公共服务、市场服务的相互协同，积极争取将智慧广电项目纳入我市经济社会发展规划和文化改革发展规划，统筹部署，全力推进。

（四）加强队伍建设

鼓励和引导企业优化人才结构，加大智慧广电内容生产、技术研发、资本运作和经营管理人才的培养引进力度，充分调动广大从业人员投身于智慧广电发展的积极性、主动性、自觉性，激发创新活力，营造干事创业的良好环境。

（五）加强监测分析

健全智慧广电发展的统计分类和标准，开展智慧广电发展统计和监测，建立智慧广电发展大数据平台，及时全面反映智慧广电在各领域、各环节的发展规模、结构变化、应用深度和趋势，为行业决策和管理提供可靠的数据支持，并适时向社会发布相关数据，科学引导广电行业转型发展。

专项纪事

首届北京国际公益广告大会举办

2019年11月11日—13日，由国家广播电视总局、北京市人民政府指导，中共北京市委宣传部、北京市广播电视局主办的首届北京国际公益广告大会在国家会议中心举办。本届大会以“牵手公益 共筑美好家园”为主题，开展公益广告创意征集大赛、优秀公益广告作品展示展映、系列主题研讨会、感恩盛典四大主体活动，同时举办公益广告助力扶贫等专项交流活动。国家广播电视总局党组成员、副局长高建民，中共北京市委常委、宣传部部长杜飞进，国际广告协会主席斯里尼瓦桑·斯瓦米出席大会开幕式。参加大会的还有来自国际广告协会、知名4A广告公司的国际嘉宾，国家广播电视总局等多部委和全国各广电行业管理部门，中央广播电视总台及31个省市区广播电视台、融媒体中心的代表，以及阿里巴巴、腾讯等30余家网络视听平台，中国广告协会、中国广告主协会、中国扶贫基金会等协会和组织，北京大学、中国人民大学、中国传媒大学等高校学者共万余人。网络直播线上覆盖3亿人次。

一、“感恩盛典”活动

公益广告创作者现场讲述创作经过，展现公益广告在时代变迁和发展中发挥的作用。同时，为“公益广告创意征集大赛”中获奖的“广播电视公益广告扶持优秀作品”和“新中国成立70周年优秀公益广告作品”颁奖。

11月11日，北京国际公益广告大会北京公益广告征集大赛颁奖典礼在国家会议中心举行。图为学生组领奖

二、系列主题研讨会

围绕“传播公益共赢理念、构建人类命运共同体”“公益传承中华精神，广告见证祖国繁荣”“融媒体激活广告创新，大众力量促进公益发展”等主题，大会邀请数十位国际公益广告顶级专家学者和权威人士，通过论坛、圆桌对话、主题演讲等方式，集中发布公益广告政策、开展公益广告机构交流研讨。“大师盛宴”品牌活动汇聚了厄瓜多尔技术大学教授，国际品牌协会亚洲区主席，BBDO、保洁等国际4A广告公司创意执行总监、播出机构代表等百余位行业权威，以公益广告创意阐释、传播创新、案例分享等形式，打造国际公益广告领域顶尖人才的深度对话，加大公益广告的国际传播力度。

三、优秀公益广告作品展映

设立“礼赞祖国”“奋进新时代”“致敬美好生活”“优秀公益广告展映”4个专题展区和40多件实物，首次集中展映从1981年起共500余部思想精深、艺术精湛、制作精良的中国优秀公益广告作品，展示中国公益广告发展所取得的伟大成就。现场还展示了在中国文明网“童画新时代手绘价值观”活动中获奖的来自广西南宁、黑龙江哈尔滨、浙江乐清等地的孩子们手绘的“中华人民共和国成立70周年儿童画系列公益广告”数十幅；设立集检索、排序、点映、观看等功能于一体的多媒体终端屏，观众可以进行即时互动体验。活动现场，国家广播电视总局发布《广播电视公益广告扶持政策效果评估报告》，进行全面、立体评估；成立多家省级卫视、广告公司、广告主为一体的“公益广告制播联盟”。

四、公益广告文案创意征集大赛

前期，大会创意征集大赛于7月15日拉开帷幕，以“路演+创意作品征集”的方式，覆盖20多个省市、50所大专院校、100余家社会专业创作机构。大赛共征集文案作品2338份，评出特等奖及一、二、三等奖和优秀奖共100个，并挑选了以庆祝中华人民共和国成立70周年为主题的《手——我们都是护旗手》《“点”亮美好生活》两个创意文案进行视频转化，完成两部超高清4K公益广告作品。

五、“公益广告助力扶贫”专项活动

北京歌华传媒集团有限责任公司、北京广播电视台等媒体机构和良友中国（北京）等企业，联合向北京市扶贫办捐献价值10亿元的公益广告时段和媒体资源的“扶贫大礼包”；开展“广电+公益扶贫”网络爆款线下体验，展示陕西子州黄芪产业扶贫项目，现场可扫码购买带动消费扶贫；建立公益广告创意题材库、国际公益广告智库、创作人才库、公益广告优秀作品库等。

（北京市广播电视局传媒机构管理处）

第五届“世界电视日”中国电视大会在北京召开

2019年11月21日至22日，第五届“世界电视日”中国电视大会（以下简称“大会”）在北京召开。本届大会由国家广播电视总局、中国文学艺术界联合会、北京市人民政府指导，中国电视艺术家协会与北京市广播电视局联合主办，BIRTV组委会、北京广播电视台、中国电影电视技术学会、歌华传媒集团、凤凰卫视、央视市场研究（CTR）、中国广视索福瑞媒介研究（CSM）协办，中国电视艺术家协会媒体融合推进委员会、中广互联承办。11月21日上午，大会在北京开幕并举办主旨峰会。大会以“融合·智慧——拥抱电视无限可能”为主题，坚持高标准站位，聚焦最热门话题，汇聚一线专家、学者、企业代表，共同探讨新传播格局下电视媒体未来发展方向。欧洲广播联盟代表阿兰先生发来视频祝贺大会召开，中国文学艺术界联合会副主席、中国电视艺术家协会主席胡占凡，北京市委常委、宣传部部长杜飞进到会，并与中国工程院院士沈昌祥，国家广播电视总局科技司司长许家奇、安全传输保障司司长谢东晖，中国电视艺术家协会分党组书记、副主席、秘书长廖恳，中国电视艺术家协会分党组成员、副秘书长范宗钗，北京市广播电视局党组书记、局长杨烁共同启动第五届“世界电视日”中国电视大会。胡占凡就如何推动电视行业持续繁荣和创新发展，更好地为广大电视观众服务进行讲话。杜飞进在开幕式上致辞。来自中央广播电视总台、中国广播电视网络有限公司、中国工程院、北京广播电视台、歌华传媒集团、央视市场研究、中国广视索福瑞媒介研究、华为公司、凤凰卫视等单位嘉宾进行主旨峰会发言，国内外业界代表近千人参会。

大会举办1场主旨峰会、10场专题研讨会，涵盖广电5G规划、媒体融合发展、智慧广电建设、网络优化整合、垂直内容生产、体育赛事传播、网络视听产业等广电行业热点内容，同时还设立主题展区，展示广播电视、网络视听技术创新应用发展成果，为广大电视机构与技术企业营造浓厚的互学互鉴、交流共享氛围。来自国家广播电视总局、中央广播电视总台、中国广播电视网络有限公司、各地区广电部门领导，全国广播电视播出机构、行业领军企业、电信运营商以及科研院所的近百位专家学者参会。

11月21日，第五届“世界电视日”中国电视大会举办主旨峰会

“世界电视日”中国电视大会自2015年创办至今已举办四届，在推动电视产业创新发展方面发挥了巨大作用。第五届大会再次落户北京，为大会注入新的活力。本届大会突出呈现三大特点：一是坚持高标准站位。全面体现北京“四个中心”功能定位，充分结合大会品牌优势和北京科技资源优势，突出权威发布、政策解读、业态分析、趋势研判的主题主线。二是聚焦最前沿领域。大会以创新发展为导向，直面行业发展痛点、难点问题，在内容策划上突出差异化，在嘉宾邀请上突出权威性，确保每一项活动针对性强、关注度高、参与度广。三是突出北京特色。本届大会特别将北京元素融入其中，聚焦北京广播电视网络视听技术应用最新成果，围绕北京冬奥会、“一带一路”、网络视听发展等进行专题讨论。歌华传媒集团、北京新媒体集团、星光影视园、数码视讯等北京企业积极发声，寻求合作机会。

［北京市广播电视局科技处（公共服务处）］

第九届北京国际电影节举办

2019 年 4 月 13 日—20 日，由国家电影局指导，北京市人民政府、中央广播电视总台主办，北京市电影局、北京市广播电视局、北京广播电视台、怀柔区人民政府、中影集团电影数字制作基地有限公司承办的第九届北京国际电影节在北京举办。本届电影节共组织主竞赛单元“天坛奖”评奖、开幕式、北京展映、北京策划·主题论坛、北京市场、电影嘉年华、闭幕式暨颁奖典礼等七大主体活动，以及“注目未来”单元、纪录单元、科技单元、虚拟现实（VR）单元、电影音乐会、经典京剧电影单元、电影沙龙及行业对话、新片发布、电影推介会等 300 余项专题活动。来自 50 多个国家和地区的 300 余家电影机构与 1.5 万余名嘉宾参加各项活动；591 家境内外媒体的 1669 名记者参与参访报道；电影节期间，与电影节相关信息的网络总点击量达到 133 亿次，进入微博热搜前三名的相关话题 11 个，累计 177 万人次讨论。

4 月 16 日，第九届北京国际电影节“电影科技国际论坛”在北京饭店举办

一、“家·国”主题贯穿始终

第九届北京国际电影节以“家·国”为主题，以电影节为载体，观照国家民族命运、观照现实美好生活，回应时代命题。开、闭幕式晚会推介《我和我的祖国》《中国机长》《音乐家》等一系列献礼影片，“北京展映”设置国产影片特展，举办“新中国成立 70 周年电影主题论坛”，“春之颂”电影音乐会以经典电影旋律呼应主题。

二、国际化程度显著提升

本届电影节期间，出席各类活动的中外嘉宾达 1.5 万名，开闭幕式国际嘉宾 100 余人。“天坛奖”收到 85 个国家和地区的 775 部参选影片，入围的 12 部境外影片中，3 部由世界知名导演执导。“北京展映”重点体现多国别特色，在全球遴选近 500 部不同题材、不同风格的优秀影片，共设 16 个展映单元。此外，还特别策划举办“印度电影周”“中印电影对话论坛”等活动。

三、产业集群优势彰显

原“电影市场”升级更名为“北京市场”，共 202 家展商参与，注册嘉宾买家 130 家，累计观展超过 4 万人次，创历史新高。市场签约额达 309.028 亿元，同比增长约 18.48%，三年完成从百亿元级到三百亿元级的三连跳。“北京市场”首次设立国际版权交易专区，建立展商与特约活动会员机制，打造“永不关门的北京市场”；特别推出“青年编剧特训营”项目，为国内青年编剧提供免费高质量的培训机会。

四、资源整合能力进一步拓展

本届电影节邀请中外知名电影人和机构深度参与。“新中国成立 70 周年电影主题论坛”现场发布《2019 中国电影艺术报告》，以及“2018 年度‘批评家选择’十部优秀电影”；“互联网电影主题论坛”邀请美国电影协会负责人共同探讨互联网电影发展，“中印电影合作对话论坛”推动中印知名影人开启合作；“北京市场”5场行业对话，聚焦电影人才孵化、中外电影产业合作、IP权益保护、网络影视发展前景等话题，为从业者提供思想深度碰撞的平台。

4月17日，第九届北京国际电影节“互联网电影主题论坛”在北京饭店举办

五、文化惠民力度不断加大

“北京展映”覆盖30家影院，15天时间组织63场见面交流，吸引23万人次观影；精选57部展映影片在全市开展11238场公益电影展映；面向不同群体开展公益电影活动，包括“光影科学梦——科学家电影全国科普场馆公益巡映”活动，服务视障人士的“光明影院”公益放映活动等。“电影嘉年华”举办时间延长至21天，吸引更多观众前往。

六、深入推进融媒体宣传推广

进一步加大宣传统筹力度，突出“移动优先”策略，开展全渠道内容铺设，形成融媒体传播合力，有效提升电影节关注度影响力。首次开辟抖音等短视频宣传新阵地与户外多种宣传载体，增强与影迷、参与者之间的互动和黏性。

七、坚持守正创新

第九届北京国际电影节将“家·国”主题贯穿始终，各项活动紧扣主题展开。同时开拓新思路、打造新亮点，首次开启集团式战略合作，策划推出“印度电影周”活动，开设创投“制作中项目”单元，举办编剧训练营等，提高活动关注度和美誉度。

八、健全市场运作机制

本届电影节树立“大招商”理念，统筹一体化招商，建立市场开发品牌计划。通过广告招商、市场赞助、合作冠名、联合举办活动等多种形式，提升电影节自身造血能力和市场运作能力，提升平台商业价值，实现电影节和参与企业收益提升的双赢。

（北京电视台北京国际电影节运行中心、北京国际电影节有限公司）

第三届北京纪实影像周举办

2019年8月23日—29日，由国家广播电视总局宣传司、中共北京市委宣传部指导，北京市广播电视局主办，北京广播电视台、北京歌华传媒集团有限责任公司、首都纪录片发展协会承办的第三届北京纪实影像周举办。本届纪实影像周以“壮丽七十年 记录新时代”为主题，在顶层设计、主题聚焦、活动展示、作品展映、学术研讨、平台搭建、服务于民等方面，进行创新拓展，有效提升品牌的影响力。通过开幕式、论坛、市场、展览、展映、国际、培训、征集和闭幕式九大板块，集中展示了首都纪录片的发展成果，探索了中国纪录片的发展规律，为首都乃至全国人民奉献了一场精彩纷呈的文化盛会。

本届纪实影像周在中华世纪坛举办 3 天主体活动，近 100 家机构、201 部作品参展，接待参观人数超过 3 万人次，较去年增长 50%；首都纪录片发展协会、爱奇艺、德国金树纪录片节等签约 6 个项目，总交易额达 2.435 亿元，交易额创历史新高；举办 5 场专业论坛，邀请全国 25 位专家学者、行业代表及纪录片制片人、导演进行多维度研讨，积极探索首都纪录片新时代发展新态势；22 部优秀国产纪录片在网络专区展映，点击量超过 1300 万次；10 个优秀项目进行现场提案，搭建创作人与投资方、播出机构的交流合作平台。

第三届北京纪实影像周在中华世纪坛举办

一、庆祝新中国成立 70 周年，讴歌新时代

第三届北京纪实影像周各项活动紧紧围绕“庆祝新中国成立 70 周年”主题，用纪实影像营造“礼赞新中国、奋进新时代”的浓厚氛围。记录与荣光——庆祝新中国成立 70 周年经典纪录片展，以 70 年 70 部经典纪录片，向观众展示新中国成立 70 年来所取得的伟大成就，让每一位观众通过纪录片的发展，领略多彩、美丽、壮阔的具有 70 年光辉历程而奋发向上的新中国。举办“我和我的祖国”纪录片及短视频征集优秀作品展、国家广播电视总局 2018 年度国产纪录片及创作人才扶持项目展和行业互动展，形式多样，内容丰富。

第三届北京纪实影像周开幕式上诗歌朗诵《见证新中国》（左至右：李立宏、陈铎、梦桐）

二、“北京节”和“金树节”联手，创新发展“北京模式”

纪录片作为“国家相册”，不仅记录伟大祖国的辉煌成就，也记录当下实现中华民族伟大复兴中国梦的火热实践。第三届北京纪实影像周通过举办论坛、产业研讨、培训等各项活动，立足于首都特色、时代特征，紧扣国家发展、媒介融合、技术革新、国际传播等热点，聚焦当下，用专业视角推动纪实产业繁荣。“光辉纪录 我和我的祖国”“融媒体语境下纪实影像的新机遇”“5G 时代纪实影像的创新发展”“构建新时代纪实影像的新格局”“用纪实影像向世界讲好中国故事”5 场论坛，邀请嘉宾探讨首都纪录片行业规律及创新发展模式，探讨如何为新时代新气象新作为留下真实鲜活、生动翔实的纪实影像。

第三届北京纪实影像周突出纪实国际元素，举办“用纪实影像向世界讲好中国故事”专题论坛，在市场板块促成首都纪录片发展协会与德国金树国际纪录片节签署战略合作协议，畅通用纪实影像向世界讲好中国故事、传播中华优秀文化的渠道。本届纪实影像周还吸引了来自古巴、马来西亚、罗马尼亚等“一带一路”国家的40余位纪录片人才参与，促进中外影视行业文化交流、沟通与合作。

三、秉持“纪实+”发展理念，打通跨行业融合发展通道

创新推出“提案8分钟”活动，秉承“纪实+”理念，为纪录片行业提供创意与资金的对接渠道，真正把好创意转化为好作品；建立首都纪录片融媒体传播矩阵，搭建首都纪录片创新孵化平台，建立市区联动、社会孵化运行机制，构建集人才培育、创新创优、宣传推广于一体的纪录片发展“北京模式”，统筹资源、创新管理、融合发展；持续整合纪实与各行业、各领域资源，积极构建“纪实+科技”“纪实+教育”“纪实+扶贫”“纪实+体育”等多元化、立体式、开放型的发展新格局，着力打通纪录片跨行业融合发展通道，不断奉献文化精品，满足人民群众追求美好生活的文化需要。

四、贯穿全年不落幕，形成纪录片发展的新态势

秉承“人人都是纪录片人”和“永不落幕”的活动理念，充分发挥“首都广播电视大宣传管理格局”矩阵作用，不断丰富北京纪实影像周平台孵化功能，让普通的大众能够有效参与，成为北京纪录片发展的见证者、奉献者。在爱奇艺、腾讯、哔哩哔哩等新媒体平台建立联合展映专区，播放22部经典纪录片；在北京广播电视台和各区融媒体中心举办优秀纪录片展播，让更多人可以通过线上、线下多渠道观看纪录片并参与到活动中来。在闭幕活动现场，启动“爱北京、拍北京”线上短视频征集活动，鼓励广大市民用镜头记录北京，真正把纪实影像周各项活动贯穿全年，形成“人人关注、人人参与、人人推广”的纪录片发展新态势。

（北京市广播电视局宣传管理处）

2019年北京电视节目交易会举行

2019北京电视节目交易会（春季）（以下简称“春交会”）3月25日—28日在北京会议中心举行。春交会由国家广播电视总局指导，北京市委宣传部、北京市广播电视局、北京市怀柔区委区政府联合主办，首都广播电视节目制作业协会承办，北京怀柔国家影视产业示范区管理办公室协办。此届春交会以“守正创新，推动电视剧高质量发展”为主题，紧紧围绕庆祝新中国成立70周年这一主线，集中展示2018年北京电视剧发展成果，发布重点片单，探析行业发展。此届春交会共举办开幕式暨“京榜剧献”发布、主题展览、高峰论坛（3场）、政策宣推会、专项推介会、首制协会员大会等多项活动；共推介参展节目近900部，其中电视剧701部（剧本阶段剧目150部，筹备阶段剧目137部，开机拍摄及后期制作中剧目106部，首轮发行剧目188部，二轮、多轮发行剧目120部），网络剧83部，网络电影20部，纪录片、栏目44部，动画片27部，网络文学作品21部；共吸引海内外电视节目制作机构及相关产业机构近470家2500余人，电视节目播出机构、港台地区机构、海外机构及版权运营商145家近420人参会洽谈合作，与会嘉宾、新闻记者和非注册参会专业人士800余人，参会总人员近3800人，整体情况稳中向好。

第25届北京电视节目交易会（2019秋季）创作论坛人员与相关领导合影

2019年11月11日—14日，第25届北京电视节目交易会(2019秋季)(以下简称“秋交会”)举办。秋交会由国家广播电视总局电视剧司、国际合作司指导，北京市委宣传部、北京市广播电视局、北京市怀柔区委区政府联合主办，首都广播电视节目制作业协会、北京京视传媒有限责任公司承办。本届秋交会以“培根铸魂，推动电视剧创新创优”为主题，紧紧围绕“庆祝新中国成立70周年”这一主线，举办展览、交易、论坛、表彰等活动。本届秋交会举办了开幕式暨“京榜剧献”发布、主题展览、节目交易、高峰论坛（3场）、专项推介会、“初心榜”表彰等多项活动，充分发挥交易会行业“风向标、晴雨表”的地位和作用，聚焦热点议题，问诊发展问题，把脉发展动向。本届秋交会共推介参展剧目约950部，其中，电视剧700余部，网络剧68部，电影、网络电影20部，纪录片、电视栏目45部，动画片33部，网络文学作品75部；共吸引海内外电视节目制作机构及相关产业机构约430家2400人，电视节目播出机构、港台地区机构、海外机构及版权运营商125家约350人参会洽谈合作，活动邀请来宾300人，与会嘉宾、新闻记者和非注册参会专业人士500余人，参会约3500人，整体情况保持稳中向好、稳中提质、稳中有进。

会议同期召开重点影视企业座谈会，北京市广电局党组书记、局长杨烁传达党的十九届四中全会精神，针对建立健全把社会效益放在首位、社会效益和经济效益相统一的文化创作生产体制机制进行重点宣讲，并就企业运营现状、重点储备项目、投融资情况、推动电视剧高质量发展的意见建议与正午阳光、完美影视、柠萌影业等10家企业负责人深入交流。

（北京市广播电视局电视剧管理处）

北京电视台完成国庆庆典现场大屏幕播放工作

2019年10月1日，北京电视台转播传送团队圆满完成在天安门广场播放视频信号重大政治任务。此次国庆转播团队由北京电视台总工办、新闻中心、制作部、动力部、传送部组成。此次播放任务4月开始启动，从接到任务、梳理流程、设计系统、装配新车、联络对接上下游公司，到多次半要素、全要素演练，前后历时5个多月。

本次转播工作的主要内容是转播车接收来自央视的1路4K播出信号，同时把储存在转播车系统中的4K视频短片按照需要及时播放，并通过安装在天安门广场的6块大屏幕进行显示。北京电视台转播团队设计高效、安全的视音频系统，把图纸上的框图落地成一套完善的4K信号处理播控转播车系统。从系统设备到人员都做了多重备份，保证播放的绝对可靠。对所有进、出转播车系统的信号，转播团队采用主备两路设计，光传输路径用不同路由进行传输，系统内的设备也准备两套同时进行备份，仅进、出转播车系统的视频线就多达56根；两套独立播放系统，两套独立存储系统，40多段视频小片分别存放，独立存储；3名播放人员互为备份，全时在岗，确保万无一失。

10月1日零时，转播团队接到紧急通知更改播出方案，要在早晨6点，天安门广场6块大屏幕同时播放一段75分钟的宣传片。为此，转播车重新加载。凌晨1点多，视频文件送达转播车，凌晨3点半，完成视频导入工作，经过反复核查系统，确保视频播放无误。凌晨4点多，完成审片，早晨6点准时播出。在整个转播工作中，北京电视台转播团队安全播放40多段视频，做到零失误。转播团队连续工作18个小时，至10月2日凌晨转播车回台入库。

（北京电视台）

北京卫视推出“壮丽70年 我们都知道”大型全媒体行动

北京卫视大型全媒体行动“壮丽70年 我们都知道”于国庆节倒计时70天之际上线启动，以70天致敬70年，讴歌新中国成立70周年取得的伟大成就。

一、保质保量完成国庆三大活动宣传

特排版面、密集安排国庆三大活动节目。国庆节当天，北京卫视各待命编导对阅兵式同步进行分段收录、上载编辑、挂带播出等一系列操作，在直播结束15分钟后开始重播，成为全国第一个开始重播阅兵仪式和群众游行活动的频道。10月1日至7日，共安排重播节目阅兵8次、群众游行活动5次、群众联欢活动4次，形成重大庆典活动节目的高频矩阵式播出。

迅速赶制国庆群众联欢活动宣传片。为展现国庆之夜群众联欢活动的精彩片段，北京卫视连夜赶制《歌唱祖国》《北京我的爱》《不忘初心》《烟火盛宴》等四版群众联欢宣传片，从10月2日起至10月7日在北京卫视全天滚动播出，6天总播出次数不少于120次。

自制揭秘国庆庆祝活动的幕后花絮专题纪录片。10月5日至6日，北京卫视加急赶制以幕后揭秘为主要内容的精编纪录片，并在10月7日晚间进行大体量首重连播。

二、深度策划推出重大题材纪录片

2019年，北京卫视策划推出5部重大题材纪录片和通俗理论专题片。9月16日至9月19日，策划推出五集大型系列纪录片《共和国·1949——中共中央在香山》，回顾中共中央从西柏坡到香山的“进京赶考”之路。10月8日起，推出6集大型系列纪录片《绿水青山》，通过实景外拍方式，聚焦三大攻坚战中的“污染防治攻坚战”，展现新中国绿水青山的生态文明建设成就。10月21日至10月23日，北京卫视策划推出大型通俗理论电视节目《壮丽70年 时间都知道》，用不同领域的观察和解读回答“中国何以自信”这个时代命题。

北京卫视参与大型通俗理论电视节目《思想的田野》北京篇的拍摄和录制，节目于8月5日播出，以“思想号大篷车”为载体，行进式展现首都发展建设的成果，解读北京

“四个中心”功能定位的核心意义和北京新的发展模式。

北京卫视《档案》栏目联合北京日报，策划推出理论短视频节目《理论季评》第一季“解码新中国”，每天1集，每集5分钟，分10集解读与新中国成立有关的历史文化符号。

三、全媒联动扩大宣传片矩阵

7月23日起，北京卫视共策划制作涵盖总宣篇、巨制篇、星光篇、歌唱篇、融媒体篇等13大类、共172段的公益宣传片矩阵，每天在北京卫视重要时段持续播出超过30分钟。其中，8段航拍宣传片采用无人机拍摄，全景展现北京的自然风光、城市地标、文化景观。19段民生宣传片，每期邀请一位外国驻华使节或国际友人，在普通市民的带领下，参观北京城市建设的标志性地点，体会北京城市的发展变迁。“壮丽70年 我们都知道”系列宣传片在新媒体端播放总量累计超过4.7亿。

四、“我为祖国比个心”全媒体破圈行动

8月12日至9月30日，北京卫视联合今日头条、抖音、百度三大头部新媒体平台，共同发起“我为祖国比个心”全媒体破圈行动，通过台网联动、跨屏互动，形成一整套完整的全媒体矩阵。在图文式比心互动中，超2亿头条话题阅读引爆比心风潮，“瑜伽比心”“苹果比心”等新奇比心席卷全网。在视频动态比心互动中，抖音新晋专属道具“70周年比心贴纸”秒变网红产品，活动视频总播放量破3.5亿。在与百度合作的国内首个全景地图比心H5活动中，超3亿的“潮玩儿”用户“穿越”进入全景图中，感受新中国70年来的发展变迁。

五、完成歌曲MV录制工作

北京卫视组织完成《我爱你中国》《我和我的祖国》《回天有我》《红旗飘飘》四场大型群众歌唱MV的拍摄工作。

制作完成大型群众性歌唱活动MV《我爱你中国》五个版本的宣传片，在央视和全国各家电视台及全网上线播出，第一时间登上“学习强国”App北京专区的推荐首位、微博热搜首位、抖音正能量榜首位，全网视频播放量累计超1.3亿次。大型市民快闪活动《回天有我》以“回天地区”居民原创的歌曲《回天有我》作为开场，300名志愿者从天通苑社区出发，途经“回天计划”中的重要地标，最终汇聚成2000人快闪方阵，集中展现“回天计划”的成果，凸显首都共治共建共享的城市治理理念，歌曲MV在全网视频播放量超千万次。大型歌唱MV《我和我的祖国》由北京电视台与北京人民艺术剧院联合拍摄，北京人艺的演职人员用歌声唱响爱国情怀。

《我爱你中国》大型群众歌唱活动现场

六、播出现实题材电视剧献礼

在推出一批自制精品节目和宣传片的同时，北京卫视积极做好庆祝新中国成立70周年电视剧展播工作。包括《老酒馆》《外交风云》《光荣时代》三部入选总局推荐片单的大剧，以及《觉醒年代》《新世界》等庆祝中华人民共和国成立70周年的主旋律剧目。

七、多档自制节目推出国庆献礼系列

国庆期间，北京卫视各自制节目推出国庆主题特别策划。《养生堂》策划推出“致

敬共和国医者”特别系列节目；《我是大医生》以三代“协和人”为代表，讲述新中国的医学探索之路；《向前一步》展现北京市实行责任规划师制度后的老街新貌；《暖暖的味道》推出“国庆国宴菜”和“国庆家宴菜”特别策划。此外，北京卫视还特别安排大型系列纪录片《你从井冈山走来》在10月2日、3日晚间大体量重播，回顾新中国人民军队的发展历程。

（北京电视台）

北京电视台制播国庆70周年北京市筹备和服务保障工作纪实专题片

10月25日上午，在新中国成立70周年庆祝活动北京市筹备和服务保障工作总结表彰会上，播放了北京电视台制作的专题片《责任担当 不负重托——中华人民共和国成立70周年庆祝活动北京市筹备和服务保障工作纪实》，受到全体与会人员好评。这部由北京电视台新闻中心牵头、制作部等参与，经过数月拍摄、熬夜数周打磨的专题片，政治站位高、覆盖范围广，鲜活生动、打动人心，是北京电视台多年来承担的各种纪录片、汇报片中的精品力作。

该专题片主创团队以新闻节目中心为主，全台组成近百人的强大采编创作团队。全体成员从国庆70周年活动筹备启动伊始就全面投入工作，以沉浸式采访拍摄，记录筹备和服务保障工作的方方面面。10月1日庆祝活动结束后，创作团队马上投入专题片的创作，潜心撰写解说词、系统化梳理视频素材、分工编辑制作、精细包装。专题片创作期间，共召开5次较大规模的审片征求意见会，其中有3次大规模、颠覆性、体例性调整，专题片片长从最初策划的10分钟左右扩展到34分钟。

《责任担当 不负重托——中华人民共和国成立70周年庆祝活动北京市筹备和服务保障工作纪实》共14个篇章，充分反映群众游行、阅兵、联欢活动、观礼等14个方面的筹备和服务保障工作。全片发挥电视优势，以纪录片的艺术形式，在有限的时间内，全面丰富、生动精彩地呈现北京市按照“精精益求精，万万无一失”的要求为新中国成立70周年庆祝活动展开的筹备和服务保障工作及取得的卓越成效。

（北京电视台）

北京广播电视台完成全国两会融媒体报道

2019年全国两会期间，北京广播电视台融媒体中心组建33人融媒体报道团队，紧扣大会主题，坚持融合传播，完成各项报道任务。

一、多媒体融合形成强大声势

由北京电台、北京电视台、北京新媒体集团记者组成的报道团队全力做好两会开闭幕式、总理记者会、中央领导参加北京团审议、北京团全体会及小组会、北京团开放日、市领导接受媒体集中采访等时政报道。围绕全国两会重点议题、代表委员履职情况，以及首都各方面发展成就等，在“广播电视端加两微一端”等全媒体平台同步推出《全国两会报道》《今天我上两会》《全国两会特别报道》《读懂两会——政府工作报告解读》《两会海外朋友圈》等特别报道、专栏、直播访谈和融媒体互动报道，形成宣传矩阵。报道首次采用网络云盘实现各媒体采访资源的共享互通；首次尝试5G传输技术，实现高清信号的实时采集、实时传送、实时分享，探索采编流程的优化途径，提升新闻采编时效和质量。

北京电视台记者在2019年全国两会新闻发布会现场报道

二、原创融媒体产品频出

《假如70年前有微信》以H5产品的形式，呈现1949年首届政协会议上确立的国号、国都、国歌、国旗等历史信息，全网点击量超过40万次；《美丽北京》以“美景＋特技＋音乐”的40秒短视频形式，展现北京“天蓝、水清、土净、地绿”的美好景色，贯穿两会全程；《2019年政府工作报告快闪来了》用70秒的快闪视频解读政府工作报告，全网播放量超过300万次；《不同民族的语言正在传递国家的声音》《中外媒体记者席地而坐，研读政府工作报告》《徐滔谈疏解整治促提升》等以30秒短视频的形式丰富报道视角，《张凯丽谈劣迹艺人：观众看你这张脸都觉得假》短视频的微博点击量超过2835万次，微博话题阅读量超过2.9亿次。

三、融媒体纵深发展

围绕2019年全国两会宣传，北京广播电视台融媒体中心与新华社、央视、人民日报中央厨房等中央媒体，天津、河北等地方广播电视台及融媒体中心合作进行报道。北京电台共播发报道636篇，全网总点击量超过350万次。推出现场直播3期，观看量超过18万人次；北京电视台发稿120余篇，采访代表委员超过600人次，推出相关短视频120余条，全网播放量超过3000万次；北京新媒体集团北京时间网站和客户端搭建两会专题，采访代表委员超过400位，专题稿件数量超过1220篇，全网访问量超过5298万页，全网总点击量超过2亿次。

（北京电视台）

北京电台外语广播报道亚洲文明对话大会

2019 年 5 月 15 日—22 日，亚洲文明对话大会在北京召开。北京电台外语广播提前策划，共派出 9 名记者和主持人投入相关报道，播发中英文报道和访谈近 40 篇，多篇报道于央媒的海外播出平台、美国纽约中国广播网、洛杉矶 1300 电台、加拿大中文台、欧洲华语广播（法国巴黎）等海外落地播出；推出原创微信 4 条、原创微博 28 条，截至 5 月底点击量近 20 万次。

一、聘请专家多维解读

北京电台外语广播外宣栏目《感受北京》推出 4 期高端访谈，邀请重量级嘉宾从各自的工作和专业领域出发，多维度全方位解读亚洲文明对话大会。受邀嘉宾包括联合国教科文组织驻五国代表欧敏行（Marielza Oliveira）女士，马来西亚亚洲策略与领导研究院国际事务高级顾问、马来西亚前总理政治秘书胡逸山博士，美国著名法学专家、政治经济学家龙安志先生，以及全球化智库国际专家委员会主任、现任英国东亚委员会秘书长麦启安先生。4 位嘉宾深谙东西方文化差异，能在不同的文明间进行跨文化的思考并提出行动方案，兼容并包。

二、不断丰富展现形式

北京电台外语广播海外中文节目《环球三十分》和《今日北京》结合北京市相关主题活动，联合海外合作电台展开亚洲文明主题，推出《相知相鉴》专栏，刊发特色报道 8 篇。特色选题包括专访北京大学张颐武教授解读“文明交流互鉴为亚洲社会带来的生机活力”，就“东西文明交汇的阿富汗国家宝藏展”专访清华大学艺术博物馆馆长杜鹏飞等。《悦生活》栏目注重国际时尚生活，推出 5 集特别节目《亚洲味道》，品味北京的泰国、印度、日本、新加坡、巴基斯坦美食。

三、利用新媒体平台扩大传播效果

北京电台外语广播推出针对亚洲文明对话大会原创微信 4 条、微博 28 条。《习主席哪句话打动了这位美丽的外国女记者？》独家采访埃及女记者，解读习近平主席主旨演讲中的金句；《吃吃，逛逛，流口水，这才是真正的亚洲美食节！》中，主持人现场出镜，体验式采访报道巡游美食周；《听北大教授一席话 秒懂亚文会》抓住开幕式当天的契机，独家专访北大教授张颐武解读大会意义；《3 段视频看美爆人心的亚洲文化嘉年华》带网友回看这场精彩演出；《“亚文会”交通出行攻略》为网民提供相关出行信息。

四、强化交流合作扩大宣传

北京电台外语广播严选精品专题和报道，通过《今日北京》栏目于多家海外媒体落地播出。大会期间，北京电台外语广播邀请越南之声一行 8 人参访北京人民广播电台，就新闻采制、媒体融合创新、合作共赢等主题与外语广播和新闻广播同仁进行深入交谈。双方还就节目互换和热点连线等达成合作意向。

（北京电台）

北京广播电视台完成“一带一路”国际合作高峰论坛报道

2019年4月24日—27日，北京广播电视台全面开启第二届“一带一路”国际合作高峰论坛特别报道。北京广播电视台广播、电视、新媒体三部分编辑记者组成统一报道团队，在广播、电视、PC端、手机端相互融合、多屏互动。

北京广播电视台的记者们在“一带一路”高峰论坛新闻中心编辑当天新闻

一、首次实现报道5G对播连线

4月24日晚，北京电视台评论员李藏宇在“一带一路”高峰论坛新闻中心现场和《北京新闻》主持人王业在节目中实现北京广播电视台首次5G对播连线。在整个论坛报道期间，前方报道团队共进行2次5G对播连线，每天都使用5G进行大量数据传输。

二、首次实现全天候播出带和多频率联动

此次论坛报道从4月23日开始，北京电视台北京卫视在《北京您早》《特别关注》《北京新闻》《首都晚间报道》全部重点新闻节目中打造从早到晚的全天候播出带。直播特别节目《新时代新丝路新篇章》，邀请权威专家走进演播室解读国家主席习近平重要讲话精神，此外还包括大使访谈系列、关注国内多地以及北京积极参与“一带一路”建设的《天涯共此时》系列，以及国际社会反响等7大系列栏目。报道组在国家会议中心搭建前方演播室，通过对播连线、专家访谈、网络直播等方式，聚焦最新消息，解读成果发布。特别节目总时长近500分钟，总计发稿量150条次。

三、广播、电视、新媒体加深融合

前期采访中，北京电视台新闻中心与北京电台外语广播记者们密切联动，共同联系外国驻华大使，共同完成前期的策划以及随后的采访。所制作的节目分别在北京电视台各档新闻节目、北京外语广播节目中，以及相关的新媒体平台呈现。

（北京电视台）

北京广播电视台播出第七届国产纪录片及创作人才推优活动

2019年，北京市广播电视局和北京广播电视台承办在北京世园会园区举办的第七届国产纪录片及创作人才推优活动。8月22日，推优活动录制期间，来自全国各地的纪录片

人和制作机构、播出机构代表相聚在北京世园会园区中，共同回顾中华人民共和国成立70年来国产纪录片走过的光辉历程，共同见证2018年国产纪录片发展的丰硕成果。

第七届国产纪录片及创作人才推优活动在北京世园会园区举办

第七届优秀国产纪录片及创作人才表彰活动秉承“壮丽70年 记录新时代”的宗旨，坚持“以事动人、以情叙事”的风格特色，组织12轮表彰环节、7轮主题演讲、3轮主题访谈、4组文艺表演等主体环节，以及《纪录·70年》《2018年精彩纪录片集萃》《9部重点纪录片展演》《12部获奖纪录片展示》等多组视频小片。现场观众超过310人。

活动开始前，导演组调整完善总体框架，谋划活动方案，反复到北京世园会园区勘测场地设计舞美，通过实地考察、专题汇报、桌面推演、现场演练等形式，反复沟通、深入探讨，最后形成总体方案。在节目打磨上，秉承匠人精神，不断精益求精。在节目内容设置上，凸显东方美学和中国文化，彰显文化自信。增设奖杯演绎，诠释“记录时代的人”的主题理念。以中国风为策划原点，用竹简的形式向纪录片人致敬，让观众看到中国文化的瑰宝。本次纪录片推优活动，还在稿件撰写上下功夫。撰稿组组织观摩学习上百部纪录片，并多次邀请有关专家开展研讨。

本届纪录片活动分别在北京电视台北京卫视、冬奥纪实频道、文艺频道播出，同时，制作的宣传片运用微信、微博等多种新媒体形式进行宣传推广，增强传播力和影响力。

（北京电视台）

北京电台新闻广播推出大兴国际机场开航直播

2019年9月25日，北京大兴国际机场开航仪式在北京举行。北京电台新闻广播、网络媒体中心于当天14：40–16：30推出融媒体直播特别节目《新的起点、我的期待——大兴国际机场开航直播》。在110分钟的直播过程中，进行全新的尝试：以融媒体手段推进直播进程，通过音频、视频、微信、微博、客户端同步直播。

一、突破广播限制，多种信号来源随时切换

除了电台直播间的主持人和特约嘉宾外，北京电台增设一路主持人带队奔赴大兴国际机场，现场采访航司服务人员以及机场安保人员，实时直播解答听众对于新机场的疑问、印证人们对于新机场的期待。直播时有以下三种来源的信号之间需要切换：参加首航的记者电话连线搭配相关画面、机场现场主持人的采访音视频流、直播间的主持人对嘉宾访谈。为了实现三种信号源的切换，记者、编辑事先准备出相应的照片及视频。大兴机场现场摄像采取4G流媒体包与摄像机组成单机位拍摄方案，实时回传现场的音视频流，

在北京电台新闻直播间，摄像对直播间内容进行拍摄，在节目推进过程中推流，形成飞机上、机场现场以及直播间之间，多地点、多维度、多种信号源的视频直播全新样态。

二、传播身份由宣传者转变为信息服务者

报道大兴机场开航时，北京电台新闻广播将报道思路定位在“我们的期待”上，从普通听众的视角出发，通过亲身体验以及请教行业专家，替听众答疑解惑。在报道思路上，设计让记者们从如何抵达机场、值机，到安检、登机，亲身体验全过程，在这个体验过程中会遇到哪些困难、如何解决、发现了哪些便民服务等，通过节目展现给听众。

三、多措并举提升节目关注度

一是微博同步实时更新消息。在微博推出相关热点话题，产生较大阅读量，引导受众参与话题讨论，提升对这一新闻事件的关注度。现场直播时，北京电台新闻广播多路记者及时发回短视频与照片，并在北京电台新闻广播官方微博和个人微博上及时推送，相关微博阅读量达56万次。二是邀请知名艺人提前录制受众“视频”。电台提前录制20多段来自受众的“视频”，包括著名电影导演陈国星、音乐人缪杰、短跑世界冠军史冬鹏、波兰明星导游毕达等，以公众人物的知名度提升节目关注度。这些“视频”替代直播访谈中单纯的主持人提问，形式更加生动，也更具代表性。三是将“一直播”同步到北京电台官方微博。截至直播结束，一直播平台上获得40.4万次的观看量，并具有持续关注效应，收看量是平时的4倍，北京电台微博阅读量达到1.3万次。

（北京电台）

北京电视台冬奥纪实频道上星播出

2019年5月10日零时起，北京电视台冬奥纪实频道上星播出。作为全新体育卫视，冬奥纪实频道在全国26个省市自治区落地，覆盖近3亿电视观众。北京电视台体育频道同步停止播出。

北京电视台冬奥纪实频道是北京冬奥组委官方发布平台，24小时播出。在节目内容方面：日播冬奥新闻节目《2022》，第一时间报道北京冬奥会和冬残奥会筹办进程；高端人物访谈节目《我与奥运》，采访奥运人，讲述奥运事；评论节目《冬奥大家谈》解读冬奥组委信息，分享冬奥会带给百姓的生活新体验；《奥运故事会》栏目披露奥运故事，弘扬体育精神；系列纪录片《双奥之城》记录北京城市与奥运梦想的交汇融合，展示冬奥会建设中的科技创新；科普服务节目《冰雪微课堂》讲解冬奥项目规则，传授冰雪运动技能。

北京电视台冬奥纪实频道大篇幅展示全民健身的蓬勃发展，多方面呈现百姓喜闻乐见的各种精彩体育比赛。原体育频道深受观众喜爱的《天天体育》《足球100分》《健身圈》等节目在冬奥纪实频道继续播出。

（北京电视台）

北京电视台冬奥纪实频道承办 2022 年冬奥会和冬残奥会吉祥物发布仪式

2019 年 9 月 17 日，北京 2022 年冬奥会和冬残奥会吉祥物发布仪式在北京首钢园区国家冬季运动训练中心冰球馆举行，现场发布北京冬奥会吉祥物“冰墩墩”和冬残奥会吉祥物“雪容融”。北京电视台冬奥纪实频道承办北京 2022 年冬奥会和冬残奥会吉祥物发布仪式。发布仪式活动由北京电视台冬奥纪实频道和文艺频道创作团队策划执行，整体创意思路紧紧围绕“冰墩墩”和“雪容融”两个吉祥物展开，凸显科技与未来、包容与融合的主题。

在吉祥物发布创意上，创作团队设计与北京冬奥会吉祥物“冰墩墩”相呼应的“能量环”发布机关，以及与冬残奥会吉祥物“雪容融”相对应的“如意”发布机关，将中国特色与冬奥会文化紧密结合。此外，活动现场还通过摆放历届冬奥会吉祥物花车，带领观众纵观冬奥历史，展望北京冬奥。在节目设置上，创作团队将领导致辞、吉祥物发布环节和《2022 来北京》《重逢》《我要飞》等文艺节目相融合，还将北京 2008 年奥运会和“平昌八分钟”，与北京 2022 年冬奥会有机串联。发布现场，挥舞着国旗和冬奥会旗帜的观众反响热烈，特别是在吉祥物亮相环节，全场齐声高喊倒计时，将气氛推向高潮。在舞美呈现上，设计团队使用春联、门楼、返回舱、星球等视觉元素，将古老的中华文明与未来科技完美结合。此外，为突出冰雪氛围，还特别采用陆地和冰面双舞台的形式：陆地舞台以传统的歌舞表演为主，冰上舞台则加入花样滑冰、冰球、冰壶等多种蕴含冬奥会元素的表演形式。

发布活动是 2022 年北京冬奥会和冬残奥会吉祥物的首次亮相。北京电视台冬奥纪实频道、卡酷少儿频道、文艺频道及有关部门紧密团结、通力合作，认真制订发布仪式安全预案和应急措施，加强演练和应急处置，最终呈现出一场独特、有创意、高水准，同时又保证安全性的发布活动。

（北京电视台）

北京电视台播出“时代新人说——我和祖国共成长”演讲大赛

为庆祝中华人民共和国成立 70 周年，中共中央宣传部、国务院国资委、中央军委政治工作部、全国总工会、共青团中央、全国妇联、人民日报社共同主办了“时代新人说——我和祖国共成长”演讲大赛。演讲内容紧扣“时代新人说——我和祖国共成长”这一主题，讲述中华人民共和国成立 70 周年来党和国家各项事业取得的辉煌成就、普通群众工作生活发生的巨大变化和感人故事。2019年2月，北京电视台文艺节目中心开始开展演讲大赛的节目录制工作，从制订活动初稿、制作全国11场主题赛节目录制方案、制作舞美设计方案，到设计节目标识和整套包装，完成北京市复赛及决赛、大赛“薪火相传”主题赛、演讲大赛决赛的节目录制。

一、“时代新人说——我和祖国共成长”演讲大赛

2019年8月，北京电视台文艺节目中心制作北京市“时代新人说——我和祖国共成长”演讲大赛4场复赛和1场决赛。全市各系统、各部门、各区有8300余名选手报名参赛，组织开展580余场演讲比赛，直接覆盖受众50万余人。北京时间网络演讲赛上传视频430余部，投票数超过836万张。这些演讲者都是来自基层一线的普通劳动者，经过层层选拔，68名选手从初赛中脱颖而出。8月14日、15日，68名选手进行复赛，复赛在中华世纪坛歌华剧场举行，经过四场复赛角逐，17名优秀选手进入决赛。8月30日，在首图剧场举办北京市“时代新人说——我和祖国共成长”演讲大赛决赛，在决赛中评出一等奖2名，二等奖5名，三等奖10名。在北京市的大赛中，有多位优秀演讲者参与到全国各场主题赛中，潘凯和谭玉娇分别获得“改革前沿”和“青春力量”主题赛金奖。

二、“时代新人说——我和祖国共成长”演讲大赛“薪火相传”主题赛

从5月启动比赛到10月，全国各地共组织各类基层比赛约2万场，超过50万名选手参赛，现场观众约600万人，近亿人次通过网络观看比赛。在各省市区广泛选拔的基础上，全国范围内各有关单位承办11个系列主题、11场赛事。文艺节目中心具体执行并制作10月23日—24日在香山革命纪念馆南广场举办的“薪火相传”主题赛，现场进行2场预选赛和1场决赛。

三、“时代新人说——我和祖国共成长”演讲大赛决赛

2019年11月15日—16日，在首图剧场举办“时代新人说——我和祖国共成长”演讲大赛2场预选赛和1场决赛，最终评出2名金奖、4名银奖、6名铜奖。录制的大赛节目分别在北京卫视和文艺频道黄金时段播出，其短视频上线学习强国。

（北京电视台）

北京电台推出《回归二十年 欢乐一家亲》

——庆祝澳门回归二十周年大型融媒体新闻活动

2019年12月20日—22日，北京电台新闻广播与网络媒体中心联合策划并邀请全国20多家省级新闻广播、音乐广播共同参与的庆祝澳门回归二十周年大型融媒体新闻活动《回归二十年欢乐一家亲》节目播出。此次融媒体新闻活动以全媒体传播形式，在微博、微信、抖音、秒拍、北京时间、听听FM客户端等多个平台开设专题专栏，联合北京电台网络媒体中心推出音频、短视频、视频专题、音配画视频片花、图文与长条漫画等传播产品。同时，以北京新闻广播官方微博作为话题主持人，与全国20多家省市媒体建立传播矩阵，并及时转发推送中央媒体提供的时政新闻活动直播流，共同见证和纪念澳门回归祖国 20 周年。

一、以民生为核心做好重大主题传播

该活动将广播的本地化传播优势与融媒体全网传播的跨地域传播特性相结合。广播专题突出“京澳一家亲”主题，选取“在澳门的北京人与在北京的澳门人”作为采访对象。网络传播则突破北京地域局限，突出“全国欢乐一家亲”，以开放的姿态欢迎全网受众参与讨论和互动。活动分阶段在微博开设互动话题，并多次发起投票。

二、去中心化合作，媒体矩阵传播

北京电台新闻广播邀请全国多地媒体共同参与互动话题 # 同奏七子之歌 #，并将“北京新闻广播发起并联合全国多地媒体参与”的习惯，改为“北京新闻广播联合全国多地媒体共同发起”，通过“去中心化”赢得更好的“网络协同”效应，变“各地媒体帮北京台做”为“大家一起做”。

活动共有北京、天津、上海、广东、深圳、河北、河南、山东、山西、江西、江苏、浙江、湖北、贵州、福建、青海、内蒙古、海南、宁夏等 19 个省市区的 20 多家媒体邀约了当地艺术家和当红流量主持人参与活动，提供并上传了 # 同奏七子之歌 # 的视频，用于演奏的乐器包括钢琴、吉他、长笛、非洲鼓、萨克斯、长号、古筝、古琴、琵琶、尺八、尤克里里、竹笛、大阮、二胡等，演唱形式有独唱、小合唱、大合唱等，既有清唱，也有吉他弹唱、各种伴奏演唱，唱法有美声唱法、民族唱法、京剧清唱和沪语童谣等。参与表演的艺术家、主持人合计超过 100 位。《七子之歌——澳门》的作曲家李海鹰先生受北京电台主持人江夏邀约，专门为本次活动录制视频，回忆《七子之歌》的创作历程；澳门京澳青年交流促进会还专程为活动拍摄了 7 位澳门青年演唱《七子之歌》的视频。截至 12 月 23 日中午 12 时，微博话题 # 回归二十年欢乐一家亲 # 阅读量达到 628.7 万次，其中，# 同奏七子之歌 # 贡献了 158 万次，超过 25%。

三、内部一体化，协同打造全媒体产品

此次融媒体新闻活动由北京电台新闻广播与网络媒体中心一体化合作完成。项目从立项开始，即由两部门共同商议决定，策划阶段由两部门联合征集创意，活动执行团队由两部门人员联合组成、协同行动，实现一体化运作。活动试行“项目制”，报道团队首次尝试精细化分工，设立新媒体传播组、视频组、广播组和包装组，除广播组外，均由两部门人员联合工作。

（北京电台）

北京电台交通广播推出“2019 上海国际车展特别直播”活动

2019 年 4 月 16 日—22 日，第十八届上海国际汽车工业展览会在国家会展中心（上海）举办，北京电台交通广播推出“2019 上海国际车展特别直播”活动。

一、创新定制节目形态

本次上海车展特别直播历时 6 天，在上

海直播间现场直播广播节目共计23小时，视频直播共计31小时。《汽车天下》《1039交通服务热线》《联e会》等节目在车展现场进行音视频的同步直播。主持人以汽车消费市场的变迁发展、本届车展首发车型、清洁能源汽车新发展、车展新看点等听众最关心的汽车话题为依托，与汽车厂商高管、汽车媒体达人一道，对本次上海国际车展做了解读。

4月16日至22日，北京电台交通广播在上海直播间举行“2019上海国际车展特别直播”活动

《汽车天下》开启“广播+新媒体”的立体传播，线上内容全部投射新媒体端口。除了商业售卖节目，开设“总裁 one on one”采访，邀请7位国内外顶尖车企总裁做客直播间，共话2019中国车市。同时，推出北京、上海、广州三地联合特别直播，邀请三地名嘴辣评上市新车，对比北上广三地用车差异。

《1039交通服务热线》针对上海车展，策划“京沪之交”特别节目，通过全新的直播模式“大交通知识竞猜”，将海、陆、空三大板块的趣味性问题有机串联，在“北京队”和“上海队”之间展开激烈问答。每期节目出24道题，有题面、有选择、有背景、有故事，全部和交通关联。特别节目还邀请交通广播知名主持人杨洋、李莉、张琦、赵爽、孙刚、谢雅而，以及记者贾天阳共同参与，营造出有料、有趣、有对抗的欢乐直播氛围。节目还推出系列短视频《京沪交通大发现》《墨镜哥带你去发现》，12条短视频聚焦北京和上海最具代表性的交通话题，为大家呈现出京沪两地的城市发展样貌和交通变革历程。

《联e会》紧扣“汽车+科技”的主题，邀请业内达人，深入介绍智能驾驶的最新趋势、人机交互的深入体验，带给听众和网友最新的科技资讯。

二、深入探索媒体融合视频节目

本次车展特别直播所有节目均在多个平台音视频同步直播。针对本次上海车展的特点，北京电台交通广播延续原创视频直播节目《金话筒看车团》，每天一个热门话题，每天两位“金话筒主持人”组成的“金话筒看车团”在中午11点40分到13点，走入展馆、坐上展车，通过镜头带观众体验新车，玩转车展。节目通过北京电台交通广播官方微博、听听FM、一直播、北京时间等平台进行现场直播，六天总观看人数超过200万，单场累计观看量最高达到45.7万次，单场最高同时在线人数为3.7万。

北京电台交通广播充分利用延时摄影和视频特效等技术，在车展期间及时推出多个短视频，向网友介绍报道团队的报道计划、工作状况和直播感受，既诙谐幽默，又不乏真情流露，网友纷纷在北京电台交通广播微信公众号下留言，进行点赞和慰问。

2019年北京电台交通广播新媒体栏目《1039尬问》在车展现场进行了5期特别节目的前期录制，完整节目在车展后陆续推出。《1039尬问》是一档汽车、交通垂直领域的短视频产品，通过街头采访与情景短剧的结合，向网友普及实用的汽车和交通知识，截至年底推出15期，每周三、周日在北京电台交通广播微信、微博、抖音官方账号定时更新。

三、利用线上直播展开答题活动

4月16日—21日，每天9：30—13：00，即《汽车天下》和《金话筒看车团》直播期间，北京电台交通广播车展直播线上答题活动通过微信平台开启，共计进行12场直播答题活动，共计67125人参与活动，答题量达到105377人次，活动共计分享22982人次，页面总访问量236951次。北京电台交通广播官方微信通过此次活动净增用户33981人。同时，北京电台交通广播也在官方微博展开宣传，共发布车展相关内容26篇，阅读总量58.6万次，其中视频内容总播放量78836次。

（北京电台）

北京电台交通广播在“戈壁天堂”活动中设立“FM103.9仙人掌电台”

2019年8月7日—11日，超大型野外生存、文化创意狂欢活动“戈壁天堂”在内蒙古巴彦淖尔阴山大漠里举办。北京电台交通广播独家打造“1039发现·戈壁天堂”专属的区域广播“FM103.9仙人掌电台”，策划推出四天三夜的直播节目和线下活动。

一、深入沙漠，策划“仙人掌电台”项目

“戈壁天堂”是一个全新的、年轻化的、艺术创意性强的大型户外活动。北京交通广播组建团队，深入沙漠策划和执行“仙人掌电台”项目。以“仙人掌”为沙漠区域广播之名，一是取其绿色、顽强、生命力旺盛的特质，二是借由“仙人”的概念，尝试不同于日常重复的既有节目和活动形态，追求有个性、有特色、有“仙气”的电台气质，以期融入“戈壁天堂”本身艺术、创意、独特的活动文化，并向活动参与者和北京电台听众营造出1039的活力形象。此外，“仙人掌电台”通过当地广电局派出信号车协助，特意将戈壁区域广播调频频段仍然设定为FM103.9兆赫。在1039营地直播区的布景装置设计上，以“有仙则名”为创意核心，用发光软管勾勒“仙山”轮廓，用锡箔立方体反射天光代表“云雾”，辅以LED屏动态主视觉，营造云山雾罩、仙人下凡的装置布景。

二、服务公共生活，提供多样信息

“仙人掌电台”肩负着宣传讲解活动规则、汇集传播活动资讯、调动用户参与积极性、推广戈壁文化、应急突发调度等任务；同时作为一个社区服务广播，“仙人掌电台”尽可能满足大家的生活和文化娱乐需求。基于这样的电台职能需求和受众环境特性，“仙人掌电台”形成“节目+活动”线上线下联动的编排形式。

每天0：00–9：00的深夜节目《越夜越逍遥》，播出“夜半歌声”和“午夜怪谈”等内容，也征集报名听众加入“深夜圆桌”聊聊真心话，并设置“睡不着福利”寻宝环节；早上9点，仙人掌电台推出《早安戈壁》致辞，播放《第九套广播体操》伴奏和当日歌单；上午10：00–11：00，主持人吴勇和嘉宾在《勇哥蹭饭团》里聊聊饮食文化、各营地美食和沙漠生活的故事，并向听众发出蹭饭团成员招募消息；12：00–14：00的《音乐风火轮》节目播出好听的歌曲；下午14：00–16：00《各路大仙来相会》，主持人把直播间变成会客厅，邀请艺术家、画家、纪录片导演等各路嘉宾轮流到节目里来聊天，分享他们的创作、感受、经历故事，也提供改装车漫游、红旗坡滑沙

等各种活动资讯和福利；下午 16：00，仙人掌电台特邀嘉宾表演精彩的 SwingShow，教大家零基础入门摇摆舞。此外，“仙人掌电台”还时刻播出天气资讯、寻物寻人启事、活动场域交通资讯、志愿服务信息等。

三、扩大辐射范围，提升品牌影响力

北京电台交通广播特别策划 8 月 8 日、10 日、11 日共 3 期《直通北京：1039 慧旅行 · 戈壁天堂特别节目》两地同步直播，并对活动进行全程新媒体传播。

“仙人掌电台”与活动所在地巴彦淖尔市杭锦后旗政府建立密切联系，当地政府相关部门特意送来大量的特产美食，在 1039 营地举办美食品鉴会，和 1039 团队成员深入交流杭锦后旗的历史文化、农牧特产等信息。北京电台通过 1 期两地直播的《1039 慧旅行》节目，介绍杭锦后旗的文化发展、现代农牧业、旅游资源等信息，并邀请当地民俗作家等相关人员进行访谈直播，把瓜果、牛羊肉、小麦、面粉等资源推荐给北京听众。

8 月 5 日—11 日期间，北京电台交通广播在新媒体端发布 63 条内容。其中，微信端推送“次条”位置发布 2 篇图文消息，截至 8 月 15 日总阅读量为 2 万余次，每天微信晚报头条插入“仙人掌电台特别报道”板块，活动投票总参与量为 3169 人；微博发布 53 条内容，截至 8 月 15 日总阅读量为 127.1 万次，活动视频总播放量为 53.4 万次，微博话题 #FM103.9 仙人掌电台 # 总阅读量为 268.6 万次。

8 月 7 日—11 日，超大型野外生存、文化创意狂欢活动“戈壁天堂”在内蒙古巴彦淖尔阴山大漠里举办

（北京电台）

北京电视台推出专题片《胡同有名气》

2019 年 3 月 16 日—25 日，北京电视台《这里是北京》栏目推出 10 集系列专题片《胡同有名气》，通过挖掘胡同文化历史，释放文化活力，擦亮古都风貌“金名片”。

《这里是北京》栏目标识

一、以“胡同名”反映北京历史文化底蕴

节目组在东城区、西城区、朝阳区、海淀区的近六十条胡同深入调研，选择老百姓最有亲近感的“胡同名”切入报道，每集一个主题，多层次多角度解析一类胡同的前世今生，讲述北京城市规划的历史演变，展示北京历史文化的厚度。

二、以“小旮旯”唤醒“京味儿”记忆

全片围绕《咬文嚼字说胡同》《寻找胡同里的春天》《去胡同踏青“问柳”》《有

个胡同叫樱桃》《钻进钱眼说胡同》《胡同里的“秘密工厂”》等十个节目，从胡同文化的血脉里找到创作动力，讲述“老”北京的“新”话题。《钻进钱眼说胡同》节目中，看似是与“钱”有关的“财迷”胡同，每一条胡同的背后，或是银号钱庄，或是造币厂，串联起明清时期北京的“金融地图”。《咬文嚼字说胡同》节目中，讲述胡同名字念法的由来，例如大栅栏，为何从“dàzhàlan”变成“dàshílanr”；黑芝麻胡同、汪芝麻胡同等，如何从“纸马”演变成“芝麻”；东四十四条要如何断句等。

三、以“历史资料”考证胡同名发展变迁

该片运用大量的古代地图作为考证，通过比对民国时期的老照片，查阅地名志、清朝、民国的笔记文章，为胡同名追根溯源。节目中考据了侯仁之先生编纂的《北京历史地图集》载录的元明清三代皇城图、北京城地图；放大考究《加摹乾隆京城全图》，从中发现宛如蚂蚁大小的字迹中的历史细节；对比清末民国时期的北京官方或民间地图，并参考史书、志书中的描述细节，用胡同名凝结历史，擦亮古都风貌“金名片”。

（北京电视台）

北京电视台“新春走基层”系列报道：讲好新时代奋斗故事

2019 年春节前后，北京电视台新闻节目中心推出 38 集“新春走基层”系列报道，记者深入基层一线，挖掘典型事例，讲述感人故事，唱响礼赞新中国、奋进新时代的昂扬旋律。

一、深入基层反映改革发展成就

节目聚焦脱贫攻坚和高质量发展，围绕大兴新机场、北京冬奥会场馆、京张高铁等全市重大工程建设，以及北京新农村精准扶贫政策进展等，报道《国家速滑馆留守建设者：在工地过年一样温暖》《熊计富：连续四年春节值守 打造精品不忘初心》《京张高铁建设者：春节期间坚守一线》《特色农产品背后的“扶贫人”》《80 后小伙的红梨扶贫梦》等消息。

二、跟踪采访报道爱岗敬业典型

记者按照不断增强脚力、眼力、脑力、笔力的要求，深入社区、农家、工地、车站跟踪采访，报道高铁探伤工、飞机航线放行师、农产品批发市场治安管理员、快递员、养老驿站服务人员等爱岗敬业典型人物，以及他们坚守岗位默默奉献的感人故事。节目中，“地铁医生”张宗杰负责保障多台地铁的安全运行，每天需要在轨道两侧来回行走 2 万多步，反复检查车内外设施。镜头下，他戴着手套，仔细检查零部件状态，认真辨听机器运行声音，对小到一颗螺丝钉的问题都绝不马虎。

三、坚持多媒体融合发力

节目创新将“抬手次数、弯腰次数、步行里程、走访户数”等富有生活气息的大数据融入报道，增强新闻语言时代感、现代感，使新闻报道更加直观、立体、生动、可信。报道还在电视端、两微一端等同步传播，总时长超过 100 分钟，全网点击量超过 120 万次，仅《我是春运“掌门人”》单条视频的播放量就超过 77 万次。

（北京电视台）

北京电台推出“美丽乡村 筑梦有我”大型新闻公益行动报道

2019“美丽乡村 筑梦有我”大型新闻公益行动由北京广播电视台主办，故事广播承接广播宣传，制作并播出“美丽乡村风景线”专题广播节目。该活动通过媒体融合传播方式，挖掘并宣传一批由乡村振兴典型村和新时代文明实践所、站等“亮点”连接而成的 52 条“风景线”，围绕“助力乡村振兴、推进文明实践”主题，从不同视角集中展示乡村的内在美和外在美。

采访、制作从 8 月 6 日启动到 11 月 27 日结束，节目组 16 人克服时间紧、线路多、任务重等困难，完成 48 条线路 52 期节目的采制工作。采访中深入乡镇村和新时代文明实践所、站，先后走访怀柔区宝山镇、渤海镇，密云区司马台村、遥桥峪村，延庆区沙塘沟村、铁炉村等上百个村落，行程上万公里。报道对象很多都在远郊区，记者经常要驻扎在村里对沿线各乡村点进行深度信息挖掘和采集，用丰富的声音素材全方位展现乡村振兴的亮点。

2019 年 10 月—11 月，记者采制的 52 期系列专题节目制作播出，每期节目时长为 10 分钟左右。同时在北京电台新媒体客户端听听 FM 中开通专栏，利用融合平台，提升报道影响力。

（北京电台）

丰台区融媒体中心推进宣传体系建设

一、积极探索与央媒合作共建模式

2019 年，丰台区融媒体中心充分发挥驻区中央媒体优势，与中央广播电视总台央广网建立战略合作，借助总台在媒体融合的探索经验和成熟技术平台，加速整合区域传媒资源。“北京丰台”全媒体客户端与总台央广网实现互联互通、内容共享。央广网“每日一习话”“习声回响”等优质视听节目，直接引入到客户端“新思想”板块。丰台区融媒体中心原创音频产品“听丰读书会”，进驻总台“云听”新媒体平台。2019 年 2 月 19 日，在中央广播电视总台“全国县级融媒体智慧平台”上线仪式上，丰台区融媒体中心做经验发言。

丰台区融媒体中心还与新华社北京分社合作，策划制作百姓公益系列短视频，聚焦身边榜样传递正能量。7 月 18 日，新华社北京分社在丰台区召开经验座谈会，新华社新闻信息中心、音视频部、北京分社主要负责同志以及 16 区融媒体中心负责同志参加。就探索“中央媒体＋县级融媒体中心 PGC 合作模式”向纵深发展的新路径进行交流研讨，丰台区融媒体中心做了交流发言。

二、推进全区“一三三”融媒体宣传工作体系建设

丰台区融媒体中心以丰台科技园区、丽泽金融商务区、南中轴三个融媒体分中心为重点，在全区驻区单位、学校、医院等基层单位，以及社区（村）规划建立 300 个左右“基层新闻采集点”，形成全方位、多层次、多声部的主流舆论矩阵，实现区域全覆盖、基层总动员，推动宣传工作向基层延展。建立 6 个“社区新闻发声人”工作室，在北京汽车博物馆、丰台职业技术学校、“时代风帆”楼宇党支部分别设立融媒体创新工作室，完成近 200 个“基层新闻采集点”建设。全区 197 个政务新媒体入驻“北京云”，实现数据共享、信息互通。

三、坚持群众参与，推进社区新闻发声人工作

社区新闻发声人工作，是区融媒体中心在推动区域媒体融合过程中进行的一项创新实践。主要是动员和鼓励社区群众直接参与到基层宣传工作中来，主动发现身边有“温度”的人，生动讲述社区有“鲜度”的事，助力基层社会治理和社区文化建设。丰台区 150 多个社区活跃着近 600 名“新闻发声人”，坚持群众故事、群众发声、群众转发，产生了“点亮一个人，照亮千百人”的传播效果。

2019 年 3 月 8 日，市委常委、宣传部部长杜飞进在区融媒体直播指挥调度中心与东高地街道社区新闻发声人进行互动连线。东高地街道副书记杨柳介绍万源东里社区新闻工作室 36 名社区居民组成的新闻发声人队伍，将镜头对准社区，把话筒交给百姓，“发现身边好榜样，讲述社区暖故事，传递社会正能量”。

（北京市丰台区融媒体中心）

概 况

北京市广播电视局概况

北京市广播电视局是北京市政府的直属机构，成立于1979年9月，原称北京市广播事业局；1984年4月改称北京市广播电视局；2009年3月，增加电影管理职能，更名为北京市广播电影电视局；2014年1月，原北京市新闻出版局和原北京市广播电影电视局合并组建北京市新闻出版广电局；2018年11月，在原北京市新闻出版广电局剥离新闻出版、电影职能的基础上成立北京市广播电视局，负责北京市广播电视和网络视听节目等行业相关管理工作。

2019年主要工作：

一、宣传工作

深化主题宣传。围绕迎接和庆祝新中国成立70周年，组织全市广播电视和网络视听媒体开展宣传报道，打造全媒体宣传矩阵。完成新中国成立70周年庆祝大会等活动直播转播任务，统筹安排新闻、电视剧、纪录片、动画片、公益广告等各类节目播出。从1月1日起，北京电台围绕新中国成立70周年推出“听，祖国的变迁——庆祝新中国成立70周年”特别策划节目。专栏“不忘初心 牢记使命”“壮丽七十年、奋进新时代”贯穿全年播出。《父辈的1949》《风云七十年——外交官眼中的世界》等系列访谈节目、新中国成立70周年献礼广播剧《中共中央在香山》和30集系列微广播剧《红色传奇》，展现祖国建设的辉煌成就。北京电视台在《北京新闻》《北京您早》《特别关注》《首都晚间报道》《都市晚高峰》等栏目中，开办《新时代新担当新作为——习近平总书记2·26视察北京五周年》《在习近平新时代中国特色社会主义思想指引下——新时代新作为新篇章》《壮丽70年、奋斗新时代》等系列报道和系列短视频，同时，推出《共和国·1949——中共中央在香山》《绿水青山》两部重大题材纪录片和《壮丽70年，时间都知道》《思想的田野》两部通俗理论专题片。北京电视台联合今日头条、抖音、百度三大头部新媒体平台，共同发起“我为祖国比个心”活动，超2亿次头条话题阅读，活动视频总播放量超3.5亿次。组织完成四场大型群众歌唱MV：《我爱你，中国》《我和我的祖国》《回天有我》《红旗飘飘》的拍摄工作。举办“我和我的祖国共成长——庆祝新中国成立70周年少儿晚会”，赶制《歌唱祖国》《北京我的爱》《不忘初心》《烟火盛宴》4版群众联欢宣传片以及以幕后揭秘为主要内容的精编纪录片并播出。各频道陆续播出《不忘初心话英雄》《我和祖国共成长》《他们改变着中国》《和百岁老人共度国庆》《光影记忆70年》《北京探秘，看身边的时代变迁》《体坛风云70年》等节目。为做好庆祝新中国成立70周年电视剧展播工作，北京电视台还播出《老酒馆》《外交风云》《光荣时代》《最美的青春》等优秀剧目。

二、精品生产

打造精品“北京模式”。北京市广播电视局开展广播电视节目创新创优节目评选，落实三个关口前移机制，建立结构化审查方式，助力精品产出。北京影视出版创作基金更名为北京广播电视网络视听发展基金，年度扶持项目75个。完善2019—2022年北京电视文艺作品重点项目种子库，入库电视剧109部、动画片25部、纪录片152部、网络视听作品30部。北京市广播电视局建立庆祝新中国成立70周年重点电视剧片单、公益广告重大选题库，开展庆祝新中国成立70周年主题纪录片、网络原创视听节目、公益广告征集遴选活动，推出《光荣时代》《我爱北京天安门》《共和国1949——中共中央在香山》《从〈中国〉到中国》等献礼作品。

2019年8月21日，北京市广播电视网络视听发展基金第一届理事会第二次会议召开

广播电视精品创作取得优异成绩。《新世界》等17部电视剧入选国家广播电视总局2018—2022年重点电视剧选题规划百部片单；《中共中央在香山》广播剧、《第一次起飞》等3部电视剧，《中国梦365个故事——岁月为证》等21部纪录片，《2022去北京》等5部动画片，《独家记忆》等23部网络视听作品，《早一分钟多一份可能》等51部公益广告得到国家广播电视总局的推优、表彰或扶持，其中《早一分钟多一份可能》是首次获国家广播电视总局公益广告优秀电视作品一类扶持作品；《启航》等26部优秀电视剧登陆央视频道及各省份上星频道，动画片《冰雪冬奥村》等播出效果良好；电视剧《最美的青春》《大江大河》，广播剧《中共中央在香山》获得第十五届精神文明建设“五个一工程”奖；《大地震》《毛驴上树》等网络电影精品推动网络视听文艺走上精品化发展的道路。

2019年10月14日，由北京市广播电视局主办的网络电影《毛驴上树》暨北京网络文艺精品发展专家研讨会在京召开

三、公共服务

6月，北京市广播电视局联合市经信局制定并印发《北京市超高清视频产业发展行动计划（2019—2022年）》，加强对超高清视频产业的规划指导。参与制定北京市智慧广电发展行动方案，为深化广播电视供给侧结构性改革，推动广播电视高质量发展提供行动指南。经市委市政府同意，于8月6日正式印发《北京市智慧广电发展行动计划方案（2019年—2022年）》。修订并完善《北京市广播电视公共服务体系建设实施方案》《北京市关于推进应急广播体系建设的实施意见》。北京电视节目无线数字化覆盖工作扎实推进，农村偏远地区高清交互数字电视

2019年10月30日，北京市广播电视和网络视听援建新疆和田代表团在和田与和田地区宣传广电系统举行座谈会，并签订广播电视和网络视听领域战略合作共建框架协议

加快推广普及。全市高清交互用户数达 550 万户，4K 超高清用户 130 万户。2022 年北京冬奥会延庆赛区有线电视专网建设扎实推进。举办“一带一路”广播电视科技发展论坛，联合内蒙古、广西、云南等地广播电视局首次发布推动“一带一路”广播电视科技产业合作倡议。开展“广电＋”精准扶贫，与新疆和田地区签署战略合作框架协议。

四、行政审批

全面落实意识形态工作责任制，建立并完善市区两级宣传例会、通气会、约谈整改等制度，完善 9 项工作机制，加强各类阵地精准化管理。升级“广播电视节目监管系统”，严厉打击虚假违规广告播出，开展有害信息清理专项行动，行业秩序进一步规范。“放管服”改革稳步推进，政务服务事项申报材料精简比例达 63%，23 项审批事项“一站式集中审批”，办理审批手续平均跑动次数压缩到 0.3 次以下。截至年底，全市累计批准：广播影视节目制作经营机构 11430 家（当年批准 2630 家）、信息网络传输视听节目持证机构 125 家，未持证的重点网络视听节目服务平台 23 家。全年电视剧制作备案 278 部 10693 集，生产并通过发行审批的电视剧 67 部 2843 集；电视动画片制作备案 59 部 2635 集 24041 分钟，生产并通过发行审批的电视动画片 32 部 874 集 7275 分钟；备案网络剧 380 部、网络电影 959 部、网络影视类动画片 45 部、网络综艺及专业类视听节目 121 档；审核通过网上境外电视剧 41 部 615 集，网上境外电影 160 部。

经批准，北京广播电视台“冬奥纪实频道”上星高清播出，“四海钓鱼”“爱家购物”“中华特产”有线付费电视频道标清转高清播出。

在全国首创采用备案制管理方式，将无证视听网站纳入管理范围，对抖音、快手、西瓜视频、新浪微博、今日头条、一点资讯等近 30 家北京市影响较大的重点短视频平台、直播平台、社交平台、资讯聚合平台加强日常管理和服务，同时，全市 34400 块广电系统户外大屏纳入监管范围，实现管理全覆盖和对企服务全方位。国家广播电视总局在全国推广使用北京备案制管理方式，管理无证视听网站。

五、科技发展

围绕服务保障北京冬奥会和冬残奥会，实现全球首次 5G+8K 转播和国内首次 5G+8K+5.1 环绕声冰上赛事直播，并应用于男篮世界杯、中网公开赛、国际女子冰球联赛、中超等，为冬奥赛事 8K 超高清制播试播落地奠定坚实基础。此外，5G+8K 超高清显示和直播转播应用于新中国成立 70 周年庆祝活动。实施《北京市智慧广电发展行动方案（2019 年—2022 年）》，开展智慧广电（网络视听）重点实验室建设，提出建设涵盖内容生产、网络传播、功能承载、服务供给以及生态建设的智慧广电创新体系。发布实施《北京市超高清视频产业发展行动计划（2019—2022 年）》，部市联动加快推进超高清电视应用创新实验室建设。建立“一横一纵”广播电视网络视听大安全保障管理体系，对全行业开展全面检查、整改提升。开展无线电环境整治，严防 5G 基站干扰，严打“黑广播”违法活动。完成“一带一路”国际合作高峰论坛等重要保障期的服务保障和亚洲文明对话大会配套活动举办的安全保障。

六、产业发展

《关于推动北京影视业繁荣发展的实施意见》（简称“京十条”）正式印发，在北京电视节目交易会（春季）和第九届北京国际电影节期间，举办“京十条”及相关影视政策宣讲解读，为引领行业高质量发展打下坚实基础。中国北京星光电视节目制作基地正式更名为中国（北京）星光视听产业基地，成为国内门类齐全、规模化的视听产业园，实现全媒体、全产业链、媒体融合的升级换代。创办首届北京国际公益广告大会，举办北京文博会广播电视网络视听展、北京电视节目交易会、北京纪实影像周以及第五届世界电视日中国电视大会，推动北京广播电视和视听节目发展，提升国际国内影响力。

七、融合发展

2月2日，北京广播电视台600平方米融媒体演播室正式启用，配备智能化播控系统，涵盖新闻播报区、资讯和访谈区、社交媒体互动区等九个演播区，集中凸显全媒体属性。11月23日，“北京云·融媒体”市级技术平台（一期）正式上线发布。截至12月31日，北京市17个区级融媒体中心、4家市属媒体全部入驻“北京云·融媒体”市级技术平台的宣传指挥调度平台，累计开通账号2288个。其中，海淀区融媒体中心“新媒体云服务平台项目”获国家级奖项“王选新闻科学技术奖”三等奖，是全国区级融媒体中心首次获得该项荣誉；昌平区融媒体中心昌平App获得全国广播电视媒体融合成长项目。

八、对外交流

配合亚洲文明对话等重大主场外交活动，举办亚洲网络视听传播政策对话与合作成果发布活动。举办第二届“一带一路”广播电视科技发展论坛等活动。修订并完善《北京市提升广播影视业国际传播力奖励扶持专项资金管理办法（试行）》，21家企业82个项目入库并获得奖励扶持。五洲传播等8家机构、歌华传媒等4家机构分别获评首都广播电视和网络视听走出去示范机构、译制基地。“北京优秀影视剧海外展播季”“视听中国·北京之夜”“全球组团联展”等三大“走出去”品牌影响广泛，北京优秀视听企业和作品走进匈牙利、克罗地亚、巴西、阿根廷、芬兰等国家，中巴、中阿影视协会战略合作框架协议以及北京市与芬兰赫尔辛基市视听领域合作谅解备忘录正式签署，22家（次）北京市广电科技企业参加美国NAB展、荷兰IBC展，海外市场进一步拓展。

2019年11月11日—13日，首届北京国际公益广告大会在国家会议中心举办

（北京市广播电视局办公室）

北京市广播电视局直属机关工会委员会概况

2019年4月，北京市广播电视局直属机关工会委员会由北京市新闻出版广电局直属机关工会更名成立，主要职责：代表和反映全局职工的意愿和要求；对局属23个工会小组实行宏观指导和分类指导；参与涉及全局职工切身利益的有关政策、法规的制定；为基层工会提供理论政策、法规咨询和信息服务，维护职工和工会组织的合法权益。

2019年主要工作：

一、服务保障工作

年初，完成全局干部职工参保险种和数据信息的核对工作，办理重大疾病、意外伤害和女工特疾等险种。春节前夕，及时执行新文件新标准，采取便捷灵活方式发放慰问物品，让广大干部职工度过欢乐祥和的传统节日。落实《北京市直属机关工会深化职工之家工作实施方案》，拓展“职工之家”服务功能，在已有“说吧”“书吧”“棋牌吧”“饮品吧”基础上，改善设施环境，增设“视听吧”功能区，购置凉热饮品，供广大干部职工自助取用。发挥局“职工心灵驿站”“母婴关爱室”功能作用，组织开展“健康身心——关爱母婴”体验活动，切实帮助干部职工释放压力，增强身心健康，为孕期和哺乳期女职工放松休息、学习交流提供温馨环境。开展困难职工摸底工作精准帮扶。一季度，在局福利工作领导小组和工会统筹协调下，支出5万余元福利经费和工会经费，按照三个档次标准，给予确定年度符合条件的30余名困难职工一次性资金补助，申报2名困难职工获市直机关工会专项帮扶基金4000元。慰问生病住院干部职工20人次，慰问金额1.5万余元。

2019年，北京市广播电视局工会建立的职工之家一角

二、文体活动

结合年度工作安排和四季主题活动计划，因地制宜开展适应机关、灵活多样、丰富多彩的文化体育活动。2月份，举办北京市广播电视局第一届迎新春职工趣味冬运会，让广大干部职工享受快乐收获健康。5月份，联合北京市广播电视局媒体融合处组织全体职工“走进区县融媒体中心”2019年春季踏青主题活动，实地参观延庆区融媒体中心现代化数字化为一体的开放式多功能办公区，亲身学习体验“中央厨房”大数据、人工智能、区块链等技术，引导干部职工知新学新用新，开阔眼界，同天到国家湿地公园运动健身，增进友谊，提升全局干部职工凝聚力和向心力。7月—9月，以庆祝中华人民共和国成立70周年为契机，紧紧围绕广播电视网络视听业务职能，开展“红色影视剧纪录片”展映活动。通过播放收看红色电影、励志电视剧、优秀纪录片等，进一步引领教育广大干部职

工提升文化自信、强化爱岗敬业工作态度。提升业务本领，联合北京市广播电视局办公室、媒体融合处和人事处等，共同组织开展“公文大赛”“融媒体知识竞赛”岗位练兵系列活动，增强脚力、眼力、脑力、笔力，做到勤业精业。以庆祝新中国成立七十周年为主题，组织广大干部职工中的摄影爱好者，开展摄影比赛，捕捉瞬间讴歌新时代、传播正能量、展现爱国情怀。开展以“加强政治引领，强化责任担当”为主题的秋行健步活动。组织全局干部职工沿着习近平总书记视察香山革命纪念地的足迹实地参观，对总书记视察香山革命纪念地重要讲话精神进行再学习、再领会，进一步坚定广大干部职工“不忘初心、牢记使命”的新时代新精神新追求。

三、工会队伍建设

运用好学习强国和微信平台，加强各级工会组织之间的沟通和交流，走出去和请进来相结合，主动牵手、拉手、握手、联手，着力提升工作水平。举办工会专兼职干部培训班，以基层工会干部为重点开展基础性工会理论和业务学习培训，强“四力”去“四不”，强群众工作能力，去不做不懂不会不学之风，深入一线开展职工思想工作需求情况调研，掌握第一手资料，精准做好服务干部职工工作。

（北京市广播电视局直属机关工会委员会）

北京市广播电影电视局离退休人员管理服务中心概况

北京市广播电影电视局离退休人员管理服务中心成立于2000年11月，前身为北京市广播电视局老干部活动站。2009年3月31日，由北京市广播电视局离退休人员管理服务中心更名为北京市广播电影电视局离退休人员管理服务中心。主要职责：负责离退休人员的日常管理、服务工作；负责离退休人员政治学习和思想教育工作；负责离退休人员政治待遇和生活待遇的协调和落实；组织离退休人员开展各种文化、体育活动等。

2019年主要工作：

一、管理服务工作

确保离退休人员政策待遇的全覆盖。春节期间，对129名离退休干部进行普惠型慰问，并陪同局领导集中走访46名年龄较大、长期患病、家庭困难的老同志；第二季度，利用“理论学习动员会”的机会，将全年离退休人员工作计划和政治理论学习计划通报全体老同志，对于因病或其他原因没有参加的54名老同志，全部送学上门；9月底，走访慰问全体19名离休干部并发放“庆祝中华人民共和国成立70周年”纪念章。将身患疾病、家庭困难的老同志作为重点关注对象，全年申请补助36人次，共计发放补贴36000元。针对重特大疾病情况的老干部，实时跟踪了解病情变化，适时进行探望。工作人员与老干部分组进行联系，坚持每月联系走访，面对面地交流情感、沟通思想，适时对其开展心理慰藉，精准掌握老干部心理需求。

二、理论学习和活动

抓好离退休老同志对习近平新时代中国特色社会主义思想的学习。制订《2019年离退休干部理论学习计划》，理论学习分为4个阶段，5个重点内容。5月22日—23日，召开“2019年老干部政治理论学习动员部署会”，部署全年老干部政治理论学习工作。10月17日—18日，召开“2019年老干部政治理论学习推进会”，将主题教育活动引向深入。

2019 年 5 月 22 日，老干部政治理论学习动员部署会后，第三退休党支部支委进行讨论

2019 年 5 月 22 日，老干部政治理论学习动员部署会后，第二退休党支部进行交流

科学设置严要求，增强党组织的凝聚力。针对原离退休支部党员居住分散、活动开展不便的问题，成立离退休党总支部，重新设置退休党支部，并将在职党员充实到离退休各支部，发挥桥梁纽带作用。7 月初，党总支发出“不忘初心我将无我，牢记使命不负人民”的倡议书，号召全局离退休干部自觉加强学习教育守好初心，自觉接受思想洗礼见贤思齐，自觉发挥优势作用承担使命，离退休老同志对此积极响应。

形式多样搞活动，提升优良传统的感召力。专门邀请国庆 70 周年庆典群众游行和联欢活动总顾问、市广电局原局长赵东鸣介绍纪念新中国成立 70 周年庆祝活动的相关情况；组织老同志参观香山革命纪念馆、观看爱国主题电影《决胜时刻》、参加北京市老干部“庆祝新中国成立 70 周年”合唱会，让老同志们在活动中追忆革命历史、缅怀革命先烈、接受红色主题教育。制定《广电局离退休人员行为规范》，概括为简单易记的“八要、八不要”。

三、创新管理手段

利用智能手机加强管理和学习。通过“广电离退之家”微信群和“首都广播电视”“北京老干部”等微信公众号矩阵，宣传党的政策和重要会议精神，营造学习习近平新时代中国特色社会主义思想和十九大精神的浓厚氛围。

加强老干部工作宣传力度。向市委老干部局和市委宣传部上报《市广播电视局离退休老同志积极收听收看全国“两会”实况》《市广电局组织召开离退休党组织建设工作会》《市广电局成立离退休党总支》《市广电局召开“2019 年老干部政治理论学习动员会”》等 4 篇报道。在 7 月份的《北京老干部工作》刊发《把“两个维护”作为根本政治任务造就一支听党话跟党走的老干部队伍》。

做好调查研究工作。围绕新形势下老干部工作发生的新变化、新特点，针对机构改革期间离退休老同志的思想和生活情况以及新期待进行多次走访调研。下发“党支部建设状况调查问卷”和“离退休干部思想和生活状况”调查问卷，上门对老同志进行面对面调研交流，促进老干部工作者与老干部的良性互动。

（北京市广播电影电视局离退休人员管理服务中心）

北京市广播电影电视局后勤服务中心概况

北京市广播电影电视局后勤服务中心成立于2006年8月，是正处级全额拨款事业单位，前身为北京市广播电视局机关后勤服务部。

主要职责：负责机关并指导所属单位安全保卫工作；负责机关及所属单位交通安全、能源管理、户籍管理、房管房改、局属产权房改造、绿化、印刷、医疗、爱国卫生、计划生育等行政事务性工作；承担机关及部分所属单位固定资产管理工作；承担机关及部分所属单位食堂、会议、办公设施、办公用品等后勤管理、保障和服务工作；承担机关及部分所属单位供水、供电、供暖、供冷、通信网络等技术保障工作；负责相关基本建设项目。承担市广播电视局交办的其他有关工作。

2019年主要工作：

一、安全保卫

安全保卫工作围绕"未雨绸缪把握主动，防患未然化险为夷"的指导思想，狠抓应急预案完善，形成中心统一调度，物业主体负责，部门分工配合有效预防机制。在"五大"传统佳节、全国两会、"一带一路"国际合作高峰论坛、"亚洲文明对话大会"、国庆首都盛大阅兵和国庆大典活动，对人员、场地等安全隐患开展大排查，并在朝阳门内办公楼一期后门加装门禁系统，有效解决安全漏洞问题。在全员管控、全时管控、全域管控、全效管控的基础上，完善应急响应机制，定期开展消防应急演练，加强物业保安队伍管理培训，严格楼宇人员出入，健全外来人员、车辆登记报告制度。结合"119"消防宣传日，联合局办公室（安监办）组织开展消防安全警示系列活动。

二、房管房改

根据《北京市广播电视局主要职责内设机构和人员编制规定》和党组指示，按照方便管理、集中办公的原则，严格遵守《党政机关办公用房建设标准》，结合实际制订出北京市广播电视局办公用房调整方案，顺利将5个机关处室、1个事业单位从建外办公区迁入朝阳门内办公楼办公，为新成立的2个机关处室配置办公用房，确保工作正规高效进行。在局信息中心等部门支持下，先后完成朝内办公区5个视频会议室的建设和升级改造工程。按照机构人员编制重新拟制核算全局人员物业、采暖和住房补贴发放表。做好对朝阳门内办公区设备设施检查监测、维护维修。

三、固定资产管理

结合2018年固定资产实物清查盘点整体情况，完成北京市广播电视局机关（本级行政、本级事业）及3个统发事业单位（后勤中心、离退中心、信息中心）共5个账户的2018年行政事业单位国有资产年度报表，配合财务处核对固定资产和无形资产总额、完成2018年财务决算报表。按照2019年项目预算内容并结合各处室使用需求，确定采购办公设备的规格型号，完成政府采购流程并统筹调整设备的分配方案，组织各处室开展固定资产实物自查盘点登记工作。按照内控制度要求，组织局机关及6家局所属事业单位固定资产清查专项审计工作，按照市财政局资产报废处置流程完成相关手续。

四、车辆管理

依据《党政机关公务用车管理办法》，坚持保障公务和厉行节约相结合，加强局及所属事业单位各类公务用车监管责任制落实。做好重大节日期间的公务用车封存工作，分管局领导多次带队，与局机关纪委联合对公车封存情况进行检查，未发生任何违规使用公车情况。定期开展道路交通安全教育，确保用车部门“不误时”“不误事”。全年完成派车任务750余次，安全行车里程累计近12万公里，顺利完成全局各类公务用车保障任务。同时，做好全局干部职工的交通安全提醒，要求做到文明驾车、安全行车。

五、医疗保障服务

完成2019年医疗、工伤、生育险的对接工作。协调北京市人力资源社保局、朝阳区社保中心等机构，为在职、离退休和医疗照顾人员办理变更定点医院、医药费手工报销，新入职人员医疗增员、产前检查和生育津贴、医药费手工报销等各项工作200余人次，解决工作人员的后顾之忧。组织开展全局在职人员、离退休人员年度体检工作300余人次，协调体检机构预约挂号。按照国家对社保费征收、划转相关工作安排，完成局机关和事业单位社保费、职业年金征收机构变更及每月缴费申报工作。

六、餐饮服务

落实朝阳门内办公区职工食堂委托服务管理工作，从食品原材料来料登记，从“生进熟出”，到餐具高温消毒灭菌规范加强安全培训和卫生监察。加强食材采购把关和食品存储管理。每周一于内网公布一周食谱，在食堂门口安装显示屏温馨提示一周菜品，方便工作人员了解。全年，职工食堂就餐人员达8万余人次，办理就餐卡充值、退款等业务800余人次，充值金额约15万元。

七、综合服务

完成北京市广播电视局机关和部分事业单位办公用品管理、办公设备维修、日常印刷品印刷、外聘人员工资管理，集体户口管理，朝内办公区会议室音响设备管理和会议服务保障、局机要文件销毁等众多服务保障工作。为响应号召，4月初，组织局机关及事业单位40余名干部职工到局延庆绿化基地进行植树活动。

（北京市广播电影电视局后勤服务中心）

北京市广播电影电视局信息中心概况

北京市广播电影电视局信息中心是在北京电视共用天线管理服务中心的基础上于2006年下半年注册，2007年1月18日正式成立。主要职责：承担全市有线电视、共用天线以及地面接收卫星电视节目新建工程的检验检测工作，负责本系统信息化建设工作，承担北京市广播电视局机关电子政务、网络运行的技术保障工作。

2019年主要工作：

一、网络安全保障

强化日常技术演练，完成国庆70周年信息安全保障任务。9月22日，北京市广播电视局在市委网信办组织的全市网络攻防演练活动中获得二等奖。在演练中信息中心第一时间监测到攻击行为，即时对攻击源进行封堵处理，并将处置结果上报市委网信办，同时完善应急预案，为国庆期间网络安全保障工作夯实基础。国庆节前夕，对局政府网站等多个信息系统进行安全检测，没有发现高风险漏洞，庆祝活动期间执行现场 24 小时值守，没有发生信息安全事件。

2019 年 8 月 15 日，北京市委网信办、北京市公安局联合到北京市广播电影电视局信息中心检查网络信息安全工作

二、外网运维

完成 2019 年前三季度的北京市广播电视局网站自查工作，单项否决指标项数量为零。完成 4 轮网站应急预案的论证和修订，逐步提高应急预案的针对性、科学性、可操作性和完整性。严格执行北京市广播电视局网站信息发布审查制度和信息通报制度，截至 12 月 31 日，网站共计发布信息 1543 条，答复公众咨询问题 103 条，其中“党中央国务院信息”及“市委市政府信息”栏目，共转发信息 348 条，形成《网站信息发布情况》报告 12 期。做好机构改革期间，公众通过网站办理事项或咨询问题的答复工作。根据市政务服务局工作要求，北京市广播电视局网站完成向全市统一政府网站集约化平台的迁移工作。完成机构改革期间网站域名和相关内容的调整，并发布相关公告信息。完成政府网站域名清理，暂时保留域名 1 个，注销域名 4 个，过户至市委宣传部 3 个。

按照北京市大数据行动计划总体部署和全市政务数据的“汇聚、会通、慧用”共享要求，完成北京市广播电视局职责目录梳理工作，共计梳理数据资源项 62 类，核心数据项 323 项。梳理北京市广播电视局 C 类服务事项的现状，调整局审批系统的目录结构和字段格式，与市一体化在线服务平台对接。完成全部 10 个大项、20 个子项，174 个信息字段的推送工作，数据更新正常。完成审批 25 个大项，46 个小项的材料精简和办事流程优化工作，及时调整审批流程、人员角色。

三、内网建设

推进北京市广播电视局大数据平台（一期）项目建设。该项目于 3 月开始建设，项目规划、项目申报、采购招标、项目建设、验收备案各个环节都做到高标准严要求。开展现场需求调研，组织召开座谈会，梳理数据，自行组织专家评审，并由市经信局、局财务处、招标代理机构组织专家评审，9 月 30 日，项目主体功能建设完成，顺利通过初步验收，进入试运行阶段。同时，开展大数据平台（二期）项目的需求调研。根据国务院电子政务办对北京市行政许可网上办事情况进行先期考核的要求，加快大数据平台行政审批功能的建设，10 月 20 日，行政审批功能上线运行。完成局综合业务服务平台维护，增设“精品党课”“法制经纬”“意识形态工作”“主题教育”栏目，集成局预算管理系统单点登录功能，增加无违规证明审核流程，并制作支部书记讲党课视频文件，供全局工作人员观看学习。

四、运营政务公众号

保持首都广播电视微信公众号的政务属性，信息发布实行采集编辑、局保密人员、发布信息员三级审查制度，遇到重大活动宣传和转载刊发时增加信息员二次审查环节。在政策法规栏目下，增设“法治经纬”子项。加强信息发布值守，及时转发市微博矩阵群消息，并上报发布数据情况。截至 12 月底，北京市广播电视局官方微信公众号“首都广播电视”，累计发布微信稿件 922 篇，关注人数 8700 人，较 2018 年底关注人数增幅达 55.05%；政务微博“首都广播电视”，累计发布微博 892 条，粉丝群体 172 万人。

五、网络相关工作

开展软件正版化检查工作，完成 193 台终端检查工具的安装。制定完善《局计算机软硬件采购管理规定》《局软件正版化工作考核细则》《局正版软件管理规定》等制度。完成朝内办公区互联网线路切换，提高全局网络访问速度。制订调整方案，多次模拟调试，于 4 月 30 日晚完成线路切换，在五一假期期间密切关注网络流量和峰值数据，保证上班时的网络畅通。完成北京市广播电视局朝阳门办公区一期 4 个视频会议室的系统改造工程。保障密集的会议需求，调配两名工作人员全时段保障，截至 12 月底共完成视频会议保障 116 次，累计会议时长约 337 小时。

（北京市广播电影电视局信息中心）

北京市广播电视监测中心概况

北京市广播电视监测中心前身是成立于 1991 年 10 月 30 日的北京市广播电视监测台，是隶属于北京市广播电视局的事业单位。因机构改革，2001 年 5 月起隶属于北京广播影视集团，2005 年 3 月起又划归北京市广播电视局。2006 年，北京市广播电视监测台更名为北京市广播电视监测中心，加挂北京市广播电视局信息网络视听节目传播监管中心（2009 年更名为北京市广播电影电视局信息网络视听节目传播监管中心）和北京市广播电视安全播出调度中心的牌子，负责对北京市广播电视台等播出机构、有线电视网络的播出、传送及运行情况以及互联网传播视听节目进行监测等。对北京地区的广播电视频率覆盖和干扰进行测量，对北京地区非法广播电视无线电频率进行测量。

2019 年主要工作：

一、安全播出保障工作

按照广电总局和北京市广播电视局安全大检查工作要求，认真细致开展自查，排除安全隐患，梳理完善安全管理制度、应急预案和各项安全保障方案，及时有效进行整改。先后完成春节、全国两会、“一带一路”国际合作高峰论坛、北京世界园艺博览会、亚洲文明对话大会、庆祝新中国成立 70 周年等重要保障期的安全播出保障任务，未发生任何漏监漏报责任事故。坚持科级以上领导干部带班，领导靠前指挥、双人双岗，及时上报安全播出及网络安全情况。截至 12 月底，广播电视安全播出保障主要工作：对 31 套（104 路）广播节目信号实时监测，共计 91 万频时；对 19 个站点 170 套（789 路）电视节目信号实时监测，共计 645.6 万频时；处理广播电视播出、传输事故 412 起，其中重大事故 7 起，提醒事故单位 10 次；全年发送

2019 年 9 月 29 日国庆节前，北京市广播电视局和局监测中心领导通过视频向国家广播电视总局局长聂辰席汇报工作

广播电视安全播出预警短信共计 18903 条，编印广播电视监测、安播分析和网络视听节目监听监看等报告 80 多份，进一步加强监测数据及播出、传输事故的分析，有效地为管理工作提供可靠依据。

会同局科技处组织部分区文化和旅游局和各区融媒体中心在房山区进行无线广播信号防插播应急处置演练，进一步提高各单位快速查找无线广播信号和突发事件的应急处置能力。有效解决 5G 信号干扰卫星节目接收问题，监测中心积极主动向市通管局报告干扰情况，并积极协调北京联通等单位，多次组织开展信号测试，有力推动 5G 信号干扰问题的解决。

二、查处非法广播

配合北京市广播电视局传媒机构管理处和市无线电管理局、市文化市场行政执法总队，完成非法调频广播信号收听、取证和查处等工作，共向局传媒机构管理处和科技处上报非法调频广播收听报告 65 次，开展收听收测工作 77 次，收听到疑似非法调频广播频率 25 个。收到广电总局监管中心 573 台提供的非法调频广播情况 56 次，非法调频广播频率 35 个。收到东城、西城、朝阳文化和旅游局及各区融媒体中心每月报送的辖区内非法调频广播信息，疑似非法调频广播频率 67 个。

三、运维保障

与北京市广播电视局网络视听节目管理处共同规划设计“网络视听新媒体综合监管平台（一期）”项目建设方案、招标需求，并完成项目招标工作。稳步推进项目建设，每 2 周定期组织各相关单位召开项目例会，协调解决各单位项目实施中的问题，严格按照项目进度计划监督检查各项工作的推进落实情况，督促跟进系统软件开发及相关部署，通过大量的测试工作不断进行系统完善，主体功能进入试用、调整阶段。

加速推进广播电视监测监管平台升级改造工作，提升广播电视监测监管水平。在前期调研成果基础上，利用大数据、云计算、人工智能等新技术，进行广播电视监测监管平台升级改造方案设计，为实现智能化监测监管、研判分析、风险预警、处置调度，推动从海量信息监管向精准式、靶向性监管的过渡打下良好基础。

按照局安全生产工作要求，结合实际工作制订具体的实施方案，成立由监测中心主任为组长，副主任、各科科长和安全员组成的安全生产领导小组，明确中心各部门的安全负责区域，开展火灾应对、报警、消防逃生演练并进行全面的安全大检查，认真查找安全隐患，发现问题立即责令专人负责限期整改。先后组织中心工作人员前往广电总局监管中心、573 台开展广播电视监测、网络视听新媒体监管业务交流学习，前往行业技术领先公司进行调研交流。

（北京市广播电视监测中心）

北京音像资料馆概况

北京音像资料馆成立于 1986 年，主要从事音像资料译制、收藏、观摩、制作等工作。2008 年 9 月加挂北京广播电视研究中心的牌子，2009 年 9 月更名为北京广播电影电视研究中心，主要职责是承担全市广播电视方面的政策研究和重点课题的研究工作，承担有关音像资料的收集、整理、研究以及挖掘和补救工作。先后译制200余部国外影视资料片；与全国各广播影视音像系统交换影片300余部；收有150余部“50年公共版权”范畴的电影作品；还特别收藏具有北京历史文化特色的老北京影像资料和专题片《这里是北京》155集，共7000余分钟。收集、制作并收藏1995年至2005年北京广播电影电视精品荟萃《声屏华彩》，共约3000小时。购置2套非线性编辑设备，1套数字录音设备，3套数字摄像设备，1套数字照相设备，1套光盘自动检索设备，1套媒资管理设备。馆藏资料库容100余平方米，存储各种载体的音像资料3万余部集，7万余盘、册。其中，视频节目1.5万余部集，音频节目1.5万余盘。编印有研究月刊、年度研究成果汇编等刊物。

2019年主要工作：

一、研究工作

继续做好刊物编印工作。完成10期《北京广播影视决策参考》月刊编发工作，刊登文章约300篇，刊发各种行业动态信息200多条，主题涉及庆祝新中国成立70周年宣传、媒体融合、广电系统创新创优等，聚焦广电大调研、亚洲网络视听新发展、拥抱5G新时代等；完成《北京广播影视发展研究文集（2018）》一书的编辑出版工作，共收录文章41篇，30万字，包括2018年北京广播电视和网络视听调研报告及课题研究报告、2018年行业发展相关数据及形势分析报告、2018年行业理论文章和专业论文等。

二、资料工作

每月完成50~60盘6500余分钟的老旧音像资料内容整理、移交登记、磁带修复、归档登记、库房存储等工作；全年完成共计650余盘，78000余分钟。

三、史志年鉴工作

2019年是编修二轮《北京志·广播电视志》的关键之年。1月，正式向市地方志办公室提交终审稿。7月，市地方志办召开终审评议会，提出相关修改意见。史志办联合专家编写组，召开专题会议，认真讨论、梳理问题，制订修改方案，联系中央广播电视总台、国际电视总公司、新华社、北京两台等单位，收集图片近200幅，重点修改图片、大事记、管理篇等相关内容。9月12日，完成二轮《北京志·广播电视志》终审修改稿，共5篇26章，总计94.5万字。11月，市委党史研究室、市地方志办公室召开《北京志·广播电视志》终审会，《北京志·广播电视志》通过终审。同时，按时完成向《中国广播电视年鉴》《中国新闻年鉴》《北京年鉴》等上级年鉴供稿。共上报概况、大事记、节目播出、受众调查、新媒体、科学技术、产业发展、改革创新、书报刊出版、机构与社团、交流合作、节目表、图片、高峰论坛、经验与思考、人物等15个栏目，10余万字的供稿。完成《2018北京广播影视年鉴》编辑出版印刷工作，《2019北京广播影视年鉴》组稿编辑工作。5月，在由中国出版协会年鉴工作委员会组织的“第六届年鉴编纂出版质量评比”中，《2017北京广播影视年鉴》获地方志专业年鉴综合奖二等奖；单项奖获框架设计一等奖、条目编写二等奖、装帧设计二等奖、检索编校质量和出版时效三等奖。10月，在国家广电总局年鉴编委会主办、

2019年10月24日，在中国广播电视年鉴第35届年会上，北京市广播电视局获2018—2019年度年鉴工作先进单位称号。图为颁奖牌现场

云南省广播电视局和中国传媒大学承办的“中国广播电视年鉴第35届年会”上，北京局连续19年荣获年鉴工作先进单位，局二级巡视员董明获年鉴优秀组织工作者称号，段燕燕连续13年获得年鉴工作先进工作者称号。

（北京音像资料馆）

北京市广播影视作品审查中心概况

北京市广播影视作品审查中心成立于2006年，由原北京市电视节目供片中心改建而成。主要职责为承担组织北京地区新出品及引进的广播影视节目内容的审查、复审的相关工作；收集、加工、整理广播影视作品各类信息以及有关公益性宣传资料片；建立和维护影视作品数据档案库；承担北京市广播影视协会秘书处日常工作。

2019年主要工作：

一、作品审查情况

截至2019年12月31日，组织初审北京地区出品的电视剧72部3139集，复审167部次，其中协助广电总局上星审查70部次，审读电视剧备案公示659部、电视剧剧本4部138集。所审72部国产电视剧中，当代题材38部占52.8%，现代题材6部占8.3%，近代题材22部占30.6%，古代题材6部占8.3%。审查动画片35部1144集10213分钟，复审14部次。

组织初审网上引进境外电视剧52部930集，复审12部次，初审部数比上年减少23.5%，集数减少3.1%，8分以上11部占21.2%，不予通过10部，通过率80.8%。

初审网上引进境外电影207部，复审24部次，初审比上年增加56.8%，8分以上28部，占13.5%，不予通过36部，通过率82.6%。

二、送审作品简要分析

国产剧中动画片题材多样，整体制作水平明显提高。现实题材电视剧占主流，《我爱北京天安门》《破冰行动》《反恐特战队之天狼》《新一年又一年》《河山》《燃烧》《了不起的儿科医生》《掌中之物》8部作品表现突出，是主题思想鲜明，价值导向端正，坚持守正创新，思想性、艺术性、观赏性较好统一的电视剧作品。同时，新问题不断出现，把关难度增加。复审量（不含上星审查）占初审量的135%，其中全剧复审（不含上星审查）部次占初审量的44%；长篇剧目较多，初审45集（含）以上作品35部，占送审总量的49%。

网上境外影视剧坚持引进精品，历史剧和艺术片的质量尤为突出，其中优秀电影25部，包括《仁者爱山》《伦敦河》《我失去影子那一天》等；优秀电视剧8部，包括《第二十二条军规》《我的天才女友》《德雷尔一家》。境外影视剧来源广泛，涉及20多个国家和地区。题材丰富，涵盖都市、农村、古装、传奇、传记、涉案等国内常见类型，还包括国内少有的科幻、悬幻、魔幻等类型片等。

三、审查过程发现问题

所审国产电视剧出现的主要问题包括：现实题材作品缺乏深刻的思想内涵，低俗、恶搞、调侃等过度娱乐化，粗俗语言过多，缺乏法治观念，对违法犯罪行为缺乏法律交代，剧情缺乏合法合规合理依据，价值导向存在偏差，审美价值导向模糊甚至发生偏差，剧情脱离现实，党和政府的领导作用缺失，剧情注水明显；当代农村题材作品对党的方针政策理解肤浅，表达不到位，对现行法规了解不到位，违反《中华人民共和国公益事业捐赠法》；近代革命题材作品违背历史真实，主题含混，导向偏差，矮化共产党员形象，正反戏份失衡，正不压邪，格调庸俗、低俗，部分抗日情节娱乐化倾向突出；近代传奇题材杀戮情节过多，情节设置不合理；宫斗及偏离主题主线内容过多过滥；古代传记题材作品对历史人物的定位有偏差，部分事件缺乏历史依据，过多展现朝中争权夺利；剧目审查内容与备案公示内容不一致。

所审境外影视剧发现的主要问题包括：政治体制、意识形态表现错误，攻击社会主义制度，故意贬损中国形象；领土主权问题，涉及“疆独”“藏独”“港独”“台独”的立场、情节、称谓等内容；民族、宗教信仰表现失当，煽动破坏国家宗教政策，危害宗教和睦，宣扬邪教迷信，夸大教义；国际关系、军事外交说法有误，涉及第三国内容表现偏颇；存在血腥、暴力、低俗、涉性和大篇幅同性内容；详细展示涉毒、贩毒、吸毒过程及吸后感受，甚至是未成年人吸毒；展现社会法律监管缺失，无正义元素或法律层面交代；影片内容与中国国家新闻舆论导向管理机制不符；主题价值观出现偏差，过度展现社会和人性阴暗面，整体基调负面，展现黑吃黑和犯罪分子个人英雄主义，宣扬不正当的婚恋观、三角恋、多角恋等；涉及未成年人保护，鼓吹校园暴力，未成年人犯罪；翻译字幕存在错、漏译现象，部分敏感词语故意规避不译。

对上述问题都提出明确具体的审查意见，要求必须把握正确的政治导向、价值导向和审美导向，符合中国国情和主流价值观，有效遏制导向偏差、泛娱乐化和低俗倾向。对少数存在严重问题的作品不予通过。

四、审查工作管理措施

建立健全审查规章，做到有章可循。以北京市广播电视局的名义起草印发《广播影视作品审查工作学习文件汇编》《关于开展北京电视剧结构化审查工作的意见》《广播影视节目审查劳务费管理办法》，在作品审查的内容把关、工作方法和劳务标准等方面形成三位一体的配套文件，推动作品审查专业化、规范化建设迈上新台阶。贯彻结构化审查意见，落实意识形态责任制。把审查题材进行结构化区分，把审查内容进行结构化分析，把审查意见进行结构化书写，将思想内涵、艺术呈现、制作质量和守正创新纳入作品综合评价体系，把情节、画面、人物、台词、字幕、音效和歌曲的把握落实到人。

完善专家组成结构，择优补充 30 多名新审委并签订工作承诺书，在知识结构、专业结构和年龄结构等方面更加优化。组织审委学习会、审查工作例会、座谈会 6 次，分批对 50 多名电视剧新老审委和管理人员进行业务培训，系统学习《广播影视作品审查工作文件汇编》《未成年人节目管理规定》《北京市广播电视局关于开展北京电视剧结构化审查工作的意见》和审查管理制度，并通过以老带新、以审代训的方式进行实操训练。

配合北京市广播电视局相关业务处室，做好工作对接。及时沟通审委信息、审查信息，共同参与审查讨论、意见审核。把在备案公示、作品审查中总结的经验、发现的问题及时报

2019 年 7 月 9 日，中国广播电视网络有限公司调研组到北京市广播影视作品审查中心调研

业务处室，助力北京市广播电视局有针对性地引导制作发行单位的创作和引进，让他们少走弯路。

（北京市广播影视作品审查中心）

北京市广播影视协会概况

北京市广播影视协会前身为北京市广播电视学会，成立于1987年7月15日，是北京市地方广播电视学术社团组织，主管单位是北京市广播电视局。2013年6月25日，协会召开第六届会员大会，正式更名为北京市广播影视协会，业务主管单位为北京市广播电影电视局。由于机构改革，2014年，业务主管单位由北京市广播电影电视局更名为北京市新闻出版广电局；2019年，业务主管单位由北京市新闻出版广电局更名为北京市广播电视局。2019年5月，协会被评为3A级社会组织。协会的业务范围：开展调查研究和广播影视学术研讨活动，编辑出版学术期刊、学术著述和研究报告；加强行业自律，规范行业行为，逐步建立行业倡导、协调、保障、约束和仲裁等机制；协同有关部门组织广播影视评优推奖活动，促进广播影视创优创新，多出精品，多出人才；协同有关部门进行从业人员培训，为打造政治强、业务精、纪律严、作风正的广播影视队伍服务；维护广播影视行业和从业人员的合法权益，反映广大广播影视从业人员的意见和要求；开展有关业务的社会咨询，开展同国内、国外有关团体的交流与合作；承办有关业务主管部门和团体委托的与本协会宗旨相关事宜。

2019年主要工作：

一、评选优秀节目

根据中国新闻奖、中国广播影视大奖、北京新闻奖、北京市广播影视奖的类别设置、评选标准和推选周期及办法，北京市广播影视协会继续完善2018年度北京市优秀广播电视节目评选办法。推选工作历时两个月，严格按照评奖程序和办法，在各会员单位推荐上来的249件广播电视作品中，经组织专家审听审看、讨论评议、投票表决和分级公示等程序，经报北京市广播电视局批准，评选出优秀节目164件，其中，北京广播电视台98件、歌华传媒集团下属公司10件、区融媒体中心56件。

二、各类奖项推选

经过认真审议，民主讨论，按时完成“第二十八届北京新闻奖”“第二十九届中国新闻奖”“2017—2018年度中国广播影视大奖·广播电视节目奖广播电视新闻类节目评奖”的推选工作。其中，由协会组织向第二十九届中国新闻奖推荐的参评作品有7件，还有部分中国新闻奖参评作品，由市记协从协会推荐到第二十八届北京新闻奖的参评作品中选拔，其中2件获得一等奖、3件获得三等奖；向第二十八届北京新闻奖推荐参评作品55件，其中，2件获组织策划奖、11件获得一等奖、18件获得二等奖、24件获得三等奖；向2017—2018年度中国广播影视大奖推荐参评作品22件。

三、评优推奖管理

参照中国新闻奖、中国广播影视大奖以及北京新闻奖有关规定，北京市广播影视协会组织的一系列的评优推奖工作，均要求所有参评单位层层把关，填写《诚信参评承诺书》，并且逐级公示。通过评优推奖工作鼓励创新创优，切实提高党的新闻舆论传播力、引导力、影响力、公信力。

四、学刊编辑出版

按时编印 12 期学刊，围绕中心，服务大局，配合北京市广播电视局的工作部署组织稿件，重点突出，文图并茂，是北京市广播影视行业交流经验、开展研究的园地。

（北京市广播影视协会）

北京电视艺术家协会概况

北京电视艺术家协会（简称北京视协）前身是 1985 年 11 月成立的中国电视艺术家协会北京分会，是经北京市政府主管部门批准，由北京市文学艺术界联合会和北京市广播电视局联合发起成立的。2002 年更名为北京影视艺术家协会，2010 年 3 月更名为北京电视艺术家协会。北京电视艺术家协会是中共北京市委领导的，由北京电视艺术家、电视艺术工作者及相关机构自愿组成的专业性人民团体。协会积极履行“团结引导、联络协调、服务管理、自律维权”的基本职能，把电视艺术队伍建设和行业建设作为协会的主要工作任务，努力发挥行业建设主导作用。

2019 年主要工作：

一、组织的重点活动

1. 第四届“中国梦 · 冬奥情 · 京津冀”微视频（微电影）主题原创作品征集活动。3 月 1 日，由北京市文学艺术界联合会、天津市文学艺术界联合会、河北省文学艺术界联合会、中共张家口市委宣传部、张家口市筹办冬奥会工作领导小组办公室、蔚县人民政府联合主办，由北京电视艺术家协会等单位联合承办的第四届“中国梦 · 冬奥情 · 京津冀”微视频（微电影）主题原创作品征集活动在北京保利剧院启动。11 月 15 日，第四届“中国梦 · 冬奥情 · 京津冀”微视频（微电影）主题原创作品征集推优发布活动在河北省张家口市蔚县举行。主办方、承办方领导及北京电视艺术家协会会员、影视领域的专家学者及影片获奖团队的主创人员等近百人参加活动。整个征集活动历时 6 个多月，共征集作品 543 部。

2. 第五届“创意在北京——北京网络视听节目创新与人物推优”活动启动。7 月 9 日，由北京市文学艺术界联合会、北京市委网信办、北京市广播电视局指导，北京电视艺术家协会、首都互联网协会、北京网络视听节目服务协会、中国传媒大学戏剧影视学院、北京视协网络视听节目服务行业分会联合主办，以“‘网’聚先锋力量 · 共筑文化强国”为主题，第五届“创意在北京——网络视听节目创新与贡献人物推优”活动在京启动。12 月 27 日，该活动在北京广播大厦举行优秀作品和优秀贡献人物总结大会。

3. 首届北京大学生广播电视主持新人选拔赛。由北京市文学艺术界联合会、中国教育电视台、北京人民广播电台、北京电视艺术家协会、北京高校学生工作学会联合举办的“‘时代新声音’首届北京大学生广播电视主持新人选拔赛总决赛”于 11 月 3 日下午在北京人民广播电台举行。此次比赛从海选、初赛、复赛到决赛历时 3 个月，有 20 多所高校的百余名选手报名参加，最终有 30 名选手入围决赛，并决出冠、亚军。

二、创作与获奖

6 月 20 日，第三届“我的北京我的家”

2019 年 6 月 20 日，第三届“我的北京我的家”系列电视短剧剧本征集座谈会举行

系列电视短剧剧本征集座谈会在昌平区天通西苑一区居委会举行。会议研讨了由北京市文联主办，北京电视台支持，北京电视艺术家协会、北京电视台生活频道、北京社区文化促进会共同策划承办，由北京视协会员和市民影视爱好者参与编导演的 5 集电视短剧《我的北京我的家》剧本。该剧围绕“回天社区”交通、环保、教育、安全与医疗五项内容，以真实案例为素材，创作体现“回天社区”在多方参与、居民共治的改革创新中，取得的可喜成就，并于 2019 年国庆期间，在北京电视台生活频道播出。

在第七届亚洲微电影艺术节上，北京视协会员单位、北京视协青少年影视创作基地学员作品《迎风飞翔》《无法完成的订单》《李清照典衣买书》《孔融让梨》《银光》《七点五十》6 部作品获“金海棠”奖最佳作品奖。在第 12 届中国旅游电视周暨中国大运河文化国际电视周，北京视协第一批青少年影视创作基地学员集体作品《国运之河》获旅游电视专题优秀作品奖。在中国视协“声耀平潭·第十一届海峡两岸电视主持新人大赛”中，中央戏剧学院选手胡芮夺得冠军，中国传媒大学选手岳恒旭获铜奖，中央戏剧学院选手伍业豪获优秀奖，北京电视艺术家协会获组织奖。

（北京电视艺术家协会）

北京广播电视台概况

北京广播电视台成立于 2010 年 5 月 31 日，是在原北京北广传媒集团、北京人民广播电台、北京电视台的基础上组建而成的大型传媒机构，是市委、市政府直属事业单位。2015 年 11 月 29 日，北京广播电视台启动新一轮改革。2018 年，所属单位包括：北京人民广播电台、北京电视台、北京广播电视报社、北京广播电视台服务中心和北京新媒体（集团）有限公司。2019 年，广播收听率 2.786%，同比上升 4.38%；市场份额 72.416%，同比上升 0.82%；事业总收入达到 8.27 亿元，实现营业收入 5.67 亿元。电视方面，总收入 40.14 亿元；北京卫视收视排名省级卫视第四，覆盖人口持续增长；卡酷少儿频道在全国 31 个省、自治区、直辖市落地，覆盖 245 个地级市以上大中城市，覆盖人口 11.5 亿，全国一线城市覆盖率超 90%；冬奥纪实频道于 2019 年 5 月 10 日上星播出，在全国 34 个城市落地，覆盖人口超过 4.16 亿人。

2019 年主要工作：

一、重大主题宣传和新闻报道

重大主题宣传。在庆祝新中国成立 70 周年期间，推出广播访谈《70 年 70 岁 70 人》《父辈的 1949》，广播专题《听，祖国的变迁》，系列广播剧《中共中央在香山》《红色传奇》《我和我的祖国》等，生动展现祖国建设的辉煌成就和历史巨变。电视节目隆重推出系列报道《新时代·新作为·新篇章》《爱国情·奋斗者》《新北京新跨越》，电视专题《70年·北京记忆》《同心圆中国梦》等，主题宣传精彩纷呈。国庆当天，北京卫视成为全国最早重播阅兵仪式和群众游行活动的频道，全国35个城市收视率在各省级卫视排名中均位列第一。150多名导演参与拍摄的大型群众天安门广场快闪MV《我爱你中国》在央视播出，全国收视率6.9%，成为“爆款”产品。推出通俗理论专题片《壮丽70年·时间都知道》《思想的田野》。制作重大题材纪录片《共和国·1949》《绿水青山》。以“我同祖国共成长”为主题的《庆祝新中国成立70周年少儿晚会》，“十一”期间在全国35个上星频道及少儿频道播出。

加强广播电视新闻报道。新开设《首都晚间报道》栏目，实现电视新闻节目早午晚夜四个时段和本地、国内、国际新闻的全覆盖。北京卫视全天播出新闻时长4小时。开设《不忘初心、牢记使命》《新时代、新担当、新作为》《扫黑除恶，我们在行动》《我爱北京》等电视专栏，全面反映首都各条战线奋发有为的生动实践，展现党员干部群众“撸起袖子加油干”的崭新精神风貌。《北京的答卷》《代表委员的朋友圈》《魅力世园》《从红色香山走来》等广播专栏和“两会直通车”“人间尽芳菲 大美世园会”“凤凰展翅”等现场直播，采用走转改方式，用好用巧声音元素，让成就报道入耳入脑又入心。新闻广播、新闻频道推出大兴国际机场竣工投运、京张高铁通车等多个直播报道，高质量、高标准完成重点宣传任务。“听见经典”系列举办“岁月流声——听祖国的变迁”诵读诗会，电台主持人携手名家诵读经典名篇，展现70年来祖国发生的翻天覆地的变化。“广播进校园”活动与北京冬奥组委新闻宣传部联合主办的“我的冬奥梦”冬奥小记者国际营覆盖100多所冰雪特色校和奥林匹克教育示范校。北京卫视全年播出16部719集电视剧，多部精品剧目献礼新中国成立70周年。服务全市中心工作，在广播、电视上同步开设《街巷吹哨，部门报到》《民有所呼，我有所应》《市民对话一把手》《北京优化营商环境再行动》等专栏，突出反映政府部门工作动态和成果，搭建政府与市民之间的连心桥。社会民生电视节目《向前一步》助力“疏解整治促提升”，成为媒体参与社会治理的新范本，在市两会上，《向前一步》第三次被写入政府工作报告，在全国引起热烈反响，收视率超越众多品牌综艺节目。加强市委督查室与《新闻热线》节目及公众号“问北京”的合作，完善报道问题督办机制，推动370个民生问题得到有效解决，报道问题解决率超过85%。改版《红绿灯》电视节目，服务城市交通综合治理工作取得显著成效。加强交通广播应急传播能力建设，全年累计播发交通领域突发事件信息60余条，在市政府应急体系中的地位和作用进一步凸显。现场纪实节目《接诉即办》，记录12345市民服务热线接诉办理全流程和基层干部一心为民、热情服务的感人事迹。

2019年12月21日，2019“我的冬奥梦”冬奥小记者国际营北京分站终选轮在北京冬奥组委首钢办公区启动

二、不断提升内容品质

持续打造《北京新闻》《一路畅通》《养

生堂》《档案》等品牌电视节目，《养生堂》栏目2019年蝉联全国健康类节目收视冠军、省级卫视同时段收视冠军，每年观众超过7亿人次，成为中国最大的全民健康课堂。世界卫生组织结核病和艾滋病防治亲善大使彭丽媛教授参与录制的《社区动员同防艾，健康中国我行动——2019世界艾滋病日特别节目》35城收视达0.55%、北京本地2%。推出《上新了·故宫》第二季、《遇见天坛》、《了不起的长城》等一系列文化电视节目品牌，策划《我在颐和园等你》，挖掘“国潮”文化内涵。推出首部聚焦北京市大运河文化带保护建设的原创动画片《大运河奇缘》，播出破卡酷少儿频道自制动画收视纪录。首部冬奥题材定格动画片《冰雪冬奥村》入选国家广播电视总局年度优秀国产动画片名单。《BTV春晚》节目连续第六年赢得省级卫视收视率与互联网核心指数冠军。“2020BTV环球跨年冰雪盛典”以“天涯共此时，奋进与激情”为主题，凸显北京时间与北京地标特色，让观众感受冬奥的无穷魅力。北京榜样颁奖典礼等活动广泛弘扬社会主义核心价值观，传递社会正能量。举办第九届北京国际电影节，来自85个国家和地区的775部电影参评“天坛奖”，市场签约额达309.028亿元，入选2019北京文化消费品牌榜“十大文化展演活动”。

2019年12月31日晚，2019—2020年BTV环球跨年冰雪盛典在北京电视台北广场、东广场、主楼停机坪三个舞台进行。图为东广场舞台的演出

三、推进媒体融合发展

北京广播电视台600平方米融媒体演播室于2019年2月正式启用，为融合新闻制作、播出、宣推奠定坚实基础。电视、广播和新媒体客户端建立起共商协调机制，推进“策、采、编、发”一体化。在庆祝新中国成立70周年报道上，以“原创制作+融媒体联动+多平台发布”为工作轴线，推出多样化产品，抖音、微博双平台播放量破1.5亿次。在全国两会前夕，融媒体中心推出H5产品《假如70年前有微信》，在首都媒体两会报道中拔得头筹。北京世园会开幕报道中推出的融合短视频《世园会吉祥物兄妹为你当导游，快来看看！》，首次使用AI人工语音合成技术。原创视频《佳话政事》《四分钟看懂未来北京》，以及北京市两会期间推出的《我的2019》和全国两会期间推出的《我们的2019》等多部作品，在抖音平台播放超过10万次。“北京时间”客户端下载量750万次，日更新稿件数量1200条左右。“听听FM”客户端自主开发上线音视频互动直播等功能，全年制作专题300个，定制新媒体原创节目13档。加快构建立体传播矩阵，推出“BTV新闻”“京视频”“1039尬问”“双奥之声”“时间视频”“问北京”等一批颇具影响力的新媒体账号、微信小程序和新媒体产品。IPTV实现增值业务突破，覆盖用户260万户，每日传输高标清直播频道150路，能够为用户提供全媒体服务。

四、加快新技术应用

2019年，“讯听云”实现与音频节目制播网的数据自由迁移，年内共完成8个版本的迭代更新。开展5G+4K/8K技术探索，完成2019年国际篮联篮球世界杯“5G+8K”的转播任务。在“一带一路”高峰论坛、庆祝新中国成立 70 周年大会和联欢活动报道中，实现应用 5G 技术进行对播连线、新闻采访和回传，将新闻报道的 5G 技术应用水平推上新高度。北京市两会报道中，使用新技术手段搭建外延设备，多次抢发重要时政新闻；新增专栏《V 观两会》微型纪录片令人耳目一新，专栏《蓝图 2019》首次采用 4K 设备进行演播室录制。组织编制《北京广播电视台 5G 行动计划 2019—2020》《超高清系统建设项目规划》。完成国庆 70 周年天安门广场大屏安全播放任务。

10 套开路广播全年播出约 75127.5 小时；重大外出转播项目共计 38 次，合计直播时长 6485 分钟；实现“零停播”。电视共播出节目约 134574.9 小时，各频道因设备故障、操作失误等原因引发的停播、劣播事故累计时长 141 秒，停播率约 0.1 秒/百小时，完成元旦、北京市两会、春节、全国两会、“一带一路”国际合作高峰论坛、国庆 70 周年等重保期的安全播出保障任务。

五、稳步推进深化改革

2019 年 8 月 26 日，北京广播电视台党组成立，11 月 15 日，全台 16 个职能部室正式组建。人员编制数量由原来的 675 人压缩至 489 人，科室压缩至 70 个。制订融媒体中心事业部组建实施方案。根据方案，将整合新闻广播、电视新闻节目中心、电视科教节目中心、电视财经节目中心、电视冬奥纪实节目中心、京视体育公司、广播电视报社、新媒体集团 9 个单位，包括 1500 余人，建立新闻信息融合、人员管理、节目生产播出评价等 6 个一体化工作机制。其他 7 个事业部的组建方案也在积极研究论证过程中。

（北京广播电视台）

北京人民广播电台概况

北京人民广播电台（英文缩写“RBC”）成立于 1949 年 2 月 2 日，最初称北平新华广播电台；历经几次更名变迁，1951 年 3 月 11 日改称北京人民广播电台（以下简称北京电台）。

2019 年，北京电台拥有 10 套开路广播，即新闻广播、城市广播、故事广播、体育广播、音乐广播、交通广播、文艺广播、外语广播、青年广播、动听调频等 10 个专业频率；拥有 16 套有线调频广播、13 套数字音频广播、4 套多媒体广播、2 个数据服务频道，每天播出 363.5 小时，全年播出 13.27 万小时。

2019 年主要工作：

一、宣传报道

主题报道唱响奋进凯歌。1 月 1 日起，推出“听，祖国的变迁——庆祝新中国成立 70 周年”特别策划，专栏“不忘初心，牢记使命”“壮丽七十年 · 奋进新时代”贯穿全年，围绕新中国成立 70 周年推出《父辈的 1949》《风云七十年——外交官眼中的世界》等系列访谈节目和 30 集系列微广播剧《红色传奇》，展现祖国建设的辉煌成就，特别是党的十九大以来改革发展取得的新成就，展示中华儿女热爱伟大祖国、讴歌伟大时代、奉献伟大事业的精神风貌。新闻广播、交通广播 7 位记者参与 10 月 1 日庆祝大会及联欢活动的现场报道；两位播音员完成联欢活动天安门城楼的现场播报解说任务。

2019 年，北京电台完成习近平总书记视察北京五周年和再次在北京考察调研、视察慰问，以及北京市两会、全国两会、第二届“一带一路”国际合作高峰论坛、2019 年中国北京世界园艺博览会、五四运动一百周年、北京冬奥会开幕倒计时 1000 天、亚洲文明对话大会、习近平总书记视察北京香山革命纪念地、北京大兴国际机场正式投运等重大活动、重要会议和关键节点的宣传报道，推出“北京的答卷”“代表委员的朋友圈”“‘一带一路’国际合作高峰论坛专题报道”“魅力世园”“亚洲文明对话大会专题报道”“从红色香山走来”等专栏，以及“两会直通车”“人间尽芳菲 大美世园会”“新的起点我的期待”“凤凰展翅”等现场直播，采用走转改、现场报道等方式，利用声音元素，创新把握主题方式。

二、精品节目

2019 年，新闻广播《新闻热线》及其微信公众号“问北京”的多篇报道在多个渠道播发后，成为舆论焦点。《新闻热线》获第二十九届中国新闻奖一等奖“新闻名专栏”。交通广播《交通新闻热线》制作播出“热线回声”48 期，在监督性报道方面成效显著。交通广播发挥应急广播优势，实时关注突发应急事件，多渠道做好应急报道。截至 12 月，交通广播自采的交通领域突发事件 60 余条。城市广播《市民对话一把手》邀请市区两级 30 位政府、委办局“一把手”和 40 余位政协委员制作 27 期节目与市民沟通，节目浏览量达 2000 余万人次。新中国成立 70 周年献礼广播剧《中共中央在香山》和音乐广播组织报送的歌曲《我们都是追梦人》《复兴的力量》，获第十五届精神文明建设“五个一工程”奖。外语广播在节目和活动方面加强策划，截至 12 月底，推出《感受北京》《悦生活》等外宣新闻近 1110 条、访谈 456 期，来自亚、非、欧、美四大洲 10 多个国家的两百余名嘉宾做客节目。面向海外的 4 档中文节目《今日北京》《连线看北京》《中国歌曲排行榜》《空中笑林》提供给全球 17 个国家级媒体、国际组织电台和海外华语电台，累计播出 500 期（次），总时长 9794 分钟。在 2019 年中俄建交 70 年的背景下，北京电台与俄罗斯主流媒体——俄罗斯卫星通讯社的合作，联合制作播出“习近平主席出访俄罗斯 邀请海洋儿童中心师生访华”等报道。国庆期间，向美国纽约中国广播网、加拿大中文台、欧洲华语广播（法国巴黎）等 7 家海外合作电台推出 7 集《北京：魅力歌唱》系列节目。2019 年 1 月 1 日起，体育广播全新改版为“北京体育广播双奥之声”。改版后增加《冬奥加速度》的播出频次，同时新增《相约冬奥》栏目及《烤烤冷知识》《冬奥 V 课》等多个专栏，冬奥相关内容在频率中的播出时长达到每天 100 分钟。

三、品牌活动

北京电台的品牌活动继续秉持“全台办、频率办、栏目办”的分级原则，共举办各类品牌活动 31 项、300 多场，有效提升了北京电台的整体影响力。新闻广播提升“北京榜样”的品牌创新力和影响力，探索运用“中央厨房”融合新闻生产新模式，有效提升“北京榜样”新媒体传播矩阵功能。交通广播助力“盲生声音梦想援助计划”，录制数期《心目》杂志有声版，录制国内第一份专为视障青少年编制的培训材料《视障青少年语言基础培训参考教材》。城市广播举办“北京魅力社区评选表彰”活动，面向全市社区通过全媒体方式展开并组织落地活动，展示社区治理成果。外语广播承办 2019“讲好中国故事”创意传播大赛北京分站赛，通过挖掘生动鲜活的故事，展现北京城市风貌，彰显中国“正能量”。北京冬奥组委新闻宣传部与北京电台联合主办“我的冬奥梦”冬奥小记者国际营，覆盖 100 多所冰雪特色校和奥林匹克教育示范校，逐步进校建立双语学生广播基地。

“广播进校园”活动继续扩大规模，在人大附朝阳学校、166 中学等 5 所学校开设“口语表达和传媒素养”选修课，邀请近 700 名师生来北京电台参观了解广播。《教育面对面》开掘中高考行业资源，举办 25 场创收性公益活动，服务 30 万余名听众。首都科学讲堂组织 53 场线下科普讲座活动，在首都图书馆现场观众超过一万人次，并采用多媒体传播，共完成网络视频直播 53 场，网络点击量突破 1500 万次。

2019 年 2 月 27 日，北京电台城市广播《教育面对面——2019 北京高招咨询》节目启动新闻发布会举行

四、媒体融合

围绕北京电台承担的北京市两会、全国两会报道、2019 北京世界园艺博览会等重要主题报道，北京广播网制作网络专题、专栏 14 个，发稿 893 篇。制作讯听云北京电台记者采写的新闻稿件 355 篇，各平台总点击量 60 万次。原创短视频《四分钟看懂未来北京》获北京市广播电视局第一季度节目创新奖。北京市两会期间推出的《我的 2019》和全国两会推出的《我们的 2019》短视频系列等多部作品在抖音平台播放超过 10 万次。原创短视频制作及发布量 790 条。直播间直播 768 场，采访报道拍摄 70 次。交通广播推出“1039 尬问”系列短视频产品呈现文明出行、科学养车的使用场景。体育广播上线首个奥运音频小程序“双奥之声”，方便市民了解冬奥知识，参与冰雪运动。文艺广播推出融媒体产品《诵读小站》栏目，通过节日、纪念日主题诵读等活动，提升广播、新媒体和线下“三位一体”的融合传播与互动效果，助力文化中心建设。

2019 年，“听听 FM”自主开发上线音视频互动直播、广播直播聊天室、付费音频等多项功能，全年共制作近 300 个专题，定制新媒体原创节目 13 档；举办“壮阔四十年·书香送耳边”精品有声阅读主题等活动，对平台品牌起到理想的宣传推广效果；成立以“声音”为合作核心的融媒体声音联盟，截至 12 月底，共有 49 家平台单位参加，开展广播剧展播与“音为有你”主题音乐等活动。

截至 12 月，北京电台官微“北京电台 RBC”用户总数 67856 人，阅读总数达到 238 万余次。北京电台微信矩阵接入 92 个微信公众号，形成统一阵地；在国庆 70 周年、北京世园会、北京电台 70 周年等重大选题上，网络媒体中心分别策划制作“声音是门手艺活儿”“爱国的 70 件小事”等 8 个 H5 产品，受到网友喜爱；小程序“电台微卡”上线。全年，对接外部平台共计 30 个，共推送稿件约 1600 余条，其中，短视频平台推送 430 余条，播放量总计 510 余万次；直播平台推送 180 余场，播放量总计 1850 余万次。

五、技术保障

提升安全播出和网络安全保障能力。确保国庆 70 周年庆祝活动和相关宣传报道的保障工作安全无误，做到全台 10 套开路广播“零停播”。成立网络安全工作小组，多次进行网络安全应急演练工作，配合上级要求，国庆重点保障期间启动 24 小时监控和防篡改机制，做到网络安全零失误。

实现讯听云与音频节目制播网的数据自由迁移，解决音频工程无法漫游和节目发播编排需要二次审核的问题，实现新闻广播、交通广播、体育广播、外语广播与传统播出系统的数据双向互通。年内共完成讯听云8个版本的迭代更新，打造讯听云节目音频制作审批系统，与新媒体客户端互通，满足节目组运营听听FM的需求，实现语音转文字总时长近20万分钟。

六、产业经营

2019年，面对严峻形势，继续围绕“保存量、抢增量”的策略开展经营工作，根据市场变化及时调整经营政策，全年创收大盘保持基本稳定。加大专业广播可经营性资源开发力度。“1039探路车”“1039美好购车节”等活动有效拉动广告投放。《早安音乐秀》《汽车天下》等节目创收较上年有较大幅度增长。公益广告套餐、小微客户广告套餐、“40+核心消费群体大促套餐”“篮球世界杯特殊套餐”等售卖良好，充分挖掘剩余广告时间的营销价值。通过多平台分发客户的宣传内容，开发利用微信商城等平台为用户服务。北京城市副中心广播FM107.7项目运营实现预期营收目标。继续推动与大兴、延庆等区委宣传部的合作。由北京电台创作的国企北科建的企业故事，首次实现广播剧的商业化运作。

2019年，北京电台的海外合作扩展到4大洲11个国家和地区的20家电台媒体，包括4个国家级电台，在美国、俄罗斯、加拿大、法国、澳大利亚、新西兰、新加坡、韩国等。

按照《广告法》要求，增强广告监管审核力度。对全台在播专题类节目进行全面监听，对相关频率全天播出的涉及商业信息内容进行重点监听，对广告错、漏播等问题加强管理；统筹组织公益广告制播，九个频率设置公益广告固定时段，每天播出公益广告103条次，共103分钟，公益广告库可随时调用公益广告600余条。制作的《四代人与中国》《一个人一个梦 汇聚中国梦（系列）》等公益广告，分别入选广电总局、市广播电视局庆祝新中国成立70周年优秀公益广告名单、中国公益广告黄河奖优秀奖等奖项。

（北京人民广播电台）

北京电视台概况

北京电视台成立于1979年5月16日，英文缩写“BTV”。现有北京卫视、新闻、文艺、科教、影视、财经、生活、青年、卡酷少儿、冬奥纪实、国际11个频道，播出16套节目，其中，5套节目为高标清同播（北京卫视、文艺频道、影视频道、新闻频道、冬奥纪实频道），1个面向亚欧美地区播出的国际频道，共开办电视栏目123个，其中自办栏目87个，2019年每天播出362.5小时。全年播出132312.5小时。

2019年主要工作：

一、宣传报道

完成新中国成立70周年主题报道，持续营造爱国奋进氛围，体现主流媒体担当。在《北京新闻》《北京您早》《特别关注》《首都晚间报道》《都市晚高峰》等栏目持续开办《新时代新担当新作为——习近平总书记2·26视察北京五周年》《在习近平新时代中国特色社会主义思想指引下——新时代新作为新篇章》《壮丽70年 奋斗新时代》《2019新春开门红》《爱国情 奋斗者》《民有所呼我有所应》《传承红色文化 讲好红色故事》

《我爱北京》《锦绣中华 大美山川》等系列报道和系列短视频，倾力推出“荣耀在我心”等多个重点报道。推出《共和国·1949——中共中央在香山》《绿水青山》两部重大题材纪录片和《壮丽70年 时间都知道》《思想的田野》北京篇两部通俗理论专题片。联合今日头条、抖音、百度三大头部新媒体平台，共同发起“我为祖国比个心”活动，超2亿头条话题阅读引爆比心风潮，活动视频总播放量破3.5亿次。组织完成4场大型群众歌唱音乐片（MV）——《我爱你，中国》《我和我的祖国》《回天有我》《红旗飘飘》的拍摄工作。从10月1日上午阅兵开始进行分段收录、上载编辑、挂带播出，成为全国最早重播阅兵仪式和群众游行活动的频道。赶制《歌唱祖国》《北京我的爱》《不忘初心》《烟火盛宴》四版群众联欢宣传片以及以幕后揭秘为主要内容的精编纪录片，形成重大庆典活动的高频矩阵式播出。各频道陆续播出《不忘初心话英雄》《我和祖国共成长》《他们改变着中国》《和百岁老人共度国庆》《光影记忆70年》《北京探秘 看身边的时代变迁》《体坛风云70年》《2022——冰雪缘 中国梦》等节目。庆祝新中国成立70周年电视剧展播《老酒馆》《外交风云》《光荣时代》《最美的青春》等优秀剧目，其中《老酒馆》《外交风云》以突出的收视成绩进入全年央视、卫视电视剧总排名的前十位。

二、品牌创新

策划推出《北京优化营商环境再行动》《民有所呼，我有所应》《做好首都新时代街道工作》《市民对话一把手》《中央扫黑除恶督导在北京》等重大主题宣传报道。其中，《民有所呼，我有所应》系列报道，聚焦各区、各街道、乡镇接诉即办，解决市民操心事、烦心事、揪心事的努力成果。《行进在春天里》系列报道，获得国家广电总局阅评表扬。按照中宣部、市委宣传部的统一部署，推出《不忘初心，牢记使命》系列报道。在北京市两会和全国两会新闻报道中，两台一网首次组成合而为一的融媒体报道团队，在前方搭建统一的演播室和工作空间，充分彰显媒体融合的强大优势。坚持直播常态化，推出2019北京新年倒计时活动、大兴国际机场竣工、北京世园会开园仪式、龙庆峡冰灯节、端午文化节、农业嘉年华、国企开放日、大兴国际机场投运、北京世园会闭幕式、北京时装周、平谷红叶节等多个大型直播特别节目。品牌节目《中国梦·365个故事》，月平均创作15部，5年来完成500多部人物微纪录作品；《这里是通州》获得国家广电总局优秀纪录片及创作人才推优活动优秀系列片奖。《向前一步》持续发挥其在服务政府工作、参与城市治理方面的突出作用，有效推动相关问题的解决，收视长期稳居省级卫视同时段前五，多次位列同时段第二甚至第一，百度搜索量累计突破1.1亿次，视频播放量累计超1亿次，并被评为2018年度全国创新创优节目和2019年度北京市创新创优节目。策划规划解读类现场纪录对话节目《我是规划师》，体现习近平总书记提出的“以人民为中心”的理念，努力实现规划让人民参与，政府是人民的公仆的指导思想。

2019年12月16日，北京电视台策划规划解读类现场纪录对话节目《我是规划师》。图为记者访谈故宫博物院原院长单霁翔

大型活动做大做强，平台影响力进一步

提升。“一带一路”高峰论坛融媒体报道实现多个首次突破：在重大报道上首次全面使用5G技术，每天5G对播连线2次；重大报道首次在北京卫视形成全天候播出带。亚洲文明对话大会和北京世园会报道也多次得到上级部门和领导的表扬。2019年BTV春晚连续第六年赢得收视率与互联网核心指数冠军。完成第九届北京国际电影节、亚洲电影展两项大型国际文化活动筹办，北影节签约额达309.028亿元，同比增长约18.48%，三年完成从百亿元级到三百亿元级的三连跳。完成“北京榜样——颁奖典礼”“五周年主题活动”“新时代的楷模系列节目”“时代楷模发布仪式”等项目。

内容创作精益求精，收获众多好评。依托87家记者站、央视和CPTN（中国公共电视新闻网）三驾马车，展开通联工作。向央视送稿2500多条，其中《新闻联播》发稿140条，有力地宣传北京市取得的各项成就。《上新了·故宫》摘得第25届上海电视节“白玉兰奖”最佳电视综艺节目桂冠，并获北京市广播电视局创新创优节目。《跨界歌王》第三季获“2018广播电视移动传播研究”突出贡献栏目奖。《生命缘》第八季在国家广播电视总局优秀纪录片推优中被评为“优秀国产纪录片”。《向前一步》《老师请回答》《档案》获北京市广播电视局创新创优节目。《穿越吧少年》《卡酷动物园》获国家广播电视总局“少儿节目精品发展专项资金扶持项目”；电视纪录片《起跑线》入选国家广播电视总局推荐2018年第四批优秀国产纪录片名单。26集首部冬奥题材定格动画《冰雪冬奥村》作为北京市广播电视局影视出版创作基金扶持项目，入选国家广播电视总局2018年度优秀国产动画片名单。

以北京古都文化资源为依托，创新推出大型文化季播节目《遇见天坛》。推出《老师请回答》，走进北京市示范名校，邀请教育名家、一线骨干教师解答全民关心的教育热点和难点问题。推动《大戏看北京》《养生堂》《档案》《跨界歌王》《我是大医生》等品牌栏目创新升级，培育优质节目集群。《跨界喜剧王》与《跨界歌王》继续搭档组合，延续跨界IP的现象级影响力。《跨界喜剧王》第四季赛制、内容和舞美全面提升。

5月10日，冬奥纪实频道上星播出。冬奥纪实频道的定位是：北京冬奥组委官方发布平台，“三亿人参与冰雪运动”的推动者和记录者，冬奥文化及冰雪产业的传播者和助推者，“双奥之城”建设的见证者和宣传者。“冬奥会倒计时1000天活动”于冬奥纪实频道开播当晚举行。冬奥纪实频道陆续完成落地覆盖的中心城市达到31个；省网落地覆盖的地级市，由136个增至162个；收视人口由3.1亿人增长至3.6526亿人。

甄选精品剧目，唱响新时代主旋律。播出《芝麻胡同》《天下无诈》《我们都要好好的》《因法之名》《破冰行动》等多部现实主义作品。在“拼播”难度不断增大的同时，及时调整购剧策略，努力挖掘独播剧价值，坚守品质化路线与“温暖的现实主义”的剧场特色，选择《我们都要好好的》《因法之名》《神探柯晨》等多部制作精良、文化内涵深厚的优质独播剧，形成整体的编排方案和宣传声势。多方联络寻找新的拼播伙伴，与广东卫视连续播出《老酒馆》《外交风云》，与江苏卫视实现拼播《光荣时代》，这三部剧均取得极佳的社会反响和收视效果。

三、技术保障

全年共播出节目约13.46万小时，完成元旦、北京市两会、春节、全国两会、“一带一路”高峰论坛、国庆70周年共41天重保期的安全播出保障任务。各频道因设备故障、操作失误等原因引发的停播、劣播事故累计时长141秒，停播率约0.1秒/百小时。

组织4K超高清冬奥纪实频道、4K超高清转播车、融合媒体生产云平台（二期）等重大项目的前期规划、立项申请、方案审核、财政与经信委申报等工作。积极推进超高清电视技术研究与系统建设工作，制定完成《超高清系统建设项目规划》，开始建设用于支持北京冬奥会、冬残奥会的超高清外场转播系统，申请建设超高清制播系统，为2020年开办超高清频道以及2022年北京冬奥会的超高清转播工作做好技术准备。探索新技术应用，开展5G+4K/8K的传输测试工作，承担2019年国际篮联篮球世界杯“5G+8K”的转播任务。组织编制《北京电视台5G行动计划2019—2020》，该行动计划是北京电视台“新一代信息通信技术+超高清视频+人工智能”技术发展战略的重要组成部分。

四、产业经营

创新广告合作方式，实现合作同赢。与趣头条正式签署协议，达成电视与互联网平台间的战略合作，趣头条在整体合作中的投放金额过亿元。与林肯汽车达成《中歌会》指定用车的广告投放合作。可口可乐旗下的纯悦矿泉水在《跨界喜剧王》第四季中作为节目指定产品，与电视观众见面。与品牌间打破传统广告买卖关系，共同定制研发内容。与红星美凯龙的整合营销部门联合，根据其“实体商场转战互联网＋战略布局”的新战略需求，为品牌量身定制的明星跨界设计家装改造真人秀类节目《向往的星居》，同时带来多个国内外家装知名品牌投放节目。开发并建立适应新媒体版权融合发展的经营体系，有针对性地开展长视频、短视频的海外渠道、运营商渠道、IPTV平台、音频平台等多渠道销售，新媒体版权实现签约额的增长。承揽政府招投标类项目大型活动，参与策划、组织、录制等工作。继续开发节目衍生品，升级《BTV春晚》节目的衍生品“春碗”的品类和工艺，2019款BTV手工花丝金镶玉春碗、福来运转首饰系列，由国家级玉雕大师和国家级花丝镶嵌大师联手打造。金镶玉春碗系列获得2019“工美杯”北京工艺美术创新设计大赛银奖，福来运转首饰系列获2019“工美杯”北京工艺美术创新设计大赛优秀奖，金镶玉春碗黄金版获得2019北京国际设计周文博设计奖优秀奖。

（北京电视台）

北京广播电视报社概况

为适应报纸经营管理体制的改革，北京广播电视报社于1988年9月成立，隶属于北京市广播电视局，性质为差额补贴事业单位，实行企业化管理。2001年5月起，在机关和事业单位分离的改革中，报社划归于北京广播影视集团；2010年5月起，在事业和企业分离的改革中，划归北京广播电视台管理。北京广播电视报社以报刊出版为主，后向多元化扩展。现办有《北京广播电视报》、《北广人物》周刊、北广网。

2019年主要工作：

一、报刊出版

报社一报一刊在内容生产上，贯彻落实意识形态主体责任，积极推进媒体融合，配合北京广播电视台做好“中华人民共和国成立70周年”“冬奥”等重大主题宣传报道及日常宣传服务工作，做好京城百姓收视指南、荧屏热点等方面的报道；《北京广播电视报》

增设“融媒体专刊”版块，专刊与8个区的融媒体中心合作，将其有特色的稿件进行筛选刊登，鲜活的稿件内容生动反映了区融媒体一线工作情况；《北广人物》周刊推出“北京老字号”“京城大厨”等四个大型全媒体系列报道，产生广泛影响，为报社赢得良好的社会声誉；报社采编人员积极践行“四力”教育实践活动，走胡同、进社区，服务基层单位和普通群众。

二、新媒体传播

报社将新媒体事业平台再造，团队重组，重塑采编播发流程，重新制定绩效考核及评优办法，为新媒体事业发展提供便利条件；原创、多图文、音乐、短视频等大量新媒体元素的加入，使公众号文章阅读量增加10倍，形成良好的二次传播效应；新媒体平台还将触角延伸到影视、艺术、话剧、戏曲、体育、京味儿文化、非遗传承等领域，只要是能够形成热点、成为流行、成为话题的，都第一时间采集播发，在文化大格局下做出有创新性、有竞争力的新媒体产品。2019年，报社两大新媒体微信平台收入实现零的突破，报社新媒体用户关注数量有了大幅提升，官方微博粉丝数量从年初的5万多达到11万多人，增长超过1倍，对刘嘉玲的相关报道点击量近百万次，北京广播电视报社微信公众号和北广人物周刊的微信公众号头条文章的点击量平均增幅与上年同期相比增长近10倍。

三、经营创收

报社经营环境与2018年同期相比保持稳步增长的态势，虽然报刊发行量下滑幅度较大，但主营业务收入较2018年同期增长111万元。报社全年收入总计2652万元，支出总计2351万元，经营利润301万元，比2018年同期增加111万元。

报社经营中心牵头联合专业公司，制作报社第一档大型系列视听栏目《最爱读书的人》，全年共完成10期，取得良好的社会效应。著名诗人阿紫、英雄史光柱、全国全民朗诵倡导者贺彩、军中儒将田将军、毛主席的扮演者商清瑞、中华五千年的作者等成为这个栏目的嘉宾。通过这种合作方式，努力探索出一条以传统报刊为中心，以新媒体矩阵为前锋，通过社区、居民两条腿，组织活动、民间团队为两翼，遍布京城的线下合作网点为火种的综合发展之路。

2019年7月15日，全民悦读创始人贺彩（右2）做客第三期《最爱读书的人》节目

报社与北广家园5家线下服务中心签订战略合作协议。通过其线下门店为报刊进行市场推广、市场调查；为报社搭建、组织读者作家团、拍客团队、北广朋友圈的队伍建设；定期举办文化类、公益类活动。为读者提供文化活动场地，共同推广报社认可的让消费者满意的产品。通过合作，报刊发行份额得到提高，促进报社业务逐步向新的形态转变。

四、社会活动

进一步强化活动营销理念，与读者开展互动，以活动促经营，探索新的经营收入增长点。全年报社经营中心组织南戴河孔雀庭院太极展示、北广朗诵团、各种类型的比赛和公益活动100余次。还积极参与永外春节文化庙会、长辛店中体奥林匹克花园趣味运动会、报社公益演出季（良乡河北梆子演出，门头沟京剧演出）、中化社区活动、文博会等报刊推广活动，努力挖掘各项社会活动的市场价值。

（北京广播电视报社）

北京广播电视台服务中心概况

北京广播电视台服务中心成立于 1990 年 10 月，原称北京广播电视服务中心、北京广播影视物业管理中心，2011 年变更为现名称。主要负责原北京市广播电影电视局、北京广播电视台产权房屋管理及职工住房房改；建外、安乐林、皂君庙办公区，歌华有线丰台总部基地办公区及职工宿舍区域的服务管理；集体户口管理；酒仙桥、铁匠营、礼士路宿舍区物业管理；经营建外、安乐林、皂君庙办公区，歌华有线顺义办公区，歌华有线志新桥办公区餐厅。以上后勤服务管理区域共 10 处，中心所管的房屋面积约 25 万平方米，拥有员工 260 余人。

2019 年主要工作：

一、后勤服务

服务中心各部门紧紧围绕服务，主动积极沟通，相互协调配合，顺利完成辖区内的供电、供暖、供冷、通信、上下水、消防监控、用餐服务、房屋修缮、保洁服务、大学生集体户口管理、绿化管理工作。

二、安全保障

加强应急预案演练，切实做好防范工作，提高安全保障、安全防范应急处置能力，确保播出安全。严格落实北京广播电视台关于意识形态工作责任制相关要求，配合北京广播电视台抓好意识形态工作。定期开展安全教育，牢固树立职工的安全意识。定期组织消防安全检查，及时排除消防隐患。组织员工开展消防演练，掌握对突发火灾的应变和逃生技能。抓好食品安全。严把食材选购关，确保食材安全。做好食材存储工作，确保食材新鲜。抓好设备安全。坚持每日巡检重要设备设施，做好设施设备运行情况登记。定期对设备设施进行维保，及时排除安全隐患。

三、就餐服务

在餐饮服务中强化饮食养生理念，随着季节的变化主动调整饭菜花样品种，为广大职工提供贴心的餐饮服务。加强硬件建设，对食堂进行改造改建，添置部分硬件设备和用具，达到布局合理，通风采光、蒸汽及油烟排放良好。在确保建外办公区职工用好餐的同时，还对皂君庙办公区餐厅、歌华有线志新桥办公区餐厅、安乐林办公区餐厅、歌华有线顺义办公区餐厅提供优良的用餐服务，不定期开展用餐人员满意度调查工作，根据办公区实际情况及职工建议不断提高饭菜质量，满足用餐人员的需求，获得干部职工的好评。

四、实施改造项目

全年服务中心共有 2 项市财政拨款改造项目：建外西主楼消防设备改造项目 280 万元，皂君庙办公区制冷机组及冷却塔更换项目 211.95 万元，共计 491.95 万元。一方面严格按照《政府采购法》开展招投标工作，另一方面严格按照北京市和北京广播电视台关于项目改造的政策制度开展施工改造工作。建外西主楼消防设备改造项目、皂君庙办公区制冷机组及冷却塔更换项目顺利完成。

五、培训中心创收工作

2019 年，声屏苑培训中心按照年初制定的工作计划及总体工作思路，以销售为龙头，强化服务意识，紧跟市场步伐，积极改革创新，实现销售收入 482.58 万元，比上年同期增长 32.57%，超额完成全年预算指标。其中客房收入 297.26 万元，比上年增长 62.38%。4 月份至 10 月份，北京世园会在延庆召开，培训中心紧抓这一契机开展销售工作。2019 年月接待人数 22454 人，比上年同期增加 30%，在增加收入的同时严格控制成本费用，2019 年比上年减亏 81.98 万元。

（北京广播电视台服务中心）

北京新媒体（集团）有限公司概况

北京新媒体（集团）有限公司（以下简称北京新媒体集团）工商注册于 2015 年 12 月，是经北京市委宣传部、中央文改领导小组、北京市文改领导小组批准，由北京广播电视台剥离出北京电视台新媒体业务板块，与北京市文化投资发展集团有限公司共同出资组建。集团是北京广播电视台台属一级企业。2016 年 4 月，北京新媒体集团挂牌成立并开始运营，“北京时间”网站和新闻客户端同步上线。“北京时间”网站是在北京网络广播电视台基础上全面升级开通的。

北京时间 PC 主站经过三年发展，形成以承载北京广播电视台精品互联网化内容为核心，“精编 + 推荐”和垂直类频道多品类内容呈现的全资讯平台，站内拥有包括图文、视频、直播、专题在内的多种新媒体内容形式，在承担北京广播电视台官网职能以及市委宣传部、市委组织部等融媒体宣传工作的基础上，为广大用户提供优质的内容资讯服务。此外，北京时间 PC 主站具有完整的广告系统，能够随时应对不同的商业化需求。

北京时间移动端（北京时间 App）从 2016 年 4 月 11 日 1.0 版本上线开始，迭代 60 多个版本，累计下载突破 800 万次。自上线以来，北京时间 App 形成以北京广播电视台优质转化短视频为核心内容，以视频、直播、图文为主要内容形式，兼有 30 多个垂直频道的移动互联网资讯产品。同时北京时间 App 还包含评论、分享、话题互动、积分体系、等级成长体系、时间商城在内的多种用户互动场景。

2019 年主要工作：

一、明确融合发展定位

根据北京广播电视台的新要求，做好媒体深度融合发展，努力把“北京时间”办成集音视图文于一体的全台新媒体发布端口和平台；充分发挥内容生产优势，制定政策措施，完善激励机制，调动全台主持人、记者、编辑的积极性，推出更多优质新媒体产品；强化新媒体意识，加强业务培训，推动传统内容制作团队向新媒体快速转化。北京时间与北京广播电视台各频道（频率）、栏目节目的媒体融合不断深入，分别从用户、内容、互动三个方面开展融合。在用户方面，通过节目口播、滚动字幕、二维码等多种方式有效增加北京时间用户的下载量。在内容方面，通过全台优质节目、独播内容在北京时间平台的呈现，形成北京时间内容的高质量提升，形成全台编辑记者新媒体平台供稿机制，有效促进全台新媒体内容生产和传统节目新媒体内容转化。在互动方面，以点突破，使用与 BTV 科教频道的互动合作模式，实现与全台各频道、栏目的全面深度互动。

二、创新融合机制

2019 年三季度，北京时间移动端完成上线以来最大的改版，变新闻客户端为 BTV 客户端，以“大文化、美生活”为定位，新的北京时间 App 延续原有北京电视台频道直播流和整期节目点播，基于 BTV 内容资源生产适合互联网传播的网生原创内容，打造新的具有传播力影响力的新 IP。6 月，北京时间设立台网转化部门，专注于将北京广播电视台优质内容转化为适合互联网传播的精品短视频内容。北京时间台网转化部门和北京广播电视台科教频道率先合作，并多次在科教频道进行互联网内容制作与转化培训。将科教频道的优秀栏目《法治进行时》《法治中国 60 分》《律师帮帮忙》等节目进行原创转化，在 2018 年 10 月 22 日北京时间上线《法治时间》专栏的基础上，2019 年 4 月 18 日与文艺和影视频道合作的《晓娱时间》上线，后续陆续又上线《财富时间》《食尚时间》等专栏。

全面推进台网转化，积极与北京广播电视台研发部、总编室、计财部等部门商讨推进融媒体绩效考核方案，并制订融媒体绩效考核指标，打破以收视率、收听率作为评判节目的唯一标准的惯例。7 月，在全台进行推广执行，加快台网转化由点到面的速度，为原创转化内容生产形成规模化、精品化、多样性提供政策保障和支持。

北京时间在品牌打造上与北京广播电视台深度结合。北京时间上线以来，一直存在一些用户对其品牌辨识模糊的问题。北京时间在 2019 年回归北京广播电视台后着手解决这一问题，启动 LOGO 重新设计和全面更新工作。三季度，率先在入驻学习强国的强国号时更新 LOGO，后又陆续在新版 PC 和 App 产品迭代时全面替换成新 LOGO，并于 12 月北京广播电视台融媒体中心资源分享会上正式对外发布。北京时间新的 LOGO 与全国用户广为熟知的 BTV 图标相结合，延续有着 40 年历史的 BTV 黄金品牌影响力。此外，北京广播电视台在广播和电视端加大北京时间品牌宣推力度，采取飞字幕、主持人口播等方式较高频次进行宣传，强化全市乃至全国用户对 BTV 北京时间品牌的认知。

三、合作发展情况

与视频网站在短视频传播方面合作。@ 时间视频为北京新媒体集团旗下短视频矩阵项目，旗下包括 @ 时间视频主账号，以及 @ 大佬时间 、@ 时间财经、 @ 北京时间直播与 @ 时间军事等 4 个子账号。2019 年，@ 时间视频矩阵在微博、头条、腾讯等平台累计粉丝超 1700 万；全网累计播放量达到 100 亿次，各平台与上年度同比均保持增长势头，其中微博 83 亿次（年度同比增长 22%）、企鹅号累计 10.8 亿次（年度同比增长 67%）、头条号 4.3 亿次（年度同比增长 51%）、百家号 1.91 亿次（年度同比增长 20%）。微博千万级的共 86 条，与 2018 年度的 73 条相比，同比增长 18%；微博 500 万级共 221 条，与 2018 年度的 193 条同比增长 14.5%。@ 时间视频矩阵账号全年视频榜单前十名中，全部属于微博平台，且流量均超过 2200 万次，其中《令人窒息的 68 秒！大连男子当街凶残踢打女孩》5179 万次，全网最高。@ 大佬时间及 @ 时间财经视频栏目同时发力，创造全平台 17 亿次的播放量。其中，“大佬时间”号微博粉丝量 94 万，并收获过亿话题 8 条，千万级播放量视频 3 条，百万级播放量视频 160 条。时间工作室开展“暖视频”相关报道和运营活动，推出以“美好时间”为主题的暖视频征集，并邀请数十家媒体共同参与。共征集作品总数量逾 1.6 万条，阅读观看量近 55 亿次。

北京市组织部以及北京十六区组织部、国家大剧院、平安北京等政府和市属机构的时间号定期发布内容。其中北京市组织部携北京十六区组织部的政务时间号还形成“时间矩阵”，发布优质内容。北京时间与市委宣传部、市委组织部、市台办、市文旅局、市妇联等多家委办局以及中国电影博物馆等单位合作的政务服务融媒体项目及线上线下大型活动，取得突出成绩。打造全国首家党建融媒体平台——党旗耀京华、北京市爱国主义教育基地京华丹心等一批创新融媒体项目，更积极运作市委宣传部与市教委共同主办的北京市中小学文创大赛、市委宣传部的时代新人说、红色讲解员大赛等极具影响力的大型活动。在两会报道中与12个省市主流新媒体基于区块链的组织方式参与建立全国“区块链”云上编辑部，共同创意、制作，共享数据库，联合推广，在联动生产、信息共享上进行有益探索。

北京广播电视台北京时间主办的2019年暖视频征集活动海报

[北京新媒体（集团）有限公司]

北京紫禁城影业有限责任公司概况

北京紫禁城影业有限责任公司成立于1997年，注册资本3200万元，是一家集影视策划、制作、营销为一体的专业影视制作公司。北京紫禁城影业有限责任公司制作成立以来，具备一支由专业人士组成的影视制作及发行队伍，并融入国际化的制片营销理念，制作发行的多部影片的票房居当年年度票房冠亚军，总票房超过30亿元，影片还行销到美国、法国、日本、韩国等多个国家和地区，共摄制完成影片70余部，电视剧千余集。其中，既有《狼图腾》《甲方乙方》《不见不散》《没完没了》《刮痧》《红色恋人》《赤壁》《倩女幽魂》《大海啸之鲨口逃生》《小时代》等商业影片，也有《离开雷锋的日子》《张思德》《生死牛玉儒》《背起爸爸上学》《法官妈妈》《紫日》《香巴拉信使》《山乡书记》《一个人的奥林匹克》《铁人》《第一书记》《杨善洲》《天河》《百团大战》《定军山》等主旋律影片，均取得社会效益和经济效益的双丰收；制作出品的电视连续剧《重案六组》《玉观音》《少年天子》《天下第一楼》《牟氏庄园》《人是铁饭是钢》《李春天的春天》《双城生活》《怪医文三块》《传奇大掌柜》《神机妙算刘伯温》等在中央电视台和各地电视台播出后，均创造较高的收视率，多次获得“华表奖”、“五个一工程”奖、“金鸡奖”、“百花奖”、“金鹰奖”、“百合奖”等国家级奖以及开罗、莫斯科、东京、北京等国际电影节的大奖。

2019 年主要工作：

一、电影创作发行情况

北京紫禁城影业有限责任公司在电影创作方面稳步发展。电视剧策划制作方面注重观察和研究市场变化，谨慎投资，力求在稳定的前提下抓好电影生产。北京紫禁城影业公司联合出品的《平原上的夏洛克》取得公映许可，影片于 2019 年 11 月 29 日首映并投放市场，该片豆瓣评分 7.9，猫眼评分 9.0，知乎评分 8.9，微博大 V 推荐度 99%，荣获第 13 届 FIRST 青年电影展最佳电影文本、青年电影竞赛最佳影片（提名）、北京国际电影节项目创投“优秀制作中项目奖”。

北京紫禁城影业有限责任公司策划创作建党百年献礼片《张人亚》（暂名）。2019 年 10 月，主创人员赴宁波采风，12 月完成剧本初稿。12 月底，以雷锋班历任班长的事迹为素材，北京紫禁城影业公司组织创作的电影《与雷锋有关的日子》进入后期制作、修改阶段。合拍电影《花明度》完成全部制作，进行影片审查阶段。

二、电视剧创作情况

北京紫禁城影业有限责任公司与天艺星国际文化交流公司、澳门文化发展促进会、国际文化产业协会（澳门）联合摄制 30 集电视连续剧《澳门街》，与电视台及网络平台洽谈沟通后，已完成备案立项工作；北京紫禁城影业有限责任公司策划的 40 集电视剧《画虫儿》已经立项备案，12 月开始启动该剧融资工作。

2019 年 4 月 19 日，北京紫禁城影业公司董事长、总经理金川作为 27 家影视公司代表之一与北京国际电影节签署战略合作意向

（北京紫禁城影业有限责任公司）

北京歌华传媒集团有限责任公司概况

北京歌华传媒集团有限责任公司是经市委、市政府批准的市属一级企业，成立于2015年12月，由北京北广传媒集团有限公司和北京文创国际集团有限公司合并重组而成。集团共有下属企业97家，包括二级企业14家，三级企业28家，四级以下企业55家。其中，全资、控股企业54家，参股企业43家，职工总数4825人，资产总额超200亿元。截至2019年12月末，集团预估资产总额208亿元，所有者权益165亿元，全年实现营业收入超过37亿元，利润总额超过5亿元。集团秉承“文化＋科技＋融合＋创新”的发展理念，拥有比较完整的文化传媒产业链，业务涵盖六大板块。

有线及数字电视板块以歌华有线为代表，包括数字电视、瑞特公司、鼎视传媒等企业，从事有线电视网络、数字电视运营及技术服务。歌华有线是这一板块的龙头企业，是全国首家有线电视网络上市公司，形成覆盖北京市16个区，可承载视频、语音、数据的超大信息化基础网络。歌华有线拥有注册用户600多万户，其中高清交互数字电视用户超过540万户。

文化综合服务板块主要以歌华文化为代表，致力于文化设施、文化创意、文化内容集成、文化贸易、文化金融等领域服务。近年来，歌华文化打造了北京国际设计周、北京国际摄影周等重要品牌项目，推进张家湾文化创意设计特色小镇的规划建设工作。2019年，承办北京世园会开闭幕式，直接服务于国家重要主场外交，获得高度认可。

内容生产板块包括北广影视、北艺公司、新新传媒等企业，从事影视剧和节目内容的生产、集成、发行等业务。北广影视、北艺公司是全国知名的国有影视剧制作单位，曾推出《渴望》《编辑部的故事》等众多家喻户晓的精品力作，年均电视剧产量稳定在10部左右。2019年，北广影视公司倾力打造重大革命历史题材献礼剧目《觉醒年代》，获中宣部、市委宣传部及市广电局等重点扶持和高度赞扬。新新传媒具备突出的党建节目和短视频制作优势，《党建进行时》《清风北京》等重点栏目得到市委组织部、市纪委的肯定与好评。

户外媒体板块包括移动电视、城市电视、地铁电视等企业，拥有各类户外媒体终端5万块，媒体日均曝光量接近2亿次，成为北京市重要的户外信息发布渠道和媒体服务平台。户外媒体各类栏目内容播放超过1万1千小时，拥有稳定的政府类和市场类客户。

投融资板块集团积极拓展投融资业务，有歌华金桥传媒产业投资基金和云鼎创投两支基金，积极开展TMT（通信、媒体、科技）等领域的投资。共投资9个项目，重点布局于科技创新、优质IP、企业服务等投资方向，涵盖新一代移动互联网、云计算与大数据、智能信息系统等高精尖领域。

融媒体板块形成以“北京云”为代表的新型媒体聚合服务。“北京云”是受市委宣传部委托，由市广电局牵头，集团旗下歌华有线具体承建的融媒体平台，是北京市“1+4+17+N”融媒体传播矩阵的核心组成部分。“北京云”以打造最优的省（市）级融媒体技术平台为目标，坚持首善标准、技术最优，突出北京特色、本地优势，提供媒体服务、政务服务、公共服务和增值服务，助力打造北京地区互联互通、互补互促的智慧融媒体生态圈，旨在实现“融资讯、融政务、融生活、融未来”。

一、做好重大活动组织筹备和服务保障

服务国庆70周年活动保障。承担70周年庆祝活动的请柬票证设计制作、演出制证、中外媒体集结服务保障等工作任务，共完成总量超过15.8万份的请柬、票证的设计制作，保障接待国庆参演车辆千余辆次、参演人员近两万人次。完成庆祝中华人民共和国成立70周年大型成就展中“改革开放”部分的设计制作，展陈面积超过4900平方米。集团及所属单位共投入近1.3万人次参与国庆活动服务保障、安全播出、值班值守工作。

服务国家主场外交。完成世园会开闭幕式、27场驻场演出、80场灯光秀及2000多场活动组织。在重要外事活动期间，瑞特公司为涉外机构和酒店提供高质量的境外卫星电视节目服务保障。

服务重要保障期安全传输。歌华有线、移动电视、城市电视、鼎视公司严格落实安全播出、网络安全、设施保护等各项措施，完善各类应急机制并加强演练，完成广电总局确定的重保期安全传输保障任务。

服务全市重点宣传工作。集团所属媒体紧紧围绕庆祝中华人民共和国成立70周年、“一带一路”峰会、世园会、亚洲文明对话大会等重大政治活动和四中全会精神的学习贯彻，做好宣传报道。其中开设国庆专题专栏29个，高频次进行国庆公益宣传，播出总时长超过8400分钟。

二、聚焦主营主业，强化创新驱动，推动企业高质量发展

提升服务。持续抓好“接诉即办”工作，实现用户投诉100%回访，“三率”综合成绩为97.83%，在全市公共服务企业的最新排名为第4。歌华有线电视注册用户突破600万，其中，高清交互550万户（含4K超高清120万户）；集成腾讯、爱奇艺、优酷等七大互联网电视平台的全量内容；集成4K超高清节目超过1500小时；研发推出新款4K智能数字机顶盒。从单一的有线电视网络传输服务商转型为首都高品质文化服务提供商。

创新发展。2019年3月，市委宣传部将“北京云”融媒体平台建设任务交给集团负责，歌华有线坚持高起点谋划、高标准规划、高质量建设，在半年时间内实现“北京云”上线，技术水平国内领先。4家市属媒体和17家区级融媒体中心全部入驻“北京云”。积极拓展智慧广电业务。2019年，歌华有线发展集团客户2260家；“无线北京”初具规模，完成全市1062个公共场所的开通工作；“雪亮工程”扩大落地，新增“人脸识别功能”；承接副中心物联网工程，服务通州“煤改电”智能化监测；创新推出“党建引领 街乡吹哨 部门报到”工作平台，完成丰台区政府、卢沟桥街道及下属37个社区的终端部署。

应对挑战。积极探索5G、8K等试验场景应用，歌华有线与国网公司、华为、中兴等合作，搭建完成国内首个广电5G实验展示平台；与新岸线公司合作，完成篮球世界杯、中国网球公开赛的“5G+8K”转播实验；启动冬奥5G、8K试验项目。鼎视公司积极应对5G对公司业务的干扰，顺利转星。城市电视大屏联播网新播控系统正式上线，实时直播信号达到4K标准。

抓住机遇。歌华有线全年推进17个冬奥场馆专网建设，满足冬奥测试赛需求。城市电视积极拓展副中心政务渠道，在市委、市政府、市政协等办公区完成40余台楼宇终端的安装工作。数字电视积极推进频道定位调

整和高清化，“四海钓鱼”和“中华特产”频道实现高清播出。移动电视承接市委宣传部“北京公交移动电视户外媒体宣传文化阵地建设项目”。音像公司入选首都广播电视和网络视听“走出去”译制基地项目。超高清内容生产传输平台、超高清内容集成平台、冬奥接待酒店超高清融媒体项目、户外电子媒体联播管理平台、“北京云”融媒体平台等5个项目入选首批国家广播电视和网络视听产业发展项目。

三、实施精品战略，强化品牌塑造

创作精品内容。影视公司重大革命历史题材剧《觉醒年代》获中宣部专项资金扶持，获选国家广电总局庆祝中华人民共和国成立70周年“百部优秀电视剧作品”；电视剧《鼓楼外》获第十五届中美电视节“金天使奖”。北艺公司完成《不说再见》《我爱北京天安门》《破局1950》等电视剧的制作发行。新新公司制作播出的党建栏目和相关视频内容超过3500分钟，向学习强国提供视频内容40多条，获得各类奖项18个。

塑造公益形象。集团着力发挥下属媒体覆盖广泛，报道手段丰富的优势，持续加大对全市各项公益事业的支持力度，下属移动、城市、地铁及数字电视全年公益宣传播出总时长超过8.3万分钟，歌华有线交互数字平台公益广告总点击量2200余万次。城市电视、移动电视、地铁电视全年向市扶贫支援办捐助宣传时长累计超过4.8万分钟，总价值超过1.7亿元。

打造品牌活动。歌华文化举办2019北京国际设计周、北京国际摄影周、中美创客大赛等重要品牌活动，其中设计周活动超过1000场，论坛超过200场，会展面积超过100万平方米，20多个国家和地区的上万名设计师参与；摄影周活动近50场，论坛超过30场，接待参观人数超过310万；中美创客大赛报名2400多个项目，近9000名中外选手参赛。城市电视举办首届“食品安全行”系列直播活动，共有两大集团6家企业参与；举办第四届“超级月亮慢直播”品牌活动，首次加入5G直播。

（北京歌华传媒集团有限责任公司）

北京歌华文化发展集团有限公司概况

北京歌华文化发展集团成立于1997年12月，是北京市大型国有文化运营机构。2018年，歌华文化发展集团完成企业改制，更名为北京歌华文化发展集团有限公司。2019年，歌华文化按照文化服务供应商的发展方向，以高质量发展为主线，突出打造“一核两翼”主营业务，完成一系列重大政治文化任务，较好完成经营收入利润指标，实现“双效”统一。

一、服务国家主场外交和国庆70周年大庆重点活动

2019年，歌华文化服务国家主场外交，完成2019年中国北京世界园艺博览会开闭幕式、开园活动、驻场演出承办任务，向世界展示中国生态文明建设成果，体现新时代中国首都新形象。

歌华文化服务70周年国庆，完成请柬票证设计制作、演出制证、媒体集结保障任务，以实际行动向中华人民共和国70年国庆献礼。同时，还完成“伟大历程 辉煌成就——庆祝中华人民共和国成立70周年大型成就展”中“改革开放”（1978年至2012年）部分的设计制作，完成“不忘初心，信念永恒——洛耐职工怀念习仲勋同志陈列展”及“信念广场”（包含雕塑）的创意、设计和制作任务，参与广西红军长征湘江战役纪念馆的展陈设计施工，完成“空军英模荣誉馆展陈设计施工暨庆祝空军成立70周年主题展”展陈设计施工。

二、精心组织推进品牌活动，推动文化交流合作，助力首都可持续高质量发展

2019北京国际设计周。2019北京国际设计周于9月5日至10月7日举行，主题为“产业策动”。设计周由10个板块组成，包括开幕活动、主题展览、主宾城市、北京设计博览会、北京设计奖、北京设计论坛、文博·非遗设计、创新设计服务、时尚北京、设计之旅，按城区设置10个分会场（含2个专题园区），下设50个活动站点，举办上千项设计活动，展览及活动面积超过100万平方米，其中主题展、专题展面积超过10万平方米，论坛近200场，来自20多个国家和地区的上万名设计师参与其中。

北京国际摄影周2019。北京国际摄影周2019于10月19日至10月27日在中华世纪坛举行，由开幕日活动、系列展览、摄影市场、专题活动和影像北京论坛五个板块组成，按城区设置11个分会场，展览面积超过2万平方米，论坛31场，世纪坛主会场共接待观众近4万人。2019北京国际摄影周分会场以“进学校”“进社区”“进艺术空间”为拓展策略，11个分会场18个展览分布于东城区、西城区、海淀区、朝阳区、丰台区、通州区等城区，摄影周举办9天时间，分会场共接待参观人数310万人次。

“传统文化季”系列活动。中华世纪坛传统文化季围绕家风传承、非遗体验、青少年公共文化体验活动、传统节日四条主线策划活动。2019年完成元旦、春节、清明、端午、七夕非遗传统节日的系列活动，以精彩展览、体验非遗、文化市集、基辅美食、少年寻宝等为核心内容，邀请全市100多个社区群众参加文化活动。

三、深耕市场，探索设计服务新模式，开拓北京文创IP资源

2019年，歌华文化开发和执行了北京市公园管理中心北京文博会的展区设计，国庆游园活动门票设计服务，组织设计师、知名品牌等与颐和园合作开发并销售“颐和一盒”文创月饼，设计开发和授权“颐式生活”暖手宝，与天坛合作开发《祈年历》二十四节气文创日历，为天坛策划“600纪年·天坛礼天文化展演”等活动。同时不断开拓天猫电商平台资源、影视设计资源、“北京礼物”品牌资源和非遗和传统工艺产业化资源。

歌华文化尝试开拓新合作模式。与一壹传媒合作《神雕侠侣》电影，通过参与影视投资、设计服务，获取影视周边产业、产品开发权益等资源的合作新模式。上线运行“文化北京”设计美学基因图库，搜集、整理了5万幅反映北京特色的历史图片、文物照片、园林建筑、城市摄影、图标、插画等素材，提炼纹样、色彩及器型等设计要素，形成可供设计师直接使用的北京文化IP。

（北京歌华文化发展集团有限公司）

北京歌华有线电视网络股份有限公司概况

北京歌华有线电视网络股份有限公司（简称“歌华有线”）于1999年9月经北京市人民政府批准成立，2001年在上海证券交易所上市（股票代码600037），是国内有线网络首家上市公司、国内第一批三网融合广电试点企业、北京市第一批文化体制改革试点单位、北京市高新技术企业，2012年被中宣部等四部委评为全国文化体制改革工作先进单位，先后四次被评为全国文化企业30强，连续被评为纳税信用A级企业和上交所上市公司治理样板企业。截至2019年底，公司拥有26个部门、15个分公司、9个控股子公司（含2个二级控股子公司），3600多名员工（含子公司）。

2019年，公司实现营业收入27.59亿元，净利润5.82亿元。公司总资产162.84亿元，净资产134.3亿元。截至2019年底，公司传输数字电视频道188套，其中高清数字电视频道54套、超高清数字电视频道1套；提供回看频道128套，其中高清数字电视频道43套；在线视频点播类节目数量超过16万小时，高清节目时长占比超过55%。公司电视云平台还提供院线、游戏、教育、文化、健康、政务、生活、营业厅、生活圈等多种栏目和应用。公司有线电视注册用户599万户，较2018年底增长4.5万户；高清交互数字电视用户超过550万户，较2018年底增长24万户；家庭宽带用户67万户，较2018年底增长5万户。

一、安全保障工作

公司围绕庆祝中华人民共和国成立70周年主线，完成两会、第二届“一带一路”国际合作高峰论坛、亚洲文明对话大会、世园会、70周年国庆等重要保障任务，实现重要保障期安全零事故。

二、用户发展和市场经营工作

年内实现有线电视注册用户新增4.5万户，累计599万户；高清交互用户数新增24万户，累计550万户；家庭宽带用户新增5万户，累计67万户。年内共置换4K机顶盒44.34万台。截至2019年底累计完成整转、市场化置换和销售4K超清智能机顶盒130万台。进行宾馆酒店数字化85家，共计8500余端。完成首都机场散在网并购工作，覆盖用户1.56万户。

截至12月底，公司家庭宽带在线总用户为67万户，较上年增长5万户。开展200M全市推广，启动300M产品试点销售，用户分布继续向高带宽转型；通过营销策略的引导，35M及以上高带宽用户占比由2018年的44.48%提高到55.65%。同时，公司加强电子渠道建设，实现电视端、PC端、移动端缴费渠道全覆盖，形成网上营业厅、微信营业厅、掌上营业厅、电视营业厅等自有渠道，以及微信天猫旗舰店、支付宝等外部渠道的整体布局。

三、服务质量提升工作

公司加强组织领导，制订并实施公司“接诉即办”工作方案，建立“分公司吹哨、总公司部门报到”机制；加大回访力度，实现100%回访，切实提升服务能力和服务质量，全年在全市10家公共服务企业中，“三率”成绩排3~6名；加强服务进社区工作力度，年内共开办服务现场2415个，现场数同比增加47%，覆盖注册用户270万户；聚焦窗口服务，展示营业厅新形象。年内，营业厅回访满意率达到99.49%；营业厅触发服务评价器86万余次，评价率为98.64%，满意率达99.42%。

加强机房和线路升级，提高网格化营维水平。开展网络优化、机房升级改造等工作；加强反向噪声监控系统建设，开展箱体隐患排查、季节性网络调测和暑期网络隐患专项整治工作，完成智能井盖试用；积极利用城市地下管线信息平台，提高看护效率，有效降低管线被外力破坏故障；提高网格化管理水平，培育维护队伍，加大自维力量，实施代维队伍退出机制。

强化重点保障，提升“四个服务”。承接国办有线电视系统整体运维保障工作，开展信源传输、机房建设、网络改造、终端服务等多维度全方位有线电视服务保障。为中办、中央警卫局、国管局等中央党政机关，以及副中心行政办公区等地提供高效完善的有线电视服务保障工作。

四、打造“北京云”融媒体平台及高品质电视服务

公司全力推进落实“北京云”与区级融媒体中心、市属媒体对接工作，实现“1+4+17”，即市属主要媒体单位及区融媒体中心全部入驻“北京云”的目标，积极推进与政务服务对接工作，加快打造“1+4+17+N”融媒体传播矩阵。平台内容建设围绕庆祝中华人民共和国成立70周年主线，精心策划，营造良好氛围，在首页开设“我们的70周年”专区，弘扬主旋律。积极建设4K超高清内容，“4K视界”专区在线节目累计达1500小时。引入互联网优质内容，“看吧”栏目实现了在4K超清智能机顶盒的同一终端对全国七大互联网电视牌照方内容的全部集成。深耕教育、生活、养老服务专区，推出“名师驾到”，开展“电视图书馆”三端合一建设，上线服务于中老年受众的“年华”专区。

五、全力打造智慧城市服务

公司共发展集团客户2260户，其中政府客户109户、金融证券客户36户、企事业单位2115户。一是专线接入业务稳步推进。政府客户稳中有升，公司加大对金融客户的业务开发，提高光纤接入及监控安装等服务时效，新签兴业银行、中行裸光纤及跨区接入等新项目。二是智慧城市重点项目建设取得进展。在全市首次创新实现“线上吹哨、部门报到”，探索“智慧广电”赋能基层治理的“北京经验”，助力街道、社区更高效地开展“吹哨报到”工作。以视联网技术为载体，整合网格、图像等资源，搭建面向区、街道的“街乡吹哨、部门报到”三端融合服务平台，完成包括丰台区政府、卢沟桥街道及下属37个社区的工作平台（5个模块）办公端上线工作。

六、不断完善基础设施建设

年内，完成双向网建设HFC网络工程24万户，光纤入户（FTTH）网络工程10万户。自建管道工程开工68项，竣工49项，竣工5.4孔公里。完成新建住宅小区信号接入6.2万户、11.8万终端。

积极开展5G试验网建设和8K技术研究应用。积极推进5G、8K技术在冬奥会、城市副中心建设等重点项目的应用。积极开展技术交流与合作，与华为、中兴、北京铁塔公司签署5G技术合作协议。与中国广电开展5G联合实验，部署核心网落地，开展5G基站建设，并部署展示相关业务。与新岸线公司建立联合创新实验室，研究运用超高速无线局域网（EUHT），合作推进有线＋无线融合发展，开通试点网络，先后完成篮球世界杯、中国网球公开赛的“5G+8K”转播实验；完成怀柔区北沟村“减线增信”试点项目。

七、积极推进重点项目建设

歌华有线在国庆节前基本完成2019年度市区1127条道路及背街小巷的架空线入地工作，累计完成行政办公区13个有线电视接入机房建设，完成1300余台机顶盒安装和日常服务保障任务。开展通信楼投资建设工作，工程建设整体进度完成85%。积极推进冬奥场馆有线电视建设，加强对接建设。完成首体、水立方、高山滑雪等5个场馆922端光缆接入设计，共完成56余公里干线、22余公里室内光缆敷设，满足冬奥组委测试赛需求。稳步推进涿州智慧云（涿州基地）项目。此外，燕郊“聚合云”项目完成初步勘察报告、初步设计方案。

（北京歌华有线电视网络股份有限公司）

北京电视艺术中心有限公司概况

北京电视艺术中心成立于1982年9月，2010年8月4日转企改制，更名为现用名。现隶属北京歌华传媒集团有限责任公司，主要从事影视节目策划、制作、营销等业务。领导班子成员：董事长兼总经理张平、副总经理沈然、艺术总监郑晓龙、创作总监李小明。内设党建工作部、总经理办公室、计财部、策划部、项目部、技术部等部门，拥有导演工作室、制片人工作室。下属公司为北京电视艺术中心音像出版社有限公司。

截至2019年底，共制作生产电视剧202部，3423余集，译制片百余部千余集及一大批电影、专题片。多部作品获“金鹰奖”、“飞天奖”、“五个一工程”奖，并取得连获全国大奖的四连冠佳绩。

2019年，进一步完善公司制度建设。修订完善《北京电视艺术中心有限公司岗位职责管理规定》及《北京电视艺术中心有限公司项目部管理办法》等多项管理制度，并严格执行；稳步推进绩效考核工作，按照绩效考核试行办法，细化绩效指标，以员工的工作目标为导向，通过目标考核明确工作思路、细化工作方法、考核工作任务、建立奖惩机制；完善部门调整，撤销制作部、发行部和企划部，合并成立项目部，将原来的策划宣传人员、制作生产人员和发行人员统一到制片人一个岗位，实施责权利统一。2019年初正式进入试运营阶段。明确项目部人员的岗位职责及项目部管理办法，确立部门人员年度绩效考核指标。公司严格执行《北艺公司内控制度》《北艺公司费用审批和报销办法》等制度，认真遵守《中华人民共和国会计法》《企业会计准则》《北京市国有文化企业领导人员经济责任审计管理办法》等规定。公司按照相关要求完成2018年年度财务决算报表审计、2018年度企业所得税汇算清缴审计，并根据审计报告结果和管理建议书进行了针对性的整改规范工作。此外还接受通过北京市宣传文化引导基金项目扶持专项审计、新闻出版影视基金扶持项目专项审计；做好与研究中心一体化管理及老干部服务工作；履行安全生产责任，全年无安全及质量事故发生。

北京电视艺术中心有限公司坚持正确舆论导向和弘扬社会主义核心价值观，电视剧《诱惑》在天津、江苏地面台播出；《结婚十年》在山西卫视黄金档播出；《渴望》《编辑部的故事》在河北卫视播出；《一年又一年》在内蒙古卫视播出；合作项目《破局1950》

2019 年底在上海、南京、四川地面台播出，作为 2020 年开年大戏在中央广播电视总台央视电视剧频道（CCTV8）、爱奇艺视频、腾讯视频首轮播出；以《渴望》《编辑部的故事》《贫嘴张大民的幸福生活》为代表的片库剧 1260 集在网络平台全网播出。自主研发储备影视剧作品 3 部：《金谷银山》、《冬日焰火》及电影《最后的防线》。

2019 年，公司电视剧《我爱北京天安门》、合作出品电视剧《新一年又一年》获北京市广播电视局“北京广播电视网络视听发展基金”扶持；电视剧《不说再见》于 2019 年 3 月在国家广播电视总局电视剧司“2018 年度电视剧引导扶持专项资金剧本扶持引导项目”评选中获得“一般扶持”、在 2019 北京电视节目交易会（春季）入选“北京市 2019 电视剧京榜剧献”；2019 年 3 月，北艺公司计财部被北京市广播电视局评为“ 2018 年度基层广播电视统计工作优秀集体”。北艺中心 1990 年拍摄的电视剧《渴望》登上 2019 年 9 月 25 日北京青年报 A6 版——“庆祝中华人民共和国成立 70 周年‘伟大历程 辉煌成就’大型成就展之重点”版面，该剧以专题纪录片形式在中央广播电视总台央视国庆档黄金时段播出。

（北京电视艺术中心有限公司）

北京音像有限公司概况

北京音像有限公司原名北京音像公司。公司始建于 1979 年，原称北京市广播电视服务公司。1985 年 7 月，北京市广播电视服务公司与北京音像出版社合并成立北京音像公司，2006 年 5 月，在全国出版行业中率先完成转企改制。2018 年 12 月经北京市国有文化资产监督管理办公室同意由全民所有制企业改为国有一人有限公司。是具有音像制品出版发行、录音录像、节目复制、境外音像制品引进出版和影视节目制作、电视剧（乙级）拍摄和技术推广服务及专业承包等多种经营范围的国有企业。

公司自成立以来始终以弘扬民族传统文化为宗旨，录制上万小时的节目，包括民族声乐、器乐、戏剧、曲艺、少儿节目、通俗歌曲、外语教学等；出版、发行上千品种的音像制品，开山之作是——中央电视台的《跟我学》和北京人民广播电台的外语教学节目辅助教学盒式录音带；拍摄《姊妹行》《军魂》《康熙大帝》《中方雇员》《警苑神掌》《美容院》《那个年代》《小井胡同》《都市名片》《独行侍卫》等多部电视连续剧和《成语故事》《星星点灯》《张灯结彩》等电视系列短剧，《雍和宫》《智化寺音乐》《孙中山在北京》《侯宝林》等专题片，其中有些电视剧和专题片还远销海外；多次获得国家和北京市颁发的奖项。同时，公司还引进出版了来自于美国、加拿大、法国、俄罗斯、日本等国家的优秀音像制品。

近年来，重点录制了反映改革开放成果和百姓喜爱的影视流行歌曲系列《时光倒流二十年》、《张勇吉他》系列专辑、赈灾公益歌曲《汇爱成川 · 点燃希望》、《中国时尚民乐》专辑第一张和国庆 60 周年献礼作品、北京市出版工程项目《歌声回首六十年》经典歌曲专辑，出版发行了由著名导演张艺谋导演的鸟巢版大型景观歌剧《图兰朵》DVD 和电视连续剧《最后的王爷》《老师错了》《原谅》等，承接北京市广播电视局《影视精品》和《影院安全公益宣传片》项目制作。

2019 年主要工作：

承揽大型企业和机关团体宣传册、盘制作任务；作品《传统相声经典》CD 和《歌唱祖国》CD 获北京宣传文化引导基金出版类补贴；完成北京市新闻出版广电局《北京典籍与经典老唱片数字化出版项目》17 集制作和节目上线，资料馆《馆藏视频资料抢救》旧版修复，《东城资讯》栏目制作；承接移动电视公司北京公交移动电视终端设备维护和城市电视视屏工程安装维修及仓储业务。

（北京音像有限公司）

北京瑞特影音贸易有限公司概况

北京瑞特影音贸易有限公司成立于 1993 年 3 月 3 日，是经北京市广播电视局批准并指定的北京地区唯一从事境外卫星电视节目代理业务的机构，于 2018 年 12 月完成国企改制工作，由全民所有制企业改为国有一人有限责任公司，股东是北京北广传媒集团有限公司，注册资金 276.3 万元。

公司主要负责向北京市广播电影电视局传媒机构处批准的机构销售经国家广播电影电视总局批准的香港、澳门地区及境外卫星电视节目及解码器，拥有 HBO、CNN、AXN、凤凰电影等 29 套境外加扰卫星电视节目。瑞特公司承担的业务主要是境外卫星节目收视的服务和代理、境外电视接收系统工程等。截至 2020 年 2 月，拥有境外卫星节目收视用户 500 余家，其中酒店用户 377 家，公寓用户及其他用户 130 余家。2019 年实现营业收入 8842 万元，实现利润额 835 万元。

一、中华人民共和国成立 70 周年大庆保障

瑞特公司领导及相关工作人员于大庆活动前对国际俱乐部酒店、国际贸易中心饭店进行前端和机房检查，对通用时代小区进行居民楼外观检查，检查中未发现安全隐患问题，完成 70 周年国庆涉及的各项保障工作。

二、两会保障

针对 2019 年北京两会、全国两会，公司根据市广电局要求，配合行业管理部门完成对 27 家代表驻地酒店卫星机房的检查工作，严格落实各项备品备件准备工作。

三、“一带一路”国际合作高峰论坛保障

2019 年 3 月—4 月配合市广电局完成第二届“一带一路”国际合作高峰论坛接待酒店的检查工作及后续会议期间的服务保障任务。检查组提前对所有接待驻地卫星机房进行细致检查，根据检查结果汇总并进行整改；会议期间，公司按照重大活动预案标准安排技术人员分区值守，及时为驻地单位卫星节目系统故障请求提供应急服务。

四、卫星保障任务

2019 年，为钓鱼台国宾馆接待白俄罗斯、朝鲜代表团，孟加拉国领导人以及哈萨克斯坦总统，华尔道夫酒店接待俄罗斯代表团等外事活动，接收临时境外卫星节目提供技术支持和保障服务。

五、打击盗版工作

2019 年 3 月 22 日，瑞特公司配合市广电局传媒机构管理处赴 CCBN 展会，对展区进行相关检查。督促、协助原非法接收卫星

电视节目单位——北京怡亨酒店、万国城雅晨悦居酒店办理正规接收手续，顺利完成此2家单位由非法接收转正的工作。

（北京瑞特影音贸易有限公司）

北京北广传媒数字电视有限公司概况

北京北广传媒数字电视有限公司成立于2003年7月，注册资金7500万元。播出公司自有11套数字付费频道，为4个外省付费频道提供代播服务，为2套有直播业务的付费频道提供应急垫播服务。为鼎视平台提供技术服务，鼎视平台集成上星传输8套高清卫视，28套付费标清频道，远端加密3套高清卫视频道和2套标清卫视频道。提供数字电视节目信息服务，为北京地区广大数字电视用户提供翔实准确的节目信息服务，通过歌华有线电视网络上载播出的数字电视频道及有线广播节目信息共188套。

一、经营管理工作

北广数字传媒经营管理四海钓鱼、优优宝贝、新娱乐、车迷、环球旅游、中华特产6个具有全国播出资质的频道，运营京视剧场、爱家购物、动感音乐、弈坛春秋、置业5个面向北京地区播出的频道。其中，中华特产频道于10月16日正式开播。12月27日，爱家购物高清频道正式入网歌华有线。截至2019年底，公司自有的6个上星付费电视频道覆盖全国有线电视用户1.3亿。

二、重要安全播出保障工作

2019年，公司领导班子及中层干部签订《安全播出责任书》，通过排查设备设施隐患、完善制度、强化培训演练、梳理工作流程、严把内容导向关，顺利完成中华人民共和国成立70周年、“一带一路”国际合作高峰论坛、亚洲文明对话大会、世界园博会、纪念五四运动100周年等一系列重要安全播出保障任务。

三、中华人民共和国成立70周年活动宣传工作

制作反映中华人民共和国70年发展的公益宣传片《时代家书》。该片获得北京市广播电视局评选的庆祝中华人民共和国成立70周年优秀广播电视公益广告一类作品，中国电视艺术家协会举办的第二届全国电视公益节目优秀公益宣传片奖。“十一”前夕，该片通过“新娱乐”等数字电视频道广泛传播。

四、付费频道经营生产获行业认可

2019年12月，在全国数字付费频道行业年会评优活动中，“车迷”被评为行业优异频道，“四海钓鱼”《湖库突击队》被评为一等优秀栏目，“环球旅游”《寰行迹》被评为三等优秀栏目，“爱家购物”《状元海淡干海带丝》被评为三等专题节目。公司工作人员被评为行业优秀带头人、优秀编审、优秀主持人、优异经理人等称号。

五、推进高清播出系统建设

2019年，公司制订高清播控系统建设方案。并从打通产业链、优化管理流程、节省资金成本考虑，计划与鼎视平台高清化升级改造项目统筹建设，统筹搭建两个平台的一体化网络等级保护体系。2019年2月，公司获批四海钓鱼转高清、教育就业变更为中华特产频道，以及爱家购物本地高标清同播频道。2020年1月1日，四海钓鱼和中华特产频道实现高清播出。

（北京北广传媒数字电视有限公司）

北京北广传媒移动电视有限公司概况

北京北广传媒移动电视有限公司是北京市属开发运营广播电视新媒体的专门机构之一，成立于2003年8月，由北京北广传媒集团有限公司、北京电视产业发展集团、北京广播公司、北京歌华有线网络电视股份有限公司和北京歌华投资中心有限公司共同发起组建。2003年7月9日，国家广电总局授予北京广播影视集团48频道的试验频率，开展地面数字电视试点。2004年2月14日国家广电总局正式批复同意集团在公交、地铁、轻轨、出租车等交通工具及其他公共场所试行开办移动电视节目，呼号为北京移动电视。北京移动电视成为经国家广电总局批准的北京地区唯一运营地面移动数字电视的机构。

北京移动电视采用世界先进的数字电视技术，利用北京DS−48和DC−22单频网发射两套无线数字信号，实现地面数字设备实时接收电视节目。在中央电视塔、京广中心、名人广场、491发射台建设了一主三辅4个数字发射机站，形成有效覆盖北京市区六环内的数字单频网，日覆盖受众数百万人次。

一、确保安全播出零事故

2019年是中华人民共和国成立70周年，移动电视加强组织领导，细化方案流程，完善应急预案，强化值班值守，确保户外媒体（公交、地铁、城市）安全播出万无一失，安全保障零事故。确保春节、全国两会、“一带一路”国际合作高峰论坛、亚洲文明对话大会、庆祝中华人民共和国成立70周年共5个重要保障期的安全播出，完成本年度安全播出任务。完成“一带一路”峰会、世界园艺博览会等各项临时转播工作共199次，累计转播时长460小时。全年共实现公交频道安全播出6017小时，城市频道安全播出5387小时，地铁电视频道安全播出6205小时。

二、推出专题公益宣传片

2019年，移动电视完成两会、亚洲文明对话、庆祝中华人民共和国成立70周年系列活动等相关宣传报道。围绕中华人民共和国成立70周年，组织、策划系列献礼专题节目《壮丽七十年 奋斗新时代》，并制作《祝福祖国》公益宣传片；推出“我和国旗合张影”摄影作品征集活动，收到来自近200个团体和个人报送的千余张摄影作品，通过下屏图片和上屏宣传片的形式在移动电视展播。2019年，移动电视利用公交移动电视媒体平台宣传北京文化和文化产品，宣传公益信息。安排播出74个宣传片，播出总时长20700分钟。上播大风蓝色等预警、应急提示信息超过120条，播放频次超过6000次。按照上级要求安排临时转直播14次，总转直播时长1452分钟。

同时，积极投身于京蒙扶贫协作工作，利用自身的媒体资源和宣传优势，通过公交电视和移动电视官方微信公众号两个平台，以图文方式对“北京世园会赤峰主题周”活动进行宣传推广。还结合自身的平台宣传优势以及与广大消费群体密切联系的优势，研究拟定了针对赤峰特色农产品的“电视扶贫销售”计划。

三、加强品牌宣传

2019年是移动电视开播十五周年，移动电视以“清凉夏日伴我行”为主题，走进社区，向社区居民介绍移动电视的新栏目、新变化，让观众更多地了解移动电视，同时也近距离地了解观众对移动电视的需求与期望。2019年“文博会”期间，移动电视向外界推介即将采用的声屏互动技术，展示移动电视的未来发展方向——公交移动智能终端设备。

（北京北广传媒移动电视有限公司）

北京北广传媒影视股份有限公司概况

北京北广传媒影视股份有限公司成立于2003年，现隶属于北京歌华传媒集团有限责任公司，是一家具有品牌影响力和实力的集投资、策划、制作、发行于一体，具有较高专业水准的国有综合性影视机构。

公司具有一支优秀的核心制作团队。拥有丰富的影视策划、制作和营销经验，具备独特的媒体优势和较强的投资生产能力。多年来始终牢牢把握正确的舆论导向，坚守精品战略，深挖现实主义题材，注重剧集品质，推出了一批制作精良、脍炙人口、弘扬先进文化的影视作品。积极学习贯彻习近平新时代中国特色社会主义思想，紧紧围绕“双效统一”，脚踏实地努力践行 “守正创新，培根铸魂”的号召。

公司成立以来制作生产了《觉醒年代》《情满四合院》《鼓楼外》《我的二哥二嫂》《复婚前规则》《忘情歌》《姥爷的抗战》《风车》《五湖四海》《买房夫妻》《罗龙镇女人》《行走的鸡毛掸子》《爱了散了》《最后的王爷》等一系列广为人知的影视作品。多年来始终牢牢把握正确的舆论导向，坚守精品战略，深挖现实主义题材，注重剧集品质，推出了一批制作精良、脍炙人口、弘扬先进文化的影视作品。

公司在2019年拍摄了庆祝新中国成立70周年和建党100周年的重大革命历史题材电视剧《觉醒年代》。该剧展现了新文化运动到中国共产党成立的历史，通过聚焦革命历史题材和现实题材，聚焦实现中华民族伟大复兴中国梦主题，鲜活地融入中国精神、中国价值、中国力量，擎起民族精神的火炬，再现党的光辉历史和丰功伟绩，激发广大人民群众的爱国热情和家国情怀。该剧导演张永新，主演于和伟、张桐、马少骅。该剧获“北京宣传文化引导基金”和“北京影视出版创作基金”两项扶持，并被评为“北京影视出版创作基金优秀电视剧特别项目扶持”项目，入选中宣部推动影视产业发展项目并获得专项资金扶持。

公司投资拍摄37集农村题材电视剧《温暖的土地》，由著名导演刘家成监制，导演刘洋。该剧描写了从北京某农业大学肄业回乡的大学生董大林，在农村开展土地流转过程中，与几位同村农民一起发展绿色农业的故事。该剧入选“2020—2022年北京市重点电视剧片单”，并在全部入选的40部剧中排名第十七。

重大历史革命题材电视剧《香山叶正红》，是向建党100周年献礼的作品。该剧已完成重大题材立项申报，并已在总局网站公示，剧本也已通过总局重大办审查，该剧入选“2020—2022年北京市重点电视剧片单”，并在全部入选的40部剧中排名第一。

（北京北广传媒影视股份有限公司）

北京北广传媒城市电视有限公司概况

北京北广传媒城市电视有限公司成立于2004年12月16日，是北京市属开发运营电视新媒体的专门机构之一，主要从事楼宇电视和户外大屏电视的经营管理。城市电视公司作为政府公共信息发布和城市应急预警平台，担负着政府政令、城市信息、城市预警等社会公共信息传播任务，旨在为大众提供完善、及时、权威的资讯服务。

城市电视公司作为北京市户外宣传阵地，主营业务为楼宇电视联播网及户外大屏电视联播网。其中楼宇电视平台终端安装数量不低于6500屏；大屏联播网有9处10块户外LED大屏，包括中汇大屏、富力大屏、天阶大屏、工美大屏、来福士大屏、春平大屏、望京大屏、丰联大屏、酒仙桥电子城大屏（2块），均运营稳定。

一、媒体传播

2019年，城市电视公司依托自有两大媒体平台的独特属性，在优质公益内容的打造与传播方面持续发力。城市电视公司公益合作宣传项目76个，其中合作栏目13档，播出政府宣传片及公益广告共计148条，自制高质量公益宣传图片7400余张。一方面在自制栏目内容品质上实现新的提升，全年共播出栏目27档，其中自制栏目23档。栏目类别包括新闻资讯栏目7档、生活服务类栏目6档、专题类栏目11档以及综合类3档。其中本年度新增《城事发布》《健康卫士》《益起前行》3档栏目，及《70年看辉煌》《筑梦新时代》《词说》《聚焦两会》《解码四中全会》5档专题栏目，同时对《城市播报》《演艺罗盘》《城市一刻》3档栏目进行改版升级。另一方面在媒体平台播出形式上进行创新，突出“大”效应、追求“新”感官，在版面比例和视觉效果上突破。10月21日起，城市电视公司楼宇电视联播网调整播出模式。改版为A屏6分钟视频/B屏6分钟图片+4分钟全屏的播出模式，全屏时段占比增至40%，全屏栏目占比增至2/5，同时将A屏视频播出比例调为16∶9。

城市电视公司深化实施重大宣传报道一体化统筹机制，围绕庆祝中华人民共和国成立70周年这一重大活动进行准确、及时、充分的宣传报道，把握时度效原则，做到“重大策划不断线，重要报道连成片”，会前预热营造气氛，会中密集报道全面快速，会后持续打造舆论氛围。同时为确保国庆重要保障期间安全播出工作，城市电视公司认真执行领导带班和7×24小时值班制度。9月28日至10月7日，维护保障团队共计30余人坚守在节目制作、播出、传输、终端监测各岗位，完成庆祝中华人民共和国成立70周年相关活动安全播出工作。

二、渠道建设

2019年，城市电视公司扎实推进重点项目的部署与落实。截至2019年末，全网政务网终端数量达到2715屏；在全年新开发楼宇终端数量中，政务网占比66.3%。

1. 城市电视楼宇终端全面进驻城市副中心

2019年，城市电视公司在北京市政协、北京市规划和自然资源委员会、北京市总工会、北京市政府新华书店、北京市委新华书店5个重要点位，完成40余台终端的安装工作。

2. 推进户外大屏联播平台建设

城市电视公司进一步加强与各大屏主及运营商的联系，积极探索合作新模式。城市电视公司与上海郁金香广告传媒有限公司和凤凰都市传媒有限公司达成初步共识，将3至5块社会户外电子显示屏接入城市电视公司户外大屏联播平台中，规划户外大屏联播网发展布局。2019年，城市电视公司向歌华传媒集团提出打造最具影响力的“户外电视联播平台”设想，并向市委宣传部提交了关于“做大做强户外媒体板块”工作建议的请示。

三、安全播出

2019年，城市电视公司狠抓安全生产制度建设，压紧压实意识形态工作责任制，开展全面细致的隐患排查，完善应急预案，开展应急演练，强化运行维护，做好值班值守，确保全年安全播出“零事故”，履行了安全播出责任。

四、获奖情况

2019年，城市电视各类行业排名优异，在公益宣传、品牌建设、媒体平台、广告产业等方面获得不少奖项。如获得户外行业专业性媒体排名奖项“中国百强市区LED大屏头部媒体”“中国品牌最具影响力户外媒体”等荣誉称号，并被行业授予优秀户外传播媒体、2019首批优质城市户外LED显示屏、2019长城“凤凰杯”《超级月亮慢直播》优秀作品奖等荣誉和奖项。此外，《中国传统文化》《70年看辉煌》《丰收节看五谷》《垃圾分类益处多》分别获第十一届北京国际广告创意节公益广告优秀奖。

（北京北广传媒城市电视有限公司）

北京北广传媒地铁电视有限公司概况

北京北广传媒地铁电视有限公司成立于2007年，是由北京北广传媒移动电视有限公司和北京市地铁运营有限公司共同发起并组建的有限责任公司，注册资金3000万元。公司下设办公室、财务部、技术部、运营管理部、节目部和党群工作部6个部室。公司以强大的交通运营和传媒资源为依托，努力把地铁电视打造成为政府公共信息平台、城市应急预警平台、乘客生活资讯平台和企业广告宣传平台。

地铁电视节目播出时间与地铁运营时间同步，达到17小时，主要是通过在北京市地铁运营有限公司目前具有运营权的地铁线路上的列车车厢、站台和站厅内的电视终端上接收、播放节目和广告。地铁电视公司在歌华大厦投资建设了独立的节目制作传输中心，策划、制作、发布地铁电视节目并独家经营地铁电视广告业务。

2019年主要工作：

2019年地铁电视公司实现公司扭亏为盈的重大目标。2019年收入1804.85万元，完成全年预算的78.09%，净利润41.74万元，完成预算的120.01%。

一、以品牌服务求效益，不断丰富“四个平台”

一是以文化宣传为重点，建设方针政策宣传平台。2019年，地铁电视公司完成了“一带一路”国际合作高峰论坛、世园会开幕式、纪念五四运动100周年大会习近平讲话、习近平出席烈士纪念日向人民英雄献花篮仪式、中华人民共和国成立70周年庆祝大会、国庆阅兵式和群众游行及首都国庆联欢活动以及世园会闭幕式、澳门回归20周年晚会及庆典等11次重大活动的转播工作。地铁电视公司高度重视转播工作，对各项重点环节早安排、早部署、早准备，确保了转播工作“绝对安全、万无一失”。积极配合并完成了市委宣传部、各委办局及双方股东要求播出各类公益宣传片的播出工作，2019年全年共计上刊各类宣传片90个共183版，播出总时长11763分钟。集成《新时代 新担当 新作为》《壮丽70年奋斗新时代》等专题栏目，进行重点宣传，营造积极向上的氛围，2019年全年共计制作上刊各类集成节目341期，播出总时长1075分钟。推出了《北京地铁文化地图》《四面谈》等栏目，全面展示北京的地标性建筑、著名景点、著名城门街道等，让地铁乘客了解北京的历史脉络和文化精神，推动文化自信，促进中华文化兴盛，同时能够在潜移默化中为地铁乘客创造深层次、有文化价值的体验，受到了广泛的报道、关注和观众好评，2019年全年共播出合作类节目17档，365期，播出总时长1059分钟。

二是以运营信息为重点，建设应急信息发布平台。地铁电视作为北京市重要的应急预警和政务信息发布渠道，作为北京市应急办指定的应急信息发布媒体之一，及时发布天气预警信息、重要节点的信息提示，为出行人群提供全方位的服务资讯，2019年全年共发布各类应急信息108条。

三是以满足乘客需求为重点，建设乘客服务平台。为满足乘客需求，2019年对地铁电视频道进行重新优化包装，着力打造新闻资讯、文化娱乐、生活服务和教育社科等几类节目，使节目内容“接地气”，轻松活泼，符合地铁乘客人群的特点，节目形式和风格上将娱乐性放在首位，强调故事性和情节性。为进一步丰富节目内容，与各大主流媒体、网络媒体进行合作，上刊新华视频、腾讯视频、优酷视频、西瓜视频等专刊栏目，取得良好的播出效果。

四是以节目和宣传片为重点，建设企业宣传平台。加强与各政府委办局、社会知名企业和品牌、知名新媒体和网络巨头以及兄弟单位的合作，建立媒体经营互通共享机制，充分扩展地铁电视资源的经营渠道，通过提升节目和宣传片的收入在一定程度上降低广告经营风险。

二、完善播出安全体系，不断提升安全服务保障能力

一是保证播出内容三审制。地铁电视公司始终坚持以最坚决的态度、最周密的筹划和最高的标准做好播出服务保障工作。2019年对所有播出的节目、广告、宣传片和预警信息，实行三级审查，即编辑人员、高级主管、部门负责人逐层审查全部播出内容，务必做到“一个字不出错，一个标点符号不出错”的播出标准。如遇到重要内容，分管领导着重审查，特别是涉及意识形态的内容，党支部书记最后把关，践行了党管媒体的原则。2019年全年，地铁电视公司确保了安全播出零事故。

二是保证播出终端开机率。地铁电视公司扎实做好对1号线、2号线、13号线、八通线车载系统的巡视、维护、维修工作，克服了设备老化、设备故障频发、部分设备无法维修等困难，以最低的维护成本，保持了地铁电视系统的稳定运行。2019年全年，地铁电视总开机率为97.94%，为广告和节目播出提供了良好的硬件条件。

三是不断提升安全理念。地铁电视公司通过经营分析会、节前教育会、专题学习会等形式在全体员工范围内进行了多次安全教育工作，使全体员工牢固树立安全意识，通过定期安全检查和安全隐患排查等方式确保安全工作万无一失。地铁电视公司还组织全体员工进行了火灾突发事故应急演练等培训，提高了公司应对突发事件的处置能力。

三、完善内部机制，不断提升管理水平

一是加强成本管理。在2019年年初，完成了对歌华大厦地下一层机房的优化合并改造，结合各机房的实际使用和设备状况，对播控中心以及电视传输系统进行统筹管理，采取节能措施，优化机房使用功能，提高了设备可靠性及安全性，节约了传输链路费、系统设备维护、维修费用以及电费、水费等数十万元。

二是持续推进规章制度废改立工作。在2018年9月部署启动了规章制度废改立工作，截至年底，已修改完成《北京北广传媒地铁电视有限公司章程》以及《北京北广传媒地铁电视有限公司"三重一大"实施细则》《北京北广传媒地铁电视公司董事会议事规则》《北京北广传媒地铁电视公司经理办公会议事规则》等86项规章制度。2019年启动了内控体系建设工作，截至2019年底，完成了穿行测试，完成了内控手册修改工作，完成了内控手册编制工作。

四、开拓经营思路，以创新发展为目标，不断探索新的经营模式，调整业务布局，谋划媒体创新

一是转变招商经营思路，转变经营模式。在当前的经济和市场大环境下，已经无法找到总包代理商，因此，公司决定转变思路，在市场无法支撑较高代理费的情况下，掌握经营主动权，不再以总代理的方式进行招商，而是采取行业（区域）代理、自营相结合的招商经营方式，这种方式既能降低独家代理模式的经营风险，也能使公司最直观最快速地了解市场的实际状况，以便公司以市场为导向及时做出经营目标和策略的调整。公司与股东双方旗下的所有广告经营单位以及其主要代理商都建立了业务联系，达成了业务互推代理的意向，同时公司经过努力拓展，已经与十余家市场上主要的行业广告商建立了业务代理关系，借助各方资源和销售力量促进地铁电视广告的销售。

二是制定并实施配套政策。为了配合代理、自营相结合的方式，公司曾尝试多种渠道吸纳和招收专业广告销售人才，但是由于薪酬水平和媒体规模的原因一直未能成功。在难以招入更多专业销售人员的情况下，对部门人员、职责和绩效机制都陆续进行了相应调整，给相关部门下发任务指标，并制定了配套的奖励激励政策。为充分调动员工创收和股东旗下兄弟单位员工的积极性，公司还试行了创收奖励管理办法，以规范合理的方式激励创收行为，使非业务部门员工也参与到创收工作中。公司发动全公司员工积极争取恢复前期合作过的广告客户并开拓新的广告客户资源，在电视中高频次播放招商信息，还在经营中根据市场反馈情况多次调整价格和优惠政策。

三是调整业务布局。多年来广告收入是地铁电视营业收入的主要来源，但是目前广告市场的大幅下滑对总收入产生了极大的影响，因此，公司尝试调整业务布局，着力提升节目合作和宣传片创收两方面的业务收入，中期目标是将节目和宣传片收入的营收占比逐步提升，争取实现与广告收入相均衡，从而抵御广告市场下滑带来的风险。2019年节目、宣传片收入已经较去年同期实现了提升，预计2020将维持稳步增长。

四是尝试建立地铁电视的移动端平台渠道。以"地铁电视公众号"为突破点，建立乘客受众的移动端平台互动渠道，创办乘客互动型节目、活动，提升地铁电视的关注度和内容参与度，通过节目宣传以及活动积极吸引乘客流量；通过电视（大屏）终端和移动网络（小屏）终端的互联互通，拓展地铁电视品牌的宣传途径，增强宣传效果。截至2019年底，初步完成了地铁电视移动端的功能规划设计，进行了地铁电视公众号的内部测试工作，下一步将逐步进行推广。

五是探索与移动互联网融合创新。积极开展技术预研，通过与社会第三方的合作，尝试通过新技术的引入，丰富地铁电视大屏与移动终端小屏联通的途径和渠道。通过借助网络信息化技术的应用，实现传统地铁电视和移动端媒体从硬件技术平台到内容宣传、互动等多个层面的融合互通，通过“融媒体”创新来赋予地铁电视新的活力，拓展新的发展空间。截至2019年底，地铁电视公司与相关技术公司进行了车载电视接收设备智能化的原型静态试验，现已启动应用5G/4G通信技术的智能化系统方案的研发制订工作，为未来5G模式下地铁电视与移动互联网的创新融合奠定技术基础。前期还与合作商进行了微信小程序等移动端互动模式的尝试，为最终与移动互联网全面融合做好前期探索和必要的准备。

（北京北广传媒地铁电视有限公司）

鼎视传媒股份有限公司概况

鼎视传媒股份有限公司原称鼎视数字电视传媒有限公司，为全国性数字付费电视节目集成运营机构，成立于2005年12月。2014年11月由有限公司整体变更为股份有限公司。鼎视传媒是国内领先的数字电视内容集成分发运营商，为数字电视内容供应商提供专业的技术服务和营销服务，主营业务包括传输加密业务、付费频道销售业务、电视购物频道发行业务。公司内设销售部、客户服务部、传输业务部、版权合作部、财务部、技术部、行政人力部。

2019年，鼎视传媒股份有限公司继续巩固节目落地区域，共集成传输18套数字付费电视频道、11套高标清卫视频道、8套购物频道，代理发行4套购物频道。付费频道销售业务直接签约合作网络公司共计243家。累计数字电视用户总数为13963.92万户，占全国现有数字电视用户的70%，电视购物频道发行共计落地102个地区，累计机顶盒用户达到6468万户。

传输的26套数字标清节目有：教育·就业、车迷、优优宝贝、环球旅游、新娱乐、收藏天下、百姓健康、四海钓鱼、证券资讯、电子体育、休闲指南、家庭理财、中国天气、音像世界、人物、财富天下、家政、美食天府18个数字付费频道。同时，还为快乐购物、央广购物、优购物、时尚购物、风尚购物、家有购物、家家购物、环球购物8个数字电视购物频道提供集成传输及发行服务。传输的11套数字高标清卫视节目有：北京卫视、湖南卫视、金鹰纪实、深圳卫视、广东卫视、黑龙江卫视、湖北卫视、北京纪实高清、三沙卫视、厦门卫视、福建东南卫视。

鼎视集成平台在2019年9月11日23：59：59前，将中星6B卫星E10、E12、E14转发器上节目转至亚洲6号卫星C3H、C4H、C12H转发器。鼎视合作地区全部正常接收亚洲6号卫星信号，全国30个省网和省会城市有线网络均已完成转星操作。鼎视集成平台节目完成转星工作。

（鼎视传媒股份有限公司）

北京北广置业有限公司概况

北京北广置业有限公司成立于2006年12月15日，是北京歌华传媒集团下属负责项目开发和经营管理等业务的企业。主要业务是在北京歌华传媒集团的领导下开展项目开发、物业管理、劳务派遣、项目投资和资产处置等业务。营业范围包括房地产开发、销售本企业开发的商品房、物业管理、机动车公共停车场服务、劳务派遣、房地产信息咨询、会议服务、广播电视节日制作、电影发行。主要负责北京影视城项目和其他物业的统一开发建设和经营管理，协调管理北京影视城项目其他公司北京现代电视艺术发展有限公司和北京东方艺苑物资仓储服务管理中心。

北京北广置业有限公司截至2019年年底资产总额3600多万元，2019年度营业收入900多万元，利润300多万元。2019年主要工作：

一、进一步梳理北京影视城项目

2019年北广置业通过对北京影视城项目的梳理对项目的认识进一步加深，进一步推进工作，向歌华传媒集团领导汇报了影视城项目情况，增加集团领导对该项目的了解。开发建设和经营管理北京影视城项目是成立北广置业的初衷，也是北广置业各项经营工作中的根本性工作。盘活影视城项目的资产资源，为重大项目布局提供支持和保障是北广置业的主要工作之一。北京影视城项目由于其立项以来经历的时间长，之前的开发建设受北京市广电系统多次改革调整等因素影响，形成一系列错综复杂的历史遗留问题。2019年，北广置业统观北京影视城项目情况，形成推动式项目开发建设，盘活待开发土地的思路，并向歌华传媒集团及北京市文资中心领导汇报，以便进一步上下齐心将影视城项目做大做强。

二、继续做好农转工安置和管理服务工作

北京影视城项目农转工安置工作是北京影视城项目的历史遗留问题之一，事关社会稳定、群众利益和项目进一步开发建设。做好农转工安置工作需要筹措到足够的安置经费，为农转工安置好工作，同时要管理和服务好农转工。北广置业在2019年北京森润房地产开发有限公司资金极度困难的情况下，采取多种措施保证筹措农转工约500万的安置费，并为农转工安排了工作。同时按照歌华传媒集团部署，严格落实稳定措施，做好对农转工的管理，加强与农转工的沟通，把工作做在前面，确保农转工群体的稳定，做到歌华传媒集团要求的守好自家门，看好自家人，没有出现上访信访事件。

三、进一步做好电视节目制作中心经营管理工作

北京影视城电视节目制作中心是北京影视城项目已经建成并投入使用的项目，由于建成时间早，各项设备设施已经老化，面临很大的维护维修压力。同时还面临资金紧张和人员不足的困难，2019年北广置业与北京东方艺苑物资仓储服务管理中心克服困难，完成电视节目中心经营管理各项工作。做到各项设备设施正常使用，环境整洁、优美，职工食宿安全、贴心，为入驻单位提供更好的服务和保障。

四、做好影视城项目征地环境整治和绿化美化工作

北京影视城项目土地面积大，在资金和人手不足的情况下看护难度大。历史遗留下来的违建是难以解决的棘手问题。2019年北广置业加大与当地政府沟通协调力度，研究制订严密的方案，大力推进拆除违建工作。2019年上半年拆除一处大规模违建，并与当地政府就拆除另外一处违建工作进行沟通协商，制订出拆除工作方案。在推动拆除违建工作的同时，北广置业为拆除违建土地设置围挡，美化征地环境。

（北京北广置业有限公司）

北京中广传播有限公司概况

北京中广传播成立于2009年，2017年起推进媒体融合发展，截至2019年年底，基本实现从网络运维服务到媒体服务再到文创科技产品创作、生产、销售的转变，初步建立起内容、技术、载体三位一体发展模式。

业务收入主要来源于四个方面：北京地区移动多媒体广播电视网运行维护，太原高铁与沈阳高铁列车全媒体传播平台，融合媒体北京社区政务公共融合平台传播合作业务收入，以传承中国优秀传统文化为宗旨的主题文创产品及文化产品销售。

一、确保北京地区移动多媒体广播电视网络正常运行

中广传播集团为党和国家领导人及党和国家机关副部级以上领导提供移动多媒体广播车载电视。几年来，车载电视是中央领导收看广播电视的重要手段。北京市广电局及中广传播集团收到中办警卫局《关于为新增中央公务用车安装移动多媒体车载电视的函》后，中广传播集团在党的十九大后负责新增中央公务用车安装项目的联络和协调工作，指派专人负责中办警卫局指定用车车载电视维护，应在两小时内做出响应，保证车载电视终端正常运行。

为确保广播电视安全播出、网络安全和安全保卫，中广传播强化主体责任，监督责任、分级管理、分工责任，层层压实责任，制定《北京地区公务用车安装服务管理规范》，牵头建立、完善服务体系，建立健全质量管理保障体系。落实各发射点运行维护责任，明确运行维护、故障抢修工作流程，完善各项规章制度，保障车载电视安全播出。

二、睛彩北京高铁电视项目

北京中广传播与铁道影视中心等单位从高铁传播方式整合升级角度出发，形成太原铁路局管辖范围93组列车，及沈阳铁路局管辖范围285组列车电视的播放载体范围。太原铁路局高铁电视每月受众达2513591人，沈阳铁路局高铁电视每月受众达7229324人。

三、以政务公共融合平台为载体，提供智能化信息基础设施建设服务

北京中广传播社区户外公众政务融合平台是中央传播机构与地方基层单位联手共建舆论传播新阵地、新形态、新载体的新尝试。北京中广传播与北京文化局文化中心、西城区消防支队签署合作协议，与海淀、丰台、顺义、房山四区宣传部门明确合作，与北京市150家社区物业管理单位签署合同，有1600余台社区公众党建宣传柜投入使用。

北京中广传播户外公众党建宣传柜，充

分发挥文化基础设施的影响力、社区公信力和现代基础设施提供能力的优势，以“两通一空间”为基础，以通光缆、通电力、提供机电一体化设备存放空间，以“价值共享、合作共赢”为核心，把户外媒体基础设施共享与基层党建宣传相结合，形成通信＋广电＋户外媒体深度融合整体推广合力。实践中，社区户外公众党建柜充分体现出长期性、安全性、可靠性、稳定性的优势。截至年底，北京中广传播与北京移动通信开展业务合作的分公司达 8 家，占北京移动通信分公司的三分之二。

（北京中广传播有限公司）

朝阳区融媒体中心概况

朝阳区广播电视新闻中心正式成立于 2003 年 6 月，是在原北京市朝阳区广播电视局、北京市朝阳区新闻中心、北京朝阳有线电视、朝阳报社、北京市朝阳区有线电视网络中心基础上组建而成。中心隶属于朝阳区委、区政府，是受区委宣传部的直接领导的全额拨款事业单位，主要负责朝阳区新闻宣传、舆情处置、应急处突、新媒体建设等工作，经过十五年的发展建设，形成了“一报、一台、一网、一端、两微”的全媒体宣传平台，即《朝阳报》、朝阳有线电视台、朝阳新闻网、“北京朝阳”App、“朝闻道”政务微信公众号、“北京朝阳”政府微信公众号。中心下设办公室（保密科）、总编室、人事科、财务科、资料室、新闻科、电视采访科、电视摄像科、电视编辑科、电视技术保障科、报纸采访科、报纸编辑科；下属两个自收自支事业单位，分别是北京朝阳传媒中心和朝阳传媒影视技术服务中心。2018 年 6 月 19 日，朝阳区广播电视新闻中心加挂朝阳区融媒体中心牌子，朝阳区融媒体中心成立。

2019 年朝阳区融媒体中心主要完成以下工作：

一、不忘初心，勇担使命，圆满完成中华人民共和国成立 70 周年庆祝活动服务保障

建立健全新闻联络沟通、新闻策划与采访报道、媒体舆情新闻应急等 7 项工作机制，就朝阳区发展成就、朝阳区服务保障工作以及国庆活动期间联欢活动、游园活动等内容，先后组织策划“高质量发展”主题采访、“新时代新作为新篇章”等集中采访近 70 次，报道 1000 余篇次，其中《人民日报》21 篇次，中央广播电视总台 45 条，《新闻联播》播放 7 条，《北京日报》172 篇次、头版 21 篇次，北京电视台 146 条。通过专版专刊、系列公益、主题短视频、H5 等形式开展多种类差异化的新闻生产，利用报纸、电视、App、微信、抖音等开展多渠道持续动态推送，累计推出新闻产品 1035 条（个）。

“朝阳群众”抖音平台共发布 33 条短视频，总阅读量超 1.26 亿，总点赞量约 375.3 万，其中最高一条“阅兵印记”，浏览量约 9633 万，点赞量 311 万；《朝阳报》推出庆祝中华人民共和国成立 70 年专刊和“国庆专刊”，刊发《70 年看今朝 · 创新发展》等共 100 个版面，受到市委宣传部新闻阅评组的好评；《朝阳新闻》“关注国庆阅兵庆典背后故事，凸显群众拳拳爱国心”等内容受到市广播电视局《收听收看报告》高度评价；融媒自制节目《朝阳相册》讲述榜样的那些事，11 篇内容在学习强国、北京日报App、人民网等媒体刊登，总阅读量达90万，北京朝阳企鹅号点击量高达450万。

二、践行“四力”，守正创新，全力营造推进朝阳新发展的良好舆论氛围

全年策划系列新闻宣传活动共计210余次，媒体报道、新媒体推送、重要网络转载等3.5万余篇次。《人民日报》报道98篇、《光明日报》报道65篇、中央广播电视总台报道185次（《新闻联播》20次）。《北京日报》报道986篇（头版61条），北京电视台报道1499次（《北京新闻》311次）。腾讯微信朋友圈发布广告1条，推送量近50万；在腾讯新闻客户端策划朝阳重要新闻的push推送15篇，重点推送短视频24条，总阅读量超2400万；多条视频播放量超过百万；北京朝阳腾讯企鹅号发布报道438篇次，总阅读量超24万。

2019年全年，客户端下载量1258751、日活251821，发稿量比去年同期增加71%、阅读量增加883%。共推送相关报道6257篇次，阅读量超1672万。“北京朝阳”微信公众号共推送306期，各渠道累计阅读量达1963208人次，粉丝量为84483人。“朝闻道”微信公众号共计推送900余条，阅读量约200万，国庆期间推出“金曲·70年”等栏目和全区红歌快闪系列报道。“朝阳群众”抖音号共推送短视频228期内容。自2018年9月30日上线以来，总播放量超过2.3亿、点赞数超过506万。朝阳有线共制作节目9100分钟，其中《朝阳新闻》共播出278期，7680分钟，《安全视界》《全民健身总动员》《健康朝阳》等7档栏目共123期近1420分钟。制作《朝阳群众》等30余部专题片，圆满完成《朝阳新闻》日播改版。《朝阳报》共出刊148期，1000个版，推出区级领导、二级班子主要领导主题教育学习体会交流文章2期12个版，28篇文章，推出主题教育学习体会交流文章4期31个版，136篇文章。完成4份合作报（《酒仙桥》《朝阳房管报》《春雨》《慈善朝阳》）的编辑出刊（《酒仙桥》24期96个版、《朝阳房管报》12期48个版、《春雨》12期48个版、《慈善朝阳》12期48个版）。朝阳新闻网更新栏目内容约6.6万条、视频约780条。

全年分批次、多层次为全区基层单位开展舆情工作培训10余次；成功举办2019年朝阳区新闻宣传工作培训班暨新中国成立70周年新闻宣传工作培训会，全区各单位宣传干部近300人参加。多区域交流。区融媒体指挥调度中心接待昆明、广州等地宣传干部以及中国传媒大学、北京大学等在京高等院校调研40余场次；中央统战部《团结报》、北京日报等新闻媒体调研10余次。6月至9月，开展2019年“朝阳融媒”社区行活动，以“新中国70载·朝阳印象”为主题，走进社区，走到居民身边，面向广大市民征集与朝阳区发展有关的摄影作品，用图片讲好朝阳故事。“北京朝阳”App推出“小记者活动”等品牌系列活动，共组织线上、线下活动31次；结合朝阳区“两会”、京交会、2019北京CBD论坛主题新闻发布会等活动开展线上直播18次，总观看量265万余人次；正式上线积分商城，加强在留言区与粉丝的互动，增强了粉丝黏度。

2019年各分中心共向融媒体中心报题近2000个，选用1200多个，选用率为62%。

三、技术驱动，融合突破，不断夯实意识形态阵地建设

探索个性化功能定制，实现舆情数据精准抓取。利用舆情大数据系统，持续做好日常舆情、专项舆情的监测，同时做好新闻应急和舆情处置。2019年累计报送媒体舆情6700余篇次，形成各类媒体舆情报告近200

篇；启动舆情专项监测470余次，报送专项监测报告1000余篇次；参与处置20余起重大舆情，适时发布情况通报等措施，加强舆论引导，避免媒体炒作。

加强技术应用，提高工作效率和质量。强化安全生产，构建一体化网络安全防护体系。坚持网络安全保护系统与业务技术系统同步规划、同步建设、同步使用，完成高清播出系统3级等保、“北京朝阳”App 3级等保、融媒体系统3级等保、全媒体舆情数据管理系统3级等保年度测评，通过完善升级，确保融媒体中心各技术系统安全运行。完成互联网安全统一管理平台项目阶段性测试，拟对互联网各平台内容敏感词语实时进行监管、处置，确保新闻宣传内容安全。对接“北京云”，与市级平台实现互联互通。根据市区两级宣传部要求，先后8次与歌华公司进行面对面技术对接，商讨制订“北京云”平台和现有平台融合使用方案、入驻“北京云”步骤，完善工作流程。

（朝阳区融媒体中心）

海淀区融媒体中心概况

海淀区新闻中心于2006年2月28日成立，在撤销原海淀区广电中心和原《海淀报》社建制的基础上由两个单位合并而成，是区委区政府所属相当正处级全额拨款事业单位。2018年7月21日海淀区融媒体中心正式挂牌运行。中心整合“报、台、网、端、微”资源，建立适合报纸、电视和网络新媒体的“策、采、编、发、存、评”工作流程，形成“一体策划、一次采集、多种产品、多媒传播”的现代传播格局。海淀融媒云端技术平台“媒e家”正式运行并投入使用（海淀版的中央厨房），实现内容生产、流程设计、播发调度、效果评价、人员管理、绩效考核、技术支撑等方面的融合，得到中宣部领导和市、区领导的高度肯定，北京日报、北京电视台等市级媒体多次报道，先后有90余家市内外媒体参观交流，成为全市乃至全国区级媒体融合改革的精品和样板工程。

2019年完成的主要工作：

电视、报纸：

紧紧围绕区委、区政府“八张新答卷”各项重点任务和“两新两高”战略决策的深化落实，通过“一体策划、多媒制作、多屏分发”，实现报、台、网、“两微一端”等平台全媒联动报道。截至12月31日，“一报两刊”共出版报纸171期，开办各类专栏30个，其中刊发记者稿件5000余篇，400余万字；完成365期电视节目《海淀新闻》的制作、播出，播出新闻3830条，在中央台及北京台播出新闻140条。

融媒体发展：

推进改革创新，拓宽传播平台。持续推进媒体深度融合，着力拓宽传播平台载体，着力强化人才支撑和政策保障，传统媒体与新兴媒体优势互补的态势日益凸显，新闻产品形成全媒体、全天候、全覆盖的发展格局，逐渐成为互联网语境下的新型区域主流媒体。运用抖音、快手、微视频、西瓜视频、海淀融媒今日头条等新媒体平台发布作品14726条，总点击量12亿，总点赞1.1亿；

海淀融媒直播活动62场，观看人数达1500多万人次；“两微一端一抖”和新闻网站覆盖人群超过800万人，日均对外发布各类信息200余条；被“学习强国”平台选用作品190件。

（海淀区融媒体中心）

丰台区融媒体中心概况

北京市丰台区广播电视中心的前身是丰台区广播站，成立于1957年2月，到2001年11月更名为北京市丰台区广播电视中心。2018年7月5日，丰台区融媒体中心正式挂牌。丰台区融媒体中心以区融媒体中心建设为龙头，加强基层主流媒体建设，构建区域融媒体生态圈。

2019年，丰台区融媒体中心主要工作如下：

1. 推动融媒体中心全面建设。一是推进融媒体中心机构改革。整合机构融合转型，明确编制改革方向，重新调整运行架构。二是高起点谋划，完成中心新址一期建设方案。三是完成“北京丰台”全媒体客户端一期建设上线运行，并接入“北京云”融媒体市级技术平台。四是深入推进“融媒体中心、新时代文明实践中心以及政务服务中心”贯通工作，实现全区“新闻+政务，新闻+服务”综合融媒宣传平台功能聚合。3月8日，北京市委常委、宣传部部长杜飞进到融媒体中心，就丰台融媒体中心建设情况进行调研，并对丰台融媒体中心挂牌以来的工作给予充分肯定：“丰台融媒体中心基础打得好，厚积薄发，后来居上！”“丰台区构建全区‘一三三’融合报道工作体系，工作扎实有序，群众基础好，发展势头强劲。”

2. 做好国庆70周年专题宣传工作。一是突出主题亮点策划。围绕“庆祝中华人民共和国成立70周年”和“中国梦·中华魂·戏曲情”两个亮点主题，确定融合宣传方案。二是扭住关键高效宣传。紧扣“国庆、戏曲游园”主题，聚合多渠道，专注移动端，网络直播活动6场次587分钟，分别在5个平台同步直播，观看量530多万人次。制作推送短视频、微视频63条，在抖音、快手双平台推送，增加粉丝1万余人，点赞量7.3多万人次，浏览量突破760多万人次。

3. 增强新闻融合宣传“时、度、效”。一是提高统筹融合策划调度效率。精准把握重点工作和发展动态。策划推出30余个专项工作专栏专刊专版，进行10个系列主题宣传，为市委市政府“丰台区要上台阶”的工作要求营造良好舆论氛围。二是提速“一三三”宣传体系建设。立足区域性，持续构建区域融媒体信息服务平台，推进中关村科技园区丰台园、丽泽金融商务区、南中轴及南苑－大红门地区等区域融媒体分中心建设。推动宣传工作向基层延展，在东高地、方庄等街道先后建立6个“新闻发声人工作室”，在北京汽车博物馆、“时代风帆”楼宇党支部、丰台职业技术学校设立3个融媒体创新工作室。三是提升服务大局融合宣传成效。统筹兼顾，突出重点，编辑出版《丰台报》50余期，文字量达100余万字。刊发“民有所呼，我有所应”专版17期、社区专版30期。找准选题，精心策划，播发《丰台新闻》2000多条。扎实推进“有事您说话”专栏，体现我区“民有所呼，我有所应”工作成果，播出18期。

媒体推送、及时有力，“北京丰台”移动宣传矩阵共编辑发布推送各类文章1100余条，总推荐阅读总数500余万次、50余万人。

4.创新创优融媒体产品。一是创新宣传应用技术手段。统筹区内外资源和平台，协同报道第56个学雷锋日活动“学习雷锋好榜样，快闪在汽博”，庆祝新中国成立70周年丰台区宣传系统“我和我的祖国”快闪刷屏活动。二是创新制作区域百姓短视频。加大选题和制作力度，融媒体中心与新华社北京分社合作完成50部公益短视频，其中36部丰台百姓公益短视频单平台浏览量超过100万人次，全网浏览量累计突破1亿人次，在网络移动端唱响主旋律。三是创新网络直播拓展形式。网络直播以内容体验为主，完成网络直播活动60余场次，累计观看量900余万人次，持续吸引受众关注，聚合效应持续增强，取得良好的宣传效果。2月2日中宣部副部长、中央广播电视总台台长慎海雄在央视发展研究中心调研报告《央广网在县级融媒体建设中取得点的突破》对融媒体中心与央广网合作建立“丰台模式”工作做出批示。

5.创新服务基层群众方式。一是推进“新闻发声人”工作服务群众。持续加强新闻发声人队伍建设。相继成立云岗、宛平、马家堡、方庄、右安门、田城、丰职等新闻发声人工作室，2019年新闻发声人队伍规模已达到600余人。二是积极开展融媒体知识培训。组织各街乡镇宣传干部及社区（村）新闻发声人骨干共计2000余人开展20场融媒体知识系列培训，打造一支政治素质过硬、服务群众能力强的区域融媒体宣传工作队伍。三是深入基层融合报道为民解忧。深入基层贴近群众，服务民生。《丰台新闻》、《丰台报》、“北京丰台”公众号等宣传矩阵策划推出“民有所呼，我有所应”“接诉即办”“让‘街乡吹哨，部门报到’形成丰台生动实践”等服务基层群众专栏专版，用实际行动落实“服务群众、引导群众”的目标。

（丰台区融媒体中心）

石景山区融媒体中心概况

北京市石景山区融媒体中心成立于1987年12月，前身为石景山广播电视局，2001年10月更名为石景山区广播电视中心，拥有石景山有线电视媒体平台。2018年6月6日，石景山区融媒体中心正式挂牌，包括石景山有线电视、石景山报编辑部、新媒体中心三个宣传平台。作为石景山区委、区政府重要的新闻宣传机构，融媒体中心承担全区对内、对外电视宣传任务。2019年3月，石景山区编办正式批复融媒体中心“三定”方案。中心组织架构划分为党政事务、融媒宣传、政务服务、技术支持四个功能板块，实设总编室、采编中心、新媒体制作部、客户端运营部等12个内设机构和1个直属科级事业单位。10月，原隶属宣传部的《石景山报》编辑部、《石景山工作》编辑部、新媒体中心正式转隶区融媒体中心，集中办公，统一调度，统一运营，统一管理。

2019年，《石景山新闻》累计播发新闻2300余条，系列报道（栏目）17期。包括《坚持高质量发展 高水平打造首都城市西大门》15条，《幸福其实挺简单》10条，《壮丽70年·奋斗新时代》20余条，《不忘初心·牢记使命主题教育》120余条等，在中央广播电视总台、北京电视台播发新闻200多条（次）。成功完成《民之所需、政之所向》等政府专题片制作，并在两会上播出，受到代表、委员好评。政协专题片两部，《巩固提升创卫成果 共建共享美好家园》一部，《凝心聚力，人人参与 共建共享健康家园》两部专题片在北京市国家卫生区复审、争创国家慢性病综合防控示范区工作会上播出，效果良好。《劳模风采 社会楷模》专题片在区工会“时代先锋·社会楷模”工作会上播出，受到好评。

聚焦主题主线，办好重点栏目，积极开展新闻宣传工作。紧紧围绕庆祝新中国成立70周年、“不忘初心、牢记使命”主题教育、服务保障冬奥、“街乡吹哨，部门报到”、12345接诉即办、创建全国文明城区等全区中心工作，开展主题主线宣传。各宣传平台同步开设《壮丽70年，奋斗新时代》《开启高端绿色发展新征程》等13个重点栏目，共计播发相关新闻近4000条。

坚持移动优先、内容为王，不断扩大新媒体宣传传播力影响力。今年8月，新媒体部面向社会进行招聘，人员由原来的2人增至13人。新媒体生产坚持内容为王，强化首发功能，鼓励策划原创，注重民生主题。先后策划原创“光影70年”“新首钢大桥开通”“带你走大兴新机场”等手绘漫画、街采微视频、Vlog打卡等新媒体产品。2个月微信公众号累计发布稿件80余篇。抖音政务号增加粉丝2.5万人，单条播放量最高1247万，点赞量73万。策划实施线上线下宣传活动。与腾讯大燕网合作开展“探秘冬奥核心区，走进城市复兴新地标”活动，在腾讯新闻App北京频道、腾讯大燕网首页等平台进行推广，累计访问量36.7万。与今日头条合作开展“活力石景山、打卡新地标”活动：第一阶段在首钢园举办的“抖in北京嘉年华”线下活动，通过抖音平台、全网媒体矩阵、自媒体联动传播，线上总曝光量超过2亿，全网稿件超过100篇，总曝光量超2000万，20余个直播平台同步进行直播，累计观看人数451万；第二阶段“活力石景山，打卡新地标”活动于11月初启动。京交会期间，融媒体中心在首钢高炉观景台进行网络直播，在线点击观看172万余人次。

坚持守正创新，实施优化升级，推动传统媒体融合转型。5月起，《石景山新闻》在视界北京App平台同步进行直播，目前日观看人数达4万人次，观看总数363万人次。自10月1日起，《石景山新闻》实现对播和日播，时长由原来的12分钟增至20分钟。《石景山报》强化民生报道、舆论监督、时事评论功能。《石景山工作》4月份进行改版，全彩印刷，从内容到风格更加体现时代特色。结合主题教育，聚焦提升“四力”，积极开展精准扶贫实地采访报道工作。

融媒体中心建设情况：2019年6月融媒体指挥运行信息系统项目7月完成招标，8月正式开工建设，10月底搭建完毕，投入试运行。2019年11月，“北京石景山”移动客户端搭建完毕，投入试运行；12月在华为应用市场、苹果应用商店上架。功能主要划分为新闻资讯、政务服务、便民服务、新时代文明实践中心四个板块。新闻资讯板块主要开设头条、时政、党建、冬奥、经济、科教、文旅、创城、社区等栏目，同步在首屏资讯、视图、社区、景视频、直播、电视、纸媒等功能区展示。政务服务板块主要贯通监督指挥中心“网上12345”、政务服务中心“石时办”和网上办事平台，链接30余项北京政务服务事项，同步在首屏轮播区固定展示。便民服务板块主要链接30余项便民服务，同步在首屏轮播区固定展示。新时代文明实践中心板块目前链接“石景山文明网”。“北京石景山”App 还开设“石景山号”，提供新闻资讯交互服务。增设《石景山报》《石景山工作》电子版手机适配功能。适应受众需求强化视、听、图功能，开设“景视频”、直播、电视、听吧、视图等频道。开设“发个身边”频道，为群众提供报料问政、互动参与服务。

2020 年 3 月，中心融媒体信息系统建设项目被国家科学技术奖励工作办公室和中国广播电视设备工业协会评为“2019 年广播电视科技创新优秀奖”。

（石景山区融媒体中心）

门头沟区融媒体中心概况

门头沟区融媒体中心的前身是门头沟区广播站，成立于 1958 年 7 月，2002 年 5 月更名为区广播电视中心。2018 年 6 月 30 日，区融媒体中心正式挂牌。2019 年全年，《门头沟新闻》共播出新闻 3996 条，完成央视和市属媒体外宣 143 条。全区各类宣传片、总结片制作播出 20 余部，公益宣传共 20 条。自办专题节目《门头沟・视点》完成 39 期。自办生活服务类栏目《信息高速路》制作播出 52 期。《京西时报》出刊 98 期 392 版，文 150 余万字、图 1000 余张。“门头沟融媒”微信公众号共推送文章 858 条，“学习强国”平台共推送稿件 22 条；“门头沟融媒”App 自 9 月 2 日运行以来，共推出资讯类内容共 652 条，其中，视频类 214 条，文章类 203 条，图集类 208 条。

一、持续推进媒体融合发展，强化融媒体中心建设

互融互通，聚合共振。传统媒体和新兴媒体已经全面优化整合到位。共融合一个电视频道、一份《京西时报》、一个官方微信公众号、一个官方手机 App。全面形成“融媒体统筹、新媒体建设、全媒体跟进”的运行模式，一个优势互补、聚合共振的主流媒体成型。

业务精专，提升技能。中心完成全体新闻采编人员“学习强国”学习考试，49 名一线采编人员全部通过考试。完成 2019 年度广播电视播出许可证换证工作。上报市网信办互联网新闻信息服务许可材料。从 6 月开始对融媒体记者进行 4 次业务培训。

监管同步，融合质变。

二、牢牢把握正确导向，主题宣传浓墨重彩

（一）宣传重点工作

1. 围绕区域发展总原则，打造“红色门头沟”党建品牌和“绿水青山门头沟”城市品牌。门头沟电视台开设《门头沟红色党建》《绿水青山门头沟》全新板块，对重大活动进行全方位、系列报道。《京西时报》重启文化版并开设《门头沟故事》《文化纵横》专栏；“门头沟融媒”公众号推出《把红色基因融入血液里》《让红色基因焕发时代光芒》等评论文章。根据区委宣传部要求在 A 段广告时段播出 15 秒公益广告《门头沟形象片》，制作播出《传承红色基因》公益广告 1 部。

2. 围绕“不忘初心，牢记使命”主题教育，开展主题宣传。

3. 围绕“三四三六”工程及为民办实事项目开展工作。

4. 做好精品民宿、优化营商环境、接诉

即办、城市精细化管理、重大活动保障、扫黑除恶及安全维稳等专项工作。

（二）加强对外宣传

1. 制作《北京气温大跳水，山区迎春雪》新闻一条，在中央广播电视总台新闻频道滚动播出，覆盖4月9日至10日，新闻频道21个新闻时段，规模空前；《【在习近平新时代中国特色社会主义思想指引下——新时代新作为 新篇章】北京：让生态文明成为首都亮丽底色》在《新闻联播》头条播出，为历史首次。

2. 充分利用“学习强国”进行地区推介。自“学习强国”北京平台开通对各区融媒体中心供稿链路后，在“学习强国”学习平台共推送稿件22条。

（三）宣传重要活动

门头沟融媒“四个平台”分别开设相关专栏、板块。其中《京西时报》发表文章45篇、“创城”报道101篇、曝光台32期。制作“践行雷锋精神，助力文明创城”等相关专题共5期。制作2部先进创城人物公益广告《心向绿色》《精工匠心》，制作完成并安排播出《门头沟热心人》公益广告。

（四）抓好主题宣传

完成电视台开设“壮丽七十年·奋斗新时代”主题板块，进行全方位、系列报道。《京西时报》开设“壮丽70年 奋斗新时代 新中国峥嵘岁月”等相关专栏。制作播出门头沟区服务保障工作纪录片《不忘初心·保国庆·牢记使命再出发》。与区委宣传部、政法委等单位对接，一周内相继在学习平台上刊发《北京门头沟：国庆花坛扮靓京西》等6篇内容。重要保障期，中心安全播出情况每月汇报市局科技处，3月成立网络安全领导小组，中心电视节目实现安全播出，圆满完成今年播出任务。

三、打造中央厨房，推进采编流程再造

搭建集报纸、电视、政务门户网、“两微一端”等传播渠道于一体的统一调度平台——“门头沟融媒体”App，总投入2000万元，共参与招标项目7个，已经施工验收完毕，现已投入使用。围绕新闻宣传的核心职能，设立“中央厨房”编辑调度中心，负责宣传任务统筹、重大选题策划、采访力量指挥、宣传效果监测评估等。按照“移动优先、融媒跟进、全媒发布”的思路，全面打破各采编部门之间屏障，建立快速响应、双向互动的信息通道，健全联动机制。整合报纸和电视台的资源优势，将所有一线记者及采编人员集中在一起，形成“同在一支队伍、共筑一个平台”的采编模式，每周召开两次选题会确定周宣传重点、探讨选题，每天召开小例会分配采写任务、确定采写方向。电视、报纸、新媒体等平台根据受众需求进行再加工，创新新闻审核模式，建立应急三级联审制度，保证重要新闻5分钟内审核发布，最终形成具有“差异化、分众化、立体化”的新闻产品。

四、“三个中心”建设推进工作

区融媒体中心成立工作专班，建立工作台账，明确责任分工，要求日事日清，每天向区委宣传部汇报“三个中心”贯通最新进展及需要解决协调的问题。门头沟融媒App为新时代文明中心提供统一入口服务，具备新时代文明实践中心服务嵌入能力。区融媒体中心和歌华有线与区政务服务局接洽，已实施技术对接相关工作，实现可发布的政务信息接入融媒体平台，能够通过手机申办政务服务事项。与区城管委接诉即办（12345分中心）实现部分功能对接，已办结案件在App上可见。

（门头沟区融媒体中心）

房山区融媒体中心概况

房山区融媒体中心成立于2001年11月，前身是房山县广播站、房山县人民政府广播科、房山区广播电视局。拥有房山电视台、房山人民广播电台和房山广电传媒网等传媒机构。2018年7月12日，房山区融媒体中心揭牌成立。2019年，按照中央、市委、区委对融媒体中心建设的要求，中心多次召开专题会、组织参观学习、开展专题培训，认真分析当前形势，理清发展思路，明确发展目标，积极推进融媒体中心建设。建设情况如下：

1. 加强领导，做好顶层设计。在区委宣传部的领导下，中心成立融媒体建设推进工作组，制定《房山区融媒体中心建设实施方案》《“北京房山”App建设方案》，与中科大洋公司、广电总局设计院等单位确定了《融媒体建设设计方案》，对融媒体工作进行顶层设计。

2. 调整机构设置，重构业务流程。按照区编办“三定”方案，中心进一步调整内部机构设置，优化人员配置，内设职能科室15个，并在此基础上设立采访中心、编辑中心、技术中心、运营中心，在编辑中心设指挥调度中心，实现对广播、电视、报纸、网络新媒体资源整合，汇聚各方优势，打造全媒体一体化运作模式。中心在全区各乡镇（街道）、各委办局以及重点行业领域分别成立融媒体记者站，对区域内信息资源进行网格化管理，实现信息多元汇集。各记者站围绕主题主线、重点工作汇集信息近百条，实现新闻宣传、信息沟通、服务基层零距离。

3. 加快推进“北京房山”App平台建设。中心坚持“移动优先”战略，全面打造“北京房山”宣传品牌。2019年，中心重点实施了“北京房山”App平台建设项目。平台涵盖新闻、党建、政务、服务、活动五大业务板块，提供新闻信息资讯、解读政策信息、党务政务公开、在线政务服务、便民业务、建言咨政等一站式服务，实现信息共享。“北京房山”App平台于今年年底上线试运营，最大限度发挥融媒体引导群众、服务群众的作用，搭建区委区政府与百姓之间的桥梁纽带。

（房山区融媒体中心）

大兴区融媒体中心概况

北京市大兴区融媒体中心是大兴区重要的新闻宣传机构，成立于2001年10月。其前身是大兴区广播站、大兴县人民政府广播科、大兴县广播电视局。2018年6月12日，大兴融媒体中心正式挂牌成立，巩固壮大主流宣传思想文化阵地，为建设首都南部发展新高地提供强大精神力量和舆论支撑。现拥有大兴人民广播电台、大兴电视台、微信公众号“这里是大兴”、微博号“北京大兴”和“北京大兴”App，主要负责本区的新闻宣传工作，电视节目纳入北京电视台公共频道播出。

2019 年，大兴区融媒体中心主要工作如下：

一、不断强化阵地建设，切实提升媒体舆论引导能力

1. 助推中心工作。围绕国庆 70 周年这条主线，结合大兴实际，通过开专栏、做展览、推活动等多种形式，生动反映伟大祖国的建设成就和发展历程。围绕“不忘初心，牢记使命”主题教育，开设专栏，及时报道工作进展和实际效果。围绕中央、市、区中心工作，策划播出《新机场 · 新国门 · 新起点》《创建文明城区，大兴在行动》《蓝天保卫战，大兴进行时》等系列报道 50 余个，播发新闻千余条，努力营造良好舆论氛围。

2. 坚持正面引导。围绕公安、消防战士、环卫工人等特殊人群，策划制作《看完后，有没有想妈？》《致敬抗美援朝老兵，最美山河守卫者》等一系列融媒产品，制作刊发“扫黑除恶”“党建”“征兵”等主题公益广告 10 余期，进一步唱响主旋律，弘扬正能量。

3. 强化媒体监督。充分发挥媒体舆论监督作用，推出《曝光台》栏目，并利用新媒体平台，及时将网友留言及时反馈到城指中心，做到接诉即办和未诉先办，有效化解网络舆情。

4. 切实反映民意。在《大兴新闻》、《大兴报》、《这里是大兴》微信公众号等开设“民有所呼，我有所应”板块。创办《融媒内刊》，及时将社会热点、难点问题和群众呼声，反映给区委区政府。现已出版报送 8 期，均得到区领导批复，进一步推动相关问题解决。

5. 提升媒体服务。理顺政务服务各项职能，盘活新时代文明实践中心等基层资源，确保“三个中心”贯通工作落实落细。优化升级“北京大兴”App 平台，增加政府办事服务事项 1684 个。自 9 月新版 App 上线以来，注册用户已突破 25 万人。

二、不断强化改革创新，全力打造新型舆论传播阵地

1. 理顺体制机制。2019 年 4 月 19 日，《北京市大兴区融媒体中心职能配置、内设机构和人员编制规定》正式批复下发。按照三定规定，中心结合实际工作，重新明确领导分工，梳理岗位职责，理顺人员配备，按照领导干部、业务骨干向一线倾斜的原则，将合适的人员配备到相应的岗位上。中层以上干部队伍已经于 2019 年 6 月配置到位，并于 2019 年 10 月完成新媒体部、技术发展部等 4 个业务科室负责人的推荐选拔工作，配置精兵强将适应全媒体时代要求。

2. 打通传播渠道。进一步整合媒体资源，优化“媒体矩阵”，大兴报社正式搬入“中央厨房”，实现集中办公。将区内各类网站、新媒体统一纳入融媒发布渠道，形成全区上下全媒体化、多元多样的大传播格局。加强与上级媒体合作，进一步丰富自有节目的内容和形式。建立与中央级重点媒体发布矩阵的联动，积极占领新闻舆论主阵地、制高点。

3. 坚持移动优先。将电视、广播、报纸、“北京大兴”App、“两微一端”等媒体进行资源整合，内容全部上网、全部手机端推广，融媒爆款产品数量直线上升。今年 6 月以来，各新媒体平台日发稿量 50 余条，每周平均发布新闻报道 300 条以上，截至 12 月共发布新闻信息 9000 余条，其中推送给上级媒体发布或转载的有 200 余条。

4. 打造爆款产品。加大策划力度，强化原创产品，开展直播活动 60 余场，制作短视频 200 多部，抖音号“大兴融媒”粉丝量超 42 万，播放量过亿的 1 条，过千万的 10 余条，过百万的 30 余条，点赞量超 1689 万次，粉丝量增长 40 多倍。大兴区政务微博号“北京大兴”在全国政务外宣榜最好成绩为单月第4名，粉丝量超141万，日均阅读量超80万。围绕新中国成立70周年，制作播出的《国庆大阅兵夫妻共同受阅》，微博阅读量达3.4亿。

5. 创新技术手段。与人民日报、新华社现场云等合作，进行移动采编的尝试与探索。成功接入“北京云”一期各项功能，实现了平台对接。大兴融媒正式入驻北京日报客户端“北京号”，与市级媒体的互动平台实现多元化对接。融媒体中心空间改造和技术平台项目全部完成验收，融媒体“中央厨房”正式投入运营，满足“一次采集、多种生成、多元传播、全方位覆盖”的工作需求。

（大兴区融媒体中心）

通州区融媒体中心概况

通州区广播电视中心成立于2001年10月。前身是通县广播站、通县人民政府广播科、通县广播电视局、通州区广播电视局。下辖通州人民广播电台、通州电视台和大运通州网三家通州主流媒体。2018年7月18日，通州区融媒体中心正式挂牌成立。

2019年通州区融媒体中心主要工作如下：

一、把握改革方向，保持改革韧劲，积极推动媒体融合向纵深发展

1. 以推进体制机制改革为重点，研究确定通州区融媒体中心机构改革方案并组织实施。中心根据上级批复的《关于调整北京市通州区融媒体中心职能配置、内设机构和人员编制的通知》（京通办字〔2019〕31号），对中心内设机构做出调整，新设立机构科（室）16个，完成原通州广电中心和《通州时讯》报社的机构整合。

2. 遵循融媒体业务流程规律，再造融媒体工作流程和管理体系，为全媒体宣传积累经验。发挥“中央厨房”的作用，实现“策采编发评”一体化管理。建立重大选题媒体例会制度和选题调度制度，共同研究宣传重点，策划申报重点选题，统一调度安排宣传报道工作和人员安排，进行采编力量的整合和发布平台统一协调等，统一宣传报道方向和口径，扩大宣传报道的传播力和影响力。贯通通州电台、电视台、《通州时讯》报社、大运通州网、北京通州发布官方微信公众号、通州官方微信微博等传统媒体和新媒体平台，在策划融媒体宣传上进行有效尝试，着力打造“通州发布”融媒体品牌，形成以此为核心的通州区融媒体矩阵。

3. 坚持移动优先的原则，高标准打造具有副中心特色的移动客户端——融汇副中心。根据北京市委宣传部《关于加强区级融媒体中心建设的实施方案》要求，移动客户端App要贯通融媒体中心建设和新时代文明实践中心建设，做精做强“媒体+服务”功能定位，实现客户端用户在通州“一端在手，基本满足需求”的目标。“融汇副中心”手机App测试版于2019年2月3日上线运行，在试运行的基础上进一步优化调整客户端功能及内容。10月9日举行移动客户端双系统正式上线运行仪式，并在大运通州网、大运通州网微信公众号、融汇副中心移动客户端进行全程直播。

二、紧扣中心工作，把握舆论导向，着力优化提升新时代宣传工作

1. 以策划组织大型活动为契机，做好典

型宣传及重大主题宣传，持续打造融媒品牌效应。着力打造“2018通州榜样”颁奖典礼、第五届“感动永乐好村民”评选授奖等品牌活动；承接“情暖运河·德耀中华”5月中国好人榜发布仪式、京交会副中心分会场活动、“爱上大运河”等重大特色活动；以大运通州网、微信公众号北京通州发布、融汇副中心App平台，围绕重大主题创新开展2019运河绿道骑游周、“我在通州为祖国庆生”、“大运河通航”、“新地铁线开通试运营”、“大运河灯光秀”等各类新媒体活动，尝试进行网络直播、微视频宣传和系列深度新闻报道工作。

2.以副中心建设高起点、高标准、高水平为着眼点，加强与市级媒体密切沟通，优化提升新闻质量水平。在各级领导的高度重视和直接指挥下，融媒体中心与市级媒体进行高频高效的工作对接。7月1日起，《通州新闻》在北京电视台新演播室录制和采集，由北京电视台新闻节目播音员与通州台播音员组合共同进行节目主持。在节目制作、策划、包装上引入北京电视台资源，实现《通州新闻》全新升级改版亮相，社会反响强烈，进一步优化提升新闻质量；分批次选派骨干力量到北京电视台、北京日报顶岗培训，共享市级媒体选题信息，同时，北京电视台、北京日报到通州采访拍摄重大选题时，通州选派区属媒体力量贴近学习，新闻栏目制作水平和采编人员新闻专业化水平得到同步提升。

3.以突出副中心特色为目标，创新日常新闻宣传报道，积极发挥内外宣传引导作用。

在宣传报道策划的形式上突出重点、呈现亮点。9月1日，《通州新闻·新闻一周》节目配备的手语主持人正式亮相，成为北京市16区中首家开播的手语电视新闻；10月下旬，融媒采访部抽调专人与《通州时讯》记者成立时政新闻专班，从人员配备、新闻策划、选题梳理、报道方式等多个方面下足功夫，专注于区委区政府领导的新闻采编报道；在“京交会”北京城市副中心分会场报道中，首次实现全英文专访，副中心新闻报道更具国际化。

在宣传报道选题的把握上服务大局、关注民生。牢牢把握舆论导向，把节目视角聚焦一线，聚焦热点，聚焦民生，聚焦文化。在《通州新闻》中设置《沿着总书记的脚步》《民有所呼，我有所应》等专栏；《看通州记者视点》推出“副中心我们去哪里感受文化”六大选题系列。北京通州发布公众号策划推出两会《小布帮打听》栏目，征集市民留言600多条，将问题带至两会现场，帮助市民答疑解惑；春节前夕，推出6期《逛大集》栏目，图文并茂带回最新鲜、最接地气的服务信息，单篇稿件平均阅读量过万，成为独家品牌栏目。

在宣传报道效果上坚持提高质量、增强深度。刊发播报反映副中心建设成就的综合性、系统性、成就类新闻50余条，刊发播报评论类文章20余篇次。其中评论员文章《把副中心生态环境建设紧紧抓在手上》等文章获社会各界积极评价。成就类报道《北京城市副中心高质量发展引领经济“开门红”》被“学习强国”北京平台重磅推出。

外宣报道主动作为，上稿“量”与“质”双提升。在北京台播发通州区新闻90条，其中自采新闻60条，配合采访新闻30条，完成了区级绩效考核任务；7月份以来，积极协调配合北京电视台《美丽乡村风景线》栏目组，分3批播出7条展现通州美丽乡村建设成果的专题报道；配合中央广播电视总台北京站记者，在新中国成立70年大庆前夕，拍摄完成展现北京城市副中心的4分半成就性新闻报道，在《新闻联播》中播发，向全国人民展现近几年北京城市副中心发展的良好风貌。

三、立足技术升级，确保播出安全，为融媒体平台提供技术支撑

1. 保障中华人民共和国成立 70 周年等重要时间节点的安全播出和安全生产工作。保证新中国成立 70 周年庆典期间的安全播出工作。2019 年电台共计播出 6750 小时，通州综合频道播出 2008 小时，发射 2190 小时，公共频道播出 1643 小时，通州文艺频道播出 3276 小时，无任何人为安全播出事故。

2. 加快技术升级，提升融媒体中心节目制作能力。打造适合融媒体发展的技术平台作为媒体融合改革发展的重点之一。电视高清二期项目改造系统建成后将提高全流程化节目制播体系的综合能力。积极推进通州融合媒体平台项目方案设计和预算申报工作，预计 2020 年完成项目建设及验收。

四、突出队伍建设，强化人才支撑，为中心发展夯实基础

1. 以“一三一四融媒情”主题教育实践工作为中心，强化教育引导。干部职工心更齐、劲更足，形成集中精力做新闻、团结奋进促改革的良好态势，以思想政治建设为统领的机关建设得到进一步加强。

2. 加快专业人才培养和人才引进工作。依托北京广播电视台和北京日报等上级媒体资源的专业优势，多批次选派人员到上级媒体进行顶岗学习锻炼，请上级媒体选派专业力量有针对性地对新闻节目和报纸进行持续点评指导，邀请新闻专业团队到通州进行面对面的指导帮助，分析作品，提出改进方向和具体改进意见。成功引进 2 名优秀的播音员主持人。

（通州区融媒体中心）

顺义区融媒体中心概况

顺义区融媒体中心成立于 2002 年，为全额拨款正处级事业单位。下辖顺义电视台、顺义人民广播电台、《顺义时讯》报社三家媒体，拥有电视、广播、报纸、顺广传媒综合媒体平台四种媒体形式。2018 年 6 月 23 日，顺义区融媒体中心正式挂牌。2019 年 7 月 10 日，《北京市顺义区融媒体中心职能配置、内设机构和人员编制规定》获批。按照此规定，顺义区融媒体中心为区政府直属公益一类事业单位，机构规格相当正处级，经费形式为全额拨款，归属区委宣传部领导。原顺义人民广播电台、顺义电视台、顺义时讯报社差额人员全部转为顺义区融媒体中心全额拨款事业编制。顺义区融媒体中心内设策划调度科、信息采集一科、信息采集二科、新闻编辑一科、新闻编辑二科、产品发布科、监测评价科、成果运用科等 19 个科室。

顺义电视台于 1994 年 9 月 2 日正式开播。顺义一套分为有线（高清 901）和无线方式播出，顺义一套每天播出 8 个小时，其余时间转播北京卫视内容；顺义二套（标清 902）每天播出 4 个半小时，其余时间转播北京新闻内容；无线发射每天播出 8 小时。目前开办、开设《顺义新闻》《幸福一起来》《法治顺义》等新闻、专题节目栏目。顺义人民广播电台成立于 1998 年 1 月 20 日，全天播出 17 小时，开办有《顺义新闻》以及《大家帮助大家》等民生栏目，其中包括 5 档直播节目，每日直播时长 9 个小时；有线为街道有线广播网，目前已建有线广播线路长达 381.5 公里，覆

盖面积涉及全区19个镇。《顺义时讯》2007年5月10日创刊，是由区委宣传部主办，顺义区融媒体中心承办的区委机关报，每周2期，对开四版，目前发行超过3万份。分为时政要闻、综合新闻、特别关注、民生社会、人大之窗、光影顺义、旅游休闲、文艺长廊等版面。

顺广传媒综合媒体平台2015年1月1日正式上线运营，目前拥有20万余“粉丝”。通过顺广传媒微信公众平台、网站及App可以同步收看顺义电视台节目，或对历史视频节目进行点播；同步收听FM92.9电台广播，对历史音频节目进行点播；阅读《顺义时讯》的内容，进一步实现全媒体融合。户外媒体形式由八处单立柱式广告牌及五条地下通道灯箱广告牌和三块户外大屏组成。

2019年，顺义区融媒体中心主要工作如下：

一、重大会议和活动服务保障圆满完成

圆满承办第十届中国卫星导航年会“北斗之夜”及“京华夜语”活动、2019年世界智能网联汽车大会“未来之夜”活动等。高质量承接《新中国成立70周年庆祝活动顺义区筹备和服务保障纪实片》等重大专题宣传片、总结片制作任务。

二、媒体融合改革不断深入

构建“3+8”主流媒体传播矩阵；“策采编发评用”业务模式初步形成；“中央厨房”项目一期工程已建设完成；北京顺义手机客户端上线运行；机构改革扎实推进，《北京市顺义区融媒体中心主要职责内设机构和人员编制规定》获批，编制内人员划转及科室设置调整工作完成。

三、舆论引导水平持续提升

围绕深入学习、宣传贯彻习近平新时代中国特色社会主义思想、庆祝中华人民共和国成立70周年、坚决服务“四个中心”功能建设、抓好“三件大事”、打好“三大攻坚战”等重点工作，开设专栏、专版，开展系列报道。开设《习近平用典》《壮丽70年 奋斗新时代》《法治顺义》《幸福一起来》等20余个栏目，重大主题宣传任务圆满保障。

四、爆款融媒产品不断推出

5月23日推出的《第十届中国卫星导航年会在顺义开幕》新媒体产品点击量116.3万次。5月28日围绕加强老干部学习推出的《上课只能玩手机？这群老年人的“网瘾”有点大》新媒体产品点击量59.6万次。6月7日第十一届北京端午文化节直播活动效果显著，直播总观看量117.3万人次。

五、线上线下活动精彩不断

举办第十一届北京端午文化节暨2019年全国龙舟邀请赛、“我为妈妈献才艺”顺义区第五届青少年才艺大赛、“我与共和国同龄”摄影比赛、“929开心畅游团走进北京首航直升机”活动等多项线上线下直播、录播活动。

（顺义区融媒体中心）

平谷区融媒体中心概况

平谷区融媒体中心成立于2002年，前身是平谷县广播站、平谷区广播电视局，拥有平谷人民广播电台和平谷电视台。2018年6月29日，平谷区融媒体中心在区广电中心正式挂牌。

2019年，平谷区融媒体中心主要工作

如下：

一、机构改革工作

将平谷广电中心、《绿谷》编辑部进行合并，组建平谷区融媒体中心，统筹开展宣传报道工作。平谷区融媒体中心为政府正处级公益一类事业单位，按照“人随事走，编随人转，人尽其才”的原则，把《平谷报》社在编人员整建制划入融媒体中心，人员转隶已经完成。融媒体中心编制数 97 人，现有 92 人，空编 5 人，编外人员 53 人。《平谷区融媒体中心职能配置、内设机构和人员编制规定》（三定方案），2019 年 3 月 30 日以京平办发〔2019〕43 号文正式批复，区融媒体中心设主任 1 名，副主任 3 名。科级领导职数 13 正 20 副。内设：办公室、政工科、财务科、总编室、新闻采编科、专题科、广播文艺科、报纸编辑科、新媒体科、播音科、技术科、播出科、产业发展科。

二、宣传工作

及时准确报道“疏整促”“农科创”“扫黑除恶”“生态文明建设”等全区重点工作进展情况；全力做好春节文化庙会、桃花音乐节系列活动的宣传；按时完成 18 个乡镇街道拆违见成效、留白增绿系列报道。2019 年，《平谷新闻》播发新闻 5510 条。

《热点进行时》《百姓身边》《美丽平谷》《名医会客厅》《警法在线》五档栏目共制作播出 160 期，其中为配合区委区政府“健康平谷”工程开设的电视栏目《名医会客厅》，自 2019 年 8 月播出，反响热烈，深受欢迎，同时全年制作电视片 28 部，完成 38 场全场录像的录制任务。

《农民与法》《农业科技》《善行至美》《卫生与健康》《美丽乡村》《柴老说平谷》《政策问答》六个板块，紧紧围绕栏目定位，加强特色宣传，助力我区农业各项工作的顺利推进。2019 年六个栏目共制作播出 270 期专题节目。

《平谷报》紧紧围绕区委区政府中心工作，精心策划，开设专栏专版 24 个，包括“壮丽 70 年 · 奋斗新时代”“不忘初心、牢记使命，主题教育进行时”“疏解整治促提升”“民有所呼，我有所应”等，全年《平谷报》共出刊 100 期，刊发稿件 2580 余篇，243 万余字，照片 1100 余幅。

2019 年在市级以上电视媒体播出 95 条，央视新闻和新华社播出 23 条。7 月 14 日北京电视台《北京新闻》头条播报《社区垃圾分类在行动，北京年底前垃圾分类覆盖 60% 以上》，10 月 6 日北京电视台《北京新闻》头条播报《激情澎湃，豪情满怀，中国的明天必将更加美好》。

三、新媒体工作

（一）硬件改造项目情况：区融媒体中心办公场地改造、办公家具及设备采购项目已完成，其中融媒体综合新闻采编中心共设计 30 个工位，作为机构整合后新闻采编记者的办公场地。指挥调度平台办公场所改造已经完成。

（二）指挥平台项目建设情况：指挥平台项目 2019 年 4 月 8 日签订项目建设合同，2019 年 12 月 10 日正式完成验收。完成平谷融媒体平台内容生产系统、内容发布系统、统一指挥调度系统、平谷融媒 App 客户端的建设和舆情监测系统。打通新闻网、制作网和媒资网与新媒体内容库的连接，制作的新闻和专题节目可以一键发往新媒体的内容库，再发往微信和平谷融媒 App。

平谷融媒 App 结合平谷本地特色，着重开发平谷首创的“街乡吹哨、部门报道”板块，为缓解 12345 市民热线的压力开发“接诉即办”板块。同时依据歌华节目传输的优势，除了在平谷融媒 App 整合平谷电视台、电台和报纸内容外，还将能够在客户端上收看到北京台的9套节目和中央台的2套节目和各省市台的18套卫视节目，大大提升App的核心竞争力。

（三）短视频制作发布情况："幸福平谷"利用新媒体集聚人气，传播正能量，微信粉丝77609人，发文473期，1819篇，累计阅读量1734609次，覆盖人群1170167人，分享转发42620次，16910人，组织线上活动8次。"平谷融媒中心"抖音号，紧紧围绕全区生态建设、文化建设、农旅结合等工作，唱响平谷好声音，提升平谷好形象。全年抖音发布400余条，其中《平谷融媒体中心向全区人民拜年》浏览量41.2万；《平谷大桃成熟》浏览量10.6万；《平谷是著名桃乡》浏览量62.5万，点赞量1.2万；《平谷国桃落展芳草地集市》浏览量12.1万，点赞量1.2万；庙会介绍浏览量53.6万，点赞量4058人次；国庆节期间制作的《70秒看平谷》，得到很好的传播和点赞。

（四）广播开拓新媒体平台：广播媒体选取"听听FM"和"喜马拉雅"等平台，涵盖微博、微信、客户端、短视频、广播等时尚社交媒体互动传播平台，并在北京广播电视台"听听FM"中开设"平谷专区"，在首页明显位置进行推广。

四、安全工作

认真做好广播电视安全播出工作，完善安全播出值班制度，重新修订广播电视安全播出应急预案，做到重要时期和敏感时段坚持领导带班制度和巡查制度，对节假日的值班工作坚持零报告制度；积极开展新技术新知识的推广应用，加强技术、播出人员的培训和应急演练，落实各种"人防、物防、技防"措施；完成平谷电视台信息系统等级保护的搭建、测评工作；融媒体平台建设基本完成；加强播出期间突发事件的应急处置能力，圆满完成春节、两会、新中国成立70周年庆祝活动转播等重要节点的安全播出工作。截至目前无安全播出事故发生。

（平谷区融媒体中心）

昌平区融媒体中心概况

昌平区融媒体中心成立于2001年10月。前身是昌平县广播站、昌平县人民政府广播科、昌平县广播电视局、昌平区广播电视局。拥有昌平人民广播电台、昌平电视台和昌平广播电视网。2017年7月，昌平融媒体中心正式挂牌。2019年，昌平融媒体中心持续推进区属媒体的全方位深度融合，先后接待194批次单位的学习考察，受邀参加中国电视日大会、北京国际公益广告大会、县区融媒体建设发展论坛等多个权威活动分享经验，昌平融媒模式广为复制，媒体传播力、影响力和感召力持续增强。

深化媒体改革，持续推进综合服务型媒体建设。一是优化媒体矩阵。对标市区两级部署，研究制定《关于加强区级融媒体中心建设的实施方案》，推动全员转型移动端，打造"北京昌平"App主平台，并通过广播、电视、报纸、新媒体等优势内容和市场运营资源全方位输入，构建"一主五辅"的全媒体矩阵。二是拓展服务功能。依托"北京昌平"App推进"三个中心"贯通融合，打造面向基层群众的公共服务体系：对接12345接诉即办机制，平均每天接到群众问政60多条，累计解决群众难题10000多个；整合完善覆盖“生老病死”到“吃住游娱购”的服务大项55类；上线2179场志愿服务活动，形成较为完善的基层公共服务体系。三是强化技术支撑。按照县级融媒体中心建设规范相关标准要求，推进融媒体平台建设，推进“中央厨房大数据可视化系统、融媒体汇聚平台、三级等保系统”上线，加快对接北京云，以开放共享的技术平台、大数据、云计算等手段为支持，初步实现信息汇聚、指挥调度、全媒生产、融合发布、舆情监管五大功能，构建基于互联网生态的技术架构。加快推进4K超高清系统建设，建成4K超高清节目内容制作演播室，构建面向“4K+5G+AI”智慧广电发展的硬件基础。

始终聚焦主责主业，做强做大主流舆论。一是突出主题主线。始终聚焦昌平深入学习贯彻习近平新时代中国特色社会主义思想的生动实践，围绕回天三年行动计划、国庆70周年等主题策划16个重大宣传活动，统筹安排125项宣传任务。2019年全年累计采制新闻7580余条，新媒体推送新闻报道40000余条。二是强化典型引领。突出抓好头版头条头屏，结合重大宣传活动先后开辟16个专题专栏，跟进工作动态，展示工作成就。电视先后推出27个主题新闻系列报道、836期专题节目，电台直播话题225期，《昌平报》推出528个专版，“学习强国”选用并刊播70条，市级以上主要媒体选用70条次，中央广播电视总台选用10条次。浏览量超1000万的有8条，超100万的有87条，超10万的有285条，获得市级以上奖项的作品有24件，其中国家级5件。三是加强舆论引导。围绕记者一线见闻、回天秩序百日攻坚、接诉即办等方面，强化批评性报道，发动记者围绕事实真相展开新闻调查，及时客观反馈社情民意，全程跟踪解决百姓困难。电视台推出26个报道和7期专题报道，昌平报推出民生热线版面40个107篇报道，新媒体中心推送报道230余条，有效回应群众的关切。与此同时突出评论建设，全年先后推出系列评论4期，评论专版10个，评论文章55篇，有效引导了全区舆论。

严格科学管控，持续推进媒体安全规范运行。全年以质量管理体系为牵引，推进大安全播出管理。2019年，昌平融媒体中心按照“计划—执行—监测—改进”的质量管理理念，根据岗位职责和管理目标，定期监控管理目标执行情况，即时即改内审发现问题14项，优化调整部门文件16份，于10月初完成2019年ISO9001质量体系认证工作。在此基础上，2019年全年强化以安全播出、安全生产、网络安全为主的大安全管理，定期组织安全教育，完善应急预案，组织安全演练。坚持常态化部门安全巡检，组织重大节日、重要节点安全大检查22次，安全播出累计32683.5小时，实现安全播出无事故。高标准迎接广电总局和市局组织的迎接新中国成立70周年广播电视行业安全大检查，高标准完成国庆70周年安全保障工作。

（昌平区融媒体中心）

怀柔区融媒体中心概况

北京市怀柔区广播电视中心成立于2001年9月，其前身是怀柔县广播站、怀柔人民政府广播科、怀柔县广播电视局、怀柔县广播电视中心、怀柔区广播电视中心。2018年

6月22日，按照京怀编字〔2018〕51号批复，同意北京市怀柔区广播电视中心加挂北京市怀柔区融媒体中心牌子。2019年3月11日，根据中共北京市怀柔区委、怀柔区人民政府关于印发《北京市怀柔区机构改革实施方案》的通知要求，将区广播电视中心（区融媒体中心）的职责，以及区域公共媒体相关机构的职责融合，组建区融媒体中心，作为区政府直属事业单位，归口区委宣传部领导，不再保留区广播电视中心、《怀柔报》编辑部。

区融媒体中心拥有怀柔人民广播电台和怀柔电视台、《怀柔报》、“怀柔融媒”移动客户端等媒体。电视台有两个频道。其中，怀柔一频道（HRTV1）为自办节目，每天播出18小时；怀柔二频道（HRTV2）节目纳入北京电视台新闻频道播出，每晚首播1.5小时，次日重播两次。电台（FM101.3MHz）每天播出14.57小时。《怀柔报》每期报纸印发2.7万份，2019年共刊发96期。

2019年主要工作：

为新怀柔发展造足声势，主题主线宣传持续推进。开设《铭记》等专栏，深入报道全区干部群众学习贯彻习近平总书记对北京重要讲话精神的火热实践，累计近400期。制播20集系列报道《壮丽70年 奋进新时代》，生动反映怀柔70年沧桑巨变。怀柔融媒公众号特别策划《与共和国同龄》5期专题节目。《童心看天下》栏目推出10期“我和祖国共成长”特别节目，向新中国成立70周年献礼。制作新闻短片《我是护旗手》，以“国旗”为线索，抒发怀柔市民对五星红旗、对祖国母亲、对美好生活的敬爱之心。

发挥怀柔融媒传播矩阵作用，唱响新型区域主流媒体强音，全新推出《疏解整治促提升》等一批专栏，充分报道怀柔统筹推进“五位一体”总体布局和协调推进“四个全面”战略布局，加快绿色创新发展的生动实践。全角度报道全国文明城区创建活动，弘扬良好社会风尚。2019年共播发新闻365套，播发记者稿件1828条，播发通讯员稿件819条，开办专栏41个。播发标语、通知通告等600余条。

推动对外宣传改进创新，塑造美好怀柔崭新形象。加强与央视新闻网、新华网、北京市广播电视台、触电新闻等中央省市级媒体平台的战略合作，不断加强和改进外宣报道工作。聚焦第二届“一带一路”国际合作高峰论坛、北京国际电影节等重大活动，围绕守护绿水青山、怀柔科学城、雁栖湖国际会都扩容提升、影视产业示范区集聚发展等，有力展示怀柔阔步前进的时代风采。依托央视新闻移动网媒体矩阵，植入“怀柔”基因，先后策划“中国此时此刻·年味：满族乡里满足年”等13场网络直播活动，全网累计观看量764万次，讲好怀柔故事、传播怀柔声音，提升怀柔品牌形象。

2019年，怀柔区相关工作新闻报道在市级及以上媒体共播出255条，其中，电视台各栏目播出209条，官方微媒体平台播出42条，广播电台播出4条。电视台栏目中，《北京新闻》播出79条，中央广播电视总台栏目播出16条。

深化融媒体节目内容建设。做强《怀柔新闻》，6档专题节目整合为6个专栏播出，《怀柔新闻》由原来的15分钟增至20分钟。推出《童心看天下》等一批特色鲜明的专题节目，丰富节目形态。深挖本土文化内涵，完成《守艺人》第二季（5期）微视频制播工作。策划播出《怀柔老兵》6期系列微视频。以怀柔旅游资源为主线，打造具有本土特色的资讯品牌，策划《遗忘的时光》（原名怀柔民宿）15集系列节目，2019年完成第一季（11期）制播工作。推出15集美食纪录片《寻味怀柔》。积极推进广播节目与新媒体的融合链接，策划推出非遗文化类、科普类、文史类、读书类、美食类、情感类等广播栏目，不断丰富融媒体栏目形态。突出打造互动传播、音视频传播、快乐传播等新媒体传播产品，重点对“怀柔融媒”新闻客户端、微信公众号、抖音号等网络传播平台开发利用，完成每日 App、网站的新闻拆条、内容填充、日常系统维护、系统优化等工作，增强使用体验，全力以视频、图文、互动类 H5 等各具特色的原创新闻产品吸引人们关注。

在 2019 年 2 月 19 日中央广播电视总台举办的全国县级融媒体智慧平台上线仪式上，怀柔融媒在全国 400 多家矩阵号推荐中排名第一。2019 年初，区融媒体中心共上报 2018 年优秀作品 9 件，7 件获市级广播电视优秀节目奖，广播 2 件、电视 2 件、广播播音 1 件、电视播音主持 1 件。广播长消息《我区率先推广村级财务“电视公开”村民通过电视看“账本”》、电视长消息《怀柔荒村变身电影外景地》、微视频《守艺人》送评更高级别北京新闻奖。

加快推进媒体融合发展。按照简约、现代、实用的理念，聘请清华设计院六所承担怀柔融媒体中心“中央厨房”整体设计，邀请业内专家对设计方案进行反复完善和优化。积极争取财政资金 1500 万元，完成“中央厨房”展示部分建设。围绕“一次采集、多次生成、多元传播”，细化新闻选题策划，加强一周新闻宣传重点梳理汇总。组建适应全媒体内容生产与传播的组织体系，记者参与后期制作，后期编辑参与前期采访，播音主持参与前期采访及后期制作，通过人员的合理调配，充分发挥媒体融合优势。

严守安全播出底线。积极适应融媒体、新业务、新技术发展需求，在第九届北京市国际电影节期间大胆尝试 5G、4K 直播应用实验，完成网络安全补丁升级防勒索病毒 3.0 加固，完成主楼内控办公网建设、新媒体交换机堆叠改造工程，完成文明实践中心落地融媒体中心的解决方案。积极迎接市广电局、区公安局、区经信委、区网信办等职能部门网络安全检查，积极开展网络安全防不法信息插播等应急演练，进一步加强安全播出日常监测、动态检查，定期做好播出设备、播出系统以及节目制作系统的整体维护，不断提升安全播出管理水平。采取切实有力的措施，确保重大节日、重要活动、重点时段的安全播出万无一失。2019 年，电视节目播出 12268 小时，其中开路发射 5343 小时，电台播出发射 5326 小时，无重大播出事故。

（怀柔区融媒体中心）

密云区融媒体中心概况

北京市密云区融媒体中心成立于 2001 年，前身是密云县广播站、密云县人民政府广播科、密云县广播电视局。2018 年 7 月 2 日，区委区政府在区广电中心举行揭牌仪式，加挂北京市密云区融媒体中心牌子。2019 年 3 月 31 日，按机构改革要求，密云区委区政府“将区广播电视中心（区融媒体中心）的职责，以及区域公共媒体相关机构的职责整合，组建区融媒体中心，作为区政府直属公益一类事业单位，归口区委宣传部领导，不再保留区广播电视中心”。［《中共北京市密云区委、北京市密云区人民政府印发〈北京市密云区机构改革实施方案〉的通知（京密发〔2019〕5号）》］融媒体中心下设办公室、财务部、人力资源部、指挥调度考评部、联合采访部、时政部、要闻部、包装制作部、广播部、纸媒部、新媒体部、专题部、播音主持部、播发部、广告部、通联部、技术部、媒体资源管理部、产品研发部、保障部、“村村响”有线广播节目播出管理部21个职能科室。下属经营公司为北京七彩空间广告有限公司。区融媒体中心财政补助（全额拨款）事业编制为115名。5月10日，密云区融媒体中心召开机构改革转隶工作大会，完成组织机构架构的改革，进一步优化职能，理顺体制机制，加快推进区级媒体融合。

2019年，密云一套高标清、密云二套标清电视节目累计播出5763小时10分钟，调频广播节目累计播出5700小时5分钟，上载并播出电视剧27部共1071集。“宜居密云”微信公众号共发布1099条，“宜居密云”客户端发布4051条，今日头条发布396条，微博发布1325条，抖音发布95条，《密云报》共出版55期。

密云电视台《密云新闻》围绕“新中国成立70周年”“12345接诉即办”“疏整促”等区委区政府中心工作及重点工程建设内容，用老百姓听得懂的话解读政策，讲好密云故事。《密云新闻》开设《壮丽七十年·奋斗新时代》栏目，全方位展现70年来我区社会各领域快速发展的成效。区融媒体中心在《密云新闻》中还推出《创建国家森林城市》《中央扫黑除恶督导在北京》等多个栏目，全方位报道安全生产、森林防火、慢性病综合防控、全民禁毒等专项宣传教育工作及创建全国双拥模范城、食品安全示范区等重点工作进展情况以及取得的成效。

年内，密云电视台共播出《事事关心》《市场监管在身边》《文化旅游业人才队伍电视系列培训》等12档专题节目。8月，与密云区市场监督管理局合作播出《市场监管在身边》，该栏目以正在进行时的报道方式，及时传递密云区市场监管局的工作动态，通过对食品药品安全、节庆安全保障、优化营商环境、特种设备管理、企业监管、质量强区、价格监管等重点、亮点、特色工作的宣传报道，体现市场监管部门勇于改革创新，强化担当实干，用全新观念、以实际行动身体力行坚守岗位执法为民，全面做好新形势下的市场监督管理工作。

密云人民广播电台加大专题节目策划力度，《音乐随身听》栏目紧紧围绕庆祝新中国成立70周年，以“我和我的祖国”为主题，弘扬社会主义核心价值观，策划开展《音乐随身听》公益进校园活动。6月，区融媒体中心、区教育委员会联合主办的FM94.1密云人民广播电台《音乐随身听》公益进校园活动，走进北京师范大学密云实验中学，不仅受到现场师生的热烈欢迎，还在“宜居密云”微信公众号的网络直播中收获大量粉丝。一个半小时的直播里，观看总数超过650万，点赞量超过400万，听众数不断翻番，影响力不断扩大。

区融媒体中心通过“宜居密云”微信公众号、“宜居密云”App、抖音短视频等媒体渠道精心策划，以微博图文直播、即时性短视频等形式进行分众化传播，结合密云区2019年为民拟办实事，开设《给力民生，为密云点赞》专栏，持续关注绿色步道、密云新城再生水厂、美丽乡村建设、城市工作建设等话题，充分发挥主流舆论场的优势，权威发声，把党和政府的声音全面、细致、准确、透彻地传递到千家万户。6月，积极组织举办首届“歌华杯”少儿才艺大赛，线上线下活动齐推出，推进融媒宣传，打造品牌融媒产品。9月，推出视频直播《密云水库百日整治行动》，深入水库库区中央采访相关工作人员，让广大网友了解执法人员的辛勤工作和付出。当日直播观看人数突破 20 万人次，点赞数达到 10 余万。

《密云报》完成京郊铁路怀密线开通、蜂产业发展大会暨高峰论坛、2019 密云马拉松、保水百日整治行动、白河城市森林公园开园、北京·密云波尔多葡萄酒节、2019CBSA 北京·密云美式台球国际锦标赛等重大活动报道。《密云报》时政版专门设置《光辉的历程》系列报道，刊发 9 篇，其内容多为对老兵、老党员的采访整理，如《刘桂茂：靠腿跑过敌人的四个轮子，坚决消灭敌人》《堵连瑞：我参加了毛主席的追悼会》等，新闻内容真实生动，反映了抗战时期为国奉献的老一辈的坚韧与热血。

区融媒体中心完成对纸媒部、新媒体部的装修改造及指挥调度中心一期工程建设。指挥调度中心的功能系统经过多方面反复测试后，于 8 月 28 日正式投入使用。指挥调度系统的使用，完善了各业务部门之间关于"策采编发"信息的通透性和交互性。一期内容涵盖了外采回传、多媒体发布、视频指挥调度等 17 部分功能。

区融媒体中心做实区两会、春节、全国两会、国庆各敏感期的服务保障、安全生产、安全传输、安全播出工作，制定印发《北京市密云区融媒体中心庆祝新中国成立 70 周年宣传方案》《北京市密云区融媒体中心 2019 年"国庆节"期间安全保卫工作方案》，严格落实各项安全工作制度，细化任务、明确责任，为新中国成立 70 周年重大活动创造良好安全环境。

（密云区融媒体中心）

延庆区融媒体中心概况

北京市延庆区融媒体中心为区级规范管理事业单位，下辖延庆人民广播电台、延庆电视台，延庆区新闻中心（负责《延庆报》采访编辑出版）。前身是延庆县广播站，始建于 1958 年。1979 年发展为县广播事业管理局。1987 年更名为县广播电视局。2001 年延庆县机构改革，延庆县广播电视中心正式挂牌。2015 年 11 月县广播电视中心和县新闻中心整合，加挂新闻中心牌子。12 月延庆撤县设区，延庆县广播电视中心更名为北京市延庆区广播电视中心（延庆电视台、北京市延庆区新闻中心）。2018 年 3 月延庆启动融媒体改革，6 月 16 日，完成融媒体中心组建工作并揭牌运营。2019 年 3 月，将延庆区广播电视中心（融媒体中心）的职责以及区域公共媒体相关机构的职责整合，组建延庆区融媒体中心作为区政府直属事业单位，归口区委宣传部领导，不再保留延庆区广播电视中心。3 月 20 日，北京市延庆区融媒体中心正式挂牌。

在新的三定方案出台前，中心下设办公室、人事科、财务科、媒体融合科、总编室、新闻科、专题科、文艺科、广播科、社教科、广告科、纸媒采访科、纸媒编辑科、技术科、播控科 15 个科室，下辖延庆区电视转播站、延庆区广播电视记者站、北京市延庆区广播电视服务部 3 个科级事业单位。2018 年 11 月 16 日北京延广融媒文化发展有限公司完成注册，2019 年 8 月 28 日《北京延广融媒文化发展有限公司组建方案》通过区委常委会审议，

11月11日，北京市延庆区广播电视服务部整体划转北京市延庆区国有资产投资运营中心，12月底，相关人员劳动关系转签到北京延广融媒文化发展有限公司。年内，中心和延广融媒公司在岗干部职工194人。

2019年主要工作：

聚焦“两山”实践基地建设，《延庆新闻》开设3个专栏，报道新闻111条；《延庆报》开设3个专栏，刊登稿件11篇；延庆融媒微信、微博、头条等政务号推送相关文章312篇。聚焦服务保障冬奥会筹办举办，《延庆新闻》开设专栏，播出相关新闻132条；《延庆报》开设专栏，制作专版8个，刊登稿件40篇；微信微博发送相关内容136条，抖音、快手、今日头条、北京时间、北京号、百度百家号、网易等政务号发送相关内容244条。同时，中心建立冬奥影像资料库，留存2019年冬季至2022年北京冬奥会和冬残奥会期间相关图片和视频资料。聚焦“创城”，《延庆新闻》播出《千人找差团“找差”迎世园》等报道43条，播出“百姓百评”5条、播出“创城连着你我他”6条；《延庆报》开设专栏，刊登稿件12篇，制作专版8个；各类新媒体平台报道相关工作1334条，阅读量达1817万。聚焦“创森”，《延庆新闻》开设专栏，报道新闻29条，推出纪实报道4条，系列报道3期，相关公益广告80余条；《延庆报》开设专栏，刊登稿件46篇，制作专版9个，制作公益广告4个；延庆新媒体共发布创森信息80条，微博发布32条。聚焦创建全国健康促进区，《延庆新闻》播出相关新闻2条；《延庆报》刊发2篇，制作专版1个；各新媒体平台发布相关信息32条。聚焦创建全国双拥模范城，《延庆新闻》播出相关新闻7条；《延庆报》刊登相关稿件5篇，制作公益广告2个；微信、微博、抖音发布相关宣传近40条，《军人、烈军属们，这里有一封新春慰问信，请查收！》等阅读量达160余万次。聚焦创建国家全域旅游示范区，《延庆新闻》播出相关新闻13条，《延庆报》刊登稿件26篇，各新媒体平台播出相关内容85条。

世园会期间，中心出动记者3000余人次，各平台累计刊播新闻、图片、文字等5200余条次，推出世园系列直播13期，观看量达150余万人次。“延庆融媒”微信发送相关文章120条，总阅读量52万；微博发送相关文章196条，总阅读量392.3万。抖音、快手及今日头条、北京时间、百度百家号、网易等政务号发送相关内容近千条，总浏览量约1.05亿。拍摄20万张照片记录世园会建设全过程。同时，中心完成世园会期间媒体接待任务，中心新址在开幕期间提供媒体接待服务。“四场活动”期间，中心新闻发稿量约500条次，外宣同比增长400%。圆满完成国庆70周年庆祝活动的转播保障任务。

2月中心推出《瞭瞭》短视频，加强区新时代文明实践中心建设和“延庆乡亲”品牌宣传。7月《聚焦时分》栏目推出延庆乡镇发展巡礼庆祝新中国成立70周年特别节目《大城小镇》，展现城乡环境变化、产业结构升级调整、人民群众生活水平的变化。主题教育启动后，推出系列短片《追寻红色印记》，为全区红色文化的宣传、推广和研究工作提供第一手资料。

年内，中心稳步推进融媒体改革，组建北京延广融媒文化发展有限公司，形成“事业+企业”管理新格局。中心新址装修施工、技术平台建设和软件系统建设均如期完工。延庆电视台自办栏目全年制播365期，总时长6000多分钟；《延庆报》每周一、三、五出版对开4版双面彩色印刷，2019年出版155期，刊发正版版面620个，加刊版面96个，刊发版面716个，撰写编辑新闻稿件200余万字。2019年，“延庆融媒”微信发布推文

1160 条，微博推送 3900 条，“延庆小可抖”抖音号发布视频 474 个，“延庆融媒”快手发布 95 个视频，今日头条、网易新闻、一点资讯平台、北京时间、搜狐号等政务号平稳运营，共发布 2136 篇报道，新华社现场云发布报道 850 篇。2019 年 12 月，中心入驻北京日报客户端北京号。

（延庆区融媒体中心）

大事记

2019 年北京广播影视大事记

市级大事记

1 月

1 月 1 日　北京电台体育广播双奥之声（FM102.5）全新亮相，这是全国第一个以“双奥”为品牌形象的广播频率。该频率将报道 2022 年北京冬奥会筹办情况，借此加大奥林匹克文化传播及冰雪运动推广力度。

1 月 4 日　北京电视台举办“温暖的力量”2018 年度暖视频征集揭晓活动颁奖典礼，选出 100 条年度温暖短视频，并颁发“温暖榜样、温暖卫士、温暖天使、温暖传播者、温暖当事人、温暖记录者”六大奖项。

1 月 5 日　由中共中央宣传部、中国铁路总公司主办，中共北京市委宣传部承办，北京广播电视台协办的 2018 年度最美铁路人发布仪式举行，《2018 年度最美铁路人发布仪式》节目由北京电视台文艺节目中心团队完成录制，于 1 月 13 日在央视综合频道播出，1 月 14 日在北京卫视和文艺频道播出。

1 月 9 日　电视剧《启航》举行开播发布会，并在中央广播电视总台央视综合频道晚间黄金时段播出。该剧由北京市委宣传部和北京市广播电视局共同策划创作，由中央电视台、北京森林影画文化传媒有限公司、黑龙江广播电视台等联合出品，塑造了以主人公曾雁为代表的党员领导干部的感人形象。北京市委宣传部常务副部长赵卫东，北京市广播电视局党组书记、局长杨烁等出席发布会。

1 月 12 日—18 日　在北京市两会召开期间，“市民对话一把手”全媒体直播访谈节目，邀请市区有关部门负责人走进直播间与市民互动。这是北京广播电视台两台一网首次组成统一的融媒体报道团队，在两会现场搭建统一的演播室和工作空间进行新闻报道。节目在北京电台城市广播、北京电视台新闻频道、北京时间网、首都之窗、千龙网、北京发布同步直播。

1 月 14 日（当地时间）　四达时代公司实施的中国援助非洲电视“万村通”乌干达项目在卡姆利村星光小学举行竣工仪式。乌干达国民议会议长卡达加、中国驻乌干达使馆经济商务参赞赵秀芬、四达时代总裁助理卢玉亮、四达时代乌干达子公司 CEO 王小青，以及当地政府官员、学校师生等百余人出席活动。这是四达时代在非洲首次举办竣工仪式的“万村通”项目。村民们看上了信号稳定、内容丰富的数字电视节目。

1 月 16 日　北京市广播电视局召开全市广播影视相关企业参加美国广播电视展（NAB Show 2019）技术产品评审会，通过企业自主申报、现场答辩、专家审议形式开展，有 11 家北京广电科技企业入围。

1 月 17 日　中共北京广播电视报社总支部委员会走进东城区永内大街社区养老服

务驿站，开展“把文化带进百家养老驿站活动”，给老人们带来诗朗诵、太极拳表演等文体节目。

1月21日　“广播过大年 欢乐一家亲”北京电台2019年春节系列活动走进大兴国际机场建设工地，为奋斗在施工一线的建设者们奉献了一场欢乐喜庆的慰问演出。

1月24日—25日　第十届北京电台青少年英语大赛暨2018年度“我的冬奥梦”双语小记者全国总决赛及颁奖典礼，分别在北京奥运博物馆和鸟巢文化中心举行。大赛历时11个月，覆盖北京、上海、江苏、成都、福建及深圳等地400所中小学校，约50万人参赛，分小学低年级组、小学高年级组和中学组三个组别，通过地区海选、初赛、复赛和地区决赛，140名优秀小选手脱颖而出，在北京决出大赛特等奖和一、二、三等奖。

1月25日　国家广播电视总局公布23部“2018中国电视剧选集”，其中京产剧占6部，分别是《勿忘初心》《最美的青春》《归去来》《那些年，我们正年轻》《你迟到的许多年》《正阳门下的小女人》，占比位居全国第一。

1月28日　央视一套开年大剧《启航》研究评论会在京召开。研究评论会由国家广播电视总局电视剧司主办，中国电视艺术委员会、北京市委宣传部、北京市广播电视局承办，李准、范咏戈等10位专家发言。国家广播电视总局电视剧司、中央广播电视总台、北京市委宣传部、北京市广播电视局、主创团队有关人员以及光明日报、新华网等媒体参加会议。

1月　北京电台正式取得北京市无线电管理局批复的北京外语广播92.3MHz、北京故事广播95.4MHz、北京青年广播98.2MHz在京广中心调频站点（主播站）和皂君庙调频站点（备播站）的发射执照。

1月　北京歌华有线电视网络股份有限公司被公安部评为“护网2018”网络攻防演习工作优秀防守单位。

1月　北京歌华有线电视网络股份有限公司的“歌华生活圈——小堡生活圈”电视云服务上线，覆盖通州区小堡村近千户居民。

2月

2月1日　中宣部北京榜样优秀群体“时代楷模”发布仪式在北京电视台大剧院录制。中宣部副部长梁言顺为“时代楷模”——北京榜样优秀群体代表颁发奖牌、奖章和证书。北京市委宣传部部长杜飞进等参加。

2月1日　北京市委市政府印发《关于推动北京影视业繁荣发展的实施意见》，旨在通过整合全市资源，综合施策，推动北京成为具有国际影响力和首都特色的影视之都。

2月1日　北京地铁电视开播短视频公益类节目《地铁文化地图》。该栏目介绍北京的胡同、最美地名、老字号、城门和建筑，每期时长1~3分钟。

2月2日　北京广播电视台600平方米融媒体演播室正式启用，配备智能化播控系统，涵盖新闻播报区、资讯和访谈区、社交媒体互动区等九个演播区，凸显全媒体属性。北京卫视《北京新闻》《北京您早》《特别关注》《首都晚间报道》和新闻频道各档栏目也随之全新亮相。

2月2日　北京电台播出4小时特别节目“广播过大年 欢乐一家亲”，在春节前夕为京城百姓奉上一份京味儿浓郁的文化大餐，并以此庆祝北京电台70华诞。

2月3日　北京市委宣传部部长杜飞进到北京电视台看望慰问一线工作人员，听取春节期间新闻报道、安全保障等工作汇报。

2月15日　北京市广播电视局落实国家

广电总局发布的《关于网络视听节目信息备案系统升级的通知》要求，开始对重点网络影视剧实行“双备案，双公示”，申报备案主体由视频网站改为广播电视节目制作机构。

2月22日　北京市广播电视局党组书记、局长杨烁带队检查枫蓝国际中心和北京友谊宾馆机房等有线电视服务保障场所。北京歌华传媒集团有限责任公司副总经理、歌华有线党委书记、董事长郭章鹏，总经理卢东涛等参加检查。

2月23日　北京电视台《北京新闻》推出大型融媒体系列报道《新时代、新担当、新作为：习近平总书记2.26视察北京五周年》特别报道，全方位展现北京市五年来在落实总书记重要指示，特别是在疏解整治促提升中取得的显著成绩。

2月25日　北京卫视频道《北京新闻》开播《民有所呼我有所应》专栏，每周播出3~5期，内容大部分来自市民热线，节目聚焦各级政府各部门解决群众需求，服务群众的实例。《北京您早》《特别关注》和“BTV新闻”新媒体平台等同步推出。

2月25日—3月2日　北京电台新闻广播联合天津广播新闻中心、河北综合广播共同推出《春天的脚步》特别节目。

2月26日　北京城市广播、天津经济广播、天津滨海广播并机直播《燕赵博物，再看今朝》特别节目，邀请京津冀三地特色博物馆馆长参与访谈。

2月27日　北京电台城市广播《教育面对面——2019北京高招咨询》节目启动举办新闻发布会，这是《教育面对面》第17年携手北京市教委、北京教育考试院推出的大型高招直播咨询节目。

2月　北京北广传媒数字电视有限公司运营的“四海钓鱼”频道获批转高清播出，“教育就业”变更为“中华特产”频道，“爱家购物”变更为本地高标清同播频道。

3月

3月4日　由完美鲲鹏（北京）动漫科技有限公司制作的三维动画系列剧《宇宙护卫队》登录央视一套动画片黄金时段。该片历时三年，专为4~7岁儿童打造，讲述地球上的一群小动物相互协作，一同保护地球居民。

3月4日　北京电视台联合东城、西城区委宣传部，推出全新改版的日播节目《都市阳光》。节目每期10分钟，围绕市委、市政府中心工作，深入报道东、西城区实施人文北京、科技北京、绿色北京战略以及在各方面取得的重要成果。

3月6日　北京歌华传媒集团有限责任公司召开领导干部会议。北京市委组织部副部长、市公务员局局长孙仕柱出席并分别宣布市委市政府关于戴维任北京歌华传媒集团有限责任公司党委副书记、总经理的决定。北京市委常委、宣传部部长杜飞进出席并讲话。

3月6日　在上海国际展览中心举行的国家广电总局电视剧引导扶持专项基金颁奖礼中，北京电视艺术中心有限公司出品的电视剧《不说再见》获2018年度电视剧引导扶持专项资金剧本扶持引导项目一般扶持。

3月13日　北京电台举行2018年度“获奖听众交流会”。杨晓征等12名听众被评为2018年度优秀听评员，秦仲维等14名听众获2018年度“听评月”来稿一等奖，吴玲玲等20名听众被聘为2019—2020年度“广播评议员”。听听FM、北京广播网、北京时间、一直播等平台同步视频直播，总观看量16.5万人次。这是北京电台连续第23年举行“听评月”活动，征集听众对北京电台发展和节目的意见建议，并连续22年表彰优秀听评员。

3月15日　北京北广传媒城市电视有限公司的楼宇电视及户外大屏电视联播网，全程直播十三届全国人大二次会议闭幕会以及总理会见中外记者并回答记者提问。公司所属中汇广场、王府井工美大厦、世贸天阶、富力广场、来福士广场、酒仙桥电子城、春平广场户外大屏电视以及北京6500台楼宇电视进行同步户外直播，第一时间向首都人民传递两会信息。

3月18日　由中国汽车报、北京电台交通广播共同主办的2019北京（国际）房车旅游文化博览会闭幕。

3月21日　北京市广播电视局与国家广电总局广科院联合举办第二届“一带一路”广播电视科技发展论坛。北京市广播电视局局长杨烁代表主办方致辞，柬埔寨王国新闻部、老挝国家电视台等各界代表共同为推动“一带一路”广播电视科技发展献计献策。

3月21日　北京歌华有线电视网络股份有限公司召开北京市融媒体技术平台建设项目启动会，北京歌华传媒集团有限责任公司副总经理、歌华有线公司党委书记、董事长郭章鹏出席并讲话。

3月21日—23日　北京北广传媒城市电视有限公司一行四人赴成都参加由中国糖业酒类集团公司主办的第100届糖酒会，与30余家糖酒客户、40余家同行代理公司建立联系。

3月22日　北京瑞特影音贸易有限公司配合北京市广播电视局传媒机构管理处，对CCBN展会展区进行相关检查。协助北京怡亨酒店、万国城雅晨悦居酒店办理持证接收境外卫星电视相关手续。

3月22日　北京歌华文化发展集团有限公司作为文旅部中意文化合作机制首批成员单位，受邀赴意大利米兰出席“中意文化合作机制第二次会议”，受到正在米兰访问的国家主席习近平和意大利总统马塔雷拉的接见。在中意文化合作机制下，北京国际设计周和中华世纪坛世界艺术馆举办多次文化交流活动。

3月22日　古巴驻华大使拉米雷斯先生及新闻官等一行三人到北京电视台参观交流，北京电视台相关负责人陪同。

3月25日—28日　2019北京电视节目交易会（春季）在北京会议中心召开。交易会以“守正创新，推动电视剧高质量发展”为主题，举办开幕式暨“京榜剧献”发布、节目交易、发展论坛、编剧论坛、专项推介等多项活动。国内外电视节目制作机构及相关产业机构近470家2500余人，电视节目播出机构、港台地区相关公司、海外机构及版权运营商145家近420人参会，各级领导、嘉宾、新闻记者和非注册参会专业人士共约500人。大会推广参展节目近900部，参会人员约3800人。

3月26日　北京电视艺术中心有限公司携电视剧项目《不说再见》及《我爱北京天安门》参加2019北京电视节目交易会(春季)。在2019电视剧“京榜剧献”中，《不说再见》入选为“民篇·赤子之心 护国安邦”。

3月30日　北京北广传媒数字电视有限公司获“中国梦 公益情”寻找最美慈善义工大型文化系列活动组委会颁发的“最美慈善义工榜样团体”称号。

3月　王志任北京市广播电视局党组成员、副局长。

3月　据央视市场研究（CTR）进行的2018年全国卫星频道落地率入户率普查显示，北京卫视全国入户接收总人口为11.4006亿人，在全国的入户率为82%，较2017年增长约762万人，提高0.1个百分点。调查显示，北京卫视在购买力较强地区的覆盖具有明显优势，在全国 35 座城市、71 座城市的入户率分别为 95.7%、92.9%，在所有省级卫视中排名第一。

4 月

4 月 1 日 北京北广传媒城市电视有限公司开办的《城事发布》栏目正式开播。

4 月 4 日 北京歌华传媒集团有限公司党委副书记、总经理戴维，党委副书记左亦，纪委书记夏晗，副总经理郭章鹏等就公司经营发展情况及研究中心职工诉求等问题到北京电视艺术中心有限公司进行调研。

4 月 8 日 北京市广播电视局推荐的动画片《冰雪冬奥村》被国家广电总局确定为 2018 年第四季度推荐播出优秀片目。该剧为 2022 年在北京、张家口举行的第 24 届冬奥会做前期宣传，每集讲一个小故事，介绍一个运动项目及相关知识，传达冰雪运动知识和奥林匹克精神。

4 月 8 日 北京北广传媒城市电视有限公司开办的《健康卫士》栏目开播。

4 月 9 日 北京市广播电视局选送的《房山山体崩塌前“十分钟奇迹”背后的故事》和《老胡同 新生活》两部作品被国家广电总局评为 2018 年第三季度全国优秀广播电视新闻作品。

4 月 9 日 北京北广传媒影视股份有限公司投资拍摄的 40 集电视连续剧《鼓楼外》，在济南电视台新闻综合频道《今晚剧场》栏目播出，这是该剧在全国地面台首播。

4 月 9 日 北京市广播电视局党组书记、局长杨烁带队到北京歌华传媒集团有限公司专题调研“北京云”项目规划建设工作，围绕北京云功能定位、建设进度安排、长效运营机制等内容进行交流研讨。北京歌华传媒集团有限责任公司党委副书记、总经理戴维，北京歌华传媒集团有限责任公司副总经理、歌华有线党委书记、董事长郭章鹏，北京歌华传媒集团有限责任公司副总经理周宇清参加。

4 月 9 日、11 日 北京市广播电视局副局长杨培丽带队对歌华有线、数字电视、鼎视传媒、移动电视和城市电视等公司进行安全生产检查。北京歌华传媒集团有限责任公司副总经理罗晓军等陪同检查。

4 月 10 日—30 日 北京电视台新闻节目中心推出 2019 年《天涯共此时》第四季专栏，共播发专题 25 条，分别在《北京您早》《特别关注》《北京新闻》《首都晚间报道》中播出。《天涯共此时》报道组自 2019 年 1 月开始，派出编导、主持人、摄像 30 余人次前往天津、河北、河南、湖南、云南、广西、陕西、新疆等国内“一带一路”建设重要省、自治区、直辖市，完成此次报道。

4 月 13 日 第九届北京国际电影节在北京怀柔国家中影数字制作基地开幕，中共中央宣传部副部长、中央广播电视总台党组书记、台长、第九届北京国际电影节组委会主席慎海雄，中央广播电视总台副台长、第九届北京国际电影节组委会常务副主席阎晓明，中共北京市委常委、宣传部部长、第九届北京国际电影节组委会常务副主席杜飞进，国家电影局副局长孟祥林等出席，本届“天坛奖”国际评委会主席罗伯·明可夫，评委西尔维奥·盖约齐、曹保平、谢尔盖·德瓦茨沃伊、刘嘉玲、马基德·马基迪、西蒙·韦斯特等嘉宾亮相。来自 85 个国家和地区的 775 部电影参评“天坛奖”，电影市场项目签约额达 309 亿元。第九届北京国际电影节入选 2019 北京文化消费品牌榜“十大文化展演活动”。

4 月 14 日 在首都电影院（西单店），北京歌华有线电视网络股份有限公司联合中国传媒大学、东方嘉影电视院线传媒股份公司，联合主办第九届北京国际电影节“光明影院”公益放映活动，并向来到现场的视障人士赠送60部“光明影院”无障碍电影。中共北京市委常委、宣传部部长、北京国际电影节组委会常务副主席杜飞进，北京电视台总编辑、北京演艺集团有限公司总经理、北京国际电影节组委会常务副秘书长王珏，中国传媒大学新闻传播学部学部长高晓虹，北京歌华电视网络股份有限公司董事长郭章鹏，北京市慈善义工联合会驻会副会长王骏，北京市残疾人联合会理事长吴文彦，北京首都华融影院有限责任公司董事长兼总经理、中国电影发行放映协会副会长邓永红参加赠送仪式。来自北京市社区和北京盲校的160余位视障人士欣赏无障碍电影《西虹市首富》。

4月17日　北京市广播电视局党组书记、局长杨烁及市委宣传部相关处室负责同志到延庆现场观看北京世园会开幕仪式彩排，检查相关安全生产工作。北京歌华传媒集团有限责任公司总经理戴维，纪委书记夏晗，副总经理周宇清、罗晓军等参加调研。

4月18日　北京市委宣传部副部长余俊生到北京北广传媒城市电视公司调研改革发展工作，对下一步融媒体发展如何实施推进提出建议。北京歌华传媒集团有限责任公司副总经理罗晓军参加。

4月19日　北京紫禁城影业公司董事长、总经理金川作为27家重点影视公司代表之一与北京国际电影节签署战略合作意向。

4月20日　第九届北京国际电影节在北京怀柔国家中影数字制作基地举行闭幕式暨颁奖典礼。国家电影局副局长孟祥林，北京市委常委、宣传部部长杜飞进，中央广播电视总台国广副总编辑任谦等出席。

4月22日　由首都文明办联合市生态环境局、市志愿服务联合会、北京电台举办的“迎国庆展形象 做新时代文明北京人——‘V蓝北京’行动”在通州区大运河森林公园启动。启动仪式上推出绿色生活好市民诵读会，表彰2018年度“优秀环保公益组织”及“绿色生活好市民”，发布“V蓝北京”主题曲。

4月23日　北京北广传媒城市电视公司通过所属的全市6块户外大屏及6000台楼宇终端电视，对在青岛附近海域举行的庆祝人民海军成立70周年海上阅兵活动进行全程同步户外转播。

4月24日　北京广播电视台深化改革动员部署会议召开。会议传达市委办公厅、市政府办公厅关于印发《北京广播电视台职能配置、内设机构和人员编制规定》的通知精神。北京市委宣传部副部长赵磊、余俊生，北京市广播电视局党组书记、局长杨烁，北京市广播电视局驻局纪检监察组组长邹立华出席，市委宣传部、市委组织部相关处室负责人及全台副处级以上干部参加会议。

4月24日—27日　北京广播电视台全面开启第二届“一带一路”国际合作高峰论坛特别报道。广播、电视、新媒体三部分编辑记者组成统一报道团队，在广播、电视、PC端、手机端相互融合，多屏互动。北京广播电视台首次实现5G对播连线，北京卫视重大报道全天候播出带，北京电台多频率联动等多个突破。

4月25日　北京新媒体（集团）有限公司和北京字节跳动网络技术有限公司举行战略合作签约仪式。双方在图文、视频、版权、运营管理等方面开展交流合作，“北京时间”和今日头条共同开启移动优先策略的新探索。

4月29日　北京市广播电视局召开“新中国成立70周年北京市公益广告创作播出工作部署会”。会议传达国家广电总局和北京市广播电视局相关工作精神，要求加强公益广告创作宣传，推出一批有思想、有温度、有品质的精品力作。北京市广播电视局副局长杨培丽参加会议并讲话。北京广播电视台、各区融媒体中心、今日头条、爱奇艺等北京市广播电视节目制作机构、播出机构和视听新媒体机构人员参加会议。

4月29日　北京电台青年广播与共青团北京市委员会共同发布第一届“关爱青年计划”年度人物名单，宣传和推广关心爱护青年和帮助青年成长发展的爱心人士。

4月29日　北京歌华有线电视网络股份有限公司完成第二届“一带一路”国际合作高峰论坛安全传输保障任务。保障期间共组织维护保障人员220余名、车辆50余辆，对会议代表驻地周边、重要保障单位驻地进行网络巡查和保障。

4月29日　北京卫视和新闻频道并机进行《美丽北京缤纷世园》2019年中国北京世界园艺博览会开园直播，这是北京电视台新闻中心600平方米融媒体演播室投入使用后进行的首次大型直播。在北京市委宣传部统一部署下，北京电视台与北京世园会事务协调局等相关部门密切合作，由新闻中心组成百人直播团队，形成前方直播点、演播室多频率联动，电视端、PC端、手机端互相融合、多屏互动，实现大型直播节目的多个突破。

4月29日—10月9日　北京歌华传媒集团有限公司所属北京歌华文化发展集团有限公司承办，北京歌华大型文化活动中心有限公司具体执行完成2019年中国北京世界园艺博览会开闭幕式、开园仪式、驻场演出、会期文化活动保障等任务，得到中央、北京市委市政府充分肯定和社会各界广泛好评。

4月30日　北京北广传媒城市电视、楼宇电视及户外大屏电视联播网，对在人民大会堂举行的纪念五四运动100周年大会进行同步户外转播报道。

5月

5月2日　北京广播电视报《北广人物》周刊独家采访报道第九届北京国际电影节评委刘嘉玲，受到读者好评。

5月8日—10日　以“挑战不确定 创见2019”为主题的2019 IAI国际创享节暨第19届IAI国际广告奖颁奖盛典，在中国传媒大学举办。北广传媒城市电视公司作为重要媒体合作伙伴受邀出席，亮相本届IAI国际创享节。

5月8日—10日　北京市广播电视局举办全国首次融媒体中心标准规范宣贯培训会，并同期举办安全播出保障培训会。北京广播电视台、歌华传媒集团、北京日报、北京青年报、北京时间、全市十七家融媒体中心以及北京市广电局相关处室人员参会。

5月9日　北京市广播电视局党组成员、副局长王志带领规划发展处、科技处等一行人参加在广州市举办的2019世界超高清视频（4K/8K）产业发展大会。本次大会主题是“超清视界，点亮湾区”，是全球超高清视频（4K/8K）产业领域规格高、规模大、国际影响力强的盛会。大会前身是2018年3月举办的中国超高清视频（4K）产业发展大会。

5月10日　北京广播电视台冬奥纪实频道全天24小时上星播出，落地全国26个省份，覆盖近3亿电视观众。节目内容包括日播冬奥新闻节目《2022》，高端人物访谈《我与奥运》，评论节目《冬奥大家谈》《奥运故事会》等。

5月10日　2022北京冬奥会倒计时牌揭牌仪式在奥林匹克中心区举行，北京电视台承担揭牌仪式电视信号制作工作。北京市委书记蔡奇、北京市市长陈吉宁出席仪式并宣布倒计时1000天到来。北京电视台制作的电视信号在北京冬奥纪实频道、北京新闻频道并机向全国播出，同时提供给中央广播电视总台、阿里优酷、腾讯等向全球播出。

5月10日　北京人民广播电台和北京冬奥组委新闻宣传部联合主办的“2019我的冬奥梦”冬奥小记者国际营正式启动。国际营在北京、上海、广州、成都、哈尔滨、江苏等地设立分站，面向1~12年级的中小学生，通过线上冬奥知识的趣味竞答，线下冬奥项目的多语种演讲，选拔优秀青少年进入2020年冬奥小记者国际营。入选者接受语言、新闻素养、采访技巧、沟通与表达等培训，之后可选拔成为2022年冬奥会认证小记者，参与2022年冬奥会举办期间的采访工作。活动由北京外语广播（FM92.3）承办。

5月10日　由北京人民广播电台承办的“第四届两岸媒体人北京峰会”广播分论坛在北京饭店举行。北京广播界及台湾广播界代表近40人共聚一堂，以“媒体融合背景下的文化传承与传播形式创新”为主题展开讨论，共话文化传播的创新。

5月13日　北京市委常委、宣传部部长杜飞进到电视剧《觉醒年代》北大红楼拍摄现场探班，并与主创代表座谈交流。该剧为庆祝新中国成立70周年重点剧目，由歌华传媒集团、北广传媒影视公司立项、出品，讲述《新青年》“三驾马车”陈独秀、李大钊、胡适从相识、相知，到分道扬镳，走上不同人生道路的传奇故事。市委宣传部副部长赵卫东、陈名杰、张爱军，市广电局党组书记、局长杨烁等参加。

5月15日　亚洲文明对话大会在京开幕。北京电视台新闻中心推出的《文明互鉴 和美亚洲》特别报道进入高潮，当天的《北京您早》《特别关注》《首都晚间报道》专门开启特别报道，通过权威专家做客演播室访谈、评论员现场连线、境外媒体采访、提前预制小片等方式，将大会盛况全方位展现在观众面前。北广传媒城市电视公司旗下楼宇电视及户外大屏电视联播网——6000余台楼宇电视终端以及7处8块户外大屏进行同步户外转播。

5月16日　亚洲网络视听传播政策对话与合作成果发布活动在中国传媒大学举行，活动以“繁荣网络文化，讲好亚洲故事”为主题。作为“亚洲文明对话大会”平行分论坛“亚洲文明全球影响力”论坛的重要部分，该活动由国家广播电视总局指导，北京市广播电视局与中国传媒大学共同主办，亚洲－太平洋广播联盟、央视国际视频通讯社、中国传媒大学国际交流与合作处协办，中国传媒大学亚洲传媒研究中心承办。国家广播电视总局副局长、党组成员高建民，北京市广播电视局党组书记、局长杨烁，中国传媒大学党委书记陈文申，亚洲－太平洋广播联盟秘书长贾瓦德·孟塔基出席开幕式并致辞，开幕式由国家广播电视总局国际司司长马黎主持。

5月29日　由北京市广播电视局主办的第十四届中国北京国际文化创意产业博览会广播电视网络视听展馆开幕。北京市委宣传部委托，北京市广播电视局牵头，歌华传媒集团承建的大数据平台“北京云”正式亮相，该平台包括1家市级融媒体平台、4家新媒体（北京日报、北京广播电视台、新京报、北京青年报）、17个区级融媒体平台、N个厅局委办的政务平台，具备“新闻＋政务＋服务”的功能属性。

6月

6月2日　全国首档聚焦人才的纪实节目《为你喝彩》在北京卫视播出。该节目由北京市委组织部牵头策划，北京电视台卫视节目中心承制，真实记录和深度挖掘各行各业人才的工作、生活以及成长故事。

6月4日　在中国广播电影电视社会组织联合会主办的第十二届电视制片业十佳评选中，北广传媒影视公司获得“十佳电视剧出品单位”称号，公司投资拍摄的《情满四合院》获“优秀电视剧”称号，该剧导演刘家成获“十佳电视剧导演”。

6月6日　为纪念北京市与东京都缔结友好城市关系40周年，由北京市人民政府、中国驻日本国大使馆主办，北京市文化和旅游局、北京市人民政府外事办公室承办，北京电视台文艺节目中心承制的“北京之夜”在东京国立剧场上演，拉开东京“北京周”活动的序幕。中共中央政治局委员、北京市委书记蔡奇，日本公明党干事长齐藤铁夫，中华人民共和国驻日本国特命全权大使孔铉佑等观看演出。

6月11日　在第25届上海电视节期间，北京北广传媒影视股份有限公司获第一制播联盟颁发的“金牌合作伙伴”奖。

6月17日—20日　北京广播电视台制作推出“市民对话一把手·提案办理面对面”系列直播访谈节目。节目邀请市民政局、市城市管理委、市卫生健康委、市人力社保局的“一把手”就“街乡吹哨、部门报到”改革、垃圾分类、基层卫生服务、就业和社会保障等话题，与市政协委员沟通对话。节目在北京电视台新闻频道、北京城市广播FM107.3、AM1026频道，首都之窗、北京市政协网站、千龙网、“北京时间”及“北京发布”同步直播。

6月18日　由北京广播电视台承制的2018歌唱北京优秀作品发布仪式暨2019歌唱北京启动仪式在北京电视台大剧院举办。“歌唱北京”原创歌曲征集活动由北京市委宣传部指导，经过一年的征集、宣传和评选，征集到4653件作品，其中20首歌曲获奖。

6月20日　在第32个国际禁毒日来临之际，北京市广播电视局与朝阳门街道工委在史家胡同博物馆联合举办了“广播电视零距离——破冰进社区”活动。北京市广播电视局党组书记、局长杨烁，市委“不忘初心、牢记使命”主题教育第12巡回指导组组长冯惠生，朝阳门街道工委书记陈大鹏，以及市广播电视局、朝阳门街道、《破冰行动》剧组和社区居民代表等90余人出席活动。

6月25日　北京市广播电视局和中国驻里约热内卢总领馆在里约热内卢共同主办“2019北京优秀影视剧海外展播季——巴西启动仪式”。北京市委常委、宣传部部长杜飞进，中国驻里约热内卢总领馆副总领事陈晓玲，里约热内卢州文化厅厅长特别助理帕布罗，巴西影视局影像监管专家及国际咨询委员会代表瑞纳塔，北京市委宣传部副部长赵磊，北京市广播电视局党组书记、局长杨烁，首都广播电视节目制作业协会会长刘燕铭，来自北京、里约热内卢相关部门和网络视听节目服务机构代表，以及中巴媒体代表约90人出席当天的活动。

6月27日　由北京市广播电视局与中国驻阿根廷大使馆共同主办的“视听中国·阿根廷·北京之夜”中阿网络视听及影视交流活动在阿首都布宜诺斯艾利斯举行。北京市委常委、宣传部部长杜飞进，中国驻阿根廷大使邹肖力，北京市委宣传部副部长赵磊，北京市广播电视局党组书记、局长杨烁，阿根廷联邦公共传媒管理总局国务秘书隆巴尔迪，阿根廷国家广播电视台台长佩雷拉，布宜诺斯艾利斯市文化官员和议员代表，以及中阿两国网络视听和影视行业相关企业代表百余人出席活动。当晚同时举行“2019北京优秀影视剧海外展播季——阿根廷启动仪式”，北京广播电视代表团带来《京剧猫》《超级工程——北京地铁》《瓷路》《破冰行动》等20多部中国优秀影视作品。当天下午，北京市广播电视局党组书记、局长杨烁携中方视听影视企业代表与阿根廷联邦公共传媒管理总局和阿根廷国家电影视听艺术推广局相关负责人，以及阿方同行业企业代表举行座谈和洽谈对接会。

6月30日　北京广播电视台融媒体平台和市委组织部共同打造的省级党建融媒体平台“党旗耀京华——党的建设与组织工作融媒体平台”正式上线。北京时间新闻客户端、北京时间网站、北京IPTV三大新媒体平台同步推出，通过短视频、直播、图文、图集等多种形式全面展示北京市组织工作相关信息。市委组织部融媒体中心在北京广播电视台新媒体基地正式挂牌成立，平台上线后的首档自制栏目《别样党课》在当日同步直播。

7月

7月1日　北京市广播电视局进一步完善《局宣传管理例会制度》，创建区级融媒体宣传管理通气会制度。

7月4日　国家广播电视总局公布2018年度广播电视创新创优节目名单，北京广播电视台《向前一步》《上新了·故宫》获评电视类创新创优节目。

7月9日　在国家广播电视总局公布的2018年度国产纪录片及创作人才扶持项目评选结果中，北京市广播电视局推荐的电视纪录片《这里是通州》被评为优秀系列片，《这里是中国》（第一季）被评为优秀国际传播类作品，《万物滋养》被评为优秀长片，《破雪而上》《AI脑力觉醒》被评为优秀短片；《天顺叔叔》导演田喆被评为优秀导演，《广府春秋·璀璨明珠》摄像朱兴辉被评为优秀摄像；北京广播电视台纪实频道被评为优秀制作机构，优酷视频被评为优秀播出机构；北京市广播电视局宣传管理处被评为2018年度国产纪录片及创作人才扶持“优秀组织机构”。

7月10日　由北京电台发起、以有声内容为合作核心的“融媒体声音联盟”在北京成立。该联盟以京津冀协同发展、市区联动为抓手，着力建设具有强大传播力、引导力、影响力、公信力的新型主流有声媒体集群。北京电台，北京电台新媒体客户端“听听FM”，北京昌平、房山、通州、顺义、大兴、平谷、怀柔、密云、延庆等区融媒体中心（电台）以及邯郸广播电视台新闻综合广播、蔚县融媒体中心等成为首批联盟成员。

7月11日　在第三届全国广播电视行业职业技能竞赛中，北京市歌华有线工程管理有限责任公司金明源获职业技能竞赛一等奖，并被人社部授予“全国技术能手”荣誉称号，北京歌华有线电视网络股份有限公司获“优秀组织奖”。该赛是人力资源和社会保障部批准、国家广电总局人事司和中国就业培训技术指导中心联合主办的唯一国家级二类竞赛。

7月18日—19日　北京市广播电视局开展2019年北京市广播电视行业网络安全、安全播出、安全生产工作专题培训。各区文旅局、北京广播电视台、歌华传媒集团、各区融媒体中心、局机关各处室、局属各单位及北京移动、北京联通、北京电信、全市重点视听网站企业安全工作负责人130人参加培训。

7月19日　国家广播电视总局公布2018年度少儿节目精品发展专项资金扶持项目评审结果。北京广播电视台广播栏目《听听糖耳朵》、电视栏目《穿越吧少年》被评为精品栏目，北京广播电视台广播栏目《小鬼当家》、电视栏目《卡酷动物园》以及怀柔区广播电视台《童心看天下》栏目获扶持。

7月26日　2019中美青年创客大赛总决赛颁奖仪式在中华世纪坛举行。参赛项目聚焦社区、教育、环保、健康、能源、交通等可持续发展领域，共有25个项目获奖。

7月27日　2019北京国际设计周“文博设计奖”作品展评活动举办。“文博设计奖”旨在助推北京市文博系统文化创意产品的提质增效，鼓励、表彰和促进文化、文物单位的文创产品的创意、设计、制作和市场化营销工作。市委宣传部副部长赵磊出席活动，并为宋慰祖等13位评审专家颁发证书。

7月　北京电视台26集冬奥题材定格动画《冰雪冬奥村》完成首轮播出。北京地区4~14岁核心受众平均收视份额高达8.71%，最高突破20%，占同时段收视首位。全国35城组的4~14岁核心受众平均收视份额达4.20%，稳居同时段省级卫视核心收视排名第一、二位。

8月

8月1日　国家广播电视总局公布2019年全国广播电视公益广告扶持项目评审结果，北京广电局获组织机构、广播作品、电视作品三个类别“三连冠”；北京广电局被授予优秀组织机构第一名；北京字节跳动网络技术有限公司（今日头条）的《早一分钟 多一份可能》被评为一类优秀电视作品；北京广播电视台的《敬老爱老》系列被评为一类优秀广播作品。北京广电局选送的作品和机构中，2个电视作品、2个广播作品、1个传播机构被评为二类，5个电视作品、6个广播作品、1个传播机构被评为三类，总成绩居全国榜首。

8月5日　由国家广播电视总局指导的大型电视理论节目《思想的田野》，相继在北京卫视、东方卫视、浙江卫视、江苏卫视、湖南卫视推出“北京篇”“上海篇”“浙江篇”“江苏篇”和“湖南篇”。五篇节目各自独立而又和谐统一，将习近平新时代中国特色社会主义思想与本地区发展的实际相结合，以“理论宣讲大篷车”为标识，由主持人和嘉宾实地探访，实证习近平新时代中国特色社会主义思想的价值和作用。

8月8日　由北京市委统战部、北京市委宣传部共同主办、北京广播电视台青少·海外节目中心具体承办的2019年“文化中国·水立方杯”海外华人中文歌曲大赛颁奖晚会在国家游泳中心“水立方”举行。

8月9日　《爱上大运河》大型跨省融媒体行动启动仪式在大运河南端杭州市拱宸桥边举行。北京广播电视台和通州区委宣传部作为主办方之一，与杭州以及运河沿线的嘉兴、湖州、苏州、扬州、济宁、沧州、天津的各家融媒体中心共同宣布此次融媒体新闻行动开启。

8月10日　由国家广播电视总局《电视指南》杂志和传媒内参联合举办的“2019广电融媒发展大会暨‘指尖融媒榜’大型调研发布会”在北京举行。北京人民广播电台官方客户端“听听FM”获2019“指尖融媒榜”最具影响力广播融媒平台（产品），北京人民广播电台的“讯听云”获2019“指尖融媒榜”最具影响力广电融媒云平台。

8月15日　《北京市智慧广电发展行动方案（2019年—2022年）》印发实施。

8月21日　第十七届北京国际图书节在中国国展中心开幕。由北京市委宣传部主办、北京电台承办的“遇见一家书店”系列故事征集活动征集到的优秀故事亮相。

8月21日—24日　第28届北京国际广播电影电视展（BIRTV2019）在北京国际展览中心举行。北京广播电视台在该展中充分展示媒体融合创新发展的新业态。

8月22日　由国家广播电视总局主办、北京市广播电视局和北京广播电视台承办、文艺节目中心承制的第七届国产纪录片及创作人才推优活动在世园会园区完成录制。活动组织了12轮表彰环节，7轮主题演讲，3轮主题访谈，4组文艺表演等主体环节及多组视频小片。

8月23日　由国家广播电视总局宣传司、中共北京市委宣传部指导，北京市广播电视局主办，北京广播电视台、北京歌华传媒集团有限责任公司、首都纪录片发展协会承办的第三届北京纪实影像周在中华世纪坛开幕。本届影像周以“壮丽七十年记录新时代”为主题，共设置开幕式、论坛、市场、展览、展映、国际研讨、培训、征集和闭幕活动九大板块，集中展示首都纪录片成果。

8月25日　北京北广传媒影视公司承制的重大历史革命题材电视剧《觉醒年代》获选国家广播电视总局庆祝新中国成立70周年“百部优秀电视剧作品”。

8月25日　“我爱中国”——庆祝中华人民共和国成立70周年国家广播电视总局优秀电视剧百日展播活动启动仪式在山东青岛东方影都大剧院结束，同时拉开国家广播电视总局近百部优秀电视剧百日展播的序幕。北京电视台文艺节目中心主创团队精心打造启动仪式，在5家省级卫视、5家网络媒体同步直播。

8月26日　北京广播电视台召开领导干部大会，市委常委、宣传部长杜飞进同志出席并讲话，市委组织部副部长张彤军同志宣布中共北京广播电视台党组成员、台领导班子成员名单。李春良任北京广播电视台党组书记、台长，韦小玉任北京广播电视台党组副书记、副台长，王秋任党组成员，陈晓红任党组成员，陈祥任北京广播电视台党组成员、副台长，李小明任北京广播电视台党组成员、副台长，徐滔任北京广播电视台党组成员、副总编辑，艾冬云任北京广播电视台党组成员、副总编辑。市委宣传部副部长赵卫东同志、赵磊同志和余俊生同志参加会议。

8月26日—29日　由国家广播电视总局部署，北京市广播电视局、北京广播电视台承办，北京广播电视台卡酷少儿卫视频道创意、策划、制作的《我同祖国共成长——庆祝新中国成立70周年少儿晚会》在北京完成录制。

8月27日—28日　在北京市广播电视局指导下，北京体育大学北体传媒联合利亚德、中科大洋等20余家科技企业，第一次实现国内5G+8K+5.1环绕声冰上赛事直播信号采集、传输、输出、呈现的全流程打通，第一次开展5G+8K+5.1环绕声大型用户视听体验活动，第一次针对用户体验进行问卷调查，直播试验受到新华社、人民网、北京电视台、中国体育报、腾讯、新浪等50余家媒体关注，新华社视频部对活动进行现场直播。

8月28日—29日　北广传媒城市电视公司受邀出席2019中国户外广告论坛，城市电视公司旗下望京凯德MALL大屏获“2019首批优质城市户外LED显示屏”奖项。

8月30日　2019年国际篮联篮球世界杯在北京开幕。北京广播电视台在2019年国际篮联篮球世界杯北京赛区实现全国首次国际赛事全环节全流程5G+8K转播。

9月

9月5日　《新京报》社一行到歌华有线交流“北京云”融媒体对接合作事宜，双方就《新京报》对接“北京云”融媒体的具体需求、合作思路初步达成合作共识。

9月6日　北京市委书记蔡奇主持召开专题会议，听取北京市规划和自然资源委员会和北京电视台关于《我是规划师》栏目筹备情况汇报并审看样片。

9月9日　北京北广传媒移动电视响应北京市开展的“为教师亮灯”公益活动，在移动电视屏幕上滚动播放视频宣传片及有“老师您好”字样的宣传图片，覆盖上万块屏幕，累计播出二百余次，向广大教师表达敬意。

9月9日　北京北广传媒城市电视有限公司凭借户外电视新媒体在行业内外的口碑及影响力，获第14届亚洲品牌盛典“中国品牌最具影响力户外媒体”称号，公司董事长、总经理罗艳红女士被授予“新时代中国品牌创新人物”荣誉称号。

9月10日　北京市政协学习委员会与北京电台共同策划推出《政协委员“感悟经典”》音视频专题节目。70位市政协委员走进北京电台演播室，分别从政治、经济、科技、教育、文化、卫生、体育、民族、宗教等方面畅谈学习习近平新时代中国特色社会主义思想的感悟。

9月11日　北京北广传媒影视有限公司的电视剧《觉醒年代》片花，由国家广电总局推荐在“学习强国”平台中播放。

9月12日　2019北京设计博览会启动仪式暨文博奖颁奖典礼在农业展览馆举行。本届博览会以“创变未来”为主题，围绕文化IP、城市更新、传统工艺、公共艺术、时尚生活等五大板块，吸引300余家设计品牌及机构入驻，共有50余场设计论坛。

9月16日　北京歌华有线电视网络股份有限公司完成2019篮球世界杯5G+8K转播实验工作。此次实验采用新岸线公司EUHT无线接入技术加歌华有线骨干传输网方式，实现8K信号转播。

9月17日　北京广播电视台冬奥纪实频道完成在北京首钢园区国家冬季运动训练中心冰球馆举行的北京2022年冬奥会和冬残奥会吉祥物发布仪式报道任务。

9月19日　新中国成立70周年献礼电影《毛驴上树》首映礼暨北京市广播电视局“讲好中国扶贫故事——北京网络视听节目创作计划”启动仪式举行。国家广播电视总局、北京市广播电视局、以及山东省相关部门负责人和影片制播单位代表、媒体代表出席仪式并观看影片。

9月20日　北京歌华有线电视网络股份有限公司完成冬奥专网延庆赛区外围管廊光缆施工工作。

9月25日　北京广播电视台派出直播团队，以一键发布同频共振的融媒传播方式，通过北京卫视、新闻频道、北京时间客户端、《北京新闻》、BTV北京公众号，对北京大兴国际机场正式通航进行全程报道。

9月26日　北京北广传媒移动电视走进福彩旗舰店一号店和小汤山数据机房，为移动电视长期合作客户北京市福彩发行中心策划拍摄福彩爱国宣传《我和我的祖国》快闪视频，庆祝新中国成立70周年。

9月28日—10月7日　北京歌华有线电视网络股份有限公司圆满完成新中国成立70周年安全保障工作。近1.3万人次参与值班值守，出动保障车辆100余台次；对天安门地区有线电视管线开展人工监测检测工作，涉及地下管线22条、井盖类设施501个、跨街杆路光缆19处。

9月28日　北京时间与中国电影博物馆正式签署“光影·时空——中国电影博物馆融媒体传播平台”战略合作协议。北京时间依托中国电影博物馆资源开通网上电影频道，全方位宣传中国电影的文化内涵和科技成就。

9月30日　北京北广传媒移动电视自行策划、拍摄、制作七集国庆专题系列节目《壮丽七十年 奋斗新时代——北广传媒移动电视特别报道》，登陆北广传媒移动电视公交频道，庆祝新中国成立70周年。

9月　北京御喜影视传媒股份有限公司出品的38集京产剧《欢喜盈门》，先后登陆安徽、辽宁、黑龙江、吉林、河北等卫视，并在PP视频、爱奇艺、优酷等网络平台同步播出。该剧讲述退伍军人车向前积极践行习近平总书记“绿水青山就是金山银山”的科学论断，带领全村百姓迈进小康社会的故事。

10月

10月1日　北京广播电视台新闻中心派出20多组记者，运用多种宣传形式，推出“荣耀在我心”重头报道，全方位报道中华人民共和国成立70周年庆祝盛况。

10月1日　北京北广传媒城市电视户外大屏电视联播网和楼宇电视联播网全程户外转播庆祝中华人民共和国成立70周年重要活动。

10月16日　北京北广传媒数字电视有限公司运营的“中华特产”频道正式开播。

10月17日　国务院副秘书长丁向阳一行到北京广播电视台调研健康科普宣传工作。专题听取《健康北京》《健康加油站》等广播节目及《养生堂》《我是大医生》《生命缘》等品牌健康类电视节目汇报。国家部委、北京市委市政府相关部门负责人参加。

10月18日—27日　北京广播电视台体育节目中心承接世界第七届军运会乒乓球比赛的公共信号制作任务，为东京奥运会练兵。

10月19日—20日　北京考区共有2845名考生参加2019年全国广播电视编辑记者、播音员主持人资格考试，比上年的2737人增加3.95%。

10月21日—23日　北京广播电视台联合中宣部理论局、北京市委宣传部共同推出大型通俗理论电视节目《壮丽70年 时间都知道》。节目共6集，分别是《中国经济之谜》《中国式民主之路》《中国文化何以自信》《遇见一个更好的中国》《美丽中国在行动》《踏平坎坷成大道》，在北京卫视播出。

10月24日　北京市经信委电子政务网管中心为北京歌华有线电视网络股份有限公司颁发“安全畅通，再创辉煌”奖牌，表彰歌华有线出色完成新中国成立70周年重保期政务网络通信保障工作。

10月29日　北京市广播电视局、北京市扶贫协作办、北京市重点广播电视播出机构、网络视听节目服务机构和节目制作机构代表，前往新疆和田开展文化援疆，从宣传、科技、人才、教育、电商、基金等方面制定扶贫措施，与和田地区宣传广电系统签订十余项协议。

10月　国庆期间，北京北广传媒移动电视有限公司在北京近600条公交线、10000辆公交车上的20000块屏幕上，转播央视国庆庆祝大会、阅兵式、群众游行以及文艺会演，总时长达到6小时。

10月　北京广播电视台携优秀原创文化节目《上新了·故宫》和《遇见天坛》首次参展世界上最大的节目交易平台——法国戛纳秋季电视节MIPCOM。

11月

11月5日　首都纪录片发展协会第二届第一次会员代表大会暨换届选举大会召开，选举产生了新一届协会领导机构。

11月6日　北京北广传媒影视股份有限公司拍摄的电视剧《鼓楼外》在洛杉矶第15届中美电影节、中美电视节上获“金天使”电视剧奖。

11月7日　北京电视台联合故宫博物院推出的大型文化季播节目《上新了·故宫》(第

二季）开播发布会举行。该节目以故宫博物院馆藏的历代文物为依托，展现文物上的中华文明之美。北京市委宣传部、故宫博物院、北京广播电视台有关领导及专家学者出席。

11 月 11 日—13 日　由国家广播电视总局、北京市人民政府指导，中共北京市委宣传部、北京市广播电视局主办的首届北京国际公益广告大会在国家会议中心举行。国家广播电视总局副局长、党组成员高建民，中共北京市委常委、宣传部长杜飞进，国际广告协会主席斯里尼瓦桑·斯瓦米出席开幕式。

11 月 11 日—14 日　第 25 届北京电视节目交易会（2019 秋季）在北京会议中心举行。交易会由国家广播电视总局电视剧司、国际合作司指导，北京市委宣传部、北京市广播电视局、北京市怀柔区委区政府联合主办，首都广播电视节目制作业协会、北京京视传媒有限责任公司承办。北京北广传媒影视公司的《觉醒年代》入选“庆祝新中国成立 70 周年优秀电视剧展播北京市入选名单”，排名第一；电视剧《香山叶正红》和电视剧《温暖的土地》分别入选“2020—2022 年北京市重点电视剧片单”。

11 月 13 日　北京市市委宣传部在歌华有线组织召开“北京云”融媒体平台建设项目技术验收及鉴定会，国家广电总局中广电设计院、总局广播电视规划院、中央党校（国家行政学院）、北京广播电视台等相关专家参加。会议听取项目设计及建设整体情况汇报，审阅项目相关报告文件，并通过项目技术验收和技术鉴定。

11 月 15 日　北京广播电视台召开中层以上领导干部会议，宣布市委宣传部部长办公会批准的《北京广播电视台行政职能部门领导干部名单》，全台 16 个职能部室正式组建。

11 月 19 日—22 日　北京北广传媒影视公司参加第五届（融媒体）全国节目交易会。公司在中广联地面电视联盟优秀电视剧颁奖礼活动中，被中国广播电影电视社会组织联合会评为“2019 年度最佳城市台合作公司”，出品的电视剧《鼓楼外》获“2019 年度最佳收视贡献奖”。

11 月 20 日　北京歌华有线电视网络股份有限公司收到新中国成立 70 周年北京市庆祝活动领导小组阅兵服务保障指挥部颁发的荣誉证书。

11 月 20 日　由北京市广播电视局、国家广播电视总局广播电视科学研究院联合申报的“5G 广播看电视”项目获首届“5G 应用设计揭榜赛”二等奖。“北京 5G 广播先导试验网”是我国首个、世界第二个 5G 广播试验网，解决了过去广播电视信号不能进手机的问题。

11 月 21 日—22 日　北京市广播电视局、中国电视艺术家协会联合举办第五届“世界电视日”中国电视大会。北京广播电视台在主会场外设立展台，围绕“媒体融合创新”和“服务双奥之城”两个主题单元内容参展。北京市委常委、宣传部部长杜飞进到北京广播电视台展区参观。

11 月 22 日　北京市广播电视局、国家广播电视总局广播电视科学研究院、北京经济技术开发区管理委员会共同签署“超高清电视应用创新实验室入区战略合作备忘录”。实验室选址于亦庄经济技术开发区，使用面积 3000 平方米。

11 月 23 日　“北京云·融媒体”市级技术平台发布仪式在歌华大厦举行。北京市委常委、宣传部部长杜飞进出席并讲话。国家广电总局媒体融合发展司司长杨杰，国家广电总局科技司司长许家奇，人民网党委副书记、总编辑罗华，北京市委宣传部常务副部长赵卫东等以及市广播电视局党组书记、局长杨烁等参加。

11月27日　北京广播电视台冬奥纪实频道推介发布会，在北京冬奥组委所在地首钢园区举行。北京冬奥组委专职副主席、秘书长韩子荣，北京市委副秘书长、市委宣传部副部长余俊生出席推介会并致辞。

11月底　北京广播电视台新闻中心《接诉即办》纪实性新闻栏目拍摄工作启动。栏目紧紧围绕市委市政府中心工作，真实反映全市党政部门以民为本，接诉即办，主动治理，未诉先办，记录各级政府齐心协力解决群众需求，治理痛点问题。

12月

12月4日　国家广播电视总局联合水利部、黄河水利委员会与黄河流域相关省、自治区电视台到北京广播电视台，就《黄河安澜》《黄河人家》两部纪录片的摄制召开创作协调会。国家广播电视总局宣传司司长高长力，水利部宣教中心主任李国隆，北京广播电视台党组书记、台长李春良，以及河南、内蒙古、山西、宁夏、山东、甘肃、陕西、四川、青海等地广播电视台负责人参会。

12月5日　北京网络视听研究院成立仪式暨2019年北京优秀网络视听节目发布活动在京举办，现场发布了北京广播电视网络视听发展基金2019年优秀网络视听节目，涵盖网络剧、网络电影、网络动画片、网络纪录片、网络综艺节目、网络视听专题节目、网络音频节目（含广播剧）、系列短视频等8个类别，30部作品从43家单位申报的171个项目中脱颖而出，共获1870万元扶持基金。

12月6日　“热爱此声”2020年北京广播电视台广播资源推介会在北京广播大厦举办。北京全包圆家居装饰有限公司和上汽通用汽车有限公司获“北京电台2019年战略合作伙伴”称号；中国银行北京分行获“北京电台2019年优秀案例奖”；中国移动北京有限公司获“北京电台2019年精诚合作伙伴”称号；上海妙克信息科技有限公司——VIP陪练获“北京电台2019年最具影响力在线教育品牌”称号。北京市委宣传部、北京市广播电视局、北京广播电视台领导分别为与会代表颁奖授牌。

12月6日　由北京市教委指导，北京人民广播电台城市广播《教育面对面》主办的“第二届北京新高考论坛”在北京广播大厦举办。北京市教委、北京教育考试院领导，北京大学、中国人民大学、中国科学技术大学、浙江大学等多所高校招生负责人及专家，与到场的人大附中、一零一中学、北京育英学校等50余所京城中学校长一起，围绕“创新人才培养模式，积极应对北京首次新高考”进行研讨。

12月6日　由国家广播电视总局举办的“2019年（第24届）全国广播电视技术能手竞赛”结果揭晓，北京北广传媒移动电视有限公司员工夏勇获调频与电视广播专业三等奖，被授予“全国广播电视技术能手”荣誉称号。

12月9日　江西省委常委、宣传部长施小琳一行到北京歌华集团调研交流。北京市委宣传部常务副部长赵卫东陪同。活动包括观看“北京云”融媒体系统演示及座谈交流等。

12月10日　在中国（广州）国际纪录片节上，北京市广播电视局宣传管理处被评为“中国十大纪录片推动者”。

12月18日　北京市广播电视局推荐的7部电视纪录片入选国家广电总局第三季度推优目录，分别是《共和国1949——中共中央在香山》《一百年很长吗》《生命缘（第八季）——血战》《冰火钢城》《欢乐冰蹴球》《嘉峪关（当代篇）》《万物滋养（第二季）》。

2019 年前三季度，北京局向总局推荐优秀电视纪录片 73 部，其中 19 部入选推优目录。入选作品数量位列全国省局第一。

12 月 18 日　第二届“北京诚品论坛”在北京广播电视台演播厅举办。北广传媒城市电视公司获“2019 年度诚品之星”称号。

12 月 19 日　国家重点研发计划“宽带通信和新型网络”重点专项“同轴宽带接入关键技术研究及规模应用示范”项目启动暨实施方案论证会召开。项目由北京歌华有线电视网络股份有限公司牵头，联合多家省网运营商、高校、企业共同承接。科技部、国家广电总局、北京市委宣传部、北京市广播电视局、北京歌华传媒集团有关负责人参会。

12 月 20 日　北广传媒城市电视户外大屏联播网旗下的 6 处 7 块户外大屏、楼宇电视联播网全市 6000 余台楼宇终端全程实时户外转播庆祝澳门回归祖国 20 周年大会暨澳门特别行政区第五届政府就职典礼。

12 月 23 日　民盟北京市委和歌华文化联合成立的文创设计研究中心举办成立暨学研产高层研讨会，来自高校、设计机构、商业运营平台的代表围绕《制造业设计能力提升专项行动计划（2019—2022 年）》进行研讨座谈。

12 月 23 日　在中华人民共和国成立 70 周年“创新中国”年度优秀广播影视资源与项目推荐盛典中，北京北广传媒影视公司获评“2019 年度全国广播影视业经营创新示范单位”，公司投资拍摄的电视剧《鼓楼外》获评“2019 年度全国广播影视业最具影响力电视剧”，公司总经理刘国华获评“2019 年度全国广播影视业创新人物”。

12 月 23 日　科技冬奥重点专项“冰雪项目交互式多纬度观赛体验技术与系统项目”启动暨实施方案论证会召开。北京歌华有线电视网络股份有限公司作为项目主要负责方参加会议。

12 月 25 日　北京市广播电视局发布《关于公示首都广播电视和网络视听走出去示范机构、译制基地的通知》。根据译配语种、覆盖区域、译配产能等标准，在全市范围内遴选实力强的“走出去”企业，评定走出去示范机构和视听译制基地，充分发挥优秀企业示范引领作用。

12 月 26 日　北广传媒城市电视公司对大屏联播网播控系统进行新老系统切割，当日完成来福士、世贸天阶、王府井工美、双井富力城、春平广场、电子城、中汇广场、望京凯德 MALL 共 8 个点位 9 块大屏的全部新系统接入。城市电视大屏联播网新播控系统正式上线试运行并面向公众展示。

12 月 30 日　由北京市委组织部主办，北京歌华有线电视网络股份有限公司与新新传媒共同搭建的“党旗耀京华”专区在歌华有线高清交互平台首页上线播出。专区整合全市政治性思想性时代性较强的党建视频资源，为全市基层党组织和广大党员提供丰富优质、生动鲜活的免费学习资源。

12 月 30 日　北京广播电视台举行 2019 年度创新奖颁奖暨年度优秀节目分享会，21 件作品获创新奖。其中《向前一步》获“台长特别大奖”，该奖项是 2019 年首次设立并颁发的百万元级别创新奖项。百余件获得国家和市级各大奖项的广播电视和融媒体作品在会上受到表彰。

12 月 31 日　由北京市文化和旅游局与北京冬奥组委文化活动部共同主办的“2019 北京新年倒计时活动暨北京冰雪文化旅游节开幕式”在奥林匹克公园庆典广场隆重举行，多国驻华使节、首都各行业“北京榜样”及中外游客参加。北京广播电视台新闻频道与冬奥纪实频道并机直播这一跨年迎新活动，为中央广播电视总台《新闻联播》等多档新闻直播连线提供画面，并为全球提供视频公共信号。

2019年　北京市广播电视局分别在匈牙利、克罗地亚、巴西、阿根廷、英国和芬兰举办北京优秀影视剧海外展播季系列活动，达成多项合作协议，与赫尔辛基市政府经济发展局共同签署《关于视听领域合作的谅解备忘录》。

2019年　北京市经济和信息化局、北京市广播电视局联合制定下发《北京市超高清视频产业发展行动计划（2019—2022年）》。

2019年　中国北京星光电视节目制作基地正式更名为中国(北京)星光视听产业基地，成为国内门类最为齐全、规模最大的视听产业园之一，实现由单一电视节目制作基地向全媒体、全生态、全产业链、媒体融合的升级换代。

2019年　北京北广传媒地铁电视公司制作播出庆祝中华人民共和国成立70周年的歌曲《我和我的祖国》《我爱你中国》，宣传片《致敬新中国成立70周年纪录片》《国庆口号》；开设专题栏目《壮丽70年 奋斗新时代》《地铁文化地图》《百姓就业》《北京市学生资助公益片》，力求地铁电视节目多样和创新；共上刊空气预警滚动字幕108条。

2019年　北京鼎视传媒股份有限公司合作地区，全部正常接收亚洲六号卫星信号。全国30个省网和省会城市有线网络均完成转星操作；鼎视集成平台节目完成转星。

2019年　北京市广播电视局6月起在局官网官微开设“京声京视”专栏刊发稿件，对市区两级优秀广播电视节目进行专题评议，全年共刊发稿件36篇。

区级大事记

1月

1月2日　丰台区融媒体中心在新华社客户端推送短视频《没听过？首都竟多了一群新闻发声人》，上线5小时浏览量突破100万次。

1月2日　延庆区融媒体中心主办的《延庆报》正式改版，当日出版第一份新版报纸，由原有的四开四版扩大为对开四版，版面内容增加近3倍。

1月7日　石景山区融媒体中心制作的新闻节目《北京：生态环境改善 湿地公园黑天鹅安家》在中央广播电视总台新闻频道《新闻直播间》栏目播出。

1月7日—11日　丰台区融媒体中心组建“丰台新闻”“丰台报”“新媒体发布”“短视频制作”“大会播音”5个工作组，做好区两会宣传报道工作。聚焦丰台两会的“一图读懂丰台区政府工作报告”在新华社客户端浏览量超过73万次；《丰台报》《丰台新闻》播发刊登大会新闻报道61条；制作《点赞丰台》《寄语丰台》短视频13个。

1月22日　房山区融媒体中心“北京房山”官方微博凭借在“大安山地质崩塌事件”中及时发布官方信息，在人民日报主办，微博、新浪承办的“突破·链接·融合——2019政务V影响力峰会”上，获得“2018年度快速响应案例”奖。

1月23日　北京市广播电视局局长杨烁到密云区融媒体中心检查指导工作。

1月25日　延庆区委书记穆鹏，区委副书记、区长于波到区融媒体中心调研。实地察看编发部、采访部、新媒体部、总编室，听取情况汇报，并就政治建设、意识形态、新闻舆论引领、民意表达、人才引进及专业化建设等提出要求。

1月28日　2019年“福满京城 春贺神州”迎新春慰问演出活动在昌平区传媒中心大演播厅举行。昌平区传媒中心录制活动节目并播出。

1月28日　丰台区融媒体中心举办“福满京城 春贺神州”——听丰新春诗会。活动邀请中央广播电视总台主播、朗读爱好者以及中小学生参加，央广网、央广新闻客户端同步直播。

1月31日　顺义区2019年新春团拜会在顺义区党校第一报告厅举办。本次团拜会由顺义区总工会主办，顺义区融媒体中心承办。顺义电视台对晚会进行录播，《顺义时讯》、顺义人民广播电台、顺广传媒微信号对晚会进行全面报道。

1月　海淀区融媒体中心开通海淀融媒新浪微博，发文3060条，粉丝超8万人，阅读量超过1万次的作品共225条，在北京政务排行榜最高排名为第26位，先后4次进入全国政务前100排行榜。

2月

2月2日　由昌平区传媒中心策划制作的《回天有我》原创歌曲受邀在2019年北京市春节团拜会上演出。

2月3日　通州区融媒体中心“融汇副中心”App测试版上线运行。

2月26日　朝阳区广电新闻中心举办“平凡力量 德润朝阳”——2018朝阳榜样发布仪式，邀请中新社、人民网、《北京日报》等媒体进行报道，并通过“北京朝阳”App进行现场直播，让更多市民感受榜样力量，了解优秀事迹，截至发布会结束浏览量共有15万余人次。

2月21日　丰台区融媒体中心与云岗街道、航天三院共建云岗街道南一社区新闻发声人工作室，共同挖掘中国航天三院的大国工匠和优秀人物以及社区群众新闻。

2月　腾讯·大燕网与清博大数据联合发布《2018北京政务微信年度榜单》，昌平区传媒中心运营的“北京昌平”和“昌平圈”微信公众平台双双进入20强，获2018年城市力量政务新媒体最佳运营奖。

2月　由北京网络视听节目服务协会举办的“纪念改革开放四十周年，我与互联网的创新与发展”征文活动中，昌平区传媒中心6名网络编辑征文作品分获二、三等奖和鼓励奖；昌平广播电视网站获优秀组织单位称号。

2月　在通州区文化馆举办“2018年度通州榜样颁奖典礼”。这是该评选的第五个年头，共产生15名2018通州榜样，其中包括2名特别奖获得者、3名新乡贤代表、35位2018通州榜样题名人物。通州区融媒体中心主持人为活动主持并录制节目。

2月　顺义区融媒体中心顺义电视台《顺义新闻》栏目开设“不忘初心 牢记使命”主题教育专栏，全面报道全区各单位、各部门、各属地开展的主题教育活动。

2月　延庆区融媒体中心推出《瞭瞭》短视频，加强区新时代文明实践中心建设和“延庆乡亲”品牌宣传。

3月

3月4日—11日　北京市委常委、宣传部部长杜飞进分别到房山区融媒体中心、密云区融媒体中心、怀柔区融媒体中心、海淀区融媒体中心、丰台区融媒体中心、石景山区融媒体中心、平谷区融媒体中心、昌平区传媒中心、大兴区融媒体中心、朝阳区广电新闻中心检查指导工作，要求尽快实现融媒体中心、政务中心、新时代文明实践中心“三个中心”贯通。

3月11日　上海市委副秘书长、市委宣传部副部长朱咏雷带队到昌平区传媒中心进行交流调研。北京市委副秘书长、市委宣传部副部长余俊生，昌平区委宣传部副部长周文健陪同调研。

3月11日　根据怀柔区相关文件精神，区广播电视中心（区融媒体中心）与区域公共媒体相关机构进行职责整合，组建北京市怀柔区融媒体中心，作为区政府直属事业单位，归口区委宣传部领导，不再保留区广播电视中心、《怀柔报》编辑部。

3月16日　昌平区融媒体中心携手中国联通，首次使用5G信号对第七届北京农业嘉年华开幕式进行全程直播。这是北京市第一家采用5G信号直播大型活动的区级融媒体。

3月20日　北京市延庆区融媒体中心正式挂牌。根据相关文件将延庆区广播电视中心（融媒体中心）的职责以及区域公共媒体相关机构的职责整合，组建延庆区融媒体中心并作为区政府直属事业单位，归口区委宣传部领导，不再保留延庆区广播电视中心。

3月20日　密云区融媒体中心组织部分编辑记者到区档案馆学习密云历史。

3月21日　门头沟区融媒体中心举办“门头沟融媒”App操作培训班。

3月21日　第十三届“春分·朝阳”文化节开幕，朝阳区在日坛公园举办非遗群众文化活动，邀请人民网、北京日报、北京晚报、新京报等十余家媒体进行报道。

3月22日　在2019中国国际广播电视信息网络展览会——县级融媒体中心标准规范解读与研讨会上，朝阳区广电新闻中心以“从‘分灶吃饭’到‘并灶生火’——北京市朝阳区融媒体中心建设实践”为题进行主题发言。

3月23日　朝阳区广电新闻中心融媒体平台“全万兆核心交换+万兆汇聚交换+千兆接入的纯以太网构架配合分布式集群存储方式”，获得中国广播电视设备工业协会、科技部国家科学技术奖励工作办公室颁发的“2018广播电视科技创新奖”。

3月25日　《北京市房山区融媒体中心职能配置、内设机构和人员编制规定》获批复。房山区广播电视中心、房山区新闻中心、房山区信息中心网络新闻科共同组建房山区融媒体中心，统筹开展宣传报道工作。房山区融媒体中心是区政府直属财政补助（全额）正处级公益一类事业单位。内设15个部室，事业编制为126名。

3月25日　中共北京市朝阳区委、北京市朝阳区人民政府印发《北京市朝阳区融媒体中心职能配置、内设机构和人员编制规定》的通知，北京市朝阳区融媒体中心是区政府直属事业单位，作为区政府直属公益一类事业单位，归口区委宣传部领导，不再保留区广播电视中心。区融媒体中心事业编制66名，内设12个机构。

3月29日　北京大兴区融媒体中心等举办的“壮丽史诗 盛世佳音”京津冀广播人庆祝新中国成立70周年大型文艺会演在大兴区文化馆小剧场上演。活动现场使用新华社现场云和北京大兴App以及新浪一直播进行视频直播及图片直播。光明网开设专题板块，用户可以观看整场节目内容。

3月30日　《平谷区融媒体中心职能配置、内设机构和人员编制规定》获批复。平谷广电中心、《绿谷》编辑部进行合并，组建平谷区融媒体中心，统筹开展宣传报道工作。平谷区融媒体中心为政府正处级公益一类事业单位，编制数 97 人，内设机构 13 个。

3 月 31 日　中共北京市密云区委、北京市密云区人民政府印发《北京市密云区机构改革实施方案》，组建密云区融媒体中心，作为区政府直属公益一类事业单位，归口区委宣传部领导，不再保留区广播电视中心。密云区融媒体中心下设 21 个职能科室及北京七彩空间广告有限公司，事业编制为 115 名。

3 月　石景山区编办正式批复区融媒体中心“三定”方案。组织架构划分为党政事务、融媒宣传、政务服务、技术支持四个功能板块，12 个内设机构和 1 个直属科级事业单位。

3 月　石景山融媒体中心融媒体信息系统建设项目被国家科学技术奖励工作办公室和中国广播电视设备工业协会评为“2019 年广播电视科技创新优秀奖”。

3 月　通州区委区政府发出《关于调整北京市通州区融媒体中心职能配置、内设机构和人员编制的通知》，组建北京市通州区融媒体中心，为区政府直属正处级财政补助事业单位，归口区委宣传部领导，类别为公益一类。

3 月　区编办发文，将延庆区广播电视中心（融媒体中心）的职责以及区域公共媒体相关机构的职责整合，组建延庆区融媒体中心作为区政府直属事业单位，归口区委宣传部领导，不再保留延庆区广播电视中心。

3 月　房山区融媒体中心报送的电视类公益广告作品《远离毒品 牵手幸福》获“健康人生 绿色无毒”——2018 首都禁毒公益广告大赛一等奖。此次评选由北京市禁毒委员会办公室举办，面向北京市各级禁毒委及社会各界征集。房山区融媒体中心是唯一获此奖项的区级融媒体中心。

3 月　房山电视台《今日关注》栏目推出“凡人小事”专题板块。将镜头对准房山区各行各业普通劳动者，通过一个个鲜活的个体故事，挖掘身边正能量，弘扬社会主义核心价值观。

3 月　在北京市委宣传部、首都文明办、北京市委宣讲团开展的“我与改革开放”主题宣讲活动中，“北京房山”微信公众号获得北京市 2018 年度百姓宣讲活动优秀微传播奖。

3 月　平谷融媒体中心平谷电视台的《平谷新闻》栏目开设“民有所呼 我有所应”专栏，聚焦平谷区坚持党建引领、“街乡吹哨 部门报到”，推进基层治理体制机制创新的工作成果。

3 月　由北京电视艺术家协会组织的“北京视协系统先进集体评选活动”结束，昌平区传媒中心获得“北京视协系统先进集体”荣誉称号。

3 月　顺义区融媒体中心技术部组织工作人员参加“2019 CCBN 广播电视展览会”。详细了解广播影视行业采集制作、集成播控、传输覆盖、终端服务等各类技术设备、创新应用，以及媒体融合的相关技术。

3 月　门头沟区融媒体中心成立网络安全领导小组，保障中心广播电视节目实现安全播出。

4 月

4 月 2 日　丰台区委、区政府下发《北京市丰台融媒体中心职能配置、内设机构和人员编制规定》，明确北京市丰台区融媒体中心为区政府直属正处级事业单位，归口区委宣传部管理，内设机构 12 个。

4 月 2 日　北京市广播电视局党组书记、局长杨烁带队到房山区融媒体中心检查安全播出、网络安全、安全生产工作。先后到播出机房、电视编辑机房、广播电台机房、全媒体演播厅、白草畔转播站等地，对电视、广播、网络安全播出系统、设备设施日常维护等工作进行实地检查。市广播电视局副局长杨培丽、区政府副区长廖春迎、市广播电视局相关处室人员陪同检查。

4 月 2 日　北京市广播电视局副巡视员董明等到顺义区融媒体中心进行安全检查。

4 月 8 日　通过公开招投标，平谷区融媒体中心与北京歌华有线电视网络股份有限公司就融媒体平台项目建设签订建设合同。

4 月 9 日—10 日　门头沟区融媒体中心制作的《北京气温大跳水 山区迎春雪》新闻在中央广播电视总台新闻频道滚动播出，覆盖新闻频道 21 个时段，播出规模空前。

4 月 9 日　北京市广播电视局党组书记、局长杨烁带队到通州区融媒体中心进行安全大检查，并对融媒体中心的建设和安全提出相关要求。

4 月 10 日　朝阳区广电新闻中心围绕新中国成立 70 周年，分别在《朝阳报》、朝阳有线、“朝闻道”微信公众号、“北京朝阳”政务微信公众号、“北京朝阳”App 开设《壮丽 70 年 奋斗新时代》专栏，持续做好朝阳宣传，营造良好舆论氛围。

4 月 11 日　平谷区融媒体中心进行安全大检查，确保“五一”节日期间安全播出。

4 月 16 日　北京市广播电视局纪检监察组组长邹立华率局宣传管理处、电视剧管理处、监测中心、科技处、财务处领导一行分别到朝阳区融媒体中心、昌平区融媒体中心检查安全生产工作，分别听取两区融媒体中心发展现状汇报。

4 月 19 日　《北京市大兴区融媒体中心职能配置、内设机构和人员编制规定》正式批复下发，成立大兴区融媒体中心，内设机构 15 个。

4 月 20 日　北京电视台马嘉任怀柔区融媒体中心副主任，挂职 1 年。

4 月 22 日　全国宣传干部学院第六期市（地、州、盟）党委宣传部副部长培训班一行 240 人，到昌平区融媒体中心现场教学。

4 月 23 日　房山电视台《房山新闻》栏目推出“凝心聚力谱新篇——深化机构改革”系列报道，对涉及机构改革的 18 家单位进行宣传报道。

4 月 24 日　北京市广播电视局副局长王志带队到密云区融媒体中心检查安全播出工作。

4 月 25 日　“宜居密云”新媒体相关业务，正式由区委宣传部移交密云区融媒体中心。

4 月 28 日　2019 北京世园会开幕式当晚，在北京市委常委、宣传部部长杜飞进陪同下，中共中央宣传部副部长、国务院新闻办公室主任徐麟到延庆区融媒体中心新址调研。

4 月　房山区融媒体中心在《房山新闻》栏目首次运用短视频方式推出“大美房山”专题板块，以本土化、平民化、生活化创作理念，全方位、多视角展示房山区优美的生态环境和丰富的自然景观。

4 月　昌平区融媒体中心入选由中国广播电视守正创新年会组委会、中国广播电视创新发展联盟、中国广播电视艺术协会评选的 2019 中国广播电视守正创新发展影响力区县融媒体中心 TOP100。

4 月　顺义区融媒体中心融媒采编系统一期工程各项工作完成。

4 月　投资 215 万余元的门头沟融媒体中心指挥大厅装修改造工程完成。

4 月　怀柔区融媒体中心全面深化“新闻立台”理念，6 档专题节目整合为 6 个专栏在《怀柔新闻》栏目播出，《怀柔新闻》由原来的 15 分钟增至 20 分钟。

4 月底　海淀区融媒体中心开始制作、

运维海淀区组织部的抖音号“智汇海淀”。

5 月

5 月 11 日　参加“第四届两岸媒体人北京峰会”的近 70 家两岸媒体及相关机构代表，在延庆区委常委、宣传部部长、统战部部长黄克瀛陪同下，到延庆区融媒体中心了解延庆区经济社会基本情况并参观融媒体“中央厨房”。

5 月 11 日　2019 年春季北京国际长走大会在房山区长沟举行，房山区融媒体中心全面投入报道。电视台开设《房山新闻》《Funhill 面对面》专题，广播电台开辟《新城故事》专栏，“北京房山”微信公众号对长走提前预热，《房山报》记者进行采访，这些汇集新闻、访谈、直播、图文推送等形式的集纳式报道增强了全媒体的新闻魅力。

5 月 15 日—22 日　朝阳区融媒体中心派出多路记者通过《朝阳报》、数字 801 频道《朝阳新闻》及新媒体宣传平台多角度、多平台全方位地对“亚洲文明对话大会”服务保障工作、亚洲美食节、“亚洲文明对话大会”空间灯光秀等内容进行报道。

5 月 16 日　平谷区融媒体中心录制平谷区首届生态节节目。

5 月 21 日　丰台区融媒体中心与丰台区职业教育中心共建的第三家融媒体创新工作室成立。

5 月 22 日—23 日　顺义区融媒体中心举办第十届中国卫星导航年会“北斗之夜”和“京华夜语”特色活动。“北斗之夜”共 6 个节目，围绕年会主题“导航，遇见十年”展开；“京华夜语”则以讲述北斗故事为主，展现几代“北斗人”的艰辛付出。

5 月 28 日—6 月 1 日　朝阳区融媒体中心围绕 2019 年京交会活动，统筹策划 5 场主题新闻发布会、1 场集中采访和 1 场论坛直播。媒体报道及重点网络发布累计转载 380 余篇次。利用《人民日报》、《北京青年报》、区属新媒体平台推送相关内容 127 条，累计阅读量近 19 万人次；人民网、北京朝阳 App 线上直播 6 场，累计浏览量 121 万余次。

5 月　在北京市广播影视协会主办的 2018 年度优秀广播电视节目评选中，房山区融媒体中心报送的电视专题片《愚公 于公》和《平凡好警察——付政基》以及广播专题节目《绝望中的希望》获优秀广播电视作品，房山人民广播电台《房山一周事》栏目获优秀广播播音与主持奖。

5 月　海淀区融媒体中心策划、拍摄的公益短片《抵制侵权行为，尊重知识产权和保护知识产权》和《用我们的行动点亮未来》获 2019 年全国知识产权公益广告优秀奖。

6 月

6 月 4 日　顺义区融媒体中心开设电视新闻访谈栏目《幸福一起来》。作为首档走基层形式的公共领域对话节目，每期 30 分钟，旨在传递“美好家园需要全社会共同参与”的理念。

6 月 10 日　丰台区委书记徐贱云、区长王力军一行，到丰台区卢沟桥街道长安新城第一社区，调研北京歌华有线电视网络股份有限公司搭建的“党建引领 街乡吹哨 部门报到”工作平台，并通过平台手机端现场连线相关部门，检查市民热线“接诉即办”的办理情况，对“党建引领 街乡吹哨 部门报到”工作平台试点给予肯定。

6 月 21 日　朝阳区融媒体中心在第五届全国网络舆情高峰论坛上获“媒体融合传播创新奖”。该论坛由人民日报社指导，甘肃省委宣传部、甘肃省委网信办和人民网联合主办，人民网舆情数据中心、人民在线、人民网甘肃频道承办。

6月30日　密云人民广播电台FM94.1《音乐随身听》栏目举办六周年生日会进校园活动。

6月　海淀区融媒体中心承接区委宣传部“时代新人说 我与祖国共成长”演讲比赛线下活动。历经33天，进行15场初赛、1场复赛、1场决赛，共拍摄制作视频（包括短视频）56条。决赛当天，通过海淀融媒今日头条、新浪微博、快手等直播平台在线观看量累计达到111.4万，点赞数超165万。

6月　大兴区融媒体中心围绕“新机场报通航”成立专题报道小组，全面参与大兴机场宣传服务工作。“北京大兴”微博发布原创H5作品《大兴国际机场及大兴新风貌》，阅读量达1450万。原创作品《大兴机场竟有一个神秘职业》阅读量超100万，《大兴报》为此特别出版号外。

6月　门头沟区融媒体中心融媒体指挥平台进行安装调试，对采编人员进行业务培训。

6月　《平谷新闻》开设“中央扫黑除恶督导在北京”专栏，营造扫黑除恶斗争舆论氛围，助推平谷法治建设。

7月

7月1日　《通州新闻》全新升级改版亮相。通州电视台在节目制作、策划、包装上引入北京电视台资源，由北京电视台新闻节目播音员与通州电视台播音员组合，共同进行节目主持。

7月3日　海淀区融媒体中心组织召开“融赢未来——《中关村》杂志办刊研讨会”。中心邀请中关村和海淀园管委会的老领导、知名专家、园区负责人、企业家、资深媒体人等20余人，为《中关村》杂志转型发展、融合创新工作提出近50项建设性强、可落地的意见和建议。

7月7日　顺义人民广播电台参与承办的顺义区第三届“传承优良家风 共享快乐阅读”亲子讲故事和“花开新时代 逐梦向未来”童心向党主题活动举行。活动将家风、家训教育贯穿于故事之中，为喜爱阅读的家庭提供展示自我的舞台。

7月8日　大兴融媒作品《为你点赞！消防出警遇堵白衣男子自发疏导交通》被新华社客户端现场云频道推送，阅读量超86万；《消防员陪未婚妻看烈火英雄 女孩全程泣不成声》登上《央视新闻》抖音，获赞超21万；抖音号发布《无锡高架桥事故涉事公司确认》信息，单条阅读量首次突破1亿。

7月10日　《北京市顺义区融媒体中心职能配置、内设机构和人员编制规定》获批。顺义区融媒体中心为区政府直属公益一类，机构规格相当正处级事业单位，经费形式为全额拨款，归口区委宣传部领导。

7月　“延天下”微信公众号正式更名为“延庆融媒”。

7月　昌平区融媒中心制作的《古今昌平》获第十三届纪录片创优评析三等栏目。

7月　顺义电视台开设庆祝新中国成立70周年专栏，推出“壮丽70年，奋斗新时代”“和共和国同龄”“劳模抒心声”“潮白大地调研行”等专题报道，通过采访全区老党员、老干部、志愿者、优秀干部等群体，反映顺义日新月异的变化和人民群众的精神风貌。

7月　《平谷报》与《新京报》就报纸业务开展战略合作，进一步提升报纸质量和影响力。

8 月

8 月 10 日　国家广播电视总局《电视指南》杂志、传媒内参联合举办的“2019 广电融媒发展大会暨媒体融合调研报告成果发布会”在北京举行。北京市延庆区融媒体中心入选 2019“指尖融媒榜”最具影响力县级融媒中心。

8 月 20 日　平谷融媒体中心专题新栏目《名医会客厅》首播。每两周一期。栏目围绕百姓关心的健康问题，包括心肺、血管、内外科、儿童传染病以及老人常见的骨质疏松等方面做宣传与科普。

8 月 22 日　丰台区融媒体中心工作人员到《前线》杂志社调研，与《前线》杂志社编辑记者进行座谈交流。同日，“魅力丰台”栏目在前线客户端上线。

8 月 24 日　通州区融媒体中心处级以下共 63 人全部通过“转全额”考试，9 月起全体人员纳入全额编制管理。

8 月　海淀区融媒体中心承接区委宣传部“壮丽 70 年 筑梦核心区”短视频征集活动。先后在区融媒体中心的报、网、台及海淀融媒多个新媒体平台共发布相关信息 20 多条，总阅读量约为 6 万。活动历时 50 多天，共征集 100 多条短视频，最终评选出 33 个短视频作品，分获一、二、三等奖，优胜奖及组织奖。

8 月　房山区委八届九次全会闭幕。房山电视台《房山新闻》栏目迅速推出系列报道《在习近平新时代中国特色社会主义思想指引下——新时代 新作为 新篇章》，对房山区各乡镇（街道）、委办局和重点功能园区工作进行宣传报道。

8 月　昌平区融媒体中心获北京市“时代新人说——我和祖国共成长”演讲大赛优秀组织奖。

8 月　《平谷新闻》开设“壮丽 70 年奋进新时代”专栏，展示平谷区经济、政治、文化、社会、生态文明等建设取得的成就，反映党的十八大以来的历史性变革和成就。

9 月

9 月 1 日　由昌平区委宣传部策划、区融媒体中心制作的《我和我的祖国 · 昌平故事汇》百部系列微视频正式开播。

9 月 2 日　门头沟融媒 App 上线试运行，新时代文明实践中心、政务服务中心相关功能同时嵌入。

9 月 6 日　新版“北京大兴”App 正式上线运营。

9 月 6 日　由北京市委宣传部、北京市文化和旅游局、通州区人民政府、国家大剧院主办，通州区委宣传部、通州区文化和旅游局、通州区台湖镇人民政府、国家大剧院台湖舞美艺术中心承办，北京市剧院运营服务平台支持的国家大剧院 2019 台湖演艺艺术周正式拉开帷幕。

9 月 9 日　朝阳区融媒体中心举办舆见 · 十年舆论大数据发展研讨论坛，围绕“区县融媒体发展”“未来网络传播热点”等内容，邀请清华大学新闻与传播学院教授、中国社会科学院舆情调查实验室首席专家等进行交流研讨。

9 月 10 日　延庆区融媒体中心作为北京市区级融媒体中心典型入选国家广电总局优秀案例。区融媒体中心的《紧抓机遇趁势而上，在冬奥世园备战中推动媒体深度融合》一文载入总局案例汇编。总局案例汇编共载入全国 31 个省份的 80 余篇案例文章，延庆区融媒体中心推荐的文章名列优秀案例首位。

9 月 10 日　延庆人民广播电台《今日农

村》节目改版为《美丽延庆新农村》。新栏目板块有“资讯快递”“小故事正能量”“妫川大舞台”“农民连心桥”等，播出时间为每周二、周五，日滚动播出四次，节目时长15分钟。

9月18日　门头沟区机构编制委员会下发《北京市门头沟区融媒体中心职能配置、内设机构和人员编制规定》通知：区融媒体中心为区政府直属公益一类正处级全额拨款事业单位，编制50名，设13个科室。

9月19日　北京广播电视台邀请运河沿线城市十余家融媒体共同推出的“爱上大运河”大型跨省融媒体新闻行动收官仪式在通州区举行，通州区融媒体中心参与活动。

9月20日　2019朝阳融媒社区行优秀摄影作品展在朝阳区图书馆新馆开展，展览持续至10月8日。

9月22日　由顺义区融媒体中心负责的第二届“中国农民丰收节”开幕式在赵全营镇兴农天力农业园举办。活动以“礼赞丰收·致敬农民·祝福祖国”为主题，设置龙狮舞、大鼓表演、歌舞等节目，由顺义区农民自己组织的演出队伍受到全国各地观众的好评。

9月23日　朝阳区融媒体中心组织召开北京市朝阳区融媒体中心抖音短视频拍摄及制作专题培训会。

9月24日　丰台区融媒体中心牵头组织全区宣传系统单位“我爱您中国”庆祝新中国成立70周年爱国歌曲快闪录制活动。

9月26日—10月7日　顺义融媒体中心新媒体部发布《幸福指数节节高》系列作品。

9月　昌平区融媒体中心制作的《回天有我》原创歌曲MV获评第二届全国电视公益节目推选活动优秀公益宣传片，《用爱温暖天山学子的心》获评第二届全国电视公益节目推选活动优秀公益专题。

9月　海淀区融媒体中心参与策划和制作宣传短片《海淀24小时》，向公众展现魅力海淀，庆祝新中国成立70周年。

9月　海淀区融媒体中心制作宣传片《祝福祖国 建功海淀》，展现海淀70年来的变化和成绩。同时在《海淀新闻》、海淀融媒和新媒体的各个平台进行推广，浏览量累积超9万。

9月　北京日报《通州70秒》短视频编辑上线。

9月　由通州融媒体中心郑育娟、赵佳琼、李晶主创的《耿术文：大爱谱写无悔青春》获得中国电视艺术家协会主办的“第二届全国电视公益节目推选活动”优秀公益专题奖项。

10月

10月1日　海淀区融媒体中心参与天安门广场国庆70周年阅兵式和群众游行中海淀各游行方阵、文艺庆典排练的视频拍摄工作，并为台头村小学6次联排提供技术保障和视频录制。在海淀分会场，中心技术人员与导演组配合展现第九至十一方阵的演练过程。

10月1日　门头沟区融媒体中心3名党员干部代表参加新中国成立70周年现场观礼活动。

10月1日起　朝阳区融媒体中心制作的电视栏目《朝阳新闻》改为日播，结合“不忘初心、牢记使命”主题教育要求和调研成果，优化提升头条质量，围绕市区中心工作和百姓关注的热点难点问题加大选题策划力度，“朝阳味儿”更浓。

10月5日　《大兴报》正式搬入大兴区融媒体中心，与中心开始合署办公。

10月11日　“北京大兴”正式入驻快手平台，当日完成“南海子论坛”首场直播，粉丝数突破10万。

10月12日　通州区融媒体中心现场直播于家务回族乡第九届金秋话金婚活动，打造“孝德文化”品牌，50对金婚夫妻欢聚一堂。

10月22日　大兴区融媒体中心创办《融媒内刊》，旨在及时反映社会热点、难点问题和群众呼声，供领导及相关部门掌握民情，为民排忧解难。

10月22日　“通州电视台高清化二期项目”工程开始动工。

10月23日　昌平区融媒体中心制作的《古今昌平——千年局变》，获2019年第三季度广播电视创新优秀节目称号。

10月24日　通州区融媒体中心参与报道2019“通武廊”文旅产业发展·通州对话大会。

10月25日　平谷区融媒体中心全面报道第三届中国北京休闲大会。

10月30日　2019北京CBD论坛召开。朝阳区融媒体中心围绕“三化”建设，聚焦朝阳区国际化发展、加强文化创新引领、大尺度绿化取得的阶段性成果，统筹策划3场新闻发布会、3场视频直播及1场图文直播，相关报道和网络发布299篇次，新媒体平台发布及直播的总阅读浏览量200余万次。

10月31日　丰台区融媒体中心制作《拉的都是家里人，这样的公交司机真少见》和《最新发现！北京大爷送您回家过年》两部短视频，获国家网信办“百部网络正能量动漫音视频作品”优秀奖。

10月　“海淀融媒”火山小视频账号获“2019年度全国政务号之星”称号。

10月　顺义电视台制作播出5集专题节目《新中国成立70周年系列报道》，内容涉及经济、农村、医疗、城市和教育等，节目受到观众好评。

10月　世园会期间，延庆区融媒体中心出动记者3000余人次，《延庆报》、延庆电视台《延庆新闻》和延庆人民广播电台累计刊播新闻、图片、文字等5200余条次，累计推出《服务保障世园会 “延庆乡亲”在行动》世园系列直播13期，观看量达到150万人次。“延庆融媒”微信发送相关文章120条，总阅读量52万；微博发送相关文章196条，总阅读量392.3万。抖音、快手及今日头条、北京时间、百度百家号、网易等政务号发送与世园会相关内容近千条，总浏览量约1.05亿。中心抖音短视频《城市的温暖我们不是陌路人》播放量94.7万次，点赞量1万次；《延庆小伙香港守护国旗》播放量70余万次，点赞量5.4万。中心推送的世园会新闻在北京台播出47条，中央台播出5条，北京新闻广播50条、专题4期，海南卫视9条。

10月　通州区融媒体中心成立时政新闻工作专班。

11月

11月1日　“北京朝阳”官方政务微博和“北京朝阳”今日头条号正式由区融媒体中心新闻科进行管理及运营维护。

11月2日　通州区融媒体中心参与主持报道“诚信万里行”新时代文明实践主题宣传活动，全力推进诚信体系建设工作。活动在新华街道国防广场设立主会场，在永顺、梨园等6个乡镇街道的9个社区设立分会场。

11月8日　丰台区融媒体中心召开庆祝中国第20个记者节大会，为张欣悦、陈崇山、于德才、宋晓惠、温宣、张金立、孙亮、田登路、赵剑、于立新等10名“从事新闻工作三十年”退休老同志和在职人员颁发荣誉奖章。

11月8日　由通州区融媒体中心主办，北京城市副中心广播FM107.7承办的“平安副中心，同声筑新城”项目宣传新闻发布会在通州区图书馆举行，标志着“平安副中心”活动正式启动。

11 月 14 日　密云区融媒体中心指挥调度系统平台验收。

11 月 16 日　通州区融媒体中心融汇副中心客户端直播大运河森林公园漕运码头 2019 北京通州运河绿道骑游周开幕活动，这是通州运河绿道骑游周历史上第一次通过视频进行直播。

11 月 19 日　丰台区融媒体中心完成与歌华有线公司“北京云”大数据平台接入工作，开始上线测试运行。

11 月 19 日　延庆区委宣传部、区融媒体中心联合举办智慧融媒体中心建设与新闻舆论“四力”评估学术研讨会，邀请 60 余名来自新闻传播研究领域的专家学者以及媒体代表参加。经过“四力”指标体系的算法测算，北京市延庆区融媒体中心的媒体融合指数为 82 分，成为全国首个发布“四力”媒体融合指数的区级融媒体中心。

11 月 20 日　延庆电视台开播新节目《中医话健康》。该节目由延庆区融媒体中心与北京中医医院延庆医院联合开办，为全区百姓普及中医健康知识以及各种医学常识，每月刊播一期。

11 月 21 日　昌平区融媒体中心应邀参加第五届“世界电视日”中国电视大会，并在融创新媒体传播研讨会上分享了融媒体建设成果。

11 月 21 日　在中国新闻技术工作者联合会第七届一次理事会、2019 年学术年会暨 2019 年“王选新闻科学技术奖”颁奖大会上，海淀区融媒体中心“新媒体云服务平台项目”获国家级项目奖“王选新闻科学技术奖”三等奖，这是全国首个大城市区级融媒体中心获得该项荣誉。

11 月 21 日　“北京大兴”App 与“北京云”平台实现对接，到 12 月底 App 实名注册量突破 40 万。

11 月 27 日　平谷区融媒体中心入驻北京日报 App。

11 月 28 日　“北京丰台”全媒体客户端（1.0 版）上线仪式在北京汽车博物馆举行。

11 月 29 日　大兴区融媒体中心与光明网合作举办全国政务新媒体经验交流座谈会，来自全国部分省市、北京市 16 个区融媒体中心相关人员及高校专家学者，共商政务新媒体创新。

11 月　“北京石景山”移动客户端搭建完毕，投入试运行。

11 月　怀柔区融媒体中心获北京市第十二届全民健身体育节优秀报道奖。

11 月　大兴区融媒体中心空间改造项目、大兴区融媒体中心技术平台项目通过验收，组成的融媒体“中央厨房”正式投入运营，满足“一次采集、多种生成、多元传播、全方位覆盖”的工作需求。

12 月

12 月 6 日　《北京市怀柔区融媒体中心职能配置、内设机构和人员编制规定》经怀柔区委机构编制委员会办公室审核后批准。

12 月 9 日　由丰台区融媒体中心、区文化旅游局、区园林绿化局联合北京快手公司发起的 2019“快来看丰台”短视频征集活动结束。共征集、推送短视频 500 余条，点赞 90 余万次，总播放量达到 1418 万次。

12 月 10 日　平谷区融媒体中心组织召开平谷区融媒体中心平台建设项目最终验收会。

12 月 13 日　朝阳区融媒体中心融媒体作品《“朝阳群众”亮相 70 年国庆阅兵式》获评 2019 年度中国融媒体创新产品。

12 月 19 日　丰台区融媒体中心召开基层宣传工作会。围绕 2020 年街道和社区新闻宣传工作、新闻发声人队伍建设、“北京丰台”客户端推广使用、融合报道、2020 年《丰台报》赠阅等工作进行对接部署。

12 月 20 日　顺义区融媒体中心录制第一期《法治顺义》节目，走进临空经济开发区，将录制场地安排到在临空假日酒店，核心区 250 余家企业负责人和安全生产部门负责人参与录制。

12 月 20 日　丰台区融媒体中心制作公益短视频《在医患之间“架桥的人”》在新华社单平台浏览量突破 300 万。

12 月 27 日　朝阳区融媒体中心融媒体作品《我眼中的朝阳》在第五届“创意在北京——北京网络视听节目创新与人物推优”活动中，获新中国成立 70 周年特别奖。

12 月 31 日　“北京房山”App 正式上线，提供新闻信息、政策解读、党务政务公开、在线便民、建言咨政等服务。房山区委常委、宣传部部长、统战部部长唐海蛟参加启动仪式。

12 月 31 日　“幸福平谷”微信粉丝达到 80926 人，累计阅读量 1929060，发文 2522 篇，组织线上活动互动 7 次。

12 月　“北京石景山”移动客户端在华为应用市场、苹果应用商店上架。

12 月　丰台区融媒体中心报送的公益短视频《你是我的眼》，入围“2019 讲好中国故事”创意传播大赛全国总决赛。丰台区委组织部和丰台区融媒体中心联合报送的《宛平有位“红人”老院儿长》，被市委组织部评为“2019 年北京市党员教育电视片观摩交流活动三等奖”作品。

2019 年　海淀区融媒体中心承接“学习强国”北京平台发稿工作。从 3 月 7 日至 12 月 31 日，共刊播稿件 226 篇，位居北京市各区融媒体中心前列。

2019 年　海淀区融媒体中心保障 CH1 海淀有线、CH2 海淀高清两个频道的稳定播出，实现安全播出零事故。

2019 年　海淀区融媒体中心完成多个大型综艺活动的录制，包括通过技术手段与统战部合作的北京市多地、多民族、多宗教连线升国旗、唱国歌直播活动，与海淀区团委组织的“爱国问答圆明园长走”录制活动。话剧《越节越能》，东升镇话剧《旭日东升》，与教委合作的“中学生辩论会”，与海淀区公安局合作的“海淀年度公检法文艺汇报”，与北京电视台合作的《养生厨房》节目录制等，举办活动共 30 余场，为中心创收 100 多万元。

2019 年　顺义区融媒体中心信息采集二科记者采写的稿件有 47 篇登上“学习强国”平台，其中 4000 字以上的专版稿件 15 篇，其他也多为深度报道，扩大了顺义区的对外影响力。

2019 年　延庆区融媒体中心二期新址全面竣工。新址立足于服务世园、冬奥，世园会期间，先后接待过中宣部、北京市委宣传部、北京市广电局及山东、山西、江苏、四川等地 700 多家媒体同行及相关部门 1500 余人前来参观、学习，该中心成为延庆融合发展、对外沟通交往的重要窗口之一。

2019 年　怀柔区融媒体中心获北京市怀柔区民营企业协会颁发的“助推民营企业特殊贡献奖”。

频率频道

2019 年北京市属广电机构频率频道设置情况

北京人民广播电台频率一览表

频率名称	开办时间	播出时间	主要栏目设置	2019年新增节目栏目
新闻广播 FM100.6 AM828	1993年 3月1日	00：00—24：00	《新闻晨报》《新闻热线》 《转播中央广播电视总台〈新闻和报纸摘要〉》 《北京新闻》《气象服务》《整点快报》 《主播在线》《夹叙夹议》《财富新动力》 《假日节拍》《议政论坛》《生态北京》 《世说新语》《新闻天天谈》《警法在线》 《健康北京》《大城小事》《新闻2019》 《照亮新闻深处》《成长日记》 《声音档案》《周末赛场》 《乐享下午茶》《主播的朋友圈》 《北京的声音》	《假日节拍》 《周末赛场》 《乐享下午茶》 《主播的朋友圈》 《北京的声音》
城市广播 FM107.3 AM1026	2005年 3月1日	05：00—24：00	《城市文化范》《京城帮帮团》 《记忆的唱片》《旅行号1073》 《职场帮帮团》《楼市好声音》 《健康加油站》《教育面对面》 《财富大搜索》《健康投资家》 《今夜私语时》《空气质量播报》	
故事广播 FM95.4 AM603	2009年 1月1日	06：00—24：00	《品读时分》《读书俱乐部》 《知识开讲》《纪实传奇》 《长书天地》《人物空间》 《今晚拍案》《故事酒吧的一千零一夜》 《光影留声》《传奇书场》 《风从哪里来》	
体育广播 FM102.5	2002年 1月1日	05：00—24：00	《雄鸡唱晓》《冬奥加速度》《相约冬奥》 《激情赛场——赛事预告》《1025动生活》 《体育新闻》《体育的101种可能》 《健康相对论》《老年之友》 《营养最时尚》《快乐小足球》 《金戈铁马》《超级体验团》 《体坛夜话》《激情赛场》	《相约冬奥》 《激情赛场——赛事预告》

（续表）

频率名称	开办时间	播出时间	主要栏目设置	2019年新增节目栏目
音乐广播 FM97.4	1993年 1月23日	00：00—24：00	《爱乐之城》《六点活力派》 《早安音乐秀》《汽车音乐汇》 《带上音乐去旅行》《你的故事我的歌》 《永恒的魅力》《古典也流行》 《和你一起唱》《娱乐最王牌》 《中国歌曲排行榜》《歌飞扬》 《音乐加速度》《全球华语歌曲排行榜》 《节奏驾到》《974live show》 《爱得更久点》《男左女右》 《国家大剧院》《周末夜现场》 《特别创意》《974半点资讯》	《爱乐之城》 《六点活力派》
文艺广播 FM87.6	1994年 4月1日	00：00—24：00	《话说天下》《评书连播》《空中笑林》 《我们出发吧》《娱乐72变》 《乐享生活》《艺海说宝》《音乐共享派》 《小说连播》《环球旅行家》《住在876》 《开心茶馆》《四点有戏》 《吃喝玩乐大搜索》《打开文化之门》 《听听糖耳朵》《演艺群英会》《戏迷乐》 《今晚我们说电影》《广播剧场》 《午夜拍案惊奇》《876资讯》 《诵读小站》	《音乐共享派》
交通广播 FM103.9	1993年 12月18日	00：00—24：00	《长书连播》《百姓TAXI》《警法时空》 《梦想行动派》《有我陪着你》 《徐徐道来话北京》《音乐旅途》 《一笑堂》《1039新闻早报》《交通新闻》 《交通新闻热线》《今日交通》 《现场报道》《交通天气预报》 《路况信息》《警官出行提示》 《一路畅通》《欢乐正前方》《汽车天下》 《1039慧旅行》《一起午餐吧》 《1039生活+》《航空在线》 《1039听天下》《1039交通服务热线》 《联E会》《音乐来了》《行走天下》 《新闻晚知道》《1039都市调查组》 《蓝调北京》《八九不离食》《十点谈心》 《爱车公众号》	《1039生活+》 《八九不离食》
外语广播 FM92.3 AM774	2004年 9月17日	06：00—24：00	《英语早餐》《悦生活》《环球30分》 《张道真自学英语》《英语广播剧场》 《英语万花筒》《听歌学英文》 《英语PK台》《小鬼当家》《感受北京》 《大学生英语在线》《留学时间》 《今日北京》《全景中国》《海外连线》 《冬奥英语》《创客在北京》	《听歌学英文》 《创客在北京》

（续表）

频率名称	开办时间	播出时间	主要栏目设置	2019年新增节目栏目
青年广播 FM98.2 AM927	2017年6月26日	05：30—24：00	《活力MUSI客》《青年说》《智在未来》《我是体验官》《智享生活》《982听书坊》《辣妈正传》《982变形季》《左右巡航》《依起改变》《漫游嗨翻天》《挑战新歌声》《夜色开场白》《十点答录机》《杰克糖的故事盒》	《智在未来》《我是体验官》《智享生活》《982听书坊》《辣妈正传》《982变形季》《左右巡航》《依起改变》
动听调频Metro Radio FM94.5	2015年5月18日	00：00—24：00	《Wake up & Drive》《On Air With Ryan Seacrest》《Metro Night Mix》《Weekend Brunch》《iHeart Radio Countdown》《High Tea Refill》《Metro U-Turn》《8+》《X Fun》《Weekend Go！》《The Remix Top30 Countdown》	
有线教学广播 FM99.4	2002年1月1日	06：00—24：00	《英语早餐》《大学生英语在线》《趣味青春英语》《怪怪故事屋》《环球30分》《留学时间》《欧美音乐节拍》《感受北京》《英语PK台》《听世界》《张道真自学英语（第一、二、三、四册）》《英语300句；日语300句；德语300句；法语300句；俄语300句》《澳大利亚广播英语》《赖世雄美语经典》《读书》《英语万花筒》《悦生活》	
有线古典音乐广播 FM98.6	2002年5月1日	00：00—24：00	《钢琴世界》《华夏神韵》《交响空间》《POPS音乐》《CD博览》《魅力演奏厅》《歌舞剧场》	
有线通俗音乐广播 FM97.0	2002年5月1日	00：00—24：00	《经典专辑》《劲舞节拍》《爵士庄园》《浓情乐坊》《咖啡时间》《世界音乐》	
欢乐时光广播 FM106.5	2006年9月6日	06：00—24：00	《田立禾侃相声》《边走边听》《娱乐百宝箱》《相声大会》《电影百年》《今古奇观》《纪实广播小说连播》《娱乐杂货铺》《哈哈剧场》《评书连续听》《开心聚会》	
怀旧金曲广播 FM107.5	2006年9月6日	06：00—24：00	《经典走四方》《旧单车老情歌》《下一站的回味》《金曲无终点》《音乐在旅途》	

北京电视台频道一览表

频道名称	开办时间	播出时间	主要节目栏目设置	2019年新增节目栏目
BTV北京卫视	1979年5月16日开播。2012年1月1日起标识变更为“BTV北京卫视”	06：00—次日06：00	《北京评书大会》《光阴》《暖暖的味道》《养生堂》《档案》《我是大医生》《大戏看北京》《暖暖的新家》《生命缘》《生命的礼物》《我是演说家》《跨界歌王》《跨界喜剧王》《爱幼星球》《上新了·故宫》《向前一步》《音乐大师课》《老师请回答》《为你喝彩》《声音的抉择》《向往的星居》《中歌会》《花样中国》《遇见天坛》《你好新家》《漫游全世界》	《老师请回答》《为你喝彩》《声音的抉择》《向往的星居》《中歌会》《花样中国》《遇见天坛》《你好新家》《漫游全世界》
BTV文艺	1988年12月30日	06：00—次日02：00左右	《笑动剧场》《我看行》《每日文娱播报》《我爱书画》《全能爸妈》(2020年更名为《我爱我家》)《影视风云》《星夜故事》《加油吧孩子》《春妮的周末时光》《周末喜乐汇》《文化之约》《欢天戏地》《文化京津冀》《笑动欢乐秀》《2019年北京电视台春节联欢晚会》《2019年北京电视台元宵晚会》《文化记忆》《最美铁路人发布仪式》《2019北京榜样颁奖典礼》《北京榜样优秀群体“时代楷模”发布仪式》《第九届北京国际电影节开幕式》《第九届北京国际电影节闭幕式暨颁奖典礼》《“春之颂”第九届北京国际电影节电影交响音乐会》《2018年“歌唱北京”原创歌曲征集活动获奖作品发布会暨2019年“歌唱北京”活动启动仪式》《第二十三届京张心连心大型文艺演出》《国家广播电视总局优秀电视剧展播活动启动仪式》《第七届国产优秀纪录片及创作人才推优活动》《“时代新人说”我和祖国共成长演讲大赛》《电视戏曲公开课——校园国粹先锋》第一季《2019北京喜剧幽默大赛》	

（续表）

频道名称	开办时间	播出时间	主要节目栏目设置	2019年新增节目栏目
BTV科教	1999年12月27日开播，其前身为1993年11月1日 开播的以教学节目为主的二十七频道	06：00—次日02：00左右	日常节目：《法治进行时》 《第三调解室》《警法目录》 《现场说法》《庭审纪实》 《法治中国60’》《奇趣大自然》 《创新北京》《律师帮帮忙》 《健康北京》《非常向上》《记忆》 《留学生》《最北京》《翩翩少年》 《晚晴》 季播节目：《金色时光》 《新中国70年·影像辞典》	《纪录中国》 《纪录片展播》
BTV影视	1992年5月4日	06：00—次日06：00	《电影时间》《气象星播报》	
BTV财经	2001年7月1日	06：00—次日02：00左右	《财富大魔方》《品味消费在北京》 《大牌价到》《问鼎世界》 《首都经济报道》《数说北京》 《京津冀大格局》《税收天地》 《总裁读书会》《财富剧场》 《财经商圈》《财富故事》 《对话大咖》《影响者》《说画》 《拍宝》《天下财经》《理财》 《理财周末版》	《财富大魔方》 《京津冀大格局》 《对话大咖》 《说画》
BTV生活	1996年11月8日	6：00—次日2：00左右	《生活这一刻》《全民健康学院》 《美食地图》《食全食美》 《生活+》系列　《第一房产》 《四海漫游》《我爱我车》《医者》 《成长加油站》《迷尚北京》 《生活特供》《四海漫游之淘最霓虹》 《我们退休啦》《选择》《生活广角》 《快乐生活一点通》《家有好律师》 《一起出发吧》《美食地图生活好物》	《一起出发吧》
BTV青年	前身为2002年1月1日开播的BTV青少频道。2012年1月1日起调整为青年频道，频道标识变更为“BTV青年”	6：00—次日2：00左右	《戏里戏外》《青春快乐季》系列 《国际双行线》系列　《书香北京》 《成长大会》《谁在说》 《报告我来了》《小童大艺》	

（续表）

频道名称	开办时间	播出时间	主要节目栏目设置	2019年新增节目栏目
BTV新闻	前身为2003年1月1日开播的BTV公共频道。于2011年1月1日推出BTV公共·新闻频道。2012年1月1日起调整为新闻频道，频道标识变更为“BTV新闻”	6：00—次日2：00左右	自制栏目：《北京您早》《特别关注》《北京新闻》《首都晚间报道》《都市晚高峰》《红绿灯》《这里是北京》《新时代新担当新作为》《北京议事厅》《美丽乡村》《都市阳光》《新闻手语》 合办栏日：《怎么看》《清风北京》	《首都晚间报道》
BTV卡酷少儿	2004年9月10日开播动画频道。 2007年1月1日更名为卡酷动画卫视。 2012年1月1日调整为卡酷少儿频道，频道标识变更为“BTV卡酷少儿”	06：00—次日06：00	《卡酷幼儿园》《大玩家》《剧星派》《七色光》《穿越吧少年》《卡酷动物园》《闪天下》《妈妈育上娃》《维他命家族》	《维他命家族（日常版）》
BTV冬奥纪实	2019年5月10日零时起上星播出，BTV体育频道同步停止播出	06：00—次日06：00	《天天体育》《足球100分》《2022》《健身圈》《奥运故事会》《来吧！投体育》《双奥之城》《冬奥大家谈》《我与奥运》《放肆奔跑》《探索》	《2022》《奥运故事会》《来吧！投体育》《双奥之城》《冬奥大家谈》《我与奥运》《放肆奔跑》
长城平台北京电视台频道（国际频道）	2004年10月1日	每天首播7.22小时、24小时滚动播出	该频道以人文节目为主打，荟萃了BTV10个频道的精选内容，在长城平台上坚持“无电视剧纯自制栏目”播出	

其他：

1.《电视先锋榜》各频道播出。

2.《BTV 电视购物》BTV 财经播出。

北京北广传媒数字电视有限公司频道一览表

频率名称	开办时间	播出时间	主要节目栏目设置	2019年新增节目栏目
中华特产	2019年10月16日	00：00—24：00	《特产档案》《造物志》《倾国倾城》《赞赞新国货》《走进原产地》《唇齿留乡》	《特产档案》《造物志》《倾国倾城》《赞赞新国货》《走进原产地》《唇齿留乡》
环球旅游	2005年4月8日	00：00—24：00	《寰行迹》《寰旅天下》《资讯》《侣行》《和明星去旅行》《雅获跑世界》《乡间物语》《爱上川菜》	《寰行迹》
车迷	2003年11月1日	00：00—24：00	《车迷会》《车迷演播室》《酷车驾到》《养护宝典》《摩托范儿》《车语》《优车惠》《车主说》《环球车讯》《庞大车视界》	
四海钓鱼	2004年1月1日	00：00—24：00	《探钓之旅》《黑坑江湖》《寻根溯源》《海钓玩家》《2019CFC钓鱼俱乐部联盟杯》《路亚大本营》《钓具新发现》《湖库突击队》《四海战队之荣誉勋章》《钓具百事通》《CFC赛场风云》《户外生活》	《探钓之旅》《黑坑江湖之特级黑坑》《2019CFC钓鱼俱乐部联盟杯》《路亚大本营》《钓具百事通》《CFC赛场风云》
优优宝贝	2004年1月1日	00：00—24：00	《奇趣大自然》《和宝宝在一起》《明星妈妈》《明星爸爸》《成长指标》《产科病房》《我的宝贝》	
弈坛春秋	2005年3月18日	00：00—24：00	《大赛精华》《围棋TV棋友联赛》《五佳瞬间》《猫哥讲定式》《超好用布局》《天下棋闻说》	
置业	2005年7月8日	00：00—24：00	《乐享空间》《家居DIY》《完全装修手册》《海外地产》《乐淘家居》《置业博客》《置业说法》	
爱家购物	2003年9月1日	00：00—24：00	电视购物类节目	
新娱乐	2005年7月22日	00：00—24：00	《我不是网红》《全能综艺班》《烧脑电影》《金曲时刻、娱乐开讲》《电音派对》	
京视剧场	2003年9月1日	00：00—24：00	电视剧	
动感音乐	2003年9月1日	00：00—24：00	《高温派对》《华语至尊地带》《谁比我原创》	

（续表）

频率名称	开办时间	播出时间	主要节目栏目设置	2019年新增节目栏目
戏曲广播	2003年11月1日	00：00—24：00	《评书联播》《梨园金曲》	
爵士音乐广播	2003年11月1日	00：00—24：00	《爵士经典》《爵士列车》	
北京之窗主频道	2009年4月30日	17：00—17：00	《约会乖汪》《宠它课堂》	
北京之窗首都政务频道	2009年4月30日	17：00—17：00	《数说北京》《宠它课堂》	

北京北广传媒移动电视有限公司频道一览表

频道名称	开办时间	播出时间	主要节目栏目设置	2019年新增节目栏目
北京移动电视	2004年5月28日	05：58—23：00	《移动播报》《今天提示》《我的工会我的家》《中国梦365个故事》《教育新闻》《我在北京挺好的》《96310纪事》《演艺罗盘》《华夏文化鉴赏资讯》《百姓就业》《一路同行》《国家大剧院》《秀逗爱生活》《身边的好学校》《人文风情》《玩票》《游在北京》《博览天下》《我看演出》《天天百视通》《洛宝贝》《高光点》《城市一刻》《罐头视频》《城市播报》《华夏微电影》《科普大运河》《大城小事》	《华夏微电影》《科普大运河》《大城小事》

北京北广传媒城市电视有限公司频道一览表

频道名称	开办时间	播出时间	主要节目栏目设置	2019年新增节目栏目
城市电视	2005年8月1日	07：00—22：00	《城市播报》《城事发布》《96310城管纪事》《绿动北京》《大城小事》《益起前行》《城市视觉志》《我的工会我的家》《演艺罗盘》《热点播报》《新时代青年说》《保利剧院》《光影大视界》《健康卫士》《城市天气站》《高光点》《城市一刻》《罐头小厨》《词说》《部长之声》《聚焦两会》《数说40年》《逐梦新时代 奋斗正当时》《70年看辉煌》《解码党的十九届四中全会决定》《中国梦365个故事》	《城事发布》《大城小事》《益起前行》《热点播报》《健康卫士》《词说》《部长之声》《聚焦两会》《逐梦新时代奋斗正当时》《70年看辉煌》《解码党的十九届四中全会决定》

北京北广传媒地铁电视有限公司频道一览表

频道名称	开办时间	播出时间	主要节目栏目设置	2019年新增节目栏目
地铁电视	2010年8月10日	06：00—23：00	《播报新闻》1分钟版（一） 《播报新闻》1分钟版（二） 《播报新闻》1分钟版（三） 《播报新闻》3分钟版（一） 《播报新闻》3分钟版（二） 《播报新闻》3分钟版（三） 《地铁文化地图》《国家大剧院》 《人文风情》《生活一点通》 《百姓就业》《大城小事》 《身边的好学校》《京城美食秀》 《医学微视频》《玩票》 《奇趣自然》 《四面谈（新媒体空间艺术展）》 《来画时间》《城市一刻》 《高光点》《罐头视频》等	《地铁文化地图》 《四面谈（新媒体空间艺术展）》 《百姓就业》 《大城小事》 《北京市学生资助公益宣传》 《来画时间》

2019 年北京市各区广电机构频率频道设置情况

朝阳区融媒体中心频道一览表

频道名称	开办时间	播出时间	主要节目栏目设置
BTV 新闻频道 朝阳时段	2003年1月	首播 19：30—21：00 重播次日 07：30—9：00 12：30—14：00	《朝阳新闻》《一周新闻综述》 《朝阳名师讲堂》《走进朝阳教育》 《地税你我他》《全民健身》《安全视界》 《话说朝阳群众》《对话成长》 《社会学堂》《校园万花筒》

海淀区融媒体中心频道一览表

频道名称	开办时间	播出时间	主要节目栏目设置	2019年新增节目栏目
BTV 新闻频道 海淀时段	2003年1月	首播 19：30—21：00 重播次日 07：30—9：00 12：30—14：00	《海淀新闻》《文明风尚汇》 《创新中关村·核心区》 《海淀风物志》《城管视点》 《火线》《海淀1时间》 《海淀教育》《警方在线》 《文明海淀》	
海淀 数字频道	2009年6月	每天 07：30— 23：30 共16个小时	《海淀新闻》《文明风尚汇》 《创新中关村·核心区》 《海淀风物志》《城管视点》 《火线》《海淀1时间》《海淀教育》 《警方在线》《文明海淀》	

丰台区融媒体中心频道一览表

频率频道名称	开办时间	播出时间	主要节目栏目设置	2019年新增节目栏目
BTV 新闻频道 丰台时段	2003年1月	首播 19：30—21：00 重播次日 07：30—09：00 12：30—14：00	《丰台新闻》	
803丰台 数字频道	2007年11月	首播 19：30—23：46 重播次日 6：30—19：30	《丰台新闻》	

石景山区融媒体中心频道一览表

频道名称	开办时间	播出时间	主要节目栏目设置	2019年新增节目栏目
BTV 新闻频道 石景山时段	2002年 12月20日	首播 19：30—21：00 重播 07：30—9：00 12：30—14：00	《石景山新闻》《记者视线》 《新闻盘点》《生活与信息》 《天气预报》《今日视点》	《今日视点》
804石景山 数字高清频道	2009年 11月9日	6：00—24：00	《教育新视线》《法治聚焦》 《旅游》《政协之窗》 《石景山服务》《百姓剧场》 《走进演播室》《百姓故事》 《生活与信息》《天气预报》 《石景山新闻》《记者视线》 《新闻盘点》《今日视点》	《今日视点》

门头沟区融媒体中心频道一览表

频道名称	开办时间	播出时间	主要节目栏目设置	2019年新增节目栏目
BTV 新闻频道 门头沟时段	2002年 12月20日	首播 19：30—21：00 重播次日 07：30—09：00 12：30—14：00	《门头沟新闻》 《门头沟视点》 《信息高速路》 《市场监管直通车》	

房山区融媒体中心频率频道一览表

频率频道名称	开办时间	播出时间	主要节目栏目设置	2019年新增节目栏目
房山人民广播电台FM107	1989年9月	06：00—24：00	《房山新闻》《FUNHILL时间》 《生活广场》《评书连播》 《音乐加甜点》《美丽房山》 《汇生活》《经典音乐》	
房山人民广播电台FM96.9	2010年7月			
BTV 新闻频道 房山时段	2003年1月	07：30—9：00 12：30—14：00 19：30—21：00	《房山新闻》《今日关注》 《法治与生活》《创意房山》 《funhill面对面》《文化纪事》 《美丽房山》《学通房山》 《都市生活》	

大兴区融媒体中心频率频道一览表

频率频道名称	开办时间	播出时间	主要节目栏目设置
大兴人民广播电台FM98.6	1995年1月	06：25—24：00	《这里是大兴》《乌鱼来了》《音乐随心听》《音乐密码》
BTV新闻频道大兴时段	2003年1月	首播 19：30—21：00 重播次日 07：30—09：00 12：30—14：00	《大兴新闻》《言之有礼》

通州区融媒体中心频率频道一览表

频率频道名称	开办时间	播出时间	主要节目栏目设置	2019年新增节目栏目
综合高清频道	2016年11月	首播 18：30—22：30 重播次日早 07：30—09：00 12：30—14：00	《通州新闻》《看通州》 《安全》《大家看法》《就业保障》 《玉桥我们共同的家》《小强听说》 《新闻一周》《文明通州》 《情暖副中心》《健康通州》等	
综合频道	1994年2月	同上	《通州新闻》《看通州》《安全》 《大家看法》《就业保障》 《玉桥我们共同的家》《小强听说》 《新闻一周》《文明通州》 《情暖副中心》《健康通州》等	
BTV新闻频道通州时段	2003年	首播 19：30—21：00 重播次日 7：30—9：00 12：30—14：00	《通州新闻》《看通州》《安全》 《大家看法》《就业保障》 《玉桥我们共同的家》《小强听说》 《新闻一周》《文明通州》 《情暖副中心》《健康通州》等	
文艺频道	2011年11月8日	首播 18：30—23：30 重播次日 12：30—17：30	电视剧《影视界》、动画片《健康大讲堂》	
广播调频107.7兆赫	1991年	06：00—24：00	《晚安，通利福尼亚》（直播） 《早安，副中心》（直播） 《通州新闻》《百秒资讯》 《只听歌不听话》《音乐夜未央》	

顺义区融媒体中心频率频道一览表

频率频道名称	开办时间	播出时间	主要节目栏目设置	2019年新增节目栏目
顺义人民广播电台FM92.9	1998年1月20日	06：25—23：30	《新闻60分》《顺义新闻》《越来越动听》《传奇》《越聊越开心》《大家帮助大家》	
顺义电视台一套	1994年9月2日	10：10—23：00	《顺义新闻》《情暖顺义》《健康有约》《教育驿站》《师说日》《乐学动漫》《转型升级 接力发展》《法治顺义》《幸福一起来》等	《幸福一起来》
BTV新闻频道顺义时段	2003年1月1日	首播 19：30—21：00 重播次日 07：30—09：00 12：30—14：00	《顺义新闻》《情暖顺义》《健康有约》《教育驿站》《师说日》《乐学动漫》《纪录片》《法治顺义》《幸福一起来》	《幸福一起来》

平谷区融媒体中心频率频道一览表

频率频道名称	开办时间	播出时间	主要节目栏目设置	2019年新增节目栏目
平谷人民广播电台FM89.2	1992年3月11日	06：30—8：20 11：00—12：00 18：30—19：30	《平谷新闻》《天气预报》《公益广告》《评书联播》《老柴说平谷》《政策问答》《善行至美》《农民与法》《农业科技》《卫生与健康》《美丽乡村》	
BTV新闻频道平谷时段	2003年1月1日	首播 19：30—21：00 重播次日 07：30—09：00 12：30—14：00	《平谷新闻》《警法在线》《美丽平谷》《百姓身边》《热点进行时》《电视剧》	《名医会客厅》

怀柔区融媒体中心频率频道一览表

频率频道名称	开办时间	播出时间	主要节目栏目设置	2019年新增节目栏目
怀柔人民广播电台FM101.3	1996年11月	06：29—16：00 16：59—22：30	《怀柔新闻》《奶妈奶爸总动员》《空中书场》《丽人榜样》《生活E时代》《法海扬帆》《保林叔叔讲故事》《成长》《生活百事通》《市场监管之声》《梦想旅行日志》《科普园地》《音乐无限》《健康伴你行》《远誉快车道》《天气预报》《汽车立体声》《恋上怀柔》《音乐客栈》《话说天下》《文学草堂》《金色年华》《消费生活新主张》《天下档案》《悦读时间》《请您欣赏》《音乐旅途》《行走怀柔》《品读时分》《独具匠心》《探险家》《食全食美》《军史纵横》《音乐导航》《乐享生活》《故事酒吧》《相声大会》《读史有学问》《今夜私语时》	《探险家》《食全食美》《军史纵横》《音乐导航》《乐享生活》《故事酒吧》《相声大会》《读史有学问》《今夜私语时》
BTV新闻频道怀柔时段	2003年1月	首播 19：30—21：00 重播次日 07：30—09：00 12：30—14：00	《怀柔新闻》《文化怀柔》《法治时刻》《今日三农》《安全在线》《文明在身边》《环境时空》《生活大观园》《童心看天下》	
怀柔一频道（HRTV1）（高标清同播）	2009年5月	06：00—24：00	《怀柔新闻》《文化怀柔》《法治时刻》《今日三农》《安全在线》《文明在身边》《环境时空》《生活大观园》《童心看天下》	

昌平区融媒体中心频率频道一览表

频率频道名称	开办时间	播出时间	主要节目栏目设置	2019年新增节目栏目
昌平人民广播电台FM103.1	1987年7月	06：28—21：32	《昌平新闻》《乐享时光》《与法同行》等	
BTV新闻频道昌平时段	2003年1月	19：30—21：00 07：30—09：00 12：30—14：00	《昌平新闻》《时空关注》《走进三农》《相约》《真情故事》《古今昌平》《视角》《法治昌平》	

密云区融媒体中心频率频道一览表

频率频道名称	开办时间	播出时间	主要节目栏目设置	2019年新增节目栏目
密云区人民广播电台FM94.1	1989年	06：28—22：05	《密云新闻》《今日密云》《法治传真》《我的社区我的家》《教育园地》《密云经济在线》《三农有约》《健康时空》《音乐随身听》《评书联播》《广播剧场》《我爱国粹》《科普五分钟》等	
BTV新闻频道密云时段	2003年1月	首播18：30—23：30 重播次日07：00—18：30	《密云新闻》《事事关心》《檀州大舞台》《教育专线》《就业直通车》等	《市场监管在身边》

延庆区融媒体中心频率频道一览表

频率频道名称	开办时间	播出时间	主要节目栏目设置
延庆人民广播电台FM 92.8	1997年1月	6：30—22：10	《延庆新闻》《生活导航》《美丽延庆新农村》《快乐调频928》《佳作欣赏》《市场监管进万家》《大东说消费》《长耳朵听故事》《名家讲坛》《百家书场》《广播剧场》《小说连播》《远誉快车道》
BTV新闻频道延庆时段	2003年1月	首播19：30—23：30 重播次日07：30—12：30	《延庆新闻》《聚焦时分》《天气预报》《印象妫川》《百姓大舞台》《快乐宝贝》《妫川英语大家说》《消费风向标》《万事大吉》《宏超讲故事》《卫生新视野》《水润妫川》《妫川说法》《妫川税务》《金盾之光》《法庭内外》《检察视点》《阳光民政》《绿色家园》《一路平安》《延庆教育》《乐游延庆》《工商视点》《中医话健康》

节目栏目

北京电台

《5G 技术助力国产机器人完成全球首场骨科实时远程手术》 新闻资讯类栏目。北京新闻广播于 2019 年 6 月 27 日《整点快报》22 点档中播出，时长 3 分 47 秒。记者采写了“5G+ 国内自主创新机器人”这两项尖端技术在医疗领域联合创造的“全球第一”的手术，以“现场实时解说 + 现场同期”的创新形式，为听众还原了令人紧张的手术关键步骤，分享成功的历史时刻。报道生动、准确，收获了较高评价，以此为脚本制作的短片成为中国电信 5G 官方宣传片。记者：韩萌。

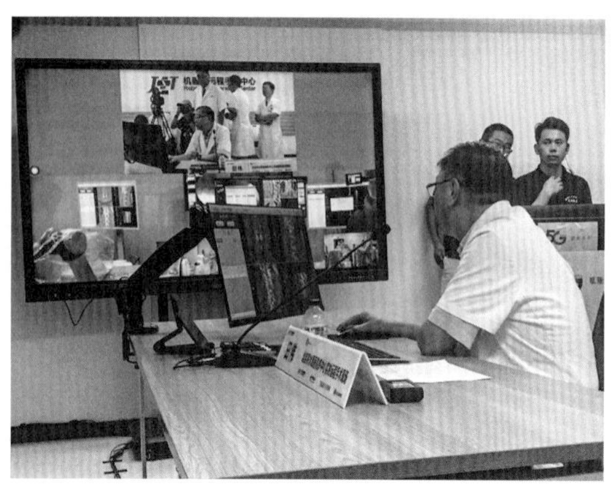

5G 远程手术现场：积水潭医院田伟医生在北京为外地两名患者进行远程手术操作

《对谈百年首钢——我是渤海湾的火，我是曹妃甸的冰》 新闻资讯类节目。北京新闻广播于 2019 年 9 月 1 日《新闻天天谈》中播出，时长 32 分 01 秒。在首钢百年之际，北京人民广播电台新闻广播推出新闻访谈特别策划，选择两位分别代表“火”与“冰”的当代首钢一线工人对谈，从他们的亲身经历，生动地展示出百年首钢的历史发展与时代选择。这一节目创新性地选在首钢石景山园区内实地展开，主持人与两位访谈嘉宾边走边说，碰撞出更多对谈火花。节目定在 9 月 1 日首钢厂庆的“正日子”播出，也是各家媒体同主题报道中最先播出的。除了 30 分钟左右的访谈，主创团队还制作 13 分钟的专题版本，图文并茂地配发新媒体微信公众号，让节目得到更大范围的传播。节目受到北京电台听评专家组的点名表扬，不少受众通过微信公众号留言转发，单篇内容的同期点击和转发量都处于前列。组织策划、现场采访、撰稿合成：史喻。现场主持、后期编辑：武传艺。现场采访、后期编辑：康利坡。

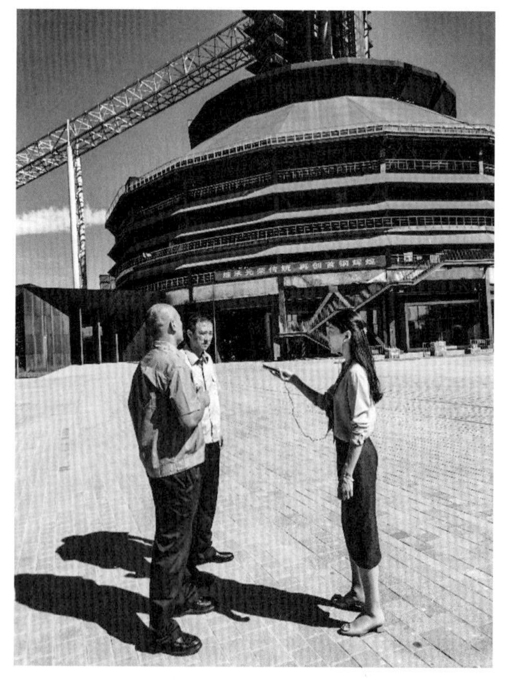

对谈百年首钢

《“有证儿”的违建》 新闻资讯类节目。北京新闻广播于2019年7月10日早上6：20播出。在这篇专题报道之前，记者已经对此违建进行两年多的调查，连续播发9篇报道。记者了解到这个巨型违建之所以能在通州黄金地段矗立多年，是因为中国农业出版社其央企的背景，而央企的背后又是国家部委原农业部。随着调查的深入，记者发现，违建之所以难以处理还有制度设计、部门协调配合等。专题报道对巨型违建产生的深层次原因进行剖析，对违建中经营的商户为何能拿到一系列许可证照进行质疑。违建要根治，必须解决制度设计中互相矛盾的问题。《新闻热线》报道后，市领导予以批示，通州区城管部门介入拆除，有关部门也意识到为违建办理证照的不足。由于报道中涉及的违建所处位置特殊，而且是央企的背景，此次拆违对于城市副中心的“疏整促”工作起到很大的推动作用，对其他违建者也产生巨大的心理震慑。采访、编辑、录制：李青芮。采访、编辑：连新元。

《我们这一代人的赶考路》 新闻资讯类节目。北京新闻广播于2019年9月22日《北京新闻》《整点快报》播出，时长5分08秒。这是香山革命纪念地对公众开放后记者撰写的评论。香山是新中国成立前夕中共中央的所在地，党中央毛泽东主席在这里领导了渡江战役、筹建新政协等，香山的革命史在党史和新中国历史上都具有重大意义。作者从“赶考”角度立论，将从香山之后70年新中国的风雨历程看成一条一直在继续的“赶考路”，通过数据、事例推演出结论：“赶考路”从香山始发，新时代的“赶考路”从香山再出发。整个论证的过程逻辑清晰、逐层深入。短短五分钟的评论，记者前期进行海量的采访，用洗练的文字，配合主持人大气磅礴的再创作，增强了评论的说服力。在全台年度评奖中获得一等奖。主创人员：马骏、王劲清、刘佳。

《新闻热线》 新闻资讯类栏目。北京新闻广播于每周一至周五6：20—6：30播出，时长10分钟；每周一至周五7：25—7：30播出，时长5分钟；每周六、日22：00—22：10重播，时长10分钟。《新闻热线》开播于1993年3月1日，是北京地区最早偏重报道民生新闻和突发事件，以倾听市民声音、实现舆论监督的广播栏目。是受众自发“报道”新闻、提供线索的通道；成为广播发现和报道突发新闻、民生新闻和批评报道的渠道；成为市民和政府之间沟通的桥梁；成为实施舆论监督推动问题解决的利器。连续多年获评北京电台“名牌栏目”。栏目有多篇报道获中国新闻奖、北京新闻奖等国家和省部级奖项；先后获评2017年度中广联广播新闻节目创优“十佳新闻栏目”和2018年度中广联第五届中国广播电视媒体“民生热线类十强栏目”。2019年获中国新闻界最高奖——第29届中国新闻奖新闻名专栏奖。主创人员：刘芳、李独伊、张钰、姚天宇、李青芮、郑晨、任晨光、苏宁、袁硕。

《2019年9月26日〈交通新闻〉早间版》 新闻资讯类节目。北京电台交通广播于2019年9月26日7：00播出，时长26分27秒。新闻紧扣大兴机场通航这一全球瞩目的事件谋篇布局，兼顾南苑机场关闭、京雄城际北京段通车、轨道交通大兴机场线开通等重要事件，进行全方位、多角度的深入开掘。9月25日下午，南航、东航、国航、中联航、首都航空、河北航空、厦门航空的客机依次起飞，5名记者分别乘坐五家航空公司的首航航班体验采访，记录乘客首航感受。2名记者在大兴机场采访规划设计和建设者，详细介绍大兴机场的智慧科技亮点，深入挖掘建设背后的故事。最后配发评论员文章《大兴投运，航空当兴》，指出大兴机场投运的意义。除此之外，记者还体验采访大兴国际机场高速公路的通行状况，全面介绍大兴国际机场周边高速、地铁、铁路的接驳情况，具有较强的服务性。该套新闻共有消息13篇，其中自采录音消息10篇、记者现场连线2个、评论1篇，信息量大、现场感强、有广度、有深度，充分展现北京交通广播的专业性和权威度。主创人员：程艳。

《北京世园会开园当日迎3.5万游客，“锦绣如意”中国馆成首日最热门景区》 新闻资讯类节目。北京交通广播于2019年4月30日《交通新闻》播出，时长2分13秒。节目见证并记录北京世园会的开园现场，以世园会中最具有代表性，也是开园当日游客量最大的“锦绣如意”中国馆作为切入点，记录了开园当天的游览盛况。浓缩中国馆中最具有特色的展区，通过现场音响，记者对现场环境的描述，游客的游览体悟，以及各展区设计师、负责人全方位的介绍，将中国馆的展区特色详略得当地展现在听众面前，画面感十足。节目选用北京市委书记、世园会执委会主任蔡奇宣布世园会开园的现场音，展区内讲解员介绍展览的现场音等，都是当天园内最具有代表性的现场音，生动还原世园会开园当天的现场，让听众有身临世园会现场观展之感。主创人员：朱艳婷。

《风云七十年——外交官眼中的世界》 专题服务类节目。北京交通广播《行走天下》于2019年9月至10月播出，时长9小时20分。新中国成立70周年之际，节目采访14位特殊的北京市民——曾经的中国驻外大使，采取广播人物访谈的形式，通过大使们的真实经历，全方位展现新中国成立70年来特别是“一带一路”倡议提出之后，中国外交的发展变化、取得的成就以及中国与世界各国人民团结友好、共同发展的历程。通过个人视角重现历史，把访谈人的职业生涯同重大国际事件结合在一起，从不同角度讲述新中国的外交故事，展现外交官对祖国的爱与眷恋，让听众在收听过程中产生共鸣和强烈的代入感，为人物的选择、命运而感动。系列访谈除了在广播频率中播出之外，在“听听FM”等平台制作节目专辑同步推送，并通过微博、微信图文推送、二维码推送等手段传播，既弥补广播线性传播的不足，也在一定程度上为互联网传播提供符合主流价值观、严谨真实的音频产品。播出节目的收听率和市场占有率均为同时段广播市场第一位。微博视频累计25万次点击收看。听听FM上专辑累计收听下载破万。节目在北京广播电视网络视听发展基金项目申报中脱颖而出，是7个获得扶持的广播电视节目中唯一的广播节目。除此之外，还获得中华全国新闻工作者协会评选的“庆祝新中国成立70周年融合报道十大创新案例（地方媒体）”称号，这也是中央媒体和地方媒体20件获奖作品中唯一的广播作品。策划、采访、编辑、主持：刘甜甜。音频合成：梁和芝、孙潇。视频录制、制作：薛晓明、赵阳东、辛疆琦。

《龙腾中国——南水北调纪行》 优秀剧目。北京故事广播于2019年《纪实传奇》12：00播出，时长24分钟，共35集。2019年是南水北调一期工程全面通水五周年。作品由《中国水利报》记者赵学儒创作，他十几年来一直参与南水北调的采访报道，留下100多万字的作品。在这部书中，赵学儒以优美的文笔展现南水北调工程及沿线的建筑之美、人文之美、生态之美、地理之美和发展之美。在播讲过程中，制作人还加入一系列的实地采访录音，这也是演播类作品的一种创新。北京市广播电视局第302期《收听收看报告》“声屏亮点”中，特别提到了北京故事广播《纪实传奇》推出《龙腾中国——南水北调纪行》系列节目。报告认为该节目对听众进行南水北调的知识普及，讲述工程的重大意义，展现沿线人民做出的贡献。同时，节目注重新媒体内容的打造，通过广播与新媒体的双重传播，形成内容互补、优势互补，取得良好的传播效果。编辑、制作：张雅佼。策划、采访：孟庆煜、张雅佼、天时。演播：兆龙。后期：董珂。

2019 年 10 月 24 日，《龙腾中国——南水北调纪行》作者赵学儒（中）在北京市团城湖管理处留影，这里是南水北调中线工程的终点

《Get 了，节气》 专题服务类栏目。北京电台动听调频播出，每个节气前，当日、次日每天播出 4 次，8、14、17、20 点播出，共 72 集。动听调频与果壳旗下物种日历开展贯穿全年的二十四节气内容合作，该节目特邀业内知名科普作家天冬担任主笔。从历史及民俗文化，物候及饮食习惯等角度介绍了中国传统文化，其中对饮食和物候变化的介绍完全围绕北京书写。生动幽默的节目风格深受听众及网友喜爱，社交媒体阅读量达 641.9 万次。节目精品程度高，具有收藏及反复播出价值。获 2019 年度北京电台优秀节目评选二等奖。主笔：天冬。编辑：李帅。录音：郝京京。新媒体：王楚伦。

《奥运历史首创：北京 2022 年冬奥会将实现场馆全面绿色用电》 新闻资讯类栏目。北京电台体育广播于 2019 年 3 月 2 日《相约冬奥》播出，时长 1 分 29 秒。“绿色办奥”是 2022 北京冬奥会的四个理念之首，此次绿电供应签约作为重要里程碑，标志着奥运史上首次实现全部场馆采用绿色电能供应。冬奥场馆使用绿色电力，是落实绿色办奥理念、兑现申办承诺的具体举措，对于推动我国清洁能源产业发展，服务生态文明建设具有重要的促进作用。本篇报道为独家消息，一月初，记者前往河北张家口，利用三天的时间逐一探访北京冬奥会主要赛场张家口地区的清洁能源生产企业以及国家电网，了解风能、太阳能等运用到冬奥会的绿色电力的建设情况。随后通过采访北京市副市长张建东、国家电网公司总经理辛保安、北京冬奥会可持续建议委员会委员周剑，详细向听众介绍绿电是什么，这样的举措对北京冬奥会的积极作用，以及何时开展绿电交易。报道音响素材丰富、层次清晰。主创人员：刘鲸泽。

《在中国预测宇宙的德国天文学家》 专题服务类节目。中央广播电视总台全球华语广播《全景中国》节目于 2019 年 11 月 8 日播出，时长 8 分 42 秒。为北京电台外语广播制作《中国和她的朋友们》系列专题，选取在华工作时间长、分量重的外国友人，通过他们的视角来观察中国几十年来的发展变化。2009 年，德国天文学家瑞尼·思博森（Rainer Spurzem）教授受邀来华工作，帮助中国国家天文台成功研制中国超级计算机“老虎”。现在作为中国科学院国家天文台博士生导师，他领导一个多国研究人员组成的科研团队，致力于用超级计算机进行天文学研究，助力中国崛起。主创人员：刘智嘉。

《历经百年沧桑 兽首七兄弟重聚北京》 专题服务类节目。北京城市广播《城市文化范》栏目于 2019 年 11 月 24 日播出，时长 29 分

10 秒。11 月下旬，流失百年的圆明园马首铜像正式“回家”。编辑第一时间与事件的亲历者中国圆明园学会学术专业委员会委员刘阳取得联系，请他讲述这次马首回归的重要意义，也介绍和梳理之前“十二兽首”回归之路。整期节目寓教于乐，富有趣味性，并与微信、今日头条、网易号等新媒体平台配合编发图文消息，在听众、微信和新媒体平台都获得良好的反响。主持人：黄彦。编辑：刘晶。

《教育面对面》 专题服务类栏目。北京城市广播于周一至周日 17：30—19：00 播出，时长 90 分钟。同时通过听听 FM、快手、今日头条、一点资讯播出。《教育面对面》是北京地区 22 个广播频率中唯一以学生及其家长为听众对象的日播教育专栏，独家与教育行政和考试部门合作举办，集中为中高考生及家长提供直播咨询服务。节目在权威发布并解读教考政策的同时，积极开拓线下活动、开发延伸产品，全时化新媒体互动，为听众提供重度垂直的广播增值服务。是听众喜爱的优秀栏目，全国城市台品牌栏目、北京市优秀广播电视节目。节目监制：张铮。编辑、主持：张铮、杨阳、姚迪、秦天、澹台瑞芳。

《中共中央在香山》 优秀剧目。北京文艺广播《广播剧场》首播，播出时间 22：30—23：00 每集时长 30 分钟，共 3 集。在北京电台各专业广播和旗下新媒体平台“听听 FM”播出。中央广播电视总台文艺之声、学习强国、喜马拉雅、蜻蜓 FM、建外 14 号小程序、安徽新闻综合广播、浙江交通之声、湖北经广、湖北之声等频道同步播出。该剧是庆祝新中国成立 70 周年献礼剧，讲述 1949 年解放前夕，以毛泽东为核心的中共中央领导班子，以“进京赶考”的公仆心态，进驻香山慈幼院，在这里指挥渡江战役、整顿国家经济、筹备政治协商会议，兢兢业业地为全国人民交上了一份满意的开国“答卷”。2019 年 4 月 23 日，该剧在北京文艺广播首播。五一期间，北京交通广播、新闻广播等 9 家北京频率多轮次跟播，北京听众反响热烈。根据索福瑞北京地区测量仪显示，该剧最高收听率 0.783%，市场份额 29.095%，该时段在高等学历（大学本科及以上）、学生群体中市场份额 30.4%，21~30 岁青年群体市场份额 47%，工人群体市场份额 58% 。获第十五届精神文明建设“五个一工程”奖。编剧：柳桦、徐然。导演：邵军、王锐。主演：吴俊全、任亚明、陈光等。

《家是玉麦 · 国是中国》 优秀剧目。北京文艺广播于 22：00—22：30 播出，时长 30 分钟，连续播出六集。该剧改编自同名纪实文学《家是玉麦 · 国是中国》，讲述时代楷模西藏隆子县玉麦乡卓嘎姐妹及其三代家人数十年为国守边的故事。市场份额超过 10%，较日常节目提升近 20%。总策划：王志伟、许秀玲。策划、监制：郝卫群。导演：徐然。编剧：葛文婕。主演：郭政建、晏积瑄、田洪涛、宋明等。

2019 年 9 月 26 日，改编自同名纪实文学《家是玉麦 · 国是中国》的广播剧正在录制中，左为编剧葛文婕，右为演员晏积瑄，中为演员田洪涛

《滚滚长江东逝水，时代造就音乐梦》 综艺益智类节目。北京音乐广播于2019年11月10日《特别创意》中播出，时长22分43秒。节目为北京音乐广播纪念新中国成立70周年大型系列专题音乐节目中的一期，以杨洪基的故事为主线。1941年出生的杨洪基见证了新中国从成立到飞速发展的全过程。节目以时间为脉络层层推进，访谈和音乐的穿插相得益彰，气氛轻松和谐。开头从代表作《滚滚长江东逝水》切入，结尾以他最喜爱歌曲《我和我的祖国》点题。让人在了解主人公的同时引发听众回味和强烈的爱国之情。主创人员：张艳。

《听见未来，让爱传递》 综艺益智类节目。北京电台音乐广播于2019年12月22日《特别创意》中播出，时长24分30秒。2019年1月4日，由中国听力语言康复研究中心、中国少年儿童基金会联合主办的首届听障儿童“25分贝公益音乐会”在北京举行。北京音乐广播主持人马思萌作为当晚北京时间直播主持人前往现场，并根据此次活动制作专题，呼吁广播听众关注社会听障群体。作品以公益活动作为切入点，讲述听障群体在国内现状以及音乐对他们的影响。将歌曲背后的创作故事与听障人群不放弃的精神充分结合，并由此展开关注社会各界听障人群的优秀事迹。蒋馨柔、邰丽华、彭奕佳、迈尔斯·德巴斯蒂安、贝多芬，他们均为听障人士，却在各自领域做出了卓越的成绩。最后，作品回归到听障儿童身上，利用工作人员对社会不同群体的寄语作为结束，回归当下，展望未来，配合童声合唱团演绎的《隐形的翅膀》，传递出听障人士勇于寻梦的精神以及对生活始终抱有希望的积极态度。将听障人士寻求希望的精神与对音乐的专业解读巧妙结合，将“公益”融入“旋律”，传递积极温暖的正能量。播音、撰稿、制作：马思萌。监制：陈京英、赵爽。

《早安音乐秀》 综艺益智类节目。北京电台音乐广播于周一至周五7：00—9：00播出，时长120分钟。用明快动听的音乐和新鲜有趣、形式丰富的文化娱乐资讯吸引听众的耳朵，营造时尚、轻松、阳光、活力的音乐氛围。运用微博、微信等新媒体产品吸引更多的年轻白领听众参与互动。时尚、旅游与音乐相结合，打造轻松、正能量、快节奏的上班氛围。节目通过新媒体渠道组织听众进行线下互动，2019年共举行两场比较大规模的地面活动，分别是3月的“974DJ运动大挑战”和8月的“七夕，我想大声说爱你”。主持人：静娱、郭鹏。

《问北京》 新媒体节目。北京电台微信公众号每日发布1~3次。节目依托《新闻热线》的报道力量，以报道京城百姓身边事为主，内容包括民生新闻、突发事件和独家舆论监督调查报道。开办四年多来，获得广泛关注，几十篇报道获市领导批示，推动许多关系民生问题的解决。北京市委办公厅信息综合室、北京市政府督查室信息处把《问北京》纳入日常向市领导报送信息的主要采集渠道，市委市政府领导多次对相关报道进行批示，直接促成多个问题的解决。一些区和委办局也将节目有关报道纳入问题反馈机制之中。据北京市委和市政府信息报送部门的不完全统计，仅2018年年初至2019年3月的数据，北京市委市政府主要领导对该栏目报道的批示就有70余篇、80多条，各区和委办局也非常重视节目反映的问题。主创人员：刘芳、李独伊、张钰、姚天宇、李青芮、郑晨、任晨光、苏宁、袁硕。

《同奏七子之歌》 新媒体节目。是以微博为主平台推出的新媒体创意互动活动。活动以音乐为载体，得到了全国19个省区市20多家媒体的响应，参与表演的艺术家、主持人合计超过 100 位。《七子之歌・澳门》的曲作者李海鹰先生专门为活动录制视频，澳门京澳青年交流促进会也专程为活动拍摄了《七子之歌》演唱视频。截至 12 月 30 日，微博话题 # 同奏七子之歌 # 阅读量达 173.2 万次，该节目是由地方媒体的创意传播升级为覆盖全国范围的新媒体创意互动行为，入选北京广播电视局 2019 年第四季度广播电视创新创优节目。节目主创人员：袁硕、贾萌、王梦宇、鲁春艳、檀彦杰、孙廷飞、江夏、王曼宁、张红力、边江。

《新的起点、我的期待——大兴国际机场开航直播》 新媒体节目。是北京新闻广播联合网络媒体中心首次进行的音视频融媒体直播。于 2019 年 9 月 25 日 14：40—16：30 播出，时长 1 小时 49 分 22 秒。节目以融媒体手段推进直播进程，通过“音频 + 视频 + 微信 + 微博 + 客户端”同步直播，共同见证大兴国际机场开航。直播中新闻广播官方微博阅读次数达到 56 万，形成热点话题。一直播平台上获得 40.4 万的观看量，并具有持续关注效应。主创人员：张红力、边江、鲁春艳、杨洪、朱秦、李凯、董远平、李瑞先、贾萌、路瑶、王博、唐思萌、刘萤萤、宗晓畅、江宁、焦楠、张翔宇、杨晓宇、刘夏、曹蕾、李倩、苏醒、黄箬蒙、陆健、张晶、包雪。

《我的双奥我的城——庆祝新中国成立 70 周年大型融媒体系列报道》 新媒体节目。北京电台体育广播于 2019 年 5 月至 6 月播出。系列节目从 5 月开始推出，每月推出一组人物报道。以音频、短视频、图文等多种形式，在北京体育广播《雄鸡唱晓》《金戈铁马》《相约冬奥》三档栏目、北京广播电视台官方客户端“听听 FM”以及“北京体育广播”微信公众号等多平台联动播出，视频节目在腾讯、爱奇艺、凤凰网、北京时间等平台播出，上线第一天的浏览量超过 5 万次。学习强国客户端连续刊发该系列节目稿件 10 余篇。策划：蔡明可。监制：焦钰晖。

《新机场，新体验——大兴机场全息交互答题》 新媒体节目。北京交通广播微信公众号平台于 2019 年 9 月 25 日 15：00 播出。《新机场，新体验》新媒体创意互动产品从 9 月 25 日下午 3 点活动正式上线，持续至 9 月 27 日。在活动进行的三天里，活动页面 PV 播放量达到 262986，活动参与人数接近 5 万人次，15300 人次分享了自己参与大兴机场互动体验后生成的飞行卡片，用户参与“飞行之星”线上 PK 达到 48698 次。《新机场，新体验》在页面设计上将音频、视频、动画有机结合，用户在沉浸式交互中，通过答题了解新机场在技术、运营、建筑等各方面的特色，又能在交互中 PK“飞行之星”，最终落地到线下的真机飞行体验，形成整个创意互动从线上到线下的闭环，将航空体验拉近到普通百姓。节目在技术上采用 H5 和 CSS3 的最新前端页面制作技术，使用 jQuery 和 WeUI 框架开发动态效果，为提升用户体验进行了音视频动画预加载，并良好兼容不同手机系统及分辨率大小。从服务器端制定使用负载均衡与 OSS 存储的综合解决方案，确保前端页面访问与数据保存的稳定性，在用户集中访问期间均可顺畅打开页面及参加互动，用户抽奖中独创随机时段分配法，使得奖品在整个活动期间被较为均匀地投放，保障活动的持续吸引力。策划：金盛博、彭菲、赵鹏。制作：赵阳东、辛疆琦、薛晓明。旁白：杨志梅。编辑：李懿婕、李萌、马龙。

北京电台名牌栏目一览表

序号	栏目名称	首播时间	播出频率
1	北京新闻	周一至周日7：00—7：25	新闻广播
2	教育面对面	周一至周日17：30—19：00	城市广播
3	路况信息	周一至周日7：00—23：00整点、半点，高峰时段一刻、三刻加播	交通广播
4	一路畅通	周一至周日7：30—9：30 17：00—19：00	交通广播
5	体坛夜话	周二至周日21：05—21：55	体育广播
6	新闻热线	周一至周日6：19—6：27（长版）7：25—7：30（短版）首播	新闻广播
7	照亮新闻深处	周一至周日20：15—20：55首播	新闻广播
8	城市文化范	周一至周日7：30—9：00	城市广播
9	人物空间	周一至周五19：30—19：55首播	故事广播
10	交通新闻热线	周一至周五7：20—7：30	交通广播

北京电视台

《向前一步》 专题服务类栏目。BTV卫视于2018年6月29日起每周日21：05播出，每期时长60分钟，周播节目。为深入贯彻落实习近平总书记视察北京系列重要讲话精神，服务首都疏解整治促提升专项行动，践行城市共治共建共享理念，节目对准城市治理过程中的痛点和难点问题，搭建起普通市民与城市管理者之间，公开、透明、平等、务实的对话平台，形成解读政策法规、展示政府形象、培养公民意识、引导多方参与的问题解决机制，有效推动相关问题的解决。节目播出后受到市委市政府领导多次表扬，收视多次位列省级卫视同时段前三，覆盖人数超32.7亿，获第二十九届中国新闻奖一等奖和第二十八届北京新闻奖一等奖等多个奖项，并被评为全国创新创优节目。《向前一步》也被写入2019年和2020年北京政府工作报告，并列入北京市折子工程。主创人员：邵晶、李潇、刘虓、秦晓明、刘书含、高笑冉、王任飞、刘径驰、王晓晖、赖永义、刘影慧、尤鑫、刘微、苏抒、朱彬、李东巍、孔令淼、李嘉博、王迪、季楠、岳月、李小龙、储光照、王振、解非、张育文、李鑫、翟静、谢徽、周欣征、严睿、肖文、焦建康、邱岳、唐克、张剑锋、张鹏、侯雷钢、张杰。

《向前一步》栏目海报

《生命缘》 优秀剧目。BTV 卫视自制医疗纪实节目。每周三晚 21：18 播出，每集时长 50 分钟，2019 年播出三季共 36 集。该主题系列节目聚焦医院场景，记录生死最前沿人性的多面性，还原真实的医患关系；透过医疗切口，展现人间百态。为展示医者仁心、缓解医患关系、宣介器官捐献、改变国人生死观做出贡献，传递社会正能量。是国内开播最早、生命力最强、观看人数最多的医疗纪实节目，连续两届获中国新闻奖一等奖，受到多位中央领导的表扬。2019 年，《生命缘——急诊室的呼唤》获“第二十八届北京新闻奖”二等奖，《生命缘（第八季）——80 后》《生命缘（第八季）——血战》获国家广电总局 2019 年度“优秀国产纪录片”。北京卫视《生命缘（第八季）》在传媒内参、《电视指南》杂志首届“指尖纪录片榜”上荣获“2019 年度最具影响力纪录片”。主创人员：邵晶、李晓东、闫一可、陈梦圆、杨懿丁、郭洪泷、何倩、张亚琪、李战威、章铎、李小龙、乔丹丹。

《档案》 优秀剧目。BTV 卫视于每周一、每周二晚 22：08 播出，每集时长 45 分钟。作为全国知名纪录片栏目品牌，栏目选题广泛而深刻，凭借严谨的史料应用，解密档案中的历史秘密，探寻解读各种历史人物和事件的缘由脉络，为观众呈现一个又一个惊人的事件和传奇背后的真实故事。栏目严格遵守“守正创新”的准则，以“学史明智、鉴往知来”的责任感，创作出《2018 远去的背影》《人民海军成立 70 周年》《雷锋》《焦裕禄》《纪念杨虎城将军》等一批优秀节目，在总局大数据系统统计中，实现纪实品类收视率、影响力双重第一。主创人员：郑蓉、黄炜、胡杰、韩飞、郝霖。

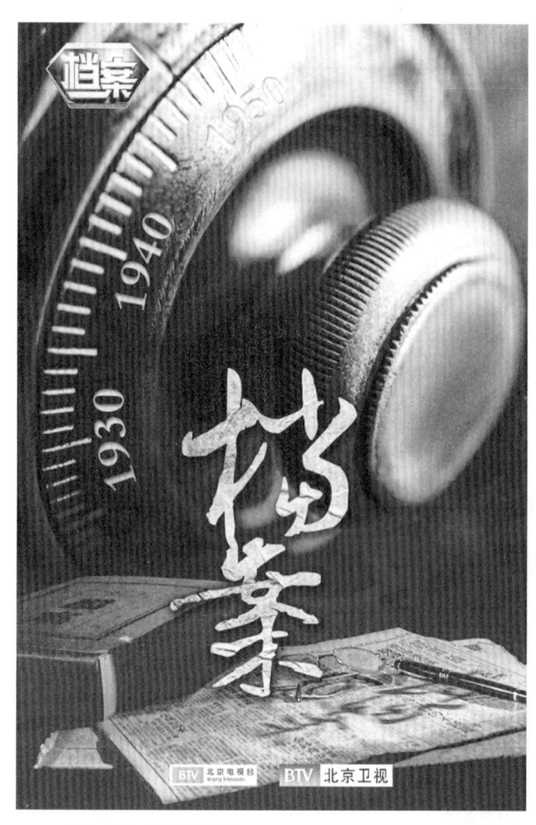

《档案》栏目海报

《遇见天坛》 综艺益智类栏目。BTV 卫视于 2019 年 8 月 23 日起每周五 21：05 播出，每期时长 90 分钟，共 9 期。大型文化体验节目，由北京市委宣传部指导，北京电视台、北京天坛公园管理处和大业传媒联合出品，是“天坛”的综艺首秀，围绕天坛文化涉及的神秘历史文化进行深度挖掘。借用嘉宾体验天坛各大管理部门日常工作的主观视角，带领观众全方位感受天坛建筑、礼仪、生态、乐舞的魅力。开创文化节目的新样态，被广电总局在全国电视精英学习班中作为大型季播节目经典案例分享。节目全网累计播放量近 10 亿，微博热搜 33 个、全网热搜 56 个。主创人员：程军、郝竞波、杨李逸奕、王美、刘韵、裴尧、张明娇、吴迪、张颖勉、张萃妍、沈思然、刘蜜。

《遇见天坛》栏目海报

《为你喝彩》 专题服务类栏目。BTV卫视于2019年6月2日起每周日22：00播出，共30期，每集时长30分钟。是由北京市委组织部指导并牵头策划，北京卫视承制的全国首档聚焦城市人才发展的纪实节目。节目关注北京精英群体，关注城市发展，对北京人才环境和营商环境以及城市潜力的观察具有前瞻性。节目取得非常好的融媒体传播效果，截至2019年底，节目全网视频播放量突破1.6亿，主话题阅读量超1.4亿；腾讯新闻面向微信9亿用户推送节目创意视频；人民网抖音账号发布节目视频，播放量超512万，发布内容占据抖音热搜正能量榜TOP3，在榜时长超24小时；每期节目均上线学习强国平台。主创人员：郑蓉、李丹、李岩、张浩、马子乔、李慧、吴界、郭春晓、王斌、孔庆梓、王蕾、符亚卯、胡乐、梁旭、王威、陈保江。

《为你喝彩》拍摄现场

《2019年北京电视台春节联欢晚会》 综艺益智类节目。北京卫视、BTV文艺频道于2019年2月5日19：30播出，时长190分钟22秒。晚会以“礼物”为主题，以“家”为核心，以“年夜饭”为贯穿，将深深的爱国情怀、满满的生活幸福和浓浓的北京风情展现于春晚的舞台之上，用丰富多彩、温暖创新的节目，弘扬爱国主义、集体主义、社会主义精神，倡导爱家庭、爱北京、爱生活。晚会凭借优质内容、大美品质以及喜闻乐见的形式，赢得广大电视观众和网民的一致好评，并赢得全国35城同时段收视率与互联网核心数据六连冠。电视收视表现方面：CSM35城北京电视台春晚收视率为2.67%，市场份额为9.4%，全国35城市所有频道同时段排名第1位；CSM55城北京电视台春晚收视率为2.46%，市场份额为8.76%，全国55城市所有频道同时段排名第1位；索福瑞全国网北京电视台春晚收视率为1.41%，市场份额为4.92%，全国网省级卫视同时段排名第1位。截至2月12日13：00，主话题

#2019 北京电视台春晚 # 阅读 26.1 亿，网友讨论达 3295.9 万；主话题词占据微博总榜第一、综艺榜第一和同城榜第一。总策划：李春良、王珏。策划：徐滔、潘全心、庄小红。总导演：秦峥。导演：一弛、王杨、尹迪、张蕊、郭妍、梦帆、苗毅、吕晶。导播：殷鹤鸣。摄像指导：褚旭。摄像：文艺节目中心摄像科。技术保障：总工办、制作部、转传部、网管部、播出部。

2019 北京电视台春晚剧组人员大合影

《第九届“北京喜剧幽默大赛”》 综艺益智类节目。BTV 文艺频道于 2019 年 12 月 30 日至 2020 年 1 月 5 日，每晚 19：35 播出。节目共 7 期，前 6 期 90 分钟，第 7 期 120 分钟。第九届“北京喜剧幽默大赛”通过电话邀请、邮件、信函等多方渠道，征集报名作品 200 余件，涵盖对口相声、群口相声、脱口秀等众多喜剧艺术形式，报名作品题材大多是与“租房”“求职”“健身”“婚恋”等当下百姓生活热点息息相关的新作。参赛选手北至辽宁，南到长沙，纵贯黄河两岸大江南北，选手当中既有大学老师又有在校学生，既有年近不惑的中年人又有不到二十的年轻人。经过初选和复选，最终 12 组选手和作品入围决赛。赛程、赛制做出了新的设计与调整。晋级赛两轮制，使比赛更加紧张刺激，结果更具悬念。大赛一贯秉承推新人、展新作的宗旨，推出了方清平、曹云金、苗阜、王声、金霏、陈曦、陈印泉、侯振鹏、李寅飞、叶蓬、董建春、李丁、李鸣宇等一大批曲艺新人，推出了《满腹经纶》《财从天降》《跟风》《金牌调解室》《开会请关机》《公司公司》等一系列脍炙人口的曲艺新作，为推动北京曲艺事业的繁荣与发展、丰富群众文化生活起到积极作用。出品人：李春良。总监制：陈宁、徐滔、刚杰。总策划：徐滔。策划：潘全心、庄小红。总导演：郭悦、秦峥。导演：尹迪、冯肃然、刘帆。撰稿：王杨。制片主任：苗毅。

《第九届“北京喜剧幽默大赛”》录制现场

《北京您早》 新闻资讯类栏目。北京卫视周一至周五 7：00 首播，时长 120 分钟；周六至周日 7：00 首播，时长 90 分钟。新闻频道周一至周日 7：00 首播，时长 120 分钟。节目定位为“站在北京看世界”，在每天 2 个小时的节目里，以全球视角梳理国内外新闻，打造《今晨现场》捕捉第一手新闻；深耕《今晨聚焦》梳理大事热点的来龙去脉，视频直连相关专家深度评论；主推《今晨快评》邀请权威人士剖析预判；同时兼顾气象、路况、生活服务等各种电视元素，节奏快、信息量大，为全国观众提供清晨最适合的新闻早餐。是国内最早的早间电视新闻节目，自 1991 年 7 月 30 日开播以来，经过不断的改进与创新，一直为同时段全国收视冠军，深受观众喜爱与认可。主创人员：马迟、刘非非、黄广、王金春、刘雪婷、刘亚菊、李萌、李苑、王延军、阎石、李晓颖、赵静、王怡、刘坤、李娜、王亦鹏、闫彩荣、张默、张伟、邬晔炜、陆放、石雨濛、西鸥、蒋宝琛、尹思思、韩凯凡、石之声、高天阳。

《北京您早》对播连线

《特别关注》 新闻资讯类栏目。北京卫视、BTV 新闻频道周一至周日 12：00 并机播出，时长 58 分钟。2019 年新年伊始，新闻中心启用全新演播室，《特别关注》充分利用新演播室设备及资源，不断拓展、创新节目形式。特别在国际新闻部分做了全新的调整。站播配合大屏讲解新闻图片，多机位的引入和联动让节目整体画面内容更丰富，节奏更明快。此外，除记者自采新闻以外，栏目还开拓多方信息采集渠道，涵盖新华社、国际台、CCTV、各大部委、北京市属委办局新媒体平台、融媒体中心等，进一步提高新闻时效，拓宽节目视野。节目在北京地区一直拥有较高的收视率和占有率。2019 年，节目全部应用融媒体新闻生产系统进行节目制作，坚持移动端先行，将 19 年的民生新闻品牌和活跃的移动端出口结合起来，力推新闻精品。主创人员：赵欣、李颖、段忠俊、方园、王欢、斯琴、刘瑶。主持人：桑朝晖、孙扬、王巍、赵彬彬、范奕。

主持人孙扬、赵彬彬在主持节目

《都市晚高峰》 新闻资讯类栏目。BTV 新闻频道周一至周日每天 19：30 播出，除周四时长 74 分钟外，其他时间时长 64 分钟。节目聚焦国内及本市重大新闻，包括快节奏大容量的新闻播报及热线新闻、调查类报道等。固定专栏有和市政府非紧急服务热线合作开办的“民有所呼，我有所应”、和北京市司法局合作开办的“执行时刻”等。“记者说新闻”板块采用一线记者为主持人，就网络视频、社会新闻进行点评，风格幽默清新接地气，深受观众欢迎。节目在北京地区的收视率和占有率一直位于 BTV 新闻频道前列；节目编排多次获得中国新闻奖和北京新闻奖；获 2016 年度中国电视满意度博雅榜地面频道新闻类栏目十强。主创人员：宋旸、王潇、白云、乔鹏、申京辉、周琼、魏然。主持人：桑朝晖、孙扬等。

周宇、李林主持“记者说新闻”板块

《首都晚间报道》 新闻资讯类栏目。北京卫视周一至周四22：30、周五至周日23：30首播，时长30分钟。栏目源于有着近22年历史的《晚间新闻报道》，2019年元月在北京卫视频道开播，不断优化栏目内容设置，以“播评结合”“专家深度解读”为栏目特色，逐步形成特色鲜明的“国际视野看中国，中国眼光看世界”风格，聚焦国际视野下的中国，中国观点中的国际。在主持人和评论员引导下，通过网络连线方式，与国内相关领域知名专家学者解读、探究当天最具热度和关注度的新闻事件。内容包括公共话题、地缘政治、外交经贸、文化往来、军事动态，以及其他全球热点、国内热点，为观众提供后晚间时段高品质、深阅读的新闻资讯。2019年，栏目以600平米演播室启用为契机，强化演播室功能的挖掘，实现多播出区、多机位的有机调度；通过在线包装、大屏开窗连线、利用大屏解读图片新闻等手段实现多屏互动，充分展现栏目内容，提升栏目整体的视觉呈现水准和效果。为卫视频道几档新闻栏目中，外地贡献率名列前茅的栏目，在市场占有率方面基本稳定在同时段前10的位置。基本形成以有着较高教育背景、较高收入的中青年男性为主的收视群体。主创人员：马迟、徐悦钧、王娟、张竞超、胥兵、管鹤淋、陈歌、张博宇、张国华、叶进春、国培源、李藏宇、李杜、孙颖、马欣娜。

晚间观察，播评结合

《双奥之城》 优秀剧目。BTV冬奥纪实频道每周四、周五晚21：55首播，时长30分钟。该节目是国内首档以冰雪运动、冬奥筹办为主要内容的纪录片栏目，是北京冬奥会和冬残奥会影像计划的重要组成部分。跟踪记录2022北京冬奥会筹备过程中的重要事件、重要人物、重要活动，通过记录北京这座双奥之城因奥运发生的城市变迁和人文景观的提升，讲述奥运精神的传承、奥运遗产的保护，以及三亿人参与冰雪运动的精彩故事。栏目与北京冬奥组委新闻宣传部紧密合作，重点打造以“双奥故事”“科技奥运”两大系列为主题的纪录片作品。通过介绍北京在推动奥林匹克体育文化、教育、场馆赛后利用等方面取得的成就和进展，从绿色、共享、开放、廉洁四个理念入手，全方位、立体式地展现筹办冬奥会过程中的精彩故事。该栏目多期节目首播收视率在频道晚间同时段栏目中排名第一，在国家广电总局国产优秀纪录片评奖及“中国梦”优秀作品评选中屡获大奖。近几年，多期节目被北京市外宣办选送至欧洲国家主流电视台播出和展映，均取得不俗反响。制片人：张洁、潘旭、钱丹丹、俞恺、赵怡。导演：闫伟、张梦、孟祥意、魏佳彤、尹思懿、李多莉莎、徐士悦、齐芳。摄像：马勇杰。

摄制组在瑞士拍摄2020年洛桑冬季青年奥林匹克运动会高山滑雪比赛现场

《生活这一刻》 生活服务类栏目。BTV生活频道周一至周日晚18：40播出，时长60分钟。作为一档直播的生活频道旗舰栏目，立足这一刻，直击生活新闻，探讨生活话题，捕捉社会动势，关注公众热议，强调独家性，第一时间进行具有广泛传播价值的生活解读，传播主流价值观。节目形态融合播报、讲述、访谈、演示、评论、实验等多种表现形式，通过生活态区域化演播室设计和大型道具全媒体新技术综合运用，以生动有趣的形式传递生活资讯与服务信息。节目以民生为本，秉承平民视角，积极倡导健康的价值理念，促进社会进步和谐。节目平均收视率1.3%，单期最高收视2%，全台收视排名前50名。国家广播电视总局刊文表扬节目关注消费热点服务百姓生活；独家调查《记者卧底著名连锁婚恋机构》获2019年北京新闻奖一等奖；在2019中国百强融媒创新发展大型调研结果发布中获中国融媒创新发展最具品牌影响力的广播电视栏目。制片人：刘春艳。主编：杨苗、李皖、张劲松、张楠。编辑：张毓倩、郭海鹏、蔡芸等。记者：杨微斯、刘帅、田永娟、杨鑫鑫等。主持人：阿龙、高燕、吴冰、汪洋、李向显、秦天。

《大运河奇缘》 优秀剧目。BTV卡酷少儿频道2019年12月28日至2020年1月9日每日18：40首播，共26集，每集时长13分钟。是首部聚焦北京市大运河文化带保护建设的原创动画片，讲述运河岸边出生的北京女孩伴水而生，与水结缘的故事，展现京杭大运河沿岸的历史、文化和风土人情，弘扬优秀传统文化。首播全国35城4+平均收视份额1.21%，单集最高同时段省级卫视排名第二位，收视大幅领先同时段国产热门动画片。项目作为国家广播电视总局推动“中国经典民间故事动漫创作工程”的重点项目、北京影视出版创作基金扶持项目，入选总局“2019年第三季度优秀国产电视动画片”推荐播出的优秀片目。《人民日报（海外版）》《北京日报》等30余家媒体对动画片播出进行报道。行业内权威微信公众号“广电时评”“广电独家”等发布相关评论文章。主创人员：秦新春、周小芳、李严、杨玚、郭衍超、李菲菲、袁媛、汪莎莎、陈歌、庄盘石、史江泓等。

《这里是北京》 专题服务类栏目。BTV新闻频道周一至周日每天21：45播出，时长20分钟。北京本土品牌文化栏目，聚焦北京传统文化。深度挖掘文博考古，讲好文物背后的故事；跟踪拍摄非物质文化遗产传承，保留“技艺”的记忆；走遍胡同街巷，深耕城市地理、讲述北京故事，记录城市变迁；讲述京味民俗，展示传统风貌。2019年创作系列专题片《70年古都新韵》《馆长说》等，并制作宣传片《北京中轴线》等。在北京地区一直拥有稳定的收视人群，形成知名文化品牌，拥有较高的社会认知度与受众忠实度。多年来深耕文博考古、非物质文化遗产、北京城市地理、京味民俗等领域，形成鲜明的品牌，成为百姓了解北京传统文化最直接的窗口。《这里是北京》与市委宣传部、各区委宣传部、各委办局等合作，拥有较高的公信力。主创人员：李欣、张晓达、唐远、宋敏怡、夏婷寅子、王博。主持人：马迟、桑朝晖。

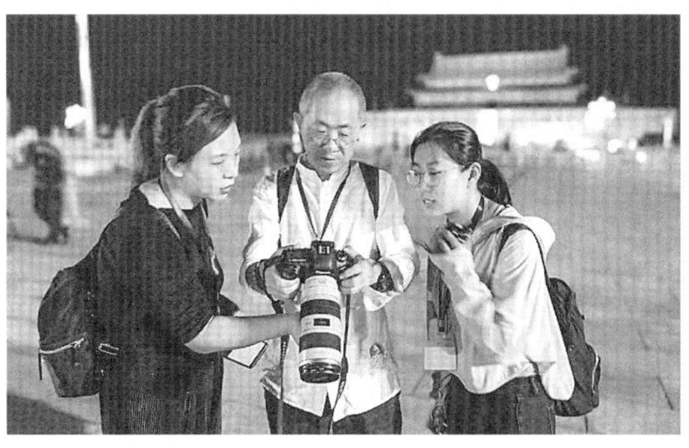

《这里是北京：北京中轴线》宣传片剧组，在天安门广场拍摄升旗仪式

《法治进行时》 专题服务类栏目。BTV 科教、BTV 新闻、北京卫视每周一至周五、周日 12：00 首播，时长 30 分钟。栏目于 1999 年开播，以独特的新闻视角、真实的现场报道以及鲜活的案件，打造家喻户晓的品牌栏目。近两年，栏目重点发展融媒体，入驻了新浪微博、微信公众号、头条号等近 20 个网络平台，头条号粉丝 416 万，公众号粉丝 10 万，微博粉丝 78 万，抖音号粉丝 416 万。电视收视率、占有率和广告创收连续多年在北京地区的所有电视节目中稳居前三位。在融媒体端，图文日均阅读量超过 50 万，视频日均观看量超过 80 万。在新浪微博、今日头条、抖音等平台的媒体排行中，稳定保持在全国法制类节目前列。栏目多次获中国新闻奖一等奖、全国社会治安综合治理好新闻一等奖、北京新闻奖一等奖，还获得全国工人先锋号、全国先进普法单位、青少年维权岗等称号。制片人：陶继忠、王丹、郭玉林。主编：刘井元、马良、王卓、潘续、贾术杰。主持人：王振龙。编辑：谷军岭、唐宇声、刘洋、杨波、高寅曦。

《法治进行时——〈决战执行难〉》直播现场

《记忆》 专题服务类栏目。BTV 科教频道每周一至周五 20：08 播出，时长 50 分钟。是一档既有“态度”又有“温度”的栏目，体现对人间冷暖的关怀；独立思考后对事物背后的洞悉把握原则、坚持底线。栏目不仅关注社会当下的热点事件、热点人物，而且更加注重“第二落点”。寻找独到的角度解读事件，具备“不让记忆在我们这一代消失”的媒体良心和社会责任感。多期节目获得北京新闻奖等各类奖项。主持人：孙宇。制片人：王未央、左博、刘薇。主编：叶雪、李丹。艺术指导：韩斗斗。制片主任：徐宜华。编导：郑芳、李晓芳、韩贤、陈阿茫、刘可、张艳菊、邵力、李健、万芳、张子悦、张红梅、王嫄朝、杜昕、王珏。

《记忆》演播室现场

《天下财经》 专题服务类栏目。BTV 财经频道周一至周五 20：05 播出，时长 50 分钟。栏目创办于 2002 年 1 月，作为北京广播电视台唯一以投资者需求为核心的专业品牌栏目，栏目立足资本市场，聚焦国内、放眼海外，就广大投资者关注的证券、基金、保险、理财产品、债券、期货等投资门类，提供及时的政策解读、趋势研判和热点评述分析。《天下财经》汇集北京地区众多券商、基金、保险等机构专业人士和经济学者、专业财经媒体评论员，组建专家团队，在凸显财经专业节目财经品质的同时，积极传递正确的投资理念，倡导价值投资。栏目受众为专业投资者或有投资意向的人群，微博微信平台粉丝 15 万。节目多次位居北京时间周点击量前三名。主创人员：马旭、关月、柏松、杨捷、赵钰、王志杰、刘雯雯、徐梦奇、朱慧、吕士超、刘苏庆。主持人：张勤、张伟、张一萌、董莉。

《天下财经》演播室录制现场

《京津冀大格局》 专题服务类栏目。BTV财经频道隔周三19：30播出，时长30分钟。是由北京市发改委“北京市委市政府推进京津冀协同发展领导小组办公室”联合北京广播电视台共同创办，全国唯一全景式报道京津冀协同发展政策的深度访谈节目，内容坚持政府主导、市场主体、企业参与、共建共享，选题关注热点，注重政策的解读、落实、群众反响，就京津冀协同发展的政策、措施，疏解非首都功能，推进北京城市副中心和雄安新区建设，三地携手交通、产业发展、环境保护等内容进行报道，宣传京津冀协同发展的新进展、新成果。节目通过北京电视台和十多个不同的新媒体平台播放，每一期节目在北京时间同步直播的点击量在4万次以上，每期节目拆条数在6~10条，在人民号、今日头条、西瓜视频、百度百家号、腾讯企鹅号、腾讯视频、抖音、微信公众号、微视、快手等平台进行分发，点击量累计为58.6万。主创人员：李亚红、周晓琳、马春梅、王遇、黄羽、白磊。主持人：李杰。

《京津冀大格局》访谈录制现场

《我与奥运》 专题服务类栏目。BTV冬奥纪实频道每周日21：55播出，时长30分钟。是全国首档与北京冬奥组委联合制作的奥运人物高端访谈节目，以对话形式“采访有影响力的奥运人、讲述有感染力的奥运故事”。记录北京申奥历程，记录人物的奥运故事，记录时代的精神价值。节目以第一时间和独家视角揭秘国家工程，如国家速滑馆、京张高铁的建设进程。与来自各个领域的精英对话，讲述他们的奥运故事与奥运情结。编辑：孙何芳子、刘萍、冷彬。摄像：郑磊。主编：苗宇立。制片人：胡宁扬。主持人：魏翊东、谭江海。

国家速滑馆设计总负责人郑方在速滑馆建设工地接受采访

《小童大艺》 综艺益智类栏目。BTV青年频道周六17：00–18：00播出，时长60分钟。该栏目是青年频道制作的一档青少年艺术圆梦原创节目。它把蕴含中国传统文化的少儿节目搬上舞台，通过专业嘉宾老师的点评与互动，传递传统文化与艺术知识。节目主题突出中国传统文化和爱国主义教育，在艺术形式上主要挑选中国古典舞、中国民族舞、相声、武术、民族乐器等。节目线下活动及线上播出相结合，邀请北京数百家机构进行节目推广，在北京艺术教育领域有一定影响力，得到北京各大艺术院校的支持，北京舞蹈学院、清华大学等高校多位教授作为嘉宾参与节目录制。超过 100 家学校与培训机构，10000 名以上的小学员通过不同形式的节目登上《小童大艺》的舞台。制片人：徐剑。主编：薛炜。编导：魏超、彭林海、冯博、赵磊、杨柳。主持人：刘俊呈。

《小童大艺》主持人采访环节

《国之都 · 梦之城——北京建院 70 周年庆典晚会》 综艺益智类节目。BTV 生活频道于 2019 年 11 月 9 日 19：47 播出，时长 2 小时 15 分。节目以编年史的体裁，讲述与新中国同龄的北京建院，在 70 年的时间中打造出一座座地标建筑改变着北京的面貌，涌现出一批批建筑精英鼓舞着后辈人才的故事。晚会受到北京建院的高度认可，获得北京电视台生活频道优秀节目二等奖，北京电视台 2019 年度优秀节目一等奖。总导演：霍雯。制片人：刘星。执行导演：杨茹欣、孙岩、成小烨、张文佳。主持人：春妮、潮东、谭江海。

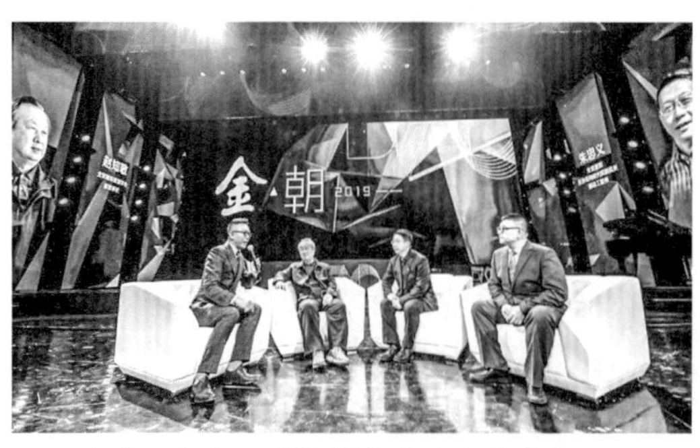

主持人潮东、张彬深度对话北京建院

《我同祖国共成长——庆祝新中国成立 70 周年少儿晚会》 综艺益智类节目。BTV 卡酷少儿频道于 2019 年 9 月 29 日 18：55 首播，时长 100 分钟。晚会由国家广播电视总局指导，北京市广播电视局、北京广播电视台承办，北京广播电视台卡酷少儿频道倾力打造，是庆祝新中国成立 70 周年之际全国唯一面向少年儿童的全国性大型晚会。晚会以少年儿童为主角，以习近平总书记对少年儿童的寄语“心有榜样”“心怀梦想”为主线，来自全国的 400 余名少年儿童演员和 300 余名儿童观众齐聚北京，围绕英雄故事、榜样故事、追梦故事三个关键词，让孩子们在榜样和英雄故事的感染熏陶下，感受革命经典、体验峥嵘岁月、传承红色基因。晚会汇集舞蹈、戏曲、朗诵、情景剧、音乐剧、合唱独唱、小品快板等多种形式，展现当代少年儿童最自信、快乐的一面。晚会首播 4~14 岁核心受众北京地区收视份额 6.26%，北京地区所有频道同时段排名第二；全国 35 城收视份额 2.07%，省级卫视同时段排名第四，核心收视比肩一线卫视收视水平。晚会话题全网讨论热度超百万。主创人员：秦新春、周小芳、王淳、杨钊、王沛珊、赵磊、李严等。

《我同祖国共成长——庆祝新中国成立 70 周年少儿晚会》节目现场

北京北广传媒数字电视有限公司

《特产档案》 优秀剧目。时长30分钟。针对一个区域的一种特产进行展开，深度挖掘特产的历史、文化、地理、民俗等属性特点，以纪录片的形式讲述中华特产的前世今生。

《造物志》 优秀剧目。时长30分钟。讲述手工艺、非遗匠人的故事，解读人与物的情感，细节处尽显中华特产品质，呈现手工艺背后的历史文化，弘扬手工艺人的匠心精神及传承精神，传播中华文化的自信，讲好中国故事。

《倾国倾城》 优秀剧目。时长45分钟。记录地方地理、历史、文化、人文、风俗，打造视频地方志、历史书和文学史。

《赞赞新国货》 专题服务类栏目。时长30分钟。通过走访手艺人、非遗匠人、工作室等，体验手艺人的工作及生活，对品质手工艺产品进行全方位的呈现。注重品质、艺术价值与实用价值，展示中华手工艺产品的魅力，挖掘传统技艺与时代设计元素的结合，感受新国潮。

《走进原产地》 专题服务类栏目。时长30分钟。通过走访农场、菜园等地，带领观众走进中华特产的原产地，深入当地生活，讲述品质农产品的前世今生。

《唇齿留乡》 专题服务类栏目。时长30分钟。通过走访原产地，寻找当地特色食材，探访当地正宗餐厅，从产地、生产、制作、民俗民风、历史文化角度解读地方特色美食，唇齿之间留住乡愁。

北京北广传媒移动电视有限公司

《我在北京挺好的》 专题服务类栏目。北京移动电视6：00—23：00播出，时长5分钟/期。通过采访在北京工作、学习、生活的典型代表，生动展现他们在北京生活、工作及学习的情况，讲述他们克服挫折的经历，他们对北京这座城市的感情，对这座城市经济、文明发展的奉献和付出以及他们对未来的期许。栏目通过一期期人物的生动展现，源源不断地向观众传递正能量，弘扬真善美。主创人员：王莹、王琛、隗炜、魏丹、侯超。

《移动播报》 新闻资讯类栏目。北京移动电视6：00—23：00播出，时长3分钟/期。是一档自制新闻节目，时长3分钟，每天播出3次。节目秉承北广移动电视“服务政府公共管理，服务市民精彩生活”的宗旨，以本市的民生类新闻为主，既突出服务性，更强调可视性。主创人员：王莹、王琛、杨帆、魏丹。

《百姓就业》 专题服务类栏目。北京移动电视6：00—23：00播出，时长5分钟/期。节目由移动电视与北京市人力资源和社会保障局合作打造，分为四大节目形式和一个固定板块，即新闻专题、人物专题、互动类节目、职介活动特别节目，加上服务信息类板块《招聘信息》，内容兼具服务性、可视性及实用性。节目采用四种形式轮换播出、招聘信息固定播出的方式，从不同角度、不同方面为百姓提供切实的服务。主创人员：王莹、王琛、于淼、李信扬。

《博览天下》 专题服务类栏目。移动电视公交频道 6：00—23：00 播出，时长 1 分钟 / 期。该节目以图文形式呈现，是一档博物馆展出预告类专题节目。节目旨在全面、丰富、快速反映京津冀地区展出动态，提供博物馆特展、巡回展出、博览会等多类别展出资讯，为丰富大众精神生活提供更多选择。主创人员：王莹、王琛、杨帆、赵雨辰。

《我看演出》 专题服务类栏目。北京移动电视 6：00—23：00 播出，时长 1 分钟 / 期。是北广传媒移动电视推出的演艺信息类专题节目。旨在全面、丰富、快速反映北京地区演艺动态，提供演唱会、话剧、音乐剧、歌舞剧等多类别演出资讯，为大众休闲娱乐提供更多选择。节目以图文形式呈现，每周播出一期。主创人员：王莹、王琛、杨帆、赵雨辰。

北京北广传媒城市电视有限公司

《城市播报》 新闻资讯类栏目。时长有 3 分钟和 1 分钟两档，在北广传媒城市电视、移动电视、地铁电视播出。栏目以“好看、实用、服务”为特色，结合新媒体户外播出的特点，选取每日各类新闻资源中的重大新闻事件、重要资讯信息，第一时间发布，随时更新，全天高频次滚动播出。每条新闻都控制在 15 秒左右，更适合户外短暂收视。主创人员：姜琳、马磊、王阳、吕善雅。

《演艺罗盘》 专题服务类栏目。时长 2 分钟，在北广传媒城市电视、移动电视播出。是城市电视公司与北京市文化和旅游局联合推出的一档专门介绍文化演艺资讯的新媒体节目。节目以公益性为宗旨，围绕北京文化市场，将首都丰富多样的文化演艺信息详细、全面地介绍给广大观众。共设立“演艺速递”“演艺聚焦”“演艺天天看”三大板块，从不同侧重点介绍演艺市场上各类演出的动态、内容、团体、票务信息等。主创人员：巫菁菁。

《我的工会我的家》 专题服务类栏目。时长 2 分钟，在北广传媒城市电视、移动电视播出。是由北京市总工会和北广传媒城市电视公司制作播出的职工服务资讯栏目。通过“工运动态”“专题报道”“帮服信息”等板块，对各区工会、总工会开展的活动和不同时期的工作重点进行全面报道，同时提供招聘信息、法律援助、工会维权、生活保障等内容，服务广大工会会员和首都百姓。主创人员：巫菁菁、张振南。

《城市一刻》 专题服务类栏目。时长 1 分钟，在北广传媒城市电视、移动电视、地铁电视播出。该栏目是城市电视公司与一刻 talks 合作的一档短视频类节目，以热点人物分享自身创意和想法为内容，极具前瞻性和知识性，主题包罗万象。邀请科学家、艺术家、哲学家、探险家、心理学家等，围绕一个关键词，表现不同人物对它的不同感悟，引发深思。主创人员：姜丽红、刘帅、曹雪园等。

《新时代 青年说》 专题服务类栏目。时长 2 分钟，在北广传媒城市电视播出。由城市电视公司与共青团市委合作，选取各个领域的优秀青年代表，讲述自身成长故事、奋斗历程，分享自身感悟，展示新时代首都青年风采、青年力量。主创人员：姜丽红、熊卓、毛晓刚等。

《城事发布》 专题服务类。时长1分钟，在北广传媒城市电视播出。该栏目是城市电视公司自主策划制作的首档“全屏”政务信息栏目，于2019年伊始登陆城市电视楼宇电视联播网和户外大屏联播网，节目采用快讯播报或新政详解形式，同时兼顾“横”“竖”两种版式。不仅将平台终端视觉最大化呈现，也打通了户外媒体内容与互联网和移动端的共通共融。主创人员：巫菁菁、王阳、姜琳、马磊。

《大城小事》 专题服务类栏目。时长2分钟。在北广传媒城市电视、移动电视、地铁电视播出。由城市电视公司和北京市城市管理委员会共同打造。栏目从城市管理角度出发，内容包含垃圾分类、低碳环保、城市生活服务等各类一手资讯，同时让市民朋友关注、了解有关部门对城市管理和环境建设的工作动态。主创人员：巫菁菁、王颖。

《热点播报》 专题服务类栏目。时长1分钟，在北广传媒城市电视播出。是城市电视公司和北京市市场监督管理局联合推出的情景剧栏目，进一步发挥市场监督的职能优势，更好地服务企业和群众。努力营造更加安全健康的消费环境，让人民群众买得放心、用得放心、吃得放心。主创人员：马磊。

《健康卫士》 专题服务类栏目。时长1分钟，在北广传媒城市电视播出。是城市电视公司和北京市卫生和计划生育监督所联合出品的普法短视频栏目。栏目从卫生监督的法律法规入手，针对卫生监督的各个领域，通过图文、数据等形式，将公共卫生健康与日常生活结合展示，采访专家进行科普知识解读，实践“谁执法谁普法”要求，宣传法律法规。栏目以当下最流行的竖屏方式为主，画面更具有冲击力，户外大屏同期播出，是传统媒体与新媒体融合下普法宣传的创新实践。主创人员：刘颖霄。

《益起前行》 新闻资讯类栏目。时长2分钟，在北广传媒城市电视播出。是城市电视公司联合能量中国重磅推出的公益资讯节目。传播公益信息、助推公益项目、还原公益现场。为公益组织梳理品牌脉络，用影像的方式帮助公益组织，更好地为公益事业传播助力。主创人员：张振南。

名牌栏目一览表

栏目名称	首播时间	栏目时长	播出频道
城市播报	2010年	3分钟版、1分钟版	北广传媒城市电视、移动电视、地铁电视
演艺罗盘	2009年	2分钟	北广传媒城市电视、移动电视
我的工会我的家	2009年	2分钟	北广传媒城市电视、移动电视
城事发布	2019年	1分钟	北广传媒城市电视
大城小事	2019年	2分钟	北广传媒城市电视

北京北广传媒地铁电视有限公司

《地铁文化地图》 综艺益智类栏目。2019 年 2 月 1 日开办，栏目时长有 1 分钟和 3 分钟两档。是一档以短视频形式呈现的公益类节目，主要从北京的胡同、最美地名、老字号、城门和建筑入手进行制作，由中国传媒大学新闻传播学部电视学院负责拍摄及制作，地铁电视审查并提供播出平台。该栏目全面展示北京的地标性建筑、著名景点、著名城门街道，为乘坐地铁出行的游客提供较全面、较清晰的信息，从而让人快速了解城市的历史脉络和文化精神，增强对北京城市文化的感知，塑造城市形象。让地铁电视成为文化传播的重要平台，丰富地铁电视节目内容，打造地铁文化出行地图，传播北京文化，展现北京风采，呼应地铁电视平台服务理念，提升地铁电视品牌价值。主创人员：王钦沛、陈园园。

《四面谈（新媒体空间艺术展）》 专题服务类栏目。2019 年 3 月 1 日开办，时长 2 分钟。该栏目主要囊括 6 位国内外当代艺术家及其作品，以视频的形式呈现。该栏目响应中央“五位一体”总体部署和首都“四个中心”的城市战略定位，通过公共文化服务，更好地推动社会文化事业快速发展，满足公众的精神文化需求。主创人员：王钦沛、陈园园。

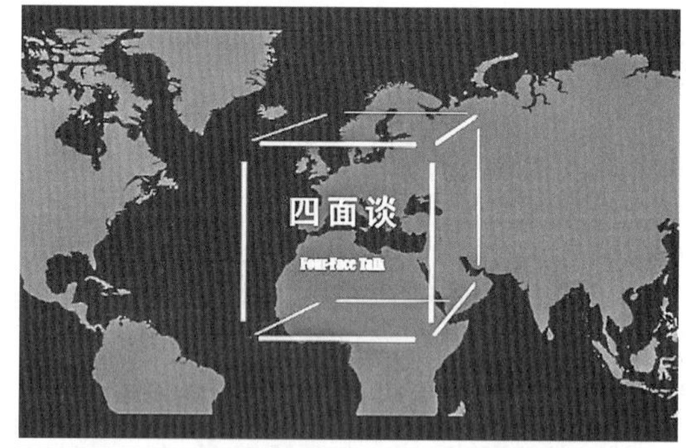

《百姓就业》 专题服务类栏目。2019 年 5 月 16 日开办，时长 5 分钟。作为一档生活服务类节目，该栏目主要提供就业岗位需求情况介绍，服务市民及外来打工者，为百姓就业指导方向。主创人员：陈园园。

《来画时间》 专题服务类栏目。2019年8月5日开办，时长1分钟。是一档专题科普类节目，以通俗易懂的动画形式介绍一本书或历史小知识。主创人员：王钦沛、陈园园。

《来画时间—偷影子的人》

《国家大剧院》 专题服务类栏目。2010年12月开办，时长5分钟。是一档以介绍国家大剧院演出信息为主的资讯节目。节目中详细介绍上演歌剧、音乐会、舞蹈、戏剧戏曲等门类的高雅艺术精品的信息查询、在线选座、购票方式等资讯信息。主创人员：陈园园、白天怡。

《身边好学校》 专题服务类栏目。2014年5月5日开办，时长3分钟。是一档和市委办局合作推出的教育类节目，每周一期，节目宣传学习资源，介绍身边好的中小学校，给公众提供教育类资讯。主创人员：白天怡、陈园园。

《京城美食秀》 专题服务类栏目。2017 年 5 月 1 日开办，时长 5 分钟。该栏目紧密围绕都市生活群体日常美食消费领域，提供全面的日常美食服务。主创人员：王钦沛、陈园园。

《医学微视》 专题服务类栏目。2017 年 5 月 9 日开办，时长 2 分钟。是一档配合国家卫健委《全民健康素养促进行动规划》精神，在中华医学会科学普及分会指导下，由中国医学科学院健康科普中心监制的生活服务类栏目。该栏目以“让人们多了解一点医学知识，健康就多一份保障”为宗旨，与大众共享医学专家们多年积累的宝贵经验和知识。主创人员：王钦沛、陈园园。

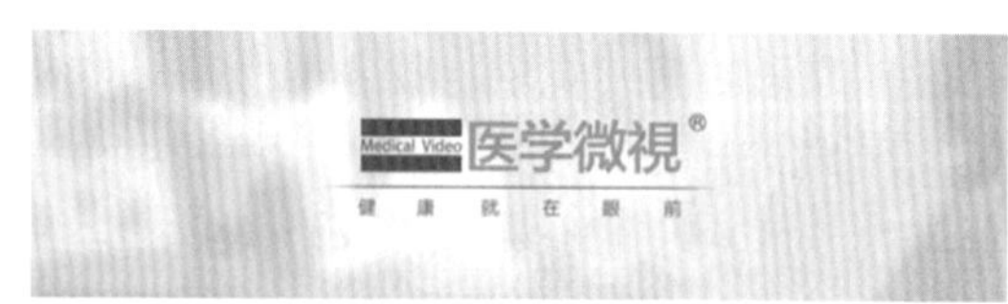

《生活一点通》 专题服务类栏目。2011 年 5 月 16 日开办，时长 5 分钟。百姓生活中的小发明、小窍门，通过快乐家庭的日常生活一一展现，使观众在轻松诙谐的家庭气氛中学到简单实用的生活窍门。一个个奇思妙想，让生活充满幸福快乐；一个个新法窍门，让生活变得趣味无穷。主创人员：吕阳、王钦沛。

《奇趣自然》 综艺益智类栏目。2018年4月1日开办，时长5分钟。是一档自然动物类专题栏目，荟萃全球优秀自然类纪录片，节目展现自然妙趣，领略生命神奇。主创人员：王钦沛、吕阳。

海淀区融媒体中心

《海淀新闻》 新闻资讯栏目。BTV新闻频道海淀时段、海淀数字频道每晚19：30播出，时长15分钟。是海淀区融媒体中心的主打电视新闻栏目，多年来始终坚持把握正确的舆论导向，围绕区委、区政府的中心工作，宣传全区经济和各项社会事业的发展与成就，及时报道老百姓关心的热点问题，具有良好的社会声誉。

《创新中关村·核心区》 专题服务栏目。BTV新闻频道海淀时段、海淀数字频道每周三晚20：00播出，时长15分钟。由海淀区融媒体中心与海淀园管委会联合主办，是全面反映、深度报道和权威发布核心区及中关村海淀园的建设成就、最新资讯的综合性专题栏目。该栏目记录核心区发展历史、宣传核心区建设成就、弘扬核心区创新文化、展示核心区时代风采，为核心区及海淀园的建设发展营造良好的社会舆论环境。

《文明风尚汇》 专题服务类栏目。BTV 新闻频道海淀时段、海淀数字频道每周一、三、五晚 19：50 播出，时长 10 分钟。是海淀区融媒体中心于 2014 年年初开办的社教类栏目。该栏目通过“今日来播报、点赞正能量、欢欢来发现、热点微话题”四个板块轮流组合播出，宣传海淀道德模范、北京榜样和各个岗位的先进人物，弘扬正能量，促进海淀区文明、和谐发展。

《海淀风物志》 专题服务类栏目。BTV 新闻频道海淀时段、海淀数字频道每周二晚 20：00 播出，时长 15 分钟。栏目通过对海淀文化资源进行深度挖掘和广泛普及，引导海淀观众“深读海淀”，推动“全民阅读”活动，推动区域认同，繁荣区域文化建设。

《海淀百姓故事》 海淀数字频道每周二晚 20：10 播出，时长 5 分钟。该栏目定位于“人文生态的真实记录、普通百姓的心灵之光”，以纪实的方式，全景式、多层面、多角度地展示发生在老百姓身边丰富多彩的美好人物和故事。

丰台区融媒体中心

《丰台新闻》 新闻资讯类栏目。1986 年 12 月开播，BTV 新闻频道及丰台有线 803 数字频道，周一至周六 19：36 首播，时长 10 分钟。该栏目旨在展现丰台发展，关注社会热点，及时发布丰台时政、经济、社会、文化、民生等最新资讯。2019 年《丰台新闻》围绕中心、服务大局，提升融合宣传成效。紧扣市委市政府、区委区政府新部署、新要求、新目标，始终坚持正确的舆论导向，聚焦全区重点工作进展和取得成绩进行新闻宣传报道。融媒体宣传矩阵融合策划，围绕市区两会、“扫黑除恶专项斗争”、“接诉即办”、“壮丽 70 年奋斗新时代”、“不忘初心、牢记使命”主题教育进行时、“优化营商环境丰台在行动”、“让‘街乡吹哨，部门报到’形成丰台生动实践”、“2022 相约冬奥”、“国庆宣传保障”、“2019 中国戏曲文化周”等专项工作开设 20 余个专题，进行 10 个系列主题宣传，充分展现丰台区党员干部真抓实干的精神状态和各项工作的进展。共播发新闻 1500 多条。完成区委十二届八次全会、政协十届三次会议、人大十六届六次会议的报道任务。在北京市两会召开期间，派驻记者参与报道，并为区长参与的《市民对话一把手》节目，制作丰台区整治水环境工作汇报片。春节期间，开设“过个幸福年”专栏，播出相关新闻 20 多条，展现丰台丰富多彩的群众文化生活和百姓欢度春节的喜庆氛围。其中，南宫灯会的新闻在中央广播电视总台《新闻联播》播出。扎实推进“有事您说话”专栏，报道市民反映的环境、民生等问题并及时反馈给相关部门解决处理。体现丰台区“民有所呼，我有所应”工作成果，播出 18 期，为环境办制作 2 期环境问题曝光片。

石景山区融媒体中心

《法治聚焦》 专题服务类栏目。石景山电视台数字804频道每周日晚19：50播出，每期时长15分钟。栏目主要报道石景山区法治领域热点事件，以独特的新闻视角、第一时间的现场报道以及真实、鲜活的法治案例独树一帜，第一时间发布法治信息，解读法治案件。主创人员：孙乐、高鑫铭。

《石景山新闻》 新闻资讯类栏目。石景山电视台数字804频道每晚19：30播出，每期时长20分钟。该栏目是广大百姓了解石景山的窗口，栏目以宣传城市形象，回应百姓关切，及时发布政府重大声音，随时了解百姓民生新闻为服务宗旨，为广大受众提供石景山最新鲜的新闻资讯。2019年10月1日《石景山新闻》改版，从原来的12分钟增加到20分钟，加上《今日视点》10分钟专题新闻栏目，打造“新闻半小时”。实现了新闻男女主播对播，并利用融媒体改造后的背景大屏，实景、多机位拍摄，节目包装制作升级。主创人员：穆青、高鑫铭。

《今日视点》 新闻资讯类栏目。石景山电视台数字804频道每周一至周六晚19：50播出，每期时长10分钟。栏目主要深入报道石景山区最新鲜的新闻资讯，让广大受众更加深入了解石景山资讯。主创人员：孙乐、高鑫铭。

大兴区融媒体中心

一、广播栏目

《这里是大兴》 新闻资讯栏目。每天7：00—7：30、12：00—12：30、19：30—20：00播出，时长半小时。该栏目报道身边人、身边事，记录区域历史，传播地方文明，呈现新鲜立体的全景大兴，打造有深度、有温度的广播新闻。大兴地区有五个公园和几十个村庄的有线广播都在转播这个节目。主创人员：房晓鹏、靳石萌、袁媛、刘丽侠、杨景然、于蕾、杨颖、相阳、曹蕾、苏浩、贾悦、曹译文、张鋆。

《音乐随心听》 综艺益智类栏目。周一到周日11：00—12：00播出，时长60分钟。节目的口号是：“在繁忙的都市中，给你的耳朵做SPA。”每天都有新鲜的音乐主题以及精彩纷呈的音乐资讯，为听众带来高品质的听觉享受。主创人员：张婷婷。

《乌鱼来了》 综艺益智类栏目。周一到周日8：00—9：00播出，时长60分钟。栏目播报最新资讯，畅聊轻松话题，在和听众互动过程中交流思想，传播正能量，使听众在上班路上保持愉悦的好心情。主创人员：袁媛、吴晋昊、于思淼、苏浩。

二、电视栏目

《大兴新闻》 新闻资讯类栏目。1995年1月开播，BTV新闻频道大兴时段周一至周日19：35—19：55播出，时长20分钟。该栏目以时政新闻为主要内容，通过时政新闻的“民本化”处理，突出“我们跟您最近”

的节目理念，追求新闻报道更贴近、更迅捷、更生动的效果。栏目重要新闻报道配发“新闻背景”“新闻链接”“记者感言”等附加内容，满足观众对资讯的深层次、多样化的需求，使时政新闻更具震撼力和影响力。

《言之有礼》 电视专题服务类栏目。2018 年 12 月 12 日开播，每月播出一期，每期时长 45 分钟左右。节目由大兴区创城办和大兴区融媒体中心联合打造，大兴区司法局和大兴区律师协会等单位协助创作。每期节目邀请主题相关的专家团队和大兴本地居民，围绕城市建设过程中遇到的不文明现象进行讨论，通过嘉宾和观众们的交流，摸索出既可行又合理的城市文明共识。

昌平区融媒体中心

一、广播栏目

《与法同行》 专题服务类栏目。昌平人民广播电台调频 103.1 兆赫每周三、周四上午 8：20—8：30 播出，时长 10 分钟。该栏目旨在向广大受众普及法律知识，解释法律规则，弘扬社会正气，警示违法行为。节目采取主持人与嘉宾对话的形式，讲述发案经过，追溯犯罪根源，诠释法律法规，点评案例争议，让法治观念深入人心，让知法、懂法、学法、守法成为人们日常行为的规范准则。所有案例均为本区发生的交通违法肇事、夫妻伤害赔偿、网络诈骗等刑事、民事案件。主创人员：郝金钰。

《与法同行》栏目工作照

《昌平政法》 专题服务类栏目。昌平人民广播电台调频 103.1 兆赫每周二上午 8：20—8：30 播出，时长 10 分钟。该栏目包括政法新闻、政法服务信息、政法干警故事等多项内容，该栏目立足于加大昌平地区普法宣传力度，展示昌平政法干警模范风采。 主创人员：郝金钰。

《乐享时光》 综艺益智类栏目。昌平人民广播电台调频 103.1 兆赫每周一至周五上午 10：00—10：30 播出。是昌平人民广播电台首档直播节目，节目名寓意分享快乐的时光，是一档时尚轻松的话题聊天类节目。节目将社会效益放在第一位，立足于昌平地

《乐享时光》栏目工作照

区百姓的实际生活，以服务昌平百姓为宗旨，涵盖气象服务信息、本地最新资讯、直播话题互动等多项内容。2018 年该栏目开启直播互动，采用听众留言、有奖竞答、喊红包等多种互动形式，收到良好的播出效果。主创人员：吴彩彬、何嘉伟、王勤、张有鑫、翁雷鸣。

二、电视节目

《昌平新闻》 新闻资讯类栏目。在 BTV 新闻频道昌平时段周一至周日 19：30 首播，次日 07：30、12：30 重播，每期时长 15 分钟。该栏目以“宣传党和政府的声音，权威发布政策资讯，悉心关注百姓冷暖”为宗旨，是昌平电视台新闻节目的龙头，也是地区收视率最高，影响力最大的电视新闻节目。播发内容涵盖政治、经济、科技、社会、文化、体育等，自 1987 年开播以来，节目搭建了政府与百姓沟通的桥梁，实时发布地区动态新闻，全面展现经济社会发展建设成果，以客观、生动、丰富的纪实手段记录了昌平大地 30 多年来发生的变化，得到社会各界的广泛认可和支持。节目进一步加大本土新闻和民生新闻的比重，开设“来自基层的报道”“一线见闻”“我家门口看变化”等专栏，同时主动适应融媒体改革的要求，不断创新新闻节目形式，丰富节目内容，提升新闻节目质量。主创人员：昌平电视台新闻部全体人员。

《昌平新闻》栏目工作照

《真情故事》 专题服务类栏目。于 2008 年开播。在昌平电视台综合频道每周一晚 7：50 播出，时长 10 分钟。栏目贴近百姓、贴近生活，弘扬主旋律。以人物为主线，讲述人与人、人与社会之间的真情故事。展现普通人的内心情感，捕捉他们身上闪耀的人性光辉和生命活力，显示平淡中的伟大、琐碎中的崇高，展示人性的真、善、美，倡导积极文明的生活方式和精神风貌。栏目开播以来深受观众喜爱，是昌平电视台一档品牌栏目。其中《我最幸福——马翠清》获第八届女性题材优秀电视作品一等奖，《援藏女律师——郭宏》《国粹传承在校园——孟庆梅》获第八届女性题材优秀电视作品三等奖，《真情故事——万伏高压线上的手术师》等多部作品在“学习强国”App 北京平台刊登。《有一种希望叫行动》获第二十八届（2018 年度）北京新闻奖电视专题二等奖。《用爱温暖天山学子的心》获评第二届全国电视公益节目推选活动优秀公益专题。主创人员：岳禹宁、张易柳、王忆萱、王亚琦 。

《真情故事》栏目照

《古今昌平》 优秀剧目。节目创办于 2008 年，昌平电视台综合频道每周三晚 7：50 播出，时长 10 分钟。《古今昌平》探寻人文古迹，留住文化根脉，传承历史文明，记录今日昌平。本栏目利用影像，对昌平 6000

年来，特别是建县2000多年的历史和文化，进行分系列、多层次梳理，让观众认识昌平、了解昌平、爱上昌平。栏目制作播出《探秘十三陵》（122集）、《文物·往事》（60集）等10个系列400多期。其中《探秘十三陵》系列被译成英文版，成为“昌平礼物”，并在中国教育电视台《首都纪录》栏目中播出。2013年被昌平区政府纳入昌平历史文脉梳理体系，并获全国电视十大名专栏奖。2018年，《古今昌平》栏目获得北京影视出版创作基金重点奖励项目，《古今昌平——大运河探源》系列在“学习强国”App北京平台刊登。《古今昌平》栏目被评选为第十三届纪录片创优评析栏目类三等栏目。《古今昌平——千年局变》获得2019年第三季度广播电视创新创优节目。主创人员：王江红、朱玉婷、袁玥、薛鑫、王亚琦、涂庆军。

《古今昌平》栏目工作照

房山区融媒体中心

一、广播栏目

《音乐加甜点》 综艺益智类栏目。FM 107每周四上午10：00—11：00播出，时长60分钟。节目内容温暖轻松娱乐，在轻松听歌的同时传递祝福和爱。每周四上午10：00直播，下午17：00、19：30重播；周日10：00、17：00、19：30重播。主要内容为生日、结婚、金榜题名、喜得贵子、各类感谢感恩、离别祝福、商家开业祝贺等点歌祝福。是弘扬主旋律、贴合房山地气、具有自身特色、互动性强的音乐娱乐节目，以音乐为主要元素，突出服务性。

《汇生活》 专题服务类栏目。FM 107每周三上午10：00—11：00播出，时长60分钟。搭建房山经济生活广播新平台，听得见的房山新生活。服务房山本地商业机构，引领舆论导向，让生活在房山的朋友了解房山新城的政治、经济、文化、娱乐、体育等生活层面的新发展，为百姓经济生活服务指南。节目紧扣时代脉搏，把握正确的舆论导向，体现北京世界城市发展规划和房山“新城新业新生活”的定位，反映房山广大市民心声。将权威性、指导性与贴近性、服务性相结合。立足房山，服务听众，影响舆论，受益商服。

《美丽房山》 专题服务类节目。FM 107每周二上午10：00—11：00播出，时长60分钟。节目弘扬房山文化，宣传房山，推介房山，展现房山悠久的历史文化和人文资源。讲述老百姓身边自己的故事。节目旨在把触角伸入到社会的方方面面、各行各业，通过一个个平凡的故事，以小见大，展示新时期房山的发展变化。栏目故事性强，真实感人，记录身边事、百姓事，或人文历史文化底蕴深厚的事件。节目真正做到“让老百姓自己讲自己的故事”，提升听众的收听兴趣。

二、电视栏目

《房山新闻》 新闻资讯类栏目。房山电视台有线、无线频道每日19：36首播，时长15分钟。节目全面、广泛、深入地报道发生在房山区的时政、经济、社会、科教、文化、体育等各个领域，广大群众普遍关心、关注的社会热点、问题以及与群众生活息息相关的时政要闻及民生新闻。时政新闻强调权威观点，经济新闻强调宏观举措，科教新闻强调最新成果，文化新闻强调高雅品位，社会新闻强调客观报道。政令与政策、改革与发展、区情与世象，是节目的主要报道内容，与地区经济社会发展相结合；坚持正确舆论导向，是节目的播出宗旨与原则。《房山新闻》是房山区委区政府的喉舌，是展示房山形象、推介房山资源平台的窗口，也是外界了解房山的重要媒体。2019年先后推出《优化营商环境》《凝心聚力谱新篇——深化机构改革》《在习近平新时代中国特色社会主义思想指引下——新时代 新作为 新篇章》《“不忘初心、牢记使命”主题教育》等节目，得到全区认可和一致好评。

《今日关注》 专题服务类栏目。房山电视台有线、无线频道每日19：58首播，时长20分钟。是一档多板块、突出热点、形式新颖的融服务信息、民生话题于一体的新闻资讯类栏目。重点报道全区发展建设中的热点、焦点、动态，说百姓话，服务市民生活，让观众以最短的时间了解周围的世界；以时尚、文明的气息，讲“好故事”、讲好房山“故事”、实时策划、跟踪动态，推动房山建设步伐。栏目因其超强的故事性、趣味性、实用性以及浓郁的风土人情，成为房山老百姓心中脍炙人口的民生类新闻节目。栏目有固定的受众人群，热心观众会通过节目热线电话积极向栏目组提供有价值的新闻线索，参与到节目中来。节目引发本地电视民生新闻的风潮，受到群众一致好评和热烈欢迎。

《都市生活》 专题服务类栏目。房山电视台有线、无线频道每周二、四19：58播出，时长10分钟。是生活服务类经济栏目，以面向都市民众、服务都市生活、凸显都市风采为定位，把时尚与消费以及健康生活理念有机地结合在一起，贴近百姓，服务百姓，是百姓的消费指南和生活好帮手。节目形式灵活多样，内容涉及教育、科技、商业、建筑、旅游、饮食、流行时尚、娱乐健身、养生技巧等方方面面，让观众多角度感受现代都市生活的点点滴滴。栏目开播10年，累计播出1000多期、时长超过10000分钟。栏目观众群体广泛，得到社会各界广泛认可，真正打造出区域主流媒体生活服务品牌。

门头沟区融媒体中心

《门头沟新闻》 新闻资讯类栏目。BTV 新闻频道门头沟时段每天 19：34 播出，时长 15 分钟。该栏目以全区中心工作为宣传重点，坚持正确舆论导向，弘扬主旋律，坚持“三贴近”原则，关注民生，服务大局，全面、及时、准确报道发生在本区的新闻事件。是门头沟电视台收视率最高的一档新闻节目。主创人员：苏燕平、胡金旺、梁杰、刘越、吴南囡。

《门头沟新闻》栏目照

《门头沟视点》 专题服务类栏目。BTV 新闻频道门头沟时段每周一 19：50 播出，时长 15 分钟。该栏目作为新闻节目的延伸，大大增加群众采访的比重，加大评论力度和深度，结合时事对百姓关注的特定话题进行分析说理，以达到舆论引导的目的，为区委、区政府工作大局服务。是门头沟电视台收视率较高的一档新闻评论类专题节目。主创人员：王幸国、蔡森、孟佳、赵云鹏、高晴。

《门头沟视点》栏目照

《信息高速路》 专题服务类栏目。BTV 新闻频道门头沟时段每周五 20：10 播出，时长约 30 分钟。栏目定位于为本区群众提供生活资讯信息与服务，本着“三贴近”原则，利用本区资源打造的一档集服务性、互动性、公益性为一身的生活信息类栏目，采用多元化的传播手段进行策划制作。节目内容贴近群众实际生活，深受群众喜爱。主创人员：王幸国、高蕾、段云朝、杨央等。

《信息高速路》栏目照

密云区融媒体中心

《三农有约》 专题服务类节目。94.1兆赫每周四18点15分首播，周五重播，时长15分钟，是反映和宣传区农业发展、农村变化和农民生活的窗口，分为《三农时讯》《农技观象台》《秀美乡村》和《致富有方》4个子栏目。宣传密云效益农业发展和农村现代化建设的新成就，传播农民的新思想、新观念、新经验、新做法。自2008年开播以来，为农民提供所需的政策、法规、技术、市场等方面的实用信息，深受广大农民朋友的欢迎。主创人员：张爱红、齐晓迎。

《三农有约》栏目主创人员齐晓迎在录制节目

《科普五分钟》 综艺益智类栏目。是2018年密云人民广播电台与密云区科学技术协会联合开办的一档科普类节目，向大众普及科学知识、科学方法、科学思想和科学精神，在全民中宣传科学发展观，普及节约资源、保护环境、健康生活等知识，增强普通百姓应用科学知识解决问题、应对突发事件等能力，达到提升全民科学素质的目标。主创人员：段晓稳。

《工会在身边》 专题服务类栏目。电台与区总工会合办，充分发挥电台媒体对工会工作的推动作用，增强全区工会组织的影响力，引导动员全区职工积极投身各项建设，为密云又好又快发展做出应有的贡献。开设《政策法规》《职工维权》《职工服务》《劳模风采》等子栏目。主创人员：牛薇。

《科普五分钟》栏目主创人员段晓稳在录制节目

《工会在身边》栏目主创人员牛薇在录制节目

平谷区融媒体中心

一、广播栏目

《美丽乡村》 专题服务类栏目，每周播出一期，时长10分钟。栏目于2018年11月开始播出，播出节目近70期。《美丽乡村》以“推进生态人居、生态环境、生态经济和生态文化建设，创建宜居、宜业、宜游的美丽乡村”为主题，秉持“共建美丽乡村·共享美好生活”的栏目宗旨，通过主持人跟随采访，真听真看真感受，展示全区乡村生态美景、环境、人文发展，以及健康美食、休闲农业，推介最有特色的乡村旅游资源，全景式描绘新乡村画卷，让听众足不出户领略平谷乡村的自然之美、人文之美。主创人员：任虹俐、崔俊。

《善行至美》 专题服务类栏目，每周播出一期，时长为10分钟。栏目于2018年11月开始播出，播出节目近70期。栏目以宣传平谷优秀典范人物的故事为主要定位，倡导善良举止，提倡善行大爱。每期节目开头即以“感受身边的平凡力量，传递社会的大爱无疆，我们一起引领善行风尚，彰显至美平谷”定好节目基调。稿件来源广泛，既有相关单位提供线索自采编辑的稿件，又有相关单位提供稿源协助编辑的稿件。稿件中宣传的典型人物覆盖平谷各行各业，掀起推广典范、学习典范的新风，深受听众喜爱。主创人员：荆丹丹。

《卫生与健康》 专题服务类栏目，每周播出一期，时长10分钟。栏目于2018年11月开始播出，播出节目近70期。节目以传播科学的卫生健康内容为引导，推广卫生健康知识为主体，提高全民健康素质为目的，大力发展有关全民慢性病防控、食品安全、药品安全、计生知识等内容的全面的健康教育。通过丰富的内容信息集成，全方位的专业服务，为农民朋友提供权威性的公共信息服务，推广卫生健康知识，开展大众卫生健康的普及教育。节目定位面向百姓生活，传播卫生健康资讯，普及卫生健康知识，推进全民卫生健康教育，提供专业的健康、家庭护理、妇幼保健、老年生活等多类别优质内容。主创人员：王海河、王晓明。

二、电视栏目

《平谷新闻》 新闻类资讯栏目。PGTV—1频道每晚19：30播出，PGTV—2频道每晚20：00整播出，时长15分钟。《平谷新闻》以平谷地区本土新闻信息权威发布为基础，着眼于经济社会发展对新闻信息服务的要求；及时、准确传递区委、区政府的相关决策和公共信息；关注民生，突出反映社情民意；展现平谷“一区四化五谷”发展形象，满足全区人民享受优质新闻信息服务的需要。节目具有较强的可视性，得到全区广大干部群众的高度认可，是平谷人民最喜欢看的电视节目之一。2019年，《平谷新闻》共播出新闻5510条，在市级以上电视媒体播出95条，其中央视新闻和新华社播出23条，头条播发两条。主创人员：李肖英、李东亮、王建、张云辉等。

《警法在线》 专题服务类栏目。每周一期，每期时长15分钟。2019年，《警法在线》栏目以习近平新时代中国特色社会主义思想为指导，守好意识形态领域主阵地，时刻牢记自己的使命，举旗帜、聚民心、育新人、兴文化、展形象，发挥法治宣传主阵地作用。架起政法部门与群众沟通的桥梁，树立政法形象。两会期间访谈法院院长、检察院检察长，及时发布官方微博微信，得到群众好评。围绕区委、区政府中心工作和“七五”普法宣传教育，对《宪法》、扫黑除恶、疏整促、两委换届选举、食品安全、消费维权等内容进行宣传；栏目加大庆祝新中国成立70周年、“不忘初心、牢记使命”主题教育、“平安卫士”、纪念五四运动100周年、爱国主义教育等正面宣传报道力度，倡导社会主义核心价值观，展现政法干警的风采；播出行政执法类节目10期。栏目以案说法，做好普法宣传，在重要的时间节点上对群众进行防电信诈骗、非法集资、传销、反恐、禁毒等安全教育。播出宪法宣传、打击非法集资、保护环境、文明生活等公益广告500余条。栏目还加大传统媒体与新媒体的融合，充分利用多媒体平台进行法治宣传。栏目编辑：李晓燕、孙晓光、于海生。

《名医会客厅》 专题服务类栏目。2019年8月20日首播，每两周一期。栏目围绕百姓关心的健康问题，包括心肺、血管、内外科、儿童传染病以及老人常见的骨质疏松等方面进行及时的宣传与科普。截至2019年12月共播出10期，收获极佳的口碑，用最新的医学健康观点以及开创性的互动方式，不仅吸引中老年观众，更让年轻观众成为节目“粉丝”。编辑摄像：李莉、赵建明、王墨翟。

顺义区融媒体中心

一、广播栏目

《顺义新闻》 新闻资讯类栏目。FM92.9每日晚18：00首播，时长15分钟。是一档顺义本土新闻类节目，内容围绕顺义区委、区政府中心工作，围绕顺义区贯彻落实全国及北京市重大会议工作，围绕与顺义区百姓生活密切相关的内容进行新闻宣传报道。节目突出广播特点，用通俗的语言、生动的音响为听众提供鲜活的新闻。得到顺义受众的欢迎，影响较为广泛，受到有车一族的欢迎。主创人员：刘连茹、路致远、赵福艳、丁越、张坤、陈婕、邹一婧。

《越聊越开心》 综艺益智类栏目。顺义人民广播电台调频92.9兆赫每日12：00–13：30播出，时长90分钟。栏目是一档以互动话题为主线，结合幽默笑话、文娱资讯和旅行于一体的互动陪伴类综艺节目，每期节目互动话题贴近受众生活、文娱资讯新鲜及时、幽默笑话源于生活又发人思考。是顺义人民广播电台听众最多，互动信息量最大的直播节目，节目通过广播线上交流，网罗了一大批忠实听众，并通过线下活动的方式加深和听众的交流，增加听众的黏度。编辑、主持人：李凯、唐雪。

《大家帮助大家》 专题服务类栏目。顺义人民广播电台调频92.9兆赫每日17：00–19：00播出，时长1.5小时，期间18：00–18：30播出《顺义新闻》和广告专题。栏目以“你帮我，我帮他，大家帮助大家”为宗旨，搭建起互帮互助平台，也架起了政府和市民沟通的桥梁。栏目播出7年多的时间，与13家区内单位开展合作，开设8档周播子栏目：顺义区人民检察院《检察官播报》、顺义区疾病预防控制中心《每周疾病预防播报》、顺义消防《每周消防警情播报》、顺义区食品药品监督管理局《每周食品药品安全播报》、北京市工商局顺义分局《每周工商播报》、顺义区和谐心理咨询中心《每周心理健康播报》、北京市公安局顺义分局《每周警情播报》、顺义区体育局《全民动起来》。3档日播子栏目：顺义区气象台《气象播报》、顺义区环境保护局《空气质量播报》、顺义区公安交通支队《交警播报》。2档季播子栏目：顺义区精神文明建设委员会办公室《顺义区道德模范公益报时》、卫生和计划生育委员会《名医坐诊》。内容涵盖法治宣传、疾病预防、消防警情、食药安全、消费维权、心理健康、公安警情、全民健身、气象信息、空气质量、交通路况等关系民生方方面面的内容。编辑、主持人：焦英杰。记者、主持人：付梁玉。节目制作人：张雨欣。

二、电视栏目

《顺义新闻》 新闻资讯类栏目。每日在顺义一套、二套播出，每期时长15分钟左右。栏目自1994年开播，一直是顺义百姓始终关注的新闻节目。多年来，栏目始终立足顺义发展，充分发挥喉舌功能，引导社会舆论，记录顺义变化，讴歌发展成就，凝聚党心民心，架起政府与群众沟通的桥梁。《顺义新闻》有编辑、记者27人，播音主持人4名。随着顺义经济社会各项事业的发展，顺义新闻更加注重从百姓视角解读新闻事件和大政方针，更加关注人民群众生活，突出贴近性。拥有《我的故事》《信息直通车》《新闻资讯》等长期栏目以及“多彩新春”“新春暖流”“新年展望”“优化营商环境”“创建全国文明城区”“创城我参与”“环保曝光台”“壮丽70年，奋斗新时代”“与共和国同龄”“劳模抒心声”“不忘初心、牢记使命”主题教育等临时性专栏，为宣传顺义发展起到助推作用，也使《顺义新闻》成为顺义电视台最受群众关注的品牌栏目。

《法治顺义》 专题服务类栏目。栏目于2018年7月开办，每期时长10分钟。节目以访谈的形式邀请各职能部门主管领导、法官、专家等走进演播室，就全区热点、难点话题现场以案说法，旨在让百姓知法、守法，从而促进社会和谐快速发展。自开播以来，栏目共制作播出52期节目，访谈嘉宾50余位，节目围绕“疏整促”“安全生产”“环保”“消防”“消费者权益保护”等社会治理中普遍存在的法律困惑和法律常识，以通俗易懂又有理有据的形式来向社会大众“析法，释法，普法”，不仅提高全社会法律素质和用法水平，同时引导舆论，弘扬正气，成为公民身边实实在在的公开课堂。2019年底，栏目创新形式，深入基层，到企业、社区、校园进行普法，以专家讲座的形式送法到基层，让栏目更加贴近群众的生活，让法治宣传更加有温度、更加有力度。

《幸福一起来》 专题服务类栏目。栏目于2019年7月开播，是顺义区融媒体中心2019年全新开办的首档走基层形式的公共领域对话栏目，每期时长30分钟，以“共建好家园 共享好生活”为口号，以倡导社会治理“共建、共治、共享”为目标，旨在传递“美好的家园需要全社会共同参与”，共制作播出13期。节目以走基层的形式深入社区、农村，以访谈的形式，共同探寻基层社会治理过程中的成功经验和典型做法。参与节目录制的观众近600人次，百姓带着方案和建议来，相关部门带着解惑的观点和经验做法而来，公众带着参与社会治理的热情和建言献策的智慧而来，引导群众参与、汇聚群众智慧、共同探讨基层社会治理过程中的经验与困惑，培养公众的参与意识和“共建·共治·共享”意识，共同为顺义的发展贡献力量，为相关部门与社会公众之间搭建对话的平台，推动社会发展进程。2019 年，栏目被定为顺义区各单位深入开展“不忘初心、牢记使命”主题教育活动必看纪录片，对社会基层治理工作起到舆论引导和积极的促进作用，成为具有地域特色的品牌栏目。

通州区融媒体中心

《通州新闻》 新闻资讯类栏目。该栏目 1994 年开播，在 BTV 新闻频道通州时段及通州电视台综合频道周一至周日 19：30 首播，次日 8：00、12：00 重播，每期时长 20 分钟。栏目以“宣传党和政府的政策，发布权威新闻资讯，展示区域建设进程，呈现百姓精神风貌，批评曝光存在问题”为节目宗旨，坚持原创、深度、本土及精品原则，是通州电视台的品牌担当及实力呈现，也是地区收视率最高，影响力最大的电视新闻节目之一。播发内容涵盖政治、经济、科技、社会、文化、民生及体育等，搭建政府与百姓沟通的桥梁，实时发布地区动态新闻，全面展现经济社会发展建设成果，以客观、生动、丰富的纪实手段记录了通州区大地上近三十年来发生的翻天覆地的变化，备受社会各界的广泛认可和支持 。近年来，节目进一步加大本土新闻和民生新闻的比重，开设《副中心生机勃发》《脱贫攻坚》《我爱副中心》等专栏。主创人员：通州电视台新闻部全体人员。

《精品赏析》 综艺益智类栏目。栏目走近美文，品读经典，弘扬传承中华优秀传统文化和世界优秀文明成果，是青少年朋友健康成长的良师益友，提升地区群众审美素质的一个重要窗口，是引领社会风尚，教育大众，服务百姓，推动发展的文化阵地。栏目坚持文化兴台，“关乎人文，化育人心，化育行为，化成天下好风气”，表现出了通州电视台良好的文化自觉及文化自信。《精品赏析——滕王阁序》获得 2012 年度北京市优秀广播电视节目电视播音主持二等奖；栏目片头获得 2013 年度北京市优秀广播电视节目技术质量二等奖。栏目口号：精神传薪火，品行致良贤。赏文鉴今古，析义知偏全。主创人员：通州电视台总编室。

《文明通州》 专题服务类栏目。为配合通州区创建全国文明城区工作，在全区营造良好的舆论氛围，通州广电中心与通州区各部门联合制作，于 2014 年 3 月 15 日开播。《文明通州》为周播节目，时长 10 分钟。播出内容围绕通州区创建全国文明城区各项工作展开，紧扣规范守信的市场环境话题、青少年成长的社会文化环境话题、为民营造舒适便利的生活环境话题、打造勤廉高效的政务环境话题、为民办实事的群众路线等五个话题。众多不同类型的专题内容，展现通州区各行各业人士，为创城留下的辛勤汗水及默默奉献的身影。

怀柔区融媒体中心

一、广播栏目

《乐享生活》 专题服务类栏目。2018年1月1日开播，怀柔人民广播电台FM101.3频率每周三、六播出，时长25分钟。节目内容涵盖旅游、音乐、美食、创业、文学、艺术等方面，节目嘉宾大都是来自各行各业的达人，通过他们分享自己创领的新兴生活方式或者自己的时尚感悟，让听众对生活有一个全新的认识，发现生活、享受生活。节目的目标人群是白领中对自己生活有更高追求的人群，时间相对自主，会工作懂生活的中青年。主创人员：任欢。

《音乐旅途》 综艺益智类栏目。2017年1月1日开播，怀柔人民广播电台FM101.3频率每周日播出，时长25分钟。节目以青年听众为主，通过优美的旋律引领听众寻味曾经走过的岁月，曾经看过的电影，曾经流失的青春，回忆人生旅途中曾经的精彩。主创人员：苏秦。

二、电视栏目

《怀柔新闻》 新闻资讯类栏目。1991年8月16日开播。BTV新闻频道怀柔时段每周一至周日播出，时长20分钟。栏目围绕中央、市委、区委各项决策部署做好舆论引导工作，主要为时政新闻、社会新闻、简讯快报等内容，根据形势需要，不定期开设专栏或专题报道，不断改进宣传报道形式。2019年，深化“新闻立台”理念，6档专题节目整合为6个专栏在新闻内播出。围绕庆祝中华人民共和国成立70周年，推出20集系列报道《壮丽70年·奋进新时代》，设置《一把手谈科学城》《铭记》等专栏。主创人员：崔丹、贾贤。

《文明在身边》 专题服务类栏目。2004年4月20日开播。BTV新闻频道怀柔时段每周播出，时长5分钟，与区文明办合办。栏目以“弘扬中华传统文明，树立身边文明典范”为宗旨，以怀柔区的典型事例和典型人物引导市民的文明意识，发挥电视媒体在全民倡导文明新风、净化社会风气的独特作用。主创人员：崔丹、贾贤。

延庆区融媒体中心

一、广播栏目

《延庆新闻》 新闻资讯栏目。是日播节目，18：00首播，当晚21：00，次日7：20、10：30、11：30重播，时长10分钟。节目以宣传党的路线方针政策，迅速准确及时报道全区物质文明、精神文明、政治文明和生态文明情况为主，充分发挥广播特色，在报道中采取文字、现场报道、录音报道、专题报道等不同形式，增强宣传效果，及时准确传达区委区政府的声音，当好桥梁和纽带。

《美丽延庆新农村》 专题服务类栏目。周二、周五18：10首播，当晚20：40，次日7：

30、11：40、16：00重播，时长18分30秒。是电台的一档保留节目，开办20年之久，多次在省市级评选中获“优秀栏目奖”。是延庆人民广播电台的一档面向农村、服务三农、统筹城乡、服务大众的综合性节目，是城市了解农村的窗口，农村走向城市的桥梁。设《妫川新貌》《信息大篷车》《资讯快递》《农博士走一线》《妫川大舞台》等板块。

《生活导航》 专题服务类栏目。周一、周四18：10首播，当晚20：40，次日7：30、11：40、16：00重播，时长18分30秒。生活服务类节目，始终秉承服务的宗旨，本着快捷、实用、大信息量的原则，融知识性、生活性、参与性为一体。主要为听众朋友们提供生活资讯、健康指南、疑问解答、二手商品买卖信息等全方位的生活服务。节目以现场报道、短信互动、嘉宾访谈等多种形式，拉近与听众的距离，吸引听众参与，成为听众生活的好帮手。以时尚、轻松的节目定位，“全心全意”的节目宗旨，有的放矢的服务，赢得不同受众群体的喜爱，成为延庆人民广播电台的品牌节目，收听率较高。

二、电视栏目

《延庆新闻》 新闻资讯类栏目。在延庆电视台一套播出，每日20：00首播，当晚21：00、22：00，次日7：20、10：30、11：30重播，平均每期时长15分钟，特殊时期增加新闻时长。节目围绕延庆中心工作，及时宣传党的路线方针政策，报道延庆经济建设、政治建设、文化建设、社会建设、生态文明建设，架起党和政府与延庆百姓沟通的桥梁和纽带。2019年，重点全方位报道北京世园会开园、北京2022年冬奥会筹办、新中国成立70周年等盛况。制片人：张莹。责任编辑：徐春雨、赵倩女、余梦蓉、张佳誉。主持人：杨竣翔、滕薇、周阳、彭晨、于谨歌、渠晨。后期：高亚男、王婧、王琳、武增宇。

《聚焦时分》 电视新闻专题节目。2017年10月15日开播，每周三、周六20：15播出。截至2019年12月31日，累计播出171期。腾讯视频播放量累计高达430万次。栏目聚焦绿色发展、政策民生、社会热点。2019年围绕世园会做重点宣传，从服务保障、记者游园、讲好世园故事等多方面让游客更加了解延庆、了解世园。同时围绕新中国成立70周年推出《大城小镇延庆乡镇发展巡礼》系列报道，记录延庆和百姓生活70年来的发展变迁。制片人：张辉。责任编辑：王磊。主持人：彭晨。编导：苏浩、张佳誉、王磊。后期：郄美强。

《一路平安》 专题服务类栏目。栏目由中心与延庆公安分局交通支队联合制作播出，每两周更新一期，周五晚播出。主要包括《交通在线》《翔谈交通》《交通百态》三大板块。通过展现延庆公安分局交通支队的新闻动态，介绍典型交通案件，剖析交通事故现场，普及交通方面的新政策等多种方式，进一步提高广大交通参与者的交通安全意识，号召市民群众共同文明参与交通。用群众乐于接受的说教形式，尽可能贴近受众，在潜移默化中提升观者的交通安全意识。主持人、编辑、文稿创作：杨竣翔。摄像：刘昱封、张延。后期包装制作：曹春霞。制片人：刘剑。

名牌栏目一览表

栏目名称	首播时间	播出频道
延庆新闻	每天20：00	BTV新闻延庆时段
聚焦时分	每周三、周六20：15	BTV新闻延庆时段
美丽延庆新农村	周二、周五18：30	FM92.8
生活导航	周一、周四18：10	FM92.8

亦庄融媒体中心

《壮丽70年 奋斗新时代》 专题服务类栏目。北京亦庄网络电视《亦庄新闻》2019年4月9日起每周一12：30上线，时长6分钟。北京经济技术开发区2018年地区生产总值保持两位数增长，总量对全市产值增长的贡献率达到50.8%，增速领跑全市。《亦庄新闻》记者深入企业一线，展现开发区科技创新新成就，为首都科创中心建设提供有力舆论支撑。报道开发区聚焦高精尖，瞄准国家战略、苦练科技成果转化硬功、坚持绿色发展的特色发展路径，每期播放量均突破10万，通过各平台转发得到良好传播效果。主创人员：蒋科平、李立婷、范维娜、王兵。

《在北京亦庄生活很幸福》 北京亦庄网络电视《亦庄新闻》2019年1月22日—26日播出，共5期，时长2分钟。2019年是北京城市规划实施的开局之年，面对市委市政府对开发区提出的“加强新城配套建设，做基本无城市病标杆”的新任务，开发区始终践行开放共享发展理念，通过《在北京亦庄生活很幸福》系列专题报道，寻找在开发区工作生活的幸福感。每期播放量均突破10万，区内居民群众通过视频感受到开发区的便利。主创人员：李立婷、王兵、汪东。

《奋进 2019 对话一把手》 北京亦庄网络电视《亦庄新闻》2019 年 3 月 14 日起每周五 12：30 上线，时长 12 分钟。2019 年是升级版开发区的起步之年，作为承接三城科研成果的一区，开发区是北京科技成果转化的前沿阵地。北京亦庄融媒体中心策划系列新闻访谈栏目《奋进 2019 对话一把手》，邀请开发区各部门主要负责人，解读 2019 年工作。每期采访前向全区居民职工征集问题，在节目中提问，得到居民踊跃参与。主创人员：蒋科平、李立婷、王兵、刁磊。

产业发展

北京市广播电视产业发展情况

2019年，北京市拥有广播影视节目制作经营机构11430家，比上年新增2630家。信息网络传输视听节目持证机构125家。广播影视从业人员9.42万人。全市广播电视和网络视听总资产4737.16亿元，同比增长34.06%；全年总收入2358.4亿元，同比增长32.05%。其中，广告创收689.3亿元，同比增长21.22%；有线电视网络收入23.99亿元，同比下降8.45%；广播电视节目销售收入83.22亿元，同比增长6.79%；新媒体业务创收662亿元，同比增长228.4%。

一、电视剧、动画片生产情况

2019年，北京市电视剧、动画片艺术创作紧紧围绕庆祝新中国成立70周年展开，重点抓三项工作。

一是着力完善资金扶持机制，加大资金引领力度。重新修订《北京广播电视网络视听发展基金优秀电视剧项目实施细则》，进一步明确基金扶持的重点是纪念庆祝中华人民共和国成立70周年、全面建成小康社会、庆祝中国共产党成立100周年、中国梦、精准扶贫、北京“一核一城两区三带”等创作题材。进一步明确坚持与时代同步伐、以人民为中心、以精品奉献人民、用明德引领风尚作为作品扶持的标准。二是着力完善规划引导机制，引领创作方向。对重要时间节点及北京三个文化带建设，建立重点电视剧项目种子库、项目库和片单库，并实行动态管理。三是着力完善跟踪服务机制，营造良好的创作环境。对列入种子库、项目库和片单库的项目的创作进度进行重点跟踪服务。对处于剧本创作阶段的电视剧组织专家进行剧本论证。对《枫叶红了》等8部脱贫攻坚题材和《高铁作证》等6部反映国家重大建设成就题材的电视剧创作进度进行重点跟踪。对送审的重点电视剧《奔腾年代》等开通绿色审查通道，即送即审。

与此同时还成功举办2019年春秋季北京电视节目交易会，集中展示2018年北京电视剧发展成果。举办“京榜剧献”“产业论坛”“编剧论坛”“著作权论坛”等系列活动，展示成就、提振信心、解读政策、创新服务，推出更多反映新时代、讴歌新时代的精品力作。

2019年，北京市电视剧、动画片创作取得优异成绩。电视剧制作备案278部10693集，生产电视剧67部2843集；电视动画片制作备案59部2635集24041分钟，生产电视动画片32部874集7275分钟；受理备案网络剧380部、网络电影1056部、网络影视类动画片45部、网络综艺及专业类视听节目121档；审核通过网上境外电视剧41部615集，电影160部。

二、广告经营情况

2019年，受到经济形势下行和市场需求走低的影响，传统媒体面临着不同程度的广告经营压力。面对严峻形势，北京电台继续围绕“保存量、抢增量”的策略开展经营工作，根据市场变化及时调整经营政策，全年创收大盘保持基本稳定。

北京电台持续创新经营策略，努力扩大广告增量。以深入开发可经营性资源为目标，丰富优化经营产品线，在新市场开发、直客服务、定制化服务、新产品研发等方面取得新进展。一是加大专业广播可经营性资源开发力度。进一步加强节目和客户协作，专业广播主动与企业洽谈并积极开展营销活动，“1039探路车”“1039美好购车节”等活动有效拉动广告投放。创收型团队对接服务效果显著，多档重点栏目创收保持稳定，《早安音乐秀》《汽车天下》等节目创收较去年有较大幅度增长。深化产品导向思维，继续推出针对性广告产品，开发汽车区域市场广告产品，有效弥补汽车品牌投放的不足；公益广告套餐、小微客户广告套餐、“40+核心消费群体大促套餐”“篮球世界杯特殊套餐”等售卖良好，充分挖掘剩余广告时间的营销价值。创新用户运营思路，积极利用新媒体探索经营新方向，通过多平台分发客户的宣传内容，开发利用微信商城等平台为用户服务。二是提升专业服务水平，持续优化产品设计。针对市政府委办局、国有企业的传播需求，讲好国企故事和十六区故事，努力开拓国有企业、政府机构广告投放，继续推动与大兴、延庆等区委宣传部的合作。由电台创作的国企北科建的企业故事，首次实现广播剧的商业化运作。全力保证重点客户和行业的稳定投放，老客户保留和维护能力显著提高，投放量与2018年相比有所增加，新客户开发能力进一步增强，占比约26.8%。

调整产业经营结构，提升企业经营能力。北京电台按照瘦身转型、提质增效、稳中求进的原则，有序推进北京广播集团有限公司企业清理规范专项工作，持续创新盈利模式，提升市场化运营水平。2019年，7个节目团队立足自身垂直领域，突出内容与服务特色，在全媒体融合传播上下功夫，1—9月，7个团队共计实现收入2153.77万元，其中，线上广告收入1893.56万元，线下收入260.21万元。悦库时光版权资源积累“规模化”初步完成，拥有可运营版权内容近2万小时，版权作品1000余部。

三、节目交易情况

北京京视传媒有限责任公司承担北京电视台版权节目发行工作，发行渠道覆盖内地30个省百家电视台以及东南亚、欧美等十几个海外电视媒体平台。在新媒体领域覆盖长视频、短视频以及海外渠道、运营商渠道、IPTV平台、音频平台等50多个平台，基本实现了渠道全覆盖。

2019年，京视传媒代理发行的北京电视台版权节目签约总额为7918万元，其中，新媒体版权签约6854万元，传统版权发行签约1064万元。发行的版权节目包括：大型综艺节目5档，常规节目80档。其中，综艺节目发行收入占发行总额的60 %；优势品牌节目前十档发行收入占发行总额的76 % 。

四、有线电视网络建设经营情况

截至2019年年底，北京歌华有线电视网络公司传输数字电视频道188套，其中高清数字电视频道54套、超高清数字电视频道1套；提供回看频道127套，其中高清数字电视频道43套；在线视频点播类节目数量超过16万小时，高清节目时长占比超过55%。公司电视云平台还提供院线、游戏、教育、文化、健康、政务、生活、营业厅、生活圈等多种栏目和应用。公司有线电视注册用户599万户，较2018年底增长4.5万户；高清交互数字电视用户超过550万户，较2018年底增长24万户；家庭宽带用户67万户，较2018年底增长5万户。

1. 着力做好用户发展和市场经营工作

一是积极开展4K机顶盒市场化置换工作。年内共置换4K机顶盒44.34万台，累计完成整转、市场化置换和销售4K超清智能机顶盒130万台。

二是积极拓展宽带业务。开展200M全市推广，启动300M产品试点销售，用户分布继续向高带宽转型；通过营销策略的引导，35M 及以上高带宽用户占比由 2018 年的 44.48% 提高到 55.65%。

三是加强电子渠道建设。年内电子缴费渠道收款额占各渠道总收款的 12.73%，所占比例同比增长超过 1%。实现电视端、PC 端、移动端缴费渠道全覆盖，形成网上营业厅、微信营业厅、掌上营业厅、电视营业厅等自有渠道，以及微信天猫旗舰店、支付宝等外部渠道的整体布局。

2. 全力打造北京云融媒体平台及高品质电视服务

一是完成“北京云·融媒体”市级技术平台建设，开展新时代文明中心融合贯通。2019 年，公司贯彻落实市委宣传部关于建设好“北京云·融媒体”市级技术平台的有关要求，在市广电局和歌华传媒集团的指导支持下，公司顺利完成平台一期包括宣传指挥调度平台、中央厨房、数据能力中台、安全防护体系等在内的 11 个子系统的建设，并在全国省（市）级融媒体平台中，率先实现数字版权管理、融媒指数分析，以及政务融合（如“街乡吹哨，部门报到”）等特色功能；推进落实北京云平台与区级融媒体中心、市属媒体对接，年内实现市属 4 家主要媒体单位及区融媒体中心全部入驻“北京云”的目标。同时，按照市委宣传部要求，积极配合推进各区新时代文明实践中心建设，垂直下潜贯通区各乡镇、街道和社区、村，形成多级文明实践联动。

二是深耕教育、生活、养老服务专区。积极建设北京数字学校、智能教育服务栏目，加强与头部教育资源合作，完成“名师驾到”高考文学名著导读课程制作；针对教育热点，策划中高考命题解读、教师节专题内容等。上线服务于中老年受众的“年华”专区，涵盖影视剧、律师热线、戏曲、书画课堂、养老生活等十大板块内容，专区首页日曝光量最高达 31 万。

三是积极开展大数据平台建设和产品发布。与国家广电总局规划院合作开发大数据综合评价系统；与华数公司合作开展自有大数据平台建设；认真做好各类数据生产和分析支撑工作，持续推进中国广电大数据联盟及区域性数据产品生产发布工作。

四是手机电视项目取得显著进展。不断加大优质版权资源引入力度，截至 2019 年底，歌华手机电视版权内容超过 2000 部，累计总时长超过 10 万分钟；通过资源置换和分成合作方式实现资源复用，获咪咕视频优质内容评级。

五是推进“光明影院”工程形成规模效应。4 月 14 日，第九届北京国际电影节“光明影院”公益放映活动在首都电影院（西单店）举行，来自北京市社区和北京盲校的 160 余位视障人士参加活动，该活动也成为北京国际电影节的固定单元之一。截至 2019 年底，“光明影院”项目组完成 104 部无障碍电影制作，并赠送全国 19 个省市的盲协、20 所盲校和 70 个高校图书馆。积极开展“光明影院”无障碍电影全国公益推广行动，项目陆续在青海省、山东省以及内蒙古自治区大青山革命老区、四川省凉山彝族自治州、福建省宁德等多地落地，受益人群近 200 万。

3. 搭建“首都文化产业发展投融资平台”

歌华有线公司以全力打造上市公司资本平台为核心的“首都文化产业发展投融资平台”，以开放的心态加强对外合作，广泛集结产业链上下游企业和关联行业，实现优势互补、资源共享、风险共担、互惠共赢，创造新的增值业务，增加新的收入和利润增长点。2019 年完成贵广网络可转债项目投资及退出工作，实现投资盈利超 20%。

五、文化会展情况

由文化和旅游部、北京市人民政府共同

主办，北京歌华文化发展集团有限公司和北京工业设计促进中心联合承办的 2019 北京国际设计周，于 9 月 5 日至 10 月 7 日在京举行。设计周由十个板块组成，包括开幕活动、主题展览、主宾城市、北京设计博览会、北京设计奖、北京设计论坛、文博 · 非遗设计、创新设计服务、时尚北京、设计之旅，按城区设置 10 个分会场（含 2 个专题园区），下设 50 个活动站点，举办上千项设计活动，展览及活动面积超过 100 万平方米。

举办北京国际摄影周 2019 摄影展。由五个板块组成，包括开幕日活动、系列展览、摄影市场、专题活动、影像北京论坛，按城区设置 11 个分会场，举办近 50 场活动，展览及活动面积超过 2 万平方米，其中学术主题展、专题展面积超过 1 万平方米，论坛 31 场，来自 20 多个国家和地区的摄影师热情参与。摄影周深入首都街道社区和乡村，以影像艺术手段为北京国庆后的文化生活增添特有亮点。

“中华世纪坛传统文化季 2019”于 2019 年元旦春节期间举行。“中华世纪坛传统文化季 2019”由丰富多元的展览、演出、活动构成，集合 5 个传统文化主题展、12 场非遗展演、4 场文创市集。在农历初一至初六期间举办文化非遗庙会活动，吸引近 8 万观众进馆参观，实现很好的社会效益。

2019 北京国际公益广告大会于 11 月 11 日至 13 日在国家会议中心举行。北京歌华展览有限公司承办优秀公益广告作品展示展映板块，集合国内外优秀公益广告作品 500 余则，分为：“礼赞祖国”“奋进新时代”“致敬美好生活”“优秀公益广告展映”4 个专题展区和北京国际公益广告大会创意征集大赛获奖作品推介区，共 5 个专区，吸引到场观众 3000 余人，线上吸引观众 50000 余人参与观看直播。

中华世纪坛艺术馆各场馆展览开放 300 余天，举办、承办共 30 余项展览、演出及活动，全年共接待观众 167 万余人次。

（北京市广播电视局、北京广播电视台、歌华传媒集团供稿）

北京市广播电视节目制作经营机构情况

截至 2019 年 12 月 31 日，北京市广播电视节目制作经营许可证持证机构共 11430 家，比去年增加 2630 家。从区域分布看，集中分布在朝阳、海淀两区，分别为 5187 家、1541 家，占全市机构总数量的 58.86%；从机构性质看，国有或国有参股企业 171 家，占 1.50%，民营企业 11223 家，占总数的 98.19%，其余性质机构占总数的 0.32%；从业人员情况看，共计 212944 人；从注册资金规模看，注册资金总规模为 1799.61 亿元，其中注册资金 1000 万元以上 3931 家。

一、公司注册地址区域分布情况

北京市广播电视节目制作经营机构分布在 16 个市区和郊区。

表 1　市广播电视节目制作经营持证机构区域分布表

区	机构数量（个）	百分比（%）	2019年12月新增机构数(个)	相比去年同期增加
东城区	500	4.37	7	3.95%
西城区	400	3.5	6	8.11%
朝阳区	5187	45.38	102	12.42%
海淀区	1541	13.48	23	6.87%
丰台区	612	5.35	6	−8.38%
石景山区	323	2.83	9	8.03%
门头沟区	149	1.3	3	47.52%
房山区	307	2.69	6	117.73%
通州区	691	6.05	28	48.60%
顺义区	264	2.31	4	60.98%
大兴区	355	3.11	13	36.02%
昌平区	246	2.15	9	33.70%
平谷区	106	0.93	3	12.77%
怀柔区	506	4.43	9	15.00%
密云区	215	1.88	9	51.41%
延庆区	28	0.24	0	−3.45%
合计	11430	100	237	15.51%

二、机构性质构成情况

北京市广播电视节目制作经营持证机构按其机构性质划分，有民营企业、国有独资企业、国有控股企业、国有参股企业、事业单位和其他类型。在全市 11430 家持证机构中：民营企业 11223 家，占总数的 98.19%。

表 2　市持证机构构成表（按机构性质划分）

机构性质	机构数量（个）	百分比（%）	2019年12月新增机构数（个）	相比去年同期增加
民营企业	11223	98.19	237	16.01%
国有独资企业	77	0.67	0	6.94%
国有控股企业	72	0.63	0	−6.49%
国有参股企业	22	0.19	0	4.76%
其他	19	0.17	0	−44.12%
事业单位	17	0.15	0	0.00%
合计	11430	100	237	15.51%

三、注册资金规模及构成情况

截至2019年12月31日，市广播电视节目制作经营机构注册资金总规模为1799.61亿元。注册资金规模在1000万元以上的机构共3931家，占总数34.49%；民营机构注册资金规模占总额的87.7%；注册资金前10位的机构中民营企业较多（见表3、表4、表5、表6）。

表3　市持证机构注册资金构成表

注册资金（万元）	机构数量（个）	百分比（%）	2019年12月新增机构数（个）	相比去年同期增加
300（不含）以下	1931	16.89	63	40.95%
300至1000（不含）	5568	48.71	101	9.07%
1000至5000（不含）	3108	27.19	66	15.84%
5000至10000（不含）	578	5.06	5	10.31%
10000以上	245	2.14	2	15.02%
合计	11430	100	237	15.51%

表4　市持证机构注册资金规模及构成表（按机构性质划分）

机构性质	机构总数量（个）	注册资金（亿元）	2019年12月新增机构数（个）	新增注册资金（亿元）	相比去年同期增加
民营企业	11223	1583.17	237	17.65	16.65%
国有独资企业	77	46.73	0	0	0.24%
国有控股企业	72	141.41	0	0	−2.13%
国有参股企业	22	6.45	0	0	13.96%
其他	19	4.93	0	0	4.23%
事业单位	17	16.92	0	0	43.03%
合计	11430	1799.61	237	17.65	14.58%

表5　市持证机构注册资金区域分布表

区	注册资金（亿元）	2019年12月新增注册资金（亿元）	相比去年同期增加
东城区	135.35	0.759	10.85%
西城区	59.08	0.362	10.64%
朝阳区	679.69	7.491	13.77%
海淀区	453.53	2.165	14.02%
丰台区	102.22	0.3	4.05%
石景山区	38.93	0.742	−4.35%

（续表）

区	注册资金（亿元）	2019年12月新增注册资金（亿元）	相比去年同期增加
门头沟区	21.6	0.12	31.31%
房山区	27.54	0.3	72.99%
通州区	61.53	2.357	40.67%
顺义区	29.74	1.151	35.74%
大兴区	68.06	0.55	14.62%
昌平区	24.46	0.55	43.97%
平谷区	13.24	0.07	4.50%
怀柔区	61.4	0.44	16.86%
密云区	21.21	0.293	14.03%
延庆区	2.02	0	–25.74%
合计	1799.61	17.65	14.58%

表 6　注册资金规模全市前 10 位的持证机构

持证机构名称	注册资金（万元）	机构性质	所在区
北京百度网讯科技有限公司	642128	民营企业	海淀
乐视网信息技术（北京）股份有限公司	398944.02	民营企业	海淀
中国有线电视网络有限公司	355082.2306	国有控股企业	丰台
北京新媒体（集团）有限公司	310796.91	国有控股企业	海淀
北京光线传媒股份有限公司	293360.8432	民营企业	东城
万达电影股份有限公司	207842.8	民营企业	朝阳
北京日报社	183630	国有控股企业	东城
北京歌华有线电视网络股份有限公司	139177.7884	国有控股企业	海淀
北京数码视讯科技股份有限公司	137779.3862	民营企业	海淀
百合佳缘网络集团股份有限公司	125650	民营企业	朝阳

四、从业人员规模及构成情况

全市广播电视节目制作经营持证机构共有从业人员 212944 人。从业人员 10 人以下的微型企业 7867 家，占 68.83%；从业人员数在 10~99 人的小型企业 3293 家，占 28.81%；从业人员数在 100~299 人的中型企业 198 家，占 1.73%；在 300 人以上的大型企业 72 家，占 0.63%。民营机构从业人员占全行业 89.13%，全市从业人员数量前 10 的单位中，民营机构居多。（见表 7、表 8、表 9、表 10）

表 7　市持证机构从业人员规模构成表

人员规模	机构数量（个）	百分比（%）	12月新增机构数（个）	相比去年同期增加
微型企业	7867	68.35	217	12.74%
小型企业	3293	29.26	18	23.06%
中型企业	198	1.75	2	11.24%
大型企业	72	0.64	0	14.29%
合 计	11430	100	237	15.51%

表 8　市持证机构从业人员规模及构成表（按机构性质划分）

机构性质	机构数量（个）	员工数量（人）	12月新增员工（人）	相比去年同期增加
民营企业	11223	189788	1425	22.17%
国有独资企业	77	8953	0	56.11%
国有控股企业	72	7152	0	−26.25%
国有参股企业	22	709	0	−9.68%
其他	19	1080	0	43.24%
事业单位	17	5262	0	12.24%
合计	11430	212944	1425	20.30%

表 9　市持证机构从业人员所在区域分布表

区	员工数量（人）	12月新增员工数量（人）	相比去年同期增加
东城区	11008	262	15.12%
西城区	9720	42	27.34%
朝阳区	87801	462	21.47%
海淀区	54834	235	21.24%
丰台区	7991	21	−3.75%
石景山区	6853	65	−9.41%
门头沟区	1946	21	21.91%
房山区	2665	19	131.03%
通州区	7285	102	38.93%
顺义区	3285	12	82.09%
大兴区	6573	70	29.53%
昌平区	3575	39	41.91%

（续表）

区	员工数量（人）	12月新增员工数量（人）	相比去年同期增加
平谷区	1412	9	12.06%
怀柔区	5630	37	15.31%
密云区	1963	29	66.01%
延庆区	403	0	57.85%
合计	212944	1425	21.30%

表 10　从业人员数量全市前 10 位的持证机构

机构名称	员工数量	机构性质	所在区
北京百度网讯科技有限公司	5800	民营企业	海淀
中视科华有限公司	3560	国有控股企业	海淀
中视前卫影视传媒有限公司	2688	国有独资企业	朝阳
北京尚德在线教育科技有限公司	2000	民营企业	石景山
金吉列出国留学咨询服务有限公司	1500	民营企业	朝阳
优酷信息技术（北京）有限公司	1307	民营企业	海淀
乐视网信息技术（北京）股份有限公司	1258	民营企业	海淀
北京惠赢天下网络技术有限公司	1020	民营企业	海淀
北京墨水心影视传媒有限责任公司	1010	民营企业	朝阳
北京国艺传承互联网科技有限公司	1010	民营企业	朝阳

（北京市广播电视局传媒机构处供稿）

新媒体

北京市网络视听节目服务管理情况综述

2019年，按照突出主线、聚焦重点、创新驱动、精品引领的总体思路，北京市广播电视局重点抓庆祝新中国成立70周年正面宣传、扶优扶强深化精品创作“北京模式”、打造网络视听平台监管模式，强化监管提升“五位一体”综合治理能力、组织亚洲网络视听传播政策对话与合作成果发布活动等工作，探索网络视听培训特色品牌，推动网络视听与产业扶贫有机融合。

一、聚焦主线推进精品节目供给

以庆祝新中国成立70周年为主线，编制全年主题宣传工作方案，按照“事前积极策划、事中有序落实、事后及时总结”的思路，多次召开工作例会，要求全市视听平台加强节目上线播出和版面编排审核把关，首页首屏首条要聚焦主题主线，所有节目要与新中国成立70周年宣传同频共振。市属持证网站和纳入备案制管理的短视频平台、直播平台、社交媒体、资讯聚合平台等都搭建特别专区、主题频道、专栏节目，“我与我的时代”“守艺中华70年”“红色丰碑”“我们的70年”等总播放量超20亿次。“让世界看清我们”集中展映通过前沿技术手段修复重制的27部爱国题材经典影视剧。市属网络等平台多维度、全方位、立体化构建高质量宣传生态，使正能量的舆论传播持续升温，向全国人民群众传递新时代主旋律，彰显网络视听新媒体的使命和担当。

在精品创作“北京模式”引领下，通过“引一把、领一把、导一把”，三个“关口前移”，成功孵化推出网络电影《毛驴上树》《大地震》等优秀网络文艺精品。《毛驴上树》在爱奇艺平台独播，评分8.4，上映20天分账突破千万元。《大地震》上映23天分账突破1500万元，实现票房、口碑的双丰收。作为全国第一部精准扶贫题材的网络电影《毛驴上树》，它的成功上映是管理部门科学有效组织引导的结果，是“北京模式”引领网络影视精品发展的生动实践，是树立网络电影创作生产的行业新标杆。为进一步发挥好头雁效应，在《毛驴上树》首映礼上启动“讲好中国扶贫故事——北京网络视听节目创作计划”，召开网络电影《毛驴上树》暨北京网络文艺精品发展研讨会。

在国家广播电视总局举办的2019年度优秀网络视听作品推选活动评审中，北京市广播电视局组织推荐的10部作品榜上有名，在全国各省局中位列第一。在北京广播电视网络视听发展基金征集评审中，共有网络剧、网络电影、网络动画片、网络综艺节目等8个类别共30个项目脱颖而出，获得扶持奖励资金共1870万元。

二、创新网络视听节目管理模式

2018年起，北京市广播电视局将北京市30多家未持信息网络传播视听节目许可证的网络视听平台纳入备案制管理，即在视听平台未持有“信息网络传播视听节目许可证”、未开通国家广电总局相关线上业务系统权限的情况下，比照持证网站管理制度，纳入日常监管和服务体系。备案制实施一年多以来，得到国家广电总局的认可和支持。2019年6月，国家广电总局将字节跳动、快手、新浪网、一下科技等第一批6家平台纳入全面管理体系，开放节目信息库、内部通讯系统、节目备案系统等六项权限，与持证平台权限一致。9月，再对北京市无证但用户数量和社会影响力较大的网络视听平台进行核查和筛选，上报包括微博、凤凰网、一点资讯、花椒、映客等平台纳入备案。自2019年2月15日重点网络影视剧开始实行“双备案双公示”新规定起，截至2019年年底，共受理备案网络剧944部、网络电影3397部、网络动画片72部、网络综艺及专业类视听节目121档。

三、强化“五位一体”综合治理能力

开展网络意识形态安全“清风”行动。聚焦重点风险领域、时间节点、主场活动，前置清理拦截约12.38万条有害视听信息，清理重点平台的短视频、直播、资讯、社交等3.3万条低俗、恶搞、涉性违规内容，下线重编、禁播内容违规网络电影、网络剧等78部。及时监测并稳妥处理AI换脸软件涉及侵犯隐私、莱卡相机广告涉敏感内容、网络综艺节目选手辱华言论、儿童模仿短视频受伤等热点舆情。联合北京市文化市场行政执法总队查处“神马影院”“小道口”等9家网站、提请关停“悠久影院”等4家无证违规视听网站。在庆祝新中国成立70周年重要保障期间，以最高标准、最严要求、最好效果扎实推进全市网络视听安全大检查，采取有效措施，筑牢安全防线。组织各网站对党的十九大之前各类庆祝性、宣传性、时政报道性节目进行重播重审。组织各网站、IPTV、互联网电视机构加强内容安全防护和审核，严防境外有害节目或视频信号插入正常节目中播出，严防网民上传带有敏感画面的节目，确保北京网络视听节目传输秩序平稳，积极营造良好舆论氛围，获得北京市庆祝活动领导小组阅兵服务保障指挥部奖励。

利用北京市广播电视局信息网络视听节目传播监管中心、社会监督员和专家团队三支力量，加强对视听节目服务网站、移动客户端日常监看。提升监管系统智能化水平，配合监管中心建设网络视听新媒体综合监管平台（一期），实现对市辖区内视听节目网站、移动客户端、短视频直播平台、资讯平台、社交平台等网络视听新媒体传播视听内容的有效监管。启动互联网视听节目监督志愿者服务项目，建好一支守护首都网络视听清朗空间的骨干队伍。

推进网上境外影视剧引进、VOD、IPTV、互联网电视管理工作。截至2019年12月底，共受理审核网上境外影视剧209部，审核通过发证201部。建立网上境外剧引进白名单、黑名单库，加大违规传播境外剧排查清理，密切跟踪境外剧上线后舆情动态。加强VOD、IPTV、互联网电视内容监管工作，补齐短板，完善机制，做好安全把关。

四、多措并举促进网络视听发展

组织召开亚洲网络视听传播政策对话与合作成果发布活动。2019年5月16日，由国家广播电视总局指导，北京市广播电视局与中国传媒大学共同主办的亚洲网络视听传播政策对话与合作成果发布活动成功举办。本次活动紧跟中央决策，服务外交大局，以“繁荣网络文化，讲好亚洲故事”为主题，就亚洲主要国家网络视听传播领域的管理政策、传播理念、内容创作及产业发展等层面的最新探索进行交流和分享，发布最新的研究与合作成果。

组建网络视听研究机构。经过扎实调研和精心筹备，北京网络视听研究院于2019年12月正式成立。研究院充分整合行业管理部门、视听平台、制作机构、主流媒体、融媒体中心、高等院校、协会智库、产业园区等网络视听全产业链资源要素，搭建政策研究、生态创新和文艺评论平台，下设“1+N”创新实验室、“9+X”研究员和专家智库，着眼北京网络视听事业产业高质量发展的关键环节和重点问题，持续输出智力成果，推动落地转化，为全行业繁荣发展贡献“北京智慧”。

探索网络视听培训特色。结合北京市广播电视局大调研活动，多次深入各网络视听平台，精准了解企业需求，从源头入手提高培训的专业性、实效性和前置性，探索“网视大讲堂”特色品牌。重点网络影视剧信息备案系统培训由局网络视听节目管理处相关人员授课，共300余家制作机构的380多名创作、制作负责人参加。全国首创网络视听专家团送课上门服务，量身定制专家组和课程。针对《乐队的夏天》《这！就是街舞》《奇葩说》等种子节目，与爱奇艺、优酷、西瓜视频开展20多场一对一式专题辅导。

推动一轮网络视听与产业扶贫有机融合。落实北京市广播电视局精准扶贫工作行动方案，配合牵头部门组织爱奇艺、阿里文娱优酷、今日头条、快手参加北京市广播电视局赴新疆和田地区对口援建团组，4家新媒体平台分别与和田地区文广局签署对口援建协议。推动北京市网络视听与和田地区产业扶贫有机融合，以“短视频、直播+扶贫”模式开展产销助农、品牌强农专项扶贫活动；帮助当地政府部门、广电媒体、融媒体中心入驻抖音、今日头条、快手等移动App，宣传推介和田文化旅游资源，培育“网红”景点；推动“爱奇艺光影助成长计划”“光明优酷乡村艺术教室”“阿里巴巴加油木兰贫困女性保险项目”等品牌公益项目落地和田，提供影视设备、多媒体内容、教育保险等帮扶措施。

2019年10月12日，北京市广播电视局领导和有关部门负责人到北京星光影视园爱奇艺影视节目规划研究中心调研。图为在《奇葩说》录制间合影

（北京市广播电视局网络视听节目管理处）

北京市持信息网络传播视听节目许可证机构（含备案单位）一览表

序号	许可证号（备案号）	开办单位	网站名称	登录地址
1	0105094	北京华奥星空科技发展有限公司	华奥星空	www.sports.cn
2	0103032	中广亚广播信息网络有限公司	中广网	www.catv.net
3	0103028	北京广播电视台	北京网络广播电视台	www.brtn.cn
4	0104056	北京千龙新闻网络传播有限责任公司	千龙新闻网	www.qianlong.com
5	0104053	北京在线九州信息技术服务有限公司	天天在线	www.116.com.cn
6	0104054	北京歌华有线电视网络股份有限公司	歌华宽带	www.gehua.net
7	0105081	北京歌华文化发展集团	新视界	www.dvod.com.cn
8	0105087	北京联合网视文化传播有限公司	联合网视	www.uitv.com.cn
9	0105097	乐视网信息技术（北京）股份有限公司	乐视视频	www.le.com
10	0105093	北京雷霆万钧网络科技有限责任公司	tom网	www.tom.com
11	0108231	北京光线易视网络科技有限公司	E视网	www.ewang.com
12	0108272	网乐互联（北京）科技有限公司	听伴	www.tingban.cn
13	0107195	中共北京市委干部理论教育讲师团	宣讲家网	www.71.cn
14	0108246	北京优朋普乐科技有限公司	优朋影视	www.voole.com
15	0108296	北京网尚文化传播有限公司	网尚宽频	www.vv8.com
16	0108251	北京网罗天下生活科技有限公司	100度享乐网	www.100du.com
17	0108267	酷溜网（北京）信息技术有限公司	酷6网	www.ku6.com
18	0108275	北京青年报网际传播技术有限公司	北青网	www.ynet.com
19	0108270	北京时越网络技术有限公司	悠视网	www.uusee.com
20	0108258	迈视（北京）网络传媒技术有限公司	迈视网	www.maxtv.cn
21	京备2008015	北京市大兴区广播电视台	中华兴网	www.zhhxw.com
22	0108259	北京搜狐互联网信息服务有限公司	搜狐网	www.sohu.com
23	0108290	北京风行在线技术有限公司	风行网	www.fun.tv

（续表）

序号	许可证号（备案号）	开办单位	网站名称	登录地址
24	0108283	优酷信息技术（北京）有限公司	优酷网	www.youku.com
25	0108268	北京六间房科技有限公司	六间房	www.6.cn
26	0108308	北京华艺汇龙网络科技有限公司	艺通网	www.etoote.com
27	0110536	北京偶偶网络科技有限公司	偶偶网	www.ouou.com
28	0108265	北京动艺时光网络科技有限公司	时光网	www.mtime.com
29	0108284	北京万方数据股份有限公司	万方数据	www.wanfangdata.com.cn
30	0108278	北京智汇游信息技术有限公司	17173视频	www.17173.com
31	0108271	新传在线（北京）信息技术有限公司	新传宽频	www.zhibo.tv
32	0108274	北京搜房科技发展有限公司	房天下	www.fang.com
33	0108291	北京捷报互动科技有限公司	捷报网	www.jeboo.com
34	京备2008014	顺义区广播电视台	顺广传媒	www.bjsytv.com
35	0108298	暴风集团股份有限公司	客户端软件名称：暴风影音	播出服务器网址：http://moviebox.baofeng.net/newbox1.0/index/index_1.html
36	0108292	北京中视互动科技发展有限公司	中视互动网	www.citv.cn
37	0110516	北京百度网讯科技有限公司	百度	www.baidu.com
38	0108309	北京勤能通达科技有限公司	勤能影视圈	www.tvquan.cn
39	0108319	北京晨报社	北京晨报	www.morningpost.com.cn
40	0108330	北京三纪讯通科技股份有限公司	天使网	www.zgangel.com
41	0109404	北京和讯在线信息咨询服务有限公司	和讯网	www.hexun.com
42	0109359	北京华星互联文化传播有限公司	如意影视网	www.165tv.com
43	0109343	同方股份有限公司	清华同方学堂	www.edu-sp.com
44	0108325	北京摩苍科技发展有限公司	摩视网	www.shanlink.com
45	0110549	粉娱（北京）科技发展有限公司	粉娱网	www.fenyucn.com
46	0109388	赛尔网络有限公司	校园梦网	www.cdream.com.cn
47	0109368	北京三进宇通通信设备有限公司	三进宇通音乐网	www.rock3g.cn
48	0109360	北京互动百科网络技术有限公司	互动百科	www.baike.com
49	0109362	北京酷我科技有限公司	酷我音乐网	www.kuwo.cn

（续表）

序号	许可证号（备案号）	开办单位	网站名称	登录地址
50	0109376	北京天空世纪信息技术有限公司	天空宽频	www.tvsky.tv
51	0109379	北京空中信使信息技术有限公司	空中网	www.kongzhong.com
52	0109389	北京卡酷传媒有限公司	北京卡酷动画卫视	www.kaku.tv
53	0109377	北京文国网络技术有限责任公司	文国网	www.veduchina.com
54	0110427	掌中微视（北京）科技有限公司	微视网	www.kinpower.com.cn
55	0109380	华友世纪通讯有限公司	哈哇网	www.hawa.cn
56	0109390	中传视友（北京）传媒科技有限公司	视友网	www.cuctv.com
57	0110515	北京汉高华网络科技有限公司	欢喜首映	www.huanxi.com
58	0110576	原上草网络信息技术（北京）有限公司	原上草	www.igroot.com
59	0109405	北京华通京信通信技术有限公司	腾空网	www.tengkong.com
60	0109500	北京飞宇电脑技术有限公司	飞宇网	www.feiyu.com.cn
61	0109406	北京网高科技股份有限公司	财界网	www.17ok.com
62	0110517	北京北纬通信科技股份有限公司	北纬30度	www.bw30.com
63	京备2009016	昌平区广播电视台	昌平广播电视网	www.cprt.com.cn
64	0110533	共青团北京市委员会	青檬网络	www.qmoon.net
65	0110525	北京中录国际文化传播有限公司	中录宽频	www.zlvod.cn
66	0110524	金银岛（北京）网络科技股份有限公司	金银岛	www.315.com.cn
67	0110542	北京中润互联信息技术有限公司	8169	www.8169.com
68	0110556	北京新媒视讯科技有限公司	新频道	www.xinpindao.com
69	0110545	北京小度互娱掌讯科技有限公司	北京掌讯	www.handinfo.cn
70	0110563	游艺星际（北京）科技有限公司	哈啪咪	www.hapame.com
71	0110538	北京小唱科技有限公司	小唱	www.xiaochang.com
72	0110534	北京比邻星空科技有限公司	颐家家居	www.e–jjj.com
73	0110551	优活联盟（北京）科技有限公司	优活联盟	www.yoholm.com
74	0110531	北京新东方迅程网络科技股份有限公司	新东方在线	www.koolearn.com
75	0110543	北京易车信息科技有限公司	易车网	www.bitauto.com

（续表）

序号	许可证号（备案号）	开办单位	网站名称	登录地址
76	0110553	北京车之家信息技术有限公司	汽车之家	www.autohome.com.cn
77	0110554	北京富华创新科技发展有限责任公司	金融界投资理财网	www.jrj.com
78	0110418	北京豆网科技有限公司	豆瓣网	www.douban.com
79	0110544	北京爱奇艺科技有限公司	爱奇艺	www.iqiyi.com
80	0110484	北京红番茄联众通信技术有限公司	蒜苔视频	www.300hu.com
81	0110552	北京智德典康电子商务有限公司	爱卡汽车网	www.xcar.com.cn
82	0110583	北京瑞奥视科技有限公司	瑞网	www.today365.com.cn
83	0111605	工控网（北京）信息技术股份有限公司	工控网	www.gongkong.com
84	0110446	北京天方金码科技发展有限公司	天方听书网	www.tingbook.com
85	0110461	北京宇晨亿荣网络科技有限公司	酷燃网	www.krcom.cn
86	0110557	北京艾斯凯国际民族文化传播有限公司	中民网视	www.maoer.com
87	0110428	北京康隆盛科技有限公司	乐看	www.lekan.com
88	0110550	北京新网视信传媒科技有限公司	橙果网	www.chengo.com.cn
89	0110569	北京赛鸽天地广告有限公司	赛鸽天地	www.rpw.com.cn
90	0110535	北京华思维泰克科技有限公司	维洱	www.v2to.com
91	0110562	北京雷盟盛通文化发展有限公司	V族网	www.vzuu.com
92	0110568	北京画娱天下科技有限公司	画娱网	www.hydiy.cn
93	0110537	北京梦之窗数码科技有限公司	糖豆网	www.tangdou.com
94	0110582	北京联想调频科技有限公司	联想阳光在线	www.lenovo.net
95	0110581	北京万企科技有限公司	北京万企科技有限公司网站	www.cew.cn
96	0110588	北京清大世纪教育投资顾问有限公司	清大学习吧	www.eee114.com
97	0110453	大地时代文化传播（北京）有限公司	大地传播	www.dadifilm.com
98	0110587	完美世界（北京）网络技术有限公司	完美世界	www.wanmei.com
99	0110416	北京库客音乐股份有限公司	库客数字音乐图书馆	www.kuke.com
100	0110426	北京凯铭风尚网络技术有限公司	YOKA时尚网	www.yoka.com

（续表）

序号	许可证号（备案号）	开办单位	网站名称	登录地址
101	0110437	北京太极国际体育发展有限责任公司	太极体育网	www.21tjsports.com
102	0110460	北京君合百纳通信技术有限公司	亮了网	www.liangle.com
103	0110413	北京宽客网络技术有限公司	音悦网	www.yinyuetai.com
104	0110475	北京天天宽广网络科技有限公司	酷米网	www.kumi.cn
105	0110438	北京世纪超星信息技术发展有限责任公司	超星图书馆	www.superlib.com
106	0110567	北京优视米网络科技有限公司	优米网	www.umiwi.com www.youmi.cn
107	0110424	芝麻开门网络数字技术（北京）有限公司	芝麻开门网	www.zmkm.org.cn
108	0110448	北京德法利投资有限公司	中彩新网	www.zhcw−1.com.cn
109	0110452	北京中童联合资讯服务有限公司	中童在线	www.looklook.cn
110	0110471	北京《瑞丽》杂志社有限公司	瑞丽网	www.rayli.com.cn
111	0110594	中体彩彩票运营管理有限公司	竞彩网	www.sporttery.cn
112	0111612	华录出版传媒有限公司	东东007	www.dongdong007.com
113	0111614	新星出版社有限责任公司	声动网	www.singdoo.com
114	0111622	国家大剧院	国家大剧院官方网站	www.chncpa.org
115	0111624	北京荣信天诚科技有限公司	看视界	www.1iptv.com
116	0113658	北京卓众出版有限公司	第一工程机械网	www.d1cm.com
117	0112632	北京市可持续发展科技促进中心	北京科技视频网	www.bjscivid.net
118	京备2012012	北京市房山区广播电视台	房山广电传媒网	www.funhillmedia.com
119	0108269	京华时报社	京华网	www.jinghua.cn
120	0114665	北京广播集团有限公司	菠萝网	www.bolo.cn
121	京备2014013	北京市通州区广播电视台	大运通州网	www.dayuntongzhou.com
122	1110559	北京中期移动传媒有限公司	都市宽频	www.361cc.com
123	京备2016018	北京市怀柔区广播电视台	怀柔电视台	www.huairtv.com
124	0105136	第一视频通信传媒有限公司	第一视频	www.v1.cn
125	0110560	中数寰宇科技（北京）有限公司	易视腾视频	www.ysten.tv www.koomatch.com

（北京市广播电视局媒体融合发展处）

2019 年北京市网络综艺节目发展情况

2019 年，网络综艺节目的投资、制作、传播、开发等环节发展平稳，尾部综艺减少，腰部综艺收紧，头部综艺保持稳中求进的良好态势。青年文化成为网络综艺的重要创作领域，各大平台积极弘扬社会主义核心价值观，传播优秀传统文化，发挥网络视听在脱贫攻坚等方面的重要作用。北京以爱奇艺、优酷、搜狐视频、西瓜视频等平台为代表，以热点题材为发力点，深耕细作垂直领域，推出一批成熟、有竞争力的差异化内容。

一、爱奇艺

2019 年，爱奇艺出品综艺 44 部，涵盖音乐类节目《乐队的夏天》《我是唱作人》《中国新说唱 2019》《这样唱好美》；观察类节目《我和我的祖国》《喜欢你我也是》《做家务的男人》；生活体验类节目《青春的花路》《慢游全世界》《潮流合伙人》；互动交流类节目《限定的记忆》《Vlog 营业中》等。

原创音乐综艺节目《乐队的夏天》以年轻人喜爱的节目模式，为独立音乐提供走向大众的舞台和通道，同时将热血、年轻、不服输的态度传达给年轻用户，实现乐队文化的正向价值输出。为庆祝新中国成立 70 周年打造的中国新青年创造力观察节目《我和我的祖国》，以新时代年轻人的全新视角、多样化的方式、积极向上的全新语态，形象地展现出新中国成立 70 年来的巨大发展、变化与成就，传达新时代年轻人对祖国的热爱和美好祝福。

二、优酷

2019 年，优酷全年自制、合制网络综艺 34 部，其中包括《这！就是街舞》第二季、《这！就是灌篮》第二季、《这就是原创》、《益起追光吧》等节目。2019 年《这！就是灌篮》《了不起的匠人》等自制网络综艺入选国家文化出口重点项目。

《这！就是街舞》第二季用“专业”和“匠心”打破综艺升级难题，成为 2019 年国产高评分综艺代表，“街舞”破圈进入青年文化生活。《这！就是灌篮》第二季旨在提供属于篮球青年爱好者的舞台，展现新时代青年热爱篮球，勇于战胜自我、超越自我，发扬团结拼搏、永不放弃的精神，记录他们青春热血的追梦故事。节目同时推广篮球竞技文化，传播体育竞技的“青春、热血、励志”正能量，将篮球运动在青少年中进行推广普及。选手还可以通过节目获得优质的篮球资源，打开他们的职业上升通道，成为各个优秀俱乐部的职业选手。

三、搜狐视频

搜狐视频坚持创新选材、匠心出品，深耕“小”而美战略，延续并升级打造“一种关注”内容品牌，通过视角的转化，深化垂直细分，推出一系列如《送一百位女孩回家》《时间告诉我 · 大师印象》等关注社会、人文、文化等不同方向和具有情感温度的品质节目，通过关注他者的生活，洞见人心，体味人生百态。

《送一百位女孩回家》第三季节目通过真实记录与伴随访谈结合的模式，探究都市女孩们的生存现状。观察者丁丁张犀利与温暖并存，以去主持化的谈话方式，将女孩们的故事娓娓道来。节目通过这些努力前行的女孩们的真实故事，让大家感受到生命的律动。

《时间告诉我·大师印象》采用“摄影+探访”的谈话形式，通过探访者涂松岩走近故宫博物院古建修缮专家李永革、表演艺术家雷恪生、艺术家罗中立三位大师的生活，对时代人物进行客观记录，挖掘大师身上所蕴含的时代光彩，展现匠人精神与人文情怀和他们在专业领域中的光芒。

《时间告诉我·东方符号》以东方文化元素为灵感而创作，在主持人张晓龙的带领下，探访服装设计师劳伦斯·许、纪实摄影师肖全、舞蹈家黄豆豆、民族摇滚乐队杭盖乐队、梅派青衣第三代传承人胡文阁、古建园林高级工程师马炳坚这六位在行业领域内知名的传统文化爱好者的故事，以人文视角近距离展现他们的文化追求，为年轻一代带来文化传承的思考。

四、西瓜视频

2019 年，西瓜视频发力于自制综艺及微综艺项目，先后推出多档自制节目，包括《考不好 没关系？》《大叔小馆》等多部网络综艺节目。《考不好 没关系？》是一档自主研发的原创观察答题节目。以当下小学真实试题为内容，每期节目邀请 21 组不同职业、不同地域、不同家庭文化的素人家庭，由孩子的父亲参与小学考试答题，素人真正意义成为节目主角。把镜头对准素人父子，关注孩子对于考试、对于家庭关系的看法。节目先后获得国家广电总局“年度优秀网络综艺节目”、北京市广播电视局“2019 年网络视听发展基金优秀网络视听节目”、中国电视艺术家协会“2019综艺峰会 年度匠心编剧”等奖项。

五、网络综艺节目的制作与营销

2019 年，爱奇艺在持续深耕“综 N 代”节目的同时，创新开拓新的垂直领域，差异化内容满足用户日益多元化的精神文化需求。字节跳动积极探索不同类型综艺，题材内容覆盖教育服务类、旅游文化类、文化类等多个领域。搜狐视频坚持创新选材、匠心出品，深耕“小”而美战略，延续并升级打造“一种关注”内容品牌。优酷聚焦青年文化，致力于提供对青年人有影响力的文化，引导其积极向上。同时，在原创的网络综艺节目中积极发挥阿里集团数字经济体的优势，助力脱贫攻坚，通过文艺扶贫与经济扶贫两手抓，以及打通线上线下生态，让高质量文艺作品辐射产生更多的社会效益。

（北京市广播电视局网络视听节目管理处）

2019 年北京市网络剧发展情况

从 2019 年 2 月 15 日起，重点网络影视剧信息备案主体由网络视听节目服务机构改为广播电视节目制作机构，并且推进网上网下标准统一，网络剧创作生产呈现“转型发展、调整提升”特点，网络剧市场突破自身局限，自觉与主流接轨，逐步成为能够负担起时代责任、引领正确价值观、满足受众多样化精神需求的主流影视产品。相比 2018 年在整体内容和品质上均有所提升，呈现蓬勃发展态势。据统计，2019 年全网各平台共播出网络剧 202 部，其中爱奇艺 88 部，优酷 29 部，搜狐视频 6 部，北京市属平台占比约 61%。

一、2019 年网络剧特征

1. 题材多元，类型化

2019 年以来，网络剧题材结构出现显著变化，古装剧减少，现实题材增加，青春校园题材仍然是品质高地。

网络剧在反映社会变迁，见证时代发展方面有所突破。例如农村题材系列剧《乡村爱情 11》，在延续其乡村喜剧叙事风格的基础上，加入大学生村官、精准扶贫等剧情元素，展示“乡村振兴战略”背景下，农村地区呈现出的新气象、新变化。聚焦当下打工族生活现状的《北漂爱情故事》，以写实手法讲述北京天通苑合租屋中五户房客的故事，还原北漂一族的真实生活。

青春校园题材网络剧仍以接地气、重写实为主要特征。如爱奇艺播出的《独家记忆》从 90 后大学记忆中后青春期岁月出发，真实还原他们在大学后期到初入社会这一青春尾巴中的故事。《我的盖世英雄》改编自余沐泽知名小说《一网打尽》，在剧中加入网球竞技元素，展现青春励志向上的一面，丰富故事内容。优酷播出的《我是班主任》以“班主任”为陪伴青春成长不可或缺的角色，让青春校园剧视角更加多元立体，展现新时代教师立德树人的良好风貌。

都市爱情题材网络剧融入更多现实生活元素给观众带来共鸣点。爱奇艺播出的《我的单板女孩》聚焦滑雪运动，在讲述爱情的同时，融入主人公们努力经营滑雪场的励志元素，展现当代年轻人为梦想不断坚持的勇气与决心。优酷播出的《未经安排的青春》主要讲述 18 岁到 24 岁年轻人的成长故事，剧中对梦想的探索，在理想与现实中的彷徨失措，在初入社会时的妥协与坚持，呈现出一代人在如诗的年华中积极向上、阳光健康、充满活力的青春传记。搜狐视频播出的《奈何 BOSS 要娶我》，女主人公夏琳坚强、独立，有事业追求，不依附于男主人公，在两人的相处中共同成长。

悬疑涉案题材网络剧在价值传递，故事内容和制作水平等方面都有新的突破。注重人文关怀是其突出亮点，故事逐渐从强情节、快节奏转为更为细腻的对于人性与情感的表达。如爱奇艺播出的《心灵法医》从法医视角切入，将罪案题材与人性相结合，聚焦现实社会中不同群体和个体，具有人文厚度和情感温度；《伪钞者之末路》挖掘犯罪领域新题材，切入点来自现实生活，将罪案题材与亲情、人性相结合，用更真切的现实注入方式将故事拓展到社会、人性层面，具有较高的共情感和代入感。

播出古装网络剧在题材上大多以 IP 改编为主，表达上更趋年轻化和青春化。如爱奇艺播出的《从前有座灵剑山》改编自漫画，通过细致的刻画，塑造出有血有肉的人物形象，同时符合原作粉丝的审美趣味，因此吸引很多观众。《恋恋江湖》根据籽月的小说《谁说江湖好》改编，讲述在架空的历史时代里，门派纷争的江湖乱世中，花痴女孩于盛优如何不忘搞笑地追寻真爱，随后一步步完成成长，最终挫败一桩邪恶阴谋的故事。优酷播出的《天雷一部之春花秋月》根据蜀客的小说《穿越之天雷一部》改编，讲述了生活在未来的女主，为了体验爱情以“春花”的名字穿越到一个架空的武侠世界中，与两名黑白对峙的少年产生情愫，由此展开一系列啼笑皆非又浪漫温情的故事。

2. 竖屏剧、互动剧

竖屏剧。随着移动端视频观看习惯的变化，以及媒体形式的融合，手机竖屏格式的观看模式向传统的横向构图发起挑战。与横屏相比，竖屏的视野开阔度、空间层次感和纵深感都有限，所以，竖屏剧体量小、节奏快，生活化、轻松化、快餐化的特征明显，颇有几分“网络迷你剧”“段子剧”“单元剧”的味道。2019 年陆续投入的竖屏剧作品，类型以喜剧类占据多数。爱奇艺推出“竖屏控剧场”，上线《生活对我下手了》第二季和《导演对我下手了》等，主打喜剧风格，以集数少、总时间短、节奏紧张为主要剧集制作模式。此后，优酷、腾讯在竖屏剧领域进行开拓。优酷设立“小剧场”，以播出竖屏短剧为主；腾讯视频也积极展开布局，联动旗下短视频平台 yoo 视频，推出《公主病的克星》等以女性为目标受众的竖屏剧。

互动剧作为一种全新的视频类型，用户在观看互动剧时，每触发一个情节点，都需要通过点击视频播放器内的选项按钮，来“选择”剧情的走向。互动剧来袭，其本质就是“内容互动”，迎合习惯自主选择和追求个性化人群，在讲故事的过程中加入选择，让观众有了更强的互动性，或带来更强的观看沉浸感。爱奇艺推出《他的微笑》，优酷播出《大唐女法医》，腾讯视频出品《古董局中局之佛头起源》，芒果 TV 播出《明星大侦探之头号嫌疑人》，Bilibili 视频网站播出《穿越吧》。其中，衍生悬疑类互动剧较受欢迎。如，推理类综艺节目《明星大侦探》的衍生互动剧《明星大侦探之头号嫌疑人》、探险剧《古董局中局》的衍生互动剧《古董局中局之佛头起源》，凭借原生综艺、剧集的热度铺垫，加上沉浸式的观剧体验，获得不俗的口碑及反响。

二、行业盈利模式分析

1. 付费观看广为接受，单剧付费方兴未艾。视频平台正成为用户观看剧集的主流渠道，用户的付费消费习惯逐渐养成。网络付费用户规模迅速扩张，头部平台内容付费超过贴片广告，成为营收主力。2019 年，网络剧在营收模式上进行创新，最受业界和社会关注的便是单剧付费。腾讯视频开放超前点播特权，用户可通过单片付费点播，提前观看《陈情令》未播集数。年末，腾讯视频、爱奇艺同步开启《庆余年》付费超前点播模式，会员支付 50 元可超前点播 6 集。各大视频平台都聚集着一定规模的会员群体，虽然用户权限各不相同，但整体而言，付费越多，权限越大。付费点播基于其会员模式，以时间划分权限，用户可根据自身需求进行选择。例如，《陈情令》开启单集点播模式，既满足部分用户提前观剧的需求，又使平台得以试水多元付费渠道，为优质内容创造更大利润空间。无论是单点付费、超前点播、全集付费，都是时间维度上的差异化付费尝试。

2. 植入广告形式丰富，明星口播广告增加。2019 年，广告收入仍然是网络剧主要的收入渠道。网络剧中植入广告形式十分丰富，在类型方面，明星播报广告异军突起。此类广告多出现在片头曲与正片之间，利用影视明星在剧中的角色形象进行口播。此类广告付费会员不会直接跳过，但可以拖拽。创意中插广告的投放较前两年明显减少，此类广告曾经因为其构思新颖、创意十足，给观众带来新鲜感，受到年轻观众的喜爱，但也由于使用频率高，破坏追剧体验，而受到网民诟病。“创可贴”广告较 2018 年有所减少。挂角广告对观看效果影响较小，在热播剧中出现较多。

三、重点网络视听平台梳理

1. 爱奇艺

2019 年，爱奇艺成为首家会员数破亿的视频平台。据取样调查分析，2019 年国内主流平台付费会员分布，爱奇艺会员占 54%。爱奇艺 2019 年上线的网络剧，广告收入同比翻倍，广告收入与整体收入的比例约为四分之一；会员收入与整体收入比重超过 50%。全年，爱奇艺推出多部续集作品。如都市爱情喜剧《青柠男女》第一、二季围绕三对邻居工作生活中的一系列奇葩情感故事展开；古风言情探案《天机十二宫》第一、二季讲述十二宫阎王殿少主沈爻潜入刑律司寻找当年尘封真相，在这过程中与女捕快万筠灵、总捕头玉长风的情谊纠葛的故事；《我的单板女孩》第一、二季以热血沸腾的运动元素和甜宠幽默的感情戏份持续发力，彰显了年轻人创业励志的正能量。爱奇艺推出“竖屏控剧场”，上线《生活对我下手了第二季》、《导演对我下手了》和《被生活扼住了喉咙》等，主打喜剧风格，以集数少、总时间短、节奏紧张为主要剧集制作模式。5 月 9 日，爱奇艺公开的“互动视频标准”引发行业关注。由爱奇艺和灵河文化联手打造的全新带入式互动影视《他的微笑》满足常见的互动视频的两大基本结构：分支剧情结构和视角切换结构。该剧打破传统影视剧的线性叙事结构，全剧设置 21 个选择节点，对应 17 种结局，让打开“平行时空”、开启“旁支小剧场”的创新观看体验成为可能。《他的微笑》的热播标志着国内视频平台在互动影视的探索上，革新内容表达方式以及内容与观众的连接方式。

2. 优酷网

2019 年，共上线电视剧 182 部，其中网络剧共计 29 部。剧集题材结构显著优化，现实题材网络剧 20 部，占比 69%，在数量及品质上均有快速提升。陆续推出《长安十二时辰》《鹤唳华亭》等三部以唐、宋、明文化为内核的历史剧集，大获成功。播出的同时，优酷依托阿里生态优势，打造出一套独有的“传统文化 IP+ 历史文化名城”线上线下联动模式。推出的《等等啊我的青春》《强风吹拂》《你是我眼中的山川和海洋》，从校园、爱情、工作、传统文化等不同侧面记录见证青春的成长与美好。全年，优酷 24 部近 900 集剧集内容版权输出海外。网络剧《乡村爱情 11》在 YouTube 收获海外网友热议；网络首播电视剧《长安十二时辰》成为第一个被澳大利亚主流电视台采购的中文剧；网络首播电视剧《鹤唳华亭》落地 YouTube、北美视频网站 ODC、亚马逊 Prime Video、越南邮政电信 VNPT、马来西亚双星电视台 Astro 等平台；网络首播电视剧《大明风华》全球超过 200 个国家及地区通过 YouTube 等新媒体平台与中国观众同步观看。

（北京市广播电视局网络视听节目管理处）

2019 年北京市网络电影发展情况

2019 年是网络电影行业重归冷静、走向拐点的关键一年。自 2 月 15 日起，重点网络影视剧信息备案主体由网络视听节目服务机构改为广播电视节目制作机构，网络电影由此开始实行“双备案双公示”的新型管理模式。在此背景下，网络电影减量提质，类型题材丰富创新，在创作表达上逐渐向主流意识靠拢，出现具有厚重现实意义、引发观众情感共鸣、彰显社会正能量的多元化题材，尤其现实主义风格影片表现突出。因用心追求内容制作，同时展现分账票房上的不俗成绩，行业整体发展向好，向网络电影精品化、专业化道路迈进。

一、网络电影发展概况

2019 年，北京市广播电视局致力于用“北京模式”引领网络影视精品发展，向前一步、勇于创新，策划发起“讲好中国扶贫故事——北京网络视听节目创作行动”，联合爱奇艺、优酷、字节跳动、奇树有鱼、淘梦、长信影视等 10 家北京重点网络视听节目服务机构和影视制作机构，成功培育孵化第一部聚焦精准扶贫的网络电影《毛驴上树》。该片在爱奇艺平台独播，评分8.4，分账票房达1388万元，实现票房口碑双丰收。《毛驴上树》的成功上映，标志着网络电影开始摆脱野蛮生长的态势，开启主旋律题材创作的新模式，树立网络电影创作生产的行业新标杆，是"北京模式"引领精品创作的一次生动实践。自此，网络电影在内容创作上不断强化精品建设，主题上聚焦脱贫攻坚、爱国情怀、现实主义等，选材上以小人物见大情怀，积极唱响主旋律，由自下而上的视角，从平凡人物的酸甜苦辣中折射国家的前进与风貌，推出系列优质作品。其中，网络电影《大地震》讲述普通人在逆境之下克服人性弱点，团结一致走出生死困境的感人故事；《我的爷爷叫建国》通过匠人手艺传承的故事，折射出传统文化的传承与复兴；《大汉十三将2烽火边城》持续书写英雄，展现传承爱国精神的重大课题；《宗师叶问》塑造了一个在民族危难之际挺身而出、不畏牺牲、见义勇为、维护国家尊严和民族利益的真正武者形象等。

2019年，爱奇艺共上线网络电影361部，票房分账收益记录破千万元的影片达到27部，其中，《鬼吹灯之巫峡棺山》以1080万有效观影人次、超过3470万元票房分账收益，成为2019年网络电影年度分账冠军。优酷共上线网络电影199部，首创以"北京女子图鉴"系列为代表的网络电影"季播模式"，并陆续上线《英歌魂》《大汉十三将2烽火边城》《夺命狙击》《宗师叶问》等一批点亮人心的正能量作品。

二、网络电影的制作与宣发情况

2019年，爱奇艺网络电影中有50%以上的影片投入成本进行宣传推广，营销投入每部均成本超过100万元，同比增长67%。此外，正式上线"电影前期项目评估服务"，打通网络电影项目开发全生命周期，同时进一步优化营销合作模式，推出联合营销，为项目提供从策略规划、渠道选择、数据反馈的全流程支持，助力《陈翔六点半之重楼别》《大地震》等项目获得商业、口碑双丰收，助力优质内容获得社会及经济收益更大化。

优酷为进一步鼓励优质网络电影创作，放大好作品的社会影响力与市场影响力，于2019年3月发布"优合计划"，提供涵盖优酷、阿里生态和第三方渠道的多方资源，全国矩阵式宣发、每天亿级曝光能力。同时，针对S（指supcr，超级好）级内容提供专业的宣发策略，并带来阿里生态内更多商业化的可能，为真正优质的网络电影提供宣发资源、合力营销的服务。此外，优酷打通阿里影业宣发体系，将灯塔计划接入网络电影领域，围绕宣发可视化和多渠道资源打通，走出一条科学的宣发路径，提升优酷网络电影合作伙伴的宣发效率。

三、网络电影播放平台格局和盈利模式

2019年，网络视频付费用户规模持续增长。其中，爱奇艺的会员规模已破亿，会员长视频内容的正片播放增长迅速，同比增幅达52%，其中会员电影内容的正片播放同比增长81%，展现出观众为优质内容付费的强烈意愿。未来将通过打造更多优质内容，做出分群优质营销，从而突破圈层，获得更多增量。

四、存在问题

2019年，网络电影头部作品依然存在题材趋同、扎堆严重的问题。老旧IP与老旧题材虽仍为市场热门，但IP红利的影响明显减弱，观众对此已产生审美疲劳，难以再现当年爆款，继续复制下去只会举步维艰。从长期来看，题材和类型的扩充是必行之策，从业者需脚踏实地考虑自身优势，将内容视为可持续发展的"王牌"。

（北京市广播电视局网络视听节目管理处）

2019 年北京市审核网站引进电视剧和电影情况

按：2019 年，受理审核北京市网络视听持证服务机构报审的网上境外影视剧 209 部。核发发行许可证 201 部，其中电视剧 41 部 615 集，电影 160 部，通过率 96.0%。不通过 8 部，其中电视剧 4 部 152 集，电影 4 部，不通过率 4.0%。

2019 年北京市审核网站引进境外电视剧情况一览表

序号	中文剧名	产地	集数（集）	时长/集（分钟）	引进单位	许可证号	发证日期
1	反恐特警组	美国	22	45	北京爱奇艺科技有限公司	（京）剧审网字〔2019〕第0002号	2019-02-01
2	古战场传奇（第三季）	美国	13	43	北京搜狐互联网信息服务有限公司	（京）剧审网字〔2019〕第0007号	2019-02-01
3	信任	美国	10	60	北京爱奇艺科技有限公司	（京）剧审网字〔2019〕第0003号	2019-02-01
4	荒原（下，第三季）	美国	8	41	北京爱奇艺科技有限公司	（京）剧审网字〔2019〕第0012号	2019-03-20
5	七年之痒	泰国	8	26	暴风集团股份有限公司	（京）剧审网字〔2019〕第0024号	2019-03-20
6	小说王	日本	10	25	优酷信息技术（北京）有限公司	（京）剧审网字〔2019〕第0013号	2019-03-20
7	城堡石	美国	10	42	北京爱奇艺科技有限公司	（京）剧审网字〔2019〕第0019号	2019-03-20
8	住院医生	美国	14	41	北京爱奇艺科技有限公司	（京）剧审网字〔2019〕第0021号	2019-03-20
9	给天堂的答案	泰国	18	41	北京爱奇艺科技有限公司	（京）剧审网字〔2019〕第0022号	2019-03-20

（续表）

序号	中文剧名	产地	集数（集）	时长/集（分钟）	引进单位	许可证号	发证日期
10	爱就在一起	泰国	20	40	暴风集团股份有限公司	（京）剧审网字〔2019〕第0025号	2019–03–20
11	我的天才女友	意大利	8	40	北京爱奇艺科技有限公司	（京）剧审网字〔2019〕第0026号	2019–03–20
12	维多利亚的模力	新加坡	16	23	优酷信息技术（北京）有限公司	（京）剧审网字〔2019〕第0018号	2019–03–20
13	我的好先生	泰国	8	26	暴风集团股份有限公司	（京）剧审网字〔2019〕第0030号	2019–03–29
14	风骚律师（第三季）	美国	10	45	北京搜狐互联网信息服务有限公司	（京）剧审网字〔2019〕第0033号	2019–03–29
15	栋仁的时光	中国香港	20	45	优酷信息技术（北京）有限公司	（京）剧审网字〔2019〕第0031号	2019–03–29
16	风骚律师（第四季）	美国	10	45	北京搜狐互联网信息服务有限公司	（京）剧审网字〔2019〕第0034号	2019–03–29
17	非常创业（第三季）	美国	10	43	北京搜狐互联网信息服务有限公司	（京）剧审网字〔2019〕第0035号	2019–04–09
18	浮士德游戏2	中国台湾	10	45	北京爱奇艺科技有限公司	（京）剧审网字〔2019〕第0052号	2019–05–22
19	平行世界	泰国	20	45	北京爱奇艺科技有限公司	（京）剧审网字〔2019〕第0062号	2019–06–24
20	傲骨贤妻	日本	10	40	北京爱奇艺科技有限公司	（京）剧审网字〔2019〕第0071号	2019–06–24
21	十二传说	中国香港	25	45	优酷信息技术（北京）有限公司	（京）剧审网字〔2019〕第0097号	2019–07–17
22	浪漫一生	泰国	20	40	北京搜狐互联网信息服务有限公司	（京）剧审网字〔2019〕第0104号	2019–07–31

（续表）

序号	中文剧名	产地	集数（集）	时长/集（分钟）	引进单位	许可证号	发证日期
23	相对宇宙（第二季）	美国	10	40	北京爱奇艺科技有限公司	（京）剧审网字〔2019〕第0129号	2019–08–12
24	第二十二条军规	美国	6	40	北京爱奇艺科技有限公司	（京）剧审网字〔2019〕第0130号	2019–08–12
25	媒体人	英国	6	60	优酷信息技术（北京）有限公司	（京）剧审网字〔2019〕第0118号	2019–08–12
26	相信我	英国	4	60	优酷信息技术（北京）有限公司	（京）剧审网字〔2019〕第0120号	2019–08–12
27	德雷尔一家（第四季）	英国	6	45	优酷信息技术（北京）有限公司	（京）剧审网字〔2019〕第0122号	2019–08–12
28	成熟女子	日本	10	50	优酷信息技术（北京）有限公司	（京）剧审网字〔2019〕第0124号	2019–08–12
29	飞虎之雷霆极战	中国香港	30	45	优酷信息技术（北京）有限公司	（京）剧审网字〔2019〕第0133号	2019–09–04
30	人生幸福法则	日本	10	55	优酷信息技术（北京）有限公司	（京）剧审网字〔2019〕第0132号	2019–09–04
31	古战场传奇（第四季）	美国	13	43	北京搜狐互联网信息服务有限公司	（京）剧审网字〔2019〕第0142号	2019–09–04
32	风之恋	泰国	35	45	优酷信息技术（北京）有限公司	（京）剧审网字〔2019〕第0157号	2019–10–25
33	机场特警	中国香港	25	45	优酷信息技术（北京）有限公司	（京）剧审网字〔2019〕第0169号	2019–11–14
34	秘密夏天	泰国	8	25	暴风集团股份有限公司	（京）剧审网字〔2019〕第0179号	2019–11–28
35	我们这一天（第三季）	美国	18	45	北京爱奇艺科技有限公司	（京）剧审网字〔2019〕第0177号	2019–11–28

（续表）

序号	中文剧名	产地	集数（集）	时长/集（分钟）	引进单位	许可证号	发证日期
36	骑士陨落（第一季）	美国	10	50	暴风集团股份有限公司	（京）剧审网字〔2019〕第0189号	2019-12-06
37	善良医生	日本	10	60	北京爱奇艺科技有限公司	（京）剧审网字〔2019〕第0195号	2019-12-24
38	风味绝配	泰国	30	45	优酷信息技术（北京）有限公司	（京）剧审网字〔2019〕第0196号	2019-12-24
39	名门绅士之暮雪情钟	泰国	32	45	优酷信息技术（北京）有限公司	（京）剧审网字〔2019〕第0200号	2019-12-24
40	新楚留香传	中国台湾	40	45	优酷信息技术（北京）有限公司	（京）剧审网字〔2019〕第0191号	2019-12-24
41	心的唯一	泰国	30	50	北京爱奇艺科技有限公司	（京）剧审网字〔2019〕第0190号	2019-12-24

（北京市广播电视局网络视听节目管理处）

2019年北京市审核网站引进境外电影情况一览表

序号	中文电影名	产地	长度（分钟）	引进单位	许可证号	发证日期
1	飞天小魔女	德国	100	北京爱奇艺科技有限公司	（京）剧审网字〔2019〕第0001号	2019-02-01
2	难以置信的爱	印度	141	北京爱奇艺科技有限公司	（京）剧审网字〔2019〕第0005号	2019-02-01
3	情义两重天	印度	128	北京爱奇艺科技有限公司	（京）剧审网字〔2019〕第0006号	2019-02-01
4	野良猫	日本	129	迈视（北京）网络传媒技术有限公司	（京）剧审网字〔2019〕第0004号	2019-02-01
5	最后的狙击战	美国	90	暴风集团股份有限公司	（京）剧审网字〔2019〕第0011号	2019-03-20

（续表）

序号	中文电影名	产地	长度（分钟）	引进单位	许可证号	发证日期
6	突然成为老师的我，和她恋爱了	日本	94	北京爱奇艺科技有限公司	（京）剧审网字〔2019〕第0023号	2019-03-20
7	英国绅士，印度淑女	印度	164	北京爱奇艺科技有限公司	（京）剧审网字〔2019〕第0014号	2019-03-20
8	环游地球八十天	英国	103	北京爱奇艺科技有限公司	（京）剧审网字〔2019〕第0010号	2019-03-20
9	嗅探员	印度	85	北京爱奇艺科技有限公司	（京）剧审网字〔2019〕第0009号	2019-03-20
10	寿司之神	美国	81	暴风集团股份有限公司	（京）剧审网字〔2019〕第0008号	2019-03-20
11	无痛侠	印度	115	北京爱奇艺科技有限公司	（京）剧审网字〔2019〕第0015号	2019-03-20
12	勇士	英国	128	北京爱奇艺科技有限公司	（京）剧审网字〔2019〕第0020号	2019-03-20
13	缘来缘去	印度	151	北京爱奇艺科技有限公司	（京）剧审网字〔2019〕第0016号	2019-03-20
14	好运理发师	印度	128	北京爱奇艺科技有限公司	（京）剧审网字〔2019〕第0017号	2019-03-20
15	盗者之王	英国	100	北京爱奇艺科技有限公司	（京）剧审网字〔2019〕第0029号	2019-03-29
16	来来去去	印度	159	北京爱奇艺科技有限公司	（京）剧审网字〔2019〕第0028号	2019-03-29
17	艳光四射	印度	139	北京爱奇艺科技有限公司	（京）剧审网字〔2019〕第0027号	2019-03-29
18	爱情百态	印度	205	北京爱奇艺科技有限公司	（京）剧审网字〔2019〕第0032号	2019-03-29
19	大浴场	法国	100	北京爱奇艺科技有限公司	（京）剧审网字〔2019〕第0036号	2019-04-09
20	古鲁	印度	159	北京爱奇艺科技有限公司	（京）剧审网字〔2019〕第0041号	2019-04-12

（续表）

序号	中文电影名	产地	长度（分钟）	引进单位	许可证号	发证日期
21	无忧无虑	英国	103	北京爱奇艺科技有限公司	（京）剧审网字〔2019〕第0040号	2019–04–12
22	班卓琴缘	印度	129	北京爱奇艺科技有限公司	（京）剧审网字〔2019〕第0039号	2019–04–12
23	摩尔先生与巧克力工厂	瑞士	98	迈视（北京）网络传媒技术有限公司	（京）剧审网字〔2019〕第0037号	2019–04–12
24	饺子公主	美国	100	北京爱奇艺科技有限公司	（京）剧审网字〔2019〕第0038号	2019–04–12
25	飞不起来的童年	古巴	108	北京风行在线技术有限公司	（京）剧审网字〔2019〕第0046号	2019–04–26
26	物归原主	英国	118	北京风行在线技术有限公司	（京）剧审网字〔2019〕第0044号	2019–04–26
27	美好的一天	西班牙	106	北京风行在线技术有限公司	（京）剧审网字〔2019〕第0042号	2019–04–26
28	亲爱的，这是印度	印度	156	北京爱奇艺科技有限公司	（京）剧审网字〔2019〕第0045号	2019–04–26
29	麦兜故事	中国香港	75	北京风行在线技术有限公司	（京）剧审网字〔2019〕第0043号	2019–04–26
30	将成为国王的孩子	美国	100	北京爱奇艺科技有限公司	（京）剧审网字〔2019〕第0047号	2019–04–26
31	这些天	意大利	120	暴风集团股份有限公司	（京）剧审网字〔2019〕第0048号	2019–05–22
32	朋友游戏（上）	日本	97	北京风行在线技术有限公司	（京）剧审网字〔2019〕第0049号	2019–05–22
33	医者自医	意大利	105	暴风集团股份有限公司	（京）剧审网字〔2019〕第0050号	2019–05–22
34	行迹变幻	墨西哥	94	北京风行在线技术有限公司	（京）剧审网字〔2019〕第0053号	2019–05–22
35	为了她	法国	96	北京风行在线技术有限公司	（京）剧审网字〔2019〕第0054号	2019–05–22

（续表）

序号	中文电影名	产地	长度（分钟）	引进单位	许可证号	发证日期
36	最后的车轮	意大利	113	暴风集团股份有限公司	（京）剧审网字〔2019〕第0060号	2019-05-22
37	停不了的节奏	法国	101	北京风行在线技术有限公司	（京）剧审网字〔2019〕第0057号	2019-05-22
38	雷豹	越南	114	暴风集团股份有限公司	（京）剧审网字〔2019〕第0059号	2019-05-22
39	不良动机	西班牙	112	暴风集团股份有限公司	（京）剧审网字〔2019〕第0051号	2019-05-22
40	贝卡西娜	法国	102	暴风集团股份有限公司	（京）剧审网字〔2019〕第0058号	2019-05-22
41	爱的战争	意大利	99	北京风行在线技术有限公司	（京）剧审网字〔2019〕第0055号	2019-05-22
42	仁者爱山	澳大利亚	74	北京搜狐互联网信息服务有限公司	（京）剧审网字〔2019〕第0061号	2019-05-22
43	你记得我吗	意大利	87	北京风行在线技术有限公司	（京）剧审网字〔2019〕第0056号	2019-05-22
44	高原激战	意大利	80	北京风行在线技术有限公司	（京）剧审网字〔2019〕第0069号	2019-06-24
45	鳄鱼的黄眼睛	法国	122	北京风行在线技术有限公司	（京）剧审网字〔2019〕第0066号	2019-06-24
46	超级围挡	加拿大	80	北京风行在线技术有限公司	（京）剧审网字〔2019〕第0070号	2019-06-24
47	索比堡	俄罗斯	100	北京爱奇艺科技有限公司	（京）剧审网字〔2019〕第0072号	2019-06-24
48	翻脸	越南	90	北京风行在线技术有限公司	（京）剧审网字〔2019〕第0073号	2019-06-24
49	杜什一家	法国	95	北京风行在线技术有限公司	（京）剧审网字〔2019〕第0074号	2019-06-24

（续表）

序号	中文电影名	产地	长度（分钟）	引进单位	许可证号	发证日期
50	人生百味	法国	117	北京风行在线技术有限公司	（京）剧审网字〔2019〕第0075号	2019-06-24
51	床的另一边	法国	93	北京风行在线技术有限公司	（京）剧审网字〔2019〕第0076号	2019-06-24
52	亚瑟与克莱尔	德国	98	迈视（北京）网络传媒技术有限公司	（京）剧审网字〔2019〕第0063号	2019-06-24
53	科西嘉爱情故事	法国	80	北京风行在线技术有限公司	（京）剧审网字〔2019〕第0067号	2019-06-24
54	她在路上	法国	116	北京风行在线技术有限公司	（京）剧审网字〔2019〕第0065号	2019-06-24
55	神灵之战	泰国	100	北京风行在线技术有限公司	（京）剧审网字〔2019〕第0068号	2019-06-24
56	九月怀胎	法国	82	北京风行在线技术有限公司	（京）剧审网字〔2019〕第0064号	2019-06-24
57	乘风	中国台湾	90	北京爱奇艺科技有限公司	（京）剧审网字〔2019〕第0077号	2019-07-12
58	惟有伊丽娜	比利时	99	北京风行在线技术有限公司	（京）剧审网字〔2019〕第0087号	2019-07-12
59	我们曾深爱过的男人	法国	116	北京风行在线技术有限公司	（京）剧审网字〔2019〕第0080号	2019-07-12
60	亨利五世	英国	138	北京搜狐互联网信息服务有限公司	（京）剧审网字〔2019〕第0083号	2019-07-12
61	爱的就是你	美国	91	北京风行在线技术有限公司	（京）剧审网字〔2019〕第0085号	2019-07-12
62	翻脸2	越南	90	北京风行在线技术有限公司	（京）剧审网字〔2019〕第0086号	2019-07-12
63	女人三十正青春	荷兰	93	北京风行在线技术有限公司	（京）剧审网字〔2019〕第0088号	2019-07-12

（续表）

序号	中文电影名	产地	长度（分钟）	引进单位	许可证号	发证日期
64	春光奏鸣曲	英国	109	北京搜狐互联网信息服务有限公司	（京）剧审网字〔2019〕第0089号	2019-07-12
65	疯狂的乔治王	英国	107	北京搜狐互联网信息服务有限公司	（京）剧审网字〔2019〕第0090号	2019-07-12
66	铁面人	英国	131	北京搜狐互联网信息服务有限公司	（京）剧审网字〔2019〕第0091号	2019-07-12
67	俄罗斯大厦	英国	123	北京搜狐互联网信息服务有限公司	（京）剧审网字〔2019〕第0092号	2019-07-12
68	乞赎的灵魂	法国	100	北京风行在线技术有限公司	（京）剧审网字〔2019〕第0093号	2019-07-12
69	维拉·德雷克	英国	125	北京风行在线技术有限公司	（京）剧审网字〔2019〕第0094号	2019-07-12
70	变身男女	加拿大	115	北京风行在线技术有限公司	（京）剧审网字〔2019〕第0095号	2019-07-12
71	塔玛拉的巴黎新生活	法国	102	暴风集团股份有限公司	（京）剧审网字〔2019〕第0096号	2019-07-12
72	电脑奇侠重启	日本	109	北京风行在线技术有限公司	（京）剧审网字〔2019〕第0078号	2019-07-12
73	我盛大的离婚派对	美国	98	迈视（北京）网络传媒技术有限公司	（京）剧审网字〔2019〕第0079号	2019-07-12
74	苏格兰飞人	英国	96	北京搜狐互联网信息服务有限公司	（京）剧审网字〔2019〕第0081号	2019-07-12
75	法国中尉的女人	英国	124	北京搜狐互联网信息服务有限公司	（京）剧审网字〔2019〕第0082号	2019-07-12
76	伦敦河	法国	87	北京风行在线技术有限公司	（京）剧审网字〔2019〕第0084号	2019-07-12
77	尼古拉斯·尼克贝	英国	132	北京搜狐互联网信息服务有限公司	（京）剧审网字〔2019〕第0107号	2019-07-31

（续表）

序号	中文电影名	产地	长度（分钟）	引进单位	许可证号	发证日期
78	托尔金	美国	98	北京爱奇艺科技有限公司	（京）剧审网字〔2019〕第0105号	2019-07-31
79	印度之行	英国	163	北京搜狐互联网信息服务有限公司	（京）剧审网字〔2019〕第0108号	2019-07-31
80	过境	德国	101	北京风行在线技术有限公司	（京）剧审网字〔2019〕第0110号	2019-07-31
81	复制人	美国	100	北京风行在线技术有限公司	（京）剧审网字〔2019〕第0111号	2019-07-31
82	王牌保安	美国	88	北京风行在线技术有限公司	（京）剧审网字〔2019〕第0112号	2019-07-31
83	接球手间谍	美国	98	北京风行在线技术有限公司	（京）剧审网字〔2019〕第0113号	2019-07-31
84	谋杀论文	西班牙	106	北京风行在线技术有限公司	（京）剧审网字〔2019〕第0098号	2019-07-31
85	空中轮胎	日本	121	北京风行在线技术有限公司	（京）剧审网字〔2019〕第0099号	2019-07-31
86	姆明谷的圣诞降临	波兰	98	暴风集团股份有限公司	（京）剧审网字〔2019〕第0100号	2019-07-31
87	深水区	美国	85	北京风行在线技术有限公司	（京）剧审网字〔2019〕第0101号	2019-07-31
88	妈妈的战争	西班牙	87	北京风行在线技术有限公司	（京）剧审网字〔2019〕第0102号	2019-07-31
89	云的耳语	德国	93	北京风行在线技术有限公司	（京）剧审网字〔2019〕第0103号	2019-07-31
90	无事生非	英国	111	北京搜狐互联网信息服务有限公司	（京）剧审网字〔2019〕第0106号	2019-07-31
91	7个盒子	巴拉圭	105	北京风行在线技术有限公司	（京）剧审网字〔2019〕第0109号	2019-07-31

（续表）

序号	中文电影名	产地	长度（分钟）	引进单位	许可证号	发证日期
92	九月刊	美国	90	北京风行在线技术有限公司	（京）剧审网字〔2019〕第0127号	2019-08-12
93	亚瑟	美国	117	北京风行在线技术有限公司	（京）剧审网字〔2019〕第0131号	2019-08-12
94	泡沫人生	法国	125	北京爱奇艺科技有限公司	（京）剧审网字〔2019〕第0115号	2019-08-12
95	北极	美国	97	北京风行在线技术有限公司	（京）剧审网字〔2019〕第0116号	2019-08-12
96	团队精神	法国	94	北京风行在线技术有限公司	（京）剧审网字〔2019〕第0117号	2019-08-12
97	潜水	以色列	90	北京风行在线技术有限公司	（京）剧审网字〔2019〕第0119号	2019-08-12
98	两天一夜	法国	95	北京搜狐互联网信息服务有限公司	（京）剧审网字〔2019〕第0121号	2019-08-12
99	黎明忽至	智利	195	北京爱奇艺科技有限公司	（京）剧审网字〔2019〕第0123号	2019-08-12
100	同族	美国	100	北京爱奇艺科技有限公司	（京）剧审网字〔2019〕第0125号	2019-08-12
101	小镇大街	美国	92	北京风行在线技术有限公司	（京）剧审网字〔2019〕第0126号	2019-08-12
102	借你的手儿牵	法国	90	北京爱奇艺科技有限公司	（京）剧审网字〔2019〕第0114号	2019-08-12
103	置之死地而后生	美国	97	北京风行在线技术有限公司	（京）剧审网字〔2019〕第0128号	2019-08-12
104	3月的狮子 前篇	日本	138	北京搜狐互联网信息服务有限公司	（京）剧审网字〔2019〕第0137号	2019-09-04
105	欢迎来做客	法国	92	暴风集团股份有限公司	（京）剧审网字〔2019〕第0134号	2019-09-04

（续表）

序号	中文电影名	产地	长度（分钟）	引进单位	许可证号	发证日期
106	记住我	美国	106	北京爱奇艺科技有限公司	（京）剧审网字〔2019〕第0144号	2019–09–04
107	单身妈妈俱乐部	美国	108	北京爱奇艺科技有限公司	（京）剧审网字〔2019〕第0143号	2019–09–04
108	3月的狮子 后篇	日本	139	北京搜狐互联网信息服务有限公司	（京）剧审网字〔2019〕第0138号	2019–09–04
109	关于阿斯特丽德	丹麦	123	北京搜狐互联网信息服务有限公司	（京）剧审网字〔2019〕第0145号	2019–09–04
110	假如猫从世界上消失了	日本	103	北京搜狐互联网信息服务有限公司	（京）剧审网字〔2019〕第0146号	2019–09–04
111	橘色奇迹	日本	139	北京搜狐互联网信息服务有限公司	（京）剧审网字〔2019〕第0147号	2019–09–04
112	食梦者	日本	120	北京搜狐互联网信息服务有限公司	（京）剧审网字〔2019〕第0148号	2019–09–04
113	痛苦	法国	127	北京搜狐互联网信息服务有限公司	（京）剧审网字〔2019〕第0136号	2019–09–04
114	生于贝纳维德斯	美国	95	北京风行在线技术有限公司	（京）剧审网字〔2019〕第0139号	2019–09–04
115	以女人的名义	意大利	98	北京搜狐互联网信息服务有限公司	（京）剧审网字〔2019〕第0140号	2019–09–04
116	佩特拉	西班牙	107	北京搜狐互联网信息服务有限公司	（京）剧审网字〔2019〕第0141号	2019–09–04
117	寻找妈妈	法国	85	北京搜狐互联网信息服务有限公司	（京）剧审网字〔2019〕第0135号	2019–09–04
118	伊斯梅尔的幽魂	法国	110	优酷信息技术（北京）有限公司	（京）剧审网字〔2019〕第0149号	2019–09–25
119	兔兔你可以的	英国	87	北京搜狐互联网信息服务有限公司	（京）剧审网字〔2019〕第0150号	2019–09–25

（续表）

序号	中文电影名	产地	长度（分钟）	引进单位	许可证号	发证日期
120	舞出我人生4	美国	99	北京爱奇艺科技有限公司	（京）剧审网字〔2019〕第0151号	2019–09–25
121	伯德里纳特的新娘	印度	107	北京爱奇艺科技有限公司	（京）剧审网字〔2019〕第0154号	2019–09–26
122	无爱可诉	俄罗斯	127	优酷信息技术（北京）有限公司	（京）剧审网字〔2019〕第0153号	2019–09–26
123	给朱丽叶的信	美国	90	北京爱奇艺科技有限公司	（京）剧审网字〔2019〕第0152号	2019–09–26
124	针眼	英国	112	北京搜狐互联网信息服务有限公司	（京）剧审网字〔2019〕第0166号	2019–10–25
125	少女卡米拉	智利	88	北京搜狐互联网信息服务有限公司	（京）剧审网字〔2019〕第0167号	2019–10–25
126	不良调查	葡萄牙	120	北京搜狐互联网信息服务有限公司	（京）剧审网字〔2019〕第0160号	2019–10–25
127	错点鸳鸯	中国香港	88	北京爱奇艺科技有限公司	（京）剧审网字〔2019〕第0161号	2019–10–25
128	志浮外传	越南	106	暴风集团股份有限公司	（京）剧审网字〔2019〕第0163号	2019–10–25
129	少女格温	英国	84	暴风集团股份有限公司	（京）剧审网字〔2019〕第0164号	2019–10–25
130	七十二家房客	中国香港	97	北京爱奇艺科技有限公司	（京）剧审网字〔2019〕第0162号	2019–10–25
131	米娜在散步	加拿大	110	北京搜狐互联网信息服务有限公司	（京）剧审网字〔2019〕第0155号	2019–10–25
132	向着巅峰	法国	99	北京搜狐互联网信息服务有限公司	（京）剧审网字〔2019〕第0156号	2019–10–25
133	放牛班的交响	法国	102	北京搜狐互联网信息服务有限公司	（京）剧审网字〔2019〕第0158号	2019–10–25

（续表）

序号	中文电影名	产地	长度（分钟）	引进单位	许可证号	发证日期
134	宝藏女王	西班牙	90	北京搜狐互联网信息服务有限公司	（京）剧审网字〔2019〕第0159号	2019–10–25
135	优步危机	美国	112	北京爱奇艺科技有限公司	（京）剧审网字〔2019〕第0165号	2019–10–25
136	赤脚小子	中国香港	82	北京爱奇艺科技有限公司	（京）剧审网字〔2019〕第0170号	2019–11–14
137	花牌情缘终篇	日本	128	北京风行在线技术有限公司	（京）剧审网字〔2019〕第0176号	2019–11–14
138	古巴浪人	英国	98	北京爱奇艺科技有限公司	（京）剧审网字〔2019〕第0168号	2019–11–14
139	大龄美女想相亲	日本	90	北京风行在线技术有限公司	（京）剧审网字〔2019〕第0175号	2019–11–14
140	女孩站起来	法国	99	北京风行在线技术有限公司	（京）剧审网字〔2019〕第0174号	2019–11–14
141	瞧这一家子	法国	90	北京风行在线技术有限公司	（京）剧审网字〔2019〕第0173号	2019–11–14
142	湮没	加拿大	90	北京风行在线技术有限公司	（京）剧审网字〔2019〕第0172号	2019–11–14
143	巴贝特盛宴	丹麦	102	北京搜狐互联网信息服务有限公司	（京）剧审网字〔2019〕第0171号	2019–11–14
144	圆月弯刀	中国香港	93	北京爱奇艺科技有限公司	（京）剧审网字〔2019〕第0181号	2019–11–28
145	维托里奥广场	意大利	76	北京风行在线技术有限公司	（京）剧审网字〔2019〕第0178号	2019–11–28
146	末代纳粹特勤团	英国	112	北京搜狐互联网信息服务有限公司	（京）剧审网字〔2019〕第0183号	2019–11–28
147	伯纳黛特你去了哪	美国	100	北京爱奇艺科技有限公司	（京）剧审网字〔2019〕第0180号	2019–11–28

（续表）

序号	中文电影名	产地	长度（分钟）	引进单位	许可证号	发证日期
148	金玉良缘红楼梦	中国香港	108	北京爱奇艺科技有限公司	（京）剧审网字〔2019〕第0182号	2019-11-28
149	五虎屠龙	中国香港	101	北京爱奇艺科技有限公司	（京）剧审网字〔2019〕第0187号	2019-12-06
150	射雕英雄传（续集）	中国香港	110	北京爱奇艺科技有限公司	（京）剧审网字〔2019〕第0186号	2019-12-06
151	少林五祖	中国香港	105	北京爱奇艺科技有限公司	（京）剧审网字〔2019〕第0185号	2019-12-06
152	卖命小子	中国香港	100	北京爱奇艺科技有限公司	（京）剧审网字〔2019〕第0184号	2019-12-06
153	方世玉与洪熙官	中国香港	90	北京爱奇艺科技有限公司	（京）剧审网字〔2019〕第0188号	2019-12-06
154	警察	中国香港	101	北京爱奇艺科技有限公司	（京）剧审网字〔2019〕第0193号	2019-12-24
155	七小福	中国香港	106	北京爱奇艺科技有限公司	（京）剧审网字〔2019〕第0197号	2019-12-24
156	蔡李佛小子	中国香港	96	北京爱奇艺科技有限公司	（京）剧审网字〔2019〕第0192号	2019-12-24
157	南北妈打	中国香港	91	北京爱奇艺科技有限公司	（京）剧审网字〔2019〕第0199号	2019-12-24
158	破坏之王	中国香港	91	北京爱奇艺科技有限公司	（京）剧审网字〔2019〕第0198号	2019-12-24
159	爱探险的朵拉：消失的黄金城	美国	90	北京爱奇艺科技有限公司	（京）剧审网字〔2019〕第0201号	2019-12-24
160	一分二	加拿大	110	北京搜狐互联网信息服务有限公司	（京）剧审网字〔2019〕第0194号	2019-12-24

（北京市广播电视局网络视听节目管理处）

北京人民广播电台新媒体发展情况

2019年，依据《北京电台媒体融合改革方案及实施办法（试行）》，北京电台加大听听FM音频客户端的投入力度，加强一网（北京广播网）两微（微信、微博）技术支撑和内容建设，推动北京电台媒体融合发展。

一、北京广播网和两微

配合北京电台完成2019年北京市和全国两会报道，“壮丽70年、奋斗新时代”庆祝新中国成立70周年系列报道等多个重要主题宣传报道任务，北京广播网制作网络专题、专栏14个，发稿893篇。“微关注”签发微信矩阵公众号稿件620篇。截至2019年12月31日，北京电台官方微博累计发布微博3075条，阅读总数为1180万次，参与转发、评论、点赞的条数近1.2万次。发布互动话题240余条，阅读量230万余人次。矩阵绑定微信公众号88个。2019年2月，配合《广播过大年》完成喊红包活动，189万人次参与互动。2019年5月，微信商城上线投入使用。完成小程序“电台微卡”的验收上线工作。

二、听听FM音频客户端

2019年，北京电台自主开发上线互动直播、广播直播聊天室、付费音频等多项功能，全年共制作近300个专题，定制新媒体原创节目13档，并成功举办“壮阔四十年·书香送耳边”精品有声阅读主题活动，“听听小荷之声”少年儿童朗诵艺术大赛，“传承经典、创新表达——打造精品有声阅读价值生态圈” 第七届中国网络视听大会分论坛，并成立以“声音”为合作核心的融媒体声音联盟，现49家省市电台成为联盟单位。共计139档栏目参与，促使北京电台10个频率节目在听听FM的直播和回放量提升600%。听听FM目前已与百度、小米、阿里、360、科大讯飞达成战略合作，并接通百度、科大讯飞的技术接口，有效助力听听FM的内容输出。

三、媒体融合创新

在新中国成立70周年、北京世园会等重大选题上，分别策划制作“声音是门手艺活儿”“你好，旧时光”“爱国的70件小事”等8个H5产品和2个文创产品，网友参与深度互动近20万次，人均互动时间超过3分钟。截至2019年12月底，北京电台官微“北京电台RBC”累计发文1541篇，其中11篇稿件阅读过万次。用户总数67856人，比上年增加7000余人。阅读总数达到238万余次。拾听FM公众号共发布192篇诵读文章，联手北京文艺广播《诵读小站》节目、唐山广播电视台，开展基于公众号内容为主体的落地活动“北京电台小主播”，尝试新媒体与传统广播资源共享共做的新模式。

四、原创短视频

短视频《四分钟看懂未来北京》获得北京市广播电视局第一季度节目创新奖。在北京市两会期间推出《我的2019》和全国两会期间推出《我们的2019》短视频系列等多部作品在抖音平台播放超过10万余次。原创短视频栏目《听听医生怎么说》在今日头条平台阅读量近千万次，单条最高播放量304万次，多条内容超过10万次，收到良好的传播效果。2019年原创短视频制作及发布量790条。直播间直播768场，多机位直播26场，单机位直播23场，采访报道拍摄70次。

五、对外合作方面

截至 2019 年 12 月底，北京电台官号对接的平台共计 30 个，推送内容包括图文、音频、短视频、视频直播等。全年共推送稿件 1500 余条；短视频平台全年推送 400 余条，播放量总计 500 余万次。直播平台推送 180 余场，播放量总计 1750 余万次。

（北京电台）

北京电视台国庆宣传新媒体端创佳绩

2019 年，为加大北京电视台庆祝新中国成立 70 周年重点内容在新媒体端特别是移动端的宣传力度，将主题宣传推向高潮，在市委网信办的支持下，台总编室组织卫视和新闻节目中心制作的相关重点视频，在“BTV 庆祝新中国成立 70 周年系列视频”总冠名下，于 9 月底开始全网集中推出包括北京卫视播出的纪录片《共和国·1949——中共中央在香山》《绿水青山》，以及 4 个音乐片（MV）《我爱你中国》《我和我的祖国》《回天有我》《红旗飘飘》。新闻节目中心推出原创动画短视频《假如 70 年前有 WIFI》，H5《歌声里的中国》及相关阅兵短视频。9 月 26 日，长视频在腾讯、爱奇艺、优酷先后上线，其中，腾讯视频在首页“70 年”频道进行专题呈现和推荐；MV 短视频及动画产品在快手、西瓜、秒拍、梨视频等 App 短视频平台，以及新浪、网易、搜狐、一点资讯、凤凰、酷 6、六间房、百度等各大视听网站平台播出，累计播放量近 2000 万次。此外，在移动端，快手、抖音、秒拍等平台对新闻自有账号给予推荐支持，如 10 月 1 日京视频发布的动画短视频单条播放量达到 1300 万余次，抖音、秒拍平台播放量破亿次。北京电视台内容全网发布集中发力实现新突破。

以新闻新媒体团队为龙头，统筹北京电视台官博和全台 11 个中心的新媒体官博账号形成合力，在两个话题“BTV 带你看阅兵”“BTV 带你看国庆联欢”下共转发 BTV 国庆视频上百条，双话题微博阅读量近 3500 万次，单条视频播放量超过百万次的有 3 条，其中“国庆联欢烟花树的乾坤大挪移”收获播放量 318 万余次，单条播放量超过 10 万余次的有 30 多条，秒拍播放量超过百万次的有 14 条，播放量超过 10 万次的有 59 条。除了新闻节目中心的原发账号外，北京电视台、北京卫视、BTV 青年频道、北京台春晚、BTV 冬奥纪实等微博账号在话题贡献榜单中居前列。

在庆祝新中国成立 70 年海量视频的新媒体传播中，“BTV 庆祝新中国成立 70 周年系列视频”全网开花，有效提升了北京电视台影响力。

（北京电视台）

北京新媒体（集团）有限公司新媒体发展情况

一、北京时间网站

北京时间网站经过三年发展，已形成以承载北京广播电视台精品节目互联网化内容为核心，“精编、推荐”和垂类频道多品类内容呈现的全资讯平台，站内拥有包括图文、视频、直播、专题在内的多种新媒体内容和形式，在承担北京广播电视台官网职能，以及市委宣传部、市委组织部等融媒体宣传工作的基础上，为广大用户提供优质的内容资讯服务。此外，北京时间网站具有完整的广告系统，能够随时应对不同的商业化需求。

二、北京时间移动端

北京时间移动端从2016年4月11日1.0版本上线开始，至今迭代60多个版本，截至2019年年底累计下载突破800万次，日活跃用户量达65万以上。自上线以来，北京时间App形成以北京广播电视台优质转化短视频为核心内容，以视频、直播、图文为主要内容形式，兼有30多个垂直频道的移动互联网资讯产品。同时北京时间App还包含评论、分享、话题互动、积分体系、等级成长体系、时间商城在内的多种用户互动场景，并上线政务服务等符合用户刚需的多项功能，用户黏度不断增强。

三、北京时间公众号

北京时间在微博、微信及其他自媒体平台上均开设新媒体公众号，共计78个。截至2019年年底，北京电视台微博粉丝数675万人；北京电视台微信订阅号、服务号共拥有粉丝数57万人。此外，北京时间旗下的短视频账号“时间视频”凭借着快、深、广、暖、融的发展特点，迅速在泛资讯短视频领域脱颖而出，成为行业翘楚。“时间视频”入驻微博、头条、企鹅、百家、快手、抖音等主流平台，其微博MCN账号粉丝量已逾550万人，所运营的内容单周播放量超亿次，全网总粉丝超过1500万人，全网播放量每周可达2亿次。

四、北京IPTV

北京IPTV各项业务持续快速发展。2019年北京新媒体集团积极推进北京IPTV市场发展，通过不断提高平台影响力，提升用户体验、增加内容的数量、质量，让产品更贴合用户需求。截至2019年年底，北京IPTV用户数达200万。

五、推出系列短视频

为庆祝新中国成立70周年，北京新媒体集团在北京时间网站策划推出《70年70人——我与共和国共成长》系列短视频。70位来自医疗、教育、科技、经济、文化等领域的市政协委员，以建设者、亲历者和见证者的视角，讲述他们同祖国和时代一起成长与进步的故事。内容涵盖国庆70周年群众游行、脱贫攻坚、乡村振兴、垃圾分类、城市复兴，也有关于社会重大变革的阅读方式阅读资源的变化、新农人的科技+农业、粤港澳大湾区的建设、传统曲艺的新发展、高铁等交通方式的变迁……点点滴滴的变化反映着社会各方面的发展变化，也让观众在潜移默化中感知这个时代的生机与活力。《70年70人——我与共和国共成长》系列短视频采用嘉宾口述历史及跟拍的方式，辅助珍贵的历史影像资料，展现时代的变迁与发展。通过他们在时代进程中“参与、创造、见证、受益”的经历和感悟，辅以珍贵的影像资料，回望新中国成立70年来的壮阔历程，用70段动情讲述、70个生动故事，为新中国成立70周年、人民政协成立70周年献上最美好的祝福、最真挚的情意。该短视频自2019年9月28日起在“北京政协”微信公众号、网站及客户端、北京时间App、北京电视台“两微一端”、北京IPTV数字电视、学习强国、时间视频首播，并于腾讯视频、爱奇艺、优酷、今日头条等平台同步播出。累计播放量达2.3亿次，单集最高播放量1400多万次，多条视频点击量破千万次，共计收到网友评论3190741条。

2019年，在中央网信办移动局、公安部新闻宣传局、国家卫健委宣传司、国资委新闻中心、北京市委网信办的指导下，北京新媒体集团在北京时间网站发起第二届暖视频征集活动，超过百家媒体参与活动。活动面向全网征集那些给人带来温暖、感动、激励等正面感受的短视频，记录动人的瞬间，传递温暖的力量。“温暖的力量”暖视频征集活动征集作品总数量逾1.6万条，阅读观看量近55亿次，其中仅微博平台的“暖视频”话题阅读量达41.2亿次，讨论量达116.6万次，作品量过万个；快手平台的“暖视频”活动播放次数约11.5亿次，作品量超过3000个；北京时间网站上相关阅读量已逾9000万次，作品量近千个。与2018年相比，第二届暖视频征集活动不论在作品征集条数、参与人数等数据上，还是在关注度和影响力方面，均实现巨大飞跃。

[北京新媒体（集团）有限公司]

北京市大兴区融媒体中心改革创新路径

北京市大兴区融媒体中心不断顺应时代发展趋势，以目标和问题为导向，聚焦破解渠道、流程、人才、内容等媒体融合发展难题，坚持立破并举，努力构建新型传播生态格局。

一、融渠道，构建新型舆论体系

2018年6月12日，大兴区融媒体中心挂牌成立，当天，与北京广播电视台签署深度融合战略合作协议，共同携手打造本市首个区属媒体+市属媒体多方协作、融合传播的新型融媒体平台。大兴报、大兴电视台、大兴人民广播电台和北京大兴App、这里是大兴微信公众号等纳入区融媒体中心，全区形成“1+3+3+226 + N”的大传播格局（1个融媒中心，3家传统媒体，另一个3是“两微一端”，226是区内新媒体平台，N指区外宣传力量）。大兴区融媒体中心实现统一策划、统筹安排，一体研究部署和推进工作。按照“策采编发”的新闻生产模式重新调整科室设置。

二、融人才，打造新型融媒队伍

大兴融媒体中心坚持请进来、走出去、练在前，推进人员素质能力“技能+”，使每个人在固有技能基础上，在视频、文字、直播、客户端等不同领域有所提升。加强岗位练兵，不断提升全媒体人才比例，努力培养一批能拍摄、懂直播、可出镜的全能型融媒记者。压缩传统电视新闻、报纸、广播生产人员，增加新媒体一线人员的比例。

三、融技术，破解融合“几大难题”

本着经济够用的原则，进行融媒体中心技术建设。在原有设备设施和技术支撑体系基础上，将硬件设备进行再梳理、再改进、再利用，同新设备有机融合衔接，实现小投入、大产出，可持续性发展效果。加快融媒体平台建设，融媒体中心空间改造和技术平台项目全部完成验收，新建成的“中央厨房”不仅融合了大兴报、大兴电视台、大兴人民广播电台、北京大兴 App、“这里是大兴”

北京大兴
19-9-11 17:30 来自微博 weibo.com 已编辑

【说到大兴，你会想到什么？】是形似凤凰展翅的大兴国际机场？是拥有可爱麋鹿的南海子郊野公园？是琴音绕梁的钧天坊古琴基地？还是新奇神秘的中国西瓜博物馆？9月16日，#大兴70号#乘务组将在大兴开启一场城市体验的奇妙之旅，向新中国成立70周年献礼！更多意想不到的大兴，敬请期待！#新国门，新大兴#

9 月，北京大兴微博与新浪网合作推出“大兴 70 号献礼”70 年微博主题活动

微信公众号等区级主流媒体资源，实现业务上的互通，资源上的共享，而且满足了“一次采集、多种生成、多元传播、全方位覆盖”的工作需求，同时，通过引入大数据技术，建立一套科学的数据监测体系，为融媒体中心的运行与运营提供科学的数据支撑。与人民日报、新华社现场云等合作，进行移动采编的尝试与探索。引入直播、H5 页面推送、VR 新闻、短视频、抖音、互动小程序、图解等技术领域的应用，让新技术为媒体赋能。

四、融手段，打造新型舆论阵地

坚持移动优先。成立专门科室，策划协调、采编发布、技术协作等一体完成，推动报、台、网的融合发展，融媒爆款产品数量直线上升。2019 年 6 月至 12 月底，大兴区融媒体中心各平台每周平均发布新闻报道 200 条以上，总量超过 2000 条，同比增长 100%；每周被中央媒体、市级媒体转发或采用的原创融媒体产品超 20 条，同比增长 180%。8 月至 12 月底，抖音号“大兴融媒”播放量超 1300 万次，点赞量超 68 万次，粉丝量增长 500%。大兴区政务微博号“北京大兴”每月阅读总量超 976 万次。微信公众号共发送微信 800 余条，总阅读量达到 20 万余次，阅读量超过 5000 余次的有 10 余条，净增关注人数 12000 余人；开展直播活动 50 余场，观看人数 4 万余人次。制作短视频 200 多部，抖音短视频 80 多部，累计播放量超百万次，点赞超 10 万次，单条阅读量过 100 万次的近 20 条。9 月与新浪网合作推出的“大兴 70 号献礼”70 年微博主题宣传活动，半个月话题阅读量破亿次。围绕重要节日、重大活动、重要事件等开展直播活动，平均每周 1~2 次直播，实现直播常态化。通过 VR 全景拍摄的方式全面展示北京大兴国际机场主航站楼内景，4 天时间阅读量超过 50 万次，首发的 24 小时之内，平均每分

钟有 277 人浏览观看。

开展媒体活动。成功举办“壮丽史诗、盛世佳音”京津冀广播人庆祝新中国成立 70 周年大型文艺会演活动，现场使用新华社现场云、北京大兴 App 以及新浪一直播进行视频直播。国内多家知名媒体对直播进行报道。参与中国交通广播“红红火火中国年春节大联播”活动，对外推广大兴文化旅游资源，在全国 14 个省市的 22 家电台播出大兴电台的节目，覆盖受众超过 4 亿人。开展“我与祖国共成长”音频故事征集、“网聚融媒兴能量 共筑大兴新国门”等“新国门、新大兴”系列宣传活动，大兴区融媒体中心的媒体影响力、公信力进一步提升。

形成媒体联动。与人民日报合作“阅兵夫妻”微博话题阅读量突破 3 亿人次；与新华社合作“烈火英雄”“北京大兴国际机场有个神秘职业”等，阅读量均突破 100 万次，与北京日报 App 合作“70 秒看大兴”短视频形成规模效应，学习强国、北京地铁等平台推送。

强化舆论引导。在做好网络舆论引导中提高网民的认可度、活跃度。推出“曝光台”栏目、开设“民有所呼，我有所应”专栏，受到政府、学校、家长等各方面的强烈关注，取得非常好的宣传效果。

五、融服务，实现“三个中心”贯通

理顺政务服务中心各项职能，盘活新时代文明实践中心等基层资源，扎实推进区融媒体中心、政务服务中心、新时代文明实践中心（三个中心）贯通工作。依托北京大兴 App 平台，丰富“三个中心”服务内容，进一步提高服务质量和水平。9 月初，全新的“北京大兴”App 架构上线试运行。新版 App 优化升级原有北京大兴的新闻资讯功能、公共服务功能，新增政府办事服务事项 1400 余个，同时，融入党群、养老、扶贫爱心等多个平台应用。

（北京市大兴区融媒体中心　柴通）

“北京昌平”App 应用情况

北京市昌平区融媒体中心持续推进北京昌平 App 建设，以“新闻 +”为核心，有效整合政务发布、问政、服务等优质资源，打造“权威信息的发布平台、舆论监督的问政平台、沟通民生的服务平台”。2019 年，依托北京昌平 App 在全市率先实现融媒体中心、政务服务中心、新时代文明实践中心“三个中心”贯通融合，致力于构筑百姓身边的人民政府，让政府和群众“心连心”。

一、新闻 + 智库，构建舆论引导生态

发挥区域媒体信息聚合处理优势，在北京昌平 App 首页开通头条、新闻、深度等 11 个栏目，打造“昌平号”、开通“镇街”版块，充分调动区属媒体、政府部门、镇街组织、区域优质自媒体等多元生产主体，推行“PGC（专业生产内容）+UGC（用户生产内容）+GGC（政务公开生产内容）”多元生产模式。加挂新时代文明实践中心网络平台，打造融思想引领、道德教化、文化传承等多种功能于一体的基层文明实践综合载体，打通宣传群众、教育群众、关心群众、服务群众的“最后一公里”，推动习近平新时代中国特色社会主义思想进农村、进社区。在北京昌平 App 设置点赞、分享转发和评论留言功能，加强话题互动和新闻反馈。重点推进大数据运用，通过用户画像、行为分析等先进方法，精准新闻推送，优化用户体验。此外，着重加强舆情信息的监测收集利用，加强对负面舆情提前研判预警，为政府决策提供数据参考。截至2019年年底，北京昌平App更新新闻25000余条，“头条”的本地化信息报道率已达到100%。推出的短视频有9条，浏览量超过100万次，有81条浏览量超过10万次。

二、新闻+问政，构建政民互动生态

充分发挥民意沟通优势，将北京昌平手机App打造成为昌平本地“民意上网”的主要入口，畅通网络问政渠道，实现政府群众沟通“零距离”。重点依托“问政”版块，对接12345接诉即办机制，率先上线网上12345平台，设置我要问政、已回复和待办理三个部分，直接将网民舆论监督与政府的行政督办体系对接起来，加大督察问责力度，建立完善的网络舆情处置工作机制，各责任部门接到诉求信息，严格按照政务舆情处置工作机制的要求，及时进行处理并向网民反馈，提高网民诉求应对的及时性和有效性，用户可以将生活中随时随处发现的问题进行报料，并掌握解决进度。与此同时建好舆论监督场，媒体发挥热线、信箱、曝光台作用，主动设置议题，积极掌握舆论主动权，发动记者围绕民意关切和事实真相加强新闻调查，媒体全程跟踪监督解决问题，让舆论监督成为常态。截至2019年年底，收到的10000多条问政信息，基本实现普通问题两天办结、复杂问题限期办结，回复率达到100%，媒体监督新闻上百条，专版策划100余期，热点评论60余篇，150余件老大难问题经过媒体追踪得以高效解决。

三、新闻+服务，构建移动便民生态

依托媒体的权威性和公信力，聚合各类优质服务资源，打造权威可信的服务板块，通过对本地用户现实需求深入分析，进行专业策划，提供本地最全的政务办事、社会服务和特色活动。北京昌平App初步实现婚姻登记预约、小客车摇号、发票查询、社保查询、公积金查询、毕业生查询等55项综合服务功能，涵盖生老病死、吃喝玩乐等全方位的日常生活服务，同时还及时对接百姓需求，推出“职等你来”“昌平美食季”等50余个惠民活动。优化新时代文明实践平台功能，实现志愿服务活动线上点单、线下服务。截至2019年年底，已上线2179场志愿服务活动，志愿者人数达到24816人次，接受志愿服务居民达123883人次。通过全方位服务功能拓展，将“北京昌平”手机App打造成全区网上政务服务事项的前端集中办理窗口和便民服务“一条龙”的服务圈，让昌平百姓“一端在手、生活无忧”，提高本地网络社群的活跃度和网民的认可度。

“北京昌平”App于2018年3月1日正式上线以来，经过3次升级迭代，实现信息发布、问政监督和综合服务的基本功能，有效打通宣传群众、教育群众、关心群众、服务群众的“最后一公里”。截至2019年年底，北京昌平App下载量已达84万次，日活跃用户超7万户。项目建设成果《畅通网络问政“最后一公里”》《北京全市贯通“三个中心”建设现场推进会召开》《“北京昌平”App成贯通“三个中心”主平台》获人民日报、新华社、光明网、人民网等上级媒体的多方刊载报道。北京昌平App被广电总局评为媒体融合成长项目。

9 月 7 日，北京市贯通新时代文明实践中心、融媒体中心、政务服务中心建设现场推进会在昌平区融媒体中心演播厅召开（摄影　许亢）

（北京市昌平区融媒体中心）

2019 年延庆区融媒体中心发展情况

2019 年，延庆融媒体中心新媒体有“延庆融媒”微博、微信公众号、抖音和快手短视频平台、一直播以及“延庆融媒”六个政务号（北京号、今日头条号、网易号、北京时间号、一点资讯号、搜狐号）。充分利用“延庆融媒”，在营造北京冬奥氛围、服务保障世园会、不忘初心主题教育、接诉即办报道等重点工作方面全方位发力，坚守互联网传播阵地。同时在光明网的帮助下进行 H5、动画、小游戏等新媒体产品的策划和研发。截至年底，延庆融媒微信公众号拥有粉丝 3.3 万，日均发布信息 6 条；延庆融媒微博拥有粉丝 10.4 万，日均发布信息 5 条；延庆融媒搜狐号日均发布信息 2 条，总阅读量 21.2 万次；延庆融媒今日头条号，日均发布信息 5 条，总阅读量 406.4 万次；延庆融媒网易新闻号，日均发布信息 2 条，总阅读量 105 万次；延庆融媒北京时间号，日均发布信息 2 条，总阅读量 20 万次；北京延庆一点资讯号，日均发布信息 2 条，总阅读量 40 万次；延庆融媒百度百家号，日均发布信息 2 条，总阅读量 31 万次；延庆小可抖抖音号，日均发布视频 3 条，总浏览量 980 多万次；延庆融媒快手号，日均发布视频 1 条，总浏览量 400 多万次。

新媒体各平台共发布北京世园会相关报道 1300 条，形成强大的宣传矩阵。其中微博开设了“2019 北京世园”“世园日记”两个话题，时时关注世园动态，同时利用一直播和微博进行直播的影响力越来越大，其中《世园园外园——最美玉渡山》和《直播世园里的端午文化体验》，身临其境的直播形式，让线上线下的游客可触摸、可感知、可参与、有形、有色、有声，两场直播浏览量均过50万次。新媒体创意产品层出不穷，快闪《世园会为什么要在延庆举办？》、《新时代文明站所点亮世园延庆》、小游戏《玩游戏的门票，骑乐无穷游延庆》等，而创意H5互动《过端午到延庆》，通过H5的形式向各地群众发出邀约，来延庆过端午游世园。

新媒体部在国庆假期加大短视频制作传播力度，共发送65条抖音、快手短视频，总浏览量为300多万次。其中新中国成立70周年和阅兵类作品30多条，旅游类10余条，交通红黑榜10余条，群众文体活动等其他视频10余条。《城市的温暖，我们不是陌路人》播放量94.7万次，点赞量1万次。《延庆小伙香港守护国旗》3条播放量70多万次，点赞量5.4万个。《香港光头警长刘sir长城如约而至》播放量66.7万次，点赞量3.2万个。《国庆延庆鸽子回家了》播放量15.3万次，点赞量2154个。《延庆10名受阅队员，回延庆》播放量12万次，点赞量5532个。

（北京市延庆区融媒体中心）

技 术

2019 年北京市广播电视科技工作综述

2019 年，北京市广播电视科技工作严格落实市委市政府以庆祝新中国成立 70 周年为主线的工作要求，直面信息技术发展给广播电视、网络视听带来的新问题、新挑战，凝聚行业智慧和力量，推动北京市广播电视科技工作有序发展。

一、安全播出工作

以做好“一带一路”高峰合作论坛、亚洲文明大会、北京世园会、新中国成立 70 周年等重大活动服务保障为抓手，以坚定的政治站位、坚决的工作态度、周密的组织筹划和高的服务标准，完成广播电视网络视听安全保障任务。

1. 直接参与庆祝新中国成立 70 周年重大活动安全保障工作领导小组工作，科学制订安全保障方案，坚持早谋划、早部署、早行动，在全市建立“行业监管、属地管理、技术支撑、单位主责”的“一横一纵”安全保障管理体系。

2. 严查安全隐患，全面落实安全主体责任。根据广电总局大检查通知精神，全程参与总局、北京局先后开展的五轮检查复查工作，突出问题导向，坚持严查、细查、深查，对问题不遮、不盖、不捂，共对北京广播电视台、歌华传媒集团等进行 150 余家次检查，涉及内容 5400 余项，发现问题 4 类 379 项，所有隐患一一挂账、整改清零。

3. 盯紧新的业态，重点加强网络安全监管。将 125 个互联网视听节目持证单位、34400 余块广电户外大屏、IPTV 传输分发平台、5G 基站干扰、“黑广播”、“灰广播”纳入检查范围，特别是将网络安全作为大检查重点。

4. 加强实战演练，着力提升应急处置能力。加大与各单位的沟通协调力度，构建横到边、纵到底的无缝衔接管理模式，组织开展防范非法无线广播信号干扰应急处置和指挥调度通信演练。

5. 加强值班值守，确保重大活动保障万无一失。按照市阅兵服务保障指挥部、群众游行指挥部要求，科学制订各种方案、应急预案，长安街道路负荷测试期间 15 天通宵值守，合练、彩排期间及 10 月 1 日当天专人盯在现场，并在市网安总队担负职守调度任务。在做好全面监测的基础上，对重点时段进行重点监测与保障。10 月 1 日，全程监测全市 12 个广播主频率、18 个电视主频道节目转播和 176 路广播电视转播信号传输保障，全市广播电视网络视听系统实现播出安全、网络安全、传输安全、设施安全与生产安全，实现安全保障零事故。

二、科技创新管理

1. 落实北京市超高清视频产业发展行动计划和冬奥会 8K 超高清转播试验相关任务，加强部市联动，与广电总局广科院联合筹建 4K/8K 超高清电视应用创新实验室。实验室选址亦庄经济技术开发区，使用面积 3000 平方米，着力开展核心技术攻关、关键设备研发、国产标准孵化、设备及内容测试认证、技术人才培训等工作。

2. 着眼全市超高清产业发展，加强整体规划，与市经信局联合制定并印发《北京市超高清视频产业发展行动计划（2019—2022 年）》。大力推动北京超高清视频产业快速发展，打造全国领先的 4K/8K 超高清视频应用与产业发展基地。

3. 加强部市联动、部门联动、政企联动、政校联动，多措并举联合推动超高清视频场景建设。先后参与中超比赛8K摄像机单机转播测试，国内首次5G+8K+5.1环绕声冰上赛事直播试验。2019年国际篮联篮球世界杯、中国网球公开赛期间，推动比赛的"5G+8K"转播工作，实现从摄像、制作、传输到显示的"5G+8K"全流程展示，并开展有线网络传输8K超高清内容试验。

4. 结合科技冬奥建设需要，推动完善广电基础配套建设方案，特别是2022年冬奥会配套广电工程方案，及时跟踪有线电视专网建设情况。与北京冬奥组委新闻宣传部、北京体育大学联合主办首届体育赛事传播国际论坛，聚焦全球赛事传播。与北京体育大学组织国内首次5G+8K+5.1环绕声冰上赛事直播试验及视听体验活动，为冬奥赛事8K超高清制播试播落地积累有益经验。

在2019"丝路杯"国际女子冰球联赛首站比赛中，北京市广电局与北京体育大学组织国内首次5G+8K+5.1环绕声冰上直播试验及视听体验活动

三、广电公共服务工作

1. 按照《北京市高清交互数字电视普及工作方案》，督促歌华有线公司加快农村偏远地区高清交互数字电视的推广和普及，截至2019年年底，北京市高清交互用户数达到550.14万户，其中2019年新增29.68万户（全部为4K超高清机顶盒用户），4K超高清机顶盒累计用户110.39万户（歌华销售130万台）。按照《北京市推进新时代文明实践中心建设工作方案》部署，组织歌华有线公司走进社区开展"新时代文明实践推动日"活动，深入基层开展现场答疑、机顶盒维修等实践活动。

2. 根据《总局贯彻落实〈加快构建现代公共文化服务体系的意见〉的实施方案》要求，研究制定《北京市广播电视公共服务体系建设指导意见》，推动北京市广播电视基本公共服务标准化、均等化。

3. 与市应急管理局联合制定并印发《北京市关于推进应急广播体系建设的实施意见》，加快推进北京市应急广播体系建设，推动建立健全应急广播日常管理制度和运行维护机制。

4. 按照总局统一部署，结合北京市实际情况，参与制定北京市智慧广电发展行动方案，为深化广播电视供给侧结构性改革，推动广播电视高质量发展提供行动纲领。经市委市政府同意，于8月6日正式印发《北京市智慧广电发展行动计划方案（2019年—2022年）》。

四、国内外技术交流合作

1. 举办第五届"世界电视日"中国电视大会，近百位业界专家参与探讨超高清、云计算、人工智能等信息技术给视听领域带来的新变化。国内外业界代表近2000人参加活动，中央广播电视总台、北京广播电视台、人民日报、学习强国等媒体跟踪报道大会盛况，报道阅读数量达到100余万次。

2. 组织参与世界5G大会，举办5G+超高清视频高峰论坛，与广科院联合报送的"5G广播看电视"项目从200余个作品中获选大赛二等奖，100余家中央、地方媒体予以关注。

3. 举办"一带一路"广播电视科技发展论坛，联合内蒙古、广西、云南等地方广播电视局首次发布推动“一带一路”广播电视科技产业合作倡议。

4. 组织北京广播电视科技企业参加美国广播电视展（NAB），11 家科技企业参加，并开展国际交流与合作。组团参加荷兰 IBC2019 展览会，并举办中国（北京）广播电视科技创新展、中国北京广播电视科技新品发布会、北京之夜等活动，受到广泛关注。

[北京市广播电视局科技处（公共服务处）]

2019 年北京市广播电视局科技委工作情况

2019 年，北京市广播电视局科技委在广电总局科技委的指导下，完成竞赛选拔推荐、职业技能培训、政策宣讲、平台搭建等工作。

一、技术评比评审和推荐

推荐参加全国技术能手竞赛。9 月初组织培训及选拔，全市广电系统各单位 70 余名技术人员参加，授课老师全部来自各专业一线技术专家。培训期间，建立学习交流群，邀请老师共同参与随时辅导；为每个专业考试前 5 名人员安排实操演练，一方面提升大家的业务技能，另一方面让参赛选手更加熟悉上机流程与应试技巧。经过理论考试和技能考核，推荐的 3 名同志分别获得调频和电视广播专业、卫星传输专业、网络安全专业三等奖，市广电局荣获优秀组织奖。比赛结束后，及时召开竞赛经验交流会，认真分析近年来参赛成绩和不足，交流备赛、竞赛经验，为做好 2020 年竞赛选拔推荐工作奠定基础。

北京市广播电视节目技术质量优秀作品评选。参照全国广播节目技术质量奖（金鹿奖），电视节目技术质量奖（金帆奖）评奖标准，组织开展北京市广播电视节目技术质量优秀作品评选，共收到参评作品 70 余个，其中《瞰·北京》等 8 部作品被评为一等等级。评选结束后，组织召开优秀作品点评观摩会，邀请中央广播电视总台评委专家，分别就北京市广播电视参评节目在客观指标测试和主观质量评价中存在的问题进行讲解和评析，并对技术质量优秀作品及金鹿奖、金帆奖获奖作品进行听评和观摩。

二、职业技能培训

融合媒体发展技术培训。2019 年 3 月 22 日，举办北京市广电融合媒体发展技术培训，并于培训结束后组织参观第二十七届中国国际广播电视信息网络展览会（CCBN）。北京广播电视台、歌华传媒集团，及各区广电（融媒体）中心等单位 60 余人参加活动。培训围绕 5G、超高清、融媒体中心建设、无线交互广播、网络安全、虚拟现实等内容展开，来自广播电视科学研究院电视技术研究所、中兴通讯股份有限公司、北京中视广信科技有限公司、新奥特（北京）视频技术有限公司、北京启明星辰信息安全技术有限公司的 5 位行业专家进行现场授课。

超高清视频应用场景技术培训。8 月 22 日，举办超高清视频应用场景技术培训，并组织参观第二十八届北京国际广播电影电视展览（BIRTV）。培训邀请总局规划院、中广国际、体奥动力、松下、4K 花园等单位专家，围绕超高清视频生产链条和技术场景应用，重点介绍超高清技术标准与质量控制、超高清视频拍摄与节目制作、大数据蓝光存储、体育赛事转播、5G 技术对节目制作的改变与挑战等内容。

广电系统安全播出及网络安全培训。为进一步提高广播电视网络安全意识和风险防范能力，组织全市广电系统安全播出及网络安全培训。北京广播电视台、歌华传媒集团、北京日报、北京青年报、北京时间、全市17家融媒体中心以及局办公室、宣传管理处、媒体融合发展处、科技处、监测中心等部门共70余人参加。来自公安部网络安全评估中心、总局科技司、安全传输保障司等部门专家对《网络安全法》《网络安全等级保护条例》等文件内容进行深入解读，授课内容贴近实际，场上场下互动频繁。

三、政策标准宣贯情况

融媒体中心标准规范宣贯培训会。5月8至10日，北京市广播电视局科技委举办全国首次融媒体中心标准规范宣贯培训会。广电总局科技司副司长常健做开班动员，北京市广播电视局副局长别必亮出席活动并讲话。结合中宣部和广电总局发布的《县级融媒体中心建设规范》《县级融媒体中心省级技术平台规范要求》《县级融媒体中心网络安全规范》《县级融媒体中心运行维护规范》《县级融媒体中心监测监管规范》五项规范，邀请规范编制组专家分别从文件编制背景、内容设置、重点难点等方面进行解读，并对北京市市区两级融媒体中心建设提出建议。

组建北京市广电科技企业服务微信群。为进一步做好广电科技企业服务工作，及时传达、贯彻总局、北京市各类奖励扶持政策和行业标准，组建北京市广电科技企业服务群，京东方、利亚德、新岸线、捷成世纪等40余家市属企业应邀入群。自微信群组建以来，多次在群内转发各类政策消息，分享培训内容。

四、搭建交流合作平台

举办“一带一路”广播电视科技发展论坛，联合内蒙古、广西、云南等地方广播电视局首次发布推动“一带一路”广播电视科技产业合作倡议，为科技企业“走出去”创造良好条件。举办“世界电视日”中国电视大会，共举办1场主旨峰会、10场专题研讨会和1场成果展示，近百位业界专家到会演讲，国内外业界代表近3000人参加活动。组织科技企业参加美国广播电视展（NAB），11家科技企业参加美国广播电视展，开展国际交流与合作。中国（北京）广播电视科技创新展在荷兰IBC2019展览会中亮相，“中国北京广播电视科技新品发布会”“北京之夜”等活动受到广泛关注。北京优秀影视剧俄罗斯展播季期间，广电科技企业首次随团出访，并取得洽谈成果。

参加美国广播电视展（NAB）并在现场举办签约仪式

［北京市广播电视局科技处（公共服务处）］

北京广播电视台融合媒体生产云平台项目（一期）——公共服务平台项目

北京广播电视台融合媒体生产云平台项目（一期）——公共服务平台项目作为北京广播电视台融合生产云平台最重要的分层体系之一，旨在为整个生产体系搭建出强大的PaaS公共能力平台，广泛引入当今新兴技术来实现媒体融合的理念，在北京电视台传统架构系统实现资源云化的基础上再迈进一步，推动北京电视台电视节目生产体系的迭代与更新。

一、项目的特点

该项目具体功能模块有全媒体内容库、流程引擎、制播网接入、应用工具支持、用户管理模块，为编辑记者提供媒体汇聚、后期制作、后期处理、送播与多媒体分发完整工作闭环；强大的媒体处理集群、AI能力集群则为编辑记者提供充足且丰富的多媒体处理能力；平台IT基础核心模块、虚拟化资源适配模块则保障用户能够充分而有效地利用平台各种信息化资源，发挥云化体系所带来的独特系统性优势；PaaS云管理平台模块、数据应用模块则提供大数据时代的运维、运营、监控等功能为一体的智能化平台。以上所述转化为具体使用效果，就是为用户的工作提供一个人性化的完整协作环境，让其直接感受到方便、极速、多样化的应用体验。从而提升节目生产效率，提高媒体融合与协同水平。

该项目还全面引入智能技术和数据科学理念，拥有面向未来发展的基因。该项目的智能化应用，可为编辑记者提供例如字幕、语音识别、智能化搜索等一系列AI服务，让人脱离繁杂的重复性工作，极大地提升工作的便利性和效果。而在数据体系化的治理与具体应用上，数据为该项目最重要的设计核心，PaaS层所有重要功能模块都具备数据规划，可以输出相关的基础数据、运行数据、操作数据，并且在整个平台的统筹下，获取和沉淀SaaS层工具的管理操作数据、IaaS层的资源调用、运行数据，立足于整个融合平台，形成基于数据的智能化业务调度、管理、运营机制，以此支持融合平台的独特优势。

二、项目设计施工和验收

该项目设计和施工单位是成都索贝数码科技股份有限公司。从2018年1月开始系统深化设计，同年9月正式进场实施，2019年2月基本建设完毕，2019年5月起承接科教节目中心大规模使用，在稳定运行半年后，于2019年11月14日通过国家广播电视总局验收，转入常态化运行。

三、项目的成果

该项目具有极为丰富的工具、极速的用户体验、极强的应用协同。项目的PaaS开始全面调度IaaS层资源，支持SaaS工具层运行，系统已经调试至稳定状态，已运行达一年之久，北京电视台科教频道已经整体搬迁至融合生产云，网内业务承载已经达到设计目标。

（北京电视台）

北京广播电视台融合媒体生产云平台项目（一期）——数据治理与应用技术项目

北京广播电视台融合媒体生产云平台项目（一期）——数据治理与应用技术项目是融合媒体生产云平台建设项目（一期）的数据治理与应用部分，实现整个融合媒体云平台技术系统的数据化，为融合平台内各模块注入数据基因，并以应用带动治理，最终完成融合媒体云平台的智能化转型。该项目的设计和施工单位是成都云帆数联科技有限公司。

该项目立足北京电视台融合媒体项目，整体上旨在通过“数据反应系统运转模式”到“数据分析结果反应系统状态” 再到 “通过数据应用优化系统以及资源”的实践，实现对整个北京电视台所有系统的数据进行规范化、科学化地分析、关联、处理，进而指导全台的运维管理、业务模块规划以及辅助决策。

在北京电视台技术大背景的实际情况下，此次建设是针对北京电视台融合媒体项目的数据治理，要实现对整个融合媒体云平台技术系统的数据化，为下一步智能化奠定数据基础。同时，此项目也作为前期的探索，立足北京电视台的现有技术基础，探索出一套真正符合北京电视台需求的数据治理平台，进一步深化电视台云平台建设、管理、维护、决策的方法与模式，为业务与技术真正的云平台转型探索出模式，为推广到其他业务系统奠定技术和实践基础。

根据对北京电视台融合制作云平台的整体框架的调研，综合同类电视台数据治理平台设计的情况，此次北京电视台数据治理与应用项目整体框架分为数据源、数据采集、大数据平台、数据应用四大部分。

该项目以“用数据说话、用数据管理、用数据决策、用数据创新”为理念，基于融合媒体平台内各项运行数据，探索建立并夯实数据治理体系架构，全面汇聚制作系统、业务有关数据，以一线运维支撑、资源配置管理两个方向作为示范，建立对融合媒体平台业务运行情况的监测分析能力、基于实际业务运行情况的资源最优配置能力、运行效率优化能力以及用户体验优化能力。实现数据融合、挖掘数据规律、体现数据价值是数据治理的关键点。

2019 年初，数据治理与应用技术项目进入全面试运行，并于同年 8 月通过国家广电总局整体验收，至 2019 年底系统运行稳定。通过数据治理可以全面了解系统整体健康情况、资源总体负荷情况、业务存储使用情况及趋势，还能实现数据库自动化巡检、数据库性能实时监控、融合生产云 PaaS 平台服务状态实时监控、虚拟非编性能监控报警。初步实现整个融合媒体云平台技术系统的数据化。

（北京电视台）

北京电视台融合新闻业务系统建设项目

北京电视台融合新闻业务系统建设项目的核心是：搭建600平方米演播室的演播舞美环境和技术架构，承载北京电视台新闻中心直播节目的制作和播出。该项目2017年9月完成招投标工作，2018年3月开始施工，2019年2月2日，600平方米演播室正式启用。

一、项目的技术特点

（一）直播功能安全强大。演播室的视频、音频、通话等系统的所有输入、输出信号、处理环节都可以互为主备，最大限度规避单馈点设备故障带来的技术隐患。强大的信号处理能力：输入信号近60路；输出既有送往播出多路PGM信号，又有向外媒推送的直播或录制信号。向融媒体方向深度融合：除了在直播使用4G信号外，还新搭建用于微信直播、腾讯会议直播的技术架构，并在日常直播中常态化使用。

（二）舞美灯光效果丰富多彩。600平方米演播室的舞美设计是由美国演播室设计团队BDI承接，采用时尚的设计理念，并结合一些中国元素，让演播室在浓浓的科技感中，更具有中国特色。演播室的景区分为上下2层，共9个景区，可进行单、双、多人，坐、站、走动以及连线的全部新闻节目类型播报，还为融媒体播报和信息发布提供可延展的独立空间。大屏幕系统方面，其中7个演播区，配置多块不同面积、类型、型号的背景大屏幕。分为DLP、LED、LCD三种背景显示系统，为不同风格的新闻节目的制播提供必要且更具扩展的条件。灯光系统方面，融合传统灯光与舞美气氛渲染。灯光与舞美灯箱甚至部分吊挂装置整体设计与控制，有利于演播室整体氛围的渲染。

（三）应用多种先进技术。该项目配置世界上最先进的虚拟渲染三维设计系统设备（Vizrt）。既可以通过全MOS流程，实现适合新闻节目生产的文稿、包装、题词器等数据的自动化处理流程；还可以更好地完成与在线包装和虚拟系统无缝对接，做到一体化控制的效果。应用ROSS的OVERDRIVE集控系统，将演播室的切换台、调音台、轨道摄像机、视频播放器等所有的核心设备全整合在一起，最终实现“一个大脑无数只手臂”的集控工作流程。应用多种机器人系统，提高演播室舞美和摄像机拍摄的呈现效果。配置直轨、弯轨轨道机器人、固定机位升降机器人以及虚拟摇臂，供8个不同机位使用。

二、项目的施工和验收

该项目的中标公司及施工单位是索尼(中国）有限公司（视音频系统部分），北京宇田索诚科技股份有限公司（舞美，灯光，片头包装，融媒体中心部分），普天信息技术有限公司（特种设备部分）。该项目通过国家广播电视总局广播电视规划院检测中心的验收。

三、项目系统应用的综合评估

北京电视台融合新闻业务系统建设项目投入使用后，北京卫视《北京新闻》《北京您早》《特别关注》《首都晚间报道》和新闻频道各档节目等所有新闻直播节目随之全新亮相。此外，安全播出的承载能力（直播时长、信号处理能力、技术架构运行稳定性能）有明显的提高。通过不定期地优化大屏、在线包、虚拟前景等模板内容，演播室的综合视觉呈现效果的客观评价有显著提升。机器人、播控集控等先进技术的深度应用得以实现。融媒体开发应用的广度不断推进。

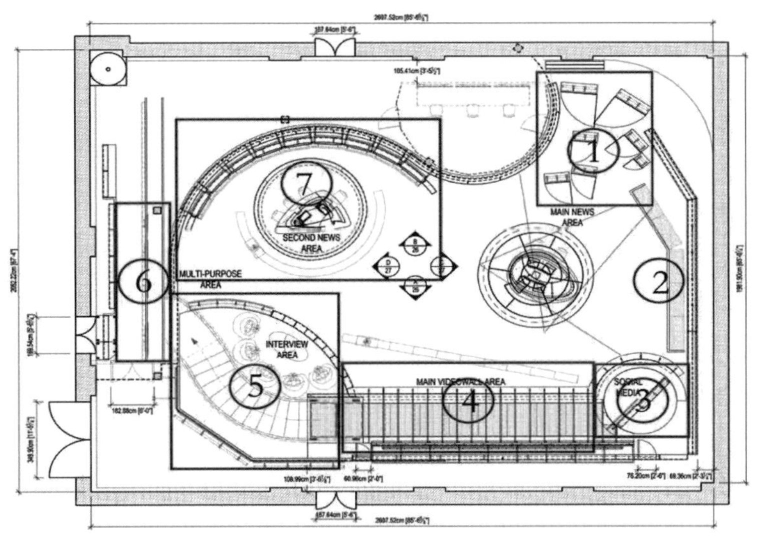

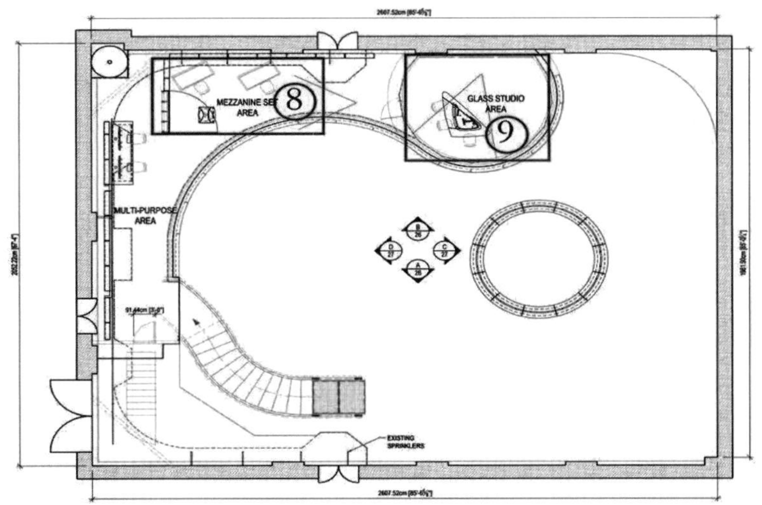

演播室9个景区示意图：1. 主新闻播报区；2. 双人坐播区；3. 社交媒体播报区；4. 多功能移动站播区（主视频墙播报区）；5. 沙发式访谈与专题区；6. 多媒体播报区；7. 第二新闻播报区（多功能播报区）；8. 融媒体播报区；9. 玻璃隔断演播室区（融媒体信息发布平台）

（北京电视台）

“北京云 · 融媒体”市级技术平台（一期）项目

2019 年 3 月 16 日，北京市委宣传部召开专题会议，将“北京云 · 融媒体”市级技术平台建设工作交由市广播电视局牵头落实，由歌华传媒集团组织歌华有线公司负责承建，国家广播电视总局中广电设计研究院为项目设计单位。

一、项目规划

“北京云 · 融媒体”市级技术平台遵从国家广电总局制定的《县级融媒体中心省级技术平台规范要求》《县级融媒体中心建设规范》《县级融媒体中心网络安全规范》《县级融媒体中心运行维护规范》《县级融媒体中心监测监管规范》等五项标准规范要求，以构建北京市“1+4+17+N”（1 个平台，即市级技术平台，4 家市属媒体，17 个区级融媒体中心以及众多优秀的新媒体、自媒体）媒体融合发展新格局为目标，以具备宣传管理能力、媒体业务能力、应用系统建设能力、大数据处理能力为核心，进行技术平台的规划、设计和建设。

二、项目实施

2019 年 8 月底，“北京云 · 融媒体”市级技术平台一期基本完成 11 个子系统的建设工作，包括宣传指挥调度平台、中央厨房、数据能力中台（含舆情监控与传播分析、数据共享交换、用户管理等功能）、监测监管应用、融媒体融合客户端、融媒体指数及数据展示应用、媒体工具及能力组合、多云调度平台、IT 基础设施、智慧运维能力、安全防护体系。其中，IT 基础设施以“公有云 + 私有云”的混合模式，满足系统对计算、存储、网络、安全等方面的资源需求；宣传指挥调

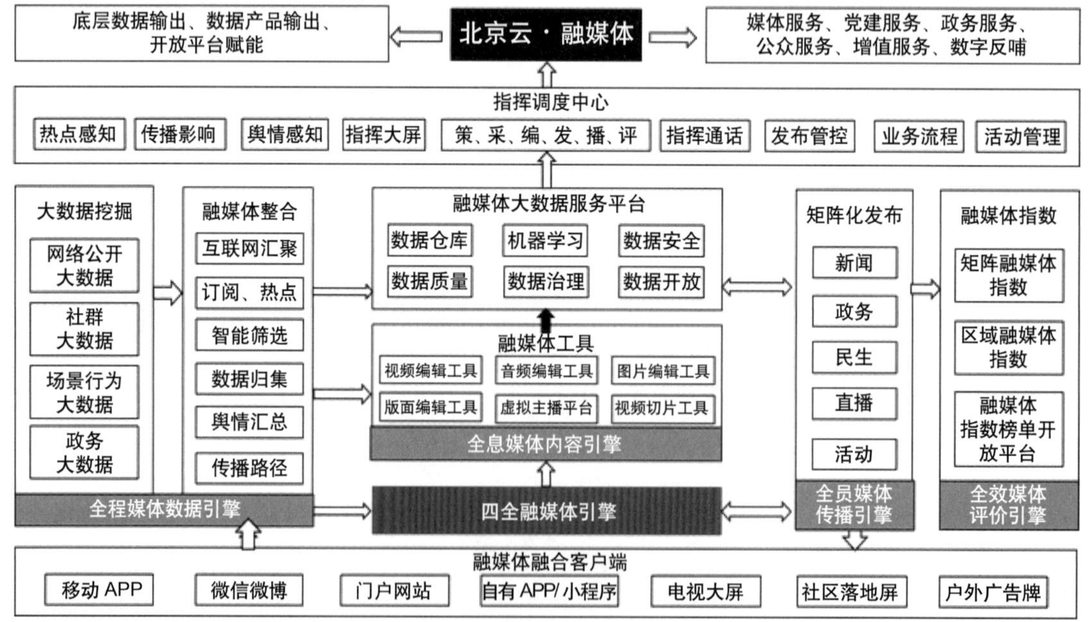

“北京云 · 融媒体”市级技术平台功能架构

度系统具备多层级组织架构管理和高可用实时指挥调度能力，为市委宣传部、市属媒体、各区融媒体中心之间业务联动提供新的协同方式和新的指挥技术手段；数据能力中台基于舆情大数据平台，提供舆情数据采集、监测和分析服务；融媒体指数系统提供完整的媒体考核指标体系，具备对各类媒体的传播力、引导力、影响力、公信力进行客观、科学评价的能力；中央厨房系统为新闻生产提供全流程技术支持，覆盖选题策划、新闻采访、素材编辑、内容审核、新闻发布等全部环节；安全防护系统为平台建设和运营提供安全可靠的信息网络环境，平台已通过安全等保3级测评。

“北京云·融媒体”市级技术平台子系统功能一览表

编号	系统名称		关键技术	建设要点
1	IT基础设施		混合云	集约化、能力复用、节约、弹性
2	数据能力中台	融媒数据展示	大数据、AI	融媒体视角数据应用展示，舆情及传播效果分析，融媒体大屏
		监视监管应用		全媒体内容自动化监测监管、全渠道信息预测预警
		智慧运维能力		故障自动发现、自动告警、AIO ps
		数据中台		多维度统计分析、用户画像，脱敏、加密、水印、审批审计
3	融媒体指数系统			多维度综合评价媒体指数
4	中央厨房		媒体素材库，生产工具及可以定制化计审流程，区块链	融媒体“策、采、编、发、播、评、馈”，媒资打通，内容交换枢纽，版权交易
5	媒体工具及能力组合		PaaS、SaaS层服务能力封装	支撑融媒体终端“新闻”+功能实现的工具和能力组件；可以租户隔离，根据场景定制，可云端迭代升级
6	融媒体融合客户端		多端呈现	新闻+政务、民生、电商 四个最：最强导向引导（四个意识），最新产业发展，最炫技术呈现，最佳融合态势 四个融：融政务、融生活、融资讯、融未来
7	宣传指挥调度平台		数据可视化、视频会议	上传下达、新闻发言人制度支持，流程闭环管理，党的声音直达基层，培训管理
8	版权管理平台		区块链	采用区块链技术完成内容的版权管理
9	安全防护体系		安全态势感知、区块链	满足安全等级保护要求，信息流转去中心化的安全

三、技术鉴定及验收

2019年11月13日，北京市委宣传部组织召开“北京云·融媒体”市级技术平台一期建设项目技术鉴定会和技术验收会。国家广电总局媒体融合发展司司长杨杰以及来自总局中广电设计院、总局广播电视规划院、中央党校（国家行政学院）、北京广播电视台相关专家参加会议。经专家组现场考察、质询，平台通过技术鉴定和验收。技术鉴定意见包括“系统功能完备，试运行期间整体稳定，入驻用户体验良好，有技术创新，达到国内领先水平，专家组同意通过技术鉴定”。技术验收意见包括“系统功能完备，完成项目需求书提出的需求和任务；符合《县级融媒体中心省级技术平台规范要求》等标准的要求；建设过程规范，项目文档齐全，达到技术验收的标准。专家组同意通过技术验收”。

四、平台应用成果

2019年11月23日，“北京云·融媒体”市级技术平台一期正式上线发布。截至2019年12月31日，已实现全市17个区级融媒体中心和4家市属媒体全部入驻宣传指挥调度平台，累计开通账号2288个；除东城、西城、房山、通州、丰台等五区融媒体中心未完成平台建设，其余各区已基本完成与市级平台的自动化功能对接；为各区192个传播矩阵提供监测监管服务；各区通过市级共享平台上传稿件2263篇，其中进行版权认证726篇，交叉采用256篇。

（北京歌华有线电视网络股份有限公司）

2019年北京电视台新技术应用情况

一、制播高清化

2019年，北京电视台制播全面高清化（一期）项目全面实施，其中播出系统高清化整合项目是支持北京电视台全部电视频道高清化播出的基础技术系统。

播出系统全面高清化改造项目自2018年12月1日正式进入实施阶段。2019年8月，改造系统中所有设备完成上架安装并开始进行调试；10月，新系统基本实现在线播出功能；11月新系统正式进入试运行阶段。全面高清化的播控中心以4个播出岛的模式呈现，具备12+1个频道高标清同播能力。

二、4K超高清技术

2019年，移动多通道录制系统的实施，使北京电视台首次具备4K超高清节目录制能力。北京电视台2019年春晚首次全部采用4K超高清技术进行拍摄录制，标志着北京电视台在4K超高清节目制作领域迈上一个新的台阶。移动多通道录制系统还承担新中国成立70周年天安门广场大屏播放任务。2019年，北京电视台推进超高清电视技术研究与系统建设工作，制定完成《超高清系统建设项目规划》并启动相关工作，包括开始建设用于支持北京冬奥会、冬残奥会的超高清外场转播系统，申请建设北京电视台超高清制播系统，为2020年开办超高清频道以及2022年北京冬奥会的超高清转播工作做好技术准备。

三、5G+4K/8K传输测试

开展5G+4K/8K的传输测试工作，达到预期效果，为新一代移动通信网络5G在北京电视台未来业务中的应用进行有益的尝试。

组织编制《北京电视台5G行动计划2019—2020》，该行动计划是北京电视台“新一代信息通信技术+超高清视频+人工智能”技术发展战略的重要组成部分，按照坚持业务拉动、创新驱动、重点突出的发展原则，围绕广泛合作、台内5G网络建设与覆盖、提升和拓展现有传输服务、应用场景开发等几个方面开展行动。

四、AI技术应用

探索视音频AI技术在媒资系统应用新模式，增加媒资系统人像识别、字幕识别、音频识别、广告识别等AI处理能力，解决媒资部分业务面临的实际问题。

（北京电视台）

歌华有线 4K 智能数字有线机顶盒研发完成

歌华有线加强智慧广电终端建设，推进终端迭代升级，2019年，完成新型号DVBIP−4000系列4K超高清智能数字有线机顶盒（以下简称：新终端）的研发工作。新终端的技术定位充分考虑IP化演进发展趋势，保障用户体验升级，并实现在保持核心功能的前提下降低终端成本，统筹规划、协调推进新终端系列产品的技术研发与市场推广。

新终端研发采用软硬件分离机顶盒研发技术方案，明确新一代智能终端采用产品松耦合（机顶盒与CM/ONU分离）形态、软硬件分离设计，支持AVS2解码、无卡CA、TVOS系统等关键技术要求，采用国内成熟的海思Hi3798MV200H芯片方案，并采用蓝牙语音遥控器，引入蓝牙语音操控功能。

新终端作为歌华有线公司开展机顶盒置换工作的主要机型，2019年内完成30万台的采购工作并启动推广。新终端主要功能如下表所示：

1	支持4KP60 H.265，4KP60 AVS2视频解码
2	支持HDR10，HLG
3	支持fullband tuner
4	支持条件接收，须支持永新视博高级安全无卡CA
5	TVOS3.1智能操作系统，可平滑升级到更高的TVOS版本
6	支持安全启动、安全升级，防刷机
7	内置蓝牙，符合BT4.0或以上版本协议
8	支持蓝牙语音遥控器，具备语音交互功能
9	支持多种机顶盒软件升级方式（DVB方式、IP方式、USB方式），避免由于业务原因造成频繁系统软件升级
10	支持歌华数字电视、点播、时移、回看、广告以及未来云平台新增交互业务
11	支持歌华云飞视、应用商店、支付业务，支持DVB数据广播标准
12	支持网络管理系统
13	支持本地USB设备的视频播放、音乐赏析、图片浏览功能
14	支持歌华云平台应用流化

歌华有线 4K 智能数字有线机顶盒

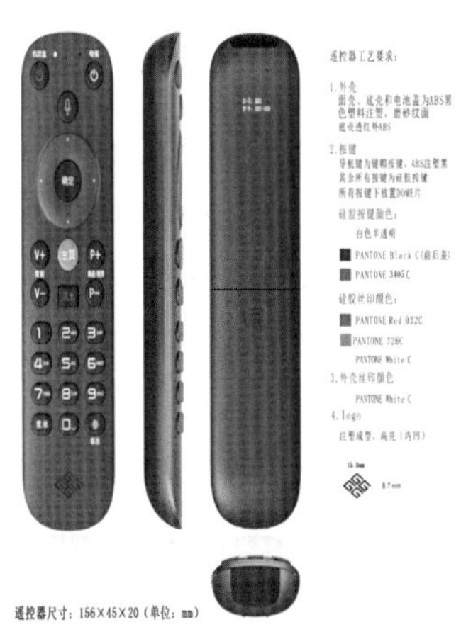

歌华有线 4K 智能数字有线机顶盒配套遥控器

（北京歌华有线电视网络股份有限公司）

大兴区融媒体中心技术平台建设情况

一、流程再造，形成“中央厨房”模式

大兴区融媒体中心始终坚持正确导向、创新融合、互联网思维的原则，按照“策采编发评”的运行流程，设立统一新闻信息采集中心和编辑中心，形成新闻的统一策划、任务的统一发布和产品一体化生成的“中央厨房”新闻生产模式。同时，努力打造集报纸、广播、电视、网站、“两微一端”于一体的“北京大兴”融媒体宣传矩阵，建立网格化新闻采集系统，建立全媒体内容生产系统，重构融媒化工作流程，实现“一次采集、多种生成、多元传播”，建立全媒体人才队伍。

二、结合实际，加快技术平台建设

按照《县级融媒体中心建设规范》的要求，大兴融媒体中心结合实际业务需求和目前融媒体发展现状，本着“打通互联、协作共享、全面融合、决策支持”的建设理念，加快融媒体中心技术平台建设。一是投资3000余万元完成融媒体“中央厨房”和移动采编系统建设，引入大数据技术，建立一套科学的数据监测体系，为融媒体中心的运行与运营提供科学的数据支撑，推动信息管理的数据化。二是建立融合媒体系统内安全管理平台系统，以等级保护2.0为基础，通过市广电局、公安分局等部门评审。三是与“北京云”平台进行对接，大兴区委宣传部及大兴区融媒体中心140余人安装入驻“北京云在线通”App，完成接口开发，成功接入“北京云”一期各项功能，如任务指令下达和共享稿库等。同时，正式入驻北京日报客户端“北京号”，实现与市级媒体的多元化对接。

三、拓展功能，新版 App 上线运行

2019年，与大兴区经信局、大兴区政务服务局、建行北京支行合作，完成“北京大兴”App升级开发，承载“新闻+政务+服务”等功能，优化新版“北京大兴”App的新闻资讯、公共服务、政务服务等功能，设立新闻资讯、网络问政、接诉即办等共14个板块栏目，并接入新时代文明实践中心“点单派单”系统，实现集“看、查、办、问、评”于一身，运用智能语音导航系统的“开口办事”功能，实现7×24小时在线查询瞬时自动回复，并提供精准个性化服务的“千人千面功能”，打造智慧政务新模式。

四、打通渠道，构建全媒体传播矩阵

中心内部将电视、广播、报纸、“两微一端”等进一步整合，同区内各种媒体打通。组织建设覆盖全区的新闻信息员队伍，形成全区上下全媒体化、多元多样的大传播格局；同中央市属媒体打通。加强与市级主流媒体渠道互通，构建共同策划、渠道对接、平台共用、线上线下结合的新格局。建立人民日报、新华社、光明日报等中央级重点媒体发布矩阵，入驻全国党媒平台。

（北京市大兴区融媒体中心）

电视剧

2019 年北京电视剧制作发行情况综述

11 月 11 日—14 日，北京电视节目交易会（2019· 秋季）在北京会议中心举办。图为交易会现场

2019 年，北京电视剧创作生产在国家广播电视总局和北京市委宣传部的领导下，全面贯彻落实习近平新时代中国特色社会主义思想，坚持以人民为中心的创作导向，充分发挥首都地缘、人才、资源优势，电视剧质量显著提高，涌现出一批思想精深、艺术精湛、制作精良的精品力作。

一、基本情况

2019 年，北京市属持有电视剧制作许可证（甲种）单位有 5 家。北京市广播电视局上报总局电视剧司备案公示的电视剧有 663 部，获总局公示的共有 278 部 10693 集，上报电视剧变更事项的共有 172 部次，向总局国际合作司上报境外人员参与电视剧拍摄制作请示的有 38 部 98 人次。

2019 年，取得电视剧制作许可证（乙种）的电视剧的有 96 部 3385 集；电视剧制作许可证（乙种）延续的有 22 部 958 集；取得发行许可证的电视剧的有 67 部 2843 集。现实题材的有 42 部占 63%。其中，当代题材的有 36 部占 54%（当代都市题材 23 部，当代农村题材 1 部，当代青少题材 3 部，当代其他题材 8 部）；现代题材的有 6 部占 9%（现代军旅题材 2 部，现代都市题材 5 部）。历史题材的有 25 部占 37%。其中，近代题材的有 20 部占 30%（近代革命题材 9 部，近代传奇题材 9 部，近代其他题材 2 部）；古代题材的有 5 部占 7%（古代传奇题材 3 部，古代武打题材 1 部）。

二、组织相关活动推进剧目生产

1．北京电视节目交易会

3 月 25 日—28 日，由北京市委宣传部、北京市广播电视局和怀柔区人民政府主办，首都广播电视节目制作业协会承办，北京怀柔国家影视产业示范区管理办公室协办的第24届北京电视节目交易会（2019春季）（以下简称“春交会”）在北京会议中心举行。“春交会”举办开幕式暨“京榜剧献”发布、主题展览、高峰论坛（3场）、政策宣推会、专项推介会、首都制作业协会会员大会等多项活动。“春交会”共推介参展节目近900部，其中电视剧701部（剧本阶段剧目150部，筹备阶段剧目137部，开机拍摄及后期制作中剧目106部，首轮发行剧目188部，二轮、多轮发行剧目120部），网络剧83部，网络电影20部，纪录片、栏目44部，动画片27部，网络文学作品21部。这些作品覆盖改革开放、国剧走出去、文化帮扶等多个题材，视角丰富、意义非凡。“春交会”共吸引海内外电视节目制作机构及相关产业机构近470家2500余人参加，电视节目播出机构，海内外机构及版权运营商145家近420人参会洽谈合作，与会嘉宾、新闻记者和非注册参会专业人士800余人，参会总人员近3800人。11月11日—14日，第25届北京电视节目交易会（2019秋季，以下简称“秋交会”）在北京会议中心举办。“秋交会”举办开幕式暨“京榜剧献”发布、主题展览、节目交易、高峰论坛（3场）、专项推介会、“初心榜”表彰等多项活动，充分发挥交易会行业“风向标、晴雨表”的地位和作用。“秋交会”共推介参展剧目约950部，其中，电视剧700余部，网络剧68部，电影、网络电影20部，纪录片、电视栏目45部，动画片33部，网络文学作品75部。“秋交会”共吸引海内外电视节目制作机构及相关产业机构约430家2400人，电视节目播出机构，海内外机构及版权运营商125家约350人参会洽谈合作，活动邀请来宾300人，与会嘉宾、新闻记者和非注册参会专业人士500余人，参会人员约3500人。“秋交会”同期召开重点影视企业座谈会，北京市广播电视局党组书记、局长杨烁传达党的十九届四中全会精神，针对建立健全把社会效益放在首位、社会效益和经济效益相统一的文化创作生产体制机制进行重点宣讲，并就企业运营现状、重点储备项目、投融资情况、推动电视剧高质量发展的意见建议与正午阳光、完美影视、柠萌影业等10家企业负责人深入交流。

2. 走出去工程

组团参展法国戛纳电视节。4月8日—11日，北京市广播电视局组织16家影视机构26人组成北京影视代表团，携近50部电视剧、动画片、纪录片参展戛纳电视节，在电视节上设置约80平方米特装展台——“北京联合展台”，并就海外发行、版权合作等诸多事项展开洽谈活动。展会期间，代表团还举办买家交流会、电视剧推介等活动，多形式、多角度、多层次地助力国内影视作品“走出去”。4月7日晚，由北京市广播电视局与戛纳电视节组委会合作举办的买家交流会在戛纳电视节展馆举行。会上展示推介剧目片花集锦。在推介环节，北京华录百纳影视股份有限公司国际中心总经理项静向来宾推介北京优秀影视作品《归去来》《美好生活》，并播放展示两部片子的片段，引起国外买家的兴趣。在场来宾与北京影视制作单位积极接触洽谈、寻求合作。展会期间，北京联合展台推出的影视作品引起来自世界各地的展商、电视剧买家等业内人士的高度关注，共计接待客户100余家，并达成多项合作意向。华录百纳与美国、葡萄牙、法国、日本、俄罗斯、英国、土耳其、印度等数十个国家和地区的电视台、新媒体平台以及代理机构会谈，了解到外国客户对中国电视剧、动画片、纪录片的需求和喜好，该公司的《秦时丽人明月心》《醉玲珑》《天真遇到现实》《我的青春遇见你》等项目受到关注，意向签约金额6万美元。四达时代公司与来自葡萄牙、菲律宾、土耳其等国家和地区的几十家公司进行约见，就中文内容在墨西哥、菲律宾等国家和地区的分授，土耳其剧的配音、非洲纪录片合作、中文动画片在北美代理分授等问题进行洽谈，多个项目的合作得到深入推进。京都世纪与土耳其的HECE公司就中国电视剧版权进入土耳其进行改编后再卖到电视台或视频网站进行深入探讨，与俄罗斯的Readist Media公司就版权代理进行会谈，并与英国Conyon公司就《匈奴》项目的市场推广情况进行交流。

举办2019北京优秀影视剧海外展播季。“2019北京优秀影视剧海外展播季·非洲”系列活动于当地时间11月26日，在肯尼亚首都内罗毕举办。本次展播季活动先后在莫桑比克首都马普托和肯尼亚首都内罗毕开展系列活动，活动内容包括北京优秀影视剧展映、中国影视欢乐跑、非洲展播季五周年回顾展暨北京影视剧——非洲之星选秀表演赛、实地走访用户等。《小别离》《三生三世十里桃花》《西游记》《锦绣未央》《我的体育老师》《大唐荣耀》6部电视剧与非洲观众见面。

指导参展亚洲电视论坛与市场。2019年12月4日—6日，在北京广播电视局的指导下，首都广播电视节目制作业协会组团参加在新加坡举办的2019亚洲电视论坛与市场。组织海润影视、新丽电视、华录百纳、华策影视等20家影视机构52人，多种题材电视剧和动画片等电视节目60余部参展。展会期间，联合展台接待访客近400人次，累计进行会议近300场。海润影视在海外发行方面结识美国的Netflix、日本的HULU等公司并建立良好的合作关系；韩国、马来西亚、越南、泰国等国的新买家对海润创作生产的内容表现出购买意愿；海润影视还和富士电视台、朝日电视台、关西电视台等多家日本电视台在IP购买及项目合作上进行交流与沟通。未来电视经过前期准备和邀约，分别与马来西亚、印尼、泰国、柬埔寨、越南、菲律宾等国家的40多位客户洽谈合作事宜。新丽电视的海外发行人员与世界各地20多家买方互动交流，海外买家均对新丽电视出品的内容表示兴趣，并且在展会上进行高质量的洽商，与合作多年的十余家发行商建立合作机制。新丽电视购买人员在电视展上寻找来自世界各地的新IP，与欧洲的电视台以及发行商总共8家新客户进行约谈建立联络，为日后购买IP项目打下坚实基础。华录百纳先后与海外30多家电视台及影视平台进行友好洽谈，接待新老客户近100家，有意向客户高达60家，意向交易额近上百万美元。

三、精品创作生产情况

2019年，《奔腾年代》等5部电视剧入选中国电视剧选集，《新世界》等17部电视剧入选总局2018—2022年重点电视剧选题规划百部片单，《河山》等16部入选总局庆祝新中国成立70周年推荐播出参考剧目，《第一次起飞》《新世界》《无奋斗不青春》等3部电视剧剧本获总局2019年度电视剧引导扶持专项资金扶持。《最美青春》《大江大河》两部电视剧获得第十五届精神文明建设“五个一工程”奖。

重新修订《北京广播电视网络视听发展基金优秀电视剧项目实施细则》，进一步加大对重点题材以及优秀原创作品的优秀电视剧项目扶持力度。开展2019年北京广播电视网络视听发展基金优秀电视剧项目征集评审工作，共征集作品63个。通过初审和复审的评审流程，共对24部优秀电视剧给予扶持奖励，共涉及资金5130万元。建立重点电视剧项目种子库、项目库和片单库，并对列入项目库的片子的创作进度进行重点跟踪服务。组织专家对处于剧本创作阶段的电视剧进行剧本论证。对《枫叶红了》等13部脱贫攻坚题材和《高铁作证》等6部反映国家重大建设成就题材的电视剧的创作进度进行重点跟踪。组织专家对《幸福隧道》《月是故乡明》等5部电视剧剧本进行审读，到《觉醒年代》《冰糖炖雪梨》《奔腾现代》拍摄现场进行探班调研。

（北京市广播电视局电视剧管理处）

2019年北京动画片、纪录片制作发行情况综述

一、基本情况

2019年，北京市属制作机构电视动画片备案公示59部2635集24041分钟，取得发行许可证的动画片有32部874集7275分钟。其中，童话题材17部，教育题材8部，科幻题材2部，历史题材1部，儿童题材1部，现实题材2部，其他题材1部。《毛毛镇》、《狐狸之声》、《小鹿杏仁儿》、《幸福四合院之京味儿趣玩4》、《无敌小鹿之安全成长》

动画片《毛毛镇》海报

（第三季）获得国家广播电视总局2019年优秀国产电视动画片。

2019年，北京电视台卫视、冬奥纪实频道、优酷及爱奇艺共首播电视纪录片100603分钟，重播纪录片86487分钟。分四个季度向国家广电总局推荐4批共115部国产纪录片，其中31部获得“季度优秀作品”。《共和国1949——中共中央在香山》《影响世界的中国植物》《从〈中国〉到中国》《你好AI》《生活万岁》《大国质量》等纪录片获得较好社会效益和经济效益。《这里是通州》、《这里是中国》（第一季）、《万物滋养》、《破雪而上》、《AI脑力觉醒》获得国家广播电视总局2019年度优秀国产纪录片。“记录新时代”中国梦短纪录片创作分四个季度扶持4批共9部国产纪录片，包括《中国梦365个故事——岁月见证》《〈生命缘〉第八季——80后》《医者——脊梁》等。

二、组织相关活动推动纪录片和动画片发展

1. 举办北京纪实影像周。第三届北京纪实影像周于2019年8月23日—29日举行。作为北京市广播电视局推动新时代纪录片高质量发展的“四项工程”（“一库、一平台”建设工程、“北京纪录片引领提升力”工程、“纪实影像周”品牌活动影响力工程、“北京纪录片综合评价体系”建设工程）之一，

本届纪实影像周以“壮丽七十年 记录新时代”为主题，在顶层设计、主题聚焦、活动展示、作品展映、学术研讨、平台搭建、服务于民等方面，进行创新拓展，有效提升品牌的影响力。通过开幕式、论坛、市场、展览、展映、国际、培训、征集和闭幕式 9 大板块，用独特的视角向广大人民诠释纪录片发展的生动实践，集中展示首都纪录片的发展成果，探索中国纪录片的发展规律，为首都乃至全国人民奉献一场精彩纷呈的文化盛会。本届纪实影像周的影响力、参与度、传播面、知晓率、到达率再创新高。主体活动在中华世纪坛举办 3 天，吸引近 100 家机构、201 部作品参展，接待参观人数超过 3 万人次，较去年增长 50%；首都纪录片发展协会、爱奇艺、德国金树纪录片节等签约 6 个项目，总交易额达 2.435 亿，交易额创历史新高；举办 5 场专业论坛，邀请全国 25 位专家学者、行业代表及纪录片制片人、导演，进行多维度研讨，积极探索首都纪录片新时代发展新态势；22 部优秀国产纪录片在网络专区展映，点击量超过 1300 万次；10 个优秀项目进行现场提案，搭建创作人与投资方、播出机构的交流合作平台，与观众进行零距离分享；各类媒体共发布第三届北京纪实影像周相关新闻报道 267 篇，共产生舆情信息约 4801 条，各类文章在媒体上的阅读量近 5000 万次。

第三届北京纪实影像周展览抖音展位

2. 加强规划引导和扶持奖励。围绕庆祝新中国成立 70 周年、全面建成小康社会、精准扶贫、建党百年、2022 年北京冬奥会和冬残奥会、“一城三带”等重要选题，152 部电视纪录片、25 部电视动画片入选北京广播电视节目精品项目库；开展“我和我的祖国——庆祝新中国成立 70 周年主题优秀电视纪录片（含提案）、短视频作品征集活动”，全国范围共征集优秀电视纪录片（含提案）、短视频 157 部；积极开展北京广播电视网络视听发展基金评审工作，9 部电视纪录片、5 部电视动画片、7 部广播电视节目获得基金扶持。

3. 打造国内纪录片、动画片行业晚会。按照总局宣传司要求，北京市广播电视局组织、协调北京广播电视台做好“第七届优秀国产纪录片及创作人才推优活动”和“庆祝新中国成立 70 周年少儿晚会”两台晚会各项工作，充分展示国产纪录片及少儿节目发展成果，激励广播电视精品创作，获得业界和全国观众一致好评。

8 月 22 日，第七届国产纪录片及创作人才推优活动在世园会园区举办

（北京市广播电视局宣传管理处）

北京市电视剧和动画片发行许可情况表

2019年北京市国产电视剧发行许可情况一览表

序号	剧名	集数	长度（分钟）	制作单位	题材	发行许可证号	发证日期
1	天枢·契约行者	50	45	悦视新格（北京）影视传媒有限公司	近代传奇	（京）剧审字〔2019〕第001号	2019-1-3
2	儿孙幸福计划	42	45	中视合利文化传媒（北京）有限公司	当代都市	（京）剧审字〔2019〕第002号	2019-1-3
3	完美兄弟	40	45	神舞影业（北京）有限公司	当代都市	（京）剧审字〔2019〕第003号	2019-1-3
4	倚天屠龙记	50	45	华夏视听环球传媒（北京）股份有限公司	古代武打	（京）剧审字〔2019〕第004号	2019-1-15
5	鼓楼外	40	46	北京北广传媒影视股份有限公司	当代都市	（京）剧审字〔2019〕第005号	2019-1-16
6	山海蓝图	20	45	北京首钢文化发展有限公司	当代其他	（京）剧审字〔2019〕第006号	2019-1-18
7	七彩虹部落	52	12	北京上腾赢美影视文化传播有限公司	当代青少	（京）剧审字〔2019〕第007号	2019-1-25
8	西夏死书	44	45	北京完美影视传媒有限责任公司	当代其他	（京）剧审字〔2019〕第008号	2019-1-28
9	穿越人海拥抱你	36	35	北京云端文化传媒股份有限公司	当代都市	（京）剧审字〔2019〕第009号	2019-1-28
10	筑梦情缘	63	45	北京喜悦嘉行影视文化有限公司	近代其他	（京）剧审字〔2019〕第010号	2019-1-31
11	初晨	45	45	北京太泽文化有限公司	当代都市	（京）剧审字〔2019〕第011号	2019-1-31
12	燕阳春	48	45	北京原石文化传媒有限公司	近代传奇	（京）剧审字〔2019〕第012号	2019-2-13
13	青春斗	38	45	北京鑫宝源影视投资有限公司	当代都市	（京）剧审字〔2019〕第013号	2019-2-18
14	反恐特战队之天狼	48	45	北京京都世纪文化发展有限公司	当代军旅	（京）剧审字〔2019〕第014号	2019-2-26
15	海洋之城	51	45	北京博集天卷影业有限公司	当代都市	（京）剧审字〔2019〕第015号	2019-3-12
16	小医侠	30	45	大唐辉煌传媒有限公司	近代传奇	（京）剧审字〔2019〕第016号	2019-3-21

（续表）

序号	剧名	集数	长度（分钟）	制作单位	题材	发行许可证号	发证日期
17	红腰鼓	45	45	北京天沐文化传媒有限公司	近代革命	（京）剧审字〔2019〕第017号	2019–3–21
18	一言九鼎	56	44	华视友邦影视传媒（北京）有限公司	近代传奇	（京）剧审字〔2019〕第018号	2019–3–21
19	太行铸剑	40	45	太岳协力文化传播（北京）有限公司	近代革命	（京）剧审字〔2019〕第019号	2019–4–15
20	龙凤店传奇	38	45	北京东方今鸣文化传媒有限公司	古代传奇	（京）剧审字〔2019〕第020号	2019–4–18
21	我们正年轻	42	45	得闲影业（北京）有限公司	当代军旅	（京）剧审字〔2019〕第021号	2019–4–18
22	我怕来不及	60	45	北京时代光影文化传媒股份有限公司	现代都市	（京）剧审字〔2019〕第022号	2019–4–25
23	东四牌楼东	52	40	北京米加文化传媒有限公司	近代传奇	（京）剧审字〔2019〕第023号	2019–4–25
24	绝地反击	43	47	北京鹦鹉娱乐文化传播有限公司	近代革命	（京）剧审字〔2019〕第024号	2019–4–26
25	最美的安排	48	45	北京悦圣龙影视传媒有限公司	现代都市	（京）剧审字〔2019〕第025号	2019–5–8
26	铁肩	44	42	北京都视影业传媒有限责任公司	当代都市	（京）剧审字〔2019〕第026号	2019–5–8
27	茶间道	48	45	北京天牛影视文化传媒有限公司	近代传奇	（京）剧审字〔2019〕第027号	2019–5–16
28	忽而，今夏	26	45	北京完美影视传媒有限责任公司	当代都市	（京）剧审字〔2019〕第028号	2019–5–16
29	明日彩虹	43	45	北京主题传奇文化传媒有限公司	近代传奇	（京）剧审字〔2019〕第029号	2019–5–22
30	我的不惑青春	43	45	北京时代光影文化传媒股份有限公司	当代都市	（京）剧审字〔2019〕第030号	2019–6–3
31	勇敢者	36	41	北京十月天文化传媒股份有限公司	近代传奇	（京）剧审字〔2019〕第031号	2019–6–4
32	茉莉茉莉	20	15	北京樱花柠檬影视传媒有限公司	当代科幻	（京）剧审字〔2019〕第032号	2019–6–27
33	我爱北京天安门	35	45	北京电视艺术中心有限公司	当代都市	（京）剧审字〔2019〕第033号	2019–6–28
34	谁的青春不迷茫之我在未来等你	36	45	北京光线传媒股份有限公司	当代青少	（京）剧审字〔2019〕第034号	2019–6–28
35	乔安你好	38	45	北京中喜传媒有限公司	当代都市	（京）剧审字〔2019〕第035号	2019–7–23
36	看见味道的你	25	45	北京镜像空间文化传媒有限公司	当代其他	（京）剧审字〔2019〕第036号	2019–7–23

（续表）

序号	剧名	集数	长度（分钟）	制作单位	题材	发行许可证号	发证日期
37	正青春	53	45	北京世纪东耀文化传媒有限公司	当代都市	（京）剧审字〔2019〕第037号	2019-7-26
38	扑通扑通的青春	30	38	北京东海麒麟文化传播有限公司	当代都市	（京）剧审字〔2019〕第038号	2019-8-9
39	最完美	20	30	北京贵人和影视制作有限公司	当代都市	（京）剧审字〔2019〕第039号	2019-8-9
40	光荣时代	46	47	北京天马映像影业有限公司	近代革命	（京）剧审字〔2019〕第040号	2019-8-27
41	[illegible]莱花	45	45	北京甲甲影视文化传媒有限公司	近代革命	（京）剧审字〔2019〕第041号	2019-8-27
42	新一年又一年	55	45	海润影视制作有限公司	现代都市	（京）剧审字〔2019〕第042号	2019-9-10
43	吉他兄弟	43	41	允升文化传媒（北京）有限公司	当代农村	（京）剧审字〔2019〕第043号	2019-9-11
44	老闺蜜	48	41	星咖环球影业（北京）有限公司	现代都市	（京）剧审字〔2019〕第044号	2019-9-16
45	一代洪商	50	45	北京东工文化发展有限公司	近代传奇	（京）剧审字〔2019〕第045号	2019-9-24
46	奔腾年代	47	45	北京二十一世纪威克传媒股份有限公司	近代其他	（京）剧审字〔2019〕第046号	2019-10-15
47	越过山丘	45	45	容悦（北京）影视文化传媒有限公司	当代都市	（京）剧审字〔2019〕第047号	2019-10-17
48	太白传奇	33	45	北京东王文化发展有限公司	古代传记	（京）剧审字〔2019〕第048号	2019-10-21
49	古董局中局之鉴墨寻瓷	36	45	北京华谊兄弟娱乐投资有限公司	当代都市	（京）剧审字〔2019〕第049号	2019-10-22
50	河山	50	41	北京瑞鑫盛凯影视文化传媒有限公司	近代其他	（京）剧审字〔2019〕第050号	2019-10-30
51	远方的山楂树	52	45	北京森林影画文化传媒有限公司	当代都市	（京）剧审字〔2019〕第051号	2019-11-11
52	天下娘亲	36	45	北京笨鸟高飞影视文化有限公司	近代传奇	（京）剧审字〔2019〕第052号	2019-11-18
53	破局1950	48	45	北京电视艺术中心有限公司	近代其他	（京）剧审字〔2019〕第053号	2019-12-6
54	北斗行动	40	45	北京云端文化传媒股份有限公司	近代革命	（京）剧审字〔2019〕第054号	2019-12-6
55	冰糖炖雪梨	40	45	北京完美影视传媒有限责任公司	当代都市	（京）剧审字〔2019〕第055号	2019-12-13
56	新世界	70	45	和力辰光国际文化传媒（北京）股份有限公司	现代其他	（京）剧审字〔2019〕第056号	2019-12-16

（续表）

序号	剧名	集数	长度（分钟）	制作单位	题材	发行许可证号	发证日期
57	而你刚好发光	24	45	聚影（北京）国际传媒文化发展有限公司	当代青少	（京）剧审字〔2019〕第057号	2019-12-19
58	青云之琉璃	72	45	阿宝（北京）文化传媒有限公司	古代其他	（京）剧审字〔2019〕第058号	2019-12-23
59	暖暖，请多指教	24	45	响想时代娱乐文化传媒（北京）有限公司	当代都市	（京）剧审字〔2019〕第059号	2019-12-23
60	怪你过分美丽	36	45	北京青春你好文化传媒有限公司	当代都市	（京）剧审字〔2019〕第060号	2019-12-23
61	亲爱的麻洋街	40	45	光芒影业有限公司	当代都市	（京）剧审字〔2019〕第061号	2019-12-25
62	全世界最好的你	24	45	北京完美影视传媒有限责任公司	当代都市	（京）剧审字〔2019〕第062号	2019-12-27
63	暴风眼	46	45	北京喜悦嘉行影视文化有限公司	当代其他	（京）剧审字〔2019〕第063号	2019-12-27
64	掌中之物	44	45	北京博纳影业集团有限公司	现代都市	（京）剧审字〔2019〕第064号	2019-12-27
65	了不起的儿科医生	48	45	北京长江文化股份有限公司	当代其他	（京）剧审字〔2019〕第065号	2019-12-27
66	破冰行动	48	45	北京爱奇艺科技有限公司	当代涉案	（广剧）剧审字〔2019〕第007号	2019-4-19
67	天下茗门	32	45	北京盛世观唐文化传媒有限公司	古代其他	（广剧）剧审字〔2019〕第010号	2019-5-22
说明：全年取得发行许可证的电视剧合计 67 部 2843 集。							

（北京市广播电视局电视剧管理处、规划发展处）

2019 年北京市国产电视动画片发行许可情况一览表

序号	片名	集数	分钟	总长	制作机构	许可证号	发证时间
1	毛毛镇（1～26集）	26	7	182	北京空速动漫文化有限公司	（京）动审字〔2019〕第001号	2019-01-23
2	酷杰的科学之旅——自我保护	15	6	90	中科数创（北京）数字传媒有限公司	（京）动审字〔2019〕第002号	2019-01-23
3	小马奇遇记	26	11	286	北京三浦灵狐美术设计有限公司	（京）动审字〔2019〕第003号	2019-01-31
4	萌宝战警	26	13	338	北京百世师影视传媒有限责任公司	（京）动审字〔2019〕第004号	2019-01-31
5	狐狸之声	12	10	120	北京爱奇艺科技有限公司	（京）动审字〔2019〕第005号	2019-01-31

（续表）

序号	片名	集数	分钟	总长	制作机构	许可证号	发证时间
6	幸福四合院之京味儿趣玩（第三季）	26	6	156	北京中科明德文化服务有限公司	（京）动审字〔2019〕第006号	2019－02－03
7	艾伦教授的魔法纸牌	12	6	72	中国科学技术出版社	（京）动审字〔2019〕第007号	2019－03－12
8	中华弟子规前传	6	22	132	北京妙音动漫文化股份有限公司	（京）动审字〔2019〕第008号	2019－04－01
9	嘟当曼（第一季）	24	13	312	北京爱奇艺科技有限公司	（京）动审字〔2019〕第009号	2019－05－15
10	小鹿杏仁儿	52	7	364	北京梦之城文化股份有限公司	（京）动审字〔2019〕第010号	2019－06－05
11	幸福四合院之京味儿趣玩4	26	6	156	北京华创视通文化传媒有限公司	（京）动审字〔2019〕第011号	2019－06－26
12	我也会发明	6	13	78	北京华映星球文化发展股份有限公司	（京）动审字〔2019〕第012号	2019－06－28
13	悟璐璐之好习惯	16	2.5	40	万达儿童文化发展有限公司	（京）动审字〔2019〕第013号	2019－07－08
14	嘟当曼（第二季）	24	13	312	北京爱奇艺科技有限公司	（京）动审字〔2019〕第014号	2019－07－09
15	超变武兽 （第二季）	26	25	650	北京中视万象文化传媒有限责任公司	（京）动审字〔2019〕第015号	2019－07－10
16	无敌小鹿故事篇	120	4	480	北京爱奇艺科技有限公司	（京）动审字〔2019〕第016号	2019－06－12
17	悟璐璐	52	6	312	万达儿童文化发展有限公司	（京）动审字〔2019〕第017号	2019－08－08
18	宇宙护卫队（第二季）	26	12.5	325	完美鲲鹏（北京）动漫科技有限公司	（京）动审字〔2019〕第018号	2019－08－14
19	无敌小鹿之安全成长（第一季）	48	5	240	北京爱奇艺科技有限公司	（京）动审字〔2019〕第019号	2019－08－14
20	神奇熊猫	24	16	384	北京中视年代传媒文化有限公司	（京）动审字〔2019〕第020号	2019－08－14
21	大运河奇缘	26	13	338	北京电视台	（京）动审字〔2019〕第021号	2019－09－19
22	厨神小当家	12	25	300	北京杰外动漫文化股份有限公司	（京）动审字〔2019〕第022号	2019－09－19
23	无敌小鹿之安全成长（第二季）	48	5	240	北京爱奇艺科技有限公司	（京）动审字〔2019〕第023号	2019－09－19
24	毛毛镇（27～52集）	26	7	182	北京空速动漫文化有限公司	（京）动审字〔2019〕第024号	2019－10－14
25	兔子贝贝（第一季）	52	6	312	北京风意志数字科技有限公司	（京）动审字〔2019〕第025号	2019－10－16
26	无敌小鹿之安全成长（第三季）	48	5	240	北京爱奇艺科技有限公司	（京）动审字〔2019〕第026号	2019－10－21

（续表）

序号	片名	集数	分钟	总长	制作机构	许可证号	发证时间
27	歪歪兔行为习惯系列动画片	10	4	40	北京歪歪兔教育科技有限公司	（京）动审字〔2019〕第027号	2019–11–08
28	酷杰的科学之旅——恐龙大作战	15	6	90	中科数创（北京）数字传媒有限公司	（京）动审字〔2019〕第028号	2019–11–08
29	星游记——风暴法米拉(第二季)	4	20	80	北京全擎娱乐文化传媒有限公司	（京）动审字〔2019〕第029号	2019–11–19
30	嘟当曼（第三季）	26	13	338	北京爱奇艺科技有限公司	（京）动审字〔2019〕第030号	2019–11–26
31	节水总动员	12	5	60	中国水利水电出版社有限公司	（京）动审字〔2019〕第031号	2019–11–26
32	嘟当曼 沙漠大冒险	2	13	26	北京爱奇艺科技有限公司	（京）动审字〔2019〕第032号	2019–12–6
说明：全年取得发行许可证的动画片合计 32 部 874 集 7275 分钟。							

（北京市广播电视局宣传管理处）

北京市部分电视剧制作机构作品一览表

北京华谊兄弟娱乐投资有限公司

剧名	集数	出品单位	联合摄制	制片人	编剧	导演	主要演员
古董局中局之鉴墨寻瓷	36	北京华谊兄弟娱乐投资有限公司、上海腾讯企鹅影视文化传播有限公司、上海盛世核芯文化传媒有限公司、七印象（佛山）影视传媒有限公司	海宁第七印象影视传媒有限公司	吉　婕 黄　星 郑思远	张小年 刘　颖 刘奎序	费振翔 方刚亮	夏　雨 魏　晨 阿丽亚

海润影视制作有限公司

剧名	集数	联合出品单位	摄制单位	制片人	编剧	导演	主要演员
有你才有家	50	中央电视台、海润影视制作有限公司、上海亮眉侠文化传媒有限公司、上海斐儿文化传播有限公司、上海新海润文化发展有限公司	海润影视制作有限公司	郭江喜 吴　宁	万　海 禄　芳	任程伟	任程伟 练　练 解子腾 简莉纹

北京东王文化发展有限公司

剧名	集数	出品单位	联合摄制单位（全部）	制片人	编剧	导演	主要演员
血盟千年	47	北京东王文化发展有限公司	湖南省龙山县人民政府、龙山县惹巴拉旅游投资有限责任公司、霍尔果斯星宏文化传媒有限公司、安徽五星东方影视投资有限公司、湘西乌龙山影业有限公司、北京网连八方文化传媒有限公司	孟凡耀	朱秀海	路　奇	经　超 周　航 沈梦辰 王鹤润

北京电视艺术中心有限公司

剧名	集数	出品单位	联合摄制单位（全部）	制片人	编剧	导演	主要演员
我爱北京天安门	48	北京电视艺术中心有限公司、浙江华力影业有限公司、浙江力辰影业有限公司	北京电视艺术中心有限公司、浙江华力影业有限公司、浙江力辰影业有限公司	董　力	宋志鹏 周　诺	董　力	娄艺潇 朱梓骁
破局1950	48	中央电视台、鹿鸣影业有限公司、霍尔果斯娱跃文化、北京正量东方文化传媒股份有限公司、东海旭日影业有限公司、北京电视艺术中心有限公司、中视传媒股份有限公司	鹿鸣影业有限公司、北京正量东方文化传媒股份有限公司、上海耀玥影业有限公司	王　浩 梁仁红 刘　建	苏　霆	何　涛 黄　楠	何明翰 苗　圃

北京北广传媒影视股份有限公司

剧名	集数	出品单位	联合摄制单位	制片人	编剧	导演	主要演员
觉醒年代	50	北京北广传媒影视股份有限公司、安徽华星传媒投资有限公司	安徽华星传媒投资有限公司、优酷信息技术（北京）有限公司、上海好故事影视有限公司、海宁新永胜影视文化有限公司	刘国华	龙平平	张永新	于和伟 张　桐 马少骅

（续表）

剧名	集数	出品单位	联合摄制单位	制片人	编剧	导演	主要演员
温暖的土地	37	北京北广传媒影视股份有限公司、北京鼎力嘉诚影业发展有限公司	北京鼎力嘉诚影业发展有限公司、浙江燕风影视制作有限公司	王亚中	郝国忱 田德中	刘　洋	褚栓忠 梁琳琳 乔大韦

大唐辉煌传媒有限公司

剧名	集数	出品单位	制片人	编剧	导演	主要演员
小医侠	30	天津金狐文化传播有限公司、大唐辉煌传媒有限公司、北京华谊兄弟聚星文化有限公司、浙江华友文化创意有限公司	陈益韬 刘明丽 张　陈	林秀树 王　冰 张君怡	杨小波	邢　菲 朱元冰 杜子名
哥不是传说	44	凤凰传奇影业有限公司、大唐辉煌传媒有限公司、深圳市光合力影视传媒有限公司	童西源	韩　杰 徐明明	赵晨阳	曹云金 蒋梦婕

北京京都世纪文化发展有限公司

剧名	集数	出品单位	制片人	编剧	导演	主要演员
反恐特战队之天狼	48	北京爱奇艺科技有限公司、武警部队政治工作部宣传文化中心、浙江京都世纪影视文化有限公司、北京京都世纪文化发展有限公司	黄雨洋 刘建军 尤文铮	傲琳璐 尤晓刚	尤晓刚	杨旭文 代　斯 魏　晨 周庭伊 李幼斌 石兆琪 缪海梅 孙振宸 王帅博

北京光线传媒股份有限公司

片名	集数	出品单位	编剧	导演	主要演员
		电视剧			
我在未来等你	36	北京爱奇艺科技、北京光线传媒股份有限公司、霍尔果斯小森林影业有限公司	谭　苗 鲁昱晖 邢嘉芸（文学总监）	薛　凌 张超理	李光洁 费启鸣 孙　千 辛云来 徐　婕 张植绿
逆流而上的你	43	左城右隅影视文化传媒有限公司、东方前海、猫眼影业、五光十色影业	李　琼 王婧淇 贺　然	潘　越 杨　栋	马　丽 潘粤明 孙　坚 李乃文 黄梦莹 刘威葳
遇见幸福	45	新派系（上海）文化传媒、霍尔果斯青春光线影业和华人文化	王　芸 李晨毓 侯佳良 李安祺 杨向明	梦　继	蒋　欣 李光洁 郭京飞 刘　孜
八分钟温暖	31	腾讯企鹅影视、北京光线影业有限公司、北京领誉文化传媒有限公司	吴英奇	嵇　政	陈　汛 丁禹兮 姜卓君 朱丹妮
		电影			
疯狂的外星人	—	北京欢喜首映文化有限公司、欢喜传媒集团有限公司（中国香港）、北京坏猴子文化产业发展有限公司、北京光线影业、霍尔果斯乐开花影业、欢欢喜喜（天津）文化投资有限公司、坏猴子（上海）文化传播有限公司、霍尔果斯五光十色影业、麦特文化、正夫君泽影视、霍尔果斯坏猴子影视、西藏筋斗云影业、东台麦和映画文化、霍尔果斯青春光线影业、山南光线影业、宝唐影业	刘慈欣 孙小杭 吴　楠 董润年 刘晓丹 潘依然	宁　浩	黄　渤 沈　腾
阳台上	—	光线影业、鑫影映画（北京）影业、上海乐不思蜀影视、周冬雨影视文化传播新沂工作室、霍尔果斯青春光线影业、霍尔果斯泰洋川禾文化传媒有限公司、名利场影视文化传媒（北京）有限公司、北京耀鸿影视文化传媒有限公司	刘　雅 任晓雯	张　猛	周冬雨 王　锵
风中有朵雨做的云	—	光线影业、海宁瀚坤影视传媒有限公司、霍尔果斯青春光线影业、上海恒星引力影视、天津猫眼微影文化传媒有限公司、上海千易志诚文化传媒有限公司、杭州新鼎明影视投资管理股份有限公司	梅　峰 邱玉洁 马英力	娄　烨	井柏然 宋　佳 马思纯 秦　昊 陈妍希 张颂文

（续表）

片名	集数	出品单位	编剧	导演	主要演员
雪暴	—	麦颂影视投资（上海）有限公司、和力辰光国际文化传媒（北京）股份有限公司、和和（上海）影业有限公司、北京光线影业有限公司、霍尔果斯五光十色影业有限公司、山南光线影业有限公司、漫山（北京）文化有限公司、北京星空壹禾影视发展有限公司出品、黑蚂蚁（上海）影业有限公司、无锡宝唐影业有限公司、霍尔果斯青春光线影业有限公司	崔斯韦	崔斯韦	张　震 廖　凡 倪　妮
四个春天（纪录片）	—	百川影业无锡有限公司、和和（上海）影业、东申（上海）影业、黑猫互娱（天津）文化传媒有限公司、麦特影视文化传媒（天津）有限公司、上海淘票票影视文化有限公司、黑蚂蚁（上海）影业、光线影业、球和头（北京）影视文化有限公司、北京嘉士通文化有限公司、华夏电影发行有限责任公司、白马（上海）影视发行有限公司、北京国影纵横电影发行有限公司、东台壹尺文化传媒有限公司、珠江影业传媒股份有限公司、上海腾讯影业、咪咕文化科技有限公司	陆庆屹（剪辑）	陆庆屹	
两只老虎	—	英皇（北京）影视文化传媒有限公司、光线影业、英皇影业、上海普林赛斯文化传播有限责任公司、山南光线影业有限公司、北京光线传媒股份有限公司、华视娱乐投资集团股份有限公司、天津猫眼微影文化传媒有限公司、麦特文化发展（宜恩）有限公司、西藏刚坚文化传媒有限公司、上海析微影视文化有限公司、时代三和文化投资（北京）股份有限公司、深圳善为影业、上海杉天影视文化工作室	李　非	李　非	葛　优 乔　杉 赵　薇
保持沉默	—	中央新闻纪录电影制片厂（集团）、迅光年文化发展（北京）有限公司、光线影业、山南光线影业、深圳市中汇影视文化传播股份有限公司	周　可	周　可	周　迅 吴镇宇
哪吒之魔童降世	—	光线影业、霍尔果斯彩条屋影业、霍尔果斯可可豆动画影视有限公司、霍尔果斯十月文化传媒有限公司、北京彩条屋科技有限公司	饺　子	饺　子	
南方车站的聚会	—	麦颂影视投资（上海）有限公司、山南光线影业、幸福蓝海影视文化集团股份有限公司、腾讯影业、万达影视、绿光影业、和力辰光国际文化传媒（北京）股份有限公司、中影（上海）影视文化投资管理中心（有限合伙）、一山文化（天津）合伙企业（有限合伙）、杭州嘉艺影视传媒有限公司	刁亦男	刁亦男	胡　歌 桂纶镁 廖　凡 万　茜 奇　道

（续表）

片名	集数	出品单位	编剧	导演	主要演员
铤而走险	—	黑蚂蚁影业、和和影业、光线影业、乾坤星宇影业、东台壹尺、麦特文化、泰洋川禾	李　萌 甘剑宇 依　辉 金　津	甘剑宇	董成鹏 欧　豪 李　梦 曹炳琨

北京东方飞云国际影视股份有限公司

序号	片名	出品单位	制片人	编剧	导演	主要演员
1	翠狐戏夫	北京东方飞云国际影视股份有限公司	白月飞 白旭飞	张　萍	任英健	黄婷婷 陈子由 王思婕 吴思凡
2	巩仙	北京东方飞云国际影视股份有限公司	白月飞 白旭飞	叶思宁	国建勇	炎亚纶 赖雨濛 贾征宇 吴茉彤
3	海大鱼	北京东方飞云国际影视股份有限公司	白月飞 白旭飞	徐贝贝 胡　娜	任英健	韩　栋 张予曦 贾征宇 肖向飞
4	猎妖记	北京东方飞云国际影视股份有限公司	白月飞 白旭飞	徐　玉 庄新晓 古若村	国建勇	赖雨濛 陈子由 赵　越 李若天
5	龙无目	北京东方飞云国际影视股份有限公司	白月飞 白旭飞	郭　颖	刘　涛	朱圣祎 朱梓骁 叶项明 孟子叶
6	美人皮	北京东方飞云国际影视股份有限公司	白月飞 白旭飞	李仲山	麦贯之	韩　栋 张予曦 王艺瞳 肖向飞
7	人鱼缚	北京东方飞云国际影视股份有限公司	白月飞 白旭飞	王　娇 李　蕾	任英健	张予曦 朱梓骁 肖向飞 吴茉彤
8	妖手摧花	北京东方飞云国际影视股份有限公司	白月飞 白旭飞	郝　迪 李晓藤 郭　颖	麦贯之	韩　栋 甘婷婷 梁　缘 吴茉彤
9	诡婳狐	北京东方飞云国际影视股份有限公司	白月飞 白旭飞	吕　刚 何　娜	黄祖权	张芷溪 魏千翔 王思婕 申非凡

书报刊出版

2019年北京市广播影视书报刊一览表

公开出版物

类别	报刊名称	主管单位	主办单位
周报	《北京广播电视报》	北京广播电视台	北京广播电视报社
周刊	《北广人物》	北京广播电视台	北京广播电视报社
周报	《新广播》	北京人民广播电台	北京人民广播电台

类别	书籍名称	主管单位	作者	出版单位
图书	《北京广播影视年鉴（2019）》	北京市广播电视局	北京广播影视年鉴编委会	北京联合出版公司 出版时间：2020.8
图书	《北京广播影视发展研究文集（2018年）》	北京市广播电视局	北京广播电影电视研究中心汇编	北京出版社 出版时间：2020.5

内部出版物

类别	报刊名称	主管单位	主办单位
月刊	《北京广播影视》	北京市广播电视局	北京市广播影视学会
半月刊	《听众反映专辑》	北京人民广播电台	北京人民广播电台总编室
半月刊	《宣传业务》	北京人民广播电台	北京人民广播电台总编室
月刊	《电视文摘》	北京电视台	北京电视台研发部
月刊	《北京广播影视决策参考》	北京市广播电视局	北京广播电影电视研究中心
双月刊	《锐》	北京电视台	北京电视台研发部
季刊	《金色岁月》	北京电视台	北京电视台老干部工作办公室

2019年北京市广播影视书报刊简介

《北京广播电视报》

《北京广播电视报》创刊于1979年9月，是面向家庭，以导听导视为特色的全方位生活服务型周报。2019年《北京广播电视报》配合北京广播电视台、北京电视台、北京人民广播电台做好“新中国成立70周年”“冬奥”等重大主题宣传报道及日常宣传服务工作，做好京城百姓收视指南、荧屏热点等方面的报道；增设“融媒体专刊”版块，专刊与6个区县的融媒体中心合作，将其有特色的稿件进行筛选刊登，鲜活的稿件内容生动反映了区县融媒体一线的工作情况。8开52版。

2019年《北京广播电视报》第42期封面

《北广人物》

《北广人物》周刊创刊于2016年4月，由原《北京电视》杂志更名而来，主要报道广播电视节目中的人物和人物中的新闻，用故事解读人生，在人生中寻觅故事，旨在用真善美的情操感染人，以奋斗进取的精神鼓舞人。2019年《北广人物》周刊策划、推出了“荣光——奥运人物”“传承国粹文化 追忆梨园大师”“北京老字号”“京城大厨”四个大型全媒体系列报道，产生广泛影响，为报社赢得良好的社会声誉，进一步夯实了刊物的厚重感、权威感和品牌感。8开44页。

（北京广播电视报社）

2019年《北广人物》周刊第9期封面

《北京广播影视》

《北京广播影视》是由北京市广播电视局主管、北京市广播影视协会编印的内部资料性出版物，创于1988年。原称《北京广播电视研究》（季出），1994年更名为《北京广播电视》（双月出），2007年1月改版为《北京广播影视》（月出）。

《北京广播影视》围绕中心，服务大局，及时反映北京市广播电视局以及北京市广播影视行业的现状，在北京市委、市政府的正确领导下，积极推广北京市广播影视高质量发展的新举措、新作为、新成果和新经验，多角度报道北京广大广播影视从业者的工作实践和时代风采，及时反映北京市广播影视节目创优创新的新探索、新成绩，充分发挥了行业指导、经验交流和学术探讨的作用。

BEIJING RADIO FILM & TV
北京广播影视
12
2019年 总第257期
第五届“世界电视日”中国电视大会在京召开
第25届北京电视节目交易会（2019·秋季）举办
2019年电视剧产业的特点与走向

2019年《北京广播影视》全年共编印12期，每月1期，黑白印刷，大16开76页，刊登稿件280余篇，照片200余张，总字数80余万字。学刊突出对深入学习贯彻习近平新时代中国特色社会主义思想和十九大精神的宣传，办好“新时代 新作为”专栏，集中宣传局机关和北京影视行业的学习实践成果，全年共刊登相关文章42篇。为庆祝新中国成立70周年，期刊开辟专栏，反映新中国成立70年来，北京市广播影视行业发展的巨大成就，反映广电人为广电事业做出的奉献，共刊登文章27篇。为纪念改革开放40年，期刊开辟专栏《致敬 改革开放40年》，反映改革开放以来，北京市广播影视行业焕发的勃勃生机与活力，反映广电人的成长，共刊登文章22篇。对电影、电视剧创作和市场方面加大了宣传力度，专门派编辑参加北京国际电影节的相关报道。继续加强对电视剧创作的关注，全年刊发相关剧评29篇。北京春、秋季电视节目交易会，都派出编辑全程跟踪，及时反映活动进展情况及理论探索成果。期刊继续关注媒体融合的发展，在《媒介管理》《业者探究》等栏目有较多的体现。期刊持续反映业界创优的成果，《声屏华彩》栏目对优秀广播电视节目进行了充分展示，突出呈现作者的创作体会。期刊加强了对区属融媒体发展的关注，反应各区媒体人的探索与实践，每期至少刊登1篇相关稿件。

《听众反映专辑》

《听众反映专辑》由北京人民广播电台总编室主办，听众服务中心负责编辑出版，是北京人民广播电台唯一反馈听众意见的内部刊物。该刊1984年创刊，半月刊、标准16开。截至2019年12月，已出版881期。2019年全年出版44期（其中《听众反映专辑·听评月专刊》22期），65余万字。

刊物遵循“精说成绩、细挑毛病、善提意见、建言献策”的方针，客观反映听众意见，登载听众对北京电台节目的意见和感受，为北京人民广播电台与听众沟通起到了桥梁作用，为调整节目、提高节目质量提供了积极、客观的参考。

2019年，《听众反映专辑》以专业广播分类设置栏目，如新闻广播、城市广播、故事广播、交通广播等。同时刊登从热线以及微信平台渠道反馈的听众意见，设置热线摘编、微信评议栏目，还不定期刊登综合评议、两会宣传、听众交流会、北京广播网、其他等栏目。《听众反映专辑·听评月专刊》则根据稿件多少设置专业广播专刊，如新闻广播、城市广播、交通广播的专刊，根据具体节目设置刊物栏目，如主播在线、新闻热线、新闻2019、综合评议等。此外，北京广播网和《新广播》报也在《听众反映专辑·听评月专刊》中单独设置栏目，便于集中阅读。

《宣传业务》

《宣传业务》是由北京人民广播电台总编室主办，旨在促进台内外业务学习、交流的内部刊物。创刊于1992年1月15日，半月刊、标准16开，2016年1月起改为月刊。截至2019年12月，共编印636期。刊物下设栏目：专稿、专家评议、业务漫谈、探索与研究、体会与心得、听众论坛、业务动态等。

《宣传业务》作为北京人民广播电台的内部业务刊物，既是业务交流的园地，也是学术、理论探讨的阵地。办刊20年来，北京电台广大采、编、播人员及各相关职能部门紧密联系工作实际，全方位开展业务交流、学术探讨，撰写了许多优秀的理论文章。

《电视文摘》

《电视文摘》杂志创刊于1998年1月1日，是北京电视台主管、研发部主办的内部刊物，办刊宗旨是紧扣传媒热点、聚焦发展态势、荟萃信息精华、浓缩真知灼见，通过业界信息交流更好地服务全台工作。

刊物的栏目主要分为以下几个类别：

热点话题类——根据近期传媒热点，围绕一个主题，精选多篇文章进行深度分析；

业界观察类——对传媒界重要会议、各台重大改革举措、频道经营管理以及新媒体发展等方面的动态信息进行集中呈现；

理论研究类——包括频道、栏目、电视剧、广告与收视等方面的理论文章、媒体发展战略研究以及专家学者对电视发展的建议和评论等；

业务指导类——爆款节目策划、选题、运作等方面的经验总结；

人物访谈类——电视从业人员的成长过程、心路历程和观点分享；

海外信息类——世界各国电视行业的发展现状、机构设置、管理模式及最新节目动态。

《电视文摘》为月刊，大 16 开，64 页，每期印制 500 册。如今，封二封三的图片展示已成为北京电视台重点栏目和品牌活动的一个重要的宣传窗口。

《锐》

原北京电视台研发部内部期刊《锐》创刊于 2007 年，原名《欧美电视节目样态》，双月刊；2009 年更名为《锐》。截至目前，《锐》已经内部出版 120 余期。发放范围为台领导、总编室、广告部和各个节目中心。

《锐》刊物内容主要依托研发部每年向境外机构订购的国外电视节目发展趋势及国外主流媒体最新节目样片等相关信息，同时关注、分析国内电视、移动端新节目、产品。从 2011 年起，《锐》杂志的“观察与专题”版块容纳了研发部与高校学界合作的对国内、国际最新节目样式、媒体发展等相关研究成果。

2019 年，纵观全球媒体发展态势，新媒体在整个媒介生态中已建立了不可取代的地位。《锐》杂志主要针对网络综艺、媒体融合、MCN、短视频等策划了“2019 年上半年国内网络综艺盘点与思考”“融合背景下主流媒体重大主题报道的创新传播研究”“2019 年我国短视频发展十大态势”“2019 年全球智能媒体传播趋势”“融合背景下重大体育赛事报道创新传播策略研究”等专题，为北京电视台全媒体融合发展提供参考和借鉴。

《金色岁月》

《金色岁月》是为北京电视台退休人员服务的内部杂志，主要反映北京电视台和老干办各阶段工作动态以及退休人员生活。刊物由台老干部工作办公室主办，稿件提供者均为北京电视台退休职工。杂志 2006 年 10 月创刊，每季一刊，截至 2019 年年底总出刊 53 期。

一、办刊宗旨

把党的方针政策，电视台工作进展情况，电视业内重要信息，告知老同志；把老同志亲身经历的北京电视台发展的历程和多年工作经验记录下来；把老同志老有所学、老有所乐、老有所为的退休生活分享出来，从而体现台党委对老同志的关心关怀。在电视台和离退休老同志之间，在离退休老同事之间建立起一个稳定的联系渠道，为老干部工作与离退休老同志互通信息、沟通感情提供便捷渠道，助力北京电视台事业发展。

二、常设栏目

杂志以刊发老同志提供的文稿、图片、书画作品为主，常设栏目有：1. 金色信风，北京电视台及老干部工作动态；2. 多彩金秋，讲述丰富多彩的退休生活故事；3. 风铃茶座，分享人生心得、成长感悟；4. 往事，老同志工作和生活往事回忆；5. 旅游，老同志国内外旅游见闻及旅途经验分享。杂志还积极参与不同时期党和国家及台里的重点工作，如2019 年是新中国成立 70 周年，杂志开辟“我和我的祖国”专栏，在老同志中征集相关文章和书画摄影作品。

三、杂志印数

杂志印数随着退休人员的逐年增加而增长。2019 年年底，杂志印数达到每期 600 本。

四、影响

杂志除在退休职工中发放外，还送与台领导及各部门主要负责人阅览，同时提供给台资料室，供台职工阅览。另外，杂志还交流到市委宣传部老干部处、国家新闻出版广电总局离退休办、北京广播电视总台党办、《北京老干部》杂志社等单位。本台老同志的文章、图片、书画作品等经常刊发在《北京老干部》等刊物上。

（北京广播电视台）

《北京广播影视年鉴（2019 年）》

《北京广播影视年鉴（2019）》是由北京广播影视年鉴编委会编纂（北京市广播电影电视局主持，北京广播电视台、北京人民广播电台、北京电视台、中国电影博物馆、区县文委及广电中心等协编）的一部资料工具书，创刊于 2005 年，每年编纂一卷，由中国广播影视出版社公开出版发行。

北京广播影视年鉴以马克思列宁主义、毛泽东思想、邓小平理论、“三个代表”重要思想、科学发展观、习近平新时代中国特色社会主义思想为指导，坚持实事求是的编辑方针，牢固树立政治意识、大局意识、核心意识、看齐意识。坚持实事求是地编辑方针，贯彻“贴近实际，贴近生活，贴近群众”的编纂原则，全面反映北京市广播影视的基本情况和发展变化风貌，客观记述上一年全市广播影视业的新情况、新资料，为广播影视从业人员、教学科研人员、决策管理人员以及社会各界了解和研究北京市广播影视提供可靠信息。

《北京广播影视年鉴（2019 年）》为第 14 卷，共有 18 个栏目：图片、专项纪事、概况、大事记、频率频道、节目栏目、产业发展、新媒体、技术、电视剧、书报刊出版、受众调查、组织机构、获奖作品、典型经验、交流合作、统计、索引等。全书 65.8 万字，发行 1200 册。

（北京广播电视局史志办）

《北京广播影视决策参考》（月刊）

《北京广播影视决策参考》月刊是由北京市广播电视局主管、北京音像资料馆（北京广播电影电视研究中心）主办的广播影视和网络视听领域专业性研究期刊，内部刊物。本刊紧紧围绕“守正创新、锐意进取、精准聚焦、奋发有为”的功能定位，设立卷首语、特别刊载、行业聚焦、政策解读等栏目。2019 年，刊登各类专业文章约 300 篇，刊发行业动态信息 200 多条，共计约 90 万字。

《北京广播影视发展研究文集（2018 年）》

《北京广播影视发展研究文集（2018 年）》，是由北京市广播电视局主管、北京音像资料馆（北京广播电影电视研究中心）汇编、北京出版社出版的理论研究性图书。2018 年的文集包含 41 篇文章，共计 30 万字，具体包括：2018 年北京广播电视和网络视听调研报告及课题研究报告、2018 年行业发展相关数据及形势分析报告、2018 年行业理论文章和专业论文等。

（北京广播电影电视研究中心）

受众调查

2019 年北京广播市场竞争态势的调查分析

一、北京广播市场发展情况

（一）市场整体：收听率小幅回升，车上收听上涨幅度进一步扩大，家中收听止跌回升。

2017—2019年北京广播市场整体收听率（%）

图 1

数据来源：索福瑞测量仪北京地区广播收听数据。

根据索福瑞测量仪北京地区收听数据显示，北京广播市场 2019 年整体收听率为 3.847%，较 2018 年回升 0.131 个百分点，涨幅达 3.5%。

2018年与2017年分场所收听率（%）

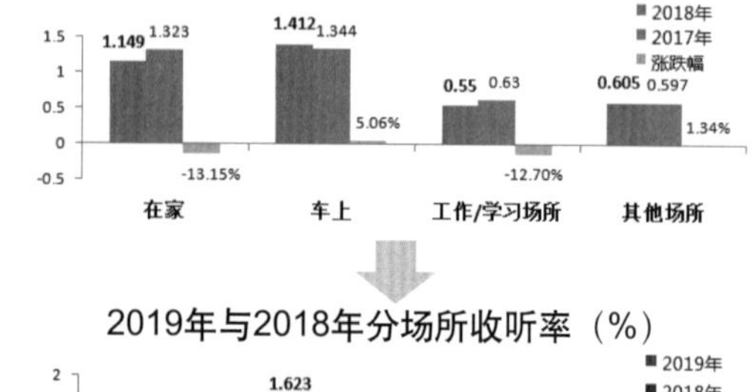

2019年与2018年分场所收听率（%）

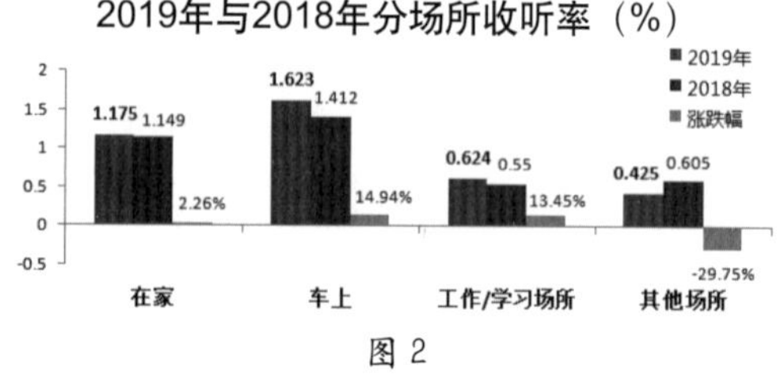

图 2

数据来源：索福瑞测量仪北京地区广播收听数据。

从分场所情况来看，2019 年车上收听率同比涨幅明显扩大，在家、工作/学习场所收听率止跌回升。在家、车上和工作/学习场所收听率同比分别上升 2.26%、14.94% 和 13.45%，其他场所收听率有近 30% 的明显下滑。

（二）分项数据：听众人群持续萎缩，收听时长、忠实度反弹上升。

表 1　2019 年、2018 年北京地区广播市场全天收听表现

单位	2019年	2018年	2019比2018差值	2019比2018涨跌幅
到达率（千）	5216	5334	−118	−2.21%
平均到达率（千）	4073	4185	−112	−2.68%
人均收听时长（分钟）	71.2	69.2	2	2.89%
忠实度	3.8	3.7	0.1	2.70%
人均收听段数	5	5	0	0.00%
平均每段收听时长（分钟）	14.5	13.8	0.7	5.07%

数据来源：索福瑞测量仪北京地区广播收听数据。

2019年北京广播市场整体收听率小幅回升。2019年北京全年累计521.6万人曾收听广播，比2018年减少11.8万人，降幅为2.21%；广播日均收听人数为407.3万人，比2018年降低11.2万人，降幅为2.68%；人均收听时长方面，听众平均每天收听广播时长为71.2分钟，比2018年增加2分钟，增幅为2.89%；全年人均收听段数依然为5段，每段收听时长由13.8分钟增至14.5分钟，增幅为5.07%。听众忠实度从2018年的3.7增至3.8，增长2.7%。

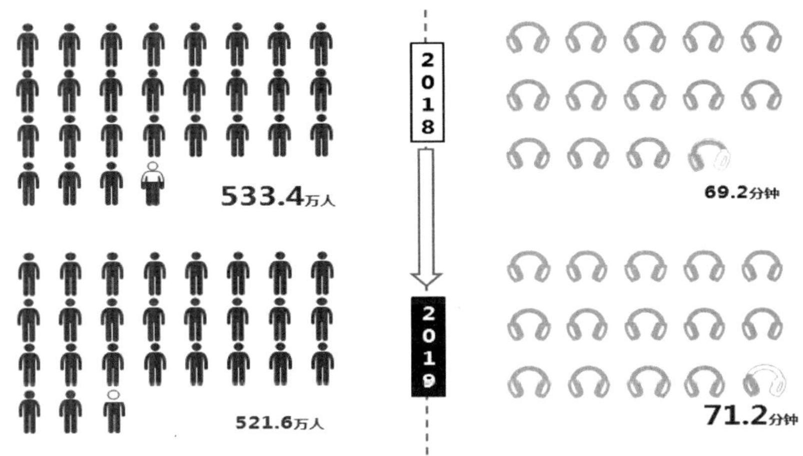

图 3

（三）分时段收听：全天大部分时段小幅上涨，高峰时段再创新高。

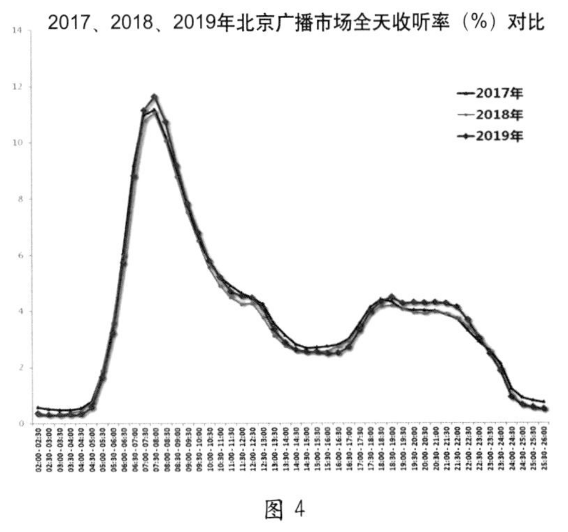

图 4

数据来源：索福瑞测量仪北京地区广播收听数据。

2019年北京广播市场全天48个30分钟时段，其中34个30分钟时段收听率上升，14个30分钟时段收听率下降。

早高峰07：00–09：00时段是全天收听率增长净值最多的首个时段，各时段收听率同比有0.38~0.68个百分点的明显上升。晚高峰17：30–19：30各时段均有上涨，但上涨净值不及早高峰。晚间19：30–22：30是全天第二个净值增长显著时段，各时段增值在0.25~0.4个百分点区间内。深夜至凌晨22：30–07：00时段，除04：00–06：30各时段收听率有0.1~0.34个百分点的明显下降，其他各时段收听率同比变化不大，净值涨跌均在0.07个百分点以内。

（四）分月收听：低开高走，岁末登顶。

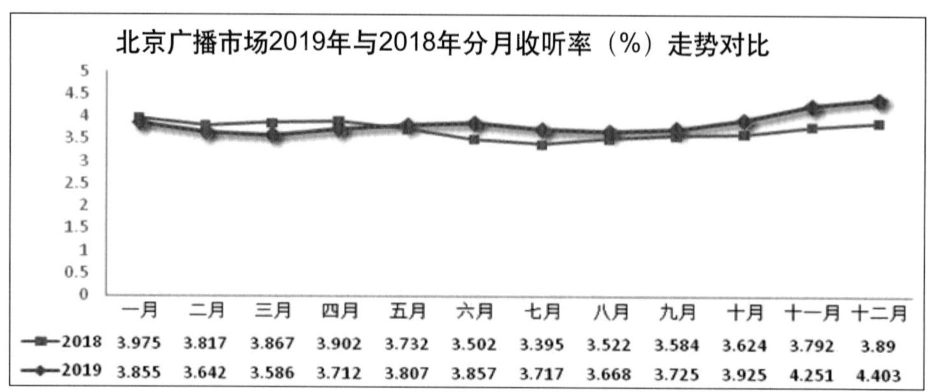

	一月	二月	三月	四月	五月	六月	七月	八月	九月	十月	十一月	十二月
2018	3.975	3.817	3.867	3.902	3.732	3.502	3.395	3.522	3.584	3.624	3.792	3.89
2019	3.855	3.642	3.586	3.712	3.807	3.857	3.717	3.668	3.725	3.925	4.251	4.403

图 5

数据来源：索福瑞测量仪北京地区广播收听数据。

2019 年分月收听率第一季度呈下降趋势，第二季度起螺旋式上升，第四季度上涨幅度显著，12 月攀升至全年最高值。2019 年 1 月—4 月收听率均低于 2018 年同期水平，其中 1 月—3 月呈逐月下降趋势，在 3 月跌至全年最低点 3.586%，随后开始小幅回升，5 月反超同期水平，经过 5 月—9 月的波动调整后，收听率一路走高并在 12 月达到全年最高值 4.403%。

二、北京广播市场三大台竞争情况

（一）市场份额：北京台提升，中央台、国际台下降。

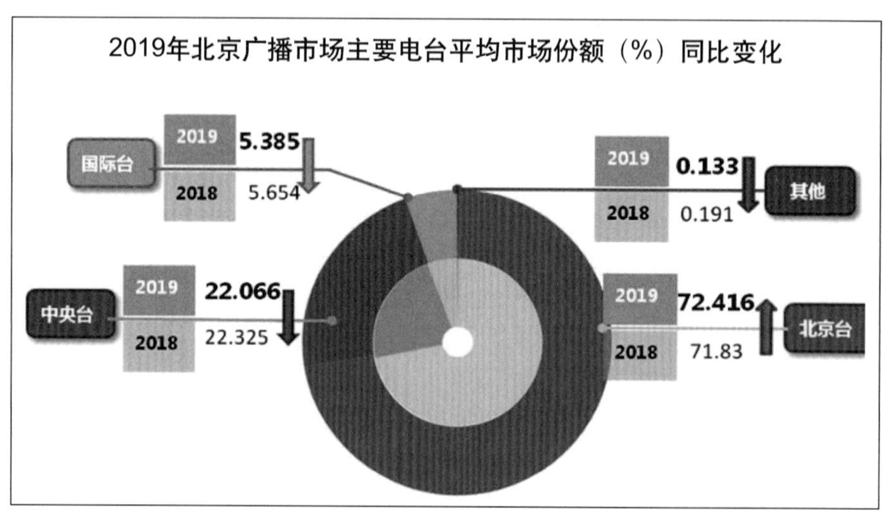

图 6

数据来源：索福瑞测量仪北京地区广播收听数据。

2019 年三大台的市场份额总体较为平稳，同比变化均不大。北京电台的市场份额达到 72.416%，同比提升 0.586 个百分点，涨幅为 0.82%。中央台 2019 年市场份额同比下滑 0.259 个百分点，降至 22.066%，降幅为 1.16%。国际台市场份额同比下降 0.269 个百分点，降幅为 4.76%，市场份额降至 5.385%。

（二）分项数据：三台听众规模均有下滑。

表 2　2019 年、2018 年北京广播市场主要电台收听表现

单位	频率	2019年	2018年	2019年较2018年差值	2019年较2018年涨跌幅
收听率（%）	北京台	2.786	2.669	0.117	4.38%
	中央台	0.849	0.83	0.019	2.29%
	国际台	0.207	0.21	−0.003	−1.43%
市场份额（%）	北京台	72.416	71.83	0.586	0.82%
	中央台	22.066	22.325	−0.259	−1.16%
	国际台	5.385	5.654	−0.269	−4.76%
到达率（千）	北京台	5216	5329	−113	−2.12%
	中央台	5124	5232	−108	−2.06%
	国际台	4573	4895	−322	−6.58%
平均到达率（千）	北京台	3299	3290	9	0.27%
	中央台	1339	1420	−81	−5.70%
	国际台	395	424	−29	−6.84%
人均收听时长（分钟）	北京台	63.7	63.2	0.5	0.79%
	中央台	47.8	45.5	2.3	5.05%
	国际台	39.6	38.6	1	2.59%

数据来源：索福瑞测量仪北京地区广播收听数据。

2019 年北京广播市场整体听众规模同比走低，三大台听众规模均有不同程度的缩减。2019 年北京台全年累计听众为 521.6 万人，同比下降 11.3 万人，降幅为 2.12%；中央台听众规模从 2018 年的 523.2 万人减少至到 2019 年的 512.4 万人，同比下降 10.8 万人，降幅为 2.06%；国际台 2019 年的听众规模为 457.3 万人，同比下降 32.2 万人，降幅为 6.58%，下降幅度和净值均为三大台中最大。

2019 年北京广播市场人均收听时长整体呈上涨态势，三大台人均收听时长均有不同程度上涨。北京台 2019 年人均收听时长为 63.7 分钟，同比上升 0.79%；中央台人均收听时长同比增长 2.3 分钟，增幅达 5.05%，增至 47.8 分钟；国际台人均收听时长增长 1 分钟，涨幅为 2.59%，增至 39.6 分钟。

从整体的收听率和市场份额表现来看，北京台收听率涨幅高达 4.38%，居三大台之首，收听率达 2.786%；中央台收听率同比上涨 2.29%，至 0.849%，收听率上涨幅度不及整体市场上涨幅度，因此市场份额同比反降；国际台人均收听时长虽有上升，但不敌日均听众规模显著下降的负面影响，收听率下降 1.43%，至 0.207%，市场份额相应下降。

（三）分场所收听：车上是三大台最主要的收听场所，北京台优势明显。

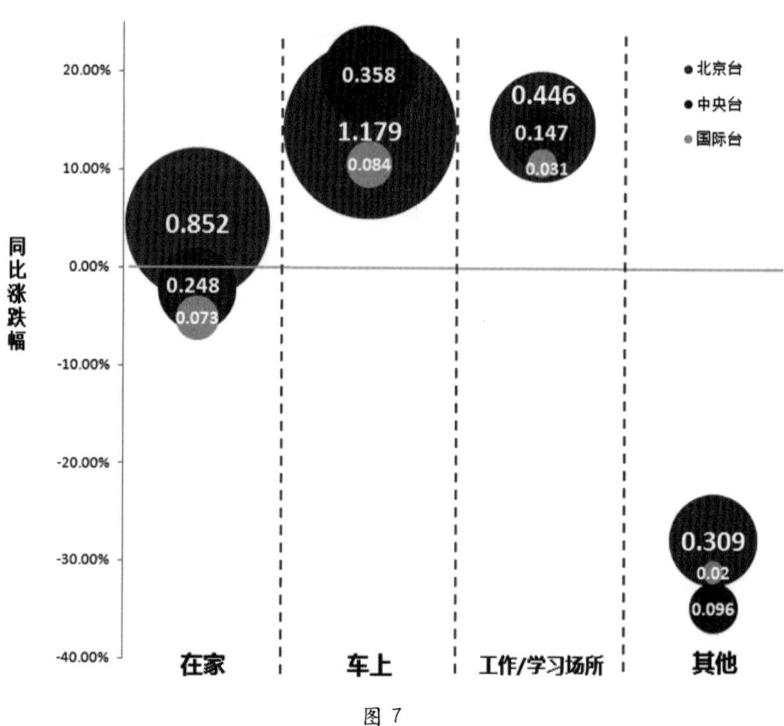

图 7

数据来源：索福瑞测量仪北京地区广播收听数据。

从分场所同比收听率变化情况看，在家的收听率除北京台上升外，中央台、国际台均小幅下降；三大台车上、工作 / 学习场所的收听率均明显上涨，其他场所收听率均大幅下降。另外，从各场所收听率横向对比来看，三大台车上收听率都明显高于在家、工作 / 学习场所和其他场所。

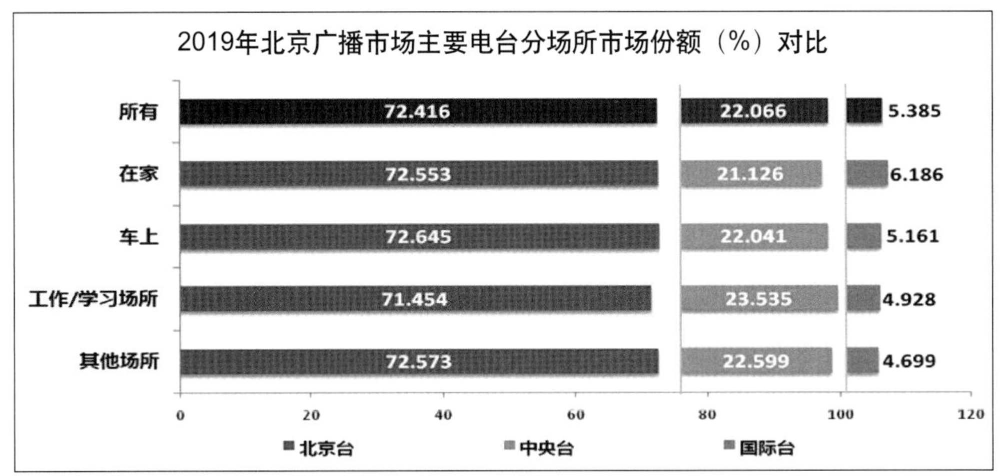

图 8

数据来源：索福瑞测量仪北京地区广播收听数据。

虽然三大台的整体竞争格局在各个场所基本保持一致，但依然存在些许差别。北京台在车上的竞争优势较为明显，北京台在各个场所的竞争力更趋均衡。中央台在工作/学习场所的竞争优势更为突出；国际台在家收听相较于其他场所的市场竞争力更强。

三、北京电台听众构成：性别、年龄比例均衡，中青年、中高收入人群比例稳步提升

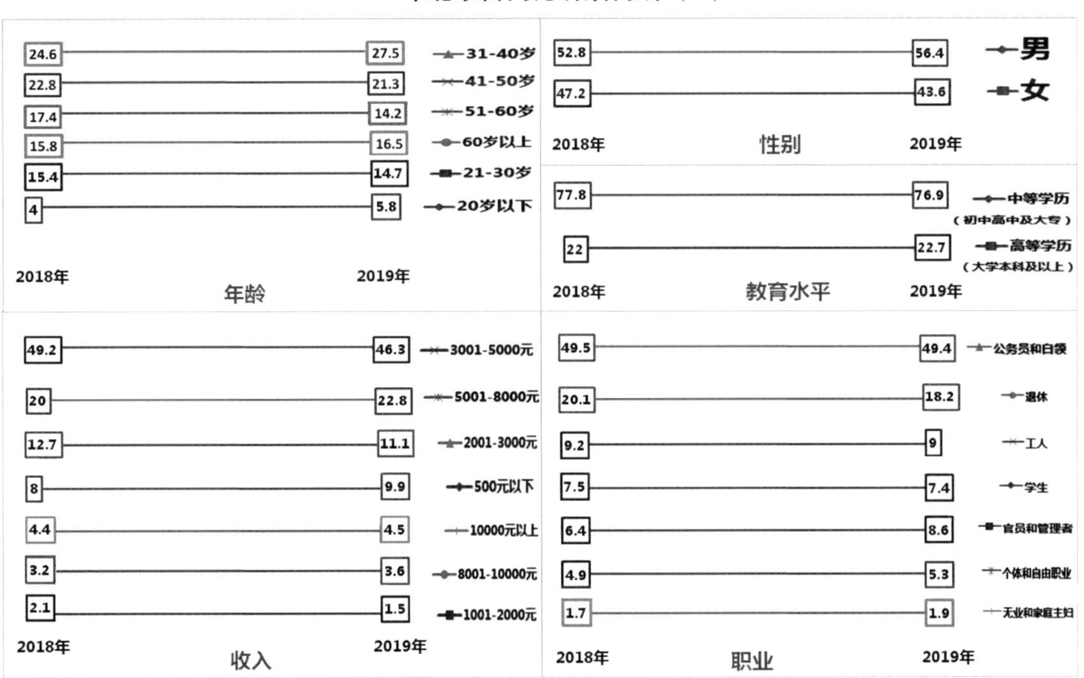

图 9

数据来源：索福瑞测量仪北京地区广播收听数据。

北京电台2019年男女听众比例分别是56.4%、43.6%，男女收听差距进一步扩大，即使如此，北京台也是目前三大台中男女收听比例最为均衡的。

年龄方面，北京台青年听众收听比例进一步扩大，中老年听众收听比例逐步降低。20岁以下听众比例上升1.8个百分点，至5.8%；21~30岁听众比例为14.7%，同比小幅下降；31~40岁听众比例为27.5%，同比上升2.9个百分点；41~50岁听众收听比例下降1.5个百分点，至21.3%；51~60岁听众收听比例也下降了3.2个百分点，为14.2%；60岁以上听众比例为16.5%，同比略升0.7个百分点。

听众收入构成基本稳定并继续优化，中低收入听众收听比例保持下降趋势，中高收入听众收听比例稳步提升。个人月收入3000元以下听众收听比例同比下降0.3个百分点，至22.5%；个人月收入3001~5000元人群收听比例虽下降2.9个百分点，但占比仍高达46.3%；收入5001~8000元、收入8001~10000元、收入10000元以上的中高收入群体收听占比各上升2.8、0.4、0.1个百分点，分别达到22.8%、3.6%、4.5%，至此个人月收入5001元以上听众收听比例同比再升3.3个百分点，攀升至30.9%。

教育程度方面，大学本科以上的高等教育水平听众收听比例同比小幅上升0.7个百分点，至22.7%；中等教育水平听众收听比例下降0.9个百分点，达到76.9%，为三大台中占比最高的。

职业构成方面变化较为稳定，公务员和白领阶层仍然是收听北京电台绝对主力。2019年公务员和白领收听比例为49.4%，逼近半数，同比基本持平；学生听众比例上升2.2个百分点，达8.6%，为三大台占比最高的；退休听众比例同比下降1.9个百分点，至18.2%；其他各职业类别收听情况稳定。

四、北京广播市场各频率竞争态势

（一）市场排名：头部频率继续扩张，市场排位固化

表3 北京广播市场22频率收听率、市场份额同比排名

单位 >>	收听率%		市场份额%				排名		排名变化
	2019	2018	2019	2018	差值	差幅	2019	2018	
北京人民广播电台交通广播	1.393	1.325	36.202	35.661	0.541	1.52%	1	1	→
北京人民广播电台文艺广播	0.435	0.437	11.320	11.752	-0.432	-3.68%	2	2	→
北京人民广播电台新闻广播	0.423	0.387	10.989	10.415	0.574	5.51%	3	3	→
中央人民广播电台第一套节目中国之声	0.342	0.315	8.891	8.479	0.412	4.86%	4	4	→
北京人民广播电台音乐广播	0.304	0.282	7.902	7.587	0.315	4.15%	5	5	→
中国国际广播电台环球资讯广播	0.152	0.147	3.953	3.962	-0.009	-0.23%	6	6	→
中央人民广播电台第三套节目音乐之声	0.129	0.145	3.346	3.899	-0.553	-14.18%	7	7	→
中央人民广播电台第九套节目文艺之声	0.109	0.104	2.841	2.806	0.035	1.25%	8	8	→
中央人民广播电台第二套节目经济之声	0.109	0.102	2.826	2.744	0.082	2.99%	9	9	→
中央人民广播电台中国交通广播	0.090	0.100	2.343	2.685	-0.342	-12.74%	10	10	→
北京人民广播电台体育广播	0.074	0.079	1.923	2.124	-0.201	-9.46%	11	11	→
中国国际广播电台劲曲调频(CRI HIT FM)	0.051	0.056	1.317	1.510	-0.193	-12.78%	12	12	→
中央人民广播电台经典音乐广播	0.051	0.048	1.316	1.295	0.021	1.62%	13	13	→
北京人民广播电台故事广播	0.018	0.018	0.467	0.497	-0.030	-6.04%	14	15	↑
北京人民广播电台城市广播	0.017	0.033	0.432	0.878	-0.446	-50.80%	15	14	↓
北京人民广播电台动听调频(Metro Radio)	0.015	0.018	0.396	0.491	-0.095	-19.35%	16	16	→
北京人民广播电台外语广播	0.014	0.012	0.376	0.312	0.064	20.51%	17	17	→
中央人民广播电台中国乡村之声	0.008	0.005	0.203	0.131	0.072	54.96%	18	21	↑
中央人民广播电台阅读之声	0.007	0.009	0.188	0.234	-0.046	-19.66%	19	18	↓
中国国际广播电台轻松调频(CRI EASY FM)	0.004	0.007	0.116	0.182	-0.066	-36.26%	20	19	↓
中央人民广播电台第十套节目老年之声	0.004	0.002	0.112	0.053	0.059	111.32%	21	22	↑
北京人民广播电台青年广播	0.003	0.005	0.083	0.132	-0.049	-37.12%	22	20	↓

数据来源：索福瑞测量仪北京地区广播收听数据。

具体到频率层面，市场表现出向头部集中和市场排位固化两大态势。

与 2018 年相比，2019 年排名在前五的频率位次不变。北京电台交通广播继续牢牢占据市场份额第 1 的位置，且领先优势不断扩大；文艺广播市场份额略降，但排名依然稳居第 2 位；新闻广播市场份额同比进一步上涨，列第 3 位；中国之声市场份额虽有回升，仍列第 4 位；音乐广播市场份额小幅攀升，排名保持第 5 位不变。

环球资讯广播市场份额同比小幅略降，排名保持在第 6 位；音乐之声排名维持在第 7 位；文艺之声、经济之声排名保持第 8、第 9 位不变；中国交通广播排名仍维持在第 10 位。

虽然体育广播、劲曲调频市场份额均有下滑，但体育广播自 2018 年超越劲曲调频排在第 11 位后，2019 年继续保持这一领先优势；经典音乐广播保持第 13 位不变；故事广播排名上升 1 位，列第 14 位；城市广播排名随市场份额下滑下降 1 位，列第 15 位；动听调频排名保持在第 16 位不变；外语广播列第 17 位不变；乡村之声排名由第 21 位升至第 18 位；阅读之声、轻松调频排名各下降 1 位，分列第 19、第 20 位；老年之声排名上升 1 位，列第 21 位；青年广播市场排名下降 2 位，列第 22 位。

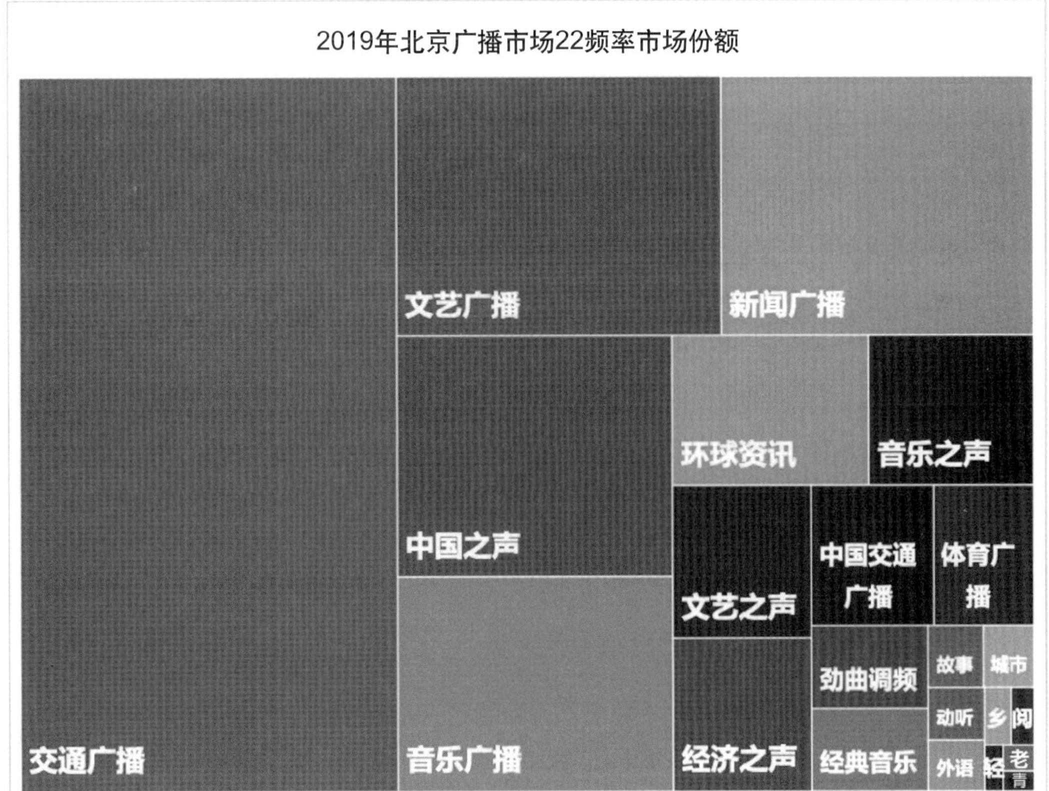

图 10

数据来源：索福瑞测量仪北京地区广播收听数据。

（二）份额变化：少数频率份额上升，整体增幅放缓。

2019 年北京广播市场上 22 个主要频率中，有 10 个频率市场份额同比提升。其中新闻广播涨势最猛，市场份额同比上涨 0.574 个百分点，达到 10.989%。交通广播、中国之声、音乐广播紧随其后，分别有 0.541、0.412、0.315 个百分点的提升。

12 个市场份额同比下降的频率中，音乐之声下降净值最多，为 0.553 个百分点；城市广播次之，下降 0.446 个百分点；文艺广播下降 0.432 个百分点。另外，中国交通广播、体育广播和劲曲调频的市场份额同比也有超过 0.1 个百分点的明显下降。

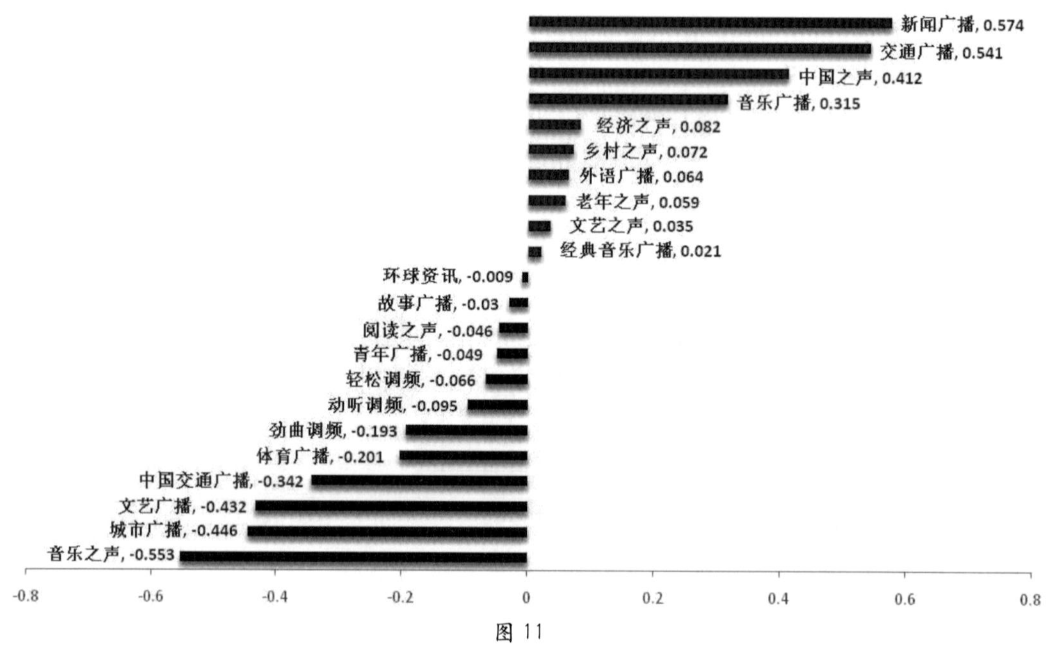

图 11

数据来源：索福瑞测量仪北京地区广播收听数据。

北京电视台 2019 年北京地区品牌研究报告（节选）

北京地区电视观众品牌需求和评价研究从 2008 年开始，已经进行 11 年。这期间持续观察了北京电视台各频道、栏目的品牌发展状况，实现及时优化频道 / 栏目发展的战略目标。同时，根据自身品牌与优势品牌的差距，找到品牌改进的方向。北京电视台特委托央视市场研究股份有限公司（以下简称 CTR）个案集群研究部对北京地区电视媒体进行系统性的品牌研究。

北京电视台各频道专业性评分更大程度上决定其品牌价值评分

一、BTV 北京卫视

2019 年，BTV 北京卫视在北京地面频道各项指标均排在首位，从品牌价值整体的绝对值来看，在 85 以上，排名第一位，显示出非常强的号召力和影响力。从各项具体指标来看，所有分值均在 85 以上，说明北京地区观众对 BTV 北京卫视整体评价高，基本能满足北京观众的需求，其中，BTV 北京卫视的使用度在 90.63 的高位，可见在北京地区的观众普遍都收看过 BTV 北京卫视；从收视方面看，2019 年 BTV 北京卫视电视剧《大江大河》《老酒馆》《芝麻胡同》等贴近老北京生活、符合时代发展的年代剧情让观众感同身受，市场口碑和收视双丰收。

表 1　BTV 北京卫视频道品牌价值及各指标情况

BTV北京卫视								
	数值（%）	排名	一级指标	数值（%）	排名	二级指标	数值（%）	排名
品牌价值	88.96	1	品牌知名度	86.96	1	第一提及	85.38	1
						认知	88.55	1
			品牌使用度	90.63	1	收看率	91.12	1
						固定收看	90.14	1
			品牌忠诚度	89.27	1	喜爱度	87.60	1
						推荐度	90.95	1

BTV 北京卫视的品牌价值排名保持不变，依然排在第 1 的位置。知名度、收看率、固定收看以及喜爱度、推荐度等分项指标排名均居首位，领先地位明显，保持强劲的竞争力。本次调查中的第一提及指标，BTV 北京卫视依然保持第一，说明 BTV 北京卫视在北京地区观众心中地位稳固。

表 2　2017—2019 年 BTV 北京卫视频道品牌价值及各指标变化情况

指标	排名		
	2019	2018	2017
第一提及	1	1	2
知名度	1	1	1
收看率	1	1	1
固定收看	1	1	1
喜爱度	1	1	1
推荐度	1	1	1
品牌价值	1	1	1

二、BTV 影视

2019 年，BTV 影视频道品牌价值为 78.38，频道品牌价值排第 3 位，处于上游水平。从各指标数值来看，品牌知名度、品牌忠诚度均排第 3 位，品牌使用度排第 4 位，均稳居前列。BTV 影视近些年多播出近代革命战争、谍战电视剧，收视较好，但品牌栏目欠缺，总体来看，BTV 影视频道品牌价值还有一定的提升空间，需突破频道仅提供电视剧的固有印象，扩大宣传力度，提升各指标绝对值。

表 3　BTV 影视频道品牌价值及各指标情况

BTV影视								
	数值（%）	排名	一级指标	数值（%）	排名	二级指标	数值（%）	排名
品牌价值	78.38	3	品牌知名度	77.34	3	第一提及	67.96	3
						认知	86.71	5
			品牌使用度	79.81	4	收看率	81.81	3
						固定收看	77.80	4
			品牌忠诚度	78.00	3	喜爱度	76.99	3
						推荐度	79.01	3

BTV 影视频道品牌价值排名较去年提升 1 位，排在第 3 位。从各指标数值来看，除知名度较去年排名下滑 2 位外，其他指标排名均有不同程度提升。特别是收看率提升 2 位，至第 3 名，喜爱度和推荐度排名均大幅提升 5 位，至第 3 名，BTV 影视一直以近代革命战争、谍战剧播出为主，有固定的观众群，在不断巩固中，频道观众忠实度大幅提升，今后，频道需要在电视剧类型多样化上下功夫，同时，增加节目的编排，提升频道品牌综合实力。

表 4　2017—2019 年 BTV 影视频道品牌价值及各指标变化情况

指标	排名		
	2019	2018	2017
第一提及	3	6	8
知名度	5	3	10
收看率	3	5	9
固定收看	4	7	9
喜爱度	3	8	9
推荐度	3	8	9
品牌价值	3	4	9

三、BTV 科教

2019 年，BTV 科教频道品牌价值为 77.22，排名在第 6 位。从具体指标上看，除认知排名之外，其他指标的排名均在中高水平；观众使用度和忠实度均相对较高，说明频道有部分固有观众群，且观众黏度较高，《法治中国 60 分》《庭审纪实》《法治进行时》《警法目录》等与法治相关的栏目受“法治中国”宣传的影响，越来越受到观众重视，节目中的普法知识对观众吸引力越来越高。《健康北京》等与观众生活息息相关的栏目有固有观众群，目前频道急需增加宣传力度，增加知名度，保持有利地位。

表 5　BTV 科教频道品牌价值及各指标情况

BTV科教								
	数值（%）	排名	一级指标	数值（%）	排名	二级指标	数值（%）	排名
品牌价值	77.22	6	品牌知名度	76.92	7	第一提及	67.74	5
						认知	86.09	10
			品牌使用度	78.41	6	收看率	80.04	6
						固定收看	76.78	6
			品牌忠诚度	76.33	6	喜爱度	75.68	6
						推荐度	76.98	6

BTV 科教频道的品牌价值排名比 2018 年下滑 1 位，位列第 6。从各指标的数值来看，知名度排名明显下滑，频道当前不仅要抓内容品质，在宣传方面也要加强力度，提高知名度。

表 6　2017—2019 年 BTV 科教频道品牌价值及各指标变化情况

指标	排名		
	2019	2018	2017
第一提及	5	7	5
知名度	10	5	2
收看率	6	8	2
固定收看	6	6	2
喜爱度	6	7	2
推荐度	6	5	2
品牌价值	6	5	2

四、BTV 新闻

2019 年，BTV 新闻频道品牌价值为 76.5，排名在第 8 位。整体来看，品牌知名度排位较高，排第 5 名，从二级指标看，第一提及、收看率、喜爱度和推荐度均在 7~9 名，品牌使用度和品牌忠实度排名均在第 8 位；《红绿灯》《特别关注》等品牌栏目在北京观众心目中地位较高，节目关注时下新闻热点，贴近百姓生活热点，BTV 新闻频道需继续保持优势，同时注意新闻的深度及各栏目的特性，以提升口碑影响力。

表 7　BTV 新闻频道品牌价值及各指标情况

BTV新闻								
	数值（%）	排名	一级指标	数值（%）	排名	二级指标	数值（%）	排名
品牌价值	76.50	8	品牌知名度	77.27	5	第一提及	67.43	7
						认知	87.12	4
			品牌使用度	77.19	8	收看率	77.41	8
						固定收看	76.96	5
			品牌忠诚度	75.02	8	喜爱度	75.45	7
						推荐度	74.60	9

BTV 新闻频道品牌价值排名较 2018 年下滑 2 位，排在第 8 名，除知名度以外其他指标排名均有不同程度下滑。但值得注意的是，BTV 新闻频道知名度和固定收看排名较高，可见频道有固定收看群体，目前频道应考虑如何扩大受众面。

表 8　2017—2019 年 BTV 新闻频道品牌价值及各指标变化情况

指标	排名		
	2019	2018	2017
第一提及	7	5	5

（续表）

指标	排名		
	2019	2018	2017
知名度	4	8	3
收看率	8	4	3
固定收看	5	4	3
喜爱度	7	5	3
推荐度	9	7	3
品牌价值	8	6	3

五、BTV 生活

2019 年，BTV 生活频道品牌价值为 75.12，排名第 9 位，《生活 +》《快乐生活一点通》《美食地图》《食全食美》等品牌栏目较多，实用性较强。同时随着社会老龄化的加剧，BTV 生活频道的《选择》《我们退休了》《医者》等节目均是关注老年人生活的品牌栏目剧，在老年群体中反响较好，丰富了老年人的休闲娱乐。BTV 生活频道可继续保持优势，同时优化内容和编排，扩大频道影响力的持续性。

表 9　BTV 生活频道品牌价值及各指标情况

BTV生活								
	数值（%）	排名	一级指标	数值（%）	排名	二级指标	数值（%）	排名
品牌价值	75.12	9	品牌知名度	76.93	6	第一提及	66.68	9
						认知	87.17	3
			品牌使用度	74.40	9	收看率	74.87	11
						固定收看	73.93	9
			品牌忠诚度	74.05	9	喜爱度	73.43	9
						推荐度	74.66	8

BTV 生活频道品牌价值排名较去年下降 1 位，排在第 8 位。除知名度外，第一提及、收看率、固定收看、喜爱度和推荐度排名均有所下降。

表 10　2017—2019 年 BTV 生活频道品牌价值及各指标变化情况

指标	排名		
	2019	2018	2017
第一提及	9	4	7
知名度	3	6	8
收看率	11	6	8

（续表）

指标	排名		
	2019	2018	2017
固定收看	9	5	7
喜爱度	9	4	7
推荐度	8	4	6
品牌价值	8	7	7

六、BTV 文艺

2019 年，BTV 文艺频道品牌价值为 76.82，位列第 7，处于中上游水平。分指标来看，频道知名度较高，使用度和忠实度排名中上游。BTV 文艺频道品牌专业化凸显不足，本频道固有栏目《星夜故事》《春妮的周末时光》《我爱书画》等有一定观众基础，但在特色上略显不足，需重点加强内容品质，进一步扩大观众群。

表 11　BTV 文艺频道品牌价值及各指标情况

BTV文艺								
	数值（%）	排名	一级指标	数值（%）	排名	二级指标	数值（%）	排名
品牌价值	76.82	7	品牌知名度	77.29	4	第一提及	67.96	3
						认知	86.62	7
			品牌使用度	77.58	7	收看率	80.04	6
						固定收看	75.11	8
			品牌忠诚度	75.58	7	喜爱度	74.41	8
						推荐度	76.76	7

BTV 文艺频道品牌价值排名提升 2 位，位列第 7。所有分项指标均有提升，第一提及提高最多，排名第 3 位。

表 12　2017—2019 年 BTV 文艺频道品牌价值及各指标变化情况

指标	排名		
	2019	2018	2017
第一提及	3	10	11
知名度	7	9	9
收看率	6	9	7
固定收看	8	10	8
喜爱度	8	10	8
推荐度	7	10	8
品牌价值	7	9	8

七、BTV 青年

2019 年，BTV 青年频道品牌价值为 73.69，排在第 11 位。从分类指标来看，知名度排名在 11 位，使用度排在 14 位，忠诚度排第 10 位，在使用度上相对落后。频道今年增加了电视剧的播放，对频道整体收视有拉动作用，同时，频道推出的新节目《风华少年》和《报告我来了》关注青少年成长教育，推进传统文化的传播，节目形式新颖，口碑较好，但在收视方面应进一步提高，另外，《老师请回答》和《戏里戏外青春的视角》在频道播出收视较好。BTV 青年频道当前应加强频道内容的优化，提升品牌栏目影响力，锁定观众注意力，提升频道整体竞争力。

表 13　BTV 青年频道品牌价值及各指标情况

<table>
<tr><th colspan="9">BTV青年</th></tr>
<tr><th></th><th>数值（%）</th><th>排名</th><th>一级指标</th><th>数值（%）</th><th>排名</th><th>二级指标</th><th>数值（%）</th><th>排名</th></tr>
<tr><td rowspan="6">品牌价值</td><td rowspan="6">73.69</td><td rowspan="6">11</td><td rowspan="2">品牌知名度</td><td rowspan="2">75.89</td><td rowspan="2">11</td><td>第一提及</td><td>65.71</td><td>11</td></tr>
<tr><td>认知</td><td>86.07</td><td>11</td></tr>
<tr><td rowspan="2">品牌使用度</td><td rowspan="2">73.04</td><td rowspan="2">14</td><td>收看率</td><td>74.76</td><td>12</td></tr>
<tr><td>固定收看</td><td>71.33</td><td>14</td></tr>
<tr><td rowspan="2">品牌忠诚度</td><td rowspan="2">72.14</td><td rowspan="2">10</td><td>喜爱度</td><td>71.86</td><td>10</td></tr>
<tr><td>推荐度</td><td>72.43</td><td>10</td></tr>
</table>

BTV 青年频道品牌价值排名与 2018 年持平，排在第 11 位。频道在品牌价值其他各项分指标的排名均有所提升，其中，第一提及和知名度均提升 1 位，收看率提升 4 位，固定收看未变，喜爱度提升 3 位，推荐度提升 4 位。BTV 青年频道当前应继续保持增长态势，以优质内容锁定观众注意力，提升频道整体竞争力。

表 14　2017—2019 年 BTV 青年频道品牌价值及各指标变化情况

指标	排名		
	2019	2018	2017
第一提及	11	12	12
知名度	11	12	7
收看率	12	16	10
固定收看	14	14	10
喜爱度	10	13	10
推荐度	10	14	11
品牌价值	11	11	10

八、BTV 财经

2019 年，BTV 财经频道品牌价值为 73.47，排在第 12 位，位于台组内中下游水平。BTV 财经频道由于本身受众人群相对小众且固定，《首都经济报道》《理财》等相对更贴近百姓日常生活的栏目收视相对较好，同时今年新增节目《微财经》受到频道观众的欢迎，收视较高，但《天下财经》《财富故事》等专业性相对较高的节目竞争力度较弱；频道整体比较一般，指标绝对值和排名均呈现较低水平，在内容设置和编排上应针对观众需求和收视习惯进行优化。

表 15　BTV 财经频道品牌价值及各指标情况

BTV财经								
	数值（%）	排名	一级指标	数值（%）	排名	二级指标	数值（%）	排名
品牌价值	73.47	12	品牌知名度	75.70	13	第一提及	65.40	18
						认知	86.00	12
			品牌使用度	73.09	13	收看率	74.18	18
						固定收看	72.00	10
			品牌忠诚度	71.63	11	喜爱度	71.15	11
						推荐度	72.12	11

BTV 财经频道品牌价值排名基本持平，BTV 财经频道在第一提及、知名度方面排名有所下降，收看率排名未变，固定收看、喜爱度和推荐度指标排名均呈现提升趋势。BTV 财经频道在内容设置和编排上应针对观众需求和收视习惯进行优化，特别值得注意的是财经频道这类较为窄众而又专业的频道，要做出观众喜欢并收看的节目较有难度，须拓展财经与生活融合的内容，使其更为广谱。

表 16　2017—2019 年 BTV 财经频道品牌价值及各指标变化情况

指标	排名		
	2019	2018	2017
第一提及	18	14	19
知名度	12	10	12
收看率	18	18	12
固定收看	10	15	12
喜爱度	11	15	12
推荐度	11	15	12
品牌价值	12	12	12

九、BTV 卡酷少儿

2019 年，BTV 卡酷少儿频道品牌价值为 72.36，位列第 19。BTV 卡酷少儿频道的第一提及率、收看率和喜爱度分别在 12、14 和 15 位，而固定收看和推荐度均排在 21 位，认知度排名第 28。BTV 卡酷少儿频道今年收视重点依然以动画片为主，动画排播占 90% 以上，且高收视动画片集中在《熊出没》《喜羊羊与灰太狼》《探探猫》《猪猪侠》等较熟悉的动画片，频道应考虑引进或推出自制节目和动画片，避免长时间重复播出同类动画片引起的观众流失，频道应重点推出在大众心中有品牌影响力的节目或动画片，加强自身产业化格局。

表 17　BTV 卡酷少儿频道品牌价值及各指标情况

BTV卡酷少儿								
	数值（%）	排名	一级指标	数值（%）	排名	二级指标	数值（%）	排名
品牌价值	72.36	19	品牌知名度	75.22	22	第一提及	65.71	12
						认知	84.74	28
			品牌使用度	72.02	18	收看率	74.61	14
						固定收看	69.42	21
			品牌忠诚度	69.85	19	喜爱度	70.07	15
						推荐度	69.64	21

2019 年 BTV 卡酷少儿频道品牌价值排名稳定，排在第 19 位。2019 年第一提及、收看率和喜爱度排名较高，由于频道的专业性，未来应着重在品牌建设上发力。

表 18　2017—2019 年 BTV 卡酷少儿频道品牌价值及各指标变化情况

指标	排名		
	2019	2018	2017
第一提及	12	14	14
知名度	28	21	11
收看率	14	26	21
固定收看	21	24	20
喜爱度	15	28	30
推荐度	21	30	26
品牌价值	19	19	20

尽管在所有频道中 BTV 卡酷少儿频道排名在 19 位，但是在少儿观众中，BTV 卡酷少儿频道保持较大的影响力，在所有少儿频道中排名第 2 位。BTV 卡酷少儿频道在北京地区的少儿观众中，所有指标均排在前两位。

表 19　BTV 卡酷少儿频道品牌价值及各指标情况（4～14 岁少儿观众）

BTV卡酷少儿					
	数值（%）	排名	二级指标	数值（%）	排名
品牌价值	83.47	2	认知	93.64	2
			收看率	88.87	2
			喜爱度	67.89	1

十、BTV 冬奥纪实

2019 年，BTV 冬奥纪实频道品牌价值为 72.05，总体排名第 21，在各项分指标的排名上，第一提及和推荐度均排在第 16 位，相对较高，固定收看和喜爱度也分别排在第 19 和 18 名，属于中游水平，而认知度和收看率排名分别在 22 和 26 位。BTV 冬奥纪实频道于 2019 年 5 月 10 日零时起作为全新体育卫视上星播出，是北京今年大力发展的频道，在节目内容上包括《2022》、《我与奥运》、《冬奥大家谈》、《奥运故事会》、《双奥之城》系列纪录片和《冰雪微课堂》等。原体育频道深受观众喜爱的《天天体育》《足球 100 分》《健身圈》等节目调整到本频道播出。BTV 冬奥纪实频道的品牌价值具有一定发展潜力。

表 20　BTV 冬奥纪实频道品牌价值及各指标情况

BTV冬奥纪实								
	数值（%）	排名	一级指标	数值（%）	排名	二级指标	数值（%）	排名
品牌价值	72.05	21	品牌知名度	75.29	19	第一提及	65.48	16
						认知	85.11	22
			品牌使用度	70.62	22	收看率	71.14	26
						固定收看	70.09	19
			品牌忠诚度	70.25	16	喜爱度	69.78	18
						推荐度	70.72	16

BTV 冬奥纪实频道（原体育频道）品牌价值排名较 2018 年大幅提高 14 位。在各项分指标的排名上均有明显提升，可见频道品牌建设成效显著，推广效果良好。作为相对专业的体育频道，BTV 冬奥纪实频道除了精耕节目内容外，还要加大宣传，进一度提升频道的知名度和收看率。

从北京电视台内各频道品牌价值绝对值和排名来看，BTV 北京卫视各项指标均排名第一位；BTV 影视、BTV 科教的三个分项指标排名较均等，说明两个频道整体健康度较高；BTV 文艺、BTV 新闻、BTV 生活在三个分项指标排名中，优势凸显在品牌知名度上，说明频道这一年的宣传力度较有效果，频道深入人心，品牌深入人心；BTV 财经、BTV 青年、BTV 卡酷少儿、BTV 冬奥纪实频道，品牌忠诚度相对于知名度排名较高，说明频道的内容品质得到认可，具有较大吸引力，形成了一部分忠实观众，这也是北京电视台的品牌价值优势所在。另外，BTV 冬奥纪实频道一年内知名度大幅提升，观众基础大幅扩张，是北京电视台最具潜力的频道之一。

表 21　2019 年北京地区各频道的品牌价值指标及排名

频道	品牌价值指标			品牌价值排名		
	品牌知名度	品牌使用度	品牌忠实度	品牌知名度	品牌使用度	品牌忠实度
BTV北京	86.96	90.63	89.27	1	1	1
BTV影视	77.34	79.81	78.00	3	4	3

（续表）

频道	品牌价值指标			品牌价值排名		
	品牌知名度	品牌使用度	品牌忠实度	品牌知名度	品牌使用度	品牌忠实度
BTV科教	76.92	78.41	76.33	7	6	6
BTV文艺	77.29	77.58	75.58	4	7	7
BTV新闻	77.27	77.19	75.02	5	8	8
BTV生活	76.93	74.40	74.05	6	9	9
BTV青年	75.89	73.04	72.14	11	14	10
BTV财经	75.70	73.09	71.63	13	13	11
BTV卡酷少儿	75.22	72.02	69.85	22	18	19
BTV冬奥纪实	75.29	70.62	70.25	19	22	16

收视与品牌价值相互作用，呈现市场与口碑统一的健康发展局面。

根据各电视频道的品牌健康状况，结合收视率表现的基本面，就可以判断一个频道发展的综合体征。

根据频道品牌价值和市场份额排名差异的划分，品牌健康排名低于市场份额排名，说明这些频道存在一定的收视泡沫，其品牌价值不足以长期支撑这种高收视率，其收视率的预期是值得怀疑的，即使该频道通过短期刺激的方式，在收视率上取得不错的表现，但根据价值回归的原理，该频道的收视率一定会有很大的下滑惯性，收视能力提升的空间是有限的。而品牌健康排名高于市场份额排名，说明这些频道存在一定的收视不足，其品牌价值超出了收视能力，品牌向收视的转化能力不够，但其收视率有一个稳定的成长预期。品牌健康排名和市场份额排名持平，说明这些频道品牌价值已经反映在收视上，品牌价值和价值导致的最终结果完美统一起来，是比较理想的状态。

从排名差异的分布来看，北京地区有 33 个频道存在收视泡沫的情况，有 24 个频道存在收视不足的情况，有 3 个频道取得价值和收视结果的均衡。

北京电视台下属频道中，BTV 财经、BTV 青年、BTV 冬奥纪实、BTV 新闻、BTV 生活、BTV 科教、BTV 文艺品牌价值彰显，但收视表现略有不足，有进一步提升的空间。这些频道的品牌建设已取得一定成效，虽然目前在收视上表现有所不足，但正处于健康的发展轨道上，未来有较大的收视提升空间。

BTV 影视频道、BTV 卡酷少儿频道存在一定的收视泡沫，应该充分利用收视泡沫形成的热点效应，加速频道品牌价值的提升进程，使品牌价值与收视表现之间达到均衡，实现频道的健康发展。

BTV 北京卫视品牌价值与实际收视结果基本匹配，实现了观众收看态度和收视行为的统一。频道需要在保持品牌健康状态的同时，在提升品牌健康与频道品牌传播两方面进一步着力，向新的品牌健康空间跃升。

组织机构

（统计截至 2019 年 12 月 31 日）

北京市广播电视局

领导成员：

党组书记、局长：杨烁

副局长：杨培丽

党组成员、副局长：张苏

党组成员、驻局纪检监察组组长：邹立华

党组成员、副局长：王志

党组成员、副局长：孔建华

副局长（挂职）：别必亮

二级巡视员：董明

内设机构：

办公室（安全监管办公室）、政策法规处、规划发展处（产业促进处）、行政审批处、宣传管理处、电视剧管理处、传媒机构管理处、网络视听节目管理处、媒体融合发展处、科技处（公共服务处）、财务处、人事处。另设机关党委、机关经委、工会

部室主任：

办公室（安全监管办公室）：

副主任：刘保锋、刘华阳

政策法规处：

处长：赵红仕

副处长：卢川

规划发展处（产业促进处）：

处长：王伟

副处长：李国新

行政审批处：

处长：贾丁丁

副处长：王汝通

宣传管理处：

处长：王亦君

副处长：石东正、谭素云

电视剧管理处：

处长：韩云升

副处长：许立国

传媒机构管理处：

处长：喻萍

副处长：谢杰

网络视听节目管理处：

副处长：夏斐（主持工作）

媒体融合发展处：荣学良（兼管）

科技处（公共服务处）：

处长：张春彦

副处长：安凭

财务处：

处长：荣学良

副处长：孙益洁

人事处：

处长：单志忠

副处长：张秋生

机关党委：

正处职领导干部：解楠

机关纪委：解楠（兼管）

负责人：王东迎

工会副主席：姜威

驻局纪检组监察组：

副组长：刘学文、李其利

地址：北京市东城区朝阳门内大街55号
邮编：100010
电话：010-64081079
网址：gdj.beijing.gov.cn

北京市广播电视局工会

领导成员：

工会主席：王野霏
工会副主席：姜威
经审委主任：孙益洁
女工委主任：路梅
现有工会委员会委员：王野霏、苗本长、谢杰、路梅、程玉生、林芳建
工会其他组成人员：
组织委员：苗本长、林芳建
宣传委员：程玉生
福利委员：谢杰
经审委委员：张秋生、于娟娟
女职工委员：安凭、刘思思

下属工会单位：

北京联合出版公司工会
地址：北京市东城区朝阳门内大街55号
电话：010-64081907
邮编：100010
邮箱：15010166966@163.com

北京市广播电视局离退休人员管理服务中心

领导成员：

主任：钱富奎
副主任：郑兵

地址：北京市东城区朝阳门内大街55号
电话：010-64081125
邮编：100010

北京市广播电视局后勤服务中心

领导成员：

副主任：邵顺荣、杨子君

内设机构：

综合科、房管科、保卫科、车管科

地址：北京市东城区朝阳门内大街55号
电话：010-64081266
传真：010-64081878
邮编：100010

北京市广播电视局信息中心

领导成员：

副主任：路梅（临时负责人）

地址：北京市东城区朝阳门内大街 55 号

电话：010—65157503

邮编：100010

北京市广播电视监测中心

领导成员：

副主任：朱祥锋（临时负责人）、吉春、刘哲

内设机构：

综合科、监测科、安播科、技术科、网管科

地址：北京市朝阳区建外大街 14 号

电话：010—65155241

邮编：100022

北京音像资料馆（北京广播电影电视研究中心）

领导成员：

副馆长（中心副主任）：韩浩（2019 年 6 月离职）

副馆长（中心副主任）：段燕燕（2019 年 7 月起，临时负责人）

内设机构：

办公室、资料部、制作部、研究部、史志部

地址：北京市东城区安乐林路 18 号

电话：010—87258004

邮编：100075

北京市广播影视作品审查中心

领导成员：

主任：智黎明

副主任：刘文东

内设机构：

办公室、电视剧审查科、网上境外引进影视剧审查科（筹）

地址：北京市东城区朝阳门内大街55号　　邮编：100010
电话：010−85012245

北京市广播影视协会

第六届理事会

领导成员：

会长：杨淑琴（女）
副会长：何桂芝（女）
副会长：宋春华
常务副会长兼秘书长：智黎明
副秘书长：周红颜（女）
监事长：王立平
监事：秦华（女）
监事：石鸿印

内设机构：

协会秘书处
《北京广播影视》编辑部
主编：杨淑琴、张晓爱
执行主编：胡亚利
地址：北京市东城区朝阳门内大街55号1102、1103
电话：010−65159017
邮编：100010

北京电视艺术家协会

领导成员：

主席：李春良
副主席：于丹、刘家成、刘燕铭、吴刚、张光北、张国立、果静林、侯鸿亮、郝金明、贾忠华、龚宇、智黎明
驻会副主席兼秘书长：贾忠华
地址：北京市西城区前门西大街95号
电话：010−65158599
邮编：100031

北京广播电视台

领导成员：

机构改革前：
党委书记、台长：李春良
纪委书记：王伟（2019年4月调离）
副台长：郭章鹏（2019年3月调离）
副台长：窦晓东（2019年7月调离）

机构改革后：

党组书记、台长：李春良

党组副书记、副台长：韦小玉

党组成员、副台长：陈祥

党组成员、副台长：李小明

党组成员、副总编辑：徐滔

党组成员、副总编辑：艾冬云

党组成员、副总编辑：边建

党组成员、副总编辑：李秀磊

党组成员：王秋

党组成员：陈晓红

内设机构：

16 个内设机构为：办公室、总编室、技术管理部、研究室、人力资源部、计划财务部、审计部、广告管理部、运营管理部、行政管理部、基建办公室、安全保卫部、机关党委（党建工作办公室）、机关纪委、工会、离退休干部办公室

34 个事业中心为：融媒体中心、新闻广播中心、新闻频道中心、科教频道中心、财经频道中心、体育频道中心、卫视频道中心、文艺频道中心、影视频道中心、青年频道中心、生活频道中心、动画频道中心、纪实频道中心、北京国际电影节运行中心、交通广播中心、体育广播中心、故事广播中心、动听调频广播中心、音乐广播中心、文艺广播中心、城市广播中心、外语广播中心、青年广播中心、广播网络媒体中心、广播节目制作中心、节目研发中心、广告运营中心、广电技术中心、804 发射中心、播出中心、电视节目制作中心、转播传送中心、动力中心、信息网络管理中心

部门领导：

办公室：

主任：张常珊

正处级干部：牟燕文

副主任：吴曦（正处级）、张秋萍、王昕、徐学军

总编室：

主任：孙巍

党支部书记、副主任：史椰森（正处级）

正处级干部：张冬林

副主任：陈雪瑾、高谪、耿雪梅、刘莹、谢先进

技术管理部：

主任：郑星

正处级干部：王建

副主任：李湧、徐志军、高素萍

研究室：

主任：宗昊

副主任：石群峰、刘晓隽

人力资源部：

主任：孟庆存

副主任：刘晓辉、刘虎、马玉章、王浩洁

计划财务部：

主任：余维杰

副主任：汪红、李淼、姜春海、王京梅

副处级干部：吕放

审计部：

主任：陈春梅

正处级干部：刘惠

副主任：周久兰（正处级）、王辉

广告管理部：

主任：陈晖

副主任：陆彤、姚大禹、罗燕萍

运营管理部：

主任：陈乐天

正处级干部：张帆

副主任：刘方平、买剑平、张蓉

行政管理部：

主任：王晶

副主任：李增明、纪勇、李晗、梁磊

副处级干部：李雅涛

基建办公室：

主任：孙成刚

副主任：朱晓宇、喻琳

副处级干部：张宇青

安全保卫部：

主任：钟强

副主任：郑海涛（正处级）、卢英锁

副处级干部：马世飞

机关党委：

专职副书记、党建工作办公室主任：杨秀英

党建工作办公室副主任：平建学、孙书明、马兴

机关纪委：

书记：侯召国

正处级干部：陈云

副主任：林松雪、周志豪

工会：

负责人：罗霄

正处级干部：郝洪

副主任：张苹、陈冬

离退休干部办公室：

主任：曹军

副主任：刘绍芬、游良婕、孟传妍

地址：北京市朝阳区建国路甲 98 号

电话：010–65157259

传真：010–65157259

邮编：100022

北京广播电视报社

领导成员：

社长：李浩

总编辑：张彪

副总编辑：张震

内设机构：

办公室、组织人事部、财务部、总编室、《北京广播电视报》编辑部、《北广人物》周刊编辑部、新媒体中心、经营中心

地址：北京市东城区安乐林路 18 号

电话：010–67117161

传真：010–67134365

邮编：100075

网址：http://www.bgtv.com.cn

北京广播电视台服务中心

领导成员：

党支部书记、主任：郭长征

副主任：常斌、张业京

总工程师、工会主席：于进军

内设机构：

办公室、人事部、财务部、房屋产权管理部、后勤服务部、维修部、设备动力部、安全保卫消防部、职工食堂部

下属企业：

北京广视华融经贸中心、北京声屏苑培训中心

地址：北京市朝阳区建国门外大街 14 号

电话：010–85012302

传真：010–65150630

邮编：100022

北京新媒体（集团）有限公司

领导成员：

法人、总经理、党支部书记、总编辑：金鹏（兼任北京时间有限公司法人、执行董事、总经理）

副总经理：赵志成、程丽君

内设部门：

综合部、财务（风控）部、IPTV、事业发展中心

下设子公司名称：

北京时间有限公司

地址：北京市海淀区西三环北路 3 号一区 1 号楼 8 层 811

电话：010–68103138

传真：010–68103137

网址及公众号：集团于 2016 年 4 月 12 日挂牌成立，在北京网络广播电视台基础上全面升级为“北京时间”网站。北京时间（北京网络广播电视台）网址：http://www.btime.com （www.brtn.cn）

北京紫禁城影业有限责任公司

领导成员：

董事长：金川

总经理：金川

副总经理：宋毅、赵跃东

内设机构：

办公室、财务部、电影部、内容运营·电视剧部

地址：北京市朝阳区郎家园 6 号【3–3】7 幢 3 层 303 室

电话：010–62019597/62014931

传真：010–62019597/62014931

邮编：100022

邮箱：bavc@bavc.com.cn

北京歌华传媒集团有限责任公司

领导成员：

党委副书记、总经理：戴维

党委副书记：左亦

纪委书记：夏晗

副总经理：郭章鹏、周宇清（2019 年 10 月调离）、罗晓军

内设机构：

集团总部设 7 个职能部室：办公室、党群工作部（人力资源部）、财务部、监察专员办公室、战略规划发展部、投融资部、媒体管理部（安全生产办公室）

集团直管下属二级企业：

北京歌华有线电视网络股份有限公司、北京歌华文化发展集团、北京北广传媒数字电视有限公司、北京瑞特影音贸易有限公司、鼎视传媒股份有限公司、北京云鼎视讯网络科技有限公司、北京北广传媒影视股份有限公司、北京电视艺术中心有限公司、北京北广新新传媒有限责任公司、北京北广传媒移动电视有限公司、北京北广传媒城市电视有限公司、北京北广传媒地铁电视有限公司、北京音像有限公司、北京北广置业有限公司

地址：北京市东城区北小街青龙胡同 1 号歌华大厦 8 层

电话：010－84187399

邮编：100007

北京歌华文化发展集团有限公司

领导成员：

党委书记、总经理：李丹阳

党委副书记：姜建秋、苏春华

纪委书记：肖红

副总经理：陈工、黄春雷（集团党委委员）、王昱东、李斌

总经理助理：石海燕、高颖、秦玉良（集团党委委员）、蒋南风（集团党委委员）、戴迎春

内设机构：

党委办公室、集团办公室、企业管理部、人力资源部、计划财务部、研究宣传部、国际部、纪检监察审计部

部门领导：

党委办公室：

主任兼集团工会主席（代理）：杨志华

副主任兼工会副主席：汪健

副主任：周静

集团办公室：

主任：佟芳

副主任：陈平沙

安保总监：周金起

企业管理部：

主任：李雪

副主任：纪赢、来欣

人力资源部：

主任：朱会东

副主任：黄月欣

总监：李文武、陈雪超

计划财务部：

主任：李峰

副主任：苏京

研究宣传部：

主任、集团宣传总监：孙树公

副主任：范颖

研究总监：邢树森

策划总监：赵楠

国际部：

主任：李丹

业务总监：李舟

纪检监察审计部：

主任：肖红（兼）

审计总监：赵林

直属企业：

北京歌华文化中心有限公司：

法定代表人：黄春雷

董事长：黄春雷（兼）

总经理：张滨

北京歌华展览有限公司：

法定代表人、董事长、总经理：岳进

北京歌华设计有限公司：

法定代表人、董事长：岳进

总经理：姚松

北京歌华文化科技创新中心有限公司：

法定代表人、董事长：刘冰

总经理：王利

北京国际设计周有限公司：

法定代表人：王昱东

董事长：李丹阳（兼）

总经理：王昱东

北京歌华大型文化活动中心有限公司：

法定代表人、董事长、总经理：高颖

北京歌华美术有限公司：

法定代表人：高颖

执行董事、总经理：高颖（兼）

北京歌华投资中心有限公司：

法定代表人、董事长：刘冰

总经理：王利

北京文化艺术有限公司：

法定代表人、执行董事、总经理：王利

北京和融投资有限公司：

法定代表人、董事长、总经理：周卫东

北京华北酒店管理有限公司：

法定代表人、执行董事、总经理：王利

北京歌华开元大酒店有限公司：

法定代表人、董事长：马新军

总经理：邵世骏

北京歌华文化设施管理有限公司：

法定代表人：秦玉良

董事长：秦玉良（兼）

总经理：朱珠

秦皇岛歌华营地文化传播有限公司：

法定代表人、董事长：张滨

总经理：宫丽娜

地址：北京市东城区北小街青龙胡同 1 号歌华大厦 14 层

电话：010−84186060

传真：010−84186001

邮编：100007

网址：http://www.gehua.com

北京歌华有线电视网络股份有限公司

领导成员：

党委书记、董事长：郭章鹏

党委副书记、副董事长、总经理：卢东涛

党委副书记、副董事长、工会主席：马健

纪委书记：纪东来

董事、总会计师：胡志鹏

副总经理：何拥军、康朝晖、唐文伟、姜宏志

总工程师：曾春

董事、副总经理、董事会秘书：韩霁凯

内设机构：

战略投资部、党群工作部、纪检监察部、办公室、行政部、人力资源部、财务部、营帐中心、规划设计部、计划建设部、维护管理部、重要用户保障部、物资管理部、传送部、网管中心、信息部、集团客户部、市场营销部、

融媒体运营中心、媒资管理部、大样本数据中心、稽核管理部、总工办、播控部、法务部、安全保卫部等26个直属部门

另设：城中、朝阳、海淀、丰台、石景山、门头沟、房山、大兴、通州、顺义、昌平、怀柔、密云、平谷、延庆15个分公司；北京歌华有线工程管理有限责任公司、歌华有线数字媒体有限公司、北京歌华益网科技发展有限公司、涿州歌华有线电视网络有限公司、歌华有线投资管理有限公司、北京歌华视讯文化有限公司、燕华时代科技发展有限公司7个一级控股子公司；北京歌华益网广告有限公司、北京歌华有线客户服务信息咨询有限公司2个二级控股子公司

部门领导：

副总工程师：吴建林、石江明、王厚信、沈文

副总经济师：田秋

副总会计师：王琰

党群工作部：

主任：黄卫京

副主任：李洪、赵永芳（2019年5月5日任）

纪检监察部：

副主任：张恒

稽核管理部：

主任：傅蕾红

副主任：乔晓欢

办公室：

主任：丁颖磊

副主任：杨云（2019年6月18日任）、何琦、倪超（2019年12月3日离职）

行政部：

副主任：张为尧、郁建明

人力资源部：

主任：方丽

副主任：王晓芳、张宇航

法务部：

主任：朱瑞明

副主任：李勇（2019年6月26日任）

财务部：

主任：李铭

副主任：居冬辉、杨启薇、孙清涛（2019年6月26日任）

信息部：

主任：沈文（兼）

副主任：王霍南

市场营销部：

主任：韩霁凯（兼）

副主任：马麟祥、孙国维、李越（2019年6月26日任）

规划设计部：

主任：黄枫

常务副主任：黄国安

副主任：顾志强、刘光

传送部：

主任：王厚信（兼，2019年12月16日免职，另有任用）

常务副主任：汤军

副主任：李军炜、席群（2019年6月26日任）

播控部：

主任：黄美莹

副主任：陈森、孙博（2019年6月26日任）

物资管理部：

主任：陈慕风

副主任：白莹、杨楠

安全保卫部：

主任：曲伟

计划建设部：

主任：满全安

常务副主任：孟宇明

维护管理部：

主任：马鑫

常务副主任：刘建平

副主任：于金生、李航

重要用户保障部：

主任：赵宏伟

副主任：马刚

战略投资部：

主任：黄铁军

常务副主任：于铁静

副主任：李昂

集团客户部：

主任：庄永

副主任：时晨阳、葛原、郝建斌（2019年2月28日任）

融媒体运营中心：

主任：姜宏志（兼）

常务副主任：沈彤（2019年4月23日任）

副主任：胡佚（2019年4月23日任）

媒资管理部：

主任：张婕（2019年4月23日任）

副主任：赵文（2019年4月23日任）、丁晓旭（2019年4月23日任）、李雷（2019年4月23日任）

大样本数据中心：

主任：姜宏志（兼）

副主任：张俭（2019年4月23日任）、吉钰丽

营帐中心：

主任：史言

副主任：李燃、郝英（2019年6月26日任）

网管中心：

主任：林霖

副主任：魏柏林、周捷、樊京胜、潘铭

总工办：

主任：曾春（兼）

副主任：董原、黄超

城中分公司：

总经理：吴建林（兼）

副总经理：贾文杰、石连成、王波（2019年1月15日任）

朝阳分公司：

总经理：鞠维铭

副总经理：李秀珍、范雪峰、江庆红（2019年6月25日退休免职）、马涛（2019年8月1日任）

海淀分公司：

总经理：刘宇明

常务副总经理：权晓宇

副总经理：王星、李锐（2019年8月1日任）

丰台分公司：

总经理：王军

副总经理：叶海星（2019年2月28日退休免职）、孙灵芝（2019年2月28日任）、刁立军、徐玢（2019年8月1日任）

石景山分公司：

总经理：黎江

副总经理：王彬、卓志祥

大兴分公司：

总经理：田秋（兼）

副总经理：代国平、周晓平

房山分公司：

总经理：郑林

副总经理：李云鹏、李国童（2019年1月15日任）

通州分公司：

总经理：石江明（兼）

常务副总经理：宋宝贵

副总经理：李星梅（2019年1月15日任）

门头沟分公司：

总经理：王艽军

副总经理：徐长江

延庆分公司：

总经理：王国庆

副总经理：翟立飞（2019年1月15日任）

顺义分公司：

总经理：王志亚

副总经理：王晓光、李洁

昌平分公司：

总经理：高巍

常务副总经理：李庆江

副总经理：李镡（2019年8月1日任）

怀柔分公司：

总经理：線继东

副总经理：黄宇东、彭光清（2019年1月15日任）

平谷分公司：

总经理：李明生

副总经理：赵宇、代保付（2019年1月15日任）

密云分公司：

总经理：郭国林

副总经理：王小明（2019年3月26日退休免职）、周继旺

北京歌华有线工程管理有限责任公司：

董事长：唐文伟（兼）

总经理：王琰（兼）

副总经理：沈德忠、夏鹏

党支部副书记：朱慧珍

北京歌华有线数字媒体有限公司：

董事长：胡志鹏（兼）（2019年7月24日任）

总经理：刘严（2019年1月15日任）

副总经理：郭伟、赵宇绯

涿州歌华有线电视网络有限公司：

董事长：韩霁凯（兼）（2019年1月24日任）

总经理：周彭生（2019年1月15日免职，保留党支部书记）、赵寿强（2019年2月28日任）

副总经理：孙广智、刘悦（2019年2月28日任）

北京歌华有线客户服务信息咨询有限公司：

董事长：康朝晖（兼）

总经理：钱正

常务副总经理：闫宝利、邹玉华

副总经理：杨治义

北京歌华益网科技发展有限公司：

董事长：韩霁凯（兼）

常务副总经理：王芳（2019年8月28日任）

副总经理：刘昕（兼）

东方嘉影电视院线传媒股份公司：

董事长：姜宏志（兼）

副总经理：刘夫涛、李兰、李清

北京歌华益网广告有限公司：

董事长：姜宏志（兼）

总经理：张晓耕

歌华有线投资管理有限公司：

常务副总经理：吴春燕（2019年6月17日任）

基建工程办公室（临时机构）：

主任：贺磊

地址：北京市东城区北小街青龙胡同1号歌华大厦7层

电话：010−96196

邮编：100007

网址：http://www.bgctv.com.cn

北京歌华有线电视网络股份有限公司旗舰营业厅一览表

营业厅名称	联系地址	联系电话
东城小街桥	东城区北二环青龙胡同1号歌华大厦一层北门东侧	59260846
东城夕照寺	东城区夕照寺街绿景馨园（东玖大厦）东区13号楼B 座一层	59260848
西城南小街	西城区西直门南小街133号西派国际公寓底商A101	59260847
西城南华里	西城区南横东街南华里10号楼底商	59260849
朝阳团结湖	朝阳区水碓子北里2号楼西侧底商	59260842
朝阳劲松	朝阳区南磨房路16号院禧福汇底商7−3（平乐园路口向西200米路南）	59260841
朝阳管庄	朝阳区朝阳路67号院财满街8号楼三层0301	59260840
朝阳香河园	朝阳区柳芳北里12号楼东侧底商	59260843
朝阳望京	朝阳区望京街道望京西路首开知语城312号楼底商	59260845
朝阳亚运村	朝阳区慧忠北路231号底商（朝阳区北辰东路与慧中北路交叉口向东100米路北）	57698522
海淀清河	海淀区清河小营桥（G6辅路）向北500米第一个路口向东200米，福美苑小区底商	59260400 59260401
海淀花园村	海淀区车公庄西路花园村社区8号楼1层（花园桥往东500米左右，京颐商场对面，过街天桥下路南）	59260427 59260854
海淀五棵松	海淀区万寿路街道西四环中路39号万地名苑底商39−6	59260438 59260439
海淀海淀路	海淀区海淀路50号北大资源楼东楼一层1117室（北京大学南门东侧）	59260468 59260469
丰台方庄	丰台区方庄紫芳园六区4号楼2−106（“方庄6号”底商）	59260860
丰台云岗	丰台区长云路2号院珠江御景（北门）底商10−17号	59260836
丰台马家堡	丰台区角门18号枫竹苑二区1号楼103、203室	59260819
丰台科技园	丰台区育仁南路1号院4号楼204、205室（诺德中心16号楼2层底商）	59260861
丰台卢沟桥	丰台区小屯西路109号院万科假日风景6号楼底商	59260837
石景山古城	石景山区古城大街75号院3号楼底商（古城地铁站向西路口西北角塔楼底商）	59260862
石景山五里坨	石景山区隆恩寺路17号院1号楼底商	59260862
昌平天通东苑	昌平区天通苑东二区1号楼15门	57698520
大兴黄村	大兴区黄村镇兴华南路25号	59260867
房山良乡	房山区良乡长虹西路63号	59260870
门头沟	门头沟区绿岛水岸小区底商	59260873
顺义	顺义区拥军路2号	81490036 81492540
怀柔	怀柔区乐红园小区1号楼	59260877
延庆	延庆区东外大街57号	59260879
密云	密云区果园西路42号院	59260872
平谷	平谷区文乐胡同12号	59260871
通州富河园	通州区安顺路301号富河园碧水明珠底商4−110	69555780

北京电视艺术中心有限公司

领导成员：

董事长兼总经理：张平

副总经理：沈然

艺术总监：郑晓龙

创作总监：李晓明

内设机构：

党建工作部、总经理办公室、计财部、项目部、策划部、技术部、导演工作室、制片人工作室

下属单位：北京电视艺术中心音像出版社有限公司

地址：北京市海淀区皂君庙甲2号

电话：010－62127625

传真：010－62115814

邮编：100098

网址：http://www.btac.cn

微信公众号：beiyi1982

北京音像有限公司

领导成员：

总经理：颜丙利

内设机构：

企划出品部、节目制作部、技术工程部、财务部、办公室

地址：北京市东城区安乐林路18号

电话：010－67262518

传真：010－87268961

邮编：100075

网址：http://www.bavc.com.cn

北京瑞特影音贸易有限公司

领导成员：

执行董事兼总经理：何公明

监事、市场部总监：顾炜

工程部总监：秦磊

财务部总监：孟春敏

办公室主任：赵丽艳

内设机构：

办公室、财务部、市场部、工程部

地址：北京市朝阳区建外大街14号一层

电话：010–65155284/65159086/65287112/65287113/65158729－620~627

传真：010－65155285

邮编：100022

网址：http://www.ruite.cn

北京北广传媒数字电视有限公司

领导成员：

董事长、总经理：何公明

副总经理：艾禾、梁自珍（2019 年 11 月调离）、梁燚

内设机构：

节目部、市场部、数据部、播出部、财务部、办公室

地址：北京市海淀区皂君庙甲 2 号

电话：010−56317887

传真：010−56317980

邮编：100098

网址：http://www.bjdtv.com

北京北广传媒移动电视有限公司

领导成员：

董事长、总经理：罗晓军

副总经理：许新德（2019 年 6 月选派为援藏干部进藏履职）、梁自珍（2019 年 11 月任职）

内设机构：

办公室、资产财务部、广告管理部、节目部、播出部、技术研发部、品牌部、党群工作部

地址：北京市东城区北小街青龙胡同 1 号歌华大厦 A 座 809 室

电话：010−59260500

传真：010−59260501

邮编：100007

网址：http://www.bj−mobiletv.com

北京北广传媒影视股份有限公司

领导成员：

总经理：刘国华

内设机构：

办公室、财务部、文学部、制作部、发行部

地址：北京市东城区北小街青龙胡同 1 号歌华大厦 B 座 821 室

电话：010−59260180

传真：010−59260181

邮编：100007

邮箱：bamc_tv@bamc.com.cn

北京北广传媒城市电视有限公司

领导成员：

董事长、总经理：罗艳红

副总经理：李伟

总经理助理：崔娟娟

内设机构：

行政部、财务部、媒体运营部、媒体开发部、广告部、技术部

地址：北京市东城区东直门北小街青龙胡同1号歌华大厦A801室

电话：010–59260088–8000

传真：010–59260066

客户专线：4007000086

邮编：100007

网址：http://www.citytv.com.cn

微信服务号：bj–citytv

北京北广传媒地铁电视有限公司

领导成员：

党支部书记：赵文斌

总经理：王军

内设机构：

党群工作部、办公室、财务部、节目部、运营管理部、技术部

地址：北京市东城区北小街青龙胡同1号歌华大厦B座818室

电话：010–81486139

传真：010–84186139–8002

邮编：100007

鼎视传媒股份有限公司

领导成员：

党支部书记兼公司负责人：何拥军

常务副总经理：王健

副总经理：王厚信

副总经理：秦敏

总经理助理：马宁、柳轶

董事会秘书：王文旭

内设机构：

销售部、客户服务部、传输业务部、版权合作部、财务部、技术部、行政人力部

地址：北京市东城区东直门北小街青龙胡同1号B820室

电话：010–59260099

传真：010–59260138

邮编：100007

北京北广置业有限公司

领导成员：

执行董事：周宇清（北京歌华传媒集团有限责任公司副总经理兼）

总经理：裴成虎

副总经理：张克英

内设机构：

办公室、财务部、前期部

授权管理单位：

北京现代电视艺术发展公司

北京东方艺苑物资仓储服务中心

地址：北京市朝阳区崔各庄乡南影路2号小白楼

电话：010−64325207

传真：010−64325207

北京中广传播有限公司

领导成员：

总经理：丁文辉

内设机构：

党务综合部、财务部、业务部、技术运维部

地址：北京市海淀区香山碧云寺门外2号平房

电话：010−63872993

邮编：100093

北京市东城区文化和旅游局

北京市东城区文化委员会（截至2019年3月21日）

领导成员：

党委书记：张恩东（2019.1免）

王伟东（2019.1—2019.3）

主任：王伟东 （2019.3免）

副主任：郑亚东、骆桦、魏瑞峰

工会主席：付东亮

内设机构：

党委办公室、办公室、公共文化事业科、文化市场管理科（安全生产科）、文物管理科、综合审批科、演艺产业发展促进科、人事科、财务科

所属单位：

北京市东城区文化委员会行政执法队、北京市东城区第一文化馆、北京市东城区第二文化馆、北京市东城区第一图书馆、北京市东城区第二图书馆、北京市东城区文物管

理所、北京市袁崇焕祠文物保管所、北京市文天祥祠文物保管所、北京市东城区第一图书馆会议中心、北京市钟鼓楼文物保管所、北京王府井古人类文化遗址博物馆、北京市东城区羊市口文化站、北京市东城区花市电影院、北京市东城区天坛南里文化娱乐中心、北京市东城区文化馆剧场、北京燕京评剧团、北京包装资料馆、北京东方国际文化交流中心

地址：北京市东城区崇文门外大街7号第二文化馆

电话：010-67091091/67091092

传真：010-67091090

邮编：100062

邮箱：dcqwhw@bjdch.gov.com

北京市东城区文化和旅游局（2019年3月22日起）

领导成员：

党组书记、局长：李雪敏（2019.3— ）

副局长：郑亚东、骆桦、魏瑞峰、宋叙、郑芳、马庆军、贾宇恒（公安局挂职）、望甜（湖北郧阳挂职干部）

工会主席：付东亮

内设机构：

行政办公室、党群办公室、政策法规科、公共服务科、大型活动科、行业管理科、市场促进科、安全和应急科（假日办）、文物管理科、行政审批科、演艺发展科、非物质文化遗产科、财务科、人事科

所属单位：

北京市东城区文化市场综合执法大队、北京市东城区第一文化馆、北京市东城区第二文化馆、北京市东城区第一图书馆、北京市东城区第二图书馆、北京市东城区文物管理所、北京市袁崇焕祠文物保管所、北京市文天祥祠文物保管所、北京王府井古人类文化遗址博物馆、北京市东城区旅游咨询服务中心、北京市东城区第一图书馆会议中心、北京市钟鼓楼文物保管所、北京市东城区羊市口文化站、北京燕京评剧团、北京市东城区文化馆剧场、北京市东城区花市电影院、北京市东城区天坛南里文化娱乐中心、北京包装资料馆、北京东方国际文化交流中心

地址：北京市东城区崇文门外大街7号第二文化馆

电话：010-67091091/67091092

传真：010-67091090

邮编：100062

邮箱：dcqwhw@bjdch.gov.com

注：2019年3月15日，中共北京市东城区委办公室、北京市东城区人民政府办公室关于印发《北京市东城区机构改革实施方案》的通知：区委宣传部统一管理新闻出版和电影工作。将区文化委员会的新闻出版、电影管理职责划入区委宣传部，对外加挂区新闻出版局、区政府新闻办公室牌子。

北京市西城区文化和旅游局

北京市西城区文化委员会（截至 2019 年 3 月 25 日）

领导成员：

党组副书记、主任：孙劲松

党组成员、副主任：吕丹

党组成员、工会主席：王来明

党组成员、调研员：贾文静

副主任：古杨利

副主任：王顺

西城区文化执法队队长：董伟民

内设机构：

办公室、政策法规科（研究室）、公共文化科、非物质文化遗产科、文化产业科、文化市场管理科、文物科、财务审计科、党群工作办公室、人事科

直属单位：

北京市西城区文化行政执法队、北京市西城区第一文化馆、北京市西城区第二文化馆、北京市西城区非物质文化遗产保护中心、北京市西城区图书馆、北京市西城区青少年儿童图书馆、北京市西城区阅读推广中心、北京市西城区文物保护研究所、北京市西城区文物管理处、北京宣南文化博物馆管理处（北京长椿寺管理处）、北京历代帝王庙管理处、北京李大钊故居管理处、北京市西城区社会文化管理所、北京市首都电影院、北京市红楼电影院、北京市胜利电影院、北京市新街口电影院

地址：北京市西城区后广平胡同 26 号

电话：010−66561230

传真：010−66561231

邮编：100035

注：2019 年 3 月 25 日，中共北京市西城区委办公室、北京市西城区人民政府办公室关于印发《北京市西城区文化和旅游局职能配置、内设机构和人员编制规定》的通知，将原北京市西城区文化委员会的新闻出版、电影管理职责划转至北京市西城区委宣传部。

北京市西城区文化和旅游局

领导成员：

党组书记、副局长，一级调研员：刘冀

党组副书记、局长，一级调研员：孙劲松

党组副书记、副局长，一级调研员：岑运东

党组成员、副局长：吕丹

党组成员、副局长：钮鑫

党组成员、副局长：汪辉

党组成员：王来明

副局长：王顺

二级调研员：贾文静

副局长：古杨利

区文化执法队队长：董伟民

内设机构：

办公室、政策法规科（研究室）、行政审批科、产业发展科（文创科）、公共服务科、非物质文化遗产科、文物科、文化建设科、

对外交流与合作科、文化活动科、行业管理科、安全与应急科（假日办）、财务审计科、党群工作办公室、人事科、离退休干部科

直属单位：

北京市西城区第一文化馆、北京市西城区第二文化馆、北京市西城区非物质文化遗产保护中心、北京市西城区图书馆、北京市西城区青少年儿童图书馆、北京市西城区阅读推广中心、北京市西城区旅游咨询信息中心、北京市西城区旅游产业发展中心、北京市西城区文物保护研究所、北京市西城区文物管理处、北京宣南文化博物馆管理处（北京长椿寺管理处）、北京历代帝王庙管理处、北京李大钊故居管理处、北京市西城区社会文化管理所、北京市首都电影院、北京市红楼电影院、北京市胜利电影院、北京市新街口电影院

双管单位：

北京市西城区文化市场综合执法大队

代管单位：

北京市西城区发展服务中心（北京市西城区文化创意产业促进中心）

地址：北京市西城区后广平胡同 26 号

电话：010－66561230

传真：010－66561231

邮编：100035

北京市朝阳区文化和旅游局

领导人员：

党委书记、局长：高春利

党委委员、副局长：刘芳

党委委员、副局长：张爱军

党委委员、副局长：马骏

党委委员、副局长：李强

内设机构：

办公室、法制宣传科、行政审批科、公共服务科、文物管理科、产业发展科、行业管理科、安全应急科、财务审计科、组织人事科

下属单位：

北京市朝阳区文化市场综合执法大队、北京朝阳区文物管理所、北京市朝阳区文化馆、北京市朝阳区图书馆、北京民俗博物馆、北京市朝阳区垡头地区文化中心、北京市朝阳区香河园地区文化中心、北京朝阳京剧文化艺术中心、北京国声京剧文化艺术中心、北京旅游咨询服务中心朝阳服务站

地址：北京市朝阳区呼家楼北街 36 号

电话：010－65014855

传真：010－65086844

北京市海淀区文化和旅游局

领导成员：

党组书记：孙鹏利

党组副书记、局长：陈静

副局长：邱文忠、王文赞、侯雍、柳阑

执法大队队长：卫东

内设机构：

办公室、组织人事科（党建工作科）、公共服务科、文物管理科、行政审批科、行业管理科、产业发展科、资源开发科、法制科、宣传活动科、文化市场综合执法大队

地址：海淀区颐和园路12号区政府综合楼

电话：010–82617811

传真：010–82614144

邮编：1000800

北京市丰台区文化和旅游局

领导成员：

书记：史文彬

局长：樊维

副局长：胡丽

副局长：王昊

执法大队长：李正平

内设机构：

办公室、法制宣传科、公共服务科、文物管理科、行政审批科、行业监督管理科（安全生产科、环境保护科）、产业发展科、资源开发科、组织人事科

所属行政执法机构：

文化市场综合执法大队（下设办公室、一分队、二分队、三分队）

下属事业单位：

文物管理所、图书馆、文化馆、旅游服务中心

地址：北京市丰台区西四环南路64号

电话：010–83811361

传真：010–83811361

邮编：100071

北京市石景山区文化和旅游局

领导成员：

党组副书记、局长：王亚迅

党组成员、副局长：刘跃华

党组成员、副局长：王振彪

副局长：李晨

副局长：杨光

党组成员、石景山区文化市场综合执法大队队长：郝卫华

四级调研员：郑彬

四级调研员：昭日格图

四级调研员：贾卫平

内设机构：

办公室、公共服务科、行业管理科（安全科、假日办）、文物科、发展规划科、组织人事科（主体责任办公室）

地址：北京市石景山区石景山路18号

电话：010−68607158（办公室）

传真：010−88680857

邮编：100043

北京市门头沟区文化和旅游局

领导成员：

党组书记：曲书法（2019年3月19日任党组书记）

党组副书记、局长、一级调研员：刘贵清（2019年3月19日任党组副书记、2019年3月22日任局长）

党组成员（2019年4月12日）、副局长（2019年5月22日）：巩旭东、管瑞华、胡新宇、刘德才、马骐、叶荣德（2019年8月23日免党组成员；2019年9月25日免局长）

区文化执法队队长、一级调研员：李军朝（2019年12月26日免党组成员）

二级调研员：阎保安

四级调研员：张银星

内设机构：

办公室、政策法规科（行政审批科）、产业促进科、公共服务科、行业管理科、安全与应急科（假日办）、财务审计科、人事科、区文化执法队（含信息举报中心、执法一分队、执法二分队、执法三分队）

下属事业单位：

区旅游事业发展服务中心、区文化创意产业促进中心、区文化馆、区图书馆、永定河文化博物馆、区文物事业管理所、区电影发行放映服务中心、区影剧院

地址：门头沟区门头沟路8号

电话：010−69843315

传真：010−69860988

邮编：102300

邮箱：mtgwlj@bjmtg.gov.cn

北京市房山区文化和旅游局

领导成员：

局长：冀显江

副局长：刘开平、谭瑾、曾佼佼、赵圳、高峰

执法队队长：苏文江

四级调研员：马占昌

区文化活动中心主任：李清梅

内设机构（直属单位）：

办公室、综合科、产业发展协调科、公共事业管理科、资源保护利用科、行政审批科、安全与应急科、区文化市场综合执法大队、房山区文化活动中心、房山区文物保护所

地址：房山区良乡西潞南大街甲 12 号

电话：010−69352012

传真：010−69352106

邮编： 102488

网址：http://www.bjfsh.gov.cn/

北京市大兴区文化和旅游局

领导成员：

党组副书记、局长：潘郁峰

党组书记：彭文

调研员：王健

调研员：颜淑敏

党组成员、副局长：石磊

党组成员、副局长：石铭远

党组成员、副局长（机关党委书记）：郝泽宏

党组成员、副调研员：周静

党组成员、行政执法队队长：周武军

工会主席：张洁

副调研员：侯志

副调研员：于泉

副调研员：王自丰

内设机构：

综合办公室、公共文化科、规划发展科、产业发展科、市场管理科、人教科、内审科、党建办、安全科、行政执法队

下属单位：

图书馆、文化馆、文物所、北京市大兴区文化活动服务中心（北京市大兴区电影发行放映管理中心）、新华书店

地址：北京市大兴区永华南里 16 号

电话：010−81298911

传真：010−81296721

邮编：102600

北京市通州区文化和旅游局

领导成员：

党组书记、副局长：王立生

党组副书记、局长：纪万成

副局长：杨根萌、王凤荣、安文崑、林长春、马俊艳

执法队长：彭绍常

内设机构：

办公室、公共服务科、政工科、文物保护科、规划发展科、行业管理科（行政审批科）、文化行政执法队（下设法制科、执法一队、执法二队）

直属单位：

通州区文化馆、通州区图书馆、通州区博物馆、通州区文物管理所、通州区旅游咨询服务中心、通州区新华书店

地址：北京市通州区中仓街道车站路

27 号

电话：010−80574413

传真：010−80574674

邮编：101100

北京市顺义区文化和旅游局

领导成员：

党组书记、局长：申志红

党组成员、文联主席：姜蒙

党组成员、副局长：赵保东

党组成员、副局长：王辉

党组成员、副局长：于伯宇

党组成员、副局长：叶志建

党组成员、执法队长：张永山

党组成员、文联副主席：高秀香

内设机构：

办公室、党建工作科、产业发展科、行业管理科、安全应急科、公共服务科、市场推广科、机关党委、机关纪委

所属行政执法机构：

文化行政执法队（下设一分队、二分队）

下属事业单位：

旅游产业发展服务中心、旅游市场推介中心、旅游咨询中心、文化馆、图书馆、文物所、电影放映中心、焦庄户地道战遗址纪念馆

地址：北京市顺义区白马路 5 号

电话：010−6942 9918

传真：010−8149 6681

邮编：101300

北京市平谷区文化和旅游局

北京市平谷区文化委员会（2019.01—2019.03）

领导成员：

书记、主任：崔苠

党组副书记：陈梦慧

党组成员、副主任：王振红

党组成员、副主任：逯艳敏

党组成员、行政执法队队长：赵海东

工会主席：张东伟

内设机构：

办公室、政工科、文化文物科、审批科（安全生产综合管理科）

所属单位：

行政执法队、图书馆、文化馆、文物管理所、上宅文化陈列馆、文化发展服务中心、博物馆、新华书店、影剧院

北京市平谷区文化和旅游局（2019.03—2019.12）

领导成员：

书记、局长：崔莛

党组成员、副局长：路大勇

党组成员、副局长：徐震涛

党组成员、副局长：独抒

党组成员、文化市场综合执法大队队长：王小彤（2019.09—2019.12）

内设机构：

办公室、公共服务科、产业发展和市场推广科、行业管理科（安全生产综合管理科）、文物管理科（行政审批科）。

所属行政执法机构：文化市场综合执法大队

下属事业单位：

图书馆、文化馆、文物管理所、上宅文化陈列馆、文化发展服务中心、博物馆、旅游项目推进中心、民俗旅游服务中心、旅游咨询服务站、新华书店

地址：北京市平谷区府前西街 1 号

电话：010−69962871

邮编：101200

邮箱：whwbgs@bjpg.gov.cn

北京市怀柔区文化和旅游局

领导成员：

党组书记、副局长：周为

党组副书记、局长：夏占利

党组成员：张广春

党组成员、副局长：雷杰、田正科、郭大鹏、王冠蘅、刘雅静

党组成员：曾春根

副局长：罗东

副调研员：鲍云贤、钟宏城

副处级待遇：武学兵

内设机构：

行政科室：办公室、公共服务科、产业发展科、行业管理科、文物保护科、政工科

文化市场综合执法大队

事业科室：演艺活动服务中心、旅游业教育中心、乡村旅游管理服务中心、旅游咨询服务中心、旅游市场推广中心

直属企、事业单位：

文化馆、图书馆、博物馆、电影发行放映服务中心、文物管理所、新华书店

地址：北京市怀柔区迎宾北路 7 号

电话：010−69623483

传真：010−69633250

邮编：101400

北京市昌平区文化和旅游局

领导成员：

党组书记、局长：袁丽民

副局长：李万升、李爱武、张凤英、胡南、沈玉江、裴焕斌（挂职）

执法大队队长：刘庆华

工会主席：史功岐

内设机构：

办公室、政工科、公共服务科、文物管理科、产业发展科、行业管理科、消费促进科、安全管理科

机关内设科室：扶贫办、工会、创建办

直属单位：

昌平区文化市场综合行政执法大队、昌平区文化馆、昌平区图书馆、昌平文物管理所、昌平区大运河白浮泉遗址管理服务中心（昌平区博物馆）、昌平区旅游咨询服务中心、昌平区社会旅馆管理中心、昌平区影剧院、昌平新华书店

地址：北京市昌平区府学路 10 号

电话：010−69742257

传真：010−80110182

网址：http://www.bjchp.gov.cn

邮编：102200

北京市密云区文化和旅游局

领导成员：

党组书记、局长：赵志政

党组成员、副局长：郭成德

党组成员、副局长：胡书英

党组成员、副局长：李冬雨

党组成员、副局长：王征

党组成员、调研员：柴军

执法队长：李卫革

调研员：方铁洪

调研员：王凤英

下设机构：

办公室、财务室、政策研究中心、安全管理和审批科、产业发展科、民俗旅游发展服务中心、公共服务与宣传科、策划市场营销中心、人才发展中心、党建科、机关纪委、机关工会、文化市场综合执法队

下属单位：

文化馆、图书馆、博物馆、文物管理所、新华书店、密云大剧院

地址：北京市密云区城后街 20 号

电话：010−69043175

传真：010−69072399

邮编：101500

北京市延庆区文化和旅游局

领导成员：

党组书记、局长：叶东

党组成员、副局长：刘满利、郑爱娟、祁明东

文化市场综合执法大队队长：胡一鸣

二级调研员：闫建利、潘国民

四级调研员：李富军、节红霞、王书森、闫玲、曾小军

内设机构：

办公室、公共服务科、行业管理科、产

业发展科、文物遗产科（行政审批科）、安全与应急科（假日办）、人事科、文化市场综合执法大队

直属单位：

旅游宣传中心、旅游信息服务中心、旅游产品研发中心、旅游发展研究中心、乡村旅游发展中心、旅游标准化促进中心、文化馆、图书馆、文物管理所、文化中心后勤服务中心、公益电影放映中心、新华书店

地址：北京市延庆区妫水北街 72 号

电话：010－69146491

邮编：102100

北京经济技术开发区工委宣传文化部

领导成员：

工委委员、宣传文化部部长：赵雅娟

常务副部长：张君

副部长：石雨、王涛、王磊

融媒体中心副主任：隋国勇

内设机构：

办公室、文明宣教处、新闻宣传处、网信处、文化文物旅游处、文化产业处、出版广电处、媒体融合发展处

地址：北京经济技术开发区荣华中路 15 号博大大厦

电话：010－67880171

传真：010－67880171

邮编：100176

北京市朝阳区融媒体中心

领导成员：

中心主任：潘竞

党委书记：孙帅

副主任：洪剑斌、李昕宇、梁雪琴

专职副总编：刘振山、王曦

内设机构：

办公室（保密科）、总编室、人事科、财务科、资料室、新闻科、电视采访科、电视摄像科、电视编辑科、电视技术保障科、报纸采访科、报纸编辑科

下属事业单位：

北京朝阳传媒中心、朝阳传媒影视技术服务中心

地址：北京市朝阳区六里屯西里 3 号

电话：010－65025172

传真：010－65022498

邮编：100026

网址：http://www.chynews.cn

北京市海淀区融媒体中心

领导成员：

中心书记、主任：王言敏

副主任：张庆洁、卫东

内设机构：

办公室、电视上载审核科、媒资室、要闻部、编辑制作部、新闻采访一部、新闻采访二部、专题部、技术播出部、播音主持部、动漫制作部、事业发展部、人事科、财务科、特刊部、新媒体事业部、政务网站运营科、网络监测指导科、全媒体指挥调度科

地址：海淀区西四环北路11号海淀区政府第二办公区

电话：010-88437116

传真：010-88487250

邮编：100195

网址：http://www.bjhdnet.com

北京市丰台区融媒体中心

领导成员：

书记、主任：乔晓鹏（区委宣传部副部长兼）

党组成员、副主任：王慧平、卢劼、李三鹏、刘宇

内设机构：

综合办公室、党建办公室、研究培训部、财务管理部、指挥调度部、融合报道部、策划编辑部、信息发布部、群众工作部、技术保障部、融合产品部、品牌合作部

地址：北京市丰台区西四环南路64号

电话：010-63814361

传真：010-63814362

邮编：100071

网址：http://www.bjftrt.com.cn

北京市石景山区融媒体中心

领导成员：

书记：王国强

副主任：刘长成

内设机构：

党群工作部、行政办公室、财务部、总编室、融媒体采编中心、新媒体制作部、视频制作部、图文制作部、时事评论部、专题节目部、客户端运营部、技术保障部

地址：北京市石景山区古城大街61号

电话：010-68840434

传真：010-68840434

邮编：100043

北京市门头沟区融媒体中心

领导成员：

党组书记、主任：宋奇

党组成员、副主任：王幸国、苏燕平、班书臣

内设机构：

办公室、财务部、总编室、电视新闻部、电视专题部、技术保障部、广告文艺部、新媒体部、电视播出部、广播电台 、时报编辑部、时报采写部、时报美术部

地址：北京市门头沟区新桥大街 36 号

电话：010−69843348

传真：010−69843348

邮编：102300

北京市房山区融媒体中心

领导成员：

区委宣传部副部长、中心党组书记、主任：路建华

党组成员、副主任、机关党委书记：朱惠强

党组成员、副主任、工会主席：马琳

副主任：武宏

内设机构：

办公室、人力资源部、财务部、总编室、宣传办公室、新闻部、社会部、科教部、文艺部、刊播部、融创部、技术保障部、安全保障部、评审部、广告部

地址：北京市房山区西潞南大街 6 号

电话：010−69374235

传真：010−69370104

邮编：102488

网址：http://www.funhillmedia.com/

北京市大兴区融媒体中心

领导成员：

区委宣传部副部长、中心党组书记、主任：马宪颖（由于处于机构改革期，人事编制不能调动，2019 年 1 月至 3 月主持中心全面工作。2019 年 4 月正式任命）

党组副书记、副主任：侯晨侠

党组成员、总工程师：汪俊涛

党组成员、副主任：王娇

内设机构：

办公室、后勤保障科、总编室、采访一部、采访二部、新媒体部、编发一部、编发二部、联络推广部、媒资管理部、技术发展部、制

作播出部、人事教育科、内部审计科、财务管理科

地址：北京市大兴区兴政街7号

电话：010−69204416

传真：010−69244977

邮编：102600

网址：http://www.zhhxw.com

邮箱：dxgd@bjdx.gov.cn

北京市通州区融媒体中心

领导成员：

党组书记、主任：焦善鸣

副主任：王雪征、王小利

内设机构：

办公室、政工科、财务部、总编辑部、融媒评审部、融媒采访部、外联合作部、播音主持管理部、视频编辑部、音频编辑部、平面媒体部、新媒体部、融媒制作部、融媒经营部、技术部、播出部

地址：北京市通州区新华西街1号

电话：010−69545860

传真：010−69545860

邮编：101149

北京市顺义区融媒体中心

领导成员：

党组书记、主任：宋森

党组成员、副主任：杨文武、巫俊

党组成员、工会主席：王会永

内设机构：

综合办公室、党建工作科、策划调度科、信息采集一科、信息采集二科、新闻编辑一科、新闻编辑二科、产品发布科、监测评价科、成果运用科、专题节目科、综艺节目科、制片服务科、媒资管理科、技术保障科、户外媒体管理科、媒体运营科、人力资源开发科、财务管理科

地址：顺义区拥军路4号

电话：010−69466677

传真：010−69463670

邮编：101300

邮箱：sytv1994@yahoo.cn

北京市平谷区融媒体中心

领导成员：

党组书记、主任：张长志

党组副书记：王久武

副主任：于刚、马振水、邱胜章、贾春节

内设机构：

办公室、政工科、财务科、总编室、新闻采编科、专题科、广播文艺科、报纸编辑科、新媒体科、播音科、技术科、播出科、产业发展科

地址：北京市平谷区旧城街 8 号
电话： 010–69961255
传真： 010–89983716
邮编： 101200
邮箱： guangdianzhongxin@163.com

北京市昌平区融媒体中心

领导成员：

党组书记、主任：刘晓梅
党组成员、副主任、工会主席：刘大宾
党组成员、副主任：王纲
党组成员、副主任：田东伟

内设机构：

昌平融媒体中心共设置办公室、宣传科、政工科、财务科、技术科、资源科、总编辑部 7 个机关科室，下设昌平广播电视台、平面媒体中心、新媒体中心、媒体制作中心、媒体采访中心 5 个正科级事业单位，成立昌平传媒公司和永安城影视传媒中心 2 个全资公司

地址：北京市昌平区南环东路 1 号
电话：010–69746088
传真：010–69742578
邮编：102200
网址：http://www.cprt.com.cn

北京市怀柔区融媒体中心

领导成员：

党组书记、主任：刘剑
副主任：杨桂霞、刘金凯、石金虎

内设机构：

办公室、总编室、采访部、播音主持部、新闻专题部、制作部、电台部、通联部、《怀柔报》编辑部、《怀柔报》副刊部、客户端部、策划运营部、新媒体编辑部、网络视频部、评论部、总工办、技术部、播出部、演播室运营部、信息安全部、媒资部、事业发展部、汤河口广播电视转播站、人事科、机关党委（党建工作科）

地址：怀柔区府前街 19 号
电话：010–69632646
传真：010–69644232
邮编：101400
邮箱：gdzx@bjhr.gov.cn

北京市密云区融媒体中心

领导成员：

党组书记、主任：孙明朝

党组成员、副主任：陈宝国

党组成员、副主任：廖玉熊

班子成员、通联部主任：石晓访

内设机构：

办公室、财务部、人力资源部、指挥考评调度部、联合采访部、时政部、要闻部、包装制作部、广播部、纸媒部、新媒体部、专题部、播音主持部、播发部、广告部、通联部、技术部、媒体资源管理部、产品研发部、保障部、“村村响”有线广播节目播出管理部、机关党委（党建部）、机关纪委、工会、团委

地址：密云区西大桥路 18 号

电话：010−89096037

传真：010−89095645

邮编：101500

邮箱：guangdianzhongxin@126.com

北京市延庆区融媒体中心

领导成员：

党组书记、主任：董喜延（至 2019 年 5 月 27 日）

党组成员、副主任：胡玖梅（2019 年 5 月 28 日起主持中心全面工作）、孙守锴、赵晨

党组成员、保留副处级待遇：贺农林、卢书华

保留副处级待遇（有具体分工）：季晓冰

内设机构：

办公室、人事科、财务科、总编室、媒体融合科、新闻科、专题科、文艺科、广播科、社教科、广告科、技术科、播控科、纸媒采访科、纸媒编辑科

所属单位：

北京市延庆区电视转播站、北京市延庆区广播电视记者站、北京市延庆区广播电视服务部

内设科室：

基层报道部、基层新闻部、党建办、工会、食堂、内保科

融媒体中心揭牌运行期间并行机构：总编室、采访部、编发部、新媒体部、技术部、综合服务部、工程办

地址：北京市延庆区高塔街 73 号

电话：010−69103462

邮编：102100

北京光线传媒股份有限公司

领导成员：

法人代表：王长田

内设机构：

总裁办、财务部、内审部、法务投资证券部、人力行政部、品牌部、采购部、项目部、发行部、宣传部、创意视频组、营销中心、网络部、电影制片部、艺人经纪部、彩条屋影业、青春光线影业、光线影业

地址：北京市东城区和平里东街 11 号航星科技园 3 号楼 3 层

电话：010－64516000

传真：010－84222188

邮编：100013

网址：http://www.ewang.com

北京华谊兄弟娱乐投资有限公司

领导成员：

法人：王忠磊

总经理：程春丽

地址：北京市朝阳区新源南路 2 号华谊兄弟大楼 5 层

电话：010－65805895

传真：010－65881512

邮编：100027

网站：http://www.huayimedia.com

海润影视制作有限公司

领导成员：

法人、董事长：刘燕铭

内设机构：

总裁办、制作部、发行部、法务部、文学部、宣传部、财务部、策划部、行政部

地址：北京市朝阳区安慧北里安园 5 号

电话：010－64897799

传真：010－64935440

邮编：100101

网址：http://www.hairunmedia.com

北京京都世纪文化发展有限公司

领导成员：

董事长：尤小刚

副总经理：董煊、王正华

内设机构：

经营部、宣传部、演艺经纪部、影视基地、办公室、财务部

地址：北京市东城区广渠门外广渠家园名敦道商厦 4 号楼 1206 室

电话：010–67110812

传真：010–67177299

邮编：100022

网址：http://www.zjdtv.com

北京鑫宝源影视投资有限公司

领导成员：

总经理：丁芯

副总经理：王驿

财务总监：赵雅丽

艺人总监：刘红梅

新媒体中心：焦红艳

内设机构：

总经办、财务部、广告部、发行部、演艺部、新媒体中心、编辑部、制作部、法务部、行政部

地址：北京市朝阳区北苑路 86 号院 311 号楼

电话：010–57805288

传真：010–57561288

邮编：100101

大唐辉煌传媒有限公司

领导成员：

董事长：王辉

总经理：袁春雨

内设机构：

文学策划部、制作部、电影事业部、新媒体部、发行部、娱乐营销部、艺人经纪部、宣传策划部、影视基地、财务部、人力资源及行政部、法务部

地址：北京市朝阳区慧忠里 233 号中南文化大厦 3 层

电话：010–82961395/82961399

传真：010–82961396

邮编：100101

网址：http://www.dthh.com.cn/

北京东王文化发展有限公司

领导人员：

董事长：张晓武

总经理：范杰

办公室主任：于莉

内设机构：

发行部、宣传部、演艺经纪部、办公室、财务部

地址：北京市朝阳区朝外大街 3 号山水广场 B 座 1102

电话：010−65516017

邮编：100020

邮箱：dwwh2601@sina.com

网址：http://www.bjdwwh.cn

四达时代通讯网络技术有限公司

领导人员：

董事长兼总裁：庞新星

内设机构：

董事会办公室、总裁办、人力资源中心、财务中心、商务中心、行政中心、法务中心、商业智能部、监审部、战略采购委员会办公室、投资管理部、公共事务部、宣传部、项目融资部、红酒事业部、终端事业部、用户产品运营部、政企业务部、研发部、安全认证部、终端产品规划部、售后运维部、支付业务部、风控部、传媒事业部、海外事业部、合作伙伴关系部、媒体数字化事业部、海外市场拓展中心、海外拓展支持部、技术中心、运维中心、品牌市场部、项目管理办公室、基建工程中心、工程质量监理部、技术评审部、技术支持事业部、定额与质量管理部、成本合约部

地址：北京经济技术开发区科创十四街 5 号院

电话：010−53012998

传真：010−53012997

邮编：100176

网址：http://www.startimes.com.cn/

获奖作品

北京市广播影视协会 2018 年度优秀广播电视节目评选结果（164 件）

一、广播类作品（57 件）

广播新闻（32 件）

短消息：本市首批 5G 基站正式启动，北京迈入 5G 时代

北京广播电视台 肖佳佳

长消息：军红路旁发生 3 万立方米山体塌方，断路及时没有造成人员伤亡

北京广播电视台 孙媛

长消息：天坛医院完成全球罕见手术 脑瘤患者保留三种语言能力

北京广播电视台 韩萌

长消息：616 位高端领军人才搭上职称评审直通车

北京广播电视台 霍玥

长消息：京张高铁八达岭隧道今天上午顺利贯通，重难点工程全完成

北京广播电视台 贾天阳

超长消息：十万被弃小蓝车堆积五环外，浪费巨大竞争如何持续

北京广播电视台 任晨光

系列报道：庆祝改革开放 40 年系列报道——三代人的求学梦

北京广播电视台 集体

连续报道：“丰台‘黑衣人’拦截渣土车”连续报道

北京广播电视台 王承丙

连续报道：央企大规模违建存在多年，追踪报道近一年终拆除

北京广播电视台 连新元、李青芮

评论：双十一购物狂欢后，快递“垃圾”如何实现绿色突围？

北京广播电视台 翁宇君

评论：中关村 DNA：永不言败 永远创新

北京广播电视台 刘萤莹

专题：一座青龙桥，两代铁路人

北京广播电视台 王楠

专题：相约北京

北京广播电视台 陈妹

新闻访谈：把“戒尺”还给老师，要把握好力度，更要赋予温度

北京广播电视台 陈蕾

新闻访谈：李锦莲无罪背后：老中青三代律师的接力

北京广播电视台 崔李雷

新闻编排：庆祝改革开放40周年特别节目——改革路上的北京，一往无前

北京广播电视台 朱峰、覃倩

栏目：新闻热线

北京广播电视台 北京新闻广播特别报道部 集体

组织策划：思想的力量、时代的巨人——纪念马克思诞辰200周年

北京广播电视台 杨洪、江宁、杨迪、王曼宁、李瑞先

组织策划：中非一家亲——中非合作论坛北京峰会特别策划

北京广播电视台 集体

短消息：北京新机场名称确定为“北京大兴国际机场”

大兴广电中心 房晓鹏、于蕾、张鳌

新闻专题：绝望中的希望

房山广电中心 张佳佳、王维佳、赵晶晶、冉迪

短消息：昌平草莓种苗繁育实验示范基地落地内蒙古太仆寺旗

昌平传媒中心 翁雷鸣、王勤、高云飞、孙文婷

系列报道：“壮阔东方潮 奋进新时代”——庆祝改革开放40年系列报道

昌平传媒中心 庆祝改革开放40年报道小组

评论：文明——同样是道风景

延庆广电中心 赵才、冯亚玲、吴佳宇

长消息：大病“二次报销” 为城乡居民看病就医撑起保护伞

密云广电中心 田晓娟、梁斯钰、牛薇

新闻专题：生长在密云水库边

密云广电中心 齐晓迎、吴婷、石建新、黄晨昭

长消息：我区率先推广村级财务 “电视公开” 村民通过电视看“账本”

怀柔广电中心 李晓红、张鹏、任欢、于颖

连续报道：众志成城 抢险救灾

怀柔广电中心 冀莹、张倩、吴晶晶、韩轩、任欢、傅晓芹

长消息：“部门报到”齐治乱 “哨声”吹来湖水清

平谷广电中心 刘鑫、靳寅

长消息：桃树认购喜丰收

平谷广电中心 高笑影、王韵涛

长消息：在这儿俩月挣出老家一年的钱——顺义区“千人千家”劳务帮扶计划助力科左中旗精准脱贫

顺义广电中心 张坤、丁越、陈婕

栏目：早安，副中心

通州广电中心 王娟、王姝、郑丹、王延伟、张兆年、周思思

广播境外播出（4 件）

境外专题：爱无止境——健康快车的 2018

北京广播电视台 集体

境外专题：亚丁湾畔，长久的牵挂——北京医生奶奶的索马里情缘

北京广播电视台 戴蔚然

境外专题：抢救坦桑尼亚非遗的中国学者

北京广播电视台 戴蔚然

境外专题：让新能源车跳动“中国心”——访精进电动科技创始人兼首席技术官蔡蔚

北京广播电视台 戴蔚然、朱乐艺、吴梅红

广播播音与主持（11 件）

播音作品：不惑之年·如果房子会说话

北京广播电视台 滕莹石、郭兆龙

主持作品：一路畅通“说进世界杯”之高洪波来啦

北京广播电视台 郭炜、李嘉佳

主持作品：走进智化寺

北京广播电视台 刘卓（米夏）

主持作品：合作出奇迹——专访泰国洞穴救援的中国志愿者

北京广播电视台 孟洋、林辰

主持作品：12 号只属于北京——访首钢男篮前队长陈磊

北京广播电视台 张晓亮

播音主持：11 月 16 日《房山一周事》

房山广电中心 朱晶、王雨佳

播音作品：合乘定制公交就在您身边

昌平传媒中心 翁雷鸣

播音作品：11 月 26 日《延庆新闻》

延庆广电中心 于谨歌

播音主持：特别策划——“幸福是奋斗出来的”系列录音报道

怀柔广电中心 任欢

播音作品：《大江东去》——第二十七集

顺义广电中心 张雨欣

广播播音：燃烧我，照亮你们的人生

通州广电中心 石靖楠

广播文艺（10 件）

音乐节目：时光里的送别

北京广播电视台 刘卓（米夏）、何劼

音乐节目：老林的墓志铭

北京广播电视台 张欣、林贺、张校茵

音乐节目：长城内外是故乡

北京广播电视台 关晓松、陈光、马笑宇

音乐节目：天使爱唱歌

北京广播电视台 春晓

文学节目：雅俗共赏竹枝词

北京广播电视台 米夏、张世强、何勐

文学节目：肯将碧血写丹青

北京广播电视台 关晓松、酒杰、白钢

戏曲节目：声音记录的大师风采——京剧老生唱片欣赏

北京广播电视台 尚远

长篇连播：胡同范儿

北京广播电视台 孟庆煜、李琳、杨丹（程涵）、尚远

综艺节目：冰雪传奇

北京广播电视台 张鹏飞、郭兆龙

广播剧：三集广播剧《从“独狼”到“政委”》

北京广播电视台 集体

二、电视类作品（90 件）

电视新闻（54 件）

长消息：新机场高速三线四桥同步转体 刷新国内纪录

北京广播电视台 毕轩语、王金华

长消息：乘春日列车 赏山花映雪

北京广播电视台 石雨濛、祖冲亚、张虎、褚文胜

长消息：联合疫苗获北京科技奖

北京广播电视台 李烨、张虎

长消息：官批正式闭市 西城区告别区域性批发市场

北京广播电视台 商杨

专题：西山秘境（第一集）——倾听地球故事

北京广播电视台 集体

专题：中关村创业史话第二季（上集）

北京广播电视台 刘祺、秦亚利、张然

专题：急诊室的呼唤

北京广播电视台 邵晶、李潇、闫一可、李晓东、张亚琦

专题：寻找抗日东归英雄 探访二战最后战场（第一集）——走近东北抗日联军

北京广播电视台 王晓、安天宇、陈慧彬、卢青、萨苏

专题：开放北京与世界同行——北京外经贸40年（第四集）国门之外

北京广播电视台 赵波、宋北光、韩维如、王梓琪、王瑜

专题：步履不停

北京广播电视台 陈坤、魏齐、于菲

专题：《为民而商》第一集 东方欲晓

北京广播电视台 钱丹丹、郭晓东、桐鸣、马勇杰、高宇博

专题：记者卧底著名连锁婚恋机构

北京广播电视台 刘春艳、杨苗、李晥、汤军军、金露、万臻

专题：《双奥之城》第五集——希冀

北京广播电视台 严崴、赵怡、孙志远、王梓、王竞、徐昂

专题：《乡村振兴 北京画卷》之《乡里人家》

北京广播电视台 张冬林、陈栩、马昊、姬婷婷、彭俐、张梦可

评论：《改革开放 关键一招》第六集

北京广播电视台 集体

评论：速评：一杯敬国安 一杯敬自己

北京广播电视台 王速、张亚军、郑天尧

系列报道：弘扬红墙意识

北京广播电视台 张晓鲁、朱晓梅、王强、颜美珠、田赢、顾宇

系列报道：系列微视频《我爱北京》

北京广播电视台 集体

系列报道：四十年四十人——我与改革开放共成长

北京广播电视台 集体

系列报道："动批"变身记

北京广播电视台 集体

访谈：八米阳光

北京广播电视台 徐滔、邵晶、李潇、刘琥、高笑冉、赖一锐

新闻访谈：海棠满院溢清风 周恩来家规

北京广播电视台 张宾、王未央、白红洁、左博、刘薇、曾珍

新闻访谈：找回老城的记忆

北京广播电视台 张民、陈婧嘉、金昌、徐磊、王思阳

栏目：最北京

北京广播电视台 集体

新闻节目编排：2018年8月8日《北京新闻》

北京广播电视台 集体

新闻现场直播：现场：暴雨冲垮路段 连夜对塌方地点进行抢修

北京广播电视台 蓝霖、徐薇、张佳、谭秀凤、孟翔

组织策划：系列报道《壮阔东方潮 奋进新时代·家国40年百姓话改革》

北京广播电视台 集体

组织策划：首届“北京大工匠”揭晓活动

北京广播电视台 集体

新闻专题：梦幻的光影世界

北京北广新新传媒有限责任公司 姚禹彤、张永钱、李超毅

新闻专题：政策助力 养老服务再升级

北京北广新新传媒有限责任公司 孙赫浛、司文、李超毅

新闻专题：温暖回家路

北京北广新新传媒有限责任公司 王石、邱虹程、黄栋

新闻专题：地震孤儿的“老妈”（上、下）

北京北广新新传媒有限责任公司 张维、邱虹程、陈枫

新闻专题：首例留置案如何高效办结

北京北广新新传媒有限责任公司 王溪原、司文、柳秀彬

新闻专题：妄动“扶贫奶酪”，严惩不贷

北京北广新新传媒有限责任公司 王文辉、卫世雄、柳秀彬

新闻专题：田埂上的芭蕾

北京北广新新传媒有限责任公司 强夏甜、杜宽、黄栋

系列报道：改革开放40年

大兴广电中心 集体

专题：光阴的足迹

丰台广电中心 王慧平、杨秀丽、王金元

专题：《愚公 于公》——房山区“不忘初心 牢记使命”主题微视频

房山广电中心 巴金鹏、陈鸿钊、王志强、刘冠楠、张峭、刘瑜

专题：平凡好警察——付政基

房山广电中心 靳海燕、周自横、白娜、尚曼

专题：心向绿色

门头沟广电中心 集体

专题：见证中关村创新发展40年

海淀新闻中心 张庆洁、范杰、刘仁、贺佳、王晓磊、闫春蕊

短消息：强降雨导致路段积水 多部门协同应对迅速排险

昌平传媒中心 李曦美、王继钊、王娅萍、陈琴

专题：有一种希望叫行动

昌平传媒中心 王强、张易柳、孙铭阳、岳禺宁、王亚琦

短消息：兴延高速上跨京包铁路立交桥成功转体

延庆广电中心 滕薇、张顺延、古大鹏

专题：铁炉村的昨天今天明天

延庆广电中心 滕薇、苏浩、郄美强

专题：洪水中，我们筑起生命的防线——密云区“7·16”抗洪纪实

密云广电中心 集体

长消息：怀柔荒村变身电影外景地

怀柔广电中心 崔颖、段峥、张倩、王飞

专题：二胎时代的妇产科医生

怀柔广电中心 于莉莉、张钰晨、高秋英、张立明、王倩、李臻

长消息：乡镇吹哨部门报到 平谷创建新执法模式

平谷广电中心 高笑影、潘晓政

短消息：马坡新模式 垃圾不落地

顺义广电中心 王琪、苏鑫、魏亮

长消息：全市最大单体分布式光伏发电项目在顺义区并网发电

顺义广电中心 白燕燕、陈哲、裴庆生

长消息：“30 岁”老楼装电梯 “80 后”老人笑开颜

朝阳广电中心 李湉笑、盛明

长消息：世界屋脊上的通州力量

通州广电中心 汪松阳、吕建杰、柴福娟、李岳

连续报道：以爱之名 还你一个健康的童年

石景山广电中心 刘宇、杨卫东

电视境外播出（3 件）

专题：《中国梦 365 个故事》——勇者区间

北京广播电视台 刘民、吴群、陈岳、苏畅

专题：《向前一步》——北京记忆

北京广播电视台 徐滔、邵晶、李潇、刘书含、刘颖慧、刘婋

专题：您好！卡丹先生

北京广播电视台 钱丹丹、齐芳、马勇杰、高宇博

电视播音与主持（15 件）

电视主持：《养生堂》10 周年荣耀庆典

北京广播电视台 刘洪悦

电视主持：2018“最美科技工作者”发布仪式

北京广播电视台 李杨薇

电视主持：庆祝改革开放 40 周年特别节目——消费篇

北京广播电视台 李海峰

电视主持：2018 年中国足协杯决赛

北京广播电视台 魏翊东

电视主持：中国 1927

北京广播电视台 谭江海

播音主持：12 月 31 日《大兴新闻》

大兴广电中心 苏健

播音作品：2 月 14 日《丰台新闻》

丰台广电中心 崔红霞

主持作品：12 月 28 日《信息高速路》

门头沟广电中心 杨央

主持作品：9 月 10 日《海淀新闻》

海淀新闻中心 周宇迪

播音主持：孝满京城话重阳

昌平传媒中心 李康

主持作品：百姓宣讲 接地气入民心促实干

延庆广电中心 彭晨

播音作品：9 月 2 日《密云新闻》

密云广电中心 王晓宇、武国栋

播音主持：11 月 23 日《怀柔新闻》

怀柔广电中心 苏晓

播音作品：12 月 29 日《平谷新闻》

平谷广电中心 姜迪、马希卓

播音作品：老旧小区加装电梯

通州广电中心 王垚之

电视文艺（18 件）

动画节目：冰雪冬奥村

北京广播电视台 集体

综艺节目：跨界歌王（第三季）

北京广播电视台 集体

综艺节目：《上新了・故宫》（第一期）

北京广播电视台 集体

综艺节目：2018 年北京电视台春节联欢晚会

北京广播电视台 集体

综艺节目：第八届北京国际电影节开幕式

北京广播电视台 集体

戏曲节目：传承中国

北京广播电视台 集体

纪录片：永定河

北京广播电视台 王淳华、朱晓梅、卢晓南、杨蔚莨

纪录片：中国 1927

北京广播电视台 吴志勇、刘晓彤、杨珊、赵宇、游洋、赵廉、刘辰雨、陶丽洁

纪录片：脊梁——院士马国馨

北京广播电视台 俞恺、尹思懿、闫硕、彭琳海、赵静雯

纪录片：《这里是通州》（第 1 集）

北京广播电视台 李欣、张晓达、宋敏怡、唐远、牛俊恒、姜力、袁进

文艺栏目：卡酷动物园

北京广播电视台 杨钊、谭启华、张广轩

文艺专题：最美退役军人发布仪式

北京广播电视台 潘全心、齐建彤、于守山、王炳川、褚旭、殷鹤鸣

科普节目：2018 年 10 月 4 日《我是大医生》

北京广播电视台 集体

电视艺术片：2018 年 3 月 10 日《非凡匠心（第二季）》

北京广播电视台 马宏、程军、毛嘉、彭婉笛、车溢峰、林斐、张玲

电视艺术片：《我们的传承》——龙鳞书魂

北京广播电视台 严崴、赵怡、孟祥意、魏佳彤、谭晓庆、孙光明

广告节目：烈士纪念日

北京广播电视台 王珏、史椰森、罗丽红、韩旭、王海卫、薛润洁、周云

电视纪录片：《我在北京挺好的》——匠造童心

北京北广传媒移动电视有限公司 王琛、王晓辰、侯超

电视文艺栏目：演艺罗盘

北京北广传媒城市电视有限公司 巫菁菁、郭北溟

三、媒体融合类作品（15 件）

媒体融合（15 件）

新媒体品牌栏目：问北京

北京广播电视台 北京新闻广播特别报道部 集体

融合创新：独行快，众行远

北京广播电视台 北京新闻广播、北京新媒体（集团）有限公司

新媒体品牌栏目：《生活这一刻》融媒体视频项目

北京广播电视台 李璐、刘春艳、杨苗、徐薇、刘帅、徐路、刘自恒、周帷

融合创新：《春风十里 不如红墙下的你》——“红墙意识”融媒体系列报道

北京广播电视台 集体

移动直播：幸福回家路

北京广播电视台 集体

新媒体品牌栏目：时间视频

北京广播电视台 集体

短视频新闻：4 名在逃嫌犯两月被追回，看看他们追悔的泪

北京北广新新传媒有限责任公司 王文辉、刘潇、刘钰、卫世雄、杜宽

新媒体创意互动：点亮家灯——传递幸福

丰台区广电中心 乔晓鹏、李三鹏、骆建宏、徐旭、闫欣、郭竞元、芦冲

融合创新：《壮阔东方潮 奋进新时代》庆祝改革开放 40 周年

门头沟区广电中心 苏燕平、何依锋、马燊、李冰、史佳怡、李季、闫菲、刘潇雅

新媒体品牌栏目：海融 e 家

海淀区新闻中心 张庆洁、范杰、郭大禹、陈安琪、贺佳、曹洋锦、王柯心、尹婷婷

新媒体报道界面：昌平区“回天有我”融媒体互动宣传活动

昌平传媒中心 “回天有我”活动宣传组

新媒体创意互动：H5 作品《秘密花园的来信》

延庆区广电中心 冯亚玲、祁海凤、朱宝华、张乃琪、王晓伟、武增宇

短视频新闻：系列短视频纪录片《守艺人》——杨门浆水豆腐
系列短视频纪录片《守艺人》——养蜂人
系列短视频纪录片《守艺人》——修车人

怀柔区广电中心 鲁靖、尹航、杜志平、袁靖茗、张祎播、高月

新媒体报道界面：【关注】辉煌 40 年：“园”聚顺义之美！

顺义区广电中心 宋森、强强、郭金玉、张洁丽、刘世祺、曹依伶、王桂斌

新媒体创意互动：《通州上河图》创意互动 H5——生成通州专属记忆明信片

通州区广电中心 贾英、杜婧、王璇、李艳波、杨琼

四、报刊类作品（2 件）

《新广播》报（2 件）

新闻评论：百姓与大师

北京广播电视台 薄莹

专稿：有问题，找新闻热线

北京广播电视台 张红博（洪博）

（北京市广播影视协会）

注：获得“2018 年度优秀广播电视节目”作品名单不再在各单位获奖名单中体现。

2019 年度北京市广播电视科技企业相关奖项获奖情况

一、中国国际广播电视信息网络展览会（CCBN2019）获奖情况

序号	产品名称	单位	奖项
1	HINOC千兆宽带接入核心芯片HN1000	北京瀚诺半导体科技有限公司	产品创新杰出奖
2	D-Cube-Edit 5.0超高清制作系统	北京中科大洋科技发展股份有限公司	产品创新杰出奖
3	CreaStudio 8k超高清采编播系统	新奥特（北京）视频技术有限公司	产品创新杰出奖
4	4K编码器10K115	北京数码视讯科技股份有限公司	产品创新优秀奖
5	瑞斯康达接入光缆“单纤三波”方案	瑞斯康达科技发展股份有限公司	产品创新优秀奖
6	Aurora Transcode 极光探针转码系统	新奥特（北京）视频技术有限公司	产品创新优秀奖
7	新华三IP化媒体交换矩阵	新华三集团有限公司	产品创新优秀奖
8	新华三应用驱动数据中心网络ADDC	新华三集团有限公司	产品创新优秀奖
9	中兴通讯SDN vDC网络解决方案	中兴通讯股份有限公司	产品创新优秀奖
10	中兴通讯 AI CDN 解决方案	中兴通讯股份有限公司	产品创新优秀奖

二、北京国际广播电影电视展览会（BIRTV2019）获奖情况

序号	项目名称	单位	奖项
1	WTSJ-LED-300B4-仿太阳光谱LED聚光灯	北京星光影视设备科技股份有限公司	产品奖
2	4K /HDR全功能导播切换录播一体机	北京中科大洋信息技术有限公司	产品奖
3	Magi IPR-全媒体IP信号调度交换系统	北京格非科技股份有限公司	产品奖
4	ARRI-Signature Prime-大画幅镜头	阿诺莱德贸易（北京）有限公司	产品奖
5	UltraRP2-X4K-广播级超高清嵌入式录/放机	北京瑞得霖科信息技术有限公司	产品奖
6	果壳-4K虚拟演播室系统1.0版	新奥特（北京）视频技术有限公司	产品奖
7	SP4K-20-数字放映机	中影巴可（北京）电子有限公司	产品奖
8	MDW2019-8K UHD信号发生器	北京牡丹视源电子有限责任公司	产品奖
9	Bolt-4K无线视频传输系统	北京睿博思创科技有限公司	产品奖
10	MH100-多人直播连线控制器	北京中视广信科技有限公司	产品奖
11	讯听云-融合型节目制播云平台	北京讯听网络技术有限公司	应用项目奖

三、中国新闻技术工作者联合会“王选新闻科学技术奖”获奖情况

序号	项目名称	完成单位	等级
1	广州日报融合媒体平台	广州日报报业集团、北京北大方正电子有限公司	一等奖
2	基于大数据的报网端融合媒体平台	羊城晚报报业集团、北京北大方正电子有限公司	一等奖
3	数字融媒体智能分析服务平台	新华通讯社、北京中科闻歌科技股份有限公司、拓尔思信息技术股份有限公司	一等奖
4	齐鲁智慧媒体云	大众报业集团（大众日报社）、铭台（北京）科技有限公司、潍坊北大青鸟华光照排有限公司	一等奖
5	中央电视台新媒体集成发布平台	中央广播电视总台、北京中视广信科技有限公司	一等奖
6	中央电视台4K超高清电视播出系统	中央广播电视总台、北京中科大洋科技发展股份有限公司	一等奖
7	中央电视台融合媒体直播互动管理系统	中央广播电视总台、成都索贝数码科技股份有限公司、北京中科大洋信息技术有限公司	一等奖
8	华数新一代数字电视前端	华数传媒网络有限公司、北京金数信数码科技有限公司	一等奖
9	邯郸日报社党媒超融合智能管理平台	邯郸日报社、北京北大方正电子有限公司	二等奖
10	人民日报社新闻业务超融合分布式存储架构的全面部署	人民日报社、北京沃科朗德科技有限公司	二等奖
11	重庆日报报业集团私有云云管平台	重庆日报报业集团、北京晓通宏志科技有限公司	二等奖
12	太原日报社全媒体指挥中心	太原日报社、北京中广上洋科技股份有限公司、铭台（北京）科技有限公司	二等奖
13	大屏发布系统	常熟日报社、北京汇智高科信息技术有限公司	二等奖
14	中央电视台E16 4K超高清IP化演播室视音频系统	中央广播电视总台、北京艾嘉博瑞系统技术有限公司	二等奖
15	视听网站节目内容协同监管系统	国家广播电视总局五七三台、北京中科模识科技有限公司	二等奖
16	宜春市广播电视台融媒体建设项目（一期）	宜春市广播电视台、北京中视广信科技有限公司	二等奖
17	石家庄日报党媒新闻公共服务平台	石家庄日报社、铭台（北京）科技有限公司	三等奖
18	金华日报融媒云采编平台（区域媒体融合）	金华日报报业传媒集团、北京北大方正电子有限公司	三等奖
19	央广C104融合媒体生产指挥中心	中央广播电视总台、央广新媒体文化传媒（北京）有限公司	三等奖
20	中国广播云采编平台	中央广播电视总台、央广新媒体文化传媒（北京）有限公司	三等奖
21	全媒体文件集散平台及其应用	上海广播电视台、北京中科大洋科技发展股份有限公司	三等奖

2019 年度北京市广播电视系统科技类奖项获奖情况

一、2019 年全国广播电视（调幅广播、调频和电视广播、卫星传输、网络安全）技术能手竞赛获奖情况

2019 年北京市广播电视局组织培训、选拔和推荐 4 名选手参加全国广播电视技术能手竞赛。经过理论考试和技能考核，北京北广传媒移动电视有限公司夏勇获得调频和电视广播专业三等奖，北京广播电视台冯婧获得卫星传输专业三等奖，北京广播电视台未立广获得网络安全专业三等奖。以上三位同志均被授予“2019 年全国广播电视技术能手”称号，北京市广播电视局获优秀组织奖。

二、全国广播节目技术质量奖（金鹿奖）获奖情况

（一）录制技术质量奖

序号	节目名称	申报单位	等级
1	巴黎圣母院的故事	北京广播电视台	一等奖
2	听，70年的时代回响	北京广播电视台	一等奖
3	柴可夫斯基《C大调弦乐小夜曲》	北京广播电视台	二等奖
4	听，北京的声音	北京广播电视台	二等奖
5	桃花源记	北京广播电视台	二等奖
6	拉赫玛尼诺夫《第2钢琴协奏曲》第3乐章	北京广播电视台	三等奖
7	信息快线	北京广播电视台	三等奖

（二）播出技术质量奖

序号	频率数	申报单位	等级
1	第一套或AM828kHz/FM100.6MHz频率	北京广播电视台	二等奖

三、全国电视节目技术质量奖（金帆奖）获奖情况

（一）高清录制技术质量奖

序号	项目名称	申报单位	等级
1	这里是通州	北京广播电视台	一等奖
2	2019北京电视台春节联欢晚会	北京广播电视台	二等奖
3	2019北京卫视跨年晚会	北京广播电视台	二等奖
4	2018—2019中国男子篮球职业联赛	北京广播电视台	二等奖
5	2018—2019中国女子排球超级联赛决赛	北京广播电视台	二等奖
6	《嗨！东盟》第三集	北京广播电视台	三等奖

（二）高清音频制作技术质量奖

序号	项目名称	申报单位	等级
1	2019北京卫视跨年晚会	北京广播电视台	三等奖

（三）高清视频图形制作奖

序号	项目名称	申报单位	等级
1	冬奥纪实频道宣传片	北京广播电视台	二等奖
2	《永定河》主宣传片	北京广播电视台	二等奖
3	《永定河》片头	北京广播电视台	三等奖
4	冬奥纪实频道主片头	北京广播电视台	三等奖
5	美丽北京 缤纷世园	北京广播电视台	三等奖
6	暖暖的新家	北京广播电视台	三等奖

（四）灯光设计制作奖

序号	项目名称	申报单位	等级
1	2019北京电视台春节联欢晚会	北京广播电视台	一等奖
2	2019北京卫视跨年晚会	北京广播电视台	二等奖

（五）美术设计制作奖

序号	项目名称	申报单位	等级
1	2019北京电视台春节联欢晚会	北京广播电视台	一等奖
2	2019北京卫视跨年晚会	北京广播电视台	二等奖

（六）播出技术质量奖

序号	频道	申报单位	等级
1	北京卫视	北京广播电视台	一等奖

（七）4K超高清录制技术质量奖

序号	项目名称	申报单位	等级
1	4K《嗨！东盟》	北京广播电视台	三等奖

（八）金帆综合大奖

序号	获奖单位	主要完成人
1	北京广播电视台	毕　江　郑　星　林　平　朱雨稼　刘晓光 王　方　刘宏亚　李　湧　侯宏炜

四、中国新闻技术工作者联合会“王选新闻科学技术奖”获奖情况

序号	项目名称	完成单位	等级
1	基于智能N-PaaS核心构建的融合新闻云生产系统	北京广播电视台、成都索贝数码科技股份有限公司	一等奖
2	北京电视台灵猫广告自动监播系统	北京广播电视台	三等奖
3	新媒体云服务平台	北京市海淀区融媒体中心	三等奖

五、2019年北京市广播电视（调频和电视广播、卫星传输、网络安全、调幅广播）技术能手竞赛结果

（一）调频和电视广播专业前三名

序号	姓 名	单位	成绩排名
1	夏　勇	北京北广传媒移动电视有限公司	1
2	骆建华	北京广播电视台	2
3	张　洋	北京广播电视台	3

（二）卫星传输专业前三名

序号	姓名	单位	成绩排名
1	冯　靖	北京广播电视台	1
2	牛　强	北京广播电视台	2
3	曹桂香	北京广播电视台	3

（三）网络安全专业前三名

序号	姓名	单位	成绩排名
1	未立广	北京广播电视台	1
2	翟　林	北京广播电视台	2
3	郎　硕	北京歌华有线电视网络股份有限公司	3
4	王燕清	北京广播电视台	3
5	尹成程	北京广播电视台	3

注：并列成绩按照姓名拼音首写字母排序。

（四）调幅广播专业前两名

序号	姓名	单位	成绩排名
1	陈　星	北京广播电视台804发射台	1
2	亢　达	北京广播电视台804发射台	2

注：因专业限制，报名人数有限，本专业取前两名通报。

六、2019年度北京市广播电视节目技术质量优秀作品评选情况

（一）广播节目技术质量优秀作品评选结果

序号	作品名称	类别	单位	等级
1	见证	广告	房山区融媒体中心	一等
2	江山	音乐	通州区融媒体中心	
3	背影	语言	通州区融媒体中心	二等
4	长走片花	片花	房山区融媒体中心	
5	依法纳税 明天会更好	广告	房山区融媒体中心	
6	房山新闻	语言	房山区融媒体中心	三等
7	燃烧我，照亮你们的人生	语言	通州区融媒体中心	
8	话说通州	片花	通州区融媒体中心	
9	六人游 温馨关怀	片花	房山区融媒体中心	

（二）电视节目技术质量优秀作品评选结果

序号	作品名称	制作类别	作品类别	申报单位	等级
1	瞰·北京	高清节目录制	4K专题	北京广播电视台	一等
2	2018BTV春节联欢晚会	高清音频制作	综艺	北京广播电视台	
3	2018BTV春节联欢晚会	高清节目录制	综艺	北京广播电视台	
4	2018BTV春节联欢晚会	高清节目视频图形	综艺	北京广播电视台	
5	中国男子篮球职业联赛	高清节目录制	体育	北京广播电视台	
6	北京新闻	高清节目录制	新闻	北京广播电视台	二等
7	凝聚磅礴力量谱写北京新篇章	高清视频图形制作	短片	北京广播电视台	
8	中国1927	高清视频图形制作	片头	北京广播电视台	
9	2018全国男子排球联赛	高清节目录制	体育	北京广播电视台	
10	2018BTV春节联欢晚会	高清视频图形制作	演播室图形设计	北京广播电视台	
11	美人谷	高清节目录制	专题	北京广播电视台	
12	中国男子篮球职业联赛	高清音频制作	体育	北京广播电视台	
13	美人谷	高清音频制作	专题	北京广播电视台	
14	中国1927	高清视频图形制作	短片	北京广播电视台	
15	传承者	美术设计	综艺	北京广播电视台	
16	第八届北京国际电影节闭幕式暨颁奖典礼	高清视频图形制作	片头	北京广播电视台	

（续表）

序号	作品名称	制作类别	作品类别	申报单位	等级
17	《这里是北京》绿色家园 西山秘境	高清音频制作	专题	北京广播电视台	三等
18	暖暖的新家	高清视频图形制作	演播室图形设计	北京广播电视台	
19	2018全国男子排球联赛	高清音频制作	体育	北京广播电视台	
20	房山新闻20180405	高清节目录制	新闻	房山区融媒体中心	
21	房山新闻20180915	高清节目录制	新闻	房山区融媒体中心	
22	《这里是北京》绿色家园 西山秘境	高清节目录制	专题	北京广播电视台	
23	人生若只如初见	高清节目录制	综艺	海淀区融媒体中心	
24	美丽房山	高清节目录制	专题	房山区融媒体中心	
25	清明节片头	高清视频图形制作	片头	通州区融媒体中心	
26	见证中关村创新发展40周年	高清视频图形制作	片头	海淀区融媒体中心	
27	2018年平安之星文艺晚会	高清节目录制	综艺	房山区融媒体中心	
28	朝阳新闻	高清节目录制	新闻	朝阳区融媒体中心	
29	文明风尚汇	高清节目录制	专题	海淀区融媒体中心	
30	文明风尚汇	高清音频制作	专题	海淀区融媒体中心	
31	昌平新闻5.2	高清节目录制	新闻	昌平区融媒体中心	
32	20180725海淀新闻（高清）	高清节目录制	新闻	海淀区融媒体中心	
33	苹果红了	高清节目录制	综艺	昌平区融媒体中心	
34	文化纪事	高清节目录制	专题	房山区融媒体中心	
35	石板上的诗意乡情	高清视频图形制作	短片	房山区融媒体中心	
36	北京朝阳区融媒体中心宣传片	高清视频图形制作	短片	朝阳区融媒体中心	

七、2019 年世界 5G 大会揭榜赛获奖情况

北京市广播电视局与国家广播电视总局广科院合作的“5G 广播看电视”荣获二等奖。

（北京市广播电视局科技处）

注：获得 2019 年度北京市广播电视科技企业相关奖项、2019 年度北京市广播电视系统科技类奖项的作品名单不再在各单位获奖名单中体现。

2018年度北京市广播电视公益广告扶持项目结果
（电视类）

	机构机构	作品名称
一类	北京广播电视台	我们的四十年——庆祝改革开放四十周年系列
	北京字节跳动网络技术有限公司	早一分钟 多一份可能
	北京市委宣传部、北京广播电视台、北京极点视达文化传媒有限责任公司	我的中国心
	北京艺典堂文化传播有限公司	让芭蕾之花在山谷里绽放
	北京元良文化传媒有限公司	扶贫先扶志 扶贫必扶智
	北京中视佳瑞文化传媒有限公司	嫦娥奔月，我们的中国梦——庆祝新中国成立70周年
二类	北京中智瀚金文化传媒有限公司	老戏新声
	央影（北京）传媒有限公司、北京中视佳瑞文化传媒有限公司	科技扶贫
	北京广播电视台	“新时代心力量”系列
	北京市房山区广播电视中心	传承红色乡风
	北京创世华信科技有限公司	我的冬奥梦——传承篇
	北京广播电视台	烈士纪念日
	一品盛世文化传播（北京）有限公司	70周年 与祖国共筑梦
	意森文化（北京）有限公司	别让生命止于“悲”中
三类	北京紫云达文化传媒有限公司	箱子——保护大气 让爱延续
	北京广播电视台、北京极点视达文化传媒有限责任公司	美丽乡愁
	北京市朝阳区广播电视新闻中心	“文化朝阳”系列
	北京广播电视台	“牛爷串胡同”系列
	北京江达科技发展有限公司	游戏可以重来 生命只有一次
	北京北广新新传媒有限责任公司	心中充满爱 撑起一片天
	同乐和（北京）文化发展中心有限公司	珍爱生命 拒绝烟草
	众和佳映（北京）文化传媒有限公司	长大
	北京广播电视台	穿越荧屏 庆祝改革开放40周年系列
	北京北广新新传媒有限责任公司	用爱让“铁树开花”
	北京易科立德生态环境科技有限责任公司	保护环境——美丽中国梦
	北京广播电视台	清洁家园 灭蚊防病
	北京市丰台区广播电视中心	拉的都是“家里人”

（续表）

	机构机构	作品名称
三类	北京文峰祥康文化传媒有限公司	寻梦与感恩——祖国母亲
	国家税务总局北京市税务局	致敬改革开放四十年
	央影（北京）传媒有限公司	新北京 新首都
	央影（北京）传媒有限公司	保护知识产权
	北京市朝阳区广播电视新闻中心	文明旅游
	北京北广新新传媒有限责任公司	铭记中关村精神 改革开放永远在路上
	北京东方启华咨询顾问有限公司	幸福都是奋斗出来的
	顺义电视台	动画“急救”系列
	祎珈传媒（北京）北京有限公司	“平安你我他”系列

2018 年度北京市广播电视公益广告扶持项目结果
（广播类）

	机构名称	作品名称
一类	北京中外翻译咨询有限公司	妈妈 生日快乐
	北京广播电视台	“敬老养老助老”系列
	北京盛世中腾文化传媒有限公司	你就是中国
	北京广播电视台	“改革开放四十年”系列
	北京广播电视台	扶贫攻坚的“木桶理论”
	国家税务总局北京市税务局	税务“张三风”
二类	北京广播电视台	器官捐献 生命的另一种延续
	北京广播电视台	工匠精神 飞天梦工匠心
	优嘉美地（北京）商务咨询有限责任公司	路怒
	北京广播电视台	“敬老爱老”系列
	北京市通州区广播电视中心	纪念改革开放四十周年之生日篇
	北京广播电视台	敬老爱老 最美的期待
	北京广播电视台	扶贫攻坚 大山有多远
	北京百家巷科技有限公司	友善沟通 有效沟通
三类	北京广播电视台	网络文明 理智上网
	央影（北京）传媒有限公司	保护知识产权 三打白骨精新传
	北京广播电视台	阅读 恋爱的味道
	北京广播电视台	医者仁心 产科大夫篇
	北京广播电视台	用火安全 为火创造怎样的舞
	乐播新瑞（北京）文化传媒有限公司	我用双手编织自己的中国梦

（续表）

	机构名称	作品名称
三类	北京广播电视台	读对中国字 汉字的演变篇
	北京广播电视台	纪念改革开放40周年纪念 高铁发展
	北京广播电视台	弘扬中华传统文化 无古不成今篇
	北京广播电视台	纪念改革开放40周年 精神富足篇
	北京中线传媒有限公司	保护知识产权 小兔开门篇
	北京广播电视台	家庭和谐 从好好说话开始
	北京广播电视台	网络文明 让人心累的朋友圈
	北京广播电视台	扶贫攻坚 扶贫“两不愁”
	北京市房山区广播电视中心	安全是一种习惯
	北京市平谷区广播电视中心	关爱老人 让爱团聚
	国家税务总局北京市税务局	老字号与税收
	北京文峰祥康文化传媒有限公司	见证过往 奋斗未来——新中国成立70周年
	北京广播电视台	向善向上——运动 做更好的自己
	北京广播电视台	读对中国字 白字先生篇
	北京市密云区广播电视中心	关爱乡村儿童成长

2018年度北京市广播电视公益广告扶持项目结果
（机构类）

	机构名称	类型
一类	北京广播电视台	播出制作机构
	北京新媒体（集团）有限公司	其他播出平台
	北京爱奇艺科技有限公司	网络平台
二类	北京市丰台区广播电视中心	播出制作机构
	北京市房山区广播电视中心	播出制作机构
	北京市大兴区广播电视中心	播出制作机构
三类	北京市朝阳区广播电视新闻中心	播出制作机构
	北京市延庆区广播电视中心	播出制作机构
	北京市石景山区广播电视中心	播出制作机构

（北京市广播电视局传媒机构管理处）

注：获得“2018年度广播、电视、传播机构类公益广告”扶持的作品名单不再在各单位获奖名单中体现。

2019 年北京市提升广播电视和网络视听业国际传播力奖励扶持专项资金拟奖励扶持企业和项目名单

编号	奖励扶持类型	拟奖励扶持公司	拟奖励扶持项目名称
1	广播电视和网络视听节目对外传播译制	北京环山文化传播有限公司	《北京中轴线》
2	广播电视和网络视听节目对外传播译制	北京华韵尚德国际文化传播有限公司	《LAIKANBA》中国文化艺术类栏目译制
3	广播电视和网络视听节目对外传播译制	北京源创慧视文化传媒有限公司	《我是中国的孩子》（第一季）
4	广播电视和网络视听节目对外传播译制	北京源创慧视文化传媒有限公司	《我是中国的孩子》（第二季）
5	广播电视和网络视听节目对外传播译制	梦东方电影有限公司	《鹿精灵》
6	广播电视和网络视听节目对外传播译制	五洲传播有限公司	“一带一路”主题纪录片海外播映季
7	广播电视和网络视听节目对外传播译制	北京三多堂传媒股份有限公司	从《中国》到中国
8	广播电视和网络视听节目对外传播译制	北京四达时代传媒有限公司	《南海一号》
9	广播电视和网络视听节目对外传播译制	北京四达时代传媒有限公司	《笨狼》
10	广播电视和网络视听节目对外传播译制	北京四达时代传媒有限公司	《畅游中国》
11	广播电视和网络视听节目对外传播译制	北京四达时代传媒有限公司	《辣妈正传》
12	广播电视和网络视听节目对外传播译制	北京四达时代传媒有限公司	《双城生活》
13	广播电视和网络视听节目对外传播译制	北京四达时代传媒有限公司	《王贵与安娜》
14	广播电视和网络视听节目对外传播译制	北京四达时代传媒有限公司	《我的体育老师》
15	广播电视和网络视听节目对外传播译制	北京四达时代传媒有限公司	《西游记》
16	广播电视和网络视听节目对外传播译制	北京四达时代传媒有限公司	《功夫婆媳》
17	广播电视和网络视听节目对外传播译制	北京四达时代传媒有限公司	《喜羊羊之快乐的一年》
18	广播电视和网络视听节目对外传播译制	北京四达时代传媒有限公司	《开心超人》

（续表）

编号	奖励扶持类型	拟奖励扶持公司	拟奖励扶持项目名称
19	广播电视和网络视听节目对外传播译制	北京四达时代传媒有限公司	《琅琊榜》
20	广播电视和网络视听节目对外传播译制	北京四达时代传媒有限公司	《三生三世十里桃花》
21	广播电视和网络视听节目对外传播译制	第一视频通信传媒有限公司	面向阿拉伯地区讲述中国故事，构建中阿文化双向交流桥梁
22	广播电视和网络视听节目对外传播译制	五洲传播出版社	《佳节》
23	广播电视和网络视听节目对外传播译制	五洲传播出版社	《记住乡愁》
24	广播电视和网络视听节目对外传播译制	五洲传播出版社	《薪火相传——中国非物质文化遗产》
25	广播电视和网络视听节目对外传播译制	北京爱奇艺科技有限公司	《神犬小七3》
26	广播电视和网络视听节目对外传播译制	北京爱奇艺科技有限公司	《追球》
27	广播电视和网络视听节目对外传播译制	北京爱奇艺科技有限公司	《无主之城》
28	广播电视和网络视听节目对外传播译制	北京爱奇艺科技有限公司	《神探柯晨》
29	广播电视和网络视听节目对外传播译制	北京爱奇艺科技有限公司	《陈翔六点半之重楼别》
30	广播电视和网络视听节目对外传播译制	北京爱奇艺科技有限公司	《忽然少年》
31	广播电视和网络视听节目对外传播译制	北京爱奇艺科技有限公司	《黄飞鸿之王者无敌》
32	广播电视和网络视听节目对外传播译制	北京爱奇艺科技有限公司	《巅峰营救》
33	广播电视和网络视听节目对外传播译制	北京爱奇艺科技有限公司	《御前夜巡使》
34	广播电视和网络视听节目版权输出	北京世熙传媒文化有限公司	《信中国》综艺节目模式版权海外输出
35	广播电视和网络视听节目版权输出	北京二十一世纪威克传媒股份有限公司	《天下粮田》
36	广播电视和网络视听节目版权输出	北京华录百纳影视股份有限公司	《归去来》
37	广播电视和网络视听节目版权输出	北京华录百纳影视股份有限公司	《美好生活》
38	广播电视和网络视听节目版权输出	北京华录百纳影视股份有限公司	《我的青春遇见你》
39	广播电视和网络视听节目版权输出	北京华录百纳影视股份有限公司	《萌妻食神》

（续表）

编号	奖励扶持类型	拟奖励扶持公司	拟奖励扶持项目名称
40	广播电视和网络视听节目版权输出	北京华录百纳影视股份有限公司	《真爱的谎言之破冰者》
41	广播电视和网络视听节目版权输出	北京星乐映画影视文化传媒有限公司	《合伙人》
42	广播电视和网络视听节目版权输出	北京源创慧视文化传媒有限公司	虹猫蓝兔系列动画片
43	广播电视和网络视听节目版权输出	北京源创慧视文化传媒有限公司	蓝猫淘气3000问系列动画片
44	广播电视和网络视听节目版权输出	北京源创慧视文化传媒有限公司	《爹地宝贝之神奇哈酷》
45	广播电视和网络视听节目版权输出	北京源创慧视文化传媒有限公司	《东方可儿之摩登学园》
46	广播电视和网络视听节目版权输出	北京源创慧视文化传媒有限公司	《功夫家族之笨笨鼠》
47	广播电视和网络视听节目版权输出	北京源创慧视文化传媒有限公司	《小童猫之喵星来客》
48	广播电视和网络视听节目版权输出	北京源创慧视文化传媒有限公司	《小熊优恩》
49	广播电视和网络视听节目版权输出	北京四达时代传媒有限公司	《爱情万万岁》《咱们相爱吧》
50	广播电视和网络视听节目版权输出	北京四达时代传媒有限公司	《大猫儿追爱记》《放羊的星星》《命中注定我爱你》
51	广播电视和网络视听节目版权输出	北京四达时代传媒有限公司	《如果我爱你》《男媒婆》《下一站婚姻》
52	广播电视和网络视听节目版权输出	北京四达时代传媒有限公司	《偏偏喜欢你》
53	广播电视和网络视听节目版权输出	北京四达时代传媒有限公司	长城平台10套中文频道
54	广播电视和网络视听节目版权输出	北京四达时代传媒有限公司	《熊出没之环球大冒险》《熊出没之春日对对碰》《熊出没之丛林总动员》
55	广播电视和网络视听节目版权输出	北京四达时代传媒有限公司	《芸汐传》
56	广播电视和网络视听节目版权输出	北京四达时代传媒有限公司	水浒系列8部
57	广播电视和网络视听节目版权输出	北京四达时代传媒有限公司	《因为爱情》系列4部剧
58	广播电视和网络视听节目版权输出	北京四达时代传媒有限公司	《我的继父是偶像》
59	广播电视和网络视听节目版权输出	北京四达时代传媒有限公司	《大唐荣耀1》《大唐荣耀2》

（续表）

编号	奖励扶持类型	拟奖励扶持公司	拟奖励扶持项目名称
60	广播电视和网络视听节目版权输出	北京四达时代传媒有限公司	《烈火如歌》
61	广播电视和网络视听节目版权输出	北京四达时代传媒有限公司	《将军在上》
62	广播电视和网络视听节目版权输出	北京四达时代传媒有限公司	《斗破苍穹》
63	广播电视和网络视听节目版权输出	北京四达时代传媒有限公司	《勇者大冲关》
64	广播电视和网络视听节目版权输出	北京四达时代传媒有限公司	《熊出没》《熊熊乐园》《熊出没之探险日记》
65	广播电视和网络视听节目版权输出	北京四达时代传媒有限公司	《锦绣未央》
66	广播电视和网络视听节目版权输出	北京海蝶音乐有限公司	华语音乐视听节目版权海外平台发行
67	广播电视和网络视听节目版权输出	北京华宇世博音乐文化（北京）有限公司	华语音乐音视频节目海外平台发行
68	广播电视和网络视听节目版权输出	北京太合音乐文化发展有限公司	华语流行音乐音视频节目海外网络视听平台自主发行
69	广播电视和网络视听节目版权输出	优酷信息技术（北京）有限公司	《这！就是街舞》（第一季）
70	广播电视和网络视听节目版权输出	优酷信息技术（北京）有限公司	《这！就是灌篮》
71	广播电视和网络视听节目版权输出	优酷信息技术（北京）有限公司	《假如没有遇见你》
72	广播电视和网络视听节目版权输出	优酷信息技术（北京）有限公司	《三日为期》
73	广播电视和网络视听节目版权输出	北京爱奇艺科技有限公司	《你好旧时光》
74	广播电视和网络视听节目版权输出	北京爱奇艺科技有限公司	《泡沫之夏》
75	广播电视和网络视听节目版权输出	北京爱奇艺科技有限公司	《黄金瞳》
76	广播电视和网络视听节目版权输出	北京爱奇艺科技有限公司	《热血街舞团》
77	广播电视和网络视听节目版权输出	北京爱奇艺科技有限公司	《再创世纪》
78	广播电视和网络视听节目版权输出	五洲传播出版社	《美丽乡村》

（续表）

编号	奖励扶持类型	拟奖励扶持公司	拟奖励扶持项目名称
79	广播电视和网络视听国际传播平台建设	一九零五（北京）网络科技有限公司	中国电影频道YouTube官方频道（CCTV6 中国电影频道 CHINA MOVIE OFFICIAL CHANNEL）
80	广播电视和网络视听国际传播平台建设	优尼影视文化传媒（北京）有限公司	优尼影视YouTube官方频道（视频中国）
81	广播电视和网络视听国际传播平台建设	四达时代通讯网络技术有限公司	广播电视和网络视听国际传播平台建设
82	广播电视和网络视听国际传播平台建设	北京东方嘉禾文化发展股份有限公司	东方嘉禾海外数字户外传播平台
83	广播电视和网络视听国际传播平台建设	北京华韵尚德国际文化传播有限公司	中国视听节目国际联动传播平台

北京广播电视网络视听发展基金 2019 年度拟扶持项目情况汇总表

类别（一）：电视纪录片、电视动画片、广播电视节目优秀作品（21 部）

序号	项目名称	申报单位	扶持类别
电视纪录片（9部）			
1	《改变历史的无数个瞬间》	喜地霁石文化传媒（北京）有限公司	前期补助（剧本扶持）
2	《5G时代的美好生活》	北京发现纪实传媒有限公司	前期补助（剧本扶持）
3	《两个人的合作社》	北京三多堂传媒股份有限公司	前期补助（剧本扶持）
4	《万物滋养》第二季	视袭时代（北京）文化传媒股份有限公司	前期补助（摄制和宣推扶持）
5	《影响世界的中国植物》	北京木子合成影视文化传媒有限公司	前期补助（摄制和宣推扶持）
6	《CHINA WILD》	五洲传播出版社	前期补助（摄制和宣推扶持）
7	《从〈中国〉到中国》	北京三多堂传媒股份有限公司	后期补助
8	《手术两百年》	北京发现纪实传媒有限公司	后期补助

（续表）

序号	项目名称	申报单位	扶持类别
9	《粤韵芬芳》	北京伯璟文化传播有限公司	后期补助
		电视动画片（5部）	
10	《京剧猫之脚踏实地》	北京璀璨星空文化发展有限公司	前期补助（剧本扶持）
11	《冰雪冬奥村》	北京电视台	前期补助（摄制和宣推扶持）
12	《萌宝战警》	北京百世师影视传媒有限责任公司	前期补助（摄制和宣推扶持）
13	《茶娃传奇》	芳林宇宏（北京）国际传媒有限公司	前期补助（摄制和宣推扶持）
14	《宇宙护卫队》	完美鲲鹏（北京）动漫科技有限公司	后期补助
		广播电视节目（7部）	
15	《书香北京》	北京电视台	前期补助（剧本扶持）
16	《第六届国产纪录片及创作人才推优活动》	北京电视台	前期补助（摄制和宣推扶持）
17	《风云七十年——外交官眼中的世界》	北京人民广播电台交通广播	前期补助（摄制和宣推扶持）
18	《春日列车·画中游》	北京电视台	前期补助（摄制和宣推扶持）
19	《“锦绣中华·大美山川——在水一方”北京水生态建设系列报道》	北京电视台	前期补助（摄制和宣推扶持）
20	《老师请回答》	北京电视台	前期补助（摄制和宣推扶持）
21	《上新了·故宫》	北京电视台	后期补助
22	《向前一步》	北京电视台	该项目已获得北京宣传文化引导基金扶持，北京广播电视网络视听发展基金不再重复扶持

类别（二）：优秀电视剧作品（24部）

序号	项目名称	申报单位	扶持类别
		剧本扶持类（9部）	
1	《香山叶正红》	北京北广传媒影视股份有限公司	前期补助（剧本扶持）
2	《苍穹之约》	异能（北京）国际传媒有限公司	前期补助（剧本扶持）

（续表）

序号	项目名称	申报单位	扶持类别
3	《八零九零》	响想时代娱乐文化传媒（北京）有限公司	前期补助（剧本扶持）
4	《大桥》	北京剧合影视文化传媒有限公司	前期补助（剧本扶持）
5	《大海港》	北京鸿文星光文化传媒有限公司	前期补助（剧本扶持）
6	《幸福隧道》	北京中北通达影视文化艺术有限公司	前期补助（剧本扶持）
7	《无奋斗不青春》	北京合笙文化传媒有限公司	前期补助（剧本扶持）
8	《高铁作证》	北京鼎级华彩文化传媒有限公司	前期补助（剧本扶持）
9	《北京西城故事》	北京幸福影视有限公司	前期补助（剧本扶持）
摄制和宣推扶持类（13部）			
10	《奔腾年代》	北京二十一世纪威克传媒股份有限公司	前期补助（摄制和宣推扶持）
11	《我爱北京天安门》	北京电视艺术中心有限公司	前期补助（摄制和宣推扶持）
12	《新一年又一年》	海润影视制作有限公司	前期补助（摄制和宣推扶持）
13	《海洋之城》	北京博集天卷影业有限公司	前期补助（摄制和宣推扶持）
14	《光荣时代》	北京天马映像影业有限公司	前期补助（摄制和宣推扶持）
15	《燃烧的岁月》	北京春秋风云影视策划有限公司	前期补助（摄制和宣推扶持）
16	《警官王快乐》	国一传媒（北京）有限公司	前期补助（摄制和宣推扶持）
17	《新世界》	和力辰光国际文化传媒（北京）股份有限公司	前期补助（摄制和宣推扶持）
18	《了不起的儿科医生》	北京建元影视文化传媒有限公司	前期补助（摄制和宣推扶持）
19	《冰糖炖雪梨》	北京完美影视传媒有限责任公司	前期补助（摄制和宣推扶持）
20	《暴风眼》	北京喜悦嘉行影视文化有限公司	前期补助（摄制和宣推扶持）
21	《正青春》	北京世纪东耀文化传媒有限公司	前期补助（摄制和宣推扶持）
22	《越过山丘》	容悦（北京）影视文化传媒有限公司	前期补助（摄制和宣推扶持）

（续表）

序号	项目名称	申报单位	扶持类别
奖励类（2部）			
23	《启航》	北京奥影影业有限公司	后期补助
24	《破冰行动》	北京爱奇艺科技有限公司	后期补助

类别（三）：优秀网络视听节目作品（30部）

序号	项目名称	申报单位	扶持类别
网络短视频系列节目（6部）			
1	《汉字里的中国人》	北京搜狐互联网信息服务有限公司	后期补助
2	《不负四十年》	北京人民广播电台	后期补助
3	“交通生活公益宣传”融媒体项目	北京人民广播电台	后期补助
4	《中国梦 劳动美》	优酷信息技术（北京）有限公司	后期补助
5	《养生堂》	北京电视台	后期补助
6	《爱在骑中》 《1%音乐会》	北京快手科技有限公司	后期补助
网络视听专题节目（4部）			
7	《我们为什么爱宋朝：宋代美学十讲》	优酷信息技术（北京）有限公司	后期补助
8	《胡同童谣2018》	北京赋格映画传媒科技有限公司	后期补助
9	《太空十讲：名校都听不到的太空物理课》	优酷信息技术（北京）有限公司	后期补助
10	清华版《我和我的祖国》快闪	中传视友（北京）传媒科技有限公司	后期补助
网络纪录片（5部）			
11	《伟大的历程 献礼改革开放40周年》	北京宇晨亿荣网络科技有限公司	后期补助
12	《一百年很长吗》	优酷信息技术（北京）有限公司	后期补助
13	《时间告诉我·大师印象》	北京搜狐互联网信息服务有限公司	后期补助
14	《中国：变革故事》	优酷信息技术（北京）有限公司	后期补助
15	《北京城管纪实》	北京千龙新闻网络传播有限责任公司	后期补助
网络综艺（6部）			
16	《考不好 没关系？》	北京字节跳动科技有限公司	后期补助
17	《乐队的夏天》	北京爱奇艺科技有限公司	后期补助
18	《挑战吧太空》	优酷信息技术（北京）有限公司	后期补助
19	《这！就是街舞》（第二季）	优酷信息技术（北京）有限公司	后期补助
20	《岳野支路（第一季）》 非去不可 风行非洲	光瀑（北京）文化娱乐传媒有限公司	后期补助

（续表）

序号	项目名称	申报单位	扶持类别
21	《神奇图书馆在哪里》	北京搜狐互联网信息服务有限公司	后期补助
网络剧（2部）			
22	《独家记忆》	北京爱奇艺科技有限公司	后期补助
23	《我的单板女孩》	北京鸿浩影视文化有限责任公司	后期补助
网络电影（3部）			
24	《毛驴上树》	北京奇树有鱼文化传媒有限公司	前期补助（剧本扶持）
25	《大汉十三将之血战疏勒城》	北京美视众乐影业有限公司	后期补助
26	《我的爷爷叫建国》	北京穿越之游影视传媒有限公司	后期补助
网络动画片（2部）			
27	《小鲁班》	优酷信息技术（北京）有限公司	前期补助（剧本扶持）
28	《嘟当曼（第一季）》	北京爱奇艺科技有限公司	后期补助
网络音频节目（2部）			
29	《凯叔·诗词来了》	北京凯声文化传媒有限责任公司	后期补助
30	《京片子大讲堂》	北京千龙新闻网络传播有限责任公司	后期补助

（北京市广播电视局规划发展处）

注：获得“2019年北京市提升广播电视和网络视听业国际传播力奖励扶持专项资金的企业和项目”及获得“北京广播电视网络视听发展基金2019年度扶持项目”的不再在各单位获奖名单中体现。

2019年度获得全国、省（市）以上级政府或组织表彰奖励作品情况统计表

奖项名称	获奖作品	届数	奖项等级	实施表彰的文件名称及文号
优秀网络视听作品推选活动——年度优秀网络电影长片	《独家记忆之再见爱》	2019年度	位列各省第一	总局关于公布2019年度优秀网络视听作品推选活动评审结果的通知
优秀网络视听作品推选活动——年度优秀网络电影长片	《大汉十三将之血战疏勒城》	2019年度	位列各省第一	总局关于公布2019年度优秀网络视听作品推选活动评审结果的通知
优秀网络视听作品推选活动——年度优秀网络电影长片	《霍元甲之精武天下》	2019年度	位列各省第一	总局关于公布2019年度优秀网络视听作品推选活动评审结果的通知

（续表）

奖项名称	获奖作品	届数	奖项等级	实施表彰的文件名称及文号
优秀网络视听作品推选活动——年度优秀网络剧	《独家记忆》	2019年度	位列各省第一	总局关于公布2019年度优秀网络视听作品推选活动评审结果的通知
优秀网络视听作品推选活动——年度优秀短视频（非新闻类）	《中国唯一手语律师：替无声世界辩护》	2019年度	位列各省第一	总局关于公布2019年度优秀网络视听作品推选活动评审结果的通知
优秀网络视听作品推选活动——年度优秀网络视听专题节目	《太空十讲——生命源于一场大爆炸》	2019年度	位列各省第一	总局关于公布2019年度优秀网络视听作品推选活动评审结果的通知
优秀网络视听作品推选活动——年度优秀网络综艺节目	《考不好 没关系？》20190112期	2019年度	位列各省第一	总局关于公布2019年度优秀网络视听作品推选活动评审结果的通知
优秀网络视听作品推选活动——年度优秀网络综艺节目	《这！就是灌篮》第12期	2019年度	位列各省第一	总局关于公布2019年度优秀网络视听作品推选活动评审结果的通知
优秀网络视听作品推选活动——年度优秀网络动画片-短片	《咚咚呛》	2019年度	位列各省第一	总局关于公布2019年度优秀网络视听作品推选活动评审结果的通知
优秀网络视听作品推选活动——年度优秀大学生纪实短片	《当骑向路的尽头》	2019年度	位列各省第一	总局关于公布2019年度优秀网络视听作品推选活动评审结果的通知
“弘扬社会主义核心价值观 共筑中国梦”主题原创网络视听节目征集推选和展播活动优秀节目——网络电影	《毛驴上树》	2019年度	位列各省第一	总局关于公布2019年“弘扬社会主义核心价值观 共筑中国梦”主题原创网络视听节目征集推选和展播活动优秀节目评审结果的通知
“弘扬社会主义核心价值观 共筑中国梦”主题原创网络视听节目征集推选和展播活动优秀节目——网络电影	《大地震》	2019年度	位列各省第一	总局关于公布2019年“弘扬社会主义核心价值观 共筑中国梦”主题原创网络视听节目征集推选和展播活动优秀节目评审结果的通知
“弘扬社会主义核心价值观 共筑中国梦”主题原创网络视听节目征集推选和展播活动优秀节目——网络电影	《我的爷爷叫建国》	2019年度	位列各省第一	总局关于公布2019年“弘扬社会主义核心价值观 共筑中国梦”主题原创网络视听节目征集推选和展播活动优秀节目评审结果的通知
“弘扬社会主义核心价值观 共筑中国梦”主题原创网络视听节目征集推选和展播活动优秀节目——微电影	《七里地》	2019年度	位列各省第一	总局关于公布2019年“弘扬社会主义核心价值观 共筑中国梦”主题原创网络视听节目征集推选和展播活动优秀节目评审结果的通知

（续表）

奖项名称	获奖作品	届数	奖项等级	实施表彰的文件名称及文号
“弘扬社会主义核心价值观 共筑中国梦”主题原创网络视听节目征集推选和展播活动优秀节目——微电影	《玩手机的女人》	2019年度	位列各省第一	总局关于公布2019年“弘扬社会主义核心价值观 共筑中国梦”主题原创网络视听节目征集推选和展播活动优秀节目评审结果的通知
“弘扬社会主义核心价值观 共筑中国梦”主题原创网络视听节目征集推选和展播活动优秀节目——网络纪录片	《汉字里的中国人》	2019年度	位列各省第一	总局关于公布2019年“弘扬社会主义核心价值观 共筑中国梦”主题原创网络视听节目征集推选和展播活动优秀节目评审结果的通知
“弘扬社会主义核心价值观 共筑中国梦”主题原创网络视听节目征集推选和展播活动优秀节目——专业类节目（栏目）	《伟大的历程 献礼改革开放40年》	2019年度	位列各省第一	总局关于公布2019年“弘扬社会主义核心价值观 共筑中国梦”主题原创网络视听节目征集推选和展播活动优秀节目评审结果的通知
“弘扬社会主义核心价值观 共筑中国梦”主题原创网络视听节目征集推选和展播活动优秀节目——网络纪录片	《中国：变革故事》	2019年度	位列各省第一	总局关于公布2019年“弘扬社会主义核心价值观 共筑中国梦”主题原创网络视听节目征集推选和展播活动优秀节目评审结果的通知
“弘扬社会主义核心价值观 共筑中国梦”主题原创网络视听节目征集推选和展播活动优秀节目——网络纪录片	《隐秘而伟大》	2019年度	位列各省第一	总局关于公布2019年“弘扬社会主义核心价值观 共筑中国梦”主题原创网络视听节目征集推选和展播活动优秀节目评审结果的通知
“弘扬社会主义核心价值观 共筑中国梦”主题原创网络视听节目征集推选和展播活动优秀节目——网络纪录片	《最美中国 第三季》	2019年度	位列各省第一	总局关于公布2019年“弘扬社会主义核心价值观 共筑中国梦”主题原创网络视听节目征集推选和展播活动优秀节目评审结果的通知
“弘扬社会主义核心价值观 共筑中国梦”主题原创网络视听节目征集推选和展播活动优秀节目——网络纪录片	《做客中国》	2019年度	位列各省第一	总局关于公布2019年“弘扬社会主义核心价值观 共筑中国梦”主题原创网络视听节目征集推选和展播活动优秀节目评审结果的通知
“弘扬社会主义核心价值观 共筑中国梦”主题原创网络视听节目征集推选和展播活动优秀节目——短视频	《38年决战死亡之海，三代人造20多万亩绿洲》	2019年度	位列各省第一	总局关于公布2019年“弘扬社会主义核心价值观 共筑中国梦”主题原创网络视听节目征集推选和展播活动优秀节目评审结果的通知
“弘扬社会主义核心价值观 共筑中国梦”主题原创网络视听节目征集推选和展播活动优秀节目——短视频	《这里是中国》	2019年度	位列各省第一	总局关于公布2019年“弘扬社会主义核心价值观 共筑中国梦”主题原创网络视听节目征集推选和展播活动优秀节目评审结果的通知

（续表）

奖项名称	获奖作品	届数	奖项等级	实施表彰的文件名称及文号
中国经典民间故事动漫创作工程（网络动画片）重点扶持项目	《北京地名故事》	2018年度	位列各省第一	广电办发〔2019〕288号
网络视听节目精品创作传播工程重点扶持作品——网络电影	《冰之刃》	2019年度	位列各省第一	广电办发〔2019〕320号
网络视听节目精品创作传播工程重点扶持作品——网络剧	《青春的田野》	2019年度	位列各省第一	广电办发〔2019〕320号

2019 年北京市法治动漫微视频作品征集展映活动

获奖单位	获奖作品	奖项名称及等级
北京市广播电视局		优秀组织奖
北京电视台	《拒绝高空抛物 做文明好市民》	动漫类一等奖
平谷区融媒体中心	《宪法伴我成长》	宪法主题公益广告类微视频一等奖
北京电视台	《普法在身边：一分钱没抢到还算抢劫罪吗？》	其他法治主题微视频二等奖
怀柔区融媒体中心	《我与宪法》	宪法主题讲述类微视频三等奖
辰光远宏影视传媒有限公司	《我与宪法》	宪法主题讲述类微视频三等奖
朝阳区融媒体中心	《十大恶势力有哪些》	动漫类三等奖
朝阳区融媒体中心	《什么是“聚众打砸抢”？》	动漫类三等奖

（北京市广播电视局法规处）

注：“2019 年度北京市法治动漫微视频作品奖”的名单不再在各单位获奖名单中体现。

2019年度北京广播电视台获奖作品一览表

主办单位	作品名称	奖项名称	颁奖时间	获奖等级	获奖部门及人员
第十五届精神文明建设“五个一工程”奖 获奖1件，组织征集创作的作品获奖2件					
中共中央宣传部	广播剧《中共中央在香山》	第十五届精神文明建设“五个一工程”奖	2019年8月19日	优秀作品奖	文艺广播（奖项署名为北京市委宣传部，作品为文艺广播创作。编剧柳桦、徐然，导演邵军、王家锐，主演吴俊全、任亚明、闫萌萌、陈光等）
中共中央宣传部	歌曲《我们都是追梦人》	第十五届精神文明建设“五个一工程”奖	2019年8月19日	优秀作品奖	音乐广播组织征集创作（奖项署名为北京市委宣传部，作品为音乐广播组织征集创作）
中共中央宣传部	歌曲《复兴的力量》	第十五届精神文明建设“五个一工程”奖	2019年8月19日	优秀作品奖	音乐广播组织征集创作（奖项署名为北京市委宣传部，作品为音乐广播组织征集创作）
第二十九届中国新闻奖获奖5件					
中华全国新闻工作者协会	电视访谈：《八米阳光》	第二十九届中国新闻奖	2019年11月8日	一等奖	卫视节目中心（主创：徐滔、邵晶、李潇、刘虓、高笑冉、赖一锐）
中华全国新闻工作者协会	广播栏目：《新闻热线》	第二十九届中国新闻奖	2019年11月8日	新闻名专栏（一等奖）	新闻广播集体（主创：连新元、李独伊、杨帆、张钰、姚天宇、李青芮、任晨光、郑晨、苏宁）
中华全国新闻工作者协会	广播消息：《天坛医院完成全球罕见手术 脑瘤患者保留三种语言能力》	第二十九届中国新闻奖	2019年11月8日	三等奖	新闻广播（韩萌）
中华全国新闻工作者协会	广播访谈：《把“戒尺”还给老师，要把握好力度，更要赋予温度》	第二十九届中国新闻奖	2019年11月8日	三等奖	新闻广播（陈蕾）

（续表）

主办单位	作品名称	奖项名称	颁奖时间	获奖等级	获奖部门及人员
中华全国新闻工作者协会	国际传播：《爱无止境——健康快车的2018（广播专题）》	第二十九届中国新闻奖	2019年11月8日	三等奖	外语广播集体（主创：张晶宇、曹军生、洪新、戴蔚然、臧轶洁、刘智嘉、徐帅、陈炜、崔英杰、吴梅红、朱乐艺、张瑞丽）
第二十八届北京新闻奖获奖42件					
北京市新闻学会	广播组织策划：《思想的力量、时代的巨人——纪念马克思诞辰200周年》	第二十八届北京新闻奖	2019年5月20日（证书日期）	组织策划奖	新闻广播（杨洪、江宁、杨迪、王曼宁、李瑞先）
北京市新闻学会	电视组织策划：首届“北京大工匠”揭晓活动	第二十八届北京新闻奖	2019年5月20日（证书日期）	组织策划奖	集体
北京市新闻学会	广播长消息：《天坛医院完成全球罕见手术 脑瘤患者保留三种语言能力》	第二十八届北京新闻奖	2019年5月20日（证书日期）	一等奖	新闻广播（韩萌）
北京市新闻学会	广播系列报道：《庆祝改革开放40年系列报道——三代人的求学梦》	第二十八届北京新闻奖	2019年5月20日（证书日期）	一等奖	城市广播集体（张延红、张铮、秦天、杨江红、姚迪、刘聪、王晓颖、刘彬、章维、詹一）
北京市新闻学会	广播专题：《相约北京》	第二十八届北京新闻奖	2019年5月20日（证书日期）	一等奖	体育广播（陈妹）
北京市新闻学会	广播新闻访谈：《把“戒尺”还给老师，要把握好力度，更要赋予温度》	第二十八届北京新闻奖	2019年5月20日（证书日期）	一等奖	新闻广播（陈蕾）
北京市新闻学会	广播栏目：《新闻热线》	第二十八届北京新闻奖	2019年5月20日（证书日期）	一等奖	北京新闻广播特别报道部集体（连新元、李独伊、杨帆、张钰、姚天宇、李青芮、任晨光、郑晨、苏宁）
北京市新闻学会	电视长消息：《新机场高速三线四桥同步转体 刷新国内纪录》	第二十八届北京新闻奖	2019年5月20日（证书日期）	一等奖	毕轩语、王金华
北京市新闻学会	电视长消息：《联合疫苗获北京科技奖》	第二十八届北京新闻奖	2019年5月20日（证书日期）	一等奖	李烨、张虎

（续表）

主办单位	作品名称	奖项名称	颁奖时间	获奖等级	获奖部门及人员
北京市新闻学会	电视专题：《记者卧底著名连锁婚恋机构》	第二十八届北京新闻奖	2019年5月20日（证书日期）	一等奖	刘春艳、杨苗、李睆、汤军军、金露、万臻
北京市新闻学会	电视专题：《乡里人家》	第二十八届北京新闻奖	2019年5月20日（证书日期）	一等奖	张冬林、陈栩、马昊、姬婷婷、彭俐、张梦可
北京市新闻学会	电视访谈：《向前一步》——八米阳光	第二十八届北京新闻奖	2019年5月20日（证书日期）	一等奖	徐滔、邵晶、李潇、刘琥、高笑冉、赖一锐
北京市新闻学会	广播短消息：《本市首批5G基站正式启动，北京迈入5G时代》	第二十八届北京新闻奖	2019年5月20日（证书日期）	二等奖	新闻广播（肖佳佳）
北京市新闻学会	广播长消息：《616位高端领军人才搭上职称评审直通车》	第二十八届北京新闻奖	2019年5月20日（证书日期）	二等奖	新闻广播（霍玥）
北京市新闻学会	广播新闻访谈：《李锦莲无罪背后：老中青三代律师的接力》	第二十八届北京新闻奖	2019年5月20日（证书日期）	二等奖	故事广播（崔李雷）
北京市新闻学会	广播境外专题：《爱无止境——健康快车的2018》	第二十八届北京新闻奖	2019年5月20日（证书日期）	二等奖	外语广播集体（张晶宇、曹军生、洪新、臧轶洁、刘智嘉、徐帅、陈炜、崔英杰、吴梅红、戴蔚然、朱乐艺、张瑞丽）
北京市新闻学会	电视长消息：《官批正式闭市 西城区告别区域性批发市场》	第二十八届北京新闻奖	2019年5月20日（证书日期）	二等奖	商杨
北京市新闻学会	电视专题：《西山秘境（第一集）——倾听地球故事》	第二十八届北京新闻奖	2019年5月20日（证书日期）	二等奖	集体
北京市新闻学会	电视专题：《急诊室的呼唤》	第二十八届北京新闻奖	2019年5月20日（证书日期）	二等奖	邵晶、李潇、闫一可、李晓东、张亚琦
北京市新闻学会	电视评论：《改革开放 关键一招》（第六集）	第二十八届北京新闻奖	2019年5月20日（证书日期）	二等奖	集体
北京市新闻学会	电视新闻现场直播：现场：暴雨冲垮路段 连夜对塌方地点进行抢修	第二十八届北京新闻奖	2019年5月20日（证书日期）	二等奖	蓝霖、徐薇、张佳、谭秀凤、孟翔
北京市新闻学会	电视境外专题：《您好！卡丹先生》	第二十八届北京新闻奖	2019年5月20日（证书日期）	二等奖	钱丹丹、齐芳、马勇杰、高宇博

（续表）

主办单位	作品名称	奖项名称	颁奖时间	获奖等级	获奖部门及人员
北京市新闻学会	新媒体品牌栏目：《问北京》	第二十八届北京新闻奖	2019年5月20日（证书日期）	二等奖	北京新闻广播特别报道部集体（连新元、李独伊、杨帆、张钰、姚天宇、李青芮、任晨光、郑晨、苏宁）
北京市新闻学会	消息：《我终于见到了崇拜67年的英雄》	第二十八届北京新闻奖	2019年5月20日（证书日期）	二等奖	陈文
北京市新闻学会	广播长消息：《京张高铁八达岭隧道今天上午顺利贯通，重难点工程全完成》	第二十八届北京新闻奖	2019年5月20日（证书日期）	三等奖	交通广播（贾天阳）
北京市新闻学会	广播连续报道：“丰台‘黑衣人’拦截渣土车”连续报道	第二十八届北京新闻奖	2019年5月20日（证书日期）	三等奖	交通广播（王承丙）
北京市新闻学会	广播连续报道：《央企大规模违建存在多年，追踪报道近 年终拆除》	第二十八届北京新闻奖	2019年5月20日（证书日期）	三等奖	新闻广播（连新元、李青芮）
北京市新闻学会	广播评论：《双十一购物狂欢后，快递“垃圾”如何实现绿色突围？》	第二十八届北京新闻奖	2019年5月20日（证书日期）	三等奖	交通广播（翁宇君）
北京市新闻学会	广播专题：《一座青龙桥，两代铁路人》	第二十八届北京新闻奖	2019年5月20日（证书日期）	三等奖	交通广播（王楠）
北京市新闻学会	广播新闻编排：《庆祝改革开放40周年特别节目——改革路上的北京，一往无前》	第二十八届北京新闻奖	2019年5月20日（证书日期）	三等奖	新闻广播（朱峰、覃倩）
北京市新闻学会	广播境外专题：《让新能源车跳动“中国心”——访精进电动科技创始人兼首席技术官蔡蔚》	第二十八届北京新闻奖	2019年5月20日（证书日期）	三等奖	外语广播（戴蔚然、朱乐艺、吴梅红）
北京市新闻学会	电视专题：《中关村创业史话》第二季（上集）	第二十八届北京新闻奖	2019年5月20日（证书日期）	三等奖	刘祺、秦亚利、张然
北京市新闻学会	电视专题：《开放北京与世界同行——北京外经贸40年》（第四集）国门之外	第二十八届北京新闻奖	2019年5月20日（证书日期）	三等奖	赵波、宋北光、韩维如、王梓琪、王瑜
北京市新闻学会	电视专题：《双奥之城》第五集——希冀	第二十八届北京新闻奖	2019年5月20日（证书日期）	三等奖	严崴、赵怡、孙志远、王梓、王竞、徐昂

（续表）

主办单位	作品名称	奖项名称	颁奖时间	获奖等级	获奖部门及人员
北京市新闻学会	电视系列报道：《弘扬红墙意识》	第二十八届北京新闻奖	2019年5月20日（证书日期）	三等奖	张晓鲁、朱晓梅、王强、颜美珠、田赢、顾宇
北京市新闻学会	电视系列报道：系列微视频《我爱北京》	第二十八届北京新闻奖	2019年5月20日（证书日期）	三等奖	集体
北京市新闻学会	电视系列报道：《“动批”变身记》	第二十八届北京新闻奖	2019年5月20日（证书日期）	三等奖	集体
北京市新闻学会	电视新闻访谈：《海棠满院溢清风 周恩来家规》	第二十八届北京新闻奖	2019年5月20日（证书日期）	三等奖	张宾、王未央、白红洁、左博、刘薇、曾珍
北京市新闻学会	电视栏目：《最北京》	第二十八届北京新闻奖	2019年5月20日（证书日期）	三等奖	集体
北京市新闻学会	电视新闻节目编排：2018年8月8日《北京新闻》	第二十八届北京新闻奖	2019年5月20日（证书日期）	三等奖	集体
北京市新闻学会	融合创新：《独行快，众行远》	第二十八届北京新闻奖	2019年5月20日（证书日期）	三等奖	北京新闻广播 北京新媒体（集团）有限公司
北京市新闻学会	融合创新：《春风十里 不如红墙下的你》——“红墙意识”融媒体系列报道	第二十八届北京新闻奖	2019年5月20日（证书日期）	三等奖	集体
2019年度北京广播电视作品创新奖21件					
北京广播电视台	《向前一步》	2019年度北京广播电视作品创新奖	2019年12月30日	台长特别大奖	卫视节目中心
北京广播电视台	《我爱我的国》	2019年度北京广播电视作品创新奖	2019年12月30日	栏目创新金奖（音频组）	青年广播 （主持人：张宇维、韩建强 编辑：张宇维、万昱澎等 新媒体编辑：姜智勇、文熹 制作人：韩建强 监制：伍洲彤、刘初阳）
北京广播电视台	《上新了·故宫》	2019年度北京广播电视作品创新奖	2019年12月30日	栏目创新金奖（视频组）	卫视节目中心
北京广播电视台	《交通新闻热线》	2019年度北京广播电视作品创新奖	2019年12月30日	栏目创新银奖（音频组）	交通广播新闻采编部集体

（续表）

主办单位	作品名称	奖项名称	颁奖时间	获奖等级	获奖部门及人员
北京广播电视台	《悦生活 FM Lifestyle》	2019年度北京广播电视作品创新奖	2019年12月30日	栏目创新银奖（音频组）	外语广播（刘智嘉、Gail）
北京广播电视台	《老师请回答》	2019年度北京广播电视作品创新奖	2019年12月30日	栏目创新银奖（视频组）	卫视节目中心
北京广播电视台	《诚信北京》	2019年度北京广播电视作品创新奖	2019年12月30日	栏目创新银奖（视频组）	财经节目中心
北京广播电视台	2019年北京电视台春节联欢晚会	2019年度北京广播电视作品创新奖	2019年12月30日	节目创新奖金奖（视频组）	文艺节目中心、制作部
北京广播电视台	运河组曲	2019年度北京广播电视作品创新奖	2019年12月30日	节目创新银奖（音频组）	文艺广播 （策划：郝卫群 导演：徐然 编辑：周海燕 演播：艾宝良、晏积瑄、阿达、周建等）
北京广播电视台	《小小史学家——给孩子的历史启蒙课》	2019年度北京广播电视作品创新奖	2019年12月30日	节目创新银奖（音频组）	听听FM （制作人：张雅佼 编辑：刘燕锦、杨欣、郭雅婧 主持：刘佳、菓菓 后期制作：王暄）
北京广播电视台	《嗨！东盟》	2019年度北京广播电视作品创新奖	2019年12月30日	节目创新银奖（视频组）	冬奥纪实频道
北京广播电视台	《中关村——四十年的足迹》	2019年度北京广播电视作品创新奖	2019年12月30日	节目创新银奖（视频组）	新闻节目中心
北京广播电视台	《养生堂》抖音短视频	2019年度北京广播电视作品创新奖	2019年12月30日	媒体融合创新金奖	卫视节目中心
北京广播电视台	《问北京》	2019年度北京广播电视作品创新奖	2019年12月30日	媒体融合创新银奖	新闻广播特别报道部集体（连新元、李独伊、杨帆、张钰、姚天宇、李青芮、任晨光、郑晨、苏宁）
北京广播电视台	《1039尬问》	2019年度北京广播电视作品创新奖	2019年12月30日	媒体融合创新银奖	交通广播 （制片人：唐琼 监制：延安 策划：金盛博、赵鹏 编导：孙潇、赵阳东 摄像：辛疆琦 后期：薛晓明 音频产品：杨丹、梁和芝 平台运维：李懿婕）

（续表）

主办单位	作品名称	奖项名称	颁奖时间	获奖等级	获奖部门及人员
北京广播电视台	广播剧《中共中央在香山》	2019年度北京广播电视作品创新奖	2019年12月30日	重大主题宣传创新金奖	文艺广播（编剧：柳桦、徐然 导演：邵军 主演：吴俊全、任亚明等）
北京广播电视台	《改革开放 关键一招》	2019年度北京广播电视作品创新奖	2019年12月30日	重大主题宣传创新银奖	卫视节目中心
北京广播电视台	《不惑之年》	2019年度北京广播电视作品创新奖	2019年12月30日	重大主题宣传创新银奖	新闻广播（策划：林俐、马骏、刘萤萤 记者：林俐、马骏、刘萤萤、宗晓畅、史喻、唐思萌、杨迪、王曼宁、张煜、郭晋旭、郭雅婧、肖佳佳、路遥、江宁、蔡贺涓、吴思、石兴瑞、王博、王悦、王劲清、左天驰）
北京广播电视台	H5：假如70年前有微信	2019年度北京广播电视作品创新奖	2019年12月30日	形态和制作创新金奖	新闻节目中心
北京广播电视台	《极致中国——川西秘境》	2019年度北京广播电视作品创新奖	2019年12月30日	形态和制作创新银奖	制作部
北京广播电视台	2019BTV卡酷少儿动画春晚	2019年度北京广播电视作品创新奖	2019年12月30日	形态和制作创新银奖	动画节目中心
2018年度北京市广播电视公益广告扶持					
北京广播电视台		2018年度北京市广播电视公益广告扶持项目	2019年6月	一类播出机构	
北京广播电视台	“我们的四十年——庆祝改革开放四十周年”系列	2018年度北京市广播电视公益广告扶持项目	2019年6月	一类电视	
北京广播电视台	《我的中国心》	2018年度北京市广播电视公益广告扶持项目	2019年6月	一类电视	
北京广播电视台	“新时代 心力量”系列	2018年度北京市广播电视公益广告扶持项目	2019年6月	二类电视	

（续表）

主办单位	作品名称	奖项名称	颁奖时间	获奖等级	获奖部门及人员
北京广播电视台	《烈士纪念日》	2018年度北京市广播电视公益广告扶持项目	2019年6月	二类电视	
北京广播电视台	《美丽乡愁》	2018年度北京市广播电视公益广告扶持项目	2019年6月	三类电视	
北京广播电视台	“牛爷串胡同”系列	2018年度北京市广播电视公益广告扶持项目	2019年6月	三类电视	
北京广播电视台	“穿越荧屏 庆祝改革开放40周年”系列	2018年度北京市广播电视公益广告扶持项目	2019年6月	三类电视	
北京广播电视台	《清洁家园 灭蚊防病》	2018年度北京市广播电视公益广告扶持项目	2019年6月	三类电视	
北京广播电视台	“敬老养老助老”系列	2018年度北京市广播电视公益广告扶持项目	2019年6月	一类广播	
北京广播电视台	“改革开放四十年”系列	2018年度北京市广播电视公益广告扶持项目	2019年6月	一类广播	
北京广播电视台	《扶贫攻坚的“木桶理论”》	2018年度北京市广播电视公益广告扶持项目	2019年6月	一类广播	
北京广播电视台	《器官捐献 生命的另一种延续》	2018年度北京市广播电视公益广告扶持项目	2019年6月	二类广播	
北京广播电视台	《工匠精神 飞天梦工匠心》	2018年度北京市广播电视公益广告扶持项目	2019年6月	二类广播	
北京广播电视台	“敬老爱老”系列	2018年度北京市广播电视公益广告扶持项目	2019年6月	二类广播	

（续表）

主办单位	作品名称	奖项名称	颁奖时间	获奖等级	获奖部门及人员
北京广播电视台	《敬老爱老 最美的期待》	2018年度北京市广播电视公益广告扶持项目	2019年6月	二类广播	
北京广播电视台	《扶贫攻坚 大山有多远》	2018年度北京市广播电视公益广告扶持项目	2019年6月	二类广播	
北京广播电视台	《网络文明 理智上网》	2018年度北京市广播电视公益广告扶持项目	2019年6月	三类广播	
北京广播电视台	《阅读 恋爱的味道》	2018年度北京市广播电视公益广告扶持项目	2019年6月	三类广播	
北京广播电视台	《医者仁心 产科大夫篇》	2018年度北京市广播电视公益广告扶持项目	2019年6月	三类广播	
北京广播电视台	《用火安全 为火创造怎样的舞》	2018年度北京市广播电视公益广告扶持项目	2019年6月	三类广播	
北京广播电视台	《读对中国字 汉字的演变篇》	2018年度北京市广播电视公益广告扶持项目	2019年6月	三类广播	
北京广播电视台	《纪念改革开放40周年纪念 高铁发展》	2018年度北京市广播电视公益广告扶持项目	2019年6月	三类广播	
北京广播电视台	《弘扬中华传统文化 无古不成今篇》	2018年度北京市广播电视公益广告扶持项目	2019年6月	三类广播	
北京广播电视台	《纪念改革开放40周年 精神富足篇》	2018年度北京市广播电视公益广告扶持项目	2019年6月	三类广播	
北京广播电视台	《家庭和谐 从好好说话开始》	2018年度北京市广播电视公益广告扶持项目	2019年6月	三类广播	

（续表）

主办单位	作品名称	奖项名称	颁奖时间	获奖等级	获奖部门及人员
北京广播电视台	《网络文明 让人心累的朋友圈》	2018年度北京市广播电视公益广告扶持项目	2019年6月	三类广播	
北京广播电视台	《扶贫攻坚 扶贫“两不愁”》	2018年度北京市广播电视公益广告扶持项目	2019年6月	三类广播	
北京广播电视台	《向善向上——运动做更好的自己》	2018年度北京市广播电视公益广告扶持项目	2019年6月	三类广播	
北京广播电视台	《读对中国字 白字先生篇》	2018年度北京市广播电视公益广告扶持项目	2019年6月	三类广播	
北京广播电视台	《点亮心愿 点亮中国》	2018年度北京市广播电视公益广告扶持项目	2019年8月	一类电视	
北京广播电视台	《丝路连山海 志和若比邻》	2018年度北京市广播电视公益广告扶持项目	2019年8月	二类电视	
北京广播电视台	《今天的我们》	2018年度北京市广播电视公益广告扶持项目	2019年8月	二类电视	
北京广播电视台	《小鱼的旅行》	2018年度北京市广播电视公益广告扶持项目	2019年8月	三类电视	
北京广播电视台	《一个人一个梦 汇聚中国梦》（系列）	2018年度北京市广播电视公益广告扶持项目	2019年8月	一类广播	
北京广播电视台	《四代人与新中国》	2018年度北京市广播电视公益广告扶持项目	2019年8月	一类广播	
北京广播电视台	《人在戏中七十年》	2018年度北京市广播电视公益广告扶持项目	2019年8月	二类广播	

（续表）

主办单位	作品名称	奖项名称	颁奖时间	获奖等级	获奖部门及人员
北京广播电视台	《“农产品”的对话》	2018年度北京市广播电视公益广告扶持项目	2019年8月	二类广播	
北京广播电视台	《第一张营业执照》	2018年度北京市广播电视公益广告扶持项目	2019年8月	二类广播	
北京广播电视台	《中国速度与中国工匠》	2018年度北京市广播电视公益广告扶持项目	2019年8月	三类广播	
北京广播电视台	《听见中国》（3D版）	2018年度北京市广播电视公益广告扶持项目	2019年8月	三类广播	
北京广播电视台	“我们的四十年——庆祝改革开放40周年”系列	2018年度北京市广播电视公益广告扶持项目	2019年7月	三类电视	
北京广播电视台	“敬老爱老——不要缺席”系列	2018年度北京市广播电视公益广告扶持项目	2019年7月	一类广播	
北京广播电视台	《器官捐赠》	2018年度北京市广播电视公益广告扶持项目	2019年7月	二类广播	
北京广播电视台	“敬老养老助老——最后一次篇”系列	2018年度北京市广播电视公益广告扶持项目	2019年7月	二类广播	
北京广播电视台	“改革开放四十年——我的人生四十年”系列	2018年度北京市广播电视公益广告扶持项目	2019年7月	三类广播	
北京广播电视台	《工匠精神——飞天梦工匠心》	2018年度北京市广播电视公益广告扶持项目	2019年7月	三类广播	
北京广播电视台	《小鱼的旅行》	2018年度北京市广播电视公益广告扶持项目	2019年9月	电视类	

（续表）

主办单位	作品名称	奖项名称	颁奖时间	获奖等级	获奖部门及人员
北京广播电视台	《点亮心愿 点亮中国》	2018年度北京市广播电视公益广告扶持项目	2019年9月	电视类	
北京广播电视台	《今天的我们》	2018年度北京市广播电视公益广告扶持项目	2019年9月	电视类	
北京广播电视台	《人在戏中七十年》	2018年度北京市广播电视公益广告扶持项目	2019年9月	广播类	
北京广播电视台	“一个人一个梦”系列	2018年度北京市广播电视公益广告扶持项目	2019年9月	广播类	
北京广播电视台	《四代人与中国》	2018年度北京市广播电视公益广告扶持项目	2019年9月	广播类	

（北京广播电视台）

注：凡是在“2019年度北京广播电视台部分获奖作品一览表”中列出的作品名单不再在各单位获奖名单中体现。

2019年度北京广播电视报社获奖作品一览表

奖项名称	获奖作品	奖项等级	获奖部门及人员
中国广播电影电视报刊协会奖	《本报记者现场直击〈传承中国〉首都机场玩转京剧快闪》	一等奖	《北京广播电视报》编辑部　白鸽
中国广播电影电视报刊协会奖	《浅析融媒体时代纸媒转型之必然》	一等奖	总编室　冷梅
中国广播电影电视报刊协会奖	《我终于见到了崇拜67年的英雄》	二等奖	《北京广播电视报》编辑部　陈文
中国广播电影电视报刊协会奖	《让阔气远离荧屏—— 论广电节目须“小正大”之小》	二等奖	《北京广播电视报》编辑部　夏茂平
中国广播电影电视报刊协会奖	《北京广播电视报》2018年4月19日第6～8版《京城处处读书声》	二等奖	总编室　毕明

（续表）

奖项名称	获奖作品	奖项等级	获奖部门及人员
中国广播电影电视报刊协会奖	《北京广播电视报》2018年6月14日第6～8版《我们给父亲的一封信》	三等奖	总编室　车丽军
省级广播电视报好新闻奖	《北京广播电视报》2018年6月14日第6～8版《我们给父亲的一封信》	一等奖	总编室　车丽军
省级广播电视报好新闻奖	《本报记者现场直击〈传承中国〉首都机场玩转京剧快闪》	一等奖	《北京广播电视报》编辑部　白鸽
省级广播电视报好新闻奖	《我终于见到了崇拜67年的英雄》	一等奖	《北京广播电视报》编辑部　陈文
省级广播电视报好新闻奖	《让阔气远离荧屏——论广电节目须“小正大”之小》	一等奖	《北京广播电视报》编辑部　夏茂平
省级广播电视报好新闻奖	《〈大道之行〉让十九大精神入耳入心》	二等奖	《北京广播电视报》编辑部　陈文
省级广播电视报好新闻奖	《北京广播电视报》2018年4月19日第6～8版《京城处处读书声》	二等奖	总编室　毕明
省级广播电视报好新闻奖	《浅析融媒体时代纸媒转型之必然》	二等奖	总编室　冷梅
省级广播电视报好新闻奖	《解决实际困难 助力精准扶贫 北京电台让淤白村的广播又响起来了》	三等奖	《北京广播电视报》编辑部　陈文
北京新闻奖	《我终于见到了崇拜67年的英雄》	二等奖	《北京广播电视报》编辑部　陈文
北京专业报刊新闻奖	《〈大道之行〉让十九大精神入耳入心》	一等奖	《北京广播电视报》编辑部　陈文
北京专业报刊新闻奖	《我终于见到了崇拜67年的英雄》	一等奖	《北京广播电视报》编辑部　陈文
北京专业报刊新闻奖	《解决实际困难 助力精准扶贫 北京电台让淤白村的广播又响起来了》	二等奖	《北京广播电视报》编辑部　陈文
北京专业报刊新闻奖	《北京广播电视报》2018年6月14日第6～8版《我们给父亲的一封信》	二等奖	总编室　车丽军

（北京广播电视报社）

2019年度北京北广传媒数字电视有限公司获奖作品一览表

奖项名称	获奖作品	届数	获奖等级	获奖部门及人员
北京国际公益广告大会创意征集大赛	《时代家书》	2019年度	专业组电视文案三等奖	北京北广传媒数字电视有限公司梁自珍、赵南南、赵琦
北京国际公益广告大会创意征集大赛	《文明养犬和谐生活》	2019年度	专业组电视文案优秀奖	北京北广传媒数字电视有限公司梁自珍、赵南南、梁丹、郭晗
庆祝新中国成立70周年优秀公益广告作品（电视类）	《时代家书》	2019年度	一类扶持项目	北京北广传媒数字电视有限公司梁自珍、赵南南、茅学东、尹磊、赵琦
第二届全国电视公益节目推选活动	《时代家书》	2019年度	优秀公益宣传片	北京北广传媒数字电视有限公司
数字付费频道行业节目评优	《湖库突击队》	2019年度	全国播出频道一等优秀栏目	北京北广传媒数字电视有限公司“四海钓鱼”频道
数字付费频道行业节目评优	《黑坑江湖之特级黑坑》	2019年度	全国播出频道三等优秀栏目	北京北广传媒数字电视有限公司“四海钓鱼”频道
数字付费频道行业节目评优	《寰行迹》	2019年度	全国播出频道三等优秀栏目	北京北广传媒数字电视有限公司“环球旅游”频道
数字付费频道行业节目评优	《状元海淡干海带丝》	2019年度	地方播出频道三等专题节目	北京北广传媒数字电视有限公司“爱家购物”频道
数字付费频道行业频道评优		2019年度	行业优异频道	北京北广传媒数字电视有限公司“车迷”频道
数字付费频道行业评优活动		2019年度	行业优秀带头人	北京北广传媒数字电视有限公司副总经理梁燚
数字付费频道行业评优活动		2019年度	全国播出频道优秀编审	北京北广传媒数字电视有限公司 责任编辑徐智
数字付费频道行业调研量化排序		2019年度	全国播出频道优秀编审	北京北广传媒数字电视有限公司 责任编辑符优
第七届“中国梦 义工情”寻找最美慈善义工大型文化系列活动		2019年度	最美慈善义工榜样团体	北京北广传媒数字电视有限公司

（北京北广传媒数字电视有限公司）

2019年度北京北广传媒城市电视公司获奖作品一览表

获奖时间	颁发/主办单位	会议/活动名称	奖项名称
2019—4—12	IAI国际广告奖、中国传媒大学	第16届IAI国际广告奖	优秀户外传播媒体
2019—5—30	北京市广播影视协会	2018年度优秀广播电视节目评选	2018年度优秀广播电视节目——电视文艺栏目《演艺罗盘》
2019—5—31	中国亚洲经济发展协会	第三届中国品牌创新大会	中国（行业）十大竞争力品牌
2019—6—6	亚洲户外杂志	第16届亚洲户外传播大会	中国百强市区LED大屏头部媒体
2019—7—14	北京广告协会	北京广告产业发展30周年	杰出贡献单位
2019—8—29	中国广告协会	2019中国户外广告论坛	2019首批优质城市户外LED显示屏
			全国户外LED媒体运营商共建共赏平台常务委员会成员单位
2019—10—11	亚洲品牌盛典组委会	第14界亚洲品牌盛典	中国品牌最具影响力户外媒体
			新时代中国品牌创新人物——罗艳红
2019—10—27	中国广告协会户外广告分会	2019长城“凤凰杯”	优秀作品——城市电视食品安全行
			优秀作品——“超级月亮”慢直播
2019—10—31	北京时装周组委会	2019北京时装周光华新闻大奖	优秀合作媒体奖
2019—12—18	北京电视台财经频道主办、《诚信北京》栏目承办	第二届北京诚品论坛	2019年度诚品之星
2019—12—20	中国广告协会	第十一届北京国际广告创意节	《中国传统文化》《70年看辉煌》《丰收节看五谷》《垃圾分类益处多》分别荣获公益广告优秀奖

2019年度北京市海淀区融媒体中心获奖作品一览表

奖项名称	届数	获奖等级	获奖部门及人员
“时代新人说——我和祖国共成长”演讲大赛	2019年	优秀组织奖	海淀区融媒体中心
王选新闻科学技术奖	2019年	新媒体云服务平台三等奖	海淀区融媒体中心

（北京市海淀区融媒体中心）

2019年度北京市丰台区融媒体中心获奖作品一览表

奖项名称	作品名称	届数	获奖等级	获奖部门及人员
第四届“五个一百”网络正能量精品评选活动“百部网络正能量动漫音视频作品”	《最新发现！北京大爷送您回家过年》	第四届	百部网络正能量动漫音视频作品	群众工作部：李悦、乔晓鹏、王君璐、欧阳树辰
第四届“五个一百”网络正能量精品评选活动“百部网络正能量动漫音视频作品”	《拉的都是家里人，这样的公交司机真少见！》	第四届	百部网络正能量动漫音视频作品	群众工作部：李悦、乔晓鹏、王君璐、谷玥、吴庆亮
“2019年度第一季北京市广播电视创新创优节目”奖	《学习雷锋》快闪	2019年度	创新创优节目	丰台区融媒体中心
“2019年度第二季北京市广播电视创新创优节目”奖	《丝路追梦人》公益短视频	2019年度	创新创优节目	丰台区融媒体中心
2019年北京市党员教育电视片观摩交流活动	《宛平有位“红人”老院儿长》	2019年度	三等奖	丰台区融媒体中心
北京市第十二届全民健身体育节	在北京市第十二届全民健身体育节中，成绩显著	第十二届	优秀报道奖	丰台区融媒体中心
“2018年度北京日报社记者站好新闻”	《“北京榆构”搬迁河北——产值提高60%》	2018年度	好新闻（通讯）三等奖	策划编辑部：李娜
“2018年度北京日报社记者站好新闻”	《棚改垃圾 就地消纳》	2018年度	好新闻（消息）三等奖	策划编辑部：邵亦晴

（北京市丰台区融媒体中心）

2019年度北京市石景山区融媒体中心获奖作品一览表

奖项名称	获奖作品	届数	奖项等级	获奖部门及人员
庆祝新中国成立70周年优秀公益广告作品扶持项目	公益广告《我爱我的祖国》		三类	郭立坤、廉栋
庆祝新中国成立70周年优秀公益广告作品扶持项目	公益广告《坚守》		三类	王蕊、赵烁、张海朝
优秀广播电视节目	电视纪录片《携手奔小康》	2019年度	优秀广播电视节目	王国强、徐晓洁、刘宇、穆慧、王哲、杨卫东、仲然、乔焱、杨国栋
优秀广播电视节目	播音作品：10月24日《石景山新闻》	2019年度	优秀广播电视节目	王叶玉
中国广播电视设备工业协会2019科技创新奖	融媒体信息系统建设项目	2019年度	2019科技创新奖	石景山区融媒体中心

（北京市石景山区融媒体中心）

2019年度北京市通州区融媒体中心获奖作品一览表

奖项名称	获奖作品	届数	奖项等级	获奖部门及人员
“我和我的祖国”——庆祝新中国成立70周年主题优秀纪录短视频奖	《共和国同龄人——邢仲山》		优秀纪录短视频奖	赵佳琮、郑育娟、李晶
“第二届全国电视公益节目”优秀公益专题奖项	《耿术文：大爱谱写无悔青春》	第二届	优秀公益专题奖	郑育娟、赵佳琮、李晶
中国旅游电视周旅游电视节目暨中国大运河文化国际电视周“优秀宣传片”	《通州欢迎您》	第十二届	优秀宣传片	赵佳琮、郑育娟、李晶、李骁
“人文中国第八季——我和我的祖国”主题视频推选活动荣获中篇好作品	《春天的故事》		中篇好作品	郑育娟、赵佳琮、巩羽、李晶

（续表）

奖项名称	获奖作品	届数	奖项等级	获奖部门及人员
中国农民艺术节年度“优秀对农电视作品”好作品奖	《风吹这方土 纪念改革开放四十周年——传家风 承文化》	2019年度	好作品奖	赵佳琼、郑育娟、李晶

（北京市通州区融媒体中心）

2019年度北京市平谷区融媒体中心获奖作品一览表

奖项名称	获奖作品	届数	获奖等级	获奖部门及人员
庆祝新中国成立70周年	《让爱国情怀薪火相传》	2019年度	优秀电视三类奖	广告科：贾春节、张世良、邱晓芳、赵云生
2019年北京市法治动漫微视频作品征集活动	《宪法伴我成长》	2019年度	一等奖	《警法在线》栏目：王久武、李晓燕、孙晓光、于海生、赵怡斌、李松章
2019年度北京市优秀电视新闻播音主持奖	2019年9月3日《平谷新闻》	2019年度	优秀	播音科：段文超、谢颂扬
北京新闻奖	《“部门报到”齐治乱，“哨声”吹来湖水清》	2019年度	三等奖	新闻科：刘鑫、靳寅

（北京市平谷区融媒体中心）

2019年度北京市昌平区融媒体中心获奖作品一览表

奖项名称	获奖作品	届数	获奖等级	获奖部门及人员
纪录片创优评析三等栏目	《古今昌平》	第十三届	三等奖	昌平融媒体中心 昌平电视台 专题部
全国电视公益节目推选活动好公益宣传片	《“回天有我”》原创歌曲MV	第二届		昌平融媒体中心

（续表）

奖项名称	获奖作品	届数	获奖等级	获奖部门及人员
全国电视公益节目推选活动好公益专题	《用爱温暖天山学子的心》	第二届		昌平融媒体中心
2019年第三季度广播电视创新优秀节目	《古今昌平——千年局变》	2019年度		昌平融媒体中心

（北京市昌平区融媒体中心）

2019 年度北京市密云区融媒体中心获奖作品一览表

奖项名称	获奖作品	届数	奖项等级	获奖部门及人员
2018—2019年度北京新闻奖	《洪水中，我们筑起生命的防线——密云区“7·16”抗洪纪实》	2018—2019年度	三等奖	王建敏、杨笑哲、蔡立君、王耐、王猛、张晓娜

（北京市密云区融媒体中心）

2019 年度北京光线传媒股份有限公司获奖作品一览表

奖项名称	获奖作品	届数	获奖等级	获奖部门及人员
第九届北京市文学艺术奖	《哪吒之魔童降世》	第九届	国家级	北京光线传媒股份有限公司

（北京光线传媒股份有限公司）

2019年度海润影视制作有限公司获奖作品一览表

奖项名称	获奖作品	届数	获奖部门及人员
权力榜“年度最受欢迎谍战剧”	《和平饭店》		海润影视制作有限公司
权力榜“年度国产剧最具口碑出品人”	《和平饭店》		刘燕铭
影视榜样2018年度总评榜年度剧集编剧	《和平饭店》	2018年度	张莱
影视榜样2018年度总评榜品质剧集	《和平饭店》	2018年度	
影视榜样2018年度总评榜最佳导演	《和平饭店》	2018年度	李骏
影视榜样2018年度总评榜最佳男主角	《和平饭店》	2018年度	雷佳音
2018双网收视金奖	《回马枪》	2018年度	海润影视制作有限公司
2018“年度贡献杰出奖”	《回马枪》	2018年度	海润影视制作有限公司
2018电视剧京榜年度“北京出品”	《和平饭店》	2018年度	海润影视制作有限公司
2018年度最佳匠心剧本奖	《和平饭店》	2018年度	海润影视制作有限公司
最佳城市台合作公司			海润影视制作有限公司
“文荣奖”入围	《和平饭店》		海润影视制作有限公司
年度优秀战略合作伙伴			海润影视制作有限公司

（海润影视制作有限公司）

2019年度北京鑫宝源影视投资有限公司获奖作品一览表

奖项名称	获奖作品	届数	获奖等级	获奖部门及人员
第八届中国大学生电视节	《向往的生活（第二季）》	第八届	“最受大学生瞩目综艺节目”奖	北京鑫宝源影视投资有限公司
第十二届电视制片业十佳表彰	《深海利剑》	第十二届	“十佳电视剧”奖	北京鑫宝源影视投资有限公司

（北京鑫宝源影视投资有限公司）

典型经验

用心用功用情 打造影视精品创作“北京模式”

党的十八大以来，北京市认真学习贯彻习近平总书记在文艺工作座谈会和全国宣传思想工作会议上的重要讲话精神，聚焦精品创作，用心用功用情，出台系列举措，繁荣精品创作，产出作品质优量丰，引领行业风向，影视剧精品创作“北京模式”基本形成，即坚持“五个一”创作理念，把握“五统一”辩证关系，完善五项工作机制。

一、把握根本遵循，始终坚持“五个一”创作理念

始终牢记文艺创作的根本属性和使命任务，坚持用习近平总书记文艺思想指导工作，组织全行业开展习近平总书记文艺思想理论学习 10 余次，探索出“五个一”创作理念，以此把握精品创作的正确方向。

一是坚持“一个导向”，即“以人民为中心的创作导向”，把握“二为”方向和“双百”方针，引导广大创作者从火热的改革发展实践中挖掘素材、提炼主题。二是抓牢“一个环节”，即“创作、生产优秀作品这个环节”，以改革创新为动力，建立完善催生优秀作品、多出精品的创作生产环节。三是守住“一条生命线”，即“把提高质量作为文艺作品的生命线”，创新、创造性地表现“四个讴歌”，着力讲好中国故事，推出一批反映时代特征的精品力作，用情、用力、用功抒写伟大时代。四是夯实“一个基础”，即“事业产业繁荣的基础”，把精品创作生产作为系统工程来抓，重视资源聚合、产业集合、项目整合，多方合力，合力筑牢，统筹推进，实现项目化运作、工程化推进。五是确立“一个保障”，即“影视剧相关版权保护”，保护原创作者利益，捍卫原创作者权益，维护创新的动力，为繁荣精品提供有效保障。

二、坚持辩证思维，正确处理“五统一”关系

针对发展中的困惑，理清主要矛盾，自觉处理好“五统一”的辩证关系，掌握推优驱劣的根本办法。

一是守正与创新相统一。以守正为底线，坚持正确导向，把握创作方向；以创新为动力，鼓励创新创造，给予自由创作和自由选材的空间，提升创作质量。二是主旋律与多样性相统一。提倡时代主旋律和艺术风格多样化，在多样性中体现主旋律的共同追求，在不违背主旋律的前提下发展多样性，百花齐放、百家争鸣，不拘一格、繁荣发展。三是方向与速度相统一。坚持把握方向，注重价值导向，坚持规范发展、匠心制作，防止冒进抢跑、野蛮生长，不因追求发展速度而牺牲发展质量，在做大的同时更要做强。四是管理与发展相统一。以发展为目的加强管理，以管理为手段促进发展，既防喊口号的形式主义，又防命令式的简单粗暴，坚持发展和管理两手抓、两手硬，不能一抓就死，一放就松、就散。五是社会效益与经济效益相统一。坚持把社会效益放在首位，努力打造在思想上、艺术上取得成功，又能在市场上受到欢迎的优秀作品，实现社会效益和经济效益相统一。

三、创新工作思路，建立完善五项工作机制

着力创新机制，着力加强管理，着力精准服务，建立完善五项机制，为影视精品创作提供良好环境。

一是引导机制。突出“引一把、领一把、扶一把”长效机制。“引”一把。在导向管理上，旗帜鲜明坚定正确创作方向，站在新时代的起点上，倡导创作传达民族观、文化观、历史观、国家观的优秀作品，鼓励行业不忘初心。“领”一把。在行业管理上，创新创造领风向之先，当好“服务管家”，走访行业头部企业送政策、送服务，开展乱象治理，以治乱促规范，以治乱促发展，积极应对影视寒冬，让企业时刻安心。“扶”一把。在内容管理上，坚持“扶优、扶强、扶原创”，对剧本创作、拍摄制作、宣传发行、上线播出等进行扶持，既讲好“北京话”，又讲好“普通话”；既做好“北京出品”，也做好“出品北京”，帮助好作品依靠好品质赢得受众和市场，让创作者坚定信心。近3年共投入2亿元扶持基金对《平凡的世界》《初心》《最美的青春》《北平无战事》等65个剧目进行精准扶持，覆盖剧本创作、拍摄制作、宣传发行、播出及奖励等全链条，努力实现出作品、出效益、出人才。

二是服务机制。组织开展“三会三课”活动。“三会”包括：规划会，定期召集研讨，着力引领创作导向，建立短期、中期、长期题材节目库，做到短期“不断档”，中期有储备，长期有规划，对纳入规划片单的实行“一剧一策”全流程跟踪服务；交易会，每年春季、秋季组织举办北京电视节目交易会，搭建优秀影视作品宣传推介、交流交易的平台，至今已成功举办21届，成为行业风向标；交流会，经常性召开工作会、研讨会、座谈会，充分利用节会展时机，聚合各类企业各类人才相互学习、相互了解、相互交流。“三课”包括，政策课着力宣讲政策、宣讲规划，推动业内掌握政策、熟悉政策、用好政策；业务课重点培养专业人才，既抓高端，举办导演、编剧培训班，又抓基础，成立影视“蓝翔技校”，提升基础技工专业素养；实践课聚焦贴近现实、深入基层、扎根人民，开展生活体验和采风，形成“为人民创作”的良好格局。4年来，共举办各类培训班和政策宣讲30多期（次），较好地满足和服务行业的需求和发展。

三是审查机制。坚持“三个关口前移”强化审查，严格落实“三审制”、先审后播、重播重审和总编辑负责制，做到谁审查谁负责，谁签字谁负责，严把作品的政治方向、价值导向和审美取向。题材规划关口前移，逢重大节庆和重要时间节点，提前一年至半年进行题材规划，对重大主题宣传加强引导，提前“吹风”。立项创作关口前移。创作要点和剧目大纲提前送审，圈定优秀剧本、重点剧目，主动出击，在项目初期就参与其中，有的放矢地给予专家和资金支持，摒弃“靠天吃饭”“海底捞”。备案审查关口前移。在备案环节提前介入，综合考量公司实力以及项目成熟度、可行性和市场预期，避免题材盲目跟风，对创作问题早发现、早纠正，避免无序生产。

四是监管机制。坚持事前、事中、事后、长期全过程监管，将“三个结合”贯穿创作生产始终，事前重指导，“优化”题材设计；事中重督导，“量化”监管手段；事后重治理，“净化”守住底线；长期重预判，“深化”示范引领，提高监管效能。大数据分析与传统人工分析相结合，建成“节目监管大数据平台”，对监控播出的相关节目数据进行加工整理，生成收视状况及综合热度值图表，专家对其综合分析并形成报告，有效进行监控。人工智能识别与人工审查识别相结合，运用“人脸识别”“人体部位识别”“语音识别”等人工智能技术，对播出画面进行比对；人工采用实时监看与“关键词库”“关键图库”搜索把关。舆情研判与剧情研判相结合，对作品播出中和播映后产生的热议热评及随之产生的舆情，进行监测和分析；根据监测需要对剧本进行调阅，把握剧情走向，结合舆情综合研判预警。

五是评价考核机制。完善作品评价体系。建立口碑和大数据相结合、定性和定量相结合的评价机制，形成思想性、艺术性、创新性、受众满意度、竞争力和融合力6个方面综合考量的评价标准，创立社会公众、舆论参与、专家评议、文艺评论、评奖评优相结合的评价办法，破解片面追求收视率、点击率等不良生态。建立机构评价体系。对企业实行动态考核，在国有企业、民营企业机构建立试点，对作品创作生产、受众反响、社会影响、内部制度和队伍建设等内容进行综合评价考核，既重视数量，更重视质量。建立行业红黑名单和准入退出机制。对积极弘扬社会主义核心价值观的企业在政策、牌照方面予以倾斜；坚决抵制突破法律、纪律、公序良俗底线的企业和艺人，维护良好行业秩序；对有严重违规记录的机构审核一律不过。近3年来，共约谈广播电视节目制作机构56家、播出机构6家（次），查处问题节目123个，下线电视剧1部，1671家制作机构被注销行业许可。

（北京市广播电视局　杨烁）

广播剧《中共中央在香山》创作经验

2018年6月至2019年5月，北京电台策划、创作广播剧《中共中央在香山》。

1949年中共中央在香山的这一段波澜壮阔的中共党史，是北京独有的红色革命历史资源。这段新中国第一代领导人的“香山故事”，对现在的听众来说，既熟悉又陌生。在新中国成立70年之际，北京电台组织创作这部广播剧，回望香山中共革命历史，展现中共中央领导人时刻不忘“进京赶考”、为国为民的初心和情怀，让红色革命历史照进当下现实，意义重大，影响深远。

一、参阅超百万字党史资料，22次易稿，打磨“一剧之本”

2018年上半年，北京电台总编室、文艺广播、广播剧创优工作室开始对香山题材广播剧的策划、采风等做筹备工作，成立以导演、编剧为主的创作团队。

该剧召开4次选题策划会、剧本研讨会、审听论证会，邀请中国广播剧研究会的专家团——安景林、李京盛、关玲等广播剧业界专家，以及中央党校的党史专家，确立了该剧大题材、大格局、精制作的制作方向，以虚实结合、兼具文献史料性和广播艺术性的创作基调。

随后的大半年时间里，主创团队查阅逾百万字的权威党史资料及各类口述历史资料，将1949年中共中央在香山这近半年的日日夜夜都熟记于心，精心打磨剧本，广播剧本经过22次反复修改。

二、真实准确的历史框架内，发挥声音“以情动人”的独特魅力

该剧参考大量权威党史资料，多处采用毛泽东的讲话原文、诗词作品以及他亲笔撰写的通讯、消息等历史素材，构建真实准确的历史框架。

在力争真实的框架下，合理、恰当地艺术创作，恢宏再现中共中央在香山运筹帷幄的重大历史时刻——“打过长江去，解放全

中国”场面恢宏的渡江战役，“打响经济领域第一战的雷霆”，筹建中财委的迅速、勾画建国蓝图历史使命、筹建政协的决心。

同时，该剧充分发挥广播剧生动细腻、以情动人的艺术感染力，多处再现毛泽东香山生活的感人细节，展现出毛泽东的亲情、同志情、诗友情等多个情感侧面，从细微处刻画出毛泽东“进京赶考”、时刻把人民当考官的情感温度，“人间正道是沧桑”的伟人气度，构建国家前景的胸襟魄力。

三、真实声音史料“植入”剧情，打造热血沸腾的纪实感“声音大片”

该剧开头结尾的“解放军进北平”“开国大典”，将1949年的真实声音史料巧妙植入剧情之中，奠定了该剧“历史纪实”的制作基调。

该剧开头为1949年东北电影制片厂新闻纪录片《北平和平解放》解说原声。结尾处调用北京电台独家音频资料——北平新华广播（北京人民广播电台前身）在开国大典现场采录的开国大典音频资料，以及东北电影制片厂记录在胶片上的珍贵声音资料。

真实的声音细节——“林伯渠主持开国大典”、毛泽东宣布新中国成立前的一句“同胞们”“我宣布，本政府为代表中华人民共和国、中国人民的唯一合法政府”，这些珍贵的历史资料都是第一次在广播剧作品中呈现。

2019年4月5日，该剧开机录制。曾参与过电影《大决战》的八一电影制片厂演员吴俊全出演毛泽东，他凭借多年对毛泽东心态的揣摩和思考，生动塑造出听众心目中的伟人音容。八一电影制片厂演员郑炼，配音演员任亚明、白马、孙星、闫萌萌等参与录制。数十名武警战士参与演出，再现了“打过长江去，解放全中国”的解放战争和“开国大典”的宏大场面。

音乐方面，该剧采用多段原创乐曲、合唱团人声伴唱。《义勇军进行曲》《没有共产党就没有新中国》等多段熟悉的音乐旋律，庄重雄伟、气势磅礴。该剧结尾处，央广合唱团具有现代气息的《我爱你中国》旋律——“我爱你中国，亲爱的母亲，我为你流泪，也为你自豪”，让听众思绪迅速跨越70年，令人心潮澎湃、耳目一新，极富音乐感染力。

同时，该剧采用香山、天安门实景采录、模拟3D环绕声场，在后期制作方面反复修改、精益求精，最终呈现出“声音大片”的艺术质感。

四、香山红色革命地举办全媒体发布会，提升红色文化传播影响力，听众反响热烈

2019年4月23日，该剧在文艺广播首播。五一假期期间，交通广播、新闻广播等9家频率多轮次跟播，听众反响热烈。根据索福瑞北京地区测量仪显示，该剧最高收听率0.783%，市场份额29.095%。听众来信反馈，该剧“在声音艺术上，匠心独运。用耳熟能详的方言口音，把伟人形象跃然立于听者耳边。毛泽东的形象自然真切、有血有肉。结尾的档案性历史录音是时代强音，令人震撼”。

2019年5月24日，该剧在香山红色革命地举办极具特色的全媒体直播发布会，在线直播观看人数达28.5万人次。

中央人民广播电台、浙江交通广播等台同步播出，学习强国App、听听FM、喜马拉雅App、蜻蜓FM等多家网络平台重点推送，并获人民网、新浪网、搜狐网和今日头条等多家新媒体报道，传播影响力深远。

（北京人民广播电台　徐然）

北京电视台 2019 年春晚守正创新亮点多

2019 年 2 月 5 日大年初一，2019 年北京电视台春节联欢晚会与全国亿万观众见面。这台以“我和我的祖国”为主题的春晚，以“家”为核心，以“年夜饭”为贯穿，将深深的爱国情怀、满满的生活幸福和浓浓的北京风情展现于春晚的舞台之上，用丰富多彩、温暖创新的节目，弘扬爱国主义、集体主义、社会主义精神，倡导爱家庭、爱北京、爱生活。晚会凭借优质内容、大美品质以及喜闻乐见的形式，赢得广大电视观众和网民的一致好评，并赢得收视率与互联网核心指数六连冠。

电视收视表现方面，索福瑞数据显示，北京台春晚在北京地区北京卫视收视率 15.06%、市场份额 41.42%，与 2018 年北京台春晚相比分别提升 17.56%、2.12%；文艺频道收视率 4.77%，市场份额 13.12%；两频道北京地区合计收视率 19.83%，合计市场份额 54.54%。

索福瑞全国 35 测量仪城市数据显示，北京台春晚收视率为 2.67%，市场份额为 9.4%，全国 35 城市所有频道同时段排名第 1 位，共有 18 个城市收视相比去年提升，其中上海、南京、天津、石家庄相比去年分别提升 31.82%、16.98%、109.91%、51.52%；索福瑞全国 55 测量仪城市北京台春晚收视率为 2.46%，市场份额为 8.76%，全国 55 城市所有频道同时段排名第 1 位；索福瑞全国网北京台春晚收视率为 1.41%，市场份额为 4.92%，全国网省级卫视同时段排名第 1 位。2019 年北京台春晚在正月初一当晚播出的所有节目中收视排名第一； 2019 年北京台春晚 35 城、55 城收视率排名所有省级卫视春晚第一，35 城连续六年蝉联省级卫视同时段冠军，CSM 全国网收视比去年上涨 33%。在春晚的带动下，北京卫视 2 月 5 日全国 35 城、55 城省级卫视全天排名均位列第一。据歌华有线大样本数据显示，2019 年北京台春晚在北京地区收视率 18.77%，收视份额 72.08%，份额相比 2018 年春晚提升 16.82%。

网络端数据显示，2019 北京台春晚播出后全网热度高，多平台热搜霸榜。截至 2 月 6 日 11：00，主话题“2019 北京台春晚”阅读 19.2 亿，网友讨论达 1205.9 万；主话题词占据微博总榜第一、综艺榜第一和同城榜第一；12 个热搜话题上榜，其中“杨树林”“关晓彤”等话题先后占领热搜第一位；不仅是新浪微博，今日头条、百度等平台同样热度不减，“蔡徐坤 杨幂”“姚晨 秦海璐”“林志玲 宋小宝”相关的 3 个热词登录 QQ 热点；“北京春晚”占据百度热榜卫视春晚类第一，“冯巩 我想死你们了”在微博、百度、今日头条三平台上榜；“我爱我家重聚”“李雪琴 杨树林”等关键词在今日头条前 5 名热搜中占据 3 个席位，分别为第一、第三、第四。

截至 2 月 6 日 10：00，2019 北京台春晚在线视频播放量、热度均为同时段卫视春晚第一。

一、守正创新，尽显首都风范

一元复始，万象更新，大年初一，春晚团圆。“团聚最喜悦，团圆最幸福，团结最有力”。2019 北京台春晚坚持弘扬正能量，作为中华传统节日的春节是文化基因的纽带，家国情怀的相承，体现今夜此时，国泰民安、万家团圆，天伦之乐，生活之美，传递对家庭的深情，对祖国的挚爱，传扬追梦圆梦的激情和力量。

“求木之长者，必固其根本；欲流之远者，必浚其泉源”，北京台春晚将坚守中华文化立场，传扬中国文化博大精深，传播文化中心特质，传递人民生活幸福贯穿始终，深入每个设计、每个创意、每个节目、每个细节之中，让主旋律更响亮，让正能量更强劲，让真情感更动人、让好创意更鲜活。以眼力发现时代生活中的点点滴滴，以脚力在充满浓郁生活气息的创作源泉中深挖细磨，以笔力张扬新时代人民生活的幸福感，以脑力创新每一个节目的表现形态，让一个个生活气息扑面而来的小品讲述城市万象和人生百态，一首首意蕴深远的歌曲展现中华历史和首都文脉，一段段质朴动人的生活故事传递百姓情怀和对生活的热爱，将饱满的人民精神、丰富的人民情感、朴素的民族智慧、朴实的民族价值具体生动、浓墨重彩地展现在北京台春晚舞台之上。

亮点一：以小见大，每一个节目都与新时代百姓生活息息相关。

2019年大事多、喜事多，新中国成立70周年之际，北京台春晚立足家国情怀，呼应首都北京坚持稳中求进工作总基调，以生动鲜活的故事和节目体现新发展理念和高质量发展，将北京加强“四个中心”功能建设，提高“四个服务”水平，抓好“三件大事”，打好三大攻坚战，经济社会平稳健康发展融汇展现于节目之中，整台春晚洋溢着浓浓的家庭感、北京味、家国情。

现场观看北京台春晚的“2018北京榜样”之一，创新书写中国标准的新药研发领路人程刚表示，“《又一晚的春天》让人走进了老年人的心理世界，意识到年轻人有责任给予父母长辈更多的理解和关怀，同时也让我体会到自己从事的医药产业、健康产业还需要加大力度发展，要努力做出更好的新药，让老年人病有所医。”

亮点二：深耕细作，每一个故事都融入家国情怀。

由北京天通苑回龙观社区居民创作的歌曲《回天有我》，以载歌载舞的方式抒发北京疏解整治促提升行动带给群众生活的改变，从我做起，共建美好家园，各级部门尽心尽力办实事，民有所呼，我有所应，节目用“接地气”的艺术形式展现出“高站位”的工作成效。回龙观新龙城社区居民周洪芬在电视上看到自己的表演后非常激动，“作为普通百姓登上春晚舞台，真的特别荣幸，而且节目与我们的生活息息相关，也让我们感受到北京台春晚对百姓和民生的关注。”

歌舞节目《恭喜您红火》充分展现了新时代北京人的新风貌。台上的群众演员中，有来自大兴新机场、北京副中心和北京世园会等众多北京建设者，他们表达激情、抒发心声。此外，九组来自北京不同区县的普通百姓家庭在《你是我的家》节目中出现，讲述属于时代的家庭故事和家庭梦想。来自海淀花园路社区的张宇汐一家，便是其中的一组，人到中年的张宇汐说：“作为四世同堂的家庭，可以一起登上北京台春晚的舞台，让家里的老人圆了梦，我们全家都感觉到非常荣幸，也让我们觉得这就是我们北京人自己的春晚。”

亮点三：科技领先，每一处细节都彰显文化与科技的珠联璧合。

这一届春晚在主持人串联方式上做了全新突破和形式改变，在主会场之外设置第二会场，串联以“团圆年夜饭”为核心话题，以主持人为引导，将参与春晚的明星名家及家庭作为主角，将全国各地的美食贯穿全场，既有春节团聚的欢乐喜庆，也有老友相逢的意外惊喜；有过往春节的回忆话题，也有再次体验儿时游戏的童趣，这使主持人有效发挥了延伸春晚节目视野、丰富春节情感信息、拓展演员展现空间、强化节目整合连接的功能。

作为全国科技创新中心，北京台春晚的新技术运用也是创新指标之一。今年北京台春晚率先启用全4K超高清录制，并使用视频交互、虚拟和增强现实等技术，为内容创作提供更好的呈现效果。在歌舞秀《那年春天》节目中，视频交互技术实时触发地屏画面，凸显冬去春来万物复苏的美好意境，节目创意与高科技完美结合。

亮点四：践行使命，社会效益第一位。

春晚的使命是让观众在阖家团圆之时，感受亲情与温暖，体现中国传统节日带给人们的文化认同感。为了让每一位观众能够不间断地欣赏北京台春晚，在欢乐祥和的气氛中度过又一年的春天，践行主流媒体责任，北京台本着简朴大方的原则办春晚，不奢华不浪费，同时减少广告时长与频次，让观众一气呵成地欣赏到充满期待的节目，真正做到把社会效益放在第一位。

亮点五：融媒体、多渠道、跨平台传播推广。

策划主题活动“你是我最好的礼物”，线上线下互动亮点频发。与全国最大的婚恋网站深度合作，线下在全国举办近30场次主题活动，线上进行全平台推送和直播。结合该主题活动，与大型商超旗下数十家门店合作，设置北京台春晚主题店并参与微博打卡活动。在新媒体端，联手最大二手交易平台与移动社交媒体平台联名推出H5互动新玩法，融入春晚主题，瞄准移动端用户，增加北京台春晚信息的曝光度，吸引更多年轻人观看。

充分运用融媒体手段，深入考量互联网端的热点与需求，在主要门户网站以及30余家手机App进行开屏、弹窗、焦点图等方式的宣传，运用当下网民喜爱的短视频、动图以及长图等形式进行春晚的预热，并创造性地制作动态场景式节目单，通过内容推送，使“2019北京台春晚”主话题霸屏热搜，微博阅读和讨论量都长时间占据榜首。

同时进行多渠道宣传推广，除了传统媒体，在移动电视、城市电视、地铁电视等户外屏幕进行投放，并进一步采取更“接地气”的宣推手段在社区电梯、超市、书店、剧院、商场等进行海报、易拉宝、宣传片的推送，在人口密集区实体店进行春晚主题整体包装，组织活动，以实现地面与网络的互动。

融媒体、多渠道传播与推广，使北京台春晚取得跨平台传播的优势，从电视、报纸、广播到互联网门户网站、移动端，再到线下及户外媒介，跨平台宣推使北京台春晚整体宣传声势、声量非常大，覆盖了各个人群，各平台之间的联动形成了彼此促动的最大效应。

二、专家观众高度认可，老中青用户齐点赞，叫好又叫座

2019北京台春晚得到文化界、媒体界专家学者，以及包括传统媒体的电视“大屏”观众和新媒体用户的高度认可和普遍好评。认为这一届春晚具有明确的主题性、广泛的人民性、鲜明的时代性、高度的创新性。

北京大学新闻与传播学院教授陆地认为，“北京电视台的春晚从来就不是在传播节目，而是在传播欢乐、传播真情、传播美好的价值观。”

媒介专家靳智伟评价说，时逢北京市城市功能疏解与转型升级历史新契机，一系列重大题材和民生热点贯穿于本场晚会中，让观众隔着屏幕都能感受到人民群众满满的获得感。

中国人民大学新闻学院教授、博士生导

师周勇评价，北京电视台2019年的春晚节目在北京特色与全国面向之间、在形式创新与内容精致之间、在娱乐性与价值引领之间找到了较好的平衡，是一次回到初心的诚意之作。

亿万观众也纷纷在网上留言。网民高度评价北京台春晚“有诚意，有水准”，主要内容包括：一是认为本届北京台春晚语言类节目“笑果”十足，“李雪琴 你好”等新近网络流行段子受到网民热捧，同时节目内容紧扣“老赖”和“霸座”等当下社会热议话题，“幽默诙谐却又不失鞭辟入里”；二是认为观赏体验获得提升，“广告少看得爽，节奏快得像开了VIP尊享二倍速”，认为北京台春晚“开创了新晚会模式”，是良心春晚；三是点赞北京台春晚节目组“有心了”，《我爱我家》剧组重聚“把‘回忆杀’做到极致”，“将这样一个让全国观众有着共同记忆的家庭出现在一个团圆的节日，对大家来说都是温暖的”；四是点赞“舞台尽显国风之美”，“踏雪寻梅、围炉对弈”等体现出中国传统文化魅力，“别有一番风味”。

上海观众史先生评价北京台春晚充满暖暖的情和爱，小品来源于生活，有笑点有泪点，不做作，不喊口号，歌曲旋律优美，场景设计巧妙。云南观众吕女士认为北京台春晚有京味儿、有人才、有情怀，《我爱我家》重聚的桥段设计得特别走心，温暖感人。不少节目让人泪奔，看春晚流泪还是第一次。网友贤可爱说，原来北京台春晚这么好看，节目流畅，舞美精致。网友@窝窝1125认为，宋丹丹说出那句“感谢英达”时，有点意外也觉动容，可能是新生命的诞生终于让人放下了心结。无论曾经有过多少恩怨悲喜，终成过眼云烟，只有《我爱我家》是几代人心里不变的眷恋。

（北京电视台）

文艺创新 文创上新 文化焕新

——北京卫视《上新了·故宫》节目创作经验

《上新了·故宫》由北京电视台联合故宫博物院与华传文化共同出品。每期节目，创作组都深入故宫，从历史文化与国宝文物中汲取灵感，联合国内院校的青年学生与知名设计师，开发具有故宫元素的文创产品，并将产品通过众筹的方式推向市场。

一、追根溯源，探索文化创意的根基灵魂

习近平总书记提出文艺工作是“培根铸魂”的工作。文创产业的根基和灵魂就是文化，深耕传统文化就是培育文化创意的源头活水。解读故宫文化，是《上新了·故宫》的首要任务。在故宫博物院的大力支持下，节目组成为首支在故宫实景拍摄的大型季播节目团队，节目中呈现的大量未开放的区域和未展出的藏品，让观众沉浸在历史文化的奥秘之中。同时，观众也通过镜头，了解到文创产业从灵感迸发到产品上市的全流程操作，在普及文创事业的同时，找到文化创意的根基和灵魂。

节目选取宫廷戏台“畅音阁”蝙蝠与仙鹤的纹样，参考乾隆年间的戏衣模样，设计出“畅心”睡衣系列；节目结合文渊阁的功能和地位，设计出“山海”“文渊”文具套装；

节目通过对孝庄太后与顺治皇帝母子之情的解读，设计出“紫禁熏”香薰蜡烛礼盒；节目还根据溥仪、婉容与文绣的宫中生活，参考溥仪使用过的电话，设计制作“仪”副耳机；等等。

二、集思广益，扩大文创产业的大众参与

《上新了·故宫》充分利用融媒体特性，广泛建立与观众的互动。节目联合今日头条，开通节目专区，邀请文创爱好者投来自己的设计稿。同时，节目组还开通投票通道，让网友为喜爱的作品投上一票，他们的意见直接决定哪件创意能够付诸实际，进入最后的众筹阶段。像“日晷”计时器、“珍熹”饰品、“十公主童顽故宫”游戏棋、“紫禁薰”香薰蜡烛礼盒、“仪”副耳机等广受市场欢迎的文创产品，都获得了超过千万票数的支持。

三、推波助澜，提高文创市场的上新活力

《上新了·故宫》在策划之初就明确了一个目标，那就是要让创意“落地”，让市场“上新”。所以，节目的最大突破，就是联合淘宝开通众筹平台，每期节目播出以后，当期文创产品就会即刻上线，在15~35天的众筹期间，消费者可以以优惠价格订购产品。预售的火爆超出了栏目组的预期，“畅心家居服”在35天时间里众筹资金突破一千万元，百雀羚的“雀鸟缠枝美什件”40分钟内售罄，取材于甄嬛故事的“珍熹”系列首饰认筹率高达3666%，“仪”副耳机在小米商城预售超过15万套。

（北京电视台）

浓墨重彩庆华诞 唱响时代主旋律

——北京电视台新闻中心国庆70周年报道回顾

2019年10月1日，新中国迎来70周年华诞。北京电视台以高标准、严要求、好状态，推出“荣耀在我心”等多个重头报道，多层次、多角度、全方位、全景式展开融媒体报道，浓墨重彩地展示国庆活动盛况，呈现新中国成立70年来北京取得的辉煌成就。

一、高度重视，严密部署，独家揭秘

9月29日上午，北京电视台全面展开国庆阅兵式、群众游行和首都联欢活动的报道，推出“荣耀在我心”庆祝中华人民共和国成立70周年特别报道，讲述参与庆祝活动筹备和服务保障工作的优秀人员与感人故事，生动展现新时代首都各界群众奋发有为、只争朝夕的精神状态。北京电视台由新闻中心牵头，联合财经、科教、冬奥纪实中心，组织强大的采访团队，挖掘生动的人物和故事，不但完成全市总结大会汇报片的制作和资料留存，而且推出北京电视台独家揭秘式系列报道《荣耀在我心》专栏，对总导演张艺谋、执行总导演甲丁和烟花总导演蔡国强进行单独采访，独家报道。

二、创新编排，整版篇幅报道活动盛况

10月1日当天，《北京您早》《北京新闻》《首都晚间报道》都以特别编排整版篇幅报道庆祝新中国成立70周年大会和联欢活动的盛况以及首都各界收听收看的热烈反响。《北京您早》直播时段播发各类相关报道25条，时长近50分钟，第一时间把国庆阅兵式的现场情况以及庆祝活动运行保障情况及时呈现给观众，当日收视率达3.99%。

《北京新闻》用整版篇幅，报道庆祝大会新闻及首都各界的强烈反响，并配发本台评论。20多条报道，主题鲜明、一气呵成、有点有面。当晚的《首都晚间报道》播出时长延长至一小时。邀请学者走进演播室进行高端访谈，对本次庆祝活动进行解读，并对阅兵、游行、联欢主创人员和参训人员进行揭秘式报道。

三、提前策划，组合报道，展现丰富多彩的节日活动

国庆期间，《北京您早》《特别关注》《北京新闻》分别推出《阅兵村里的故事》《庆祝新中国成立七十周年特别报道——荣耀在我心》等专栏，讲述阅兵、群众游行、广场联欢和服务保障背后的精彩故事。

各档新闻栏目相继推出《壮丽70年·奋斗新时代》系列报道，充分展示新中国成立以来特别是党的十八大以来北京市取得的巨大成就。报道各大公园举办的丰富多彩的国庆主题游园活动以及多项活动情况，营造首都欢乐祥和的喜庆氛围，并为市民提供旅游、游园、交通、天气等相关服务资讯。

《这里是北京》等栏目从9月开始，接连推出《70年·古都新韵》《70年·北京记忆》《国庆回眸》《前门之东》等系列专题节目。

四、加强融合报道，大力推广原创新媒体产品

BTV新闻新媒体方面充分发挥本台融媒体资源优势，以“先人一步的拼劲”和“年轻态的独家网感”，制作推送融媒体产品，这成为国庆70周年融媒体报道的一大亮点。图文方面，10月1日当天两条图文浏览量双双过10万，其中国庆联欢总导演张艺谋专访的图文达到32万的阅读量。短视频方面，抖音、微博（秒拍）双平台播放量破1.5亿，10多条短/微视频成为千万现象级爆款。揭秘国庆升旗手训练画面的微视频单平台播放超过5200万。原创动画《假如70年前有WIFI》播放量超过2千万，仅在微视频快手一个平台就收获1310万播放量，95万个点赞。

五、各部门通力合作，全力保障，共同完成报道任务

庆祝新中国成立70周年报道是一个规模浩大的系统工程。制作部为汇报片、国庆前期报道的生产特别搭建制作岛，为国庆期间的演播室制作了新的大屏幕背景和在线包装；网管部首次系统化、规模化地使用了5G技术进行新闻内容的采访回传，在北京移动、北京电信、北京联通三家运营商的网络中同时展开，使画面更清晰、时延更短，更贴近电视新闻报道的需要；转传部在承担广场大屏幕信号制作的艰巨任务之余，还为新闻中心在建国门和复兴门注入点出动卫星直播车；直播车及时出动，圆满完成任务。

（北京电视台）

熔铸四种品格 锻造10年品牌

——北京电视台《档案》创新创优经验

2009年2月4日晚9点30分，一档全新的原创自制纪录片栏目《档案》在北京卫视频道正式开播。至此，《档案》栏目整整陪伴观众走过了10年。10年时间，《档案》从一档电视栏目成长为国内一流的纪录片品牌集群，涵盖了周播纪录片栏目、重大题材系列纪录片、通俗理论电视节目、革命历史题材电影等多种创作类型。10 年间，《档案》团队获得过“五个一工程”奖、“星光奖”（提名奖）、“金鹰奖”、“纪录·中国”奖、北京市文学艺术奖等多项国家级和省级奖项，多部纪录片被国家广电总局列入国产优秀纪录片推荐名单。

《档案》栏目具备一个优秀的历史纪录片品牌所应具备的四种品格。

一、政治家的站位

作为一档在首都卫视播出的纪录片栏目，《档案》毫不动摇地坚持党性原则和政治意识，既守住了主流价值的核心阵地，也打造了舆论引导的传播高地。

近年来，《档案》栏目策划制作多部重大题材大型纪录片。中宣部指导的通俗理论电视节目《改革开放 关键一招》，中组部指导的纪录片《从一大到十八大》，全国政协指导的纪录片《辛亥档案》，以及由北京市委宣传部指导的《伟大的抗美援朝》《砥柱中流——伟大的敌后抗战》《伟大的贡献》《西藏》《红军不怕远征难》《解放——人民的选择》《你从井冈山走来》《中国 1927》等多部系列纪录片，逐步在观众心中树立起“重大题材看《档案》”的权威度和影响力。

“政治家的站位”是对创作者眼力的考验。既要看穿历史迷雾，也要看清现实环境，还要看准前进方向，用正确的历史观和价值观，担负起“正本清源”的责任。2014 年，面对互联网上一些诋毁和歪曲抗美援朝战争历史意义的历史虚无主义论调，《档案》栏目迅速策划推出大型系列纪录片《伟大的抗美援朝》，用旗帜鲜明的立场，掷地有声的话语，对历史虚无主义予以回击。《档案》坚信，越是在众声喧哗的时代，越要让人民听到主旋律的朗朗之音。

二、哲学家的思辨

在“政治家站位”的眼力上，也应具备“哲学家思辨”的脑力。《档案》致力于通过对历史真相的探寻和呈现，完成对中国特色社会主义理论体系的通俗化解读和大众化传播。

2018 年，为庆祝改革开放 40 周年，中宣部理论局、北京市委宣传部和北京广播电视台联合出品，《档案》团队承制大型通俗理论电视节目《改革开放 关键一招》。节目以“这个时代超级燃”“这个民主很有范儿”“中国共产党为什么能”等年轻态的话题设置，回答了青年人对国家与民族发展的一些时代之问。面对青年人提出的“北上广容不下肉身，三四线放不下灵魂”的感慨，节目邀请中国传媒大学雄安研究院院长范周，从一张 3.5 英寸磁盘到如今的大数据芯片的演变，对雄安新区的大数据研发、医疗卫生设备、新型加工业等产业布局进行展望，斩钉截铁地告诉年轻人：“雄安的明天你可以大胆想象！”

《改革开放 关键一招》通过改革亲历者的讲述，阐释了为什么改革开放会成为决定当代中国命运的关键一招，对习近平新时代中国特色社会主义思想的深刻内涵和时代意义进行解读。《改革开放 关键一招》连续三期位列省级卫视同时段收视第一名，网络视频点击量 4600 万，微博话题阅读量 1.2 亿，500 家党媒、央媒和网络大 V 为节目助力转发，成为正能量的“网红”节目。第二季的通俗理论节目《理论热点面对面》处于筹备期。

三、史学家的探究

《档案》的节目创作建立在对历史档案的发掘和研究基础之上，要下一番史学家的苦功，才能将故纸堆与历史深处的真相呈现给观众。在筹备大型历史纪录片《伟大的贡献》时，摄制组用半年时间走访了中央档案馆、中国第二历史档案馆以及全国 53 家抗日战争纪念馆，遍查十四年全国抗战的相关档案，并且发挥外语人才优势，组建海外史料搜集和编译小组，查找日本、美国、德国、意大利、法国、英国等国家留存的资料。摄制组找到了日本军国主义召开“东方会议”的日文版会议纪要，揭露了日本蓄谋已久侵略中国的野心。看过这部纪录片后，军事科学院世界军事研究部副部长罗援少将评价道，《档案》团队进行了“地毯式搜索”和“考古式发掘”。

为纪念红军长征胜利80周年，《档案》团队在2016年拍摄了大型历史纪录片《红军不怕远征难》。拍摄历时整整一年时间，这支平均年龄不到30岁的主创团队，沿着当年中央红军的路线重走了一遍长征路，采访了两百多位长征亲历者和红军后代，沿途祭扫了一百多处红军烈士纪念碑和无名烈士墓。用创作者的青春去体会革命者的青春，通过回到历史的方式去认清历史。在这次重走长征路的过程中，摄制组遇到了90多岁的蒋济勇老人，他在凤凰嘴渡口为年轻的后生们讲述了湘江战役的惨烈经历，当年12岁的蒋济勇曾在江边亲手掩埋过烈士们的遗体。“三年不饮湘江水，十年不食湘江鱼”不再只是历史书上的一段文字，变成每个年轻导演都身临其境的历史感悟。

这些年，从革命老区到抗日根据地，从井冈山到大渡河，从新疆沙漠到青藏高原，每一部重大题材纪录片的创作，都是一次用脚步丈量历史的过程。这就是为什么《档案》的创作者会无数次在路途中留下泪水，《档案》的观众同样会无数次在电视机前热泪盈眶的原因。

四、艺术家的创造

10年的创作经历，《档案》栏目在价值守正的基础上，不断创新电视表达，充分借鉴电影、话剧等多种艺术形式，创造《档案》品牌鲜明的电视纪录片语汇。主要体现在三个方面：

一是沉浸式的时空营造。《档案》的重大题材纪录片坚持回到历史发生地拍摄，在拍摄《西藏》期间，摄制组获准进入布达拉宫西大殿、十三世达赖喇嘛圆寂处、西藏自治区第一座宫殿雍布拉康、罗布林卡内的会客室等从未向媒体开放过的地方，将历史发生的空间本身，作为“档案”的一部分进行展示。

二是体验式的历史感受。在创作纪录片《伟大的贡献》过程中，《档案》首次尝试了复现场景下的讲述方式，创造性地将讲述人“植入”到还原的历史场景中，用话剧艺术中的“间离效果”，让讲述人在“创造”历史的同时讲述历史。尹鸿教授评价，这样的拍摄方式“是艺术上的巨大创新，它解决了历史再现与历史客观性之间的冲突，让观众的历史想象更具合理性，更容易产生身临其境的感染力”。

三是拆解式的档案呈现。节目大量采用三维沙盘模型和虚拟植入技术，对历史走势和关键信息进行拆分和解读，增强历史的可视性，加深观众的认知。这些电视手段的创新应用，形成了《档案》栏目独具风格的电视纪录片语汇。

《档案》品牌在10年发展中所努力熔铸的这四种品格，正是践行眼力、脑力、脚力和笔力的体现。《档案》的守正创新，是北京卫视和北京广播电视台长期坚守主流媒体担当、彰显首都大台品质、打造电视工匠精神的体现。

（北京电视台）

“北京榜样”广播剧，源于平凡生活的艺术升华

2019 年 2 月，北京电台新闻广播推出 7 集系列广播剧《北京榜样，平凡中的力量》。这一系列广播剧以部分 2018 北京榜样年度人物为原型，通过文艺作品的形式，传播正能量，弘扬时代新风。为了真实展现榜样风采，《主播在线》栏目邀请了 2018 北京榜样年度人物夏伯渝、刘宝中等参加广播剧的录制。榜样人物演播自己，既还原生活，也给广播剧增添了亮点。同时，每期广播剧后还播出记者采访榜样人物的广播特写，从不同侧面展现榜样人物的真实生活。

一、虚实交融贯通，真实性与艺术性完美结合

2019 年，中共中央宣传部向全社会发布“北京榜样”优秀群体的先进事迹，授予他们“时代楷模”称号。北京电台作为“北京榜样”活动的发起单位，在宣传“北京榜样”的过程中坚持创新。“北京榜样”广播剧就是一种宣传创新尝试，把真实的榜样人物和故事性的艺术创作相结合，既充分尊重榜样事迹的真实性，又加入了能够推动情节发展、生动展现榜样精神的合理想象细节，使得这一系列广播剧生动感人，让人耳目一新。比如，“北京榜样”人物李东方扎根戈壁 20 年，用珂罗版技术为敦煌壁画造像。为了展现李东方对保护国宝的执着坚守，《珂罗壁画，情驻高窟》这一集广播剧采用了回忆的手法，虚构出考古学师生与李东方的偶遇，引出年轻时的李东方，并将李东方拒绝日本人买画的真实事迹展现出来。虚拟次要人物的出现，合理推动剧情，利用广播剧时空自由的特点，勾勒出李东方守护国宝的形象，情节生动、细节真实、感染力强。因为广播剧选取的都是榜样人物的真实事迹，所以整个剧情听起来自然可信，而艺术升华的部分在不影响主要剧情发展的同时，增强广播剧的生动性和故事性，让榜样故事既可听又可感。

二、榜样人物参与演播，最大限度还原真实生活

广播剧以其故事生动吸引人，榜样事迹因为真实而感人打动人。如何将生动与真实相结合，是“北京榜样”广播剧需要突破的一个难点。为此，新闻广播《主播在线》节目组邀请夏伯渝、刘宝中等榜样人物参与录制，榜样人物自己演播自己，让听众不但了解榜样的事迹，还能感受到榜样真实的声音语态。声音是有特质的，每一次有效而适合的匹配都会使它焕发出新的生机。广播剧中的声音更是如此，除了演播工作人员的表演，真实人物进入到广播剧创作中，激发整个广播剧创作团队的热情。通过前期的采访交流，录制过程中的榜样反馈，这个广播剧的剧本更丰满、也更真实，接地气。比如，无腿登山老人夏伯渝那期《人是高峰，脚是长路》，本来剧本中有两段盘旋在高空中的雄鹰鸣叫的戏份，以此展现夏伯渝坚持 40 年最终成功攀登珠峰的精神。但编辑在与夏老沟通剧本时，夏老讲到在珠峰顶端是看不到鹰的，因为鹰飞不了那么高，这一个小细节的改动，让剧本更加真实。而榜样人物公交车司机刘宝中在演播自己的时候，那种生活化的语言呈现，一下子就拉近了听众与作品的距离，这种真实生动的细节是“北京榜样”人物亲自参与录制广播剧才能带来的亮点。

三、广播剧后播出榜样人物采访，从不同侧面展现榜样精神

这一系列广播剧的策划、剧本的撰写都是基于大量的采访素材。但广播剧的创作毕竟要有艺术性，剧情能够丰富展现榜样人物的形象，但是真实的榜样人物又是什么样子呢？这是很多人听了广播剧后的疑问。于是这一系列广播剧每集结束后，又播出了记者采访榜样人物的广播特写，真实还原了榜样人物生活中的状态。这种从艺术性走向纪实性的过渡，让整个“北京榜样”广播剧成了有源之水、有本之木，榜样人物的形象让听众摸得着，学得了。

（北京人民广播电台）

新媒体环境下儿童广播节目的转型探索

——以北京广播电视台《听听糖耳朵》为例

《听听糖耳朵》是一档面向3~8岁儿童的亲子故事类专题节目，自2015年7月1日开播以来，致力于开发广播节目精品制作和新媒体传播，其同名微信公众号积累了约19万粉丝，成为儿童音频产品中的优质品牌。

一、专注原创性内容开发

《听听糖耳朵》最初以绘本故事为主要内容，主播小群姐姐对绘本的专业演绎是节目的亮点。由于绘本故事不具有独创性，市场竞争激烈，很难制作成付费内容。因此，2019年《听听糖耳朵》推出原创性的成语故事、神话故事等，这些内容有效避免了版权问题，为节目的后续发展提供了保障。

二、突出互动性、场景化

《听听糖耳朵》每周一至周五推出成语故事系列，采用“你猜我讲”的模式展开。节目提前给出四个关键词，让小朋友们根据关键词猜测第二天或下周一要播讲的内容，参与方式就是在微信公众号进行留言。在第二天或周一的节目中，会有两个回答正确的小朋友的语音留言在节目中播出。周六、周日推出的《声音捉迷藏》娱乐互动板块，也是先播出目标声音，再分别播出三组声音，让孩子们找出目标声音出现在哪组声音中。此外，《听听糖耳朵》定位为“儿童睡前节目”，节目结尾固定有数兔子的环节，陪伴孩子入睡，使听节目成为孩子固定的睡前仪式。

三、多渠道传播推广

2019年，《听听糖耳朵》新增播出渠道“听听FM”客户端，内容按节目设置拆分成不同的子专辑，包括《故事时光机》《呱呱笑话》《成语故事》。在广播、微信公众号和“听听FM”三个不同的平台上。除了增加播出渠道，更重要的是对节目内容的重新加工和编排。《听听糖耳朵》将每天的节目内容拆解成两条到三条微信公众号内容，一方面方便听众进行互动，如前文所提到的“你猜我讲成语故事”往往会在周一到周五的微信公众号的头条中呈现，并提示受众留言猜测下期成语故事；另一方面方便受众查找感兴趣的内容，如听众只对节目中的成语故事感兴趣，只需查找相应的微信条目即可。经粗略统计，2019年1月—5月，“听听糖耳朵”微信公众号头条图文的阅读量稳定在1万人次左右，二条的阅读量为4000人次左右。

四、打造品牌，产业化经营

《听听糖耳朵》以内容生产为核心，通过打造主持人形象、举办线上线下活动、建

立会员中心来巩固品牌形象，并探索产业化经营。

2019年，节目组通过“糖耳朵家族”的概念，引进新的声音形象“糖耳朵魔法兔大礼帽”，品牌呈现更丰富的层次。依托虚拟的声音形象，节目不再受限于特定的主持人。《听听糖耳朵》还不定期举办各种线上线下活动，包括儿童朗诵比赛、主持人线下见面会、在线故事征集等。

“听听糖耳朵”微信公众号于2018年10月开始接受广告投放。2017年6月1日，《听听糖耳朵》在微信公众号上线会员系统，会员通过注册、签到、邀请朋友、参加活动等方式可以获得“糖币”，而“糖币”可以用来兑换礼物。截至2018年12月31日，注册家庭数5.26万个，注册会员数5.67万人，日页面浏览量达49.02万人次。

（北京广播电视台　刘燕锦）

融媒体精品力作《同心圆·中国梦——父辈的1949》

作为北京广播电视台庆祝新中国成立70周年主题报道矩阵中的重要一笔，新闻节目中心制作的系列微视频《同心圆·中国梦——父辈的1949》于2019年8月30日在北京卫视、新闻频道的《北京您早》《特别关注》同步开播，以每周双播的频次，持续播出到10月底。

一、鲜为人知，重量级人物口述历史

《同心圆·中国梦——父辈的1949》是一部有品质、有情怀、有温度的融媒体精品力作。项目自6月启动，新闻中心专栏部和北京时间两支实力团队历经3个月的走访拍摄，在中共北京市委统战部、各民主党派市委的推动下，采访到张澜、李济深、郑洞国、何思源、彭泽民、林汉达、孙孚凌、邓稼先、林正亨、司徒美堂等统战史上多位重量级人物的后代，通过他们家人和子女口述历史的方式来呈现一代革命先贤为新中国成立而舍身忘我的付出。新闻中心和北京时间创作团队融合战斗，反复研读每一位人物的背景材料，精心打磨拍摄文案脚本，从海量的信息中，提取出每一位人物一生中最具代表性的高光时刻，囊括了抗日反蒋、各民主党派创建、“北上”解放区协商建立新中国、北平和平解放等统战史上的重要事件。用最凝练的笔触，再现了中国革命波澜壮阔的历史征程。

二、鲜为人见，珍贵实物再现家国情怀

习近平总书记将新型政商关系概括为“亲”和“清”两个字。《同心圆·中国梦——父辈的1949》力求做好这一重大主题宣传的同时，秉承的也正是这两个字：“用最真挚的亲情讲述家国情怀，用最清晰的记忆追溯历史脉络。”采访过程中，摄制组挖掘出很多鲜为人知的故事细节和鲜为人见的珍贵实物，包括彭泽民生前的最后一本工作日记、张澜写给儿子的家书、林汉达的手稿、田富达的军校入学证、孙孚凌的自勉字条、林正亨狱中刻的剪纸画等。很多封存在亲人记忆中的片段，通过这一个个物件，在采访者与讲述人的倾心交谈中还原，就如同时光宝盒被打开，战火、硝烟、轰鸣，铁与血的气息、家与国的情怀，在一部《同心圆·中国梦——父辈的1949》中被记录和呈现。

（北京电视台）

为了自然深情的歌唱

——《我爱你中国》大型群众歌唱活动创作体会

为庆祝中华人民共和国成立70周年，北京卫视策划组织天安门广场大型群众歌唱活动《我爱你中国》。从接到任务的6月13日到实施拍摄的7月8日的26天时间内，北京卫视根据“要展现群众发自内心的歌声和心声，要做到深情自然融合”的要求，围绕新闻拍摄的真实性和电视呈现的艺术性，从四个方面进行策划和摄制。

一、全民表白

为了让情感得到完整的铺陈和酝酿，北京卫视以新闻纪实的方式采访拍摄人们等待升旗的全过程。他们或从半夜或从凌晨开始，在天安门广场外排队等候入场。他们来自天南海北，来自不同民族，他们是谁？他们为什么来到这里？他们想对祖国表白什么？记者通过采访普通人的小故事，传递个人对祖国的情感。记者还专门邀请一些特殊的群众代表加入演唱队伍：有“北京榜样”的获奖者，有大飞机的总设计师吴光辉、长征二号火箭总设计师荆木春、北斗三号工程副总设计师谢军等顶尖科学家，有武大靖、王濛、申雪、赵宏博等运动员代表，有来自西藏的义务戍边员、时代楷模央宗和卓嘎姐妹等12支民间合唱团……担任领唱的是85岁高龄的歌唱家叶佩英。在后期制作中，这些名人并没有太多的大特写镜头，更多的镜头给了普通百姓。

二、全员筹备

在团队搭建方面，北京卫视组建了一支包括卫视节目中心全体员工在内的将近500人的工作团队，分为合唱导演组、观众采访组、寻找采访观众组、现场导演组、摄像组、后勤保障组等多个团队，每个岗位职责到人。

在拍摄区域规划方面，北京卫视将中心广场划分为6个核心区域，每个区域有20名导演和摄像进行现场拍摄和采访，剩下的200多名现场导演，分布在核心区域外围的广场上，随机捕捉精彩画面，形成一个地毯式、网格化、多层次、全覆盖的拍摄体系，不错过任何一个富有感染力的镜头。

在操作规范方面，北京卫视对所有人员进行统一培训，制订详细的标准化操作规范，包括如何找人、找什么样的人、问什么样的问题、如何调动情绪、拍什么、如何取景、景别是多大等等。

在后勤保障方面，工作组考虑到1万面小国旗如何发放给现场群众才不会引起现场围拢和安全隐患，打包分发包括工作服、食物、饮用水、雨衣等在内的1500多份物资装备。

三、全景录制

此次拍摄，北京卫视确立一条总体原则，就是既要突出大场面，又要拍出烟火气；既要展现百姓群像，又要突出典型情感。

首先是在广度上，负责人在广场上一共布置88台摄像机位，在六个核心区域上，保证每个区域有6～8名摄像在同时工作，每名摄像都会与1～2名现场导演组成搭档，保证采访可以随时进行。

其次是在高度上，为了能够拍摄到天安门广场升旗的大全景和数万人合唱的震撼场面，特意在广场上架设两台50米高的云梯进行俯拍作业，并在天安门城楼、人民大会堂、国家历史博物馆顶部分别设立拍摄点。

最后是在深度上，为了获得更加真实、灵活、机动性的拍摄画面，200 多位现场导演还使用手机进行拍摄，记录具有“呼吸感”和“现场感”的镜头，有效扩大拍摄范围，增加镜头覆盖，捕捉到大量传神、动情的精彩时刻。

拍摄结束后，44 位导演立即进入机房，以 11 个人为一组，每 6 小时替换一组，24 小时轮班不停地进行素材剪辑，在 5 天时间里赶制出 15 分钟的成片，成片比例接近 800∶1。

四、全媒传播

大型群众歌唱活动《我爱你中国》实现线上线下结合、大屏小屏联动的融媒体传播效果。北京卫视最终剪辑出 14 分、10 分、8 分、3 分、2 分等五个版本的宣传片，在包括央视在内的全国各家电视台和网络平台播出，尤其是在 10 月 1 日晚间群众联欢活动直播结束后，央视再次播出《我爱你中国》，取得全国 35 城市超过 6% 的超高收视率。

在新媒体端，《我爱你中国》歌曲 MV 第一时间登上“学习强国”App 北京专区的推荐首位，同时在微博热搜榜和抖音正能量榜上登顶首位，全网视频播放量累计超过 1.3 亿，相关话题阅读总量超过 3 亿，覆盖粉丝累计超过 20 亿，成为在整个庆祝新中国成立 70 周年宣传期内，热度最高、影响最大、好评最多的视频之一。

（北京电视台卫视节目中心主任　马宏）

北京电视台推出年终专稿——《跨越 2019》

从 2019 年 12 月 25 日开始，北京电视台《北京新闻》推出 10 集年终专稿——《跨越 2019》，全面总结梳理一年来北京市攻坚克难、顽强拼搏，经济社会取得的新进展新成效。

一、聚焦中心，突出主题

2019 年，是新中国成立 70 周年，是全面建成小康社会、实现第一个百年奋斗目标的关键之年。新闻中心的记者们查阅各种资料，研究全市一年来的中心工作，最终把节目的着力点聚焦在市委市政府中心工作“四四三三”上：围绕加强“四个中心”功能建设，提高“四个服务”水平，抓好“三件大事”，打好“三大攻坚战”做足功课，做足文章。

由此，节目组共梳理出“加强‘四个中心’功能建设、提高‘四个服务’水平”“推进高质量发展”“疏解整治促提升”“增强民生福祉改善”“全面推进副中心建设”“大力优化营商环境”“冬奥会筹办扎实推进”“接诉即办”等 10 个方面的重点选题，内容既有国庆 70 周年、“一带一路”高峰论坛、亚洲文明对话大会、北京世园会、大兴国际机场等宏大主题，又有生态环境改善、为企业送服务包、为民办实事这样的民生新闻，整个报道既全面呈现，又重点突出。

二、制作精良，精益求精

新闻中心将年终专稿《跨越 2019》报道作为年度收官的重大报道，调集骨干力量投入工作。

一是选准切入点。每一个方面的成就都有生动的人和事来承载。节目组梳理了 2019 年全年市委主要领导调研所涉及的重点事例，从中选择最能反映全市中心工作和进展特点的人和事作为切入点。在“改善民生福祉”

一集中，选择回天地区作为切入点；在“开展疏整促，进行社会治理”一集中，选择“劲松模式” 作为切入点，使每条新闻的切入点都具有典型性。

二是画面大气，包装精美。作为全市工作一年来总结梳理的电视化表达，画面语言尤为重要。为此，记者们广泛收集素材，调取大量媒资，加入航拍、历史资料画面，使得新闻更加真实、震撼。在总结全市性数据以及重点内容时，还注重精美的包装，更有可视性。

三是专家点评与群众心声相互呼应。每集报道都采访大量群众，让群众多表达多发声；同时还采访多位权威专家，站在更高的视角看待北京的工作，使得整个报道“上连天线，下接地气”。

四是反复打磨，力求精品。《跨越2019》10集报道，每集都力求精品。节目组从一开始就要求高水平撰写文稿、高质量编辑成片。每篇稿件、每个成片，都经历至少“三上三下”的修改与整理。

（北京电视台）

有声有情有气势 出新出彩出精品

——北京电视台《行进在春天里》系列报道解析

2019 年 3 月 22 日至 5 月上旬，北京电视台新闻节目中心推出北京市绿道规划和建设系列报道《行进在春天里》。在这次报道活动中，他们创新报道机制，打破部门壁垒，精心策划组织，编辑、记者、主持人积极践行增强“脚力、眼力、脑力、笔力”要求，镜头对准基层，深入采访挖掘，唱响了“城市绿道串联城市自然山水人文，服务百姓休闲游憩健身，促进城乡绿色协调发展，让人民共享生态文明建设成果”的时代主旋律，彰显了主流媒体的舆论引导力和责任担当。

一、一个主题，多种形式

绿道一头连着生态环境，一头连着民生福祉；绿道建设契合百姓对美好生活的需求，实实在在提升人民群众的幸福感和获得感。新闻节目中心充分发挥形象生动的电视传播手段，用报道、连线、评论、口播、MV、特殊报尾、包装、动漫等多种形式，密集报道北京市各级政府按照《北京市绿道体系规划》，努力建设市级、区级和社区级绿道，完成全市 2000 千米的绿道网络，让市民充分享受到北京绿色发展的丰硕成果。此外，系列微视频《我爱北京》推出春天绿道系列，相继播出《海淀公园打卡网红跑道》《大兴新城林荫步道让居民有了更多绿色休闲空间》《门头沟新城绿色廊道公园带给居民健康生活》《东郊森林公园的美丽变迁》等，用普通市民边走边说的形式，讲述绿道建设带给自己的可喜变化，记录百姓的幸福生活。

二、事实说话，数据支撑

《行进在春天里》系列报道尊重新闻规律，注重新闻价值，讲究言之有物、言之有据、言之有序、言之有度。报道中，运用大量数据，市、区、街道、乡镇等不同层次，对应不同的数据，介绍情况，展示成果。每一个数据，都体现了首都生态文明建设的步伐；一组组数字，都是对“绿水青山就是金山银山”的深刻理解和积极践行。

三、从人切入，以情动人

“88 岁的卢忠老人，家住西城区建功南里社区，春暖花开的季节，老人最惬意的事，就是和街坊邻居在家门口的金中都公园遛遛弯。”“周末上午，通州区温榆河－北运河绿道，上百位骑行爱好者正沿着红色的沥青路面一路骑行，生机盎然的美景尽收眼底。”“家住附近的李女士告诉记者，公园步道升级改造后，不仅线路设计更讲究，运动体验也更专业。”《行进在春天里》系列报道注重市民视角，从单一个体的切身感受、生活变化和品质提升的角度出发，体现以人为本的理念，增强报道的生动性、新鲜性、接近性、贴近性。

四、一次采集，多元分发

在持续推出系列报道的同时，新闻中心 3 月 19 日到 5 月 1 日期间精心制作了 8 个绿道 MV 宣传片，40 秒的篇幅，分别以“春天里 · 朝阳公园绿道”“春天里 · 环二环城市绿道”“春天里 · 三山五园绿道”等为主题，精选优质画面，精心编辑制作，以“美景＋音乐＋字幕”的形式，集中展示北京生态文明建设所取得的丰硕成果。8 个绿道 MV 宣传片在频道宣传里共播出 410 次。此外，《北京新闻》还制作了特殊报尾，用精心编辑的画面，辅之以诗一般的语言，展示北京春天之美，体现市民满满的获得感。

（北京电视台）

北京卫视《养生堂》开播十周年

2019 年 1 月 1 日，北京卫视长青栏目《养生堂》推出“十周年荣耀庆典”，以感恩观众的方式度过十周岁的生日。2009 年 1 月 1 日，《养生堂》栏目正式开播，至今已累计制作播出 3000 余期，邀请 1000 余名医学专家登上荧屏，以深入浅出、寓教于乐的方式，将医学知识传递给观众，并影响和改变着观众的健康观念和生活方式。

一是用通俗易懂的方式向大众传递专业、权威的健康养生知识。十年来，“献给亲人的爱”是栏目不变的宗旨，在“那些你错过的穴位”“长寿的秘密”“消化不良后的健康危机”等看似简单的选题背后，是栏目对中老年观众健康痛点的深切关注。对于一档全年 365 天不停歇生产的日播栏目来说，避免模式固化、内容老套是永久的挑战。为了避免观众陷入收看疲态，《养生堂》在选题上展现出较高的宽容度和开放性。节目既关注三高、糖尿病、中风、癌症等高发疾病，也关注抑郁症、老年痴呆这些特殊但影响面广的症候，同时不断延伸内容触角，将目光投向人们健康生活的方方面面，例如冬季护腿防湿气、如何控制火锅等日常饮食的含糖量、口舌干燥表象下干燥综合征的防御与治疗等。凡是百姓关注的都是《养生堂》要服务的。

二是让养生知识“显”而“易”见。“看得懂、学得会、用得上”，这被《养生堂》视作节目制作的“九字箴言”。节目打破了以往主持人与专家一对一的访谈方式，在专家讲解中，融合案例分享、科学实证、动画演示、大型道具等多种手段，力求让医学知识落地。节目还邀请现场观众参与，与专家互动，令医疗知识可观、可感，提升节目的灵活性和可看性。过去十年，多类型节目迅速发展，电视节目的创作手法也在不断更新。

《养生堂》时刻了解行业创作动态，借鉴吸收优秀节目模式，持续创新视听表达，运用大量剧情化、演绎化的表现方式，和故事化的叙事手法，有效提升节目观感，让节目常做常新。

三是多元传播价值升格。在全媒体传播环境下，《养生堂》不断开拓传播路径，充分利用多媒体资源，展开融合传播的尝试。据索福瑞统计，《养生堂》常年保持着全国健康类栏目的收视冠军。同时，其网生内容也有不错的反响，仅抖音平台就获600多万粉丝，获赞量突破千万。栏目深度布局微信、花椒、抖音、今日头条、网易新闻、百度百家等多媒体平台，依据不同平台特性有针对性地分发内容，不断拓宽健康传播的边界。

此外，节目聚焦了众多社会议题，如在艾滋病日策划性安全话题："HPV疫苗那么火，我有必要接种吗？"关注社会中的弱势群体："致敬最高位半截人，在《养生堂》的舞台上再次勇敢站起来"，并借此探讨健康养生对当下社会的意义。《养生堂》持续的创新意识为健康传播提供无限的想象空间，同时，其人文关怀与社会担当也值得点赞。

（北京电视台）

融媒体时代北京城市广播融合发展经验

北京城市广播定位于打造城市生活的公共服务平台，在融媒体时代，传统广播发挥内容与资源优势，同时借助新媒体传播方式和渠道走出特色发展道路。作为北京地区二十余个广播频率之一，这一服务于市民的传统广播依托政府权威资源，专业化、垂直化服务目标受众。一方面主题报道融合制作、多维传播，节目内容专业实用，彰显频率特色，发挥主流媒体传播力、引导力、公信力；另一方面，资源拓展，线上线下闭环服务构筑运营体系，社会效益与经济效益协同发展。

一、深耕广播，打造内容服务型平台

《市民对话一把手》节目是北京城市广播在北京市政府指导下开办的品牌节目。节目以官员与市民面对面恳谈、实时互动、真诚解决民生问题等特点受到社会广泛关注。经过十余年的运行，北京城市广播开启与北京电视台、北京新媒体集团北京时间联动直播，一体策划、分工合作，同步音视频播出。同时联合首都之窗、千龙网、北京发布、新浪网、网易视频等新媒体多平台分发，广泛传播，壮大影响力。以2018年为例，在北京市召开两会之际，围绕"文化中心建设、保障和改善民生"等首都高质量发展大局，在人大会现场搭建直播间邀请市发改委、冬奥组委、市住建委、市交通委等23位委办局"一把手"直播访谈；年中，以"提案办理面对面"为主题，邀请北京市政协委员带着提案与多家委办局"一把手"面对面，首次面向社会直播提案办理的过程，让政协委员提案、政府办理从幕后走到台前，创造"市民反映、委员提案、媒体推动、政府现场办理"的新形式。20万次市民参与意见的征集及互动，抖音短视频及视频、微博等同步图文音视频直播，五期对话访谈节目点击及浏览量1800余万人次，电视收视率同比高出35%，城市广播收听率提高50.4%。

《2016—2035北京城市总体规划》明确了北京是全国的政治中心、文化中心、国际交往中心、科技创新中心的城市战略定位，随即一系列保障和改善人民生活的方针政策出台。北京城市广播在与北京市政府合作“市民对话一把手”的基础上，将阶段式的合作，拓展为以教育文化、健康卫生、求职就业等多领域、多栏目、多媒体、全年不间断的全方位合作。

2016 年，城市广播与北京市卫计委签署协议，共同打造日播的《健康加油站》栏目。这是北京媒体中唯一与医疗卫生主管部门合作、22 家市属医院院长每年直播、纳入医院宣传考核的健康科普栏目。此后，节目组建“问医生”团队，展开广播线上节目与线下活动及新媒体的运营，先后与北京市医管局、北京市中医管理局、北京市人口和计生宣教中心签约合作，获得权威资源开展主题宣传的同时并获宣传经费投入。2018 年 3 月起，北京市卫健委与北京城市广播合作推出“健康守护在身边”系列访谈，组织北京市十六区卫计委负责人和医师直播咨询，全面、权威解读基层卫生建设。

教育专栏《教育面对面》从节目开播之初即与北京市教委、北京教育考试院合作，是北京唯一与教育行政与考试主管部门合作、全年直播的教育专题栏目，仅每年中高考考季就有 200 所高校及中学招生一把手现场直播。依托政府资源，节目着力打造权威公信的品牌形象，并借此展开线下活动、全时化新媒体互动，获得听众的充分认可。近四年蝉联北京电台“名牌栏目”奖、先后获得“北京广播电视优秀栏目”“全国城市台品牌栏目”奖。

二、重度服务，团队运营

2015 年，北京电台启动团队制试点改革，选择有市场发展潜力的品牌节目进行团队化运营，在保证内容质量的前提下统筹把控节目与线下活动、新媒体运营，在广播传统广告之外做增量化市场运作，赋能放权、激发活力，挖掘品牌的经营潜力。《教育面对面》《健康加油站》先后获批为团队，城市广播也成为北京电台唯一组建团队的系列台。

老节目、新团队，坚持十年日播的《教育面对面》栏目探索一条打造品牌、运营品牌之路。成立团队以来，开拓以服务用户为目标、发挥社会效益为前提、创造公益品牌经济价值的运营模式。团队深度开发优势资源，形成“空中广播 + 地面活动 + 网络多媒体 + 汇编手册 + 微信社群”五位一体的方式，聚合用户、服务用户，为听众提供重度垂直的广播增值服务，开发每一链条的资源价值，形成线上线下闭环服务与营销体系。

“问医生”团队“以广播上的健康科普为依托，服务于生命经济的整合传播”，根据市场的需求，团队开辟视频直播业务，搭建起音视频、图文的多平台传播矩阵。日常的广播直播节目同步进行网络视频直播、微信微博图文推送。每年结合肿瘤防治宣传周、世界红十字日为主题策划宣传，在优质视频平台同步直播，由客户付费的新媒体分发业务实现创收。随着前沿直播技术的应用，团队还开展移动直播，“市民对话一把手 – 市属医院院长系列”，实现医院多场景转换的视频直播，院长带网友探秘；主持人现场体验互动，社交分享，整合传播的商业价值也得到政府的认可。

深耕广播、依托政府，面向市场，城市广播主打节目从用户需求出发，上游提供专业权威的内容，文图音视频等产品，下游拓展输出渠道，通过移动端、地面活动、新媒体产品等实现多渠道分发，线上线下联动，探索多种方式并存的服务与盈利模式，为不同用户提供个性化、增值服务。两个节目团队获得中国广播融合创新十佳案例，教育团队获得北京市委宣传部宣传文化基金资助，团队创收接近翻一番，初步取得社会效益与经济效益的协同发展。

三、全媒制作，融合创新

作为频率资源不足的城市广播，近年开始将新媒体主攻方向定位于垂直类节目。在尚无对新媒体产品实行考核与评价的现状下，2017 年城市广播内部出台激励机制，打造新媒体传播矩阵吸附用户。2019 年，教育、健康、文化、房产、财经、公益互助等节目均开设微信号，城市广播直播间视频上线，半数以上节目实现音视频、微信微博同步直播，并在今日头条、网易、腾讯等平台开通自媒体号，各档栏目入驻北京电台客户端“听听 FM”进行新媒体平台拓展，实现多平台分发传播。

城市广播 5 个栏目微信公众号获得各种荣誉，获奖数量位列北京电台十个系列台首位，健康节目短视频、文化节目微信图文产品分获 2017、2018 年度北京广播电视台创新奖。

针对庆祝改革开放 40 周年大型报道活动，城市广播特别策划《三代人的求学梦》系列节目，专访新东方创始人俞敏洪、文化学者蒙曼、北大国际医院院长陈仲强等十余位教育科技、文化卫生等领域的杰出代表，用个人求学奋斗经历展现行业发展历程和成就变化。报道一体策划、分工合作、融媒制作，矩阵传播。首发联合北京时间、网易、凤凰风直播、一直播等视频网站进行直播，微博图文推送。中期精加工制作音频版内容，在多档栏目和多个微信公号推出。后期集中制作专题报道在新闻广播《北京新闻》播出，三阶段传播使主题宣传形成巨大声势，视频访问量超过 300 万人次，广播收听率同比增长 2 倍，反响强烈，获得北京新闻奖一等奖。

由北京市卫计委发起，北京城市广播举办的“生命与医学”科学倡导活动于 2017 年底启动，被列为政府宣传工作年度折子工程，通过视频直播、新闻报道、广播播出、自媒体传播等形式融媒体制播，集医学科普、情感表达、艺术展现为一体的创新内容，曝光量累计超过一亿，实现融媒创新，提升主流媒体影响力。城市广播还发挥全媒体整合传播优势，承办北京市“幸福家庭大讲堂”系列活动，将活动与音视频、微信图文互动等方式结合，优质内容与拥有海量用户的平台多向合作。9 场活动视频观看量达 300 余万人次。

北京城市广播一方面主题报道坚持全媒体制作、融合传播，一方面节目内容深耕垂直领域、专业实用，彰显特色，发挥主流媒体传播力、引导力、公信力。2017 年收听率比上年提高 33%，2018 年在激烈竞争的北京广播市场的收听排位提升 1 位，获得 2017 年度中国广播“最具欣赏价值的地面广播频率”，中广联第五届民生影响力民生资讯类十强媒体。同时，资源拓展，品牌赋能，线上线下闭环服务构筑运营体系，社会效益与经济效益协同发展，经营创收 2018 年度逆市上扬 17%，其中两支节目团队创收连续两年增长，占到城市广播创收总额的三分之一。

（北京城市广播　张延红）

歌华有线公司积极发展智慧广电集客业务打造智慧城市服务亮点

北京歌华有线公司利用网络、技术、资源和本地化优势，全面推进智慧广电建设和智慧集客发展，积极参与首都智慧城市建设。2019 年，公司智慧集客业务发展加速，集客市场收益持续提升。

一、加强顶层设计，明确智慧广电集客业务发展规划

2019 年，歌华有线公司全面落实智慧广电集客业务“北京方案”，制定公司《智慧广电发展规划（2019—2021）》，以智慧城市、智慧社区、智慧乡村、智慧家庭建设为重点，积极推进“光纤北京”“无线北京”“感知北京”三大网络建设，建立面向民用、商用、政用的服务体系，持续发力智慧城市项目建设，加速进军垂直行业，深耕重点行业布局。

二、明确发展路径，全面提升集客业务市场竞争力

确立“一图两表” 的工作发展思路：围绕战略规划蓝图布局集客业务生态；围绕业务经营表、客户表，推动集客市场业务拓展及内部管理。加强集客业务的系统性、整体性和协同性建设。积极提升智慧广电集客业务支撑能力，以通信、大视频、云服务能力提升为重点，加快推进 IP 数据专网建设，建设“广电智慧云”和物联网云服务平台，强化全网运营支撑服务。完成公司集客业务项目案例库一期，加强集客业务标准化建设，提高业务推广速度，增强集客市场竞争能力。专注做强做深客户关系，积极寻求政府合作项目，充分利用政策红利，全面促进公司集客业务高速高质发展。

三、坚持业务创新，打造智慧城市服务亮点

推出“街乡吹哨、部门报到”工作平台（见图 1），在全市首次创新实现“线上吹哨、部门报到”，探索“智慧广电”赋能基层治

图 1　歌华有线公司“街乡吹哨、部门报到”卢沟桥街道工作平台

理的“北京经验”，助力街道、社区更高效地开展“吹哨报到”工作。以视联网技术为载体，整合网格、图像等资源，搭建面向区、街道的“街乡吹哨、部门报到”三端融合服务平台，完成包括丰台区政府、卢沟桥街道及下属37个社区的工作平台（5个模块）办公端上线工作。

四、深化客户关系，探索推进“专线”产品升级

一是专线接入业务稳步推进，政府客户稳中有升，新增北京市安全局、朝阳区公安分局等项目，探索实践新合作模式，获得新业务增长点。二是积极拓展金融行业新业务，紧随市场导向，加大对金融客户的业务开发升级，提高光纤接入及监控安装等服务时效，新签兴业银行、中行裸光纤及跨区接入等新项目。

五、深入市场拓展，智慧城市建设项目全面铺开

一是“无线北京”建设初具规模，截至2019年底，完成全市1062个公共场所共计9813个AP的开通工作。二是“雪亮工程”扩大落地，并新增“人脸识别功能”系统建设。三是房山加油站联网监控项目、平谷“智能交通”项目及养殖场视频监控联网工程、怀柔区推进“平安校园”、城市副中心交通红绿灯联网工程二期及智慧停车项目等稳步开展。四是“歌华生活圈”系列产品加强开发运营，不断创新产品设计、技术模式、商务模式，推进与更多服务领域和应用资源的嫁接与融合，截至2019年底，歌华生活圈系列应用累计上线31个，实现全市16个区全覆盖，累计点击量达到8千余万次。五是中标通州区“煤改电智能化监测服务系统”项目（见图2），2019年内完成覆盖120个村的网关安装和4万户设备安装，为开展物联网技术应用提供重要经验。

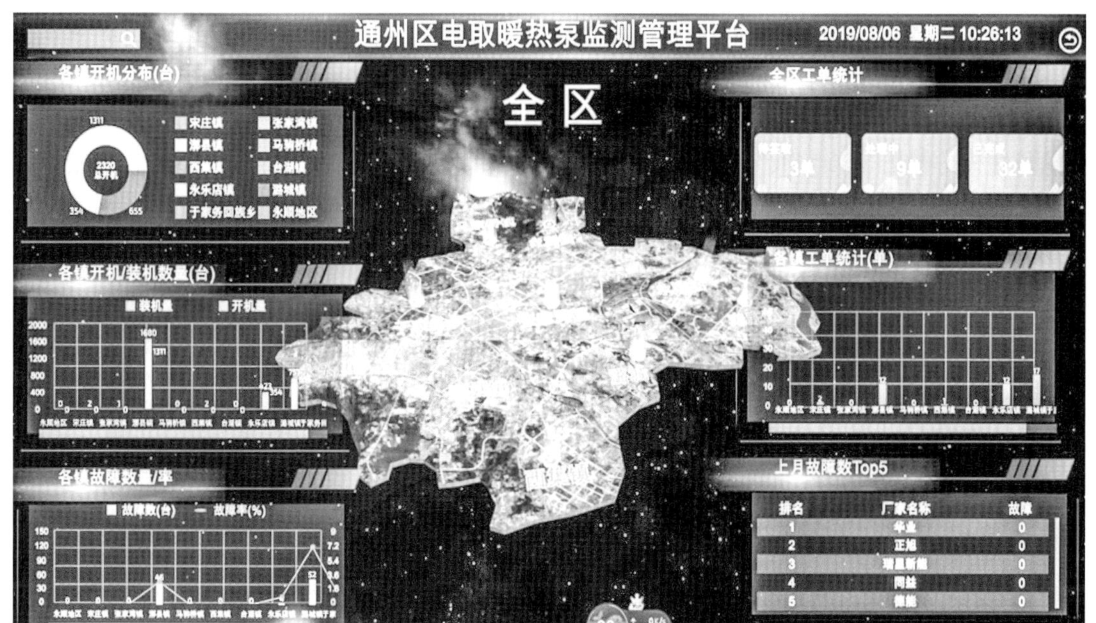

图2 歌华有线公司应用物联网技术建设通州区“煤改电智能化监测服务系统”智慧城市项目

（歌华有线公司）

搭建企业与用户沟通平台，实现自身渠道价值最大化

2019年3月18日，由中国汽车报、北京电台交通广播联合主办的为期4天的2019第二届北京（国际）房车旅游文化博览会在全国农业展览馆落下帷幕。

截至3月21日下午5：00，本届展会4天共吸引11.3万观众到场参观，销售业绩也异常亮眼：新车零售708台，比上届增长77.2%；集团采购300台，比去年增长103.6%；木屋及集装箱酒店签约金额1200万元，比去年增长215.8%，户外装备及服装销售30万元，比去年增长117.9%。

2018年我国房车销量突破5万台，无论是产销、质量，还是围绕房车开发的旅游项目都在加速发展。北京（国际）房车旅游文化博览会虽然只是第二次举办，但专业的形象、良好的氛围已经赢得了厂商和消费者的一致好评，成为备受关注的房车旅游盛会。交通广播也借助这一品牌活动，参与到房车这一以往极少涉足的领域中。

伴随着市场的进一步细化，分众营销已经成为生产企业的共识，但聚集起有共同需求的购买用户，却并非生产企业所长，特别是汽车销售行业，在大城市限购和经济走势的双重压力下，竞争程度日益激烈。交通广播近年来不断加强在汽车垂直细分领域的探索，努力找寻与媒体属性相近的用户群体，增强在大交通出行领域的权威性、服务性，在汽车销售领域中，逐渐强化其连接生产企业与购买用户的纽带作用。

作为深耕本地交通出行及生活服务领域多年的交通广播，在精准人群中不断拓展品牌影响力，依托传统广播平台在市场上的头部效应，同时借助新媒体平台和线下活动等多种渠道，凝聚用户，形成有一定影响力的买方市场。为此，近年来交通广播特别强化三个方面的意识：

一是强化自身品牌意识以提升交通广播影响力。2018年完成的品牌升级项目更加突出频率的视觉形象以及向融媒体传媒品牌转型的愿景。简洁时尚的新版标志（logo）和“总有美好在路上”上的宣传用语（slogan）也让用户及广告客户对交通广播增加认同感和识别度。与此同时，继续深入打造《交通新闻》《一路畅通》《汽车天下》《1039交通服务热线》等具有交通特点的标志性节目，“1039发现”“1039探路车”等展现频率定位的品牌活动，与传统的北京（上海）国际汽车展览会报道、台庆欢乐会等大型活动一起，从内容生产到品牌营销多层面精准凸显自身定位，不断聚集以移动场景收听为典型特征的用户人群。

二是通过“陪伴、服务”意识提升交通广播影响力。采编播人员必须始终清醒认识节目做给谁、怎样才能到达核心用户等问题，才能使节目制作与用户需求达成一致，并通过适当的节目形式精准影响核心用户。近些年，一方面在节目调整中不断根据社会变化和听众需求调整新增《联E会》《1039生活+》等直接服务于核心用户垂直生活领域的节目；另一方面依然坚持依靠政府机构和其他社会力量，脚踏实地服务市民、满足市民需求，特别是一些应急需求。仅在2019年一季度本市两起影响较大的急救转院事件中，交通广播就在激发社会正能量、引导社会车

辆避让等方面发挥了其他媒体难以替代的应急广播的动员、沟通、服务作用。2018 年的调查数据显示：交通广播全年强势领跑广播收听市场，市场份额（35.661%）同比增长 11.58%，相当于 TOP5 中的其他 4 台之和。

三是依靠融媒体传播增强核心用户黏度。在新媒体传播环境下，用户划分更加细致，这与市场的精准营销理念不谋而合。交通广播立足音频，但又不拘泥于传统的音频传播，而是将内容生产和品牌传播逐渐向图文、短音视频等方向发展。在搭建起微信矩阵，及时回应用户互动信息的同时，以“两微”为基础平台积累用户，2019 年又逐步建立视频传播团队，着眼以汽车为背景的生活情景，围绕核心用户每天都要经历的开车、停车等话题，设计出“1039 尬问”等短视频，通过抖音、“北京时间”、一直播等平台传播，提升用户对“人、车、生活”频率品牌调性的认同感，以期达到沉淀核心用户的目的。

此次与中国汽车报联手主办的房车展会，并非交通广播参与主办的唯一车展。特别是从 2018 年开始，以 1039 品牌为核心的“美好购车节”多次在全国农业展览馆、五棵松文化体育广场举办，与“总有美好在路上”这一传遍北京大街小巷宣传语紧密关联的购车活动，2018 年总计吸引上百家北京汽车销售 4S 店参展，成为北京市民集中购车选车的一个绝佳平台。

如今，“用活动提升品牌，用品牌扩大对听众、客户的影响力”已经成为交通广播核心工作思路之一，不同模式的活动运营，最终也都成为广播线上广告收入的有力支撑。未来，交通广播仍将不断加强对汽车、大交通等相关行业的垂直深耕，对目标用户提供精准服务，通过搭建生产厂家与用户之间的交流平台，在媒体融合发展中找准自身定位，让交通广播在融媒体环境中依然立于不败之地。

（北京人民广播电台）

凸显主题主线传播效果明显提升

——北京电视台精心编排元旦期间节目

2019 年元旦期间，北京电视台以鲜明的主题化设计、多平台融媒体传播、跨年报道新样态，积极营造欢乐祥和、喜庆热烈的浓厚节日氛围，取得良好的宣传效果。

一是年终盘点节目时效快、分量足，多角度亮出首都发展成绩单。《北京新闻》《北京您早》《特别关注》等栏目推出“回望 2018 系列报道”“新动能支撑经济高质量发展系列报道”“全市元旦文化活动报道”等主题策划，派出 20 多路记者开展全方位反馈报道；集中播发干部在工作岗位保障市民过节的消息，动态呈现北京新年倒计时、天安门广场升旗、公园冰雪嘉年华等文化活动报道，充分体现“干部在岗、群众过节”，全面展示党员干部“为人民服务”的生动实践。同时，从“京津冀协同发展取得新进展、科技文化创新双轮驱动壮大新动能、高精尖产业发展取得新突破、需求结构优化取得新成效、区域协调发展提速形成新动力、改革开放全面深化激发新活力”等方面概括 2018 年北京经济发展的新态势。从“疏解整治促提升、街乡吹哨部门报到、改革优化营商环境、保障和改善民生、大气治理生态环境建设、推进冬奥和世园会筹办”等方面集中梳理过去一年首都各领域取得的巨大成就。此外，北京电视台新媒体团队利用图文、短视频、小视频等多种形式展望2019年发展愿景，相关内容网络总播放量超过215万，总点赞量超过8万。

二是跨年节目精品化、规模化，大力弘扬中华优秀传统文化。北京卫视、新闻频道、文艺频道、卡酷少儿频道、纪实频道集中推出《2019年环球跨年冰雪盛典》《2019北京新年倒计时活动暨北京冰雪文化旅游节开幕式》《第八届北京喜剧幽默大赛》《2018 The ONE全球公益钢琴盛典》《2019北京新年音乐会》等跨年晚会，反响热烈。仅《2019年环球跨年冰雪盛典》的相关话题阅读总量就达到近20亿，全网视频播放量达1.5亿，12个话题词荣登微博热搜榜，4个话题词高居抖音热搜榜，抖音挑战“冰雪跨年”播放量近3亿，热门节目腾格尔《日不落》24小时内超千万人次观看。此外，新闻节目中心牵头，协同播出部、制作部、转传部、网管部、办公室等部门，克服严寒天气、转传条件复杂等困难，第8次圆满完成新年倒计时活动的直播任务。

三是从元旦起北京卫视晚黄金档开播《首都晚间报道》，打造首都媒体主流思想舆论阵地。1月1日起，北京卫视在每周一到周四22：30、周五到周日23：30推出时事新闻评论直播节目《首都晚间报道》。这是北京广播电视台进一步强化新闻立台理念的又一举措。节目每期30分钟，以“尽揽天下事，新闻看北京”为口号，从“时事政策、公共话题、突发事件”等大型选题中选取当天最新、最热、最快的新闻话题展开评论分析。以“资讯播报+新闻评论”的双向互动模式，还原新闻全貌、解读事件真相，传播党和政府的声音，展示社会发展主流。

四是发挥频道集群优势，强化精品节目带，提升节日宣传文化品位。总编室集纳各频道宣传亮点，整合“《2019年环球跨年冰雪盛典》《北京榜样》《北京喜剧幽默大赛》”等热门跨年内容，集结成宣传片，在全台各频道公宣时段多频次滚动播出。卫视节目中心制作推出《我们的节日·元旦、春节》《公益专题宣传片·菜市场系列》等主题宣传片。北京卫视、文艺频道、科教频道、生活频道、卡酷少儿频道、纪实频道等集中推出《生命的礼物》《暖暖的味道》《养生堂十周年庆典》《每日文娱播报·2018文娱年鉴》《笑动剧场》《我看行》《记忆·难忘的经典旋律》《全民健康学院·院长开讲啦》《美人谷》等特别节目、纪录片、电视剧和元旦特别编排，彰显坚定的文化自信。

（北京电视台）

交流合作

北京市广播电视与国内外其他台交流合作情况

2019 年，北京市广播电视系统积极开展国内外交流活动。

一、国内外办会参展

当地时间 2019 年 4 月 7 日，北京市广播电视局与戛纳电视节春季交易会组委会共同合作，在戛纳电视节春季交易会（MIPTV）期间成功举办买家交流会，邀请来自 30 多个不同国家和地区的 350 余位买家和 100 多位媒体记者前来参与。戛纳电视节组委会娱乐事业部总监 Jerome Delhaye 先生、戛纳电视节组委会亚洲区销售经理 Paul Barbaro 先生出席活动。本届戛纳春季电视片交易会北京代表团成员单位共 16 家，参展作品 50 余部。北京华录百纳影视股份有限公司的代表在活动上为电视剧《归去来》和《美好生活》进行推介，引起众多买家的特别关注。交流会现场工作人员身着北京代表团宣传文化衫，通过发放代表团宣传品、布置易拉宝、播放作品合辑视频等多种形式为代表团的展位和作品做全方位的宣传。通过与北京影视制作单位的充分接触、积极洽谈，参与活动的买家对推介作品表达很强的购买意愿，同时对代表团推广的反映中国文化和时代精神的影视剧作品也表现出强烈的兴趣，并希望在题材开掘、文化融合、合作方式等方面进行合作意愿。

当地时间 2019 年 4 月 23 日，“2019 北京优秀影视剧海外展播季 · 匈牙利”在布达佩斯拉开帷幕，此次活动由北京市广播电视局举办，由北京影视企业选送的《勿忘初心》《归去来》《从〈中国〉到中国》《最美的青春》《最美中国》等 30 余部电视剧、纪录片及网络视听节目亮相匈牙利，来自中国和匈牙利的近百名影视产业代表出席开幕式。

当地时间 2019 年 4 月 25 日，继匈牙利展播季开幕后，2019“北京优秀影视剧海外展播季”在克罗地亚首都萨格勒布拉开帷幕。来自北京的影视网络视听企业代表以及克罗地亚影视视听行业百余人参加展播开幕式，观看来自优酷的纪录片《了不起的匠人》。活动期间，北京视听企业机构代表与克罗地亚国家电视台开展合作项目洽谈，克罗地亚国家电视台对此次洽谈高度重视，组成以台长 Kazimir Baēiē 先生为首，包括副台长、总编辑、国际部主任、频道总监在内的八人商洽团。双方就北京三多堂传媒股份有限公司系列纪录片《足球道路》中涉及克罗地亚的两集纪录片合拍事宜进行详尽务实的讨论，并确定合作方向和时间。克罗地亚国家电视台与北京华韵尚德国际文化传播有限公司就节目传播达成合作协议。海润影视与亚德里亚影视制作公司就合作翻拍项目初步达成合作意向。

当地时间 2019 年 5 月 23 日，北京国际电影节组委会在戛纳国际电影节上举行“北京之夜——北京国际电影节戛纳推介会”。华沙国际电影节主席 Stefan Laudyn、波兰电影制片人 Grzegorz Krzeszowski、巴黎大区电影委员会 Stephane Martinet，前法国国家电影委员会首席运营官 Franck Priot，以及戛纳国际电影节、法国昂西国际动画电影节、法中电影促进会和各大电影公司的代表等 350 余名电影业界人士出席。推介会上，在 2019 年

4月第九届北京国际电影节北京市场获得“海外推广奖”的项目《一只叫薛定谔的猫》和《觅迹寻踪》分别进行推介，助力项目在戛纳国际电影节寻找商机、开展合作。

当地时间2019年6月25日，北京市广播电视局和中国驻里约热内卢总领馆共同主办的“2019北京优秀影视剧海外展播季——巴西启动仪式”在里约热内卢举行。在中巴影视界代表的共同见证下，北京与里约热内卢这两座历史文化名城在广播电视和网络视听领域拉开合作的新篇章。北京市委常委、宣传部部长杜飞进，中国驻里约热内卢总领馆副总领事陈晓玲，里约热内卢州文化厅厅长特别助理帕布罗，巴西影视局影像监管专家及国际咨询委员会代表瑞纳塔，北京市委宣传部副部长赵磊，北京市广播电视局党组书记、局长杨烁，首都广播电视节目制作业协会会长刘燕铭，来自北京、里约热内卢相关部门和网络视听节目服务机构代表，以及中巴媒体代表约90人出席了当天的活动。北京市广播电视局党组书记、局长杨烁表示，从2016年的“北京优秀影视剧海外展播季”、2017年的“北京游戏南美主题日活动”，再到北京影视机构和网络视听平台走进巴西，广播电视和网络视听领域的交流互鉴推动中巴两国间的文化交流和民心相通。来自北京的影视机构和网络视听平台公司带来优秀的节目作品，爱奇艺首席内容官兼专业内容业务群总裁王晓晖向在场的巴西同行推介五部中国优秀的电视剧、综艺和纪录片作品，希望巴西优质的影视节目内容能够更多进入中国，未来有机会还可以共同探索双方联合制作影视节目，以促进优质内容在创作、播出等全产业链的相互引进与合作。巴西影视视听协会会长与首都影视制作业协会会长刘燕铭签署《中巴影视协会战略合作框架协议》，双方为深化新时代中巴两国友谊，扩大人文交流，加强影视文化交流交易，在平等互利、充分酝酿的基础上达成合作协议。

当地时间2019年6月27日，北京广播电视代表团到访布宜诺斯艾利斯，与阿根廷联邦公共传媒管理总局举行会谈，就中阿两国间广播电视和网络视听合作进行深入讨论。北京市广播电视局党组书记、局长杨烁，阿根廷联邦公共传媒管理总局国务秘书隆巴尔迪，携两国广播电视和网络视听企业代表出席会谈，就落实中阿广播电视合作协议展开讨论，并在会后开展中阿两国企业洽谈对接会。北京市广播电视局与中国驻阿根廷大使馆共同主办的“视听中国·阿根廷·北京之夜”中阿网络视听及影视交流活动举行，北京市委常委、宣传部部长杜飞进，中国驻阿根廷大使邹肖力，北京市委宣传部副部长赵磊，北京市广播电视局党组书记、局长杨烁，阿根廷联邦公共传媒管理总局国务秘书隆巴尔迪，阿根廷国家广播电视台台长佩雷拉，布宜诺斯艾利斯市文化官员和议员代表，以及中阿两国网络视听和影视行业相关企业代表百余人出席活动。首都广播电视节目制作业协会与布宜诺斯艾利斯市视听协会达成《中阿影视协会战略合作框架协议》；阿里大文娱优酷与阿根廷国家电视台达成《视听领域交流合作备忘录》；北京CBD传媒产业商会与阿根廷导演和视听作者协会达成《影视合

作框架协议》，并在北京市委常委、宣传部部长杜飞进，阿根廷联邦公共传媒管理总局国务秘书隆巴尔迪，以及中国驻阿根廷大使邹肖力的见证下完成签约。北京广播电视代表团此次为阿根廷观众带来《京剧猫》《超级工程——北京地铁》《瓷路》《破冰行动》等20多部中国优秀影视作品。

当地时间2019年9月9日，第44届多伦多国际电影节期间，北京国际电影节组委会在多伦多举办“北京之夜——北京国际电影节多伦多推介会”。中国驻多伦多总领馆总领事韩涛、多伦多国际电影节政府关系事务总监Alan Convery以及来自柏林国际电影节、上海国际电影节、洛迦诺国际电影节、爱丁堡国际电影节、华盛顿国际电影节、西雅图国际电影节的代表等近300名境内外电影业界人士出席推介会。推介会上，组委会首次组织阿里影业、爱奇艺影业、北京文化、博纳影业、华策影业、开心麻花、儒意欣欣、三多堂、完美世界、万达影视、文投控股、新丽传媒、英皇影视等13家电影节战略合作企业集中展示项目，北京文化集团董事副总裁杜扬上台推介神话史诗巨制《封神三部曲》，并发布全球首发预告片。

当地时间2019年9月13日，中国（北京）广播电视科技创新展区在荷兰阿姆斯特丹RAI国际会展中心举办IBC2019展览会中盛装亮相。这是北京市广播电视局为配合国家“一带一路”战略，积极推动广播电视科技企业“走出去”发展规划，进一步加强广播电视在推动科技文化国际交流合作方面的重要作用，为北京广电企业国际化推广提供平台支撑，提升北京广播电视科技企业的国际影响力，向世界展示北京广播电视企业自主创新成果的重要活动。北京展区共有涉及广播电视领域采集、制作、传输、管理、播出等各个环节的11家优秀企业共同参展，各参展商集中展示其最具竞争力的产品。为宣传和推广北京广播电视科技创新产品和技术，展览期间举办“中国北京广播电视科技新品发布会”，北京中科大洋海外中心总经理朱珍娅女士以“更好的质量、更高效的制作，让我们一起拥抱4KHDR”为题做新产品介绍，其中重点介绍如何通过技术手段来保证高质量的4KHDR，并且通过嵌入AI技术更加高效地完成制作的过程，并通过技术手段来降低制作成本，用最低的价格实现4KHDR完整节目制作和媒体资产管理。来自安达斯集团的销售及渠道运营经理李瑛琦介绍iSwiftMedia系统，该系统针对广电IP化、虚拟化等趋势和挑战，集成云计算等关键技术，为广大电视台和互联网视音频媒体公司提供一个端到端、全流程自动化的智能平台。发布会现场气氛火爆，交流热烈，吸引众多买家到场参观洽谈。北京市广播电视局副局长张苏带队参加本届展会，并参观中国（北京）广播电视科技创新展区，听取各参展企业对参展产品的介绍及讲解，对各企业近年来取得的成绩以及研发的新产品表示肯定。交流中，各企业代表也对北京市广播电视局组织的中国（北京）广播电视科技创新展区表示支持，由衷感谢北京市广播电视局为北京市广电行业科技业搭建的国际推广宣传平台。北京局一行还陆续参观了海思、杜比、飞利浦等国内外知名企业展台，并与相关企业负责人进行深入沟通。通过走访交流，不仅了解了国际广播电视前沿技术发展方向，还让更多国际企业了解了北京市文化科技发展规划与广播电视科技企业的发展现状。

当地时间2019年10月25日，2019年“北京优秀影视剧海外展播季”系列活动在芬兰赫尔辛基举办。北京影视企业选送的《长安十二时辰》《山月不知心底事》《最美中国》等数十部电视剧、纪录片及网络视听节目精品亮相芬兰。本次展播季系列活动由北京市广播电视局主办，活动内容包括北京优秀影视剧展映、影视企业推介交流、视听机构洽谈等。北京市广播电视局与赫尔辛基市政府经济发展局共同签署《关于视听领域合作的谅解备忘录》，进一步促进双方视听产业共同发展。此次展播季先后在英国也开展系列活动，首都版权、华山论剑影视文化传媒有限公司、淘梦网络科技有限责任公司、东亚龙视文化传媒有限公司、《文化中国》传媒股份有限公司、炫世纪文化发展有限公司等多家北京优秀的头部视听企业通过主题推介和中英影视发展论坛等活动，与当地众多影视机构同行进行合作洽谈与深入交流，并签订一系列战略合作协议。

当地时间2019年11月9日，美国电影市场举办期间，北京国际电影节组委会在洛杉矶成功举办“北京之夜——北京国际电影节洛杉矶推介会”。美国电影协会亚太区副总裁冯伟、中国电影制片人苗晓天、《绿皮书》编剧尼克·维勒欧嘉以及来自美国电影市场的多国电影行业嘉宾，《中国机长》《白蛇·缘起》《使徒行者2》等多部影片剧组的代表等近300名境内外电影业界人士出席。推介会上还展示推介了北京国际电影节战略合作影视企业、北京市场会员企业及其项目。

当地时间2019年12月8日至12日，由北京市广播电视局主办的“2019北京优秀影视剧海外展播季·俄罗斯”活动在莫斯科成功举办。期间展播了《从〈中国〉到中国》《中关村》《芝麻胡同》《海洋之城》《极致中国》等10部北京优秀影视作品，这些作品从不同的视角让观众感受到中国翻天覆地的变化，尤其让海外的观众了解中国、认识中国并增进彼此友谊。俄罗斯观众则对中国的自然风貌、人文景观充满好奇，更对中国经济腾飞后的现代生活、城市发展兴致盎然，表示希望能看到更多的中国影视作品。北京市广播电视局还与俄罗斯金砖电视台、俄罗斯影视领域有影响力的公司和企业代表就各自影视剧生产创作模式，双方广播电视和网络视听领域的创新与发展，以及合拍、互播、发行、人才培训等方面进行积极的探讨和交流。

当地时间2019年12月13日，“2019

北京优秀影视剧海外展播季·格鲁吉亚”在格鲁吉亚首都第比利斯拉开帷幕，中格两国近50家影视企业代表出席开幕式。此次展播季活动主要包括北京优秀影视剧展映、影视企业推介交流等。中方影视企业共带来《极致中国》《老酒馆》《奔腾年代》等10部优秀影视作品。这些作品涵盖纪录片、都市情感剧、年代剧等不同影视题材，从不同视角向海外观众介绍中国社会近年来发生的翻天覆地变化以及当代中国人团结奉献、勇于担当的时代精神。两国影视文化企业代表就共同创作、影视合拍、版权购买、创新平台等影视领域合作进行深入交流和探讨。“北京优秀影视剧海外展播季”作为北京市广播电视局主办的年度中外文化交流活动，已覆盖英国、俄罗斯、希腊、哈萨克斯坦、加纳、科特迪瓦、哥伦比亚、厄瓜多尔等多个国家，成为北京与世界各国进行影视行业业务合作、发展共赢的重要平台。

二、国内外出访和接待来访

3月4日—7日，北京广播电视台1人赴韩国采访报道亚冠联赛小组赛。

3月9日—17日，北京广播电视台2人赴英国参加中英电视节目制作交流。

4月3日—11日，北京广播电视台3人赴加拿大、美国与专业技术对口单位进行交流商洽并参加展会。

4月5日—11日，北京广播电视台1人赴法国参加“2019国际模式日”和“2019春季电视片交易会”活动。

5月19日—22日，北京广播电视台2人赴日本执行采访报道任务。

5月22日—29日，北京广播电视台2人赴法国、希腊参加戛纳国际电影节、拜会塞萨洛尼基国际电影节组委会及相关机构。

5月27日—31日，北京广播电视台1人随国家广播电视总局赴西班牙，参加东京奥运会信号制作会议任务。

6月4日—27日，北京广播电视台4人赴法国，采访报道女足世界杯。

6月6日—10日，北京广播电视台1人赴日本东京采访报道“北京周”系列活动。

6月9日—21日，北京广播电视台4人赴巴西、阿根廷和智利采访孔子学院。

6月18日—7月1日，北京广播电视台6人赴白俄罗斯，参加第二届欧洲运动会的乒乓球国际信号制作工作。

7月21日—28日，北京广播电视台1人随中共中央宣传部团组赴日本，执行中国青年媒体工作者代表团赴日本访问任务。

8月25日—9月14日，经国家外专局批准，应美国密苏里大学新闻学院邀请，北京广播电视台19人赴美执行“基于AI和大数据等新技术的广播电视新闻创新培训”任务。

9月6日—13日，北京广播电视台3人赴意大利、加拿大，参加电影节，举办推介会，访问电影节组委会。

10月20日—24日，北京广播电视台2人赴摩纳哥，参加国际体育版权交易大会，宣传冬奥纪实频道。

10月20日—11月3日，北京广播电视台1人赴澳大利亚，参加报业新媒体运作培训班。

10月13日—22日，应法国戛纳秋季电视节组委会、瑞士国家广播电视台、葡萄牙独立电视台邀请，北京广播电视台6人赴上述3国，参加戛纳秋季电视节，并执行优秀原创节栏目交流任务。

10月23日—28日，北京广播电视台1人随外办团组赴阿尔巴尼亚，进行中国中东欧市长论坛采访。

11月1日—25日，北京广播电视台3人赴朝鲜，促进中朝文化交流，为《我爱书画》栏目拍摄素材。

11月5日—12日，北京广播电视台2人赴澳大利亚、美国，参加电影节。

11月9日—16日，北京广播电视台4人赴日本、韩国，参加展会及交流。

11月11日—15日，北京广播电视台2人赴日本，参加展会并商洽。

三、与港澳及台湾交流合作

8月27日—31日，北京广播电视台1人赴澳门，出席“2019华人音乐盛典”活动。

9月1日—7日，北京广播电视台3人随内地媒体香港报道团赴香港，参加内地媒体香港专题采访计划。

10月16日—19日，北京广播电视台3人赴澳门，参加2019京澳合作伙伴行动及第24届澳门国际贸易投资展览会，并进行采访报道。

统 计

2019 年广播电视播出机构及节目开办情况

项目	单位	数量
一、机构情况		
市级广播电视台	座	1
区广播电视台	座	10
区广播电视站	座	4
乡镇广播电视站	座	37
企事业广播电视站	座	9
二、开办广播电视节目情况		
公共广播节目	套	26
其中：市级	套	17
区级	套	9
付费广播节目	套	2
公共电视节目	套	26
其中：市级	套	12
区级	套	14
对外电视节目	套	1
付费电视频道	套	12

2019 年广播电视播出情况

项目	单位	合计	市级	区县
一、广播播出				
公共广播节目	套	26	17	9
播出时间	小时	182343	132678	49664
播出自制节目时间	小时	85788	57089	28699
付费广播节目	套	2	2	—
播出时间	小时	17520	17520	—
二、电视播出				
公共电视节目	套	26	12	14
播出时间	小时	129028	92959	36069
播出自制节目时间	小时	58630	37950	20680
电视剧播出数	部	528	447	81
	集	24220	19150	5070
付费电视节目	套	12	12	—
播出时间	小时	105120	105120	—
对外节电视节目	套	1	1	—
播出时间	小时	8760	8760	—

2019 年广播电视节目制作情况

项目	单位	广播节目	电视节目
制作广播电视节目时间	小时	116409	188341
新闻资讯类	小时	11844	47496
专题服务类	小时	31387	41335
综艺类	小时	36819	12151
广播（电视）剧	小时	13806	5375
广告类	小时	945	5968
其他类	小时	21606	76013
广播（电视）剧部数	部	17	67
广播（电视）剧集数	集	251	2843

2019 年广播电视播出传输情况

项目	单位	数量
中短波转播发射台	座	1
	千瓦	160
调频转播发射台	座	21
	千瓦	59.85
电视转播发射台	座	50
	千瓦	88.3
广播综合人口覆盖率	%	100
电视综合人口覆盖率	%	100
有线广播电视传输干线网络总长	万公里	21.18
有线广播电视用户数	万户	598.92
高清交互数字电视用户	万户	550.14
4K超高清用户数	万户	130.00
付费数字电视用户数	万户	106.21
农村有线广播电视用户数	万户	91.41
农村有线广播电视入户率	%	78.52%
总人口	万人	2154.2
农村总人口	万人	223.52
总户数	万户	548.83
农村总户数	万户	101.34

2019 年北京市广播电视主要指标在全国的排位

项目	单位	全国总量	北京市	排位数	北京市所占比重（%）
资产总额	亿元	21836.96	4737.16	1	21.69%
广播电视创收收入	亿元	6766.90	2111.39	1	31.20%
其中：广告收入	亿元	2075.27	689.30	1	33.21%
有线电视网络收入	亿元	753.35	23.99	11	3.18%
节目销售收入	亿元	497.66	83.22	2	16.72%
新媒体业务收入	亿元	1361.16	661.86	1	48.62%
电视购物频道收入	亿元	208.78	13.01	5	6.23%
有线电视用户数	万户	20661.43	598.92	18	2.90%
其中：数字电视用户数	万户	19417.44	593.46	15	3.05%
高清电视用户数	万户	6941.74	550.14	3	7.92%
付费数字电视用户	万户	7986.53	106.21	23	1.33%
制作广播节目时间	万小时	801.87	11.64	25	1.45%
制作电视节目时间	万小时	345.58	18.83	3	5.45%
制作电视剧	部	254	67	1	26.37%
	集	10650	2843		26.69%
制作电视动画片	部	305	32	3	10.5%
	万分钟	9.47	0.73		7.7%
从业人员	万人	99.44	9.42	1	9.47%

注：2019 年北京市节目销售收入全国排位第 2，新疆维吾尔自治区排名第 1，销售额为 104.7 亿。

2019 年高清电视用户数北京市全国排位第 3，广东省和江苏省排名 1、2，高清用户数分别为 736.61 万户和 615.06 万户。

2019 年广播电视节目交易情况

项目	单位	数量
全年广播电视节目销售收入	亿元	83.23
其中：电视剧销售收入	亿元	42.30
全年电视剧制作投资额	亿元	38.81
全年动画电视制作投资额	亿元	2.87
广播电视节目进口额	亿元	12.94
广播电视节目进口量	小时	8374
广播电视节目出口额	亿美元	0.56
广播电视节目出口量	小时	1163

索 引

INDEX

汉语拼音索引

A

《奥运历史首创：北京2022年冬奥会将实现场馆全面绿色用电》，169

B

《百姓就业》，183，186
《北广人物》，291
“北京榜样”广播剧，源于平凡生活的艺术升华，422
北京北广传媒城市电视有限公司，335
北京北广传媒城市电视有限公司概况，89
北京北广传媒城市电视有限公司（节目栏目），184
北京北广传媒城市电视有限公司频道一览表，157
北京北广传媒地铁电视有限公司，335
北京北广传媒地铁电视有限公司概况，90
北京北广传媒地铁电视有限公司（节目栏目），186
北京北广传媒地铁电视有限公司频道一览表，158
北京北广传媒数字电视有限公司，334
北京北广传媒数字电视有限公司概况，86
北京北广传媒数字电视有限公司（节目栏目），183
北京北广传媒数字电视有限公司频道一览表，156
北京北广传媒移动电视有限公司，334
北京北广传媒移动电视有限公司概况，87
北京北广传媒移动电视有限公司（节目栏目），183
北京北广传媒移动电视有限公司频道一览表，157
北京北广传媒影视股份有限公司，334
北京北广传媒影视股份有限公司概况，88
北京北广传媒影视股份有限公司（作品一览表），283
北京北广置业有限公司，336
北京北广置业有限公司概况，94
“北京昌平”App应用情况，252
北京电视台“新春走基层”系列报道：讲好新时代奋斗故事，40
北京电视台2019年北京地区品牌研究报告（节选），307
北京电视台2019年春晚守正创新亮点多，

414
北京电视台播出“时代新人说——我和祖国共成长”演讲大赛，34
北京电视台冬奥纪实频道承办 2022 年冬奥会和冬残奥会吉祥物发布仪式，34
北京电视台冬奥纪实频道上星播出，33
北京电视台概况，67
北京电视台国庆宣传新媒体端创佳绩，248
北京电视台（节目栏目），173
北京电视台频道一览表，153
北京电视台融合新闻业务系统建设项目，264
北京电视台推出年终专稿——《跨越 2019》，426
北京电视台推出专题片《胡同有名气》，39
北京电视台完成国庆庆典现场大屏幕播放工作，25
北京电视台制播国庆 70 周年北京市筹备和服务保障工作纪实专题片，28
北京电视艺术家协会，323
北京电视艺术家协会概况，60
北京电视艺术中心有限公司，333
北京电视艺术中心有限公司概况，83
北京电视艺术中心有限公司（作品一览表），283
北京电台交通广播推出“2019 上海国际车展特别直播”活动，36
北京电台交通广播在“戈壁天堂”活动中设立“FM103.9 仙人掌电台”，38
北京电台（节目栏目），166
北京电台推出“美丽乡村 筑梦有我”大型新闻公益行动报道，41
北京电台推出《回归二十年 欢乐一家亲》——庆祝澳门回归二十周年大型融媒体新闻活动，35
北京电台外语广播报道亚洲文明对话大会，30
北京电台新闻广播推出大兴国际机场开航直播，32
北京东方飞云国际影视股份有限公司（作品一览表），287
北京东王文化发展有限公司，354
北京东王文化发展有限公司（作品一览表），283
北京歌华传媒集团有限责任公司，326
北京歌华传媒集团有限责任公司概况，77
北京歌华文化发展集团有限公司，327
北京歌华文化发展集团有限公司概况，79
北京歌华有线电视网络股份有限公司，328
北京歌华有线电视网络股份有限公司概况，81
北京光线传媒股份有限公司，352
北京光线传媒股份有限公司（作品一览表），285
《北京广播电视报》，291
北京广播电视报社，325
北京广播电视报社概况，70
北京广播电视台，323
北京广播电视台播出第七届国产纪录片及创作人才推优活动，31
北京广播电视台服务中心，325
北京广播电视台服务中心概况，72
北京广播电视台概况，61
北京广播电视台融合媒体生产云平台项目（一期）——公共服务平台项目，262
北京广播电视台融合媒体生产云平台项目（一期）——数据治理与应用技术项目，263
北京广播电视台完成“一带一路”国际合作高峰论坛报道，31
北京广播电视台完成全国两会融媒体报道，29
北京广播电视网络视听发展基金 2019 年度拟扶持项目情况汇总表，380
《北京广播影视》，292
《北京广播影视发展研究文集（2018 年）》，296
《北京广播影视决策参考》（月刊），296

《北京广播影视年鉴（2019 年）》，295
北京国际广播电影电视展览会（BIRTV2019）获奖情况，366
北京华谊兄弟娱乐投资有限公司，352
北京华谊兄弟娱乐投资有限公司（作品一览表），282
北京京都世纪文化发展有限公司，353
北京京都世纪文化发展有限公司（作品一览表），284
北京经济技术开发区工委宣传文化部，346
《北京您早》，176
北京人民广播电台概况，64
北京人民广播电台频率一览表，150
北京人民广播电台新媒体发展情况，247
北京瑞特影音贸易有限公司，333
北京瑞特影音贸易有限公司概况，85
北京市部分电视剧制作机构作品一览表，282
北京市昌平区融媒体中心，350
北京市昌平区文化和旅游局，344
北京市朝阳区融媒体中心，346
北京市朝阳区文化和旅游局，339
北京市大兴区融媒体中心，348
北京市大兴区融媒体中心改革创新路径，250
北京市大兴区文化和旅游局，342
北京市电视剧和动画片发行许可情况表，277
北京市东城区文化和旅游局，336
北京市房山区融媒体中心，348
北京市房山区文化和旅游局，341
北京市丰台区融媒体中心，347
北京市丰台区文化和旅游局，340
北京市广播电视产业发展情况，208
北京市广播电视监测中心，322
北京市广播电视监测中心概况，54
北京市广播电视节目制作经营机构情况，211
北京市广播电视局，320
北京市广播电视局概况，44
北京市广播电视局工会，321
北京市广播电视局后勤服务中心，321
北京市广播电视局离退休人员管理服务中心，321
北京市广播电视局信息中心，322
北京市广播电视局直属机关工会委员会概况，48
北京市广播电视与国内外其他台交流合作情况，438
北京市广播电影电视局后勤服务中心概况，51
北京市广播电影电视局离退休人员管理服务中心概况，49
北京市广播电影电视局信息中心概况，52
北京市广播影视协会，323
北京市广播影视协会 2018 年度优秀广播电视节目评选结果（164 件），356
北京市广播影视协会概况，59
北京市广播影视作品审查中心，322
北京市广播影视作品审查中心概况，57
北京市海淀区融媒体中心，347
北京市海淀区文化和旅游局，340
北京市怀柔区融媒体中心，350
北京市怀柔区文化和旅游局，344
北京市门头沟区融媒体中心，348
北京市门头沟区文化和旅游局，341
北京市密云区融媒体中心，351
北京市密云区文化和旅游局，345
北京市平谷区融媒体中心，349
北京市平谷区文化和旅游局，343
北京市石景山区融媒体中心，347
北京市石景山区文化和旅游局，340
北京市顺义区融媒体中心，349
北京市顺义区文化和旅游局，343
北京市通州区融媒体中心，349
北京市通州区文化和旅游局，342
北京市网络视听节目服务管理情况综述，218
北京市西城区文化和旅游局，338
北京市延庆区融媒体中心，351
北京市延庆区文化和旅游局，345

《北京世园会开园当日 3.5 万游客，“锦绣如意”中国馆成首日最热门景区》，168
北京卫视《养生堂》开播十周年，428
北京卫视推出“壮丽 70 年，我们都知道”大型全媒体行动，26
北京新媒体（集团）有限公司概况，73
北京新媒体（集团）有限公司新媒体发展情况，249
北京新媒体（集团）有限公司，326
北京鑫宝源影视投资有限公司，353
北京音像有限公司，333
北京音像有限公司概况，84
北京音像资料馆（北京广播电影电视研究中心），322
北京音像资料馆概况，55
“北京云・融媒体”市级技术平台（一期）项目，266
北京中广传播有限公司，336
北京中广传播有限公司概况，95
北京紫禁城影业有限责任公司，326
北京紫禁城影业有限责任公司概况，75
《博览天下》，184

C

昌平区融媒体中心概况，111
昌平区融媒体中心（节目栏目），192
昌平区融媒体中心频率频道一览表，163
《昌平新闻》，193
《昌平政法》，192
朝阳区融媒体中心概况，96
朝阳区融媒体中心频道一览表，158
《城市播报》，184
《城市一刻》，184
《城事发布》，185
《创新中关村・核心区》，189
《唇齿留乡》，183

D

搭建企业与用户沟通平台，实现自身渠道价值最大化，434
《大城小事》，185
《大家帮助大家》，199
大唐辉煌传媒有限公司，353
大唐辉煌传媒有限公司（作品一览表），284
《大兴新闻》，191
大兴区融媒体中心概况，104
大兴区融媒体中心技术平台建设情况，270
大兴区融媒体中心（节目栏目），191
大兴区融媒体中心频率频道一览表，161
《大运河奇缘》，179
《档案》，174
《地铁文化地图》，186
《第九届“北京喜剧幽默大赛”》，176
第九届北京国际电影节举办，21
第三届北京纪实影像周举办，22
第五届“世界电视日”中国电视大会在北京召开，19
《电视文摘》，293
鼎视传媒股份有限公司，335
鼎视传媒股份有限公司概况，93
《都市生活》，195
《都市晚高峰》，177
《对谈百年首钢——我是渤海湾的火，我是曹妃甸的冰》，166

F

《法治进行时》，180
《法治聚焦》，191
《法治顺义》，200
房山区融媒体中心概况，104
房山区融媒体中心（节目栏目），194
房山区融媒体中心频率频道一览表，160

《房山新闻》，195
《奋进 2019 对话一把手》，205
丰台区融媒体中心概况，99
丰台区融媒体中心（节目栏目），190
丰台区融媒体中心频道一览表，159
丰台区融媒体中心推进宣传体系建设，41
《丰台新闻》，190
《风云七十年——外交官眼中的世界》，168

G

歌华有线 4K 智能数字有线机顶盒研发完成，269
歌华有线公司积极发展智慧广电集客业务，打造智慧城市服务亮点，432
《工会在身边》，197
公开出版物，290
《古今昌平》，193
广播剧《中共中央在香山》创作经验，412
《滚滚长江东逝水，时代造就音乐梦》，171
《国家大剧院》，187
《国之都 · 梦之城——北京建院 70 周年庆典晚会》，182

H

《海淀百姓故事》，190
《海淀风物志》，190
海淀区融媒体中心概况，98
海淀区融媒体中心（节目栏目），189
海淀区融媒体中心频道一览表，159
《海淀新闻》，189
海润影视制作有限公司，352
海润影视制作有限公司（作品一览表），282
怀柔区融媒体中心概况，112
怀柔区融媒体中心（节目栏目），202
怀柔区融媒体中心频率频道一览表，163
《怀柔新闻》，202
《汇生活》，194

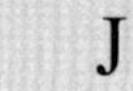

《记忆》，180
《家是玉麦 · 国是中国》，170
《健康卫士》，185
《教育面对面》，170
《今日关注》，195
《今日视点》，191
《金色岁月》，294
《京城美食秀》，188
《京津冀大格局》，181
《精品赏析》，201
《警法在线》，198
《聚焦时分》，203

K

《科普五分钟》，197

L

《来画时间》，187
《乐享生活》，202
《乐享时光》，192
《历经百年沧桑 兽首七兄弟重聚北京》，169
《龙腾中国——南水北调纪行》，168

M

《美丽房山》，194
《美丽乡村》，198
《美丽延庆新农村》，202

门头沟区融媒体中心概况，102
门头沟区融媒体中心（节目栏目），196
门头沟区融媒体中心频道一览表，160
《门头沟视点》，196
《门头沟新闻》，196
密云区融媒体中心概况，114
密云区融媒体中心（节目栏目），197
密云区融媒体中心频率频道一览表，164
《名医会客厅》，199

N

内部出版物，290
浓墨重彩庆华诞 唱响时代主旋律——北京电视台新闻中心国庆 70 周年报道回顾，418

P

平谷区融媒体中心概况，109
平谷区融媒体中心（节目栏目），198
平谷区融媒体中心频率频道一览表，162
《平谷新闻》，198

Q

《奇趣自然》，189
《倾国倾城》，183
区级大事记，137

R

《热点播报》，185
熔铸四种品格 锻造 10 年品牌——北京电视台《档案》创新创优经验，419
融媒体精品力作《同心圆·中国梦——父辈的 1949》，424
融媒体时代北京城市广播融合发展经验，429
《锐》，294

S

《三农有约》，197
《善行至美》，198
《身边好学校》，187
《生活导航》，203
《生活一点通》，188
《生活这一刻》，179
《生命缘》，174
石景山区融媒体中心概况，100
石景山区融媒体中心频道一览表，160
石景山区融媒体中心（节目栏目），191
《石景山新闻》，191
市级大事记，120
《首都晚间报道》，178
首届北京国际公益广告大会举办，18
《双奥之城》，178
顺义区融媒体中心概况，108
顺义区融媒体中心（节目栏目），199
顺义区融媒体中心频率频道一览表，162
《顺义新闻》，199，200
四达时代通讯网络技术有限公司，354
《四面谈（新媒体空间艺术展）》，186

T

《特别关注》，177
《特产档案》，183
《天下财经》，180
《听见未来，让爱传递》，171
《听众反映专辑》，293
通州区融媒体中心概况，106

通州区融媒体中心（节目栏目），201
通州区融媒体中心频率频道一览表，161
《通州新闻》，201
《同奏七子之歌》，171
凸显主题主线传播效果明显提升——北京电视台精心编排元旦期间节目，435

W

为了自然深情的歌唱——《我爱你中国》大型群众歌唱活动创作体会，425
《为你喝彩》，175
《卫生与健康》，198
《文明风尚汇》，190
《文明通州》，201
《文明在身边》，202
文艺创新 文创上新 文化焕新——北京卫视《上新了·故宫》节目创作经验，417
《问北京》，171
《我的工会我的家》，184
《我的双奥我的城——庆祝新中国成立70周年大型融媒体系列报道》，172
《我看演出》，184
《我们这一代人的赶考路》，167
《我同祖国共同成长——庆祝新中国成立70周年少儿晚会》，182
《我与奥运》，181
《我在北京挺好的》，183
《乌鱼来了》，191

X

《向前一步》，173
《小童大艺》，181
《新的起点、我的期待——大兴国际机场开航直播》，172
《新机场，新体验——大兴机场全息交互答题》，172
新媒体环境下儿童广播节目的转型探索——以北京广播电视台《听听糖耳朵》为例，423
《新时代 青年说》，184
《新闻热线》，167
《信息高速路》，196
《幸福一起来》，200
《宣传业务》，293

Y

延庆区融媒体中心概况，116
延庆区融媒体中心（节目栏目），202
延庆区融媒体中心频率频道一览表，164
《延庆新闻》，202，203
《言之有礼》，192
《演艺罗盘》，184
《一路平安》，203
《医学微视》，188
《移动播报》，183
亦庄融媒体中心（节目栏目），204
《益起前行》，185
《音乐加甜点》，194
《音乐旅途》，202
《音乐随心听》，191
用心用功用情 打造影视精品创作“北京模式”，410
有声有情有气势 出新出彩出精品——北京电视台《行进在春天里》系列报道解析，427
《“有证儿”的违建》，167
《与法同行》，192
《遇见天坛》，174
《越聊越开心》，199

Z

《在北京亦庄生活很幸福》，204
《在中国预测宇宙的德国天文学家》，169
《赞赞新国货》，183
《早安音乐秀》，171
《造物志》，183
《这里是北京》，179
《这里是大兴》，191
《真情故事》，193
《中共中央在香山》，170
中国国际广播电视信息网络展览会（CCBN2019）获奖情况，366
中国新闻技术工作者联合会“王选新闻科学技术奖”获奖情况，367
《壮丽 70 年 奋斗新时代》，204
《走进原产地》，183

数字索引

2018 年度北京市广播电视公益广告扶持项目结果（电视类），373
2018 年度北京市广播电视公益广告扶持项目结果（广播类），374
2018 年度北京市广播电视公益广告扶持项目结果（机构类），375
2019 年北京电视节目交易会举行，24
2019 年北京广播市场竞争态势的调查分析，298
2019 年北京广播影视大事记，120
2019 年北京市各区广电机构频率频道设置情况，158
2019 年北京市审核网站引进电视剧和电影情况，232
2019 年北京市属广电机构频率频道设置情况，150
2019 年北京市网络电影发展情况，230
2019 年北京市网络剧发展情况，227
2019 年北京市网络综艺节目发展情况，226
2019 年度北京光线传媒股份有限公司获奖作品一览表，406
2019 年度北京市昌平区融媒体中心获奖作品一览表，405
2019 年度北京市丰台区融媒体中心获奖作品一览表，403
2019 年度北京市海淀区融媒体中心获奖作品一览表，403
2019 年度北京市密云区融媒体中心获奖作品一览表，406
2019 年度北京市平谷区融媒体中心获奖作品一览表，405
2019 年度北京市石景山区融媒体中心获奖作品一览表，404
2019 年度北京市通州区融媒体中心获奖作品一览表，404
2019 年度北京鑫宝源影视投资有限公司获奖作品一览表，407
2019 年度海润影视制作有限公司获奖作品一览表，407
2019 年延庆区融媒体中心发展情况，254
2019 年北京电视剧制作发行情况综述，272
《2019 年北京电视台春节联欢晚会》，175
2019 年北京电视台新技术应用情况，268
2019 年北京动画片、纪录片制作发行情况综述，275
2019 年北京市法治动漫微视频作品征集展映活动，387
2019 年北京市广播电视局科技委工作情况，

260
2019 年北京市广播电视科技工作综述，258
2019 年北京市广播电视主要指标在全国的排位，448
2019 年北京市广播影视书报刊一览表，290
2019 年北京市国产电视剧发行许可情况一览表，277
2019 年北京市国产动画片发行许可情况一览表，280
2019 年北京市提升广播电视和网络视听业国际传播力奖励扶持专项资金拟奖励扶持企业和项目名单，376
2019 年度北京北广传媒城市电视公司获奖作品一览表，402
2019 年度北京北广传媒数字电视有限公司获奖作品一览表，401
2019 年度北京广播电视报社获奖作品一览表，399
2019 年度北京广播电视台获奖作品一览表，388
2019 年度北京市广播电视科技企业相关奖项获奖情况，366
2019 年度北京市广播电视系统科技类奖项获奖情况，368
2019 年度获得全国、省（市）以上级政府或组织表彰奖励作品情况统计表，384
2019 年广播电视播出传输情况，447
2019 年广播电视播出机构及节目开办情况，446
2019 年广播电视播出情况，446
2019 年广播电视节目交易情况，448
2019 年广播电视节目制作情况，447
《2019 年 9 月 26 日〈交通新闻〉早间版》，167
《5G 技术助力国产机器人完成全球首场骨科实时远程技术》，166

字母索引

《Get 了，节气》，169